Andalusien

Susanne Lipps und Oliver Breda

Reise-Handbuch

Inhalt

Wissenswertes über Andalusien

Andalusien: Lebensfreude, Kultur und Natur	12
Steckbrief Andalusien	14
Natur und Umwelt	16
Daten aus der Erdgeschichte	16
Mittelmeerflora	17
Tierwelt	22
Naturschutz	23

Wirtschaft	25
Handel und Tourismus	25
Industrie	25
Bauwirtschaft	26
Landwirtschaft	26
Wasser	26
Olivenöl	27
Viehzucht	28
Fischerei	28
Der Süden bricht auf	28
Geschichte	29
Frühe Kulturen	29
Das römische Baetica	29
Westgoten	30
Mauren	30
Nach der christlichen Rückeroberung	32
Habsburger und Bourbonen	32
Der Weg ins 20. Jh.	32
Bürgerkrieg und Diktatur	34
Demokratie	34
Zeittafel	36

Gesellschaft und Alltagskultur	38
Lebensweise	38
Bevölkerung	39
Religion	40
Feste	43
Architektur, Kunst und Kultur	48
Von Römern und Westgoten	48
Maurische Architektur	48

Von der Gotik zur Renaissance	49
Barock	51
Malerei des Goldenen Zeitalters	51
Weiße Dörfer	52
Kulturbetrieb bis zur Gegenwart	52
Essen und Trinken	**54**
Speiselokale	54
Andalusische Spezialitäten	55
Kulinarisches Lexikon	58

Wissenswertes für die Reise

Informationsquellen	62
Reise- und Routenplanung	64
Anreise und Verkehr	69
Unterkunft	74
Sport- und Aktivurlaub	77
Einkaufen	81
Ausgehen	82
Gut zu wissen	83
Reisekasse und Reisebudget	84
Reisezeit und Reiseausrüstung	85
Gesundheit und Sicherheit	86
Kommunikation	87
Sprachführer	88

Unterwegs in Andalusien

Kapitel 1 Westlich von Málaga

Auf einen Blick: Westlich von Málaga	**94**
Die klassische Costa del Sol	**96**
Málaga	96
Aktiv unterwegs: Botanischer Spaziergang im	
Jardín de la Concepción	106
Torremolinos	108
Benalmádena	109
Fuengirola	111
Mijas	112

Inhalt

Marbella	114
Benahavís	118
Sierra Blanca und Sierra de las Nieves	118
Estepona	120
Im Osten von Los Alcornocales	122
Gibraltar	129
Algeciras	135
Antequera, Ronda und weiße Dörfer	137
Antequera	137
Aktiv unterwegs: Rundwanderung im Torcal Alto	138
Archidona	141
Garganta del Chorro	142
Aktiv unterwegs: Birdwatching an der Laguna de Fuente de Piedra	144
Fuente de Piedra	145
Ronda	146
Cueva de la Pileta	156
Ronda la Vieja	156
Die weißen Dörfer	157
Aktiv unterwegs: Wanderungen im Parque Natural Sierra de Grazalema	158

Kapitel 2 Atlantikküste

Auf einen Blick: Atlantikküste	170
Südliche Costa de la Luz	172
Tarifa	172
Aktiv unterwegs: Ausflug nach Marokko	174
Bolonia	176
Zahara de los Atunes	178
Barbate	179
Aktiv unterwegs: Küstenwanderung im Pinar de la Breña	180
Caños de Meca	181
Durch das Hinterland der südlichen Costa de la Luz	182
Aktiv unterwegs: Bergbesteigungen im Parque Natural de Los Alcornocales	186
Conil de la Frontera	188
Novo Sancti Petri	191
Aktiv unterwegs: Minikreuzfahrten ab Sancti Petri	192
Sancti Petri	193

Cádiz und das Sherrydreieck	194
Cádiz	194
San Fernando	204
El Puerto de Santa María	205
Jerez de la Frontera	208
Aktiv unterwegs: Spaziergänge im Zoobotánico Jerez	209
Sanlúcar de Barrameda	214
Die Küste des Sherrydreiecks	219
Nördliche Costa de la Luz	221
Huelva und die Kolumbusroute	221
Mazagón	227
Matalascañas	228
Parque Nacional de Doñana	229
Aktiv unterwegs: Entdeckertour im P. N. de Doñana	230
El Rocío	232
El Rompido	234
Die Küste von Lepe	235
Isla Cristina	236
Ayamonte	237
Minas de Riotinto	239
Aktiv unterwegs: Abstecher nach Portugal	240
Durch die Sierra de Aracena	242

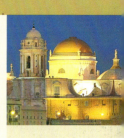

Kapitel 3 Städte und Landschaften am Guadalquivir

Auf einen Blick: Städte und Landschaften am Guadalqivir	250
Sevilla	252
Ein Blick in die Geschichte Sevillas	252
Catedral de Sevilla	253
Real Alcázar	260
Centro	262
Barrio de Santa Cruz	264
Guadalquivir und El Arenal	265
La Macarena	268
Jenseits des Guadalquivir	269
Aktiv unterwegs: Bootsfahrt auf dem Guadalquivir	270
Aktiv unterwegs: Radtour durch Sevilla	279
Die Umgebung von Sevilla	280
Itálica	280
Carmona	281

Inhalt

Durch die Campiña	285
Aktiv unterwegs: Wanderung zur Ruinenstadt Munigua	288
Parque Natural Sierra Norte de Sevilla	291
Aktiv unterwegs: Wanderung zum Cerro del Hierro	293

Córdoba 294
Ein Blick in die Geschichte 294
La Mezquita/Catedral 295
Am Guadalquivir 300
Westlich der Mezquita 301
Östlich der Mezquita 302
Aktiv unterwegs: Die Patios in Córdoba 303
Centro und nördliche Stadtteile 305

Sierra de Córdoba und Sierras Subbéticas 310
Zur Sierra de Córdoba 310
Durch die Sierras Subbéticas 311
Aktiv unterwegs: Wandern und Birdwatching im Cañon del Río Bailón 315
Im Parque Natural de las Sierras Subbéticas 315
Aktiv unterwegs: Radwandern auf der Vía Verde La Subbética 316
Priego de Córdoba 318

Jaén und Umgebung 320
Jaén 320
Baeza 326
Úbeda 331
Durch die Sierra de Cazorla 336
Aktiv unterwegs: Wanderungen am Río Borosa 340

Kapitel 4 Granada, Almería und Küsten

Auf einen Blick: Granada, Almería und Küsten 346
Granada und die Alhambra 348
Ein Blick in die Geschichte Granadas 348
Alhambra 349
Centro 355
Albaicín und Umgebung 360
Sacromonte 361
Westliche Stadtteile 363
Realejo und Antequeruela 363

Die Umgebung von Granada	369
Vega de Granada	369
Alhama de Granada	370
Aktiv unterwegs: Exkursion auf der Ruta de los Cahorros	371
In die Sierra Nevada	372
Durch die Alpujarra	374
Aktiv unterwegs: Besteigung des Pico Veleta	375
Guadix	383
Von Guadix zur Küste	384
Costa Tropical und die Axarquía	386
Zwischen Adra und Motril	386
Salobreña	386
Almuñécar	387
La Herradura	389
Nerja	389
Frigiliana	392
Torrox	394
Durch die Axarquía	395
Abstecher nach Almáchar und Comares	400
Vélez-Málaga	401
Torre del Mar	402
Cueva del Tesoro	402
Montes de Málaga	403
Aktiv unterwegs: Wandern in den Montes de Málaga	404
Almería und Umgebung	405
Almería	405
Aguadulce	412
Roquetas de Mar	412
Aktiv unterwegs: Radtour ins Naturschutzgebiet Paraje-Reserva Natural Punta Entinas-Sabinar	413
Almerimar	414
Los Millares	414
Desierto de Tabernas	415
Sorbas	416
Níjar	416
Aktiv unterwegs: Höhlenerkundung in Sorbas	417
Durch den Parque Natural Cabo de Gata-Níjar	417
Aktiv unterwegs: Zu Fuß zu den Naturstränden von San José	421
Mojácar	425
Sierra María	427
Register	430
Abbildungsnachweis/Impressum	440

Inhalt

Themen

Andalusische Orchideen	19
Die Katholischen Könige	31
Stierkampf	42
Flamenco	45
Gärten – Abbilder des Paradieses	50
Pablo Picasso	101
Los Bandoleros – Räuber in den Bergen	150
Würzsoße der Römer	177
Sherry – Tradition und Zukunft	216
Christoph Kolumbus in Stichworten	224
Via Augusta – die alte Römerstraße	282
Maimonides und Ibn Ruschd	304
Wie funktionierten maurische Bäder?	308
Tropisches Obst	388
Von Adlern und Geiern – Andalusiens Greifvögel	426

Alle Karten auf einen Blick

Westlich von Málaga: Überblick	95
Málaga: Cityplan	98/99
Jardín Botánico-Histórico La Concepción	106
Im Osten von Los Alcornocales	123
Torcal Alto: Wanderkarte	138
Laguna de Fuente de Piedra	144
Ronda: Cityplan	153
Parque Natural Sierra de Grazalema: Wanderkarte	158
Sierra Grazalema	163
Atlantikküste: Überblick	171
Tanger (Marokko)	174
Pinar de la Beña: Wanderkarte	180
Parque Natural de Los Alcornocales: Wanderkarte	186
Cádiz: Cityplan	196/197
Jerez de la Frontera: Cityplan	211

Städte und Landschaften am Guadalquivir: Überblick	250/251
Sevilla: Cityplan	254/255
Real Alcázar	261
Sevilla: Radwanderkarte	279
Munigua: Wanderkarte	288
Munigua: Grundriss	289
Cerro del Hierro: Wanderkarte	293
Córdoba: Cityplan	296/297
La Mezquita: Grundriss	300
Sierras Subbeticas	313
Cañón del Río Bailón: Wanderkarte	315
Vía Verde La Subbética: Radwanderkarte	316
Jaén: Cityplan	322
Baeza: Cityplan	328
Úbeda: Cityplan	333
Sierra de Cazorla	337
Río Borosa: Wanderkarte	340
Granada, Almería und Küsten: Überblick	347
Alhambra: Grundriss	350/351
Granada: Cityplan	356/357
Ruta de los Cahorros: Wanderkarte	371
Pico Veleta: Wanderkarte	375
Alpujarra	376
Axarquía	397
Montes de Málaga	404
Almería: Cityplan	406/407
Alcazaba: Grundriss	408
Paraje-Reserva Natural Punta Entinas-Sabinar: Radwanderkarte	413
Cabo de Gata	419
Naturstrände von San José: Wanderkarte	421

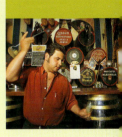

▶ Dieses Symbol im Buch verweist auf die Extra-Reisekarte Andalusien

Pferde gehören zu Andalusien wie Flamenco und Tapas: Reiter in Medina Sidonia

Wissenswertes über Andalusien

Lebensfreude, Kultur und Natur

Ewige Sonne, blühende Natur, Flamenco, Stierkampf und das faszinierende Erbe der Mauren sind in unserer Vorstellung mit dem Namen Andalusien verbunden. Die Region im Süden Spaniens beschwört exotische Bilder und Klänge herauf wie kaum ein anderes Reiseziel in Europa.

Andalusien ist ein wunderbares Land, in dem selbst Bekanntes und millionenfach Besuchtes reizvoll geblieben sind, ganz zu schweigen von zahlreichen unentdeckten Landschaften, Plätzen und Orten. Die Region steckt voller Gegensätze, an denen der Reisende teilhaben kann.

Jede Jahreszeit zeigt ein anderes Bild. Das Frühjahr ist die Zeit der geheimnisvollen Osterprozessionen, aber auch der rauschenden *fiestas*. Blühende Wiesen laden zu Spaziergängen oder ausgedehnten Wanderungen ein, Strände zu Ausritten, Pinienwälder zu Radtouren. Die sommerliche Hitze dörrt die Landschaft aus, doch schattige, arabisch anmutende Gärten, in denen Brunnen plätschern, spenden Bewohnern und Besuchern erholsame Frische. Oder aber man sucht Abkühlung beim Wassersport. Erst nachts, wenn sich Strandkneipen und Tapas-Bars mit Menschen füllen, scheint in den heißen Monaten das Land zum Leben zu erwachen. Bis weit in den Herbst hinein ist das Meer warm genug zum Baden. Dann bietet es sich an, die engen Gassen und stillen Winkel der weißen Dörfer zu durchstreifen, strenge mittelalterliche Burgen zu erkunden und hoch über bizarren Gebirgen den Flug von Adler und Geier zu verfolgen. Eine stille Zeit ist der Winter. Dann lassen sich die Kulturschätze der Städte in Ruhe, ohne den großen Touristenrummel, genießen. Einen Zufluchtsort für alle, die der mitteleuropäischen Kälte entfliehen wollen, bilden die Küsten mit ihrem milden Klima.

Geschichtsträchtig und modern zugleich sind die Großen Drei: Sevilla mit einer der größten Kathedralen der katholischen Welt und malerischen Winkeln, Córdoba mit der Säulenhalle der Mezquita und farbenfrohen *patios,* Granada mit der berühmten, märchenhaften Alhambra, der ehemaligen arabischen Königsburg. Römer und Mauren sowie Christen haben ihre Spuren aber auch in vielen anderen andalusischen Städten hinterlassen, die manches architektonische Kleinod bergen. Von phönizischen Seefahrern gegründet, ist Cádiz gar die älteste Stadt Europas. Jerez de la Frontera steht für Wein und Pferde, die in der Hofreitschule ihre Dressurkünste zeigen. Beide sind wie Sevilla und Granada Hochburgen des Flamenco. Als Geburtsstadt von Pablo Picasso punktet Málaga mit einem Museum, das sich dem Künstler widmet, sowie mit üppigen tropischen Parks. Stilvoll im klassisch spanischen Sinn ist Almería, unverfälscht präsentieren sich die Renaissancestädte Baeza und Úbeda. Das pittoreske Ronda beansprucht für sich, den Stierkampf in der heutigen Form erfunden zu haben. Allen gemeinsam ist ein mediterraner Lebensstil, der sich oft auf angenehme Weise zeigt.

Andalusien ist ein bergiges Land. In der Sierra Nevada ragen die höchsten Gipfel der Iberischen Halbinsel auf, monatelang sind sie von Schnee bedeckt. Andere Sierras haben eher Mittelgebirgscharakter, sind aber immer ebenfalls schroff und karg oder von dichten

Urwäldern bedeckt. In der Sierra de Cazorla gedeihen knorrige Kiefern zwischen Wasserfällen und Bergseen, in der Sierra de Grazalema liegen die dunklen Wälder der letzten Igeltannen. Immer wieder gibt es prähistorische Dolmen oder auch Tropfsteinhöhlen voller Fledermäuse und steinzeitlicher Felskunst zu besichtigen. Dazwischen eingestreut leuchten die weißen Dörfer mit ihren hell gekalkten Häusern und labyrinthartigen, auf die Mauren zurückgehenden Straßenzügen. Einige besitzen lieblichen Charakter, mit Plätzen, auf denen die Cafés ihre Tische unter Orangenbäume stellen. Andere bestechen durch ihre Ursprünglichkeit. Große Teile der Gebirge stehen als Natur- oder Nationalparks unter Schutz. Hier leben Wildtiere wie Luchs oder Steinbock, die andernorts fast verschwunden sind.

Am Mittelmeer sind die Winter milder, die Sommer heißer. In besonderem Maße gilt dies für die Costa del Sol, ein klassisches Touristenziel seit Jahrzehnten, mit dem Nobelferienort Marbella, der Einkaufsvergnügen und viel Flair bietet. Unberührter zeigen sich Teile des Hinterlands mit romantischen Dörfern und fruchtbaren Tälern. Ebenso die östlich angrenzende Costa Tropical und die in Teilen fast wüstenhafte Costa de Almería mit dem Vulkangebiet am Cabo de Gata. Noch recht jung ist der Tourismus an der Atlantikküste, der Costa de la Luz. Sie wird für ihr ganz besonderes Licht gerühmt, aber auch für die kilometerlangen, naturbelassenen Sandstrände, an denen sich Surfer tummeln. Dahinter dehnen sich vielfach Pinienwälder, Dünen und sumpfiges Marschenland aus, in dem zahlreiche Zugvögel rasten, speziell in dem riesigen ehemaligen Jagdgebiet Doñana, heute Spaniens wohl berühmtester Nationalpark, in den abenteuerliche Jeep- und Flussschifffahrten führen.

Andernorts gedeihen Weinreben, die in etlichen Bodegas im sogenannten Sherrydreieck zu dem viel gerühmten gleichnamigen Tropfen verarbeitet werden. In Palos de la Frontera startete Kolumbus zu seiner ersten Atlantiküberquerung, überall wandelt man dort auf den Spuren des Entdeckers. Ausflüge in die kuriose britische Enklave Gibraltar, ins Andalusien ähnliche und doch so andere Nachbarland Portugal oder per Schnellfähre ins nahe Marokko komplettieren das Angebot.

Küste in der Provinz Almería

Steckbrief Andalusien

Daten und Fakten

Name: Andalucía. Leitet sich von *landahlauts* (= landlos) ab, so hießen die Vandalen in gotischer Sprache. Unter den Mauren wurde daraus Al-Andalus, damals noch als Name für den gesamten von ihnen beherrschten Teil Spaniens.

Fläche: 87 595 km². Andalusien ist damit nach Kastilien-León die zweitgrößte Autonome Region Spaniens (17,3 % der Landesfläche).
Hauptstadt: Sevilla
Amtssprache: Spanisch (Kastilisch)

Einwohner: : 8 202 000
Bevölkerungswachstum: 1,8 %
Lebenserwartung: Frauen 81 Jahre, Männer 74 Jahre
Zeitzone: MEZ, im Sommer MESZ

Landesvorwahl: 0034
Internet-Kennung: .es

Landesflagge: Die ›Versammlung von Ronda‹ schuf 1918 die grün-weiß-grüne Flagge, um Andalusien eine eigene Identität innerhalb des spanischen Staates zu geben. Die Farben gehen auf die maurischen Dynastien der Omajaden (grün) und Almohaden (weiß) zurück.

Geografie

Andalusien liegt an der Südwestspitze des europäischen Kontinents. Afrika ist an der Straße von Gibraltar nur 14 km entfernt. Im Westen sind Río Guadiana und Río Chanza Grenzflüsse zu Portugal. Die über 1300 m hohe Sierra Morena trennt Andalusien im Norden von der Kastilischen Hochebene mit den Regionen Extremadura und Kastilien-La Mancha. Südlich der Sierra Morena fließt der wichtigste Fluss Andalusiens, der Guadalquivir. Noch weiter südlich bedecken die Bergketten der Sierras Béticas (Betische Kordillere) fast zwei Drittel der Fläche Andalusiens. Zu den Sierras Béticas gehört auch das höchste Gebirge der Iberischen Halbinsel, die Sierra Nevada. Der schmale Küstenstreifen am Mittelmeer heißt in der Provinz Málaga Costa del Sol, in der Provinz Granada Costa Tropical. Im Hinterland der flacheren Costa de Almería gibt es wüstenähnliche Landschaften. Im Osten grenzt die Provinz Almería an die Region Valencia. Die Westküste Andalusiens (Costa de la Luz) liegt am Atlantik. Dieses Gebiet wird vom flachen Mündungsgebiet des Guadalquivir dominiert.

Geschichte

Aus der Steinzeit sind in Andalusien 20 000 Jahre alte Höhlenmalereien bezeugt, ab 2500 v. Chr. entstanden Megalithbauten. Um 1100 v. Chr. gründeten Phönizier Cádiz, später errichteten die Karthager Handelsniederlassungen. Rom eroberte 206 v. Chr. Andalusien. Im 5. Jh. n. Chr. übernahmen die Westgoten die Herrschaft. 711 begann die arabische Epoche. Ab 1230 eroberte das christliche Kastilien einen Großteil Andalusiens. Nur Granada blieb bis 1492 ein maurisches Königreich. Im selben Jahr entdeckte Kolumbus Amerika. Sevilla und ab 1717 Cádiz erhielten das Monopol auf den Amerikahandel. 1898 verlor Spanien seine letzten Kolonien. Während des Spanischen Bürgerkriegs (1936–1939) stand Andalusien unter der Herrschaft der Anhänger Francos. Nach Beendigung der Franco-Diktatur 1975/76 führte der heutige König von Spanien – Juan Carlos I. – das Land in die Demokratie.

Staat und Politik

1981 erhielt Andalusien den Status einer Autonomen Gemeinschaft. Seither verwaltet es sich selbstständig, ähnlich wie die deutschen Bundesländer. Hauptstadt und Sitz der Regierung (Junta de Andalucía) ist Sevilla. Alle vier Jahre wird das Parlament mit 109 Mitgliedern gewählt. Dieses wiederum wählt den Präsidenten Andalusiens, der zugleich Regierungschef ist. Ihm steht ein Regierungsrat (Consejo de Gobierno) mit 13 Mitgliedern zur Seite, den Leitern der verschiedenen Behörden. Andalusien wird traditionell von der PSOE (Partido Socialista Obrero Español) regiert. Als sozialistische Arbeiterpartei gegründet, ist sie heute eine sozialdemokratische Partei. Zurzeit regiert sie auch in Madrid. In Andalusien musste die PSOE vier Jahre lang mit der Regionalpartei Partido Andalucista koalieren. Doch 2004 eroberte Regierungschef Manuel Chaves die absolute Mehrheit zurück. Bei den Wahlen 2008 wurde er im Amt bestätigt, wechselte aber ein Jahr später in das Kabinett in Madrid. Sein Nachfolger wurde José Antonio Griñán. In der Opposition befindet sich die christlich-konservative PP (Partido Popular).

Die 17 Autonomen Gemeinschaften Spaniens setzen sich aus Provinzen zusammen. Jede wird von einer Abordnung (Diputación) verwaltet. In Andalusien gibt es acht Provinzen: Málaga, Cádiz, Huelva, Sevilla, Córdoba, Jaén, Granada und Almería. Kleinste Verwaltungseinheit ist die Gemeinde (Municipio).

Eine britische Enklave auf andalusischem Boden ist Gibraltar.

Wirtschaft und Tourismus

Tragende Kraft der Wirtschaft ist mit 68 % der Dienstleistungssektor. Knapp 63 % der arbeitenden Bevölkerung sind in diesem Bereich tätig, wobei der Handel vor dem Tourismus rangiert. Die Anteile von Gewerbe/Industrie und Bauwirtschaft betragen ca. 13 bzw. 11 %. Landwirtschaft und Fischfang haben stark abgenommen. Hier sind nur noch 10,5 % der Beschäftigten tätig, der Anteil am Bruttoinlandsprodukt beträgt 8,6 %.

Pro Kopf beträgt das BIP rund 13 000 € im Jahr (Gesamtspanien ca. 18 000 €). Ein Privathaushalt hat netto ca. 600–1200 € im Monat zur Verfügung. Die Arbeitslosenquote liegt mit ca. 20% weit über dem spanischen Durchschnitt (11,4 %). Rund 20 Mio. Touristen besuchen jedes Jahr Andalusien, vor allem Spanier, Briten und Deutsche.

Bevölkerung und Religion

Die Bevölkerungsdichte in Andalusien liegt mit 94 Einw./km^2 etwa im spanischen Durchschnitt. Die meisten Menschen leben in den großen Städten und an den Küsten. Von den insgesamt 8 202 000 Einwohnern sind 530 000 zugewandert. Der Ausländeranteil beträgt damit ca. 6,5 %. Ein Großteil der Migranten kommt aus Afrika oder Lateinamerika. Etwa 13 000 Deutsche und 62 000 Engländer sind offiziell in Andalusien gemeldet, die meisten an der Costa del Sol. Knapp 93 % der andalusischen Bevölkerung sind Katholiken, je knapp 3 % Protestanten und Muslime.

Natur und Umwelt

Viele Urlauber kommen wegen der Natur nach Andalusien. Über den Gipfeln der schroffen Bergzüge kreisen Adler und Geier. Auf Almwiesen und in dichten Wäldern leben Steinbock, Luchs, Wildkatze und Fischotter. An den Küsten wechseln Dünenstrände mit Sumpfgebieten und wüstenhaften Landschaften ab. Naturschutz wird in etlichen National- und Naturparks großgeschrieben.

Daten aus der Erdgeschichte

Geologisch ältester Bereich Andalusiens ist die **Sierra Morena,** ein Gebirgszug, der sich an der Nordgrenze des Landes über eine Länge von 400 km erstreckt. Vor rund 280 Mio. Jahren wurde sie gefaltet und über den Meeresspiegel herausgehoben. Diesem Prozess war seit dem Erdaltertum (vor ca. 420 Mio. Jahren) die Ablagerung gewaltiger Sedimentschichten am Grund eines früher vorhandenen Meeres vorangegangen. Sie unterlagen zunächst der kaledonischen Gebirgsbildung, bei der sie durch tektonischen Druck in Schiefer und Quarzite verwandelt wurden. In Gesteinsgängen sonderten sich Metallerze ab: Eisen- und Kupferpyrite, Blei, Gold und Silber. Daher rührt der seit der Antike legendäre Reichtum an Bodenschätzen der Sierra Morena. Erosive Kräfte wirken schon seit langem an dem Gebirge und schufen im Wesentlichen ein Relief mit sanften, abgerundeten Formen. Im östlichen Teil gipfelt die Sierra Morena in Höhen über 1300 m, während sie in ihrem Westteil, der Sierra de Aracena, nur noch maximal 959 m erreicht.

Vor rund 200 Mio. Jahren, in der Trias, dem ersten Abschnitt des Erdmittelalters, öffnete sich durch das Auseinanderdriften des europäischen und des afrikanischen Kontinents ein Vorläufer des Mittelmeers, die sogenannte Tethys. In ihren Becken lagerten sich während des gesamten Erdmittelalters, das bis vor etwa 65 Mio. Jahren andauerte, bis zu 2000 m mächtige Sedimente ab.

In der Erdneuzeit kam es wiederum zu gewaltigen Umbrüchen in der westlichen Mittelmeerregion. Die Kontinentalplatten Afrikas und Europas drifteten aufeinander zu, wodurch die Tethys – einst fünfmal so groß wie das heutige Mittelmeer – immer schmaler wurde. Durch den Schub warfen sich die Sedimentpakete zu Faltengebirgen auf (Alpen, Pyrenäen u. a.). Auch die **Sierras Béticas** (Betische Kordillere) entstanden auf diese Weise. Dabei handelt es sich um einen Oberbegriff für eine rund 500 km lange Reihe von Gebirgszügen: Sierra de Grazalema (1654 m), Sierra de las Nieves (1918 m), Sierra Nevada (3482 m), Sierra de Cazorla (2107 m) u. a. Diese begrenzen – von Spaniens Südspitze ausgehend – die andalusische Mittelmeerküste. Einst hatten sie ihre Fortsetzung im marokkanischen Rifgebirge, bis sich vor etwa 5 Mio. Jahren durch tektonische Absenkung die Straße von Gibraltar bildete. Die Faltungs- und Hebungsprozesse der sogenannten alpidischen Gebirgsbildung begannen in Andalusien vor etwa 26 Mio. Jahren und endeten vor rund 2 Mio. Jahren. In ihrem Verlauf gelangten vor allem Sedimentgesteine der Trias (Buntsandstein, Muschelkalk), des Jura und der Kreide an die Oberfläche. Teile der Sierra Morena wurden in diese Phase einbezogen, daher gibt es dort örtlich Vorkommen von Trias- und Miozänkalken. Die Sierras Béticas bauen sich größtenteils aus Trias- und Jurakalken auf. In Los Alcornocales stehen silikatreiche Sandsteine der Trias an. Im zentralen Teil der Sierra Nevada herrschen Granite und kristalline Schiefer vor, die in großen Tiefen entstanden und im Verlauf der Gebirgsbildung gehoben wurden. Auch der Vulkanismus am Cabo de Gata steht mit diesen Vorgängen in Verbindung.

Sowohl in der Sierra Morena als auch in den Sierras Béticas gibt es attraktive **Tropfsteinhöhlen** (Gruta de las Maravillas in Aracena, Cueva de Nerja u. a.). Sie verdanken ihre Entstehung Verkarstungsprozessen durch Regenwasser in Kalkgestein, die sich vorwiegend während der letzten Eiszeit abspielten. Seit diese vor etwa 10 000 Jahren zu Ende ging und das Klima wärmer und trockener wurde, geht die Verkarstung deutlich langsamer vonstatten. Viele Tropfsteinhöhlen zeichnen sich nicht nur durch bizarre Stalagmiten und Stalaktiten aus, sondern auch durch Felsritzungen und Malereien, die Menschen der Steinzeit an ihren Wänden anbrachten. Karsterscheinungen ist auch die Ausbildung des bizarren Steingartens von El Torcal zuzuschreiben.

Zwischen der Sierra Morena und den Sierras Béticas bildete sich eine Senke, die über Jahrmillionen hinweg einen Meeresarm darstellte und wohl auch für längere Zeit die einzige Verbindung zwischen Atlantik und Mittelmeer war. Dort lagerte sich Erosionsmaterial aus den Bergen ab (Sande, Tone und Mergel). Später wurde das Gebiet tektonisch über den Meeresspiegel hinausgehoben. So entstand das **Guadalquivirbecken** mit seinem fruchtbaren Boden, auf dem intensiv Landwirtschaft betrieben wird.

Mittelmeerflora

Andalusien besitzt großenteils ein mediterranes Klima mit trocken-heißen Sommern und milden, niederschlagsreichen Wintern. Dies gilt in etwas abgeschwächter Form auch für die Atlantikküste. Die Vegetation hat sich auf diese Bedingungen eingestellt. So sind die meisten Pflanzen immergrün. Da es in den Monaten Mai bis September oft wochenlang nicht regnet, schützen Hartlaubgewächse ihre Blätter durch eine ledrige Oberfläche vor Verdunstung. Andere Pflanzen verringern die wasserverdunstende Oberfläche, indem sie nadel- oder dornenförmige Blätter ausbilden. Sukkulenten sammeln das lebensnotwendige Nass in verdickten Blättern, Stängeln oder Wurzeln. Manche Arten überstehen die Trockenzeit als Zwiebeln oder Knollen, die nach den ersten Regenfällen im Herbst wieder austreiben. Auch der für Mittelmeerpflanzen charakteristische Duft, hervorgerufen durch ätherische Öle, stellt eine Art Schutzschirm dar, der die Sonneneinstrahlung mindert.

Die Hauptblüte entfaltet sich im Frühjahr in den Monaten März bis Mai. Ab Ende September kommt es zu einer zweiten, nicht ganz so prachtvollen Blütezeit. In den Wintermonaten gibt es blühende Pflanzen nur in den Küstengebieten zu sehen.

In den Gebirgen wird das vorherrschende Mittelmeerklima durch den Einfluss der Höhenlage abgewandelt. Große klimatische Unterschiede bestehen auch zwischen Luv- und Leeseite der Gebirgszüge. Feuchte Luftmassen, die vom Atlantik herbeiziehen, steigen an den Westseiten der Gebirge auf, führen zu Wolkenbildung und Niederschlägen. Dementsprechend entwickelt sich eine weitaus üppigere Vegetation als an den Ost- und Südostabhängen, wo die Luft als warmer, trockener Fallwind hinabfällt. Letzteres betrifft vor allem die andalusische Mittelmeerküste, die landeinwärts komplett durch Gebirge abgeschirmt wird. So wird das Klima im Gebiet von Almería sogar als semiarid eingestuft, die Verhältnisse entsprechen also denjenigen in einer Halbwüste.

Die Küsten

Nicht zuletzt die ausgezeichneten Sandstrände machen die andalusischen Küsten als Urlaubsziel beliebt. An vielen Stellen besteht der Sand aus den erodierten Kalkgesteinen der Gebirge, denen er seine Feinheit

Natur und Umwelt

und besonders helle Farbe verdankt. Andernorts handelt es sich um durch die Brandung zerriebene Schalen von Meerestieren (Muscheln, Schnecken). Hinter den langen Sandstränden der Costa de la Luz, in geringerem Ausmaß aber auch am Cabo de Gata sind natürliche Dünengebiete erhalten geblieben (z. B. bei Tarifa oder bei Matalascañas). Die Pflanzen müssen hier im Sommer mit besonders starker Austrocknung zurechtkommen. Hinzu kommt die ständige Überwehung mit Sand. Dennoch gedeiht eine artenreiche Flora, deren attraktivste Vertreter die Stranddistel und die Dünen-Trichternarzisse sind. Landeinwärts verzahnen sich die Dünen oft mit Pinienwäldern, z. B. im Nationalpark Doñana. Von Natur aus ersticken wandernde Dünen immer wieder Bäume, die aber im nächsten Dünental erneut Fuß fassen. Dieser Prozess ist durch Festlegung der Dünen heute vielerorts gestoppt. Im Unterholz des Pinienwaldes gedeihen Wildorchideen (Knabenkräuter, Ragwurz u. a.).

Die **Felsküste** ist durch Brandung und Wind oft einem salzhaltigen Sprühnebel ausgesetzt. Pflanzen, die unmittelbar am Meeressaum wachsen, besitzen daher dickfleischige Blätter, um sich gegen den durch das Salz verursachten Wasserverlust zu schützen. Am bekanntesten ist der Meerfenchel, dessen eingelegte, vitaminreiche Blätter Schiffsbesatzungen früher mitführten, um Skorbut vorzubeugen.

In Flussniederungen und im Bereich von Flussmündungen haben sich vielfach **Marschen** *(marismas)* gebildet. In Meeresnähe sind sie durch den Einfluss des Salzwassers geprägt, dort gedeiht eine salztolerante Flora. Oft befinden sich an solchen Orten ehemalige Salinenbecken, Salzgewinnung wird allerdings nur noch an wenigen Stellen betrieben. Landeinwärts wird die Marsch immer brackiger. Hier verändert sich die Landschaft sehr stark mit den Jahreszeiten. Am Ende des Winters ist sie von Wasser bedeckt, auf dem oft ein weißer Blütenteppich aus Wasserhahnenfuß schwimmt. Im Sommer hingegen trocknet sie aus. Ähnliche, für die Pflanzenwelt sehr extreme Bedingungen finden sich teilweise auch weit landeinwärts an den Lagunas – **Salzseen** in abflusslosen Senken, die im Sommer oft fast ganz verschwinden (z. B. Laguna de Fuente de Piedra, s. S. 145).

Matorral

Unter der Bezeichnung Matorral fassen die Andalusier alle Strauchformationen zusammen, von der Steppenflora bis hin zu üppigem Gebüsch, das schon nahezu in Wald übergeht. Die Botaniker unterteilen den Matorral in Garigue und Macchie. Große Teile der andalusischen Mittelmeerabhänge sind von **Garigue** überzogen. Diese artenreiche Vegetation verdankt ihre Bezeichnung dem südfranzösischen Namen der Kermeseiche *(gariulia)*. Hier gedeihen Stauden und Zwergsträucher, die kaum mehr als 1 m Höhe erreichen. Aromatische Kräuter wie Rosmarin oder Lavendel sind ebenso vertreten wie Zwergpalme und Zickzackdorn, ein dorniger Strauch mit zickzackförmigen Zweigen. Sie erfüllen die Luft mit ihrem würzigen Duft. Von Mitte März bis Mitte Mai verwandelt sich die Garigue in ein Blütenmeer. Der Affodill – ein attraktives Liliengewächs – blüht weiß, die duftenden Zistrosen weiß und rosa, die Hauhechel – ein Schmetterlingsblütler – gelb. In den *barrancos* (Schluchten), durch die nach Regenfällen Wasser fließt und die Bodenfeuchtigkeit immer recht groß ist, wächst der wilde Oleander.

Anscheinend hat der Mensch einiges zur Entstehung der Garigue beigetragen. In der trockenen Region bei Almería kommt sie von Natur aus vor. Andernorts dürfte sie – abgesehen von felsigen Stellen – durch Abholzung und nachfolgende Nutzung als Weideland entstanden sein.

Zwischen Garigue und **Macchie** gibt es fließende Übergänge. Die Macchie – ein niedriger Buschwald – benötigt bessere Böden und mehr Feuchtigkeit. Auch an ihrer Verbreitung scheint der Mensch nicht ganz unschuldig zu sein. Charakteristische Pflanzen der andalusischen Macchie sind Wilder Ölbaum (im Gegensatz zu seinem kultivierten Verwandten ein dürrer Busch), Phönizischer Wacholder und der mit den Pistazien verwandte Mastixstrauch.

Andalusische Orchideen — Thema

Kaum eine Pflanzengruppe fasziniert so sehr wie die Orchideen. Gewöhnlich schweifen die Gedanken dabei in die undurchdringlichen, geheimnisvollen Bergwälder der Tropen. Doch auch in Europa gibt es zahlreiche Orchideen. Nirgendwo sind sie so variantenreich vertreten wie in Andalusien.

Die Orchideen blühen im Frühjahr, je nach Höhenlage zwischen Februar und Juni. In der Sierra de Grazalema lassen sich etliche dieser botanischen Kostbarkeiten entdecken. Charakteristisch sind hier die Spiegel-Ragwurz und die Gelbe Ragwurz. Allgemein zeichnen sich die Blüten der Gattung Ragwurz durch eine bizarre Lippe aus, deren Gestalt an ein Insekt erinnert. Sie soll bestimmte Hautflügler anlocken, die die Blüte für das Weibchen halten. Bei der Spiegel-Ragwurz ist die Lippe kahl und glänzt wie ein Spiegel.

Im Schatten der dunklen Igeltannenwälder gedeihen nur wenige Blütenpflanzen. Zu ihnen gehört das Rote Waldvögelein, eine schlanke Orchidee mit ausgesprochen schönen, großen, rosafarbenen Blüten. Sie ist so robust, dass man sie Richtung Norden bis Skandinavien findet. Das weiß blühende Langblättrige Waldvögelein kommt in der Sierra de Grazalema in Gruppen von bis zu 500 Exemplaren vor. Weitere interessante, hier vertretene Arten sind die Pyramidenorchis mit ihrem kegelförmigen, dichten, rosafarbenen Blütenstand, die Bocks-Riemenzunge, bei der die Lippe zungenförmig verlängert ist und die Blüte einen Bocksgeruch verströmt, und das gelb blühende Insel-Knabenkraut.

Auch das Gebiet um die Garganta del Chorro und der Felsengarten von El Torcal nördlich von Málaga sind Fundgruben für Orchideen, speziell im März und April. Die Botaniker zählten über 30 Arten. Hier wie dort herrscht Kalkgestein vor, das viele Orchideenarten bevorzugen. Bei El Chorro kommt die Atlas-Ragwurz vor, die ihren Verbreitungsschwerpunkt in Nordafrika hat und in Südspanien nur an wenigen Stellen zu finden ist. Auch ist hier das sehr auffällige Schmetterlings-Knabenkraut vertreten. Seine karminroten bis purpurfarbenen Blüten haben eine besonders große, fächerförmige Lippe. Die Pflanze wächst in Mandelbaumplantagen oft in größeren Gruppen.

In der Sierra de Cazorla blühen die Orchideen von März bis Mai. Neben diversen Ragwurz-Arten ist vor allem das purpurrosa blühende Manns-Knabenkraut erwähnenswert. Seinen Namen verdankt es der Hodenform seiner Knollen. Es ist auch in Mitteleuropa zu finden, bildet aber in Spanien eine besonders locker blühende, schlankwüchsige Unterart. In den Höhenlagen der Sierra Nevada ist es zu kühl für Orchideen, doch in den Steineichenwäldern in mittleren Lagen findet sich eine der schönsten Orchideen Andalusiens, der Violette Dingel. Nicht nur die Blüten, sondern auch der gesamte Stengel sind violett. Die Pflanze ist in Spanien vom Aussterben bedroht, kommt aber in Nordwestafrika noch recht häufig vor. Die Gebirgszüge nördlich von Almería (Sierra de Gádor, Sierra de los Filabres, Sierra Cabrera) weisen trotz ihres trockenen Steppenklimas eine erstaunliche Vielfalt an Orchideenarten auf. Hier ist sogar das bis zu 80 cm hohe, rotbräunlich blühende Riesenknabenkraut zu Hause.

Natur und Umwelt

Eichenwälder

In üppigerer Macchie, vor allem im regenreicheren Westen Andalusiens, treten Erdbeerbaum und Steineiche auf. Sie leiten zu den eigentlichen Eichenwäldern über. Ausgedehnte Bestände von **Steineichen** gibt es z. B. noch in der Sierra de Grazalema und der Sierra de Aracena. Einst waren sie wohl weiter verbreitet, überall an den relativ feuchten Nordwestseiten der Gebirgszüge, wo sie bis in 1300 m Höhe vorkommen können. Vielleicht bedeckten sie auch Teile des Guadalquivirbeckens, wo sie durch Nutzflächen verdrängt wurden. Vielerorts fielen sie auch jahrhundertelang der heute nicht mehr betriebenen Holzkohlegewinnung zum Opfer. Die Verwandtschaft der Steineiche mit den mitteleuropäischen Eichenarten ist unverkennbar. Allerdings wird sie selten höher als 15 m und hat einen eher buschförmigen Wuchs. Ihre Blätter sind klein und haben auf der Unterseite einen filzigen Belag.

Eine Sonderform des Steineichenwalds ist die **Dehesa,** eine Waldweide mit lichtem Baumbestand. In der Sierra de Aracena, aber auch in anderen Teilen der Sierra Morena werden bis heute große Herden von schwarzen Iberischen Schweinen zur Eichelmast in die Dehesas getrieben. In Südwestandalusien weiden Kampfstiere mehrere Jahre lang auf diesen Waldweiden, bevor sie in der Arena sterben. Naturschützer stellen sich in Spanien gegen Tierschützer, wenn es um die Frage der Abschaffung des Stierkampfs geht. Denn die relativ naturnahen Dehesas sind ein wichtiger Lebensraum für seltene Pflanzen und Tiere und von Umwandlung in Weizenfelder oder Ölbaumplantagen bedroht.

Oberhalb von etwa 400 m Höhe treten in den westandalusischen Gebirgen (Naturpark Los Alcornocales, Sierra de Grazalema, Sierra de Aracena) **Korkeichen** hinzu. Sie gedeihen nur auf silikatreichen, kalkarmen Böden und benötigen ein ozeanisches Klima mit milden Wintern und relativ hoher Luftfeuchtigkeit. Die Korkeichenwälder werden intensiv wirtschaftlich genutzt. Etwa alle neun Jahre ist der Kork am Stamm dick genug

Pause: Hirte unter Korkeichen in der Sierra Morena

Mittelmeerflora

(7–10 cm). Dann lösen erfahrene Erntearbeiter ihn im Sommer in Platten ab, ohne die lebenswichtigen Leitgefäße darunter zu beschädigen. Der Stamm ist anschließend lange Zeit kräftig rotbraun. Nach Portugal ist Spanien größter Korkproduzent der Welt.

Als dritte Eichenart kommt in Gebirgstälern (z. B. Sierra de Grazalema, Sierra de Cazorla), in denen die Luftfeuchtigkeit hoch und der Boden tiefgründig ist, die **Portugiesische Eiche** (Buchenblättrige Eiche) vor. Sie ist im Gegensatz zu Stein- und Korkeiche nicht immergrün, sondern wirft ihr Laub beim Austreiben neuer Blätter ab.

Als Besonderheit haben sich in den Schluchten *(canutos)* des Naturparks Los Alcornocales Restbestände eines **Lorbeerwalds** gehalten, der vor Jahrmillionen in Europa weit verbreitet war, die Eiszeiten aber nur auf den milden Atlantikinseln (Azoren, Madeira, Kanaren) überlebt hat.

Igeltannenwald

Eine große botanische Kostbarkeit ist die Igeltanne oder Spanische Tanne (span. *pinsapo*), die hohe Niederschläge benötigt (über 2000 mm pro Jahr), wie sie in Andalusien nur in wenigen Gebirgslagen zu verzeichnen sind. Sie ist in Südspanien endemisch, kommt also nirgendwo sonst vor. Vor Jahrmillionen war sie weiter verbreitet, konnte sich aber bis heute nur an wenigen Standorten halten.

Am Nordabhang der Sierra de Grazalema, in Höhenlagen oberhalb von 900 m, hat sie ihren größten Bestand (300 ha), außerdem ist sie noch in der Sierra de las Nieves und in der Sierra Bermeja bei Estepona vertreten. Ihren deutschen Namen verdankt die Igeltanne den Nadeln, die nach allen Seiten abstehen. In ihrem Unterwuchs gedeihen Pfingstrosen und verschiedene Orchideenarten.

Kiefernwälder

In den Gebirgen Ostandalusiens sind Kiefernwälder verbreitet. Den größten natürlichen Bestand hat die für ihren außerordentlichen Waldreichtum berühmte Sierra de Cazorla. Viel Trockenheit verträgt die **Aleppokiefer,** die dementsprechend in der tieferen, niederschlagsärmeren Zone dominiert. Mit ihr wurde oft auch in Küstennähe aufgeforstet, wo sie dann häufig mit der Pinie verwechselt wird. Letztere zeichnet sich jedoch durch eine unverkennbar schirmförmige Krone aus. Oberhalb von 900 m wird die Aleppokiefer in den Gebirgen von der **Sternkiefer** (Strandkiefer) abgelöst. Sie ist ein wichtiger Forstbaum. Oberhalb von 1300 m schließlich ist die **Schwarzkiefer** zu Hause, ein sehr attraktiver Baum, der lichte, von Gesteinsschuttflächen unterbrochene Bestände bildet. Den Aleppo- und Strandkiefernwäldern sind oft andere Baumarten beigemischt, z. B. die Steineiche. Im Unterwuchs gedeihen Straucharten der Macchie.

Gefährlich werden dem Kiefernwald die Raupen des **Prozessionsspinners,** eines unscheinbaren Nachtschmetterlings, der nur ein paar Tage lebt. In dieser Zeit legen die Weibchen mehrere hundert Eier an den Spitzen der Kiefernzweige ab. Die Raupen umgeben sich mit Gespinsten aus Seidenfäden, in deren Schutz sie sämtliche junge Kiefernnadeln abfressen. Im Frühjahr wandern sie dann in Prozessionsformation die Stämme hinab, um sich im Boden zu verpuppen. Wenn sich der Schmetterling massenhaft vermehrt, kann er ganze Bäume zum Absterben bringen.

Im Gebirge

Der waldfreie Gipfelbereich der Sierra Nevada wird durch Geröllschuttfelder *(cascajares)* charakterisiert. Sie entstehen durch Temperaturunterschiede. Tagsüber dehnt sich das Gestein durch Hitze aus, nachts zieht es sich durch Kälte zusammen, es bilden sich Risse. Wenn in diese Risse Wasser eindringt und gefriert, verursacht dies eine Sprengung des Gesteins. Hier gedeiht eine äußerst artenreiche Flora, die mit derjenigen der Pyrenäen, Alpen und Karpaten verwandt ist. Die geografische Isolierung der Sierra Nevada gegenüber anderen europäischen Hochgebirgen sorgte für eine eigenständige Entwicklung, weshalb in den Geröllfeldern allein 64 Endemiten anzutreffen sind und darüber hinaus viele, die außerhalb Spaniens nicht vorkommen.

Natur und Umwelt

Zwischen 1900 und 2600 m Höhe ist der Blaue Stachelginster (Igelginster) verbreitet. Dazwischen wachsen Pfingstrosen und die gelb blühende Wilde Tulpe. Dann folgt bis zu den höchsten Gipfeln eine Zone sehr dünnen Bewuchses, für die das endemische Veilchen *Viola crassiuscula* und der Sierra-Nevada-Krokus besonders charakteristisch sind.

Tierwelt

Der Iberische Steinbock kommt vor allem noch in der Sierra Nevada (5000 Exemplare), Sierra de Grazalema, Sierra de las Nieves und Sierra de Cazorla vor. Gefährdet ist der Bestand des Pardelluchses. Er ist nur noch im Nationalpark Doñana mit etwa 50 Exemplaren vertreten. Dort leben auch Mungos und die Nordafrikanische Ginsterkatze. Sie ist äußerst scheu und nur nachts aktiv. Daher bekommt sie kaum jemand zu sehen. Nicht zu verwechseln ist sie mit der Wildkatze, die z. B. noch in der Sierra Norte und den Montes de Málaga nachgewiesen ist. Der vorwiegend nachtaktive Fischotter ist in den vielen Bächen und kleinen Flüssen der Alcornocales und der Sierra de Grazalema zu Hause und hat hier seinen größten Bestand in ganz Europa. Oft entdeckt man nur seine Fußspuren im Schlick. Rothirsch und Wildschwein erfreuen sich als Jagdwild großer Beliebtheit. Ihr Fleisch ist auf den Speisekarten mancher Landgasthäuser zu finden. Sie halten sich vorwiegend im Nationalpark Doñana und in den andalusischen Gebirgen auf.

Auch Vögel sind reichlich vertreten. Besonders majestätisch sind einige große Greifvogelarten: der stark gefährdete Iberische Kaiseradler (Doñana, Sierra de Aracena), außerdem Steinadler (Sierra de las Nieves, Sierra de Cazorla, Sierra Nevada), Gänsegeier (Los Alcornocales, Sierra de Grazalema, Sierra de Cazorla) und andere (s. S. 426). Nachts ist in der Sierra de las Nieves und der Sierra María der Uhu unterwegs. In Korkeichen oder auch auf Schornsteinen oder Telegrafenmasten brütet vielerorts der Schwarzstorch, insbesondere im Norden Andalusiens. Kuhreiher halten sich gern in der Nähe von weidenden Kampfstieren auf, um von diesen aufgeschreckte Insekten zu fangen. Für viele Zugvogelarten sind die Feuchtgebiete der andalusischen Atlantikküste, vor allem der Nationalpark Doñana, wichtige Überwinterungsziele oder auch Stationen auf dem Weg von Europa nach Nord- und Westafrika. Zeitweise sind hier Zehntausende von Flamingos, Graugänsen, Uferschnepfen und Entenarten zu sehen. Auch die Europäische Sumpfschildkröte ist in Feuchtgebieten nicht selten anzutreffen. In trockeneren Landstrichen begegnet man relativ häufig Eidechsen, z. B. der attraktiven, aber scheuen Perleidechse, die mit bis zu 80 cm eine stattliche Länge erreicht. Der Mauergecko bevorzugt

Naturschutz

Ein Traum in Rosa: Flamingos sieht man vor allem im Nationalpark Doñana

küstennahe Gebiete. Dort klettert er auf Insektenfang seinen Haftzehen nachts gern auch an Hauswänden. Tagsüber versteckt er sich unter Steinen. Schlangen sind ebenfalls hin und wieder zu sehen, z. B. an Wasserflächen die Vipernnatter, im Matorral die fast 2 m lange Eidechsennatter (deren Biss beim Menschen Schwellungen und Fieber verursacht) und in Dünengebieten die mit der Kreuzotter verwandte und ähnlich giftige Stülpnasenotter.

Naturschutz

In Andalusien gibt es heute eine ganze Reihe von Nationalparks (parque nacional), Naturparks (parque natural) und anderen Schutzgebieten. Großenteils gingen sie aus Jagdgebieten (coto) hervor, die früher von Königen und Adligen genutzt wurden. Sie blieben von den für Flora und Fauna nicht immer förderlichen Auswirkungen der Landwirtschaft verschont und sind heute Refugien für seltene Tier- und Pflanzenarten. Zwar ist in vielen dieser Gebiete die Jagd nach wie vor erlaubt, doch unterliegt sie inzwischen im Sinne des Naturschutzes starken Einschränkungen.
Parque Natural Sierra de las Nieves: Schroffes Kalkgebirge im Hinterland der Costa del Sol, das zugleich Unesco-Biosphärenreservat ist. Hier leben Steinböcke, Fischotter, Steinadler und Uhus. An den Nordabhängen wächst Igeltannenwald. Die

Natur und Umwelt

Infrastruktur für Besucher ist noch im Aufbau (s. S. 118 ff.).

Paraje Natural El Torcal: 1171 ha großer Felsengarten bei Antequera mit bizarren Gesteinsformationen und reicher Orchideenflora. Der Zugang ist beschränkt, nur ein Rundweg frei zugänglich (s. S. 138 f.).

Reserva Integral Laguna de Fuente Piedra: 7 km langer Salzbinnensee unter komplettem Schutz im Rahmen der internationalen RAMSAR-Konvention. Im Frühjahr brüten hier bis zu 40 000 Flamingos (s. S. 144 f.).

Parque Natural Sierra de Grazalema: Seit 1977 ist der Gebirgszug Biosphärenreservat, seit 1984 als ältester andalusischer Naturpark (51 695 ha) ausgewiesen. Wichtige Tierarten sind Fischotter und Gänsegeier. Gute Wandermöglichkeiten. Die Igeltannenwälder im zentralen Teil dürfen nur eingeschränkt betreten werden (s. S. 158).

Parque Natural de Los Alcornocales: Größter Korkeichenbestand Europas. Gute Wandermöglichkeiten (s. S. 122 ff., und 185 ff.).

Parque Natural del Estrecho: Küstenstreifen zwischen Algeciras und Bolonia, wo von August bis Oktober der spektakuläre Vogelzug nach Afrika zu beobachten ist. Von Januar bis April/Mai kehren die Tiere in kleineren Trupps wieder zurück (s. S. 176).

Parque Natural Breña y Marismas del Barbate: Pinien-Küstenwald bei Barbate mit Kuh- und Seidenreiherkolonie, Orchideenflora und Wanderwegen sowie Marschland an der Mündung des Río Barbate (s. S. 179).

Parque Natural de la Bahía de Cádiz: Rund 10 000 ha großes Feuchtgebiet mit Marschen, Dünen, Brackwasser und aufgelassenen Salinenbecken. Per Boot zu erkunden (s. S. 192).

Parque Nacional de Doñana: Ausgedehnter Nationalpark (54 000 ha) im Delta des Guadalquivir mit Dünen, Pinienwäldern, Buschland und Feuchtgebieten. Reich an Zugvögeln und Wild, Rückzugsgebiet von Pardelluchs, Ginsterkatze und Mungo. Beschränkt zugänglich auf markierten Wegen, per Boot oder Jeepausflug (s. S. 229 ff.).

Parque Natural Marismas de Isla Cristina: Amphibische Landschaft im Delta Río Guadiana mit reicher Vogelwelt. Auf einem Fußweg zugänglich (s. S. 237).

Parque Natural Sierra de Aracena y Picos de Aroche: Gebirgspark mit guten Wandermöglichkeiten. Pardelluchs und Iberischer Kaiseradler leben hier (s. S. 242 f.).

Parque Natural Sierra Norte: Mit 165 000 ha sehr ausgedehnter Park. Lebensraum von Luchs, Wildkatze, Schwarzstorch und verschiedenen Adler- und Geierarten. Gutes Wanderwegenetz (s. S. 291 f.).

Parque Natural de las Sierras Subbéticas: Mehrere schroffe Kalkgesteinszüge mit abwechslungsreichen Karstformen stehen auf 31 600 ha Fläche unter Schutz. Markierte Wanderwege (s. S. 311 ff.).

Parque Natural de las Sierras de Cazorla, Segura y Las Villas: Größter Naturpark Andalusiens (214 336 ha) und Biosphärenreservat, sehr waldreich. Wandern an Gebirgsbächen und zu Karstseen (s. S. 336 ff.).

Parque Nacional Sierra Nevada: Größter spanischer Nationalpark (860 000 ha). Großer Bestand des Iberischen Steinbocks, zahlreiche Schmetterlinge und botanische Raritäten der Hochgebirgsflora (s. S. 373 ff.).

Parque Natural de las Sierras de Tejeda, Almijara y Alhama: Drei Gebirgszüge im Hinterland der östlichen Costa del Sol. Markierte Wege, vom Spaziergang bis zur Ganztagestour (s. S. 396).

Parque Natural Montes de Málaga: Gebirgszug mit ausgedehntem Kiefernwald, in dem Wildkatze, Königsuhu und Chamäleon leben. Markierte Wanderwege (s. S. 404).

Paraje-Reserva Natural Punta Entinas – Sabinar: Natürliche Dünenstrände und ehemalige Salinen, ein Paradies für Wasservögel (Flamingos u. a). Nur zu Fuß oder per Fahrrad zugänglich (s. S. 413).

Parque Natural Cabo de Gata – Níjar: 60 km langer Küstennaturpark und Biosphärenreservat, mit Unterwasserschutzgebiet. Naturbelassene Strände, gutes Wanderwegenetz, botanische Raritäten (s. S. 417 ff.).

Parque Natural Sierra María – Los Vélez: Bis über 2000 m hoher Bergpark (22 670 ha) mit gutem Wanderwegenetz. Rückzugsgebiet für Adler, Geier und Uhus (s. S. 427 ff.).

Wirtschaft

Andalusien lebt heute zu einem nicht unerheblichen Teil vom Tourismus. Daneben spielen verschiedene Sparten der Landwirtschaft eine Rolle: Weinbau, insbesondere die Erzeugung des berühmten Sherry, Produktion von Olivenöl, Anbau und Export von Obst und Gemüse. Trotz wirtschaftlicher Erfolge zählt das Land nach wie vor zu den ärmeren Regionen Spaniens.

Handel und Tourismus

Rund 63 % der erwerbstätigen Bevölkerung Andalusiens ist im Dienstleistungssektor tätig, wobei der Tourismus nach dem Handel erst an zweiter Stelle steht. Der Handel spielt sich vorwiegend auf dem Binnenmarkt ab (Groß- und Einzelhandel) und beschäftigt hauptsächlich jüngere Frauen, die oft unterdurchschnittliche Einkommen beziehen. Der Tourismus trägt etwa 11 % zum Bruttoinlandsprodukt und 7 % zur Beschäftigung bei. In Andalusien sind etwa 15 % der insgesamt rund 1,5 Mio. Gästebetten in Spanien registriert. Fast 20 Mio. Touristen pro Jahr besuchen das Land. Etwa 8 Mio. kommen aus Spanien selbst, die übrigen 12 Mio. aus dem Ausland, vor allem aus Großbritannien und Deutschland, zunehmend auch aus Portugal und Osteuropa. Während die spanischen Touristen meist mit dem eigenen Pkw anreisen und seltener im Hotel, hingegen eher in der eigenen Zweitwohnung oder bei Verwandten übernachten, benutzen die Ausländer heute überwiegend das Flugzeug. Als Motive für eine Reise nach Andalusien gaben in neueren Umfragen deutsche Urlauber das Natur- und Landschaftserlebnis (30 %), Sonne und Strand (27 %), Städte und Baudenkmäler (15 %) sowie Sport (5 %) an. Der Trend geht immer mehr weg vom bloßen Pauschaltourismus hin zu hochwertigen, individueller gestalteten Aufenthalten, worauf die Veranstalter mit neuen Angeboten reagieren. In Konkurrenz zur immer verbreiteteren Direktbuchung via Internet offerieren sie Bausteine, die jeder zu seinem persönlichen Ferienpaket schnüren kann. Immer mehr Urlauber zieht es weg von den im Sommer überlaufenen Küsten in schicke ländliche Quartiere oder sie weichen auf ruhigere Jahreszeiten aus.

Industrie

Am Bruttoinlandsprodukt von Andalusien haben Gewerbe und Industrie einen Anteil von 13 %. Sie geben 11,7 % der Beschäftigten Arbeit. Industrielle Zentren (Erzverhüttung, Schiffbau und chemische Industrie) sind die Hafenstädte Algeciras, Cádiz und Huelva. Huelva ist heute das zweitgrößte Zentrum der Chemieindustrie in Spanien. Der andalusische Bergbau hat kaum noch Bedeutung. Nur bei Minas de Ríotinto wird noch Kupfererz abgebaut. Noch wird ein Großteil des in Andalusien verbrauchten Stroms auf konventionelle Weise erzeugt. Doch Experimente mit neuen Energien finden öffentliche Beachtung. In der Halbwüste bei Almería, wo 3000 Stunden im Jahr die Sonne scheint, steht bei Tabernas ein Versuchssonnenkraftwerk. Windräder wurden an verschiedenen Stellen in der Provinz Cádiz installiert, z. B. bei Tarifa, wo die Bedingungen äußerst günstig sind. Al-

Wirtschaft

lerdings formiert sich Widerstand gegen die Errichtung weiterer Windenergieparks, die als landschaftszerstörend angesehen werden.

Bauwirtschaft

Nach wie vor lässt sich in der andalusischen Baubranche viel Geld verdienen. An der Costa del Sol, aber auch an Teilen der Costa Tropical und der Costa de Almería entstehen ständig neue Apartment- und Bungalowsiedlungen, in denen vor allem Spanier und Briten einen Zweitwohnsitz erwerben. Kleinere und größere Skandale um Baugenehmigungen machen von Zeit zu Zeit Schlagzeilen, sind aber meist schnell vergessen. Der Wirtschaftszweig profitierte in den vergangenen Jahren auch stark von Zuschüssen der EU, die Infrastrukturmaßnahmen (Straßenbau, Wasserversorgung u. a.) in Andalusien finanzierte. Die Bauunternehmen beschäftigen 13,6 % der Arbeitskräfte und erwirtschaften 10,7 % des Bruttoinlandproduktes.

Landwirtschaft

Noch in den 1980er-Jahren arbeiteten fast 40 % der Erwerbstätigen in Andalusien in der Landwirtschaft. Heute beschäftigt der Sektor nur noch rund 10 % der Arbeitskräfte, die gut 8 % zum Bruttoinlandsprodukt beitragen.

In der Provinz Jaén, aber auch in vielen anderen Gegenden dominiert die Herstellung von Olivenöl (s. u.), vor allem im Sherrydreieck um Jerez de la Frontera wird in großem Maßstab Wein produziert (s. S. 216 f.). Eine gewisse Rolle spielt insbesondere im Gebirgszug Los Alcornocales die Gewinnung von Kork (s. S. 185 ff.). Das Tal des Guadalquivir und die angrenzenden Hügellandschaften sind von Feldern überzogen, auf denen Weizen, Sonnenblumen, Zuckerrüben und Hülsenfrüchte gedeihen. Erdbeeren kommen aus dem Hinterland der nördlichen Costa de la Luz, subtropische Früchte (Cherimoyas, Avocados, Loquats u. a.) von der Costa Tropical. Tomaten, Gurken, Zucchini, Paprikaschoten, Auberginen und andere Gemüsesorten werden in der Umgebung von Almería in Gewächshäusern herangezogen und in andere spanische Regionen und nach Mitteleuropa exportiert. Diese Gewächshäuser sind bei Landschaftsschützern heiß umstritten. Vom *mar plástico* (Plastikmeer) ist die Rede, denn große Teile des flachen Landes hinter der Costa de Almería sind bereits davon bedeckt, sodass von weitem der Eindruck entsteht, auf eine ausgedehnte Wasserfläche zu schauen. Kaputte Folien, von denen angeblich 20 000 t pro Jahr anfallen, werden zu biologisch nicht abbaubarem Müll. In den 1970er-Jahren machten die ersten Gewächshäuser die Landwirte von Almería quasi über Nacht reich. Heute lassen sie vorwiegend afrikanische Einwanderer die Arbeit in der schwülwarmen Treibhausatmosphäre verrichten, was wiederum in den vergangenen Jahren zu Spannungen mit der einheimischen Bevölkerung geführt hat.

Wasser

Ein Dauerbrenner ist in Andalusien das Thema Wasserversorgung. Immerhin handelt es sich um die trockenste Region Europas. Mehr als 80 % des verfügbaren Wassers werden von der Landwirtschaft für die Bewässerung von Obst und Gemüse benötigt. Den Rest müssen sich Industrie, öffentliche und Privathaushalte und Touristen teilen. In den Hotels wird pro Kopf der dort wohnenden Urlauber immer noch rund das Doppelte an Wasser verbraucht, das den Einheimischen zur Verfügung steht, die sich auf dem Land teilweise noch aus eigenen Zisternen versorgen. Daher bitten viele Hotels ihre Gäste um sparsamen Umgang mit dem kostbaren Nass. Um die erhöhte Nachfrage im Sommer mit den vorwiegend in den Wintermonaten fallenden Niederschlägen in Einklang zu bringen, wurden eine Reihe von Talsperren in den regenreicheren Gebirgszonen Andalusiens angelegt. Für die kommenden Jahre wird aufgrund des ständig steigenden Verbrauchs ein Wasserdefizit erwartet. Der von der Aznar-

Regierung geplante, aber höchst umstrittene Wassertransfer durch Tankschiffe aus dem nordspanischen Ebrobecken in die Provinz Almería mit ihren Gemüsekulturen wurde inzwischen von der jetzigen PSOE-Regierung in Madrid abgesagt. Stattdessen soll der Bedarf durch Recycling von Brauchwasser, vor allem aber durch Meerwasserentsalzung gedeckt werden. In Carboneras ist derzeit die zweitgrößte Entsalzungsanlage Europas im Bau.

Olivenöl

Die Kulturolive und die Ölpresse gelangten schon mit den Römern nach Andalusien, das sich dank des günstigen Klimas rasch zum wichtigsten Lieferanten für Olivenöl im Reich entwickelte. Der große Vorteil des Ölbaums ist, dass er nicht bewässert werden muss. Heute erzeugt Andalusien 20 % des insgesamt auf der Welt hergestellten Olivenöls. Ölbaumplantagen bedecken vor allem in den Provinzen Jaén und Córdoba riesige Flächen. Einen Großteil des Öls exportieren die Landwirte nach Italien, wo es – mit der knappen einheimischen Produktion verschnitten – abgefüllt wird. Andalusien erzeugt aber auch immer mehr hochwertige, kaltgepresste Jungfernöle. Wichtigste Sorten sind Hojiblanca, Picual und Picuda. Durch das Gütesiegel D.O.C. *(denominación de origen)* sind zwei Herkunftsgebiete besonders geschützt: Baena (Provinz Córdoba) und Sierra de Segura (Provinz Sevilla). Das andalusische Olivenöl ist oft dunkler als andere Sorten und schmeckt fruchtiger.

Hier wird die Spreu vom Weizen getrennt

Wirtschaft

Viehzucht

Eine vergleichsweise geringe Bedeutung hat die Viehzucht. Nur im Atlantikbereich gibt es, bedingt durch das feuchtere Klima, größere Grünflächen. Die Großgrundbesitzer züchten dort Pferde und Kampfstiere, wofür riesige Ländereien im Hinterland der Costa de la Luz reserviert sind. In den ebenfalls relativ feuchten Niederungen entlang des Guadalquivir grasen Rinder, die die Großstädte Sevilla und Córdoba mit Milchprodukten und Fleisch versorgen. In den Eichenwäldern der Sierra de Aracena weiden immer noch zahlreiche der berühmten ›schwarzen Schweine‹, die zu leckerem *Jamón Serrano* verarbeitet werden (s. S. 246). Hingegen wird das Fleisch für den berühmten Trevélez-Schinken heute aus anderen Landesteilen importiert (s. S. 380). Ansonsten werden in einigen Gebirgsregionen, z. B. in den Sierras Subbéticas südlich von Córdoba, noch in bescheidenem Maß Schafe und Ziegen gehalten.

Fischerei

Obwohl Spanien eine der größten Fischfangnationen der Welt ist, ging die Fischerei in Andalusien, wo sie früher einen wichtigen Erwerbszweig darstellte, stark zurück. Im ohnehin nicht sonderlich fischreichen Mittelmeer sind die Fanggründe aufgrund von Überfischung immer weniger ergiebig. Wichtigster Fischereihafen ist dort Garrucha, wo vorwiegend Muscheln und Garnelen angelandet werden. Der Atlantik enthält mehr Fisch. Daher haben an der Costa de la Luz die Häfen Barbate und Isla Cristina nach wie vor einige Bedeutung für den Fang von Tunfisch und Sardinen. Die besonders fischreiche Westsaharabank, zu der die andalusische Fangflotte früher auslief, wurde 1982 auf einer UN-Seerechtskonferenz Marokko zur alleinigen Nutzung zugesprochen, da sie sich innerhalb der 200-Seemeilen-Zone dieses Landes befindet. In den Folgejahren führte dies immer wieder zu Streitigkeiten zwischen den Fischern beider Länder. Um nicht vollständig von Fischimporten aus anderen Regionen Spaniens abhängig zu sein, wird heute im Golf von Cádiz Aquakultur betrieben.

Der Süden bricht auf

Andalusien war lange Zeit eine Region großer sozialer Gegensätze, gekennzeichnet durch die gesellschaftliche Kluft zwischen einer das Land besitzenden Aristokratie und den Besitzlosen, die es bearbeiteten. Noch immer ist der wirtschaftliche und politische Einfluss der Großgrundbesitzer in Andalusien groß, noch immer arbeiten viele Andalusier als Tagelöhner oder mit Zeitverträgen in prekären Beschäftigungsverhältnissen. Die Landarbeiter hatten seit dem 19. Jh. wiederholt ihre Situation durch spontane, anarchistische Aktionen zu verändern versucht. 1843 wurde die spanische Guardia Civil eigens zu dem Zweck gegründet, um diese Aufstände zu bekämpfen. Eine besondere Rolle spielte in Spanien seit Beginn des 20. Jh. die gewerkschaftliche Arbeiterbewegung. Diese Anarcho-Syndikalisten richteten sich vehement gegen Staat und Kirche. Mit ihren stärksten Einfluss hatten sie unter den Landarbeitern Andalusiens. Während des Bürgerkriegs verteilten sie in den 1930er-Jahren in Andalusien Anbauflächen nach dem Prinzip: ›Das Land denen, die es bearbeiten‹, unterlagen dann aber den putschenden Militärs unter Franco.

Erst 1984 kam es schließlich zu einer Agrarreform, die im Endeffekt aber kaum Früchte trug. Zahlreiche Andalusier gingen in der Vergangenheit als Gastarbeiter nach Nord- und Mitteleuropa, andere wanderten in die spanischen Industriezentren Madrid, Barcelona und Bilbao ab. Heute leben die meisten wieder zu Hause. Zwar ist die Arbeitslosigkeit mit rund 20 % nach wie vor hoch, aber die Region ist kein Armenhaus mehr. Noch immer gibt es materielle Not, doch ist Andalusien politisch selbstbewusst und ein dank großzügiger EU-Hilfen, Tourismus, Chemieindustrie und exportorientierter Landwirtschaft ökonomisch aufstrebendes Land geworden.

Geschichte

Auf andalusischem Boden kämpften schon Römer und Karthager um die Vorherrschaft am Mittelmeer. Germanische Völker wanderten ein und dominierten das Land für Jahrhunderte. Fast 800 Jahre dauerte die Zeit der Mauren. Alle diese Kulturen haben in der geschichtsträchtigen Region ihre Spuren hinterlassen.

Frühe Kulturen

Von der andalusischen Urbevölkerung zeugen Gräber und Höhlenmalereien, die zwischen 20 000 und 15 000 Jahre alt sind. Ab dem 4./5. Jt. v. Chr. begann die **Megalithkultur**. Ihre Wurzeln sind im östlichen Mittelmeer zu suchen. Ein Zentrum der Megalithkultur befand sich in Los Millares bei Almería (s. S. 414 f.). Gegen 2000 v. Chr. entwickelte sich dort die Bronze zu Waffen und Schmuck verarbeitende El-Argar-Kultur.

1000 v. Chr. existierte an der Mündung des Guadalquivir das Reich von **Tartessos**. Dessen Wohlstand beruhte auf der Förderung von Kupfer und Zinn. Die Bronzeverarbeitung und damit auch die Herstellung von Waffen blühten auf. Gold- und Silberfunde taten ein Übriges, um eine Vorrangstellung zu erlangen. Die Phönizier kümmerten sich um den Export per Schiff. Sie kamen aus der Gegend des heutigen Libanon und legten schon um 1100 v. Chr. den Grundstein für Handelsniederlassungen an der Atlantikküste, indem sie die älteste Stadt Spaniens gründeten: Cádiz.

Jahrhunderte später begannen die punischen Nachfahren der Phönizier, die in Karthago (im heutigen Tunesien) ansässig waren, eine Reihe von Städten entlang der andalusischen Mittelmeerküste anzulegen. Zeitgleich ließen sich dort griechische Kaufleute und Handwerker nieder. Auch die Kultur der Iberer, der ursprünglichen Bevölkerung der Halbinsel, erlebte eine Blütezeit.

Das nordafrikanische **Karthago** entwickelte sich zu einem selbstständigen Machtzentrum des Mittelmeerraumes. Im Kampf um die Vorherrschaft kam es zu den Punischen Kriegen gegen die Römer. Der karthagische Heerführer Hamilkar hielt sich jahrelang in Andalusien auf, ebenso sein berühmter Sohn Hannibal. Im Zweiten Punischen Krieg 218 v. Chr. zog dieser mit seinen Elefanten durch Spanien, Frankreich und über die Alpen, um die Römer in Italien zu schlagen. Sein römischer Gegenspieler Scipio hatte dadurch die Gelegenheit, die Karthager auf iberischem Boden 206 v. Chr. zu besiegen. Damit begann die 600 Jahre dauernde römische Herrschaft.

Das römische Baetica

Die Römer teilten Iberien in drei Provinzen: Tarraconensis umfasste den Osten und Norden, Lusitania den Westen, während die Provinz **Baetica** etwa dem heutigen Andalusien entsprach. Baetis hieß der große Fluss der Region, dessen heutiger Name aus arabischer Zeit stammt: Guadalquivir. Verwaltungszentrum für Baetica war das heutige Córdoba. Die Römer stellten die Oberschicht dar und gaben dem Land eine Zivilisationsstruktur, deren Spuren noch heute sichtbar sind. Sie gründeten Städte wie Itálica (s. S. 280 ff.) nahe Sevilla, Baelo Claudia (s. S. 176 f.) an der Costa de la Luz oder Ocuri bei Ubrique

Geschichte

(s. S. 164), errichteten Straßen, Brücken und Wasserleitungen, Theater, Tempel und Thermen. Die römischen Bewässerungssysteme ermöglichten eine intensive Nutzung des Bodens. Neben Mineralien wurden Öl, Wein, Fisch und das beliebte *garum,* ein Standardgewürz in der römischen Küche (s. S. 177), in das Mutterland exportiert. Latein war im erstmals einheitlich verwalteten Iberien offizielle Sprache. Seit dem 1. Jh. n. Chr. setzte sich das Christentum immer mehr durch.

Westgoten

Im Verlauf des Zerfalls des Weströmischen Reichs zogen im 5. Jh. germanische Völker, zunächst Alanen, Sueben und Vandalen, plündernd durchs Land. Die mit Rom verbündeten Westgoten trieben die Sueben in die Randgebiete Nordwestspaniens und verdrängten die Vandalen, die nach Afrika übersetzten.

Die Westgoten (span. *visigodos*) blieben in Spanien und herrschten fast 300 Jahre, bis Anfang des 8. Jh. Sie bildeten eine schmale Oberschicht, die dem arianischen Glauben anhing und sich zunächst nicht mit der iberoromanischen Bevölkerung vermischte. Erst nachdem die Westgoten 589 den katholischen Glauben angenommen hatten, kam es zu Mischehen. Bis heute allerdings beruft sich der spanische Hochadel auf seine westgotische Herkunft.

Während der gesamten Zeit ihrer Herrschaft schwankte das Königtum der Goten zwischen Wahl- und Erbmonarchie. Amtierende Herrscher erlitten häufig ein trauriges Schicksal, indem sie von Rivalen ermordet wurden. Das Land wurde an den Adel verteilt, der es wiederum an seine Gefolgsleute verpachtete. Das freie Bauerntum verschwand zusehends und in der Folge bearbeiteten hauptsächlich Sklaven den Boden. Der soziale Gegensatz verstärkte sich immer mehr. Als die Mauren das innerlich zerrissene Westgotenreich angriffen, fand zeitgleich ein Massenaufstand der Hispano-Romanen gegen die westgotische Oberschicht statt. Einzelne Gebiete stellten sich unter den Schutz der Mauren.

Mauren

Unter dem Ansturm der im Islam vereinigten Araber und Berber zerbrach das Westgotenreich innerhalb kurzer Zeit. Die islamischen Eroberer kamen als Krieger – also ohne ihre Familien – ins Land. Sie nahmen sich einheimische Frauen, und – anders als unter den Westgoten – kam es schnell zu einer Vermischung von Eroberern und Einheimischen. Daher ging der Siegeszug des Islams nicht nur rasch, sondern auch mit dauerhaftem Erfolg vonstatten. 711 setzten von Nordafrika aus die ersten muslimischen Krieger bei Gibraltar über. Erst 1492, also fast 800 Jahre später, fiel mit dem Königreich Granada die letzte maurische Bastion an die Christen.

Die Araber bildeten nun die neue Oberschicht. Aber es kamen mehr und mehr Berber aus der römischen Provinz Mauretanien (dem heutigen Marokko). Daher stammt auch die Bezeichnung ›Mauren‹ für alle ehemals in Spanien ansässigen Muslime. Andalusien erlebte eine wirtschaftliche und kulturelle Blüte: Die Araber errichteten oder verbesserten Bewässerungsanlagen und führten neue Anbaumethoden und Kulturpflanzen ein, wie Reis, Orangen, Zuckerrohr und Dattelpalmen. Sie verfeinerten das Handwerk und entwickelten neue Gewerbe. Stoffe, Teppiche, Glasarbeiten, Keramik und Waffen aus Al-Andalus waren weltweit begehrt.

Ähnlich wie zur Römerzeit und im Gegensatz zur Herrschaft der Westgoten konzentrierte sich das kulturelle Leben in den Städten. Zunächst erlebte **Córdoba** als Kalifenstadt eine Blüte (s. S. 294 f.). Die damalige Millionenstadt war neben Konstantinopel die glänzendste Metropole im Mittelmeerraum. Religionsfreiheit und weitgehende Selbstverwaltungsrechte für die verschiedenen Bevölkerungsgruppen ermöglichten es sowohl Juden als auch Mozarabern (arabisierte Christen im islamischen Spanien), unbehelligt zu leben.

Isabella von Kastilien und Ferdinand von Aragón

Die Katholischen Könige — Thema

Isabella I., Königin von Kastilien, und Ferdinand II., König von Aragón, vereinten 1469 durch ihre Heirat die beiden zuvor unabhängigen Königreiche. Gemeinsam herrschten sie von da an über fast das gesamte christliche Spanien und verfolgten das Ziel, den Islam von der Halbinsel zu verbannen.

Den Ehrentitel Katholische Könige (span. *reyes católicos*) verlieh ihnen Papst Alexander VI. 1496, vier Jahre nach der endgültigen Vertreibung der Mauren aus Andalusien. Isabella war eine starke Persönlichkeit, neben der ihr Gatte Ferdinand zu verblassen scheint. So machte er etwa im Ehevertrag das Zugeständnis, nach Kastilien überzusiedeln und das Land ohne die Erlaubnis seiner Ehefrau Isabella nicht zu verlassen. Zeitgenossen sprachen hinter seinem Rücken vom ›Rey jupón‹ (König Unterrock). Für den italienischen Politiktheoretiker Niccolò Machiavelli (1469–1527) war Ferdinand von Aragón allerdings das Muster seines berühmten *principe*, des Fürsten. Er galt zu seiner Zeit als blendendes Beispiel für geschicktes politisches Handeln ohne Moral oder Skrupel und als Meister der Machtgewinnung und Machterhaltung.

Isabella wird in Spanien bis heute verehrt. Das galt vor allem, aber nicht nur für die nationale Bewegung Francos. So übernahm seine Falange-Partei das Emblem Isabellas, ein Pfeilbündel. Am schmiedeeisernen Gitter der Capilla Real von Granada, in der die Katholischen Könige beigesetzt sind, prangt es neben dem Emblem des Ochsenjochs, das für Isabellas Gemahl Ferdinand steht. Außen an der Maßwerkbrüstung treten reliefartig die Buchstaben F und Y im Wechsel hervor. Dies sind die Initialen von Ferdinand und Ysabella, und die Embleme wurden danach ausgewählt: Pfeile heißen auf Spanisch *flechas* und das Ochsenjoch *yugo*. Beide erhielten so ein Zeichen mit dem Anfangsbuchstaben des anderen. Keiner sollte mächtiger sein, sie sollten einander stützen.

Häufig waren Isabella und Ferdinand in den vielen Jahren der Reconquista voneinander getrennt, da sie unterschiedlichen Heeresteilen vorstanden. Zwischen den Feldzügen gebar Isabella ihre Kinder. Der einzige Sohn Juan starb früh, ein Verlust, den die Königin nie richtig überwinden konnte. Ihre Töchter verheiratete sie günstig. Die Zweitälteste, Johanna, wurde für die Thronfolge bestimmt, denn ihr von den Eltern erwählter Gatte galt als besonders gute Partie. Er war der Sohn des deutschen Kaisers Maximilian und offenbar auch nicht unansehnlich: Johanna entflammte für den Habsburger Philipp den Schönen. Dieser erwiderte die Leidenschaft jedoch nur anfänglich. Bald reagierte er ablehnend auf die rasende Eifersucht, die zunehmend von Johanna Besitz ergriff. Als der geliebte Mann in frühen Jahren an einem Fieber starb, wollte sie nicht einmal den Leichnam hergeben. Aus der empfindsamen Johanna war ›La loca‹ geworden: Johanna die Wahnsinnige. Nach Isabellas Tod steckte Ferdinand seine Tochter in das Kloster Santa Clara in der Festung von Tordesillas, um die Macht in Kastilien nicht an sie abtreten zu müssen. Dort lebte sie noch fast so lange wie ihr Sohn, der an ihrer Stelle später die Thronfolge antrat: Karl V., deutscher Kaiser und als Carlos I. König von Spanien.

Geschichte

Nach dem Zerfall des Kalifats (1031) bildeten sich eine Reihe kleiner **taifas** (Teilkönigreiche), die auch gegeneinander Krieg führten. Die Toleranz gegenüber Andersgläubigen nahm ab. Zudem rückte das christlich-kastilische Herrschaftsgebiet von Norden her weiter vor. Die iberischen Mauren holten die streng islamischen Berberstämme der Almoraviden und der **Almohaden** zu Hilfe. Letztere zogen zunächst erfolgreich gegen die Kastilier in den Kampf, blieben in Andalusien und machten **Sevilla** zu ihrer Hauptstadt (s. S. 252 f.). 1212 besiegten die Christen jedoch die Almohaden und eroberten ab 1230 große Teile Andalusiens.

Als letztes Refugium der Mauren blieb ab 1232 noch das Königreich **Granada** (s. S. 348 ff.). Dessen Herrscher aus dem Haus der Nasriden war allerdings schon Vasall des christlichen Königs von Kastilien, der inzwischen in Sevilla residierte. In den gut 250 Jahren nasridischer Herrschaft in Granada kam es noch einmal zu einer kulturellen Blüte.

Nach der christlichen Rückeroberung

1492 war für Europa und besonders für Spanien ein folgenschweres Jahr. Die Katholischen Könige **Isabella** von Kastilien-León und **Ferdinand** von Aragón – durch ihre Heirat waren die beiden Königreiche verbunden – eroberten Granada und beendeten damit die maurische Herrschaft auf iberischem Boden. Sie einten ganz Spanien zu einer Nation unter katholischem Vorzeichen. Mit der Glaubensfreiheit war es endgültig vorbei. Mauren und Juden mussten das Land verlassen, sofern sie sich nicht zum Christentum bekannten. Doch auch die Konvertiten wurden bald von der Inquisition gnadenlos verfolgt.

Noch während der Belagerung Granadas erhielt Kolumbus (s. S. 224 f.) von Königin Isabella die Erlaubnis einen Seeweg nach Indien zu suchen. Bis dorthin kam er zwar nicht, doch die Entdeckung des amerikanischen Kontinents bedeutete für Spanien eine enorme Ausdehnung seines Einflussbereichs. **Sevilla** bekam das Monopol auf den Amerikahandel und war damit das Tor zur Neuen Welt (s. S. 252).

Habsburger und Bourbonen

Die Katholischen Könige (s. S. 31) vermählten ihre Tochter Johanna (›die Wahnsinnige‹) mit dem Habsburger Philipp (›dem Schönen‹). Dies führte zur Vereinigung zweier riesiger europäischer Reiche. Der Sohn von Johanna und Philipp war die beherrschende Figur des 16. Jh. Als deutscher Kaiser **Karl V.** und zugleich spanischer König Carlos I. herrschte er über ein Reich, in dem sprichwörtlich die Sonne nie unterging. Das Gold und andere Reichtümer aus Amerika verschluckten zum großen Teil die Kriege, in die sein Großreich verwickelt war. Sein Sohn Philipp II. stand ihm in nichts nach. Die Habsburger erhielten und erweiterten ihre Macht durch geschickte Heirats- und Familienpolitik. Dem letzten spanischen Habsburger Karl II. (Regent bis 1700) fehlte es an Zeugungskraft für einen Thronfolger. Die Nachfolge blieb offen.

Die österreichischen Habsburger und das französische Herrscherhaus der **Bourbonen** meldeten Thronansprüche an. Es folgte der Spanische Erbfolgekrieg, in den die meisten europäischen Länder verwickelt waren. England nahm damals den Felsen von Gibraltar in Besitz. Im Frieden von Utrecht erhielten die Bourbonen 1714 den spanischen Thron zugesprochen. Dabei blieb es bis heute.

Der Weg ins 20. Jh.

Die Bourbonen regierten Spanien nach französischem Vorbild zentralistisch. Die Teilreiche verloren an Autonomie und der Einfluss

Gemälde von Adolf Seel (1886): Mit der Eroberung der Alhambra öffnete sich eine märchenhafte Welt, die seit Jahrhunderten Besucher fasziniert

Geschichte

des Klerus wurde zeitweise eingedämmt. Im 18. Jh. erlebte Spanien noch einen bescheidenen Aufschwung. Aber die Folgezeit war weithin durch Kriege und wirtschaftliche Not geprägt. Anfang des 19. Jh. tobte sechs Jahre lang der spanische **Unabhängigkeitskrieg** gegen das napoleonische Frankreich im eigenen Land. Die Franzosen konnten vertrieben werden, aber die bürgerlich-liberale Verfassung von Cádiz (1812) scheiterte. Nachdem sich schon Anfang des 19. Jh. die meisten lateinamerikanischen Länder von der spanischen Herrschaft befreit hatten, verlor Spanien 1898 im Krieg gegen die USA seine letzten überseeischen Kolonien. Das Agrarland Spanien war arm geblieben, in weiten Teilen des Landes herrschte Hunger.

1923 putschte **General Primo de Rivera** mit Unterstützung von König Alfons XIII. und errichtete eine Militärdiktatur. 1930 formierten sich die Anhänger einer Republik. Primo de Rivera trat zurück, der König ging ins Exil. Die Republikaner errangen einen überwältigenden Sieg bei den Wahlen zur Verfassungsgebenden Versammlung. Aber diese **Zweite Republik** konnte die Probleme des Landes nicht lösen. Eine Agrarreform war gegen den Widerstand der konservativen Regierung nicht durchzusetzen und scheiterte. Wenige Aristokratenfamilien besaßen in Andalusien riesige, zumeist unbewirtschaftete Ländereien. Die mittellosen Landarbeiter – in Andalusien bis zu 80 % der Bevölkerung – wendeten sich verstärkt den **Anarchisten** zu. Diese forderten eine Enteignung der Großgrundbesitzer. Ihren Gegenpart bildete die rechtsextreme Partei Falange Española. Es kam zu zahlreichen Aufständen und Gewaltakten.

Bürgerkrieg und Diktatur

1936 wurde das Parlament aufgelöst. Bei den Neuwahlen erreichte die Vereinigung der Linksparteien (Volksfront) die Mehrheit. Die Lage spitzte sich zu und die Rechte reagierte darauf mit einem Militärputsch *(alzamiento nacional* = nationale Erhebung). Mit Hilfe faschistischer italienischer Truppen und der Luftwaffe des nationalsozialistischen Deutschlands besiegte die spanische Armee unter General Franco nach einem verheerenden dreijährigen Krieg 1939 die Verteidiger der spanischen Republik. Bis auf die eher spärliche Hilfe der Sowjetunion unterstützte kaum ein Land die Republikaner militärisch. Auch die Teilnahme ausländischer Intellektueller an den Kämpfen konnte den Sieg General Francos nicht verhindern. Etwa eine halbe Million Opfer forderte der Spanische Bürgerkrieg. Abgesehen von Almería und Málaga wurde Andalusien schon zu Kriegsbeginn von den Nationalen erobert, sodass weitere Kampfhandlungen und Zerstörungen ausblieben.

Diktator **Francisco Franco Bahamonde,** von seinen Anhängern Generalísimo Franco oder *Caudillo* (span. Führer) genannt, repräsentierte die Interessen der besitzenden Schicht und der katholischen Kirche. Armee und Guardia Civil setzten sie gewaltsam durch. Ökonomisch lag Spanien nach dem Bürgerkrieg am Boden. Nur etwa 2,5 % der Bevölkerung gehörten der herrschenden Oberschicht an, 17 % bildeten den Mittelstand und 80 % zählten zur verarmten Unterschicht. Eine Art staatlich kontrollierte zentrale Planwirtschaft sollte die Produktion in Gang bringen – erfolglos.

Erst als in den 1950er-Jahren die Wirtschaft liberalisiert wurde und ausländische Investoren ins Land gebeten wurden, begann ein gewisser Aufschwung – regional allerdings sehr unterschiedlich verteilt. Andalusien blieb lange Zeit das Armenhaus Spaniens. Erst mit dem Aufbau des Tourismus an der Mittelmeerküste kamen die dringend benötigten Arbeitsplätze.

Demokratie

Mit dem Tod Francos 1975 endete die letzte Diktatur Westeuropas. Schon 1969 von Franco zu seinem Nachfolger bestimmt, bestieg der heutige König **Juan Carlos I.** den spanischen Thron und leitete die Demokrati-

Demokratie

sierung, die sogenannte *transición* (Übergang) ein. 1977 fanden die ersten freien Wahlen seit 1936 statt. 1978 definierte sich Spanien als parlamentarische Monarchie mit dem Ziel einer »fortschrittlichen demokratischen Gesellschaft«. Einen Militärputsch im Februar 1981 konnte Juan Carlos I. durch eindeutige persönliche Stellungnahme verhindern. Im selben Jahr erhielt Andalusien den Status einer **Comunidad Autónoma** mit Regierungssitz Sevilla, nachdem sich die Wähler ein Jahr zuvor in einem Volksentscheid für die Autonomie entschieden hatten. Als vierte Region Spaniens, die eine Teilautonomie erlangte, kann sich Andalusien seither weitgehend selbst verwalten.

Die ersten Wahlen in Andalusien gewann 1982 die PSOE *(Partido Socialista Obrero Español)*. Einst als sozialistische Arbeiterpartei gegründet, ist sie heute eine sozialdemokratische Partei.

1992 organisierte Sevilla zur 500-Jahr-Feier der Entdeckung Amerikas die Weltausstellung EXPO 92. Sie stellte einen entscheidenden ökonomischen Impuls für Andalusien dar. Der Infrastruktur des Landes kamen die neuen Schienenwege, Straßen, Flugplätze und Dienstleistungsbetriebe zugute, die im Zusammenhang mit der EXPO entstanden waren. Davon profitierten nicht nur der Tourismus, sondern auch der Handel und die Landwirtschaft, die sich nach dem EU-Beitritt Spaniens 1986 auf den gesamteuropäischen Markt einstellen musste. Dennoch blieb die Realität hinter den Erwartungen zurück. Aus dem angestrebten Technologiezentrum auf dem EXPO-Gelände wurde nichts, ebenso wenig konnte eine der wichtigen europäischen Behörden nach Sevilla gelockt werden. Zudem lastet bis heute noch immer ein Schuldenberg auf Stadt und Land, den die Kosten für die Weltausstellung verursacht haben.

Ein Zankapfel ist weiterhin die ehemalige britische Kronkolonie (jetzt *dependent territory)*. Spanien und Großbritannien hatten bereits über eine gemeinsame Hoheit verhandelt. Doch bei einem Referendum entschieden sich im Jahr 2002 über 99 % der Wahlberechtigten in Gibraltar für den Erhalt des jetzigen Status, weil die Enklave dank der Mehrwertsteuerfreiheit vorwiegend von ihrer Attraktivität als Finanzoase lebt.

Der PSOE gelang es in den 1980er- und 1990er-Jahren, die schlimmste Armut in Andalusien zu beseitigen. Bis zum Jahr 2000 konnte die Partei in der Region unangefochten allein regieren, seit 1990 unter der Führung von Manuel Chaves. Dann musste sie vier Jahre lang mit der Regionalpartei Partido Andalucista koalieren. 2004 eroberte Chaves die absolute Mehrheit zurück. Sein Handlungsspielraum ist allerdings begrenzt. Wichtige wirtschaftliche und politische Fragen werden nach wie vor in Madrid entschieden, wo seit 2004 ebenfalls die PSOE unter José Luis Rodríguez Zapatero regiert.

Jüngste Entwicklungen

Die jüngste Entwicklung in Andalusien wird durch Gegensätze geprägt: Zum einen lässt der legale und illegale Strom von Wirtschaftsflüchtlingen aus Afrika nicht nach. Alljährlich kommen ca. 45 000 zusätzliche Migranten in die Region. Nachdem 2005 Hunderte afrikanische Einwanderer die Grenzzäune um die spanischen Enklaven Ceuta und Melilla gegenüber Marokko gestürmt hatten und diese daraufhin erhöht wurden, werden Menschen oft unter dramatischen Umständen per Boot nach Spanien eingeschleust. Zum anderen hat nach der Euroeinführung 2002 ein bis heute anhaltender Bauboom insbesondere an der Costa del Sol eingesetzt, wo vor allem viele Briten einen Zweitwohnsitz im Umfeld eines der zahlreichen Golfplätze erwerben. Auch Kultur und Infrastruktur profitieren davon. 2003 wurde in Málaga das Picasso-Museum eröffnet, 2007 gab die Regionalregierung bekannt, den Schienenverkehr in Andalusien weiter auszubauen. Neben der kurz vor der Eröffnung stehenden Bahnstrecke, die den Anschluss von Málaga an die Hochgeschwindigkeitsstrasse Sevilla–Madrid herstellen wird, sollen S-Bahn-Strecken *(cercanías)* und in den großen Städten Metros und Straßenbahnen gebaut werden.

Zeittafel

ab 2500 v. Chr.	Andalusien ist Zentrum der Megalithkultur.
1100 v. Chr.	Gründung von Cádiz durch die Phönizier.
ab 650 v. Chr.	Griechische Kolonisierung der spanischen Mittelmeerküste, wenig später karthagische Stadtgründungen.
206 v. Chr.	Beginn der römischen Herrschaft.
ab 409 n. Chr.	Westgoten und Vandalen fallen auf der Iberischen Halbinsel ein.
ab 474	Die Westgoten verlegen ihr Königreich nach Iberien.
711	Beginn der maurischen Herrschaft über Spanien.
ab 929	Das Emirat Córdoba wird zum Kalifat erhoben.
1031	Das Kalifat zerfällt in Kleinkönigreiche *(taifas)*.
1086	Die berberischen Almoraviden dominieren Al-Andalus.
ab 1147	Die nordafrikanischen Almohaden erobern Al-Andalus.
1212	Schlacht bei Las Navas de Tolosa; Sieg der vereinigten Christen über die Almohaden. Ab 1230 erobern Kastilien und Aragón einen Großteil Andalusiens.
1232	Gründung des islamischen Königreichs von Granada.
1479	Isabella von Kastilien und Ferdinand von Aragón (die Katholischen Könige) vereinigen ihre Reiche und herrschen in Personalunion.
1481	Beginn des Krieges gegen das Königreich Granada.
1492	Eroberung von Granada; Kolumbus entdeckt Amerika.
1503	Sevilla erhält das Monopol für den Amerikahandel.
1516	Der Habsburger Carlos I. wird König von Spanien; ab 1519 ist er als Karl V. zugleich deutscher Kaiser.

Ausweisung der Morisken unter Philipp II.	**1609**
Ende der Habsburger-Herrschaft; Beginn des Spanischen Erbfolgekriegs.	**1700**
Frieden von Utrecht; die Bourbonen übernehmen den spanischen Thron; Gibraltar bleibt englisch.	**1714**
Cádiz übernimmt von Sevilla das Monopol für den Amerikahandel.	**1717**
Schlacht bei Trafalgar; Sieg der Briten unter Lord Nelson über die französisch-spanische Flotte.	**1805**
In Cádiz tagen die Cortes und erarbeiten eine bürgerlich-liberale Verfassung. Zwei Jahre später wird König Ferdinand II. wieder eingesetzt, die Liberalen werden verfolgt.	**1812**
Erste Republik.	**1873–1874**
Spanien verliert seine letzten Kolonien (Kuba u. a.).	**1898**
Diktatur von General Primo de Rivera, 1931 Beginn der Zweiten Republik.	**1923–1930**
Bürgerkrieg zwischen Nationalen und Republikanern, anschließend Beginn der Franco-Diktatur.	**1936–1939**
Tod Francos; Juan Carlos I. wird spanischer König, zwei Jahre später erste demokratische Wahlen seit 1936.	**1975**
Andalusien wird Comunidad Autónoma (autonome Gemeinschaft).	**1981**
Spanien tritt der EG (heute EU) bei.	**1986**
500-Jahr-Feier der Entdeckung Amerikas; Sevilla organisiert die Weltausstellung EXPO 92.	**1992**
Ende 2007 geht die Schnellbahnstrecke Córdoba-Málaga in Betrieb, 2009 die erste U-Bahn-Linie in Sevilla. In Málaga ist eine Metro im Bau, die ersten zwei Linien sollen 2011 fertiggestellt sein.	**2007–2011**

Gesellschaft und Alltagskultur

Ein feuriges Temperament wird den Andalusiern nachgesagt. Bei Feierlichkeiten trifft das sicher zu. Doch der Alltag hat auch hier Höhen und Tiefen. Die Freizeit wird traditionell mit der Familie oder in gesellschaftlichen Zirkeln verbracht. Junge Leute bevorzugen andere Vergnügungen, ziehen mit Freunden los oder suchen sportliche Abenteuer.

Lebensweise

Das klassische Klischee: Die Frau als ›Carmen‹ im Rüschenkleid. Der Mann im weiten, weißen Hemd mit schwarzer, kurzer Weste, der sie voller Leidenschaft begehrt; oder als Matador in der Arena, der von ihr Blumen zugeworfen bekommt. Die moderne Variante: Mit Freunden beim täglichen Tapeo durch die Stadt bis spät in die Nacht. Oder mit der kompletten Großfamilie bei der Fiesta bis in den frühen Morgen. Manch einer stellt sich die Andalusier so vor. Bei den zahlreichen Feierlichkeiten, aber auch am Wochenende oder in der Ferienzeit trifft dies tatsächlich manchmal zu.

Der Alltag

Im Alltag lebt es sich in Andalusien erstaunlich ›normal‹. Sogar die klassische Siesta – die mehrstündige Mittagspause – findet in größeren Betrieben und Büros kaum mehr statt (s. S. 83). Großfamilien, die mit mehreren Generationen unter einem Dach wohnen, lösen sich auf. Die Frauen zeigen im Land des *Machismo* immer mehr Selbstbewusstsein. An einigen wichtigen Universitäten überwiegen schon weibliche Studenten. Heutzutage zieht es den modernen Andalusier in die Stadt. Viele leben dann in kleinen Apartments in Hochhäusern, denn das Angebot an Wohnraum ist knapp. Wer es sich leisten kann, hat zusätzlich ein kleines Haus auf dem Land oder wohnt in einem Einfamilienhaus in einem der besseren Viertel am Stadtrand. Die Bevölkerung in den Dörfern überaltert. Wenn die Jungen weggehen, ziehen oft Ausländer nach, die sich den Traum vom Zweitwohnsitz im Süden erfüllen.

Typisch andalusisch

Aber dennoch, es gibt Unterschiede zu nördlicheren Ländern. Das gesellschaftliche Leben spielt sich vorwiegend im Freien ab. Der private Wohnbereich ist Gästen selten zugänglich. Man trifft sich tagsüber oder am Feierabend in Bars und Cafés. Am Sonntag zeigen sich Paare und Familien herausgeputzt auf der Promenade zum Sehen und Gesehenwerden. Auch wenn die Großfamilie immer mehr an Bedeutung verliert, so ist doch der sonntägliche Familienausflug zu einem Picknickplatz *(zona recreativa)* bei vielen noch beliebt und festes Ritual. Vormittags bereiten die Frauen den Proviant vor, den ganzen Nachmittag wird dann gegessen und getrunken.

Im Vergleich zu anderen Ländern geht es gelassener zu. Das förmliche Sie *(usted)* wird selten benutzt. Jeder duzt *(tú)* jeden, sogar in Banken und auf Ämtern. *Mañana* lautet ein weiteres Zauberwort. Es bedeutet so viel wie morgen, übermorgen oder irgendwann einmal. Auf gelegentliche Unannehmlichkeiten ist eine typische Reaktion »*no te preocupes*«: Was kümmert's dich? Lass es, wie es ist.

Überall wo Menschen zusammenkommen, geht es laut zu, und nur wenige Andalusier stören sich daran. Stille bedeutet für sie Einsamkeit. Lärm dagegen steht für Geselligkeit und Ausgelassenheit, Leben und Fortschritt. Auch wenn die Geburtenrate heute niedriger als etwa in Deutschland liegt – kinderfreundlich sind die Andalusier fraglos, die Kleinen dürfen alles, vor allem toben, schreien und laut sein. Jugendliche imponieren mit knatternden Mopeds und laute Musik ist nicht allein ihr Privileg. Noch vor wenigen Jahren gab es in jedem Dorf nur einen Fernseher, und der stand in der Bar. Dort läuft er heute noch, und mancherorts weiterhin in einer Lautstärke, als wolle man den ganzen Ort beschallen.

Lastwagen, die direkt vor dem Fenster auf der Autobahn vorbeidonnern, werden nicht als unliebsames Übel angesehen, sondern zeugen vielmehr vom Aufschwung. Wohnungen in der Einflugschneise von Flughäfen sind demzufolge nicht unbedingt billiger als anderswo.

Bevölkerung

Großgrundbesitzer, Arbeiter, neue Mittelschicht

Nach der Reconquista teilten die neuen christlichen Herrscher das andalusische Land unter wenigen Adeligen auf. An diesen Besitzverhältnissen hat sich bis heute kaum etwas geändert. Weniger als 5 % der Landbesitzer gehört über 50 % des Grund und Bodens. Bearbeitet werden die Ländereien vielfach durch Tagelöhner. Traditionell sind daher die sozialen Gegensätze immens. Schon im 19. Jh. versuchten die Landarbeiter durch anarchistische Aktionen gegen die Großgrundbesitzer ihre Lage zu verbessern. Im Spanischen Bürgerkrieg (1936–1939) kämpften sie mit den Republikanern gegen das putschende Militär. 1984 kam es zwar zu einer Agrarreform, die unter gewissen Voraussetzungen die Enteignung von Großgrundbesitz erlaubt. Geändert hat sich aber bisher wenig. Selbst in guten Jahren kann ein Tagelöhner nur mit ca. sechs Monaten Arbeit und Einkommen rechnen.

Eine neue Mittelschicht in den Städten, die im Handel- und Dienstleistungsbereich tätig ist, entstand allmählich nach der Demokratisierung Spaniens. Sie gewann in den vergangenen 30 Jahren zunehmend an Bedeutung.

Gitanos

Gitanos (span. Zigeuner) wanderten schon im 15. Jh. nach Spanien ein. In Andalusien leben heute ca. 300 000 von ihnen. Sie nennen sich selbst *Calé* oder *Kale*. Dabei handelt es sich neben Sinti und Roma um eine der größeren Gruppen ehemals nicht sesshafter Menschen. Heute sieht man allerdings nur noch vereinzelt Wagenburgen von mobilen *Calé*. In den 1950er- und 1960er-Jahren wurden die meisten sesshaft und bewohnen seither Sozialwohnungen und Elendsviertel am Rand der großen Städte. Bisher ist eine Integration in die spanische Gesellschaft nicht gelungen. *gitanos* leben in Sippen aus mehreren Großfamilien, an die sie sich ihr Leben lang gebunden fühlen. Der Zusammenhalt ist groß, geheiratet wird meist nur untereinander. Eine der schlimmsten Strafen ist der Ausstoß aus der Sippe. Deren strenge Moralvorstellungen und Gesetze werden nur mündlich weitergegeben. ›Nicht-Zigeuner‹ stehen ihnen eher skeptisch gegenüber und meiden den Kontakt. Wenn Kinder von *gitanos* in die Schule geschickt wurden, kam es immer wieder zu Protesten der anderen Eltern. So wird die Schulpflicht oft nicht eingehalten, und die Analphabetenrate bei den *gitanos* ist nach wie vor recht hoch.

Bis ins 18. Jh. wurden sie in Spanien von offizieller Seite diskriminiert und verfolgt. Oft mussten sie sich daher mit Gelegenheitsarbeiten, Betteln und Diebstählen das Überleben sichern. In moderner Zeit sind die traditionellen Tätigkeiten der *gitanos* wie Kesselflicken, Scherenschleifen, Korbflechten und auch Pferdehandel entfallen. So bleibt den Frauen oft nur der Verkauf von Nelken oder das Betteln in den Innenstädten. Männer betätigen sich als inoffizielle Parkwächter oder Altmetallhändler. Viele rutschen in die Kleinkriminalität ab, nur wenigen gelingt es, aus

Gesellschaft und Alltagskultur

der Armut auszubrechen: als Stierkämpfer oder Flamencotänzer, wie das berühmte Vorbild Joaquín Cortés.

Die Unión Romaní (www.unionromani.org) setzt sich für eine soziale Eingliederung der spanischen Zigeuner ein, aber auch für den Erhalt ihrer Kultur, Lebensweise und Sprache *(romanò-kalò)* sowie für gegenseitige Toleranz, jenseits der üblichen ›Zigeuner-Romantik‹.

Migranten

Zwischen 2000 und 2007 hat sich die Zahl der Migranten in Andalusien von 129 000 auf 530 000 mehr als vervierfacht. Neuere Zahlen waren zur Zeit der Drucklegung nicht veröffentlicht, sie dürften sich aber nochmals deutlich erhöht haben. Die meisten Zuwanderer stammen aus Ländern der Europäischen Union (ca. 160 000). Briten stellen darunter mit ca. 62 000 die Mehrheit, gefolgt von knapp 13 000 gemeldeten Deutschen. Daneben gibt es eine unbekannte Zahl von Ausländern mit Zweitwohnsitz in Andalusien. Die meisten haben sich an der Costa del Sol niedergelassen. Zahlreiche neue Urbanisationen am Rand der Ferienorte sind das sichtbare Zeichen dafür.

Lange Zeit bildeten Mittel- und Südamerikaner die größte Gruppe der Einwanderer, die in Spanien bessere Arbeitsbedingungen fanden als in ihrer Heimat. Heute kommen auch viele Afrikaner in der Hoffnung auf ein besseres Leben. Die meisten stammen aus Marokko (knapp 95 000). Einige versuchen illegal über die spanischen Exklaven Ceuta oder Melilla oder auch per Boot nach Spanien einzureisen. Schwarzafrikaner werden von Schlepperbanden als ›Schiffbrüchige‹ vor den Kanarischen Inseln abgesetzt. Die Behörden leiten sie meist auf das spanische Festland weiter. Falls sie nicht wieder ausgewiesen werden, bleibt ihnen meist nur harte Arbeit für geringen Lohn in der Landwirtschaft, oft in den großen Gewächshäusern bei Almería. Die spanische Regierung versucht durch verschärfte Grenzkontrollen und Einwanderungsgesetze den Zustrom von Migranten einzudämmen.

Religion

Katholischer Glaube und Marienverehrung

Knapp 93 % der Einwohner von Andalusien bekennen sich offiziell zur katholischen Kirche. Doch nur noch etwa die Hälfte gelten als praktizierende Katholiken. Vor allem die jüngeren Menschen bleiben dem Gottesdienst fern. Ähnlich sieht es in der Priesterschaft aus, die zunehmend überaltert. Schon jetzt haben rund die Hälfte der Gemeinden keinen eigenen Pfarrer mehr. Das soziale Engagement der kirchlichen Institutionen wird zwar allgemein als positiv bewertet, hingegen können sich nur noch wenige Andalusier mit den moralischen Positionen der Kirche identifizieren. In privatem Rahmen gehören aller-

Religion

dings religiöse Zeremonien (Taufe, Kommunion, Trauung) immer noch selbstverständlich dazu.

Weiterhin lebendig – wenn auch von vielen jüngeren Andalusiern inzwischen ebenfalls kritisch beäugt – ist die Volksreligiosität. Sie äußert sich in einer geradezu enthusiastischen Verehrung gewisser Heiligen- und vor allem Marienfiguren. Wichtigste Beispiele sind die Semana Santa (Karwoche) in Sevilla (s. S. 259) und die Wallfahrt von El Rocío (s. S. 232 ff.). Hier leben kaum verborgene vorchristliche Traditionen der Verehrung einer weiblichen Gottheit weiter. Diese wurden im 16. und 17. Jh., im Zeitalter der Gegenreform, von der katholischen Kirche ins religiöse Zeremoniell eingebunden, um die Gefühlsaspekte der Religion gezielt zu nutzen und den drohenden Einfluss des Protestantismus abzuwehren. 1616 legitimierte eine Erklärung des Papstes die zuvor schon stark ausgeprägte Marienverehrung. Hingebungsvoll betete man nun die schöne, reine und gnadenreiche Schmerzensmutter an, während die Inquisitionstribunale Abweichler einschüchterten und verfolgten. Der gefundene Kompromiss überdauerte die Inquisition und hält nun schon seit Jahrhunderten.

Renaissance des Islam

Eine kleine Minderheit andalusischer Intellektueller trat in jüngster Zeit zum Islam über. Schwerpunkt ist hierbei Granada mit seiner großen Universität. Angehörige der linken, alternativen Studentenszene suchen eine neue spirituelle Heimat. Von den ca. 15 000 Musli-

Marienverehrung: Die Muttergottes ist nach wie vor Adressatin für Bitten und Nöte

Gesellschaft und Alltagskultur

Stierkampf — Thema

»**Das einzige Land, dessen Nationalschauspiel der Tod ist**«, schrieb Federico García Lorca über seine spanische Heimat. Was Tierschützer heute als archaisches, nicht mehr zeitgemäßes Ritual anprangern, ist ein Erbe antiker Mittelmeerkulturen.

Phönizier und Griechen verehrten ihre Götter Baal und Zeus in Menschen- wie auch in Stiergestalt – als Inbilder der Potenz. Junge Männer mussten sich vor der Hochzeit mit dem Stier messen, um Zeugungskraft zu gewinnen und ihre Mannbarkeit zu beweisen. Erste Abbildungen des Stierkampfs auf Wänden und Vasen stammen von Kreta und sind über 3000 Jahre alt. Vom Ursprung her handelt es sich um eine Opferzeremonie, die tödlich für denjenigen ausging, der dem Stier unterlag. Beim heutigen Stierkampf genießt die Unversehrtheit des Toreros eine sehr hohe Priorität, dennoch gibt es immer wieder schwere Unfälle.

Kaiser Karl V. tötete 1527 in Valladolid vom Pferd aus einen Stier. Noch im 17. Jh. stellten sich berittene Adelige dem Stier auf den Plätzen der spanischen Städte entgegen. Ein königlicher Erlass verbot den Kampf zu Pferd zu Beginn des 18. Jh. Daraufhin erfand Francisco Romero aus Ronda den Stierkampf in seiner modernen Form, zu Fuß (s. S. 151). Von nun an war er nicht mehr allein Sache des Adels. Bis heute wetteifern die Großgrundbesitzer darum, die besten Stiere zu züchten. Aber ein erfolgreicher *torero* zu werden ist seither der Traum der Armen. In der Arena begegnen sich somit die Welten der Großgrundbesitzer und der Landarbeiter, während das Interesse am Stierkampf bei Intellektuellen und im Bürgertum gering ist.

Stierkampfsaison ist von Mitte Februar bis Mitte Oktober. Die Veranstaltungen werden auf Plakaten angekündigt und finden oft im Rahmen örtlicher Feste statt. Zunächst marschieren feierlich die *toreros* – so nennt man alle, die am Kampf gegen den Stier beteiligt sind – mit ihrem Gefolge ein. Vor der Loge des Präsidenten, der den weiteren Ablauf der Zeremonie dirigiert, salutieren sie. Auf ein Musiksignal hin stürmt der Stier in die Arena und rennt gegen die Fahnenschwenker an – junge, noch unbekannte *toreros*, die jetzt ihren Mut und ihre Geschicklichkeit beweisen können. Zunächst wirkt das Tier stark und überlegen. Alles, was dann folgt, das Reizen mit dem Tuch und das Umherlaufen, dient seiner Erschöpfung. Der *picador*, ein gepanzerter Berittener, beendet schließlich das schnelle Spiel. Während der Stier das Pferd auf die Hörner zu nehmen versucht, stößt er ihm mit einer Lanze in den Nacken. Drei *banderilleros* laufen dem Stier von vorne entgegen und platzieren mit Widerhaken versehene Spieße in dessen Nacken. Danach erst tritt der auf den Plakaten angekündigte *matador* (span. *matar* = schlachten, erlegen) auf. Ist der Stier erschöpft zum Stehen gekommen, versenkt der *matador* einen Degen bis zum Knauf im Nacken des Tiers. Die richtige Stelle, um Herz und Lunge in einem Stoß zu durchbohren, ist nicht leicht zu treffen. Die Gunst des Publikums kann schnell in Unmut umschlagen, wenn dies nicht beim ersten Versuch gelingt. Falls aber doch, ist dem *matador* begeisterter Beifall sicher. Man feiert ihn und bewirft ihn mit Blumen und Geschenken.

men in Granada soll es sich bei einem Drittel um konvertierte Christen handeln, mit steigender Tendenz. 2003 wurde seit der Reconquista erstmals wieder eine Moschee in Granada eingeweiht. Die Konvertiten glauben an einen Islam ohne religiösen Fanatismus als Modell für die Zukunft. Die maurische Zeit mit ihrer relativen religiösen und sozialen Toleranz ist für sie die glanzvollste Epoche in der Geschichte Andalusiens. Im Gegensatz zum christlichen Spanien soll es im maurischen Andalusien keinen Feudalismus gegeben haben, sondern ein soziales System, das auf Ausgleich zwischen verschiedenen Bevölkerungsschichten setzte. Frauen hätten in der Wissenschaft und Kunst, aber auch im öffentlichen Leben hohes Ansehen genossen, zudem hätte Religionsfreiheit geherrscht. An dieses Erbe möchten diejenigen anknüpfen, die sich heute dem Islam zuwenden.

Kritiker dieser Bewegung wenden ein, dass die maurischen Herrscher nur im Vergleich mit den damaligen Christen tolerant und fortschrittlich waren, nicht aber nach heutigen Maßstäben. So galt Religionsfreiheit nur eingeschränkt. Christen und Juden war es bei Todesstrafe verboten, unter Muslimen zu missionieren. Auch die Situation der Frauen kann nicht wirklich als gleichberechtigt bezeichnet werden. Ebenso war Rechtssicherheit im heutigen Sinne nicht gewährleistet, vielmehr war eine gewisse Willkür der Herrscher gang und gäbe.

Feste

Cruces de Mayo

In vielen andalusischen Städten stellen Katholiken am ersten Maiwochenende auf den Plätzen Kreuze auf und schmücken sie mit Blumen und Rosmarinzweigen. Die Stadtviertel wetteifern dabei speziell in Córdoba und Granada um die schönste Dekoration. Abends tanzt und feiert eine lustige Gesellschaft rund um die Kreuze, weit bis in den Morgen hinein. In ländlichen Gebieten segnet der Pfarrer die Äcker. Dieser Brauch offenbart die vorchristlichen Wurzeln des ursprünglichen Fruchtbarkeitsfestes. Offizieller christlicher Anlass ist die Auffindung des angeblich wahren Kreuzes Christi in Jerusalem am 3. Mai 326. Der hl. Franz von Assisi soll 1224 am Kreuzfindungstag (der übrigens inzwischen nicht mehr im offiziellen Festtagskalender der katholischen Kirche steht) die Wundmale Christi empfangen haben. Wahrscheinlich haben Franziskanermönche, die nach der Reconquista missionierten, das Fest in Andalusien populär gemacht. An diesem Tag genossen Sklaven und Leibeigene einige Freiheiten, durften z. B. wie ihre Herren gekleidet gehen. Bis heute wird das Fest in Granadas ehemals arabischem Stadtviertel Albaicín besonders inbrünstig begangen.

Mysterienspiele

Mysterienspiele, mit den Passionsspielen des deutschen Sprachraums verwandt, werden in Andalusien zu verschiedenen Anlässen aufgeführt. Ihre Wurzeln sind im kultischen Theater der Antike zu suchen. Später fanden sie Eingang in die christliche Liturgie. Im Hochmittelalter wurden die Aufführungen populärer und das Geschehen verlagerte sich von den Kirchen auf die Straßen. Zwar wurden die Spiele in Spanien 1765 durch den Reformkönig Carlos III. untersagt. Doch das Verbot wurde vielfach umgangen.

Am bekanntesten sind die **Moros y Cristianos,** nachgestellte Kämpfe der Mauren gegen die Christen im Rahmen örtlicher Patronatsfeste in der Alpujarra und in Mojácar. Die Feiernden erinnern damit an Ereignisse während und nach der Reconquista. Die ›Christen‹ kämpfen gegen bunt gekleidete ›Mauren‹, die mit furchterregenden Krummsäbeln bewaffnet sind. Selbstverständlich endet die Schlacht für die Christen siegreich. Der Triumph wird mit einer feierlichen Messe begangen. Ein weiteres Mysterienspiel ist **Belén Viviente** (›lebende Krippe‹). In Arcos de la Frontera wird es am Samstag vor Weihnachten aufgeführt. Hunderte von Laienschauspielern nehmen teil, um in 30 Szenen die Geburt des Jesuskindes nachzuspielen.

Gesellschaft und Alltagskultur

Feiertage und Feste

In Spanien werden die 14 **gesetzlichen Feiertage** in den einzelnen Regionen jährlich neu festgelegt. In Andalusien sind dies in der Regel:

1. Januar – Neujahr
6. Januar – Drei Könige
28. Februar – Andalusientag
Gründonnerstag
Karfreitag
1. Mai – Tag der Arbeit
25. Juli – Sankt Jakob
15. August – Mariä Himmelfahrt
12. Oktober – Tag der Entdeckung Amerikas
1. November – Allerheiligen
6. Dezember – Tag der Verfassung
8. Dezember – Mariä Empfängnis
25. Dezember – Weihnachten
26. Dezember – Sankt Stephanus

Außerdem bestimmt jede Gemeinde zwei örtliche Feiertage, häufig den **Ostermontag** oder **Pfingstmontag,** sowie den **Namenstag des Ortspatrons.** Fällt ein Feiertag auf einen Sonntag, wird am folgenden Montag nicht gearbeitet! Inoffiziell ist fast überall die gesamte Karwoche (Semana Santa), also die Woche vor dem Ostersonntag, arbeitsfrei. Viele Andalusier nutzen diese Zeit für einen Kurzurlaub.

Stiertreiben

Ähnlich wie bei den berühmten Sanfermines in Pamplona findet vielerorts in Andalusien zu Ostern (Arcos de la Frontera, Vejer de la Frontera) oder im Rahmen von Patronatsfesten im August/September (Chipiona u. a.) der **Encierro** statt. Stiere werden durch Gassen und Straßen getrieben, Türen und Fenster sind verbarrikadiert. Junge Männer, manchmal auch Frauen laufen dem schnaubenden Pulk davon und stellen sich, um ihren Mut zu beweisen, den Tieren auch schon einmal in den Weg. Immer wieder kommt es zu schweren Verletzungen. Krankenwagen stehen vorsorglich bereit. Zuschauer, die kein Risiko eingehen möchten, betrachten das Spektakel von Balkonen oder Fenstern in den oberen Stockwerken. Ursprünglich war der *Encierro* (span. einsperren) die Hatz zum eigentlichen Stierkampf, der früher auf den zentralen Plätzen stattfand. In die dortigen Ställe trieben die Hirten ihre Stiere, nachdem sie sich vor dem Stadttor versammelt hatten.

Feria

Fast jede größere Stadt in Andalusien hat ihre mehrtägige Feria, am bekanntesten ist diejenige von Sevilla (s. S. 279). Der Termin fällt meist mit der Feier eines Ortsheiligen zusammen. Ferias haben ihren Ursprung in jahrhundertealten Viehmärkten. Im 19. Jh. wurden daraus offizielle Jahrmärkte, auf denen nicht nur Vieh, sondern auch landwirtschaftliche und handwerkliche Erzeugnisse verkauft wurden. Zugleich hatten (und haben) diese Veranstaltungen Festcharakter – mit viel Musik, Stierkämpfen, Pferderennen, Züchterwettbewerben und Feuerwerk. In den Metropolen Sevilla, Córdoba, Málaga, Jerez und Almería entwickelten sich die Ferias zu gesellschaftlichen Ereignissen, zu denen traditionsbewusste Andalusier herausgeputzt, oft in Tracht oder gar hoch zu Ross erscheinen. Viehmärkte werden nur noch selten abgehalten. Hingegen stehen Stierkämpfe heute im Zentrum der Aufmerksamkeit. Als Konzession an die Jüngeren dürfen inzwischen auch die international üblichen Kirmesattraktionen nicht fehlen. Für die Feria ist meist ein Gelände am Stadtrand vorgesehen, wo Vereine und andere Organisationen ihre Festzelte *(casetas)* errichten, in denen sie essen, trinken, tanzen und feiern. Generell bleiben die Andalusier dabei eher unter sich, viele *casetas* sind privat. In andere – vor allem die der politischen Parteien – wird man auch als Außenstehender eingelassen.

Romería

Für die andalusischen Katholiken hat die Marienverehrung eine besondere Bedeutung. Bei der Romería handelt es sich um eine Wallfahrt, die zum *santuario* (Heiligtum) einer speziellen Madonnenfigur (seltener eines anderen Heiligen) veranstaltet wird. Ein Santuario liegt außerhalb von Ortschaften und kann

Musik der Unterdrückten

Flamenco — Thema

Seit dem 15. Jh. ließen sich die *gitanos* (Zigeuner) in Cádiz, Sevilla, Jerez und Granada nieder, den heutigen Hochburgen des Flamenco. Lange wurden sie diskriminiert und von der Inquisition verfolgt. In dieser Zeit entwickelten sie eine Musik, deren Thema die Qualen des Lebens sind: Einsamkeit, Liebesleid, Unterdrückung.

Die ursprünglichste Form des Flamenco erinnert an ein Ritual zur Geisterbeschwörung. Der Gesang *(cante)* beginnt häufig wie eine Anrede. Während der Sänger sein Leid mit kehligen Tönen besingt, scheint er dämonische Kräfte anzurufen, die von ihm Besitz ergreifen. Schreie und sein schmerzverzerrtes Gesicht zeugen davon. Die Zuhörer feuern an und klatschen. So ›tragen‹ sie den Sänger, der sein Inneres mitteilt, schließlich bis zum *duende,* dem mystischen Moment der Ekstase.

Die *gitanos* selbst brachten wohl aus ihrer indischen Heimat die Elemente des Flamencotanzes *(baile)* mit. Charakteristisch sind die aufrechte Haltung und das rhythmische Stampfen mit den Füßen. Bewegungen von Armen und Händen erinnern an indische Tempeltänze.

Darüber hinaus gibt es weitere musikalische Wurzeln. So beschrieb der römische Schriftsteller Juvenal die Tänzerinnen von Cádiz und ihre Musik, die Kaiser Theodosius im 4. Jh. wegen ›Unsittlichkeit‹ verbot. Doch blieben sicherlich Spuren davon erhalten. Im 9. Jh. richtete ein Sänger namens Ziryab aus Bagdad am Hof von Córdoba eine Schule für Musik und Gesang ein und brachte persische Traditionen nach Europa, z. B. den Gebrauch von Laute und Gitarre *(toque)* sowie von Kastagnetten. Einfluss übten auch jüdische Synagogenlieder aus, vor allem Trauergesänge.

Erst ein Erlass des Bourbonenkönigs Carlos III. von 1782 erlaubte den *gitanos* offiziell eine menschenwürdige Sesshaftigkeit. Seither konnten sie es wagen, ihre Musik öffentlich zu machen. Damals tauchte auch der Name Flamenco auf, dessen Herkunft bis heute ungeklärt ist. Es entwickelte sich der klassische Flamenco, bei dem übrigens sparsame Gesten ein Zeichen der Meisterschaft sind. Zwischen 1860 und 1910 erlebte er seine Blütezeit. In den *cafés de cante* gab es nun fest angestellte Künstler. Nicht mehr alles wurde der Improvisation und der Eingebung des Augenblicks überlassen. Nicht*gitanos* begannen Flamenco zu singen und zu tanzen. Vom Café wanderte der Flamenco auf die Theaterbühne. Südamerikanische Musikelemente gingen ins Repertoire ein, die strengen Formen lösten sich auf, der Flamenco verlor an Stil. Schon zu Beginn der 1920er-Jahre versuchten Federico García Lorca und Manuel de Falla den ›echten‹ Flamenco zu rehabilitieren.

Tatsächlich erlebte der Flamenco in den letzten Jahrzehnten eine faszinierende Renaissance und erfuhr nun auch weltweite Beachtung. Er berührte sich mit einer anderen Musiktradition der Unterdrückten, dem Jazz, mit Auswirkungen auf die Tanzformen. Bei vielen kommerziellen Vorführungen bekommt man zwar nur noch die Spuren einer ehrwürdigen Tradition zu Gesicht. Aber in manchen *tablaos* (ursprünglich einfache Bretterbühnen, heute Flamencolokale) treten wieder ausdrucksstarke Sänger und Tänzer auf, die den Zauber des Flamenco aufleben lassen.

Gesellschaft und Alltagskultur

ein einfacher Schrein sein, ist meist aber eine kleinere bis größere Kirche, umgeben von idyllischen Gartenanlagen. Die Pilger kommen zu Fuß, auf prächtig geschmückten Festwagen oder hoch zu Ross. Religiöser Höhepunkt ist eine Messe mit anschließender Prozession. Schließlich mündet die Pilgerfahrt in ein ausgiebiges Picknick bei der Wallfahrtskirche. Nicht selten wird die Nacht hindurch gefeiert. Romerías von lediglich örtlichem Interesse sind meist in die **Fiesta** integriert, die Kirchweihfeier. An anderen, wie der berühmten Romería nach El Rocío (s. S. 233), nehmen Pilger aus ganz Andalusien teil. Weitere wichtige Wallfahrten führen zur Virgen de los Ángeles (bei Alájar, s. S. 244), Virgen de la Sierra (bei Cabra, s. S. 317 f.) und auf den Mulhacén zur Virgen de las Nieves (s. S. 380).

Besondere Feste

Reyes: Am 5. Januar, dem Vorabend des Dreikönigsfestes, findet die Bescherung für die Kinder statt. Ihr geht ein Umzug voraus, bei dem drei als die Heiligen Drei Könige verkleidete Männer auf Prunkwagen durch die Straßen fahren und Bonbons an die Kinder verteilen. In größeren Städten kann der Auftritt der Reyes schon einmal etwas spektakulärer ausfallen, indem sie z. B. per Helikopter einschweben.

Carnaval: Sehr ausgiebig wird der Karneval gefeiert. Tagsüber finden Prunkumzüge statt und Gruppen ziehen durch die Straßen, die politische Spottlieder singen. Nach Mitternacht treffen sich die Jüngeren zu lautstarken Tanzveranstaltungen unter freiem Himmel. Am Aschermittwoch ist die Feuerbestattung einer überdimensionalen Sardine aus Pappmaché ein Höhepunkt. Ursprünglich handelte es sich um einen antiklerikalen Akt, mit dem die Karnevalisten dagegen protestierten, während der nun beginnenden Fastenzeit nur Fisch essen zu dürfen. Dieses ›traurige‹ Ereignis bildet nicht den Abschluss. Das närrische Treiben geht noch mindestens bis zum Wochenende danach weiter. Den berühmtesten Karneval des spanischen Festlandes hat Cádiz (s. S. 203).

Semana Santa: Höhepunkt des Jahres ist für viele Andalusier nach wie vor die Karwoche, also die Woche vor Ostern. In dieser Zeit ziehen Prozessionen durch die Straßen der Städte und Dörfer, die den mit Blumen geschmückten, gekreuzigten Christus zusammen mit María Dolorosa, der ›Schmerzensreichen‹ Jungfrau, mit sich tragen. Die mannshohen Holzskulpturen sind auf schwere Wagen oder Gestelle montiert. Ihre Träger quälen und schinden sich und holen sich blutige Nacken. Jeder Stadtteil und jede Kirchengemeinde möchte die schönste Madonna vorführen, die wie eine Königin ausstaffiert wird. Die Geduld der Zuschauer scheint grenzenlos, während schier endlose Reihen von Kapuzenmännern, Menschen, die Fackeln tragen, sich Ketten an die nackten Füße gebunden haben und Holzkreuze auf dem gebeugten Rücken schleppen, an ihnen vorüberziehen. Manche Prozessionen verlaufend schweigend, andere werden von Trommlern oder gar lebhafter Musik begleitet. Mit der Semana Santa wird nicht nur der Kreuzigung und Auferstehung Jesu gedacht, sondern der Jahreszyklus beginnt in diesen Tagen immer wieder neu.

San Juan: In der Johannisnacht (23./24. Juni) scheint jeder Andalusier auf den Beinen zu sein. Wer ein Stadthotel bezogen hat, sollte sich auf eine schlaflose Nacht einrichten oder lieber gleich mitfeiern. Jugendliche leiten das Event tagsüber mit Knallkörpern ein. Gegen 21 Uhr starten die Familien zum Paseo. Alles fiebert dem Höhepunkt entgegen: dem mitternächtlichen Feuerwerk. Anschließend wird bis zum Morgengrauen gefeiert. Besonders lebhaft geht es in den Küstenorten zu, wo am Strand die *juanillos* und *juanillas* verbrannt werden – Puppen, die das Böse symbolisieren. Zur spirituellen Reinigung waschen sich viele das Gesicht mit Meerwasser.

Virgen del Carmen: Der 16. Juli ist Ehrentag der Karmeljungfrau, der Schutzheiligen der Fischer. Aus diesem Anlass finden vielerorts Bootsprozessionen statt.

Semana Santa: Büßerprozession

Architektur, Kunst und Kultur

Von den frühen Stadtgründungen der Phönizier, Karthager und Römer blieb relativ wenig erhalten. Eine kulturhistorische Besonderheit Andalusiens sind die Errungenschaften der maurischen Epoche. Nach der *Reconquista* (Rückeroberung) durch die Christen entstanden prächtige Kirchen und Paläste im Stil der Renaissance und des Barock.

Von Römern und Westgoten

In der spanischen Sprache hinterließen die Römer ihre deutlichsten Spuren. Mit Siedlungen, Straßen, Brücken, Aquädukten, Theatern und Stadtmauern prägten sie eine bis heute sichtbare zivile Struktur. Bei Sevilla ist Itálica zu besichtigen, die erste römische Gründung in Andalusien (204 v. Chr.). Sehenswert ist auch Baelo Claudia an der Costa de la Luz. In Ancipo bei Ronda sind Teile einer Römerstadt erhalten. Málaga wartet mit einem römischen Theater auf, in Córdoba stehen vor dem Rathaus römische Säulen. Die Stadtmauer von Carmona ist römischen Ursprungs und eine große Gräberstätte zeugt dort von der Anwesenheit der Römer.

Die auf die Römer folgenden Westgoten machten sich deren Infrastruktur zunutze. Sie bauten Vorhandenes aus, schufen aber wenig Neues. Kaum blieb Originäres erhalten.

Maurische Architektur

Anfangs gestalteten sich die maurischen Eroberungszüge kriegerisch. Auch die Muslime nutzten Vorhandenes, zerstörten und bauten aus. Im Laufe der Zeit entwickelte sich jedoch eine gut funktionierende Infrastruktur und es entstanden eindrucksvolle Bauwerke.

Häufig sind maurische Gebäude von außen im Vergleich zum Inneren eher schlicht. Bedeutendes Merkmal ist der **Hufeisenbogen,** der Einlass in Städte, Höfe und Räume bietet oder sich als zierendes Element über Säulen findet. Um die Raumwirkung aufzulockern, ist er oft zweifarbig gestaltet. Beste Beispiele sind die Hufeisenbögen in der Mezquita von Córdoba. Die filigranen Arabesken sind nicht immer aus edlen Materialien geschaffen, sondern – der einfachen Bearbeitung wegen – oft aus Gips oder Holz. Repräsentative Räume werden von **Muquarnas** überspannt. Diese Kuppeln sind aus vielen Einzelteilen zusammengesetzt und haben daher eine wabenähnliche Struktur. Von den einzelnen Elementen stehen oft Zapfen ab. Solche Kuppeln werden dann in Anlehnung an Tropfsteinhöhlen **Stalaktiten-Gewölbe** genannt. Besonders eindrucksvolle Beispiele sind in der Alhambra in Granada zu sehen.

Ein weiteres maurisches Merkmal sind die **Zwillingsfenster** – zwei Fenster, oft mit Hufeisenbogen, die durch einen schmalen Steg voneinander getrennt sind. Gelegentlich findet sich diese Konstruktion auch bei Türen. Ebenso auffallend sind die Wandverkleidungen aus verschieden bemalten oder unterschiedlich gebrannten Fliesen, den **Azulejos.** Diese Form der Dekoration übernahmen später die Christen. Das Wort Azulejo kommt nicht von blau (span. *azul*), auch wenn diese Farbe im Laufe der Jahrhunderte bei der Fliesenbemalung öfter in Mode war als andere. Vielmehr ist es auf den arabischen Ausdruck *al-zulayi* (kleiner Stein) zurückzuführen.

Gotteshäuser

Einzige erhaltene und zugleich auch älteste **Freitagsmoschee** Andalusiens ist die Mezquita in Córdoba (s. S. 295 ff.). Sie galt als Vorbild für alle folgenden, die jedoch während der Reconquista mehr oder weniger vollständig umgestaltet wurden. In einer Freitagsmoschee oder auch Großen Moschee finden sich die Muslime am Freitagnachmittag zum kollektiven Gebet und zur Predigt ein. Daneben gab es noch zahlreiche kleinere öffentliche und auch private Gotteshäuser.

Zu jeder Moschee gehört das **Minarett** – der Turm, von dem der Muezzin die Gläubigen fünfmal am Tag zum Gebet aufruft. Vielfach verwandelten die Christen das Minarett in einen Glockenturm für ihre Kirchen. Bestes Beispiel hierfür ist die Giralda in Sevilla (s. S. 258 f.). Weiterer wesentlicher Bestandteil einer Moschee ist das **Mirhâb**, die nach Mekka ausgerichtete Gebetsnische. Die **Maqsûra**, ein Gebetsraum, war nur dem Kalifen zugänglich. Da der Prophet Mohammed direkte figürliche Darstellungen von Menschen, Tieren und insbesondere Gottes ablehnt, finden sich Verzierungen fast nur in Form von **Arabesken** (Pflanzensymbole und kunstvolle Ornamente) oder kufischen Schriftzügen.

Befestigungsanlagen

Bei maurischen Befestigungsanlagen wird zwischen Alcazaba und Alcázar unterschieden. Die reine Festung (arab. *al-quasaba*) wird als **Alcazaba** bezeichnet. Oft steht sie oberhalb einer Ortschaft auf einem schwer zugänglichen Berg oder Hügel. Die Wachtürme und Wehrportale haben meist quadratischen Grundriss. Eingang und Ausgang liegen typischerweise nicht in einer geraden Linie hintereinander, sondern der Weg knickt im Turmbereich ab, um dann zu dem versetzt liegenden Ausgang zu führen. Die befestigte Residenz des Herrschers (*al-quasr* = arab. Haus) innerhalb der Stadtmauer wird als **Alcázar** bezeichnet. Dieser steht immer in der Nähe der Großen Moschee, oft auch mit direktem Zugang zu dieser. Nach außen wirken diese Königspaläste wehrhaft und abweisend, im Inneren zeigen sie sich prächtig und verspielt. Das Verwaltungs- und Geschäftszentrum einer maurischen Stadt war die **Medina.** Der Alhambra-Hügel in Granada stellt nach dieser Definition eine Stadt für sich dar.

Mudéjar

Eine Besonderheit in ganz Spanien, speziell in Andalusien, ist der **Mudéjarstil**. *Mudéjares* wurden jene Muslime genannt, die nach der christlichen Eroberung tributpflichtig in Spanien bleiben durften. Vorwiegend handelte es sich dabei um Baumeister, Handwerker und Künstler. Christliche Herrscher, denen der arabische Stil gefiel, beauftragten sie, ihre Häuser zu gestalten. Die maurischen Merkmale (s. o.) in der Dekoration kommen daher auch an christlichen Gebäuden vor, sehr eindrucksvoll z. B. am Palast Peters des Grausamen in Sevilla (s. S. 260 ff.).

Von der Gotik zur Renaissance

Mit dem Beginn der Reconquista entstanden in Spanien die ersten gotischen Kathedralen. Im Gegensatz zu den eher gedrungenen Gotteshäusern der Romanik wirken sie luftiger, schlanker und heller. Der Spitzbogen löste den romanischen Rundbogen ab. Da er einen geringeren Druck auf die Stützwände erzeugt, konnten diese feiner gebaut werden. Die Seitenwände stützten von außen Strebebögen. Dies ermöglichte den Einbau großer Fenster, da die Wände nun nicht mehr rein tragende Funktion hatten. Während viele gotische Kathedralen in Europa stark himmelwärts orientiert sind, gehen sie in Andalusien eher in die Breite. Die Grundmauern der Moscheen, auf denen fast alle errichtet wurden, gaben diese Form vor. Außerdem sind die Seitenschiffe in den gotischen Kathedralen Spaniens fast genauso hoch wie das Mittelschiff. Dadurch entsteht der Eindruck einer Halle. Eine weitere spanische Eigenheit ist der Chor in der Mitte des Hauptschiffes, z. B. in der Kathedrale von Sevilla (s. S. 253 ff.).

Gegen Ende der gotischen Periode kam der **Platereskstil** auf. Baumeister verzierten

Architektur, Kunst und Kultur

Gärten – Abbilder des Paradieses

Thema

Die Sehnsucht nach dem verlorenen Garten Eden beschäftigt seit jeher die Anhänger des Alten Testaments. Vor allem aber der Islam verspricht für das Jenseits ein Paradies, das Mohammed – auf einem Feuerwagen zum Himmel getragen – geschaut haben soll. So kam der Ziergarten durch die Araber nach Europa.

Was wir heute als Garten bezeichnen, war ursprünglich als irdischer Vorgeschmack auf die Wonnen der seligen Gefilde gedacht. In altpersischer Sprache bedeutet *pairi-daeza* (wovon sich auch der Begriff ›Paradies‹ ableitet) so viel wie ›umfriedeter Garten‹. Als die Araber im 7. Jh. Persien islamisierten, staunten sie über die dort schon äußerst ausgeprägte Gartenkunst und begannen, ihrerseits ›Paradiese auf Probe‹ zu schaffen. Schon wenige Jahrzehnte später kam diese Mode mit den maurischen Eroberern nach Andalusien. Um die Herrscherpaläste entstanden prachtvolle Parkanlagen, und auch die Innenhöfe von Palästen und Moscheen sowie Karawansereien wurden durch gärtnerische Gestaltung zu Oasen des inneren und äußeren Friedens.

Im Paradies sollte – anders als in den oft gnadenlosen Wüsten und Halbwüsten, in denen die Araber zu Hause waren – kein Mangel herrschen, weder an opulenter Vegetation noch an Schatten oder Wasser. Charakteristisch für den arabischen Stil sind daher üppig überrankte, kühle Laubengänge, die vor der Mittagshitze schützen, und offene oder überdachte Zisternen, Brunnen und Fontänen. Oft führen vier Wasserkanäle auf ein zentrales rundes Wasserbecken hin. Sie symbolisieren die vier Flüsse des Paradieses, die in die vier Himmelsrichtungen weisen. Im Repertoire der Pflanzen spielen Palmen, Zypressen und Zedern, die mit ihrem ganzjährig kräftigen Grün den ewigen Frühling versinnbildlichen, aber auch duftende Zitrusfrüchte, Rosen und Myrten eine wichtige Rolle. Berühmte Beispiele sind die Innenhöfe der Alhambra und der Garten des Generalife in Granada (s. S. 349 ff.). Um sie anzulegen, musste mit Hilfe von Schöpfrädern Wasser aus dem Río Darro auf den Burghügel geleitet werden, eine nicht ganz einfach zu bewältigende technische Aufgabe. Ebenfalls aus arabischer Zeit stammen die Orangenhöfe mancher Moscheen, die später in Kirchen umgewandelt wurden (so z. B. Kathedrale von Sevilla). Auch die Gärten der *cármenes,* der alten Landsitze auf dem Albaicín von Granada und die blumengeschmückten Patios in Andalusien sind ein maurisches Erbe.

Neue Formen der Gartengestaltung aus dem Ausland veränderten in der Neuzeit in Andalusien so manche Gärten. So wurde der maurische Park des Alcázar von Sevilla im 16. Jh. im italienischen Stil der Renaissance erneuert. Brunnen, Grotten und Statuen lockern seine strengen geometrischen Formen auf (s. S. 260 ff.). Erst im 19. Jh. entstand dann im englischen Landschaftsgartenstil einer der berühmtesten und üppigsten Gärten Andalusiens, der Jardín Botánico-Histórico La Concepción bei Málaga (s. S. 106 f.). Ein modernes Beispiel für gelungene Gartenarchitektur stellt der Jardín Botánico Molino de Inca in Torremolinos dar, der erst vor wenigen Jahren rund um eine restaurierte Getreidemühle angelegt wurde.

Wände und Fassade üppig mit Emblemen und Formen, so filigran als seien sie von Silberschmieden gefertigt. Daher rührt die Bezeichnung (*platero* = span. Silberschmied). Traditionelle Motive, die auch auf maurischen Vorbildern beruhten, überwogen.

Während der **Renaissance** lebten in Europa die Werte und Schönheitsideale des klassischen Altertums wieder auf. Der Mensch gewann mehr an Gewicht, der Humanismus breitete sich in den Wissenschaften aus. Architekten legten verstärkt Wert auf ausgewogene, am Menschen orientierte Proportionen und klare Linien. Klassische Säulen kamen vermehrt zum Einsatz. Der Gedanke der Renaissance entstand in Italien schon zu Beginn des 15. Jh., erreichte Spanien aber erst später. Eine klare Abgrenzung von der Gotik ist nicht immer möglich. So wurde z. B. die Kathedrale von Granada gotisch geplant, aber im Renaissancestil fertiggestellt. Auch an der Kathedrale von Córdoba finden sich Elemente von Gotik und Renaissance. Die Stilmischung aus Gotik, Renaissance und maurischen Elementen wird nach Königin Isabella von Kastilien **isabellinisch** genannt. Wichtige Renaissancebauten in Andalusien sind der Palast von Kaiser Karl V. in der Alhambra von Granada (s. S. 350), die Casa de Pilatos und das Archivo General de las Indias (beide in Sevilla, s. S. 262 und S. 264). Úbeda und Baeza sind für ihre Kirchen und Adelspaläste aus der Renaissance berühmt (s. S. 331 ff. und S. 326 ff.).

Barock

Allgegenwärtig ist in Andalusien der Barock. Er löste im 17. Jh. die Renaissance ab. Kirchen und Altäre wurden nun überschwänglich und verschnörkelt geschmückt. Alles sollte glänzen, Gold kam häufig zum Einsatz. Ebenso üppig gestalteten die Bildhauer Heiligenfiguren und verzierten sie mit wertvollen Behängen und Gewändern. Entscheidenden Einfluss darauf hatten die Jesuiten. Sie wollten die Menschen im Zeitalter der Gegenreformation durch Prachtentfaltung beeindrucken und so vom protestantischen Gedankengut fernhalten. Die Sevillaner Martínez Montáñez (1568–1649) und Juan de Mesa (1583–1627) waren bedeutende Barockbildhauer. Sie schufen zahlreiche Prozessionsfiguren für die *Semana Santa* (Karwoche). Schöne Beispiele für barocken Städtebau sind Antequera und Priego do Córdoba.

Im 18. Jh. erreichte der spanische Barock seinen Höhepunkt im übersteigerten Churriguerastil, benannt nach dem Bildhauer und Baumeister José de Churriguera (1665–1725). Bestes Beispiel ist die Sakristei des Klosters La Cartuja in Granada.

Malerei des Goldenen Zeitalters

Das *Siglo de oro* – Goldenes Zeitalter – spielt nicht auf das Gold aus Amerika an, sondern bezeichnet ein Jahrhundert spanischer Malerei und Literatur (Mitte 16. bis Mitte 17. Jh.).

Francisco Pérez Pacheco (1564–1654) konzentrierte sich vorwiegend auf religiöse Themen. Obwohl seine Malkunst nicht überall Anklang fand, beeinflusste er doch die großen Maler des *Siglo de oro*. In seiner Schule lernten unter anderem Alonso Cano und Diego Velázquez, der auch die Tochter seines Lehrmeisters heiratete. **Diego Velázquez** (1599–1660) gilt nicht nur als einer der bedeutendsten Künstler des 17. Jh., sondern auch als einer der wichtigsten spanischen Humanisten. Trotz seiner bevorzugten Stellung als Hofmaler von Madrid und seinen in barocker Manier geschönten Porträts der Angehörigen des spanischen Hofes akzeptierte er nicht mehr, dass allein die soziale Stellung den Wert eines Menschen bestimmen sollte. Ein Multitalent seiner Zeit war der Architekt, Bildhauer und Maler **Alonso Cano** (1601–1667). Als Architekt gestaltete er die Hauptfassade der Kathedrale von Granada (s. S. 340). Seine Gemälde in der Hauptkapelle sind fein ausgeführt und wirken kühl-elegant. Als ›Maler der Mönche‹ bekannt ist **Francisco de Zurbarán** (1598–1664). Durch hell-dunkle Kontraste wirken seine religiösen Bil-

Architektur, Kunst und Kultur

der mystisch. Ihm gelingt es, den Dargestellten dezent zu huldigen, ohne sie zu glorifizieren. Viele seiner Bilder zeigt das Museo de Cádiz (s. S. 195). **Bartolomé Estebán Murillo** (1618–1682) malte neben religiösen Szenen auch Milieustudien. Seine Bilder zeichnen sich durch weiche Farbtöne aus (vgl. Hospital de la Caridad in Sevilla, S. 268). Dadurch erhalten auch die eher schweren Lebensumstände seiner Modelle einen romantischen Anstrich. Ganz im Gegensatz dazu stehen die Bilder von **Juan Valdés Leal** (auch Juan de Nisa, 1622–1690). Realistisch zeigt er, dass auch die Herrschenden sich mit dem Tod abfinden müssen (vgl. Hospital de la Caridad in Sevilla, S. 268). Murillo lobte den Realismus des Malerfreundes mit der Bemerkung, dass er sich beim Anblick von dessen Todesbildern die Nase zuhalten müsse. Zurbarán, Murillo und Valdés Leal bildeten die ›**Schule von Sevilla**‹. Viele Werke der Künstler sind im Museum der schönen Künste von Sevilla zu sehen (s. S. 268).

Weiße Dörfer

Für die Sierra de Grazalema, aber auch für viele andere Gebirgsgegenden Andalusiens charakteristisch sind die *pueblos blancos* (weiße Dörfer). Diese Form der Volksarchitektur avancierte zu einem touristischen Aushängeschild der Region. Die meisten weißen Dörfer wurden in der Zeit maurischer Herrschaft angelegt. Den Ortsgründern waren zwei Punkte wichtig: Es musste genügend Quellwasser vorhanden sein und das Dorf musste an einem Hügel liegen, der leicht zu befestigen war. Auf dessen Gipfel errichteten sie eine Burg, um den Ort zu verteidigen, der wiederum von einer Wehrmauer umgeben war.

Selbst kleine *pueblos blancos* wirken erstaunlich urban. Dies ist der engen, platzsparenden Bauweise mit den schmalen, steilen Gassen und ineinander verschachtelten Häusern zu verdanken. Begrünte, mit Blumen geschmückte Innenhöfe ersetzen die Gärten. Früher war im Patio oft noch ein Bereich für Ställe abgetrennt, in denen Hühner und Kaninchen gehalten wurden. Hellrote Ziegel im arabischen Stil bedecken die Dächer. Brunnen, oft mit mehreren Wasserrohren, bunte Fliesenbilder (Azulejos) sowie schmiedeeiserne Gitter sind typische Architekturelemente auf den Plätzen und in den Gassen. In christlicher Zeit blieb der Grundriss der weißen Dörfer meist unverändert. Allerdings wuchsen viele über die arabische Wehrmauer hinaus in die angrenzende Ebene, erhielten breitere Straßen und Plätze, an denen die wohlhabendere Schicht der Bewohner ihre großzügiger konzipierten Häuser errichtete.

Eine andere, ebenfalls auf die Mauren zurückgehende Architekturform blieb in der Alpujarra bewahrt. Die dortigen weißen Dörfer erinnern an nordafrikanische Berbersiedlungen. Die Häuser haben Flachdächer, die von einer Schicht aus Gesteinsgrus, Gras und wasserundurchlässigem Lehm bedeckt sind. Daraus ragen einer oder mehrere pilzförmige Schornsteine hervor (s. S. 374 ff.).

Kulturbetrieb bis zur Gegenwart

Architektur

Politik und Wirtschaft stagnierten in Andalusien über große Teile des 19. und 20. Jh. hinweg. In dieser Zeit wurde kaum gebaut und wenig Kunst geschaffen. Die spanische Variante des Jugendstils – der *Modernismo* – fand nur im Bürgertum Anklang, das im Sherrydreieck bei Cádiz Privat- und Handelshäuser in diesem Stil baute. Wesentlich populärer wurde der Eklektizismus, der Elemente aus Baustilen der Vergangenheit aufgriff. Schönste Beispiele sind die Gebäude der Ibero-Amerikanischen Ausstellung in Sevilla von 1929 (s. S. 266 ff.). Erst in den letzten Jahrzehnten gewann Andalusien wieder Anschluss an die allgemeine Entwicklung. Einheimische Architekten haben heute Gelegenheit, ihr Können an Hotels, Häusern und öffentlichen Bauten zu erproben. Anlässlich der EXPO 1992 wurden in Sevilla mehrere spektakuläre Brücken über den Guadalquivir gespannt.

Kulturbetrieb bis zur Gegenwart

Malerei
Auf dem Gebiet der Malerei machte sich Julio Romero de Torres (1874–1930) einen Namen mit seinen umstrittenen Frauenbildnissen. Ihm ist heute in seiner Geburtsstadt Córdoba ein Museum gewidmet (s. S. 305). Pablo Picasso (1881–1973) stammt zwar aus Málaga, verbrachte aber sein Erwachsenenleben außerhalb von Andalusien. Dennoch ließ er sich zeitlebens von Motiven aus seiner Heimat inspirieren (s. S. 101). Sein Schüler Daniel Vázquez Díaz schuf 1929/30 die Fresken im Kloster Santa María de la Rábida (s. S. 222 ff.). In jüngerer Zeit machten zwei Künstler aus Vélez-Málaga auf sich aufmerksam: Jaime Pimentel (geb. 1933) fertigte 1991 die berühmte Bronzeplastik der Niña de Benalmádena (s. S. 109), Evaristo Guerra (geb. 1942) malte zwischen 1995 und 2006 eine Kirche in Vélez mit Fresken aus (s. S. 402).

Land der Poeten
In maurischer Zeit war Lyrik in Andalusien ein Gesellschaftsspiel. Arabische Fürsten sollen ihre Lieblingsfrauen danach ausgesucht haben, ob diese einen begonnenen Vers mit einer passenden Wendung vollenden konnten. Ihren Höhepunkt erlebte die Dichtkunst im 11. Jh. Die Teilkönigreiche *(taifas)* konkurrierten um die besten Poeten an ihrem Hof.

Ende des 16. Jh. begründeten Fernando Herrera aus Sevilla und Luis de Góngora aus Córdoba die klassische Lyrik in kastilischer Sprache. Im ersten Drittel des 20. Jh., einer Blütezeit der modernen Poesie in Spanien, kamen deren bedeutendste Vertreter ebenfalls aus Andalusien. Federico García Lorca (1898–1936) aus Granada verband wie kein anderer die Traditionen seines Landes mit den Erfahrungen der Moderne (s. S. 369 f.). Mit einem Nobelpreis für Literatur geehrt wurde 1956 Juan Ramón Jiménez (1881–1958) aus Moguer bei Huelva. Er war auf einer religiös motivierten Suche nach einer reinen, zeitlosen Poesie für eine »gewaltige Minderheit«, was vor allem in seinem letzten Gedichtband ›Wesen der Tiefe‹ (1949) zum Ausdruck kommt. Zu der von Jiménez beeinflussten ›Generation von 1927‹ gehörte Vicente Aleixandre (1898–1984) aus Sevilla. 1977 erhielt er den Literaturnobelpreis für sein Gesamtwerk.

Musik, Oper, Film
Andalusien brachte mit Manuel de Falla (1876–1946) aus Cádiz einen der bedeutendsten spanischen Komponisten hervor. Er war durch altspanische Musik, Folklore und Flamenco inspiriert, aber auch durch den französischen Impressionismus. Zu seinen bekanntesten Werken zählen das Ballett ›Der Liebeszauber‹ (1915) und das Orchesterwerk ›Nächte in spanischen Gärten‹ (1911–1915).

Zwei mystische Figuren aus Sevilla lieferten den Stoff für weltberühmte Opern: ›Carmen‹ (1875) von Bizet und ›Don Giovanni‹ (1787) von Mozart. Die Geschichte der stolzen, verführerischen Carmen wurde dem französischen Schriftsteller Prosper Mérimée 1840 in Granada erzählt, der sie in seiner gleichnamigen Novelle verarbeitete. Ob Carmen existiert hat, ist ungewiss. Aber das Ambiente – die Tabakfabrik, die Zigarettendreherinnen, die Schmuggler von Ronda, der Stierkampf, die *gitanos* – ist authentisch. Don Juan, der Frauenheld, ist eine Figur, die im 16. Jh. auf Marktplätzen vorgeführt wurde. Er faszinierte die Menschen, weil er die Grenzen des mittelalterlichen Lebens sprengte, auch wenn er am Ende vom Teufel geholt wurde. Eingang in die Literatur fand Don Juan durch den spanischen Priester und Dramatiker Tirso de Molina. Die Uraufführung seines ›Spötters von Sevilla‹ erfolgte 1624 in Madrid.

Spanische Filme spielen meist in Madrid oder Barcelona. Eine frühe Ausnahme stellt ›Willkommen, Mr. Marshall‹ (1953) von Luis García Berlanga dar, eine Parodie auf andalusische Klischees, die gern auf ganz Spanien übertragen werden. Carlos Saura feierte mit der Tanz-Trilogie ›Bluthochzeit‹ (1981), ›Carmen‹ (1983) und ›Liebeszauber‹ (1986) Erfolge. Jüngere andalusische Filmemacher haben sich dem sozialkritischen Realismus verschrieben, so etwa Benito Zambrano in ›Solas‹ (1999). In ›7 Jungfrauen‹ (2005) von Alberto Rodríguez zieht ein 16-Jähriger durch die Armenviertel von Sevilla, scheiterte jedoch schließlich an der Ausweglosigkeit.

Essen und Trinken

So unterschiedlich wie die Landschaften Andalusiens, so vielseitig zeigt sich auch die Küche. Die traditionellen Gerichte unterscheiden sich nicht nur von Region zu Region, sondern folgen auch dem jahreszeitlichen Wechsel.

Frühstück

Sogar im ›Frühstücksland‹ Deutschland beschränken sich immer mehr Menschen morgens auf eine Tasse Kaffee. In Andalusien hat diese Sitte Tradition. Ein *café solo* (Espresso), *cortado* (Espresso mit Milch) oder *café con leche* (Milchkaffee) – oft unterwegs in einer Bar eingenommen – reicht meist aus. Einen dünnen schwarzen Kaffee, der ähnlich wie Filterkaffee schmeckt *(café americano)*, gibt es, er wird aber selten bestellt. Manchmal wird zum Frühstück ein Croissant verzehrt, häufiger eine *tostada* (geröstetes Brot, eventuell mit Butter). Gelegentlich gibt es *churros* (Fettgebäckstangen, die je nach Region auch *tejeringos*, *porras* oder *calentitos* heißen) und dazu eine dickflüssige Trinkschokolade.

Große Hotels in Städten und Ferienorten stellen meist ein opulentes Frühstücksbuffet bereit, von dem sich inzwischen auch spanische Urlauber und Geschäftsreisende ausgiebig bedienen. In einfacheren Pensionen oder *hostales* fällt das Frühstück – wenn es eines gibt – traditionell spärlich aus.

Vormittags und mittags

Den ganzen Vormittag halten auch traditionsbewusste Andalusier nicht durch, ohne etwas zu essen. Ein *bocadillo* (belegtes Baguette) in der nächstgelegenen Bar ist dann willkommen. Meist sind die Brote mit *jamón* (luftgetrockneter Schinken), Wurst oder Käse belegt, oft auch mit *lomo* (gepökelter Schweinerücken, kalt oder warm), *atún* (Tunfisch), oder *tortilla* (Kartoffelomelette). Im Landesinneren und in Lokalen, in denen Einheimische verkehren, sind die *bocadillos* meist so groß, dass sie ein Mittagessen ersetzen können.

Für das Mittagessen *(almuerzo)* nehmen sich die Andalusier meist ab 14 Uhr Zeit. In den Städten trifft man sich in Tapabars (s. S. 55). Als Alternative für den größeren Hunger bieten viele Restaurants günstige dreigängige Tagesmenüs an.

Abends und in der Nacht

Ein ausgiebiges Abendessen *(cena)* beginnt für Spanier zwischen 21 und 22 Uhr. Besonders beliebt ist der *tapeo:* Man zieht von Bar zu Bar, probiert die Spezialitäten der jeweiligen Küche in winzigen Portionen und trinkt dazu ein Gläschen *(una copa)*. Auch hier gibt es wieder die Alternative, ein ›richtiges‹ Abendessen in einem Restaurant zu sich zu nehmen. Es besteht meist aus mehreren Gängen, die à la carte bestellt werden.

Speiselokale

Traditionell unterscheiden sich die Arten von Speiselokalen. In gehobenen Restaurants ist es üblich, auf einen Kellner zu warten, der den Gästen einen Platz zuweist. In einfacheren Lokalen kann man den Platz selbst wählen. Dabei ist zu beachten, dass es in Spanien als unhöflich gilt, sich dazuzusetzen. Getrennte Rechnungen an einem Tisch sind nicht üblich. Nur dort wo viele Touristen verkehren, sind die Kellner darauf eingestellt.

In der klassischen spanischen **Bar** spielt sich das gesellschaftliche Leben – traditionell das der Männer, heute auch immer mehr das der Frauen – ab. Bars sind meist von früh bis spät geöffnet. Den ganzen Tag über kann man *bocadillos* bestellen, von mittags bis abends bieten viele auch *tapas* an (sonntags oft nicht). Metalltheke und gefliester Boden sind am einfachsten sauber zu halten und daher die häufigste Form der Einrichtung.

Eine **Tasca** oder **Taberna** bietet mehr Sitzgelegenheiten als eine Bar und die Auswahl an Mahlzeiten ist größer. Oft steht auch ein Mittagsmenü auf der Speisekarte. **Bodegas** sind Weinschänken, die oft nur abends öffnen. Ursprünglich gab es dort nur Wein und ein paar Kleinigkeiten zu essen. Heute sind sie zugleich oft gehobene Restaurants. Eine **Cafetería** ist irgendwo zwischen Bar, Café, Imbissbude und Restaurant angesiedelt. In kleineren Städten ist sie oft der zentrale Treffpunkt. Hier gibt es kostengünstige Mahlzeiten, oft Tellergerichte *(platos combinados).*

An ein **Restaurant** ist meist eine Bar angeschlossen *(Bar/Restaurante).* In der einfachen Ausführung befindet sich vorne im Eingangsbereich die Bar, im Hinterzimmer der eigentliche Speiseraum *(comedor).* Je gehobener der Anspruch, desto mehr rückt der Speiseraum ins Zentrum des Geschehens.

Eine Besonderheit sind die großen Restaurants an Landstraßen oder Ortsrändern. Sie werden mittags gern von Fernfahrern und Bauarbeitern aufgesucht. Die Tagesmenüs sind deftig und reichhaltig. Urlauber wagen sich selten in solche Lokale, obwohl man dort zu günstigem Preis satt wird; Grundkenntnisse in Spanisch sind hilfreich.

Andalusische Spezialitäten

Das Erbe der Mauren

Die von den Mauren kultivierten Nutzpflanzen, Früchte, Gewürze und Gemüsesorten sind nach wie vor in der andalusischen Küche präsent. Artischocken, Auberginen, Kichererbsen und Reis sind typische Zutaten für Eintöpfe. Fleischgerichte werden mit Orangen, Aprikosen, Feigen, Mandeln und Pistazien verfeinert, nicht zu vergessen mit Granatapfelkernen. Exotische Gewürze wie Kreuzkümmel, Koriander, Zimt, Anis, Sesam, Minze, Ingwer und Safran kommen in traditionellen Rezepten reichlich zum Einsatz. Allgegenwärtig sind Hammel- und Lammgerichte. Manches Rezept war schon fast in Vergessenheit geraten. Heute beleben innovative Köche die maurische Küche wieder.

Tapas

Auf dem Land ist es immer noch Brauch, dem Gast eine winzige Portion des Eintopfs oder Schmorgerichts, das gerade in der Küche gart, auf dem Topfdeckel zum Probieren anzureichen. Daher dürfte der Name für die berühmten Appetithäppchen (*tapa* = span. Deckel) stammen. In Bars wurden früher Oliven oder Mandeln oder auch eine Scheibe Schinken, Wurst oder Käse auf einem kleinen Teller zum Drink serviert. Auch hier liegt ein Ursprung der modernen Tapakultur. Heute sind die Tapas anspruchsvoller: Frittierte oder eingelegte Sardellen *(boquerones),* geschmorte Paprikaschoten mit grobem Salz *(pimientos de Padrón),* Speckdatteln *(dátiles con bacon)* oder maurische Fleischspieße *(pinchos morunos)* sind nur einige Beispiele. Daneben gibt es eine deftige Variante. Bars, in denen Landarbeiter verkehren, halten zubereitete Speisen (z. B. Fleischragouts, Aufläufe) bereit. Es gibt sie als *media ración* (halbe Portion) oder *ración.* Letztere hat schon die Ausmaße eines Hauptgerichts. Demgegenüber sind die Tapas verschwindend klein. Vier bis fünf braucht man mindestens, um einigermaßen satt zu werden. Aber dazu sind sie auch nicht bestimmt. Wenn Andalusier ihren abendlichen *tapeo* zelebrieren (s. o.), bestellen sie nie gleich das ganze Sortiment. Stattdessen genießen sie die Tapas nach und nach, gern in mehreren Bars.

Eintöpfe und Suppen

In einer landwirtschaftlich geprägten Region wie Andalusien ernährte sich die Bevölkerung traditionell von Suppen *(sopa)* und Eintöpfen

Essen und Trinken

(*cocido, olla* oder *puchero*). Während diese im Winter, vor allem im Gebirge, wärmen sollten, waren sie im Sommer wichtig für den Flüssigkeitsbedarf und den Salzhaushalt. Die Provinz Granada wartet mit speziellen Eintöpfen auf: *Habas con jamón* (dicke Bohnen mit Schinken) finden sich auch in Tapatheken. *Olla de trigo* ist eine deftige Angelegenheit mit Weizen, Kichererbsen und Schweinefleisch. In der *olla de San Antón* werden Weizen und Kichererbsen durch dicke Bohnen ersetzt, zusätzlich kommt Blutwurst hinzu. Bei Hitze ist der kalte *gazpacho andaluz* eine angenehm leichte Mahlzeit. Die Grundlage bilden Tomaten, Paprika, Knoblauch, Brot und Gurken, alles in Essig und Öl püriert. Eine Abwandlung ist der *salmorejo cordobés*, eine Tomatenkaltschale, zu der es oft Tunfisch, Schinken oder Ei gibt. In der Region Málaga wird eine kalte Knoblauch-Mandelsuppe *(ajo blanco)* mit Trauben garniert.

Aus dem Wasser

Im Landesinneren erfreuen sich Forellen *(truchas)* großer Beliebtheit. In El Bosque (s. S. 164 f.) und in der Sierra de Cazorla (s. S. 336 ff.) stehen sie oft auf dem Speiseplan, vor allem aber in Riofrío (s. S. 399 f.). An den Küsten beherrschen Salzwasserfische *(pescado)* und Meeresfrüchte den Speiseplan. Am häufigsten finden Tunfisch, Sardinen, Sardellen, Tintenfische, Muscheln, Gambas und Langostinos Verwendung. In den Provinzen Málaga, Cádiz und Sevilla wird das Meeresgetier oft frittiert *(pescaíto frito)*. *Freidurías* verkaufen nach Gewicht auf die Hand. In Strandkneipen *(chiringuitos)* und Fischlokalen wird meist gegrillt. Aufwendiger und geschmacklich ausgefeilter sind Fischeintöpfe *(guisados)* und Suppen *(sopa de pescado)*. Stockfisch *(bacalao)* wird immer raffinierter zubereitet, z. B. als Eintopf mit Tomaten und Oliven oder in Form von Kroketten *(croquetas de pescado)*.

Fleisch, Schinken, Wurst

Liebhaber von Fleisch werden sich vor allem im Landesinneren wohl fühlen. Reh *(corzo)*, Hirsch *(ciervo)* und Wildschwein *(jabalí)*, mal deftig, mal auf orientalische Art, finden sich auf den Karten. Kaninchen *(conejo)* und Zicklein *(cabrito,* speziell in Granada: *choto)* gibt es oft und in verschiedenen Varianten.

Al horno (im Ofen langsam geschmort) ist die häufigste Zubereitungsart. Recht deftig sind Braten *(asado)*. Teile von Hühnchen *(pollo)* und Schwein *(cerdo)* gibt es manchmal auch *a la plancha* (gegrillt). Reichlich Knoblauch ist fast immer dabei. Von guter Qualität sind das andalusische Rindfleisch *(carne de vaca)* und Kalbfleisch *(ternera)*. Restaurants im Umkreis von Stierkampfarenen bieten *rabo de toro* (Stier- oder Ochsenschwanz) an. Oft wird er geschmort und mit schmackhafter Soße serviert.

Einen hohen Stellenwert hat die Schweinezucht. Überregional bekannt ist die Paprika-Schweinswurst *chorizo*. Ähnlich gewürzt gibt es die *chorizo* auch als Hirsch- oder Wildschweinwurst. Bei der *chorizo blanco* (oder *salchicha*) wird Paprika durch Knoblauch ersetzt. *Morcillo* ist eine meist orientalisch gewürzte Blutwurst mit Zwiebeln, Pinienkernen, Reis oder Mandeln, *longaniza* eine würzige Hartwurst. Internationale Berühmtheit erlangte der *jamón serrano* (luftgetrockneter Gebirgsschinken). Besten Ruf genießen der in der klaren Bergluft von Trévelez gereifte Schinken sowie derjenige von Jabugo in der Sierra de Aracena. Als qualitativ besonders hochwertig gilt der *jamón ibérico*. Er stammt vom schwarzen iberischen Schwein. Spitzenklasse ist der *jamón ibérico de bellota*. Für ihn wird das Fleisch von Schweinen verwendet, die in Steineichenwäldern leben und sich ausschließlich von Eicheln *(bellotas)* ernähren. Diese werden auch zu der dicken, exquisiten *morcón de chorizo ibérico de bellota* verarbeitet, einer Wurst mit wenig Fett und dafür mehr Fleisch.

Süßes

Die enorme Vielfalt an Süßspeisen und Kuchen verdankt Andalusien den Mauren, die das Zuckerrohr auf die Iberische Halbinsel brachten. Törtchen und Plätzchen spielen eine große Rolle. Vielfach werden sie von Nonnen nach traditionellen Rezepten zube-

Andalusische Spezialitäten

Gekonnt kredenzt: Sherry aus Jerez müssen Sie probieren

reitet. So erklären sich auch die Namen: Himmelsspeck (*tocinos del cielo,* aus Eigelb und Zucker), *yemas de San Leandro* (*yemas* = span. Eigelb) oder Engelshaar (*cabello del ángel,* aus Melone und Zucker).

Weine und Spirituosen

Andalusische Qualitätsweine werden nach ihrer Ursprungsbezeichnung *(denominación de origen,* D.O.) gegliedert. Am bekanntesten sind die schweren Südweine, deren Alkoholgehalt – meist durch Zugabe von hochprozentigem Brandy – bei 15 bis 18 Vol.-% liegt, die oft viele Jahre im Fass lagern und als Aperitif oder zum Dessert getrunken werden. Hier ist natürlich allen voran der Sherry aus der Gegend um Jerez de la Frontera zu nennen (s. S. 216 f.). In der Qualität vergleichbar sind die Südweine aus dem Gebiet Montilla-Moriles (Provinz Córdoba), die ohne ›Aufspriten‹ einen sehr hohen Alkoholgehalt erreichen (s. S. 216 f.).

Hier wie dort reicht die Palette vom trockenen, meist jung getrunkenen *fino* über den länger gelagerten, halbtrockenen *amontillado* bis hin zum schweren Dessertwein *oloroso.* Wichtige Rebsorten sind Palomino und Pedro Ximénez. Aus der Provinz Huelva kommen der bernsteinfarbene *Condado Viejo* und der leichtere, blassgelbe *Condado Pálido* (s. S. 232). Málaga ist eine kleine, aber bedeutende Anbauregion. Der von hier stammende süße, samtweiche Wein aus der Moscatel-Traube wird seit der Antike als Heil- und Genussmittel gerühmt. Heute werden hier auch Pedro-Ximénez-Trauben gekeltert, aus denen ein *fino* entsteht.

Weniger Bedeutung haben die Tischweine. Hier sind aus der Provinz Huelva (D.O. Condado) trockene, fruchtige Weißweine hervorzuheben. Ein spritziger Weißer stammt aus Arcos de la Frontera *(tierra blanca).* Außerdem kommt ein bekannter Tropfen aus Laujar de Andarax in der Alpujarra. Neben den berühmten Weinen wird in vielen Regionen gut trinkbarer, trockener Landwein *(vino de tierra)* produziert. Zum Abschluss eines edlen Essens gehört ein guter Brandy. Je länger dieser im Fass reift, desto weicher und geschmacksintensiver wird er *(solera:* mind. 6, *solera reserva:* mind. 12, *solera gran reserva:* mind. 36 Monate). Empfehlenswert sind z. B. die Marken Gran Duque de Alba, Conde de Osborne oder Carlos I.

Kulinarisches Lexikon

Im Restaurant

Ich möchte einen Tisch reservieren.	Quisiera reservar una mesa.
Die Speisekarte, bitte.	El menú, por favor.
Weinkarte	carta de vinos
Die Rechnung, bitte.	La cuenta, por favor.
Vorspeise	entrada/ primer plato
Suppe	sopa
Hauptgericht	plato principal
Nachspeise	postre
Beilagen	guarnición
Tagesgericht	plato del día
Gedeck	cubierto
Messer	cuchillo
Gabel	tenedor
Löffel	cuchara
Glas	vaso
Flasche	botella
Salz/Pfeffer	sal/pimienta
Öl/Essig	aceite/vinagre
Olivenöl	aceite de oliva
Kellner/Kellnerin	camarero/camarera

Zubereitung

a la plancha	gegrillt
al ajillo	in Knoblauchsoße
al horno	im Ofen geschmort
ahumado/-a	geräuchert
asado/-a	gebraten/gegrillt
brocheta	Spieß
crudo/-a	roh
empanado/-a	paniert
frito/-a	frittiert
guisado/-a	geschmort
hervido/-a	gekocht

Snacks und Suppen

ajo blanco	kalte Knoblauchsuppe
bocadillo	belegtes Brötchen
caldo de pollo	Hühnersuppe
chorizo	Paprika-Schweinswurst
cocido, puchero	Eintopf
embutidos	Wurstwaren
gazpacho	kalte Gemüsesuppe
huevos fritos	Spiegeleier
jamón	Schinken
lomo	gepökelter Schweinerücken
pan (tostado)	(getoastetes) Brot
panecillo	Brötchen
perro caliente	Hot Dog
queso	Käse
revuelto	Rührei
salmorejo cordobés	Tomatenkaltschale
tortilla	Omelette

Fisch und Meeresfrüchte

atún	Tunfisch
almejas	Venusmuscheln
bacalao	Stockfisch
boquerones	Sardellen
gambas	Garnelen
langostinos	Riesengarnelen
rape	Seeteufel
trucha	Forelle
cangrejo	Krebs
croqueta de pescado	Fischkrokette
mariscos	Meeresfrüchte
mejillones	Miesmuscheln
pescado	Fisch

Fleisch und Geflügel

ahumado	Kasseler (Schwein)
albóndigas	Hackfleischbällchen
aves	Geflügel
cabrito/choto	Zicklein
carne	Fleisch
carne de vaca	Rindfleisch
carne en salsa	Fleischstücke in Soße
cerdo	Schweinefleisch
chuleta	Kotelett
chuletas de cerdo	Schweinekoteletts
ciervo	Hirsch
conejo	Kaninchen
cordero	Lamm

escalope	Schnitzel
jabalí	Wildschwein
pato	Ente
pavo	Truthahn
pechuga de pollo	Hähnchenbrust
perdiz	Rebhuhn
picadillo	Hackfleisch
pierna de puerco asado	gegrillte Schweinshaxe
pollo	Hühnchen
rabo de toro	Stierschwanz, Ochsenschwanz
salchicha	Würstchen
solomillo	Filet/Lendenstück
ternera	Kalb

Gemüse und Beilagen

aceitunas	Oliven
aguacate	Avocado
ajo	Knoblauch
alcachofa	Artischocke
arroz blanco	weißer Reis
berenjena	Aubergine
calabaza	Kürbis
cebolla	Zwiebel
col	Kohl
ensalada	Salat
espárragos	Spargel
espinaca	Spinat
fideos	Fadennudeln
garbanzos	Kichererbsen
guisantes	Erbsen
hinojo	Fenchel
judías verdes	grüne Bohnen
lechuga	grüner Blattsalat
lentejas	Linsen
patatas	Kartoffeln
patatas fritas	Pommes frites
pepino	Gurke
pimiento	Paprikaschote
puré de patatas	Kartoffelbrei
remolacha	rote Bete
setas	Pilze
verdura	Gemüse
zanahoria	Möhre

Nachspeisen und Obst

almendras	Mandeln
arroz con leche	Milchreis mit Zimt und Zucker
cereza	Kirsche
flan	Eierpudding
fresa	Erdbeere
galleta	Keks
helado	Eiscreme
higo	Feige
limón	Limone
manzana	Apfel
melocotón	Pfirsich
melón	(Honig-)Melone
naranja	Apfelsine
natillas	Cremespeise
pasas	Rosinen
pastel	Kuchen
piña	Ananas
piñones	Pinienkerne
sandía	Wassermelone
toronja	Grapefruit
uva	Weintraube

Getränke

agua (con/sin gas)	Wasser (mit/ohne Kohlensäure)
agua mineral	Mineralwasser
batido	Milchshake
café	Kaffee
café americano	großer schwarzer Kaffee
café solo	Espresso
cortado	Espresso mit Milch
fino	frischer, trockener Sherry
amontillado	halbtrockener Sherry
oloroso	schwerer, süßer Sherry
cerveza	Bier
cava	Sekt
jugo	Saft
leche	Milch
rón	Rum
vino blanco/tinto	Weiß-/Rotwein

Ausgelassen und temperamentvoll: Andalusier wissen, wie man feiert

Wissenswertes für die Reise

Informationsquellen

Andalusien im Internet

www.spain.info
Website des spanischen Fremdenverkehrsverbandes. Umfangreiche Informationen zu ganz Spanien. Auch in deutscher Sprache.
www.andalucia.org
Offizielle Seite der andalusischen Tourismusbehörde, auch auf Deutsch. Infos zu allen wichtigen Orten und Sehenswürdigkeiten, praktische Tipps, Reiseinformationen.
www.andalucia.com
Breit gestreute Informationen auf Englisch und Spanisch. Vor allem für Ausländer, die sich in Andalusien niederlassen wollen, aber darüber hinaus auch für Touristen interessant.
www.andalusien.info
Texte zu Land und Leuten, Geschichte, Städten und Regionen, Kultur und vielem mehr, u. a. deutschsprachig.
www.andalusien-web.com
Routen für Autofahrer, Radfahrer und Wanderer, Besichtigungsvorschläge für Städte, Hinweise auf sportliche Aktivitäten und Sprachferien, auch deutschsprachig.

Touristeninformation

In Deutschland
Turespaña Berlin
Kurfüstendamm 63, 5. OG, 10707 Berlin
Tel. 030/882 65 43, 030/882 65 41,
Fax 030/882 66 61, berlin@tourspain.es

Turespaña Düsseldorf
Grafenberger Allee 100, Kutscherhaus, 40237 Düsseldorf
Tel. 02 11/680 39 81, 02 11/698 54 05, Fax 02 11/680 39 85, dusseldorf@tourspain.es

Turespaña Frankfurt/Main
Myliusstraße 14, 60323 Frankfurt
Tel. 069/72 51 45, 069/72 50 38, Fax 069/72 53 13, frankfurt@tourspain.es

Turespaña München
Schubertstraße 10, 80336 München
Tel. 089/530 74 60, 089/53 07 46 14,
Fax 089/53 07 46 20, munich@tourspain.es

In Österreich
Turespaña Wien
Walfischgasse 8, 1010 Wien, Tel. 01/512 95 80, Fax 01/512 95 81, viena@tourspain.es

In der Schweiz
Turespaña Zürich
Seefeldstraße 19, 8008 Zürich
Tel. 044/253 60 50, Fax 044/252 62 04, zurich@tourspain.es

Diplomatische Vertretungen

Deutsches Konsulat Málaga
Calle Mauricio Moro Pareto 2–5
Edificio Eurocom, Bloque Sur
Tel. 952 36 35 91, Fax 952 32 00 33
www.malaga.diplo.de
Mo–Fr 10–13 Uhr

Generalkonsulat der Bundesrepublik Deutschland Sevilla
Fernández y González, 2–2°, Edificio Allianz
Tel.: 954 23 02 04, Fax: 954 23 95 52
www.sevilla.diplo.de

Österreichisches Konsulat Málaga
Alameda de Colón 26, 2. Stock links
Tel. 952 60 02 67, Di u. Do 11–13 Uhr

Österreichisches Honorarkonsulat Sevilla
Calle Cardenal Ilundáin 18, Edificio 1–5°,
Tel/Fax.: 954 98 74 76

Schweizer Konsulat Málaga
Calle San Lorenzo 4–6, Edificio Cahispa
Tel. 952 21 72 66 oder 645 01 03 03
Mo–Fr 10–13 Uhr

Karten

Straßenkarten
Sowohl im deutschen Buchhandel als auch vor Ort sind Straßenkarten in großer Auswahl erhältlich. Das Straßennetz in Andalusien wird laufend erweitert, neue Strecken sind eventuell noch nicht eingezeichnet (vgl. dazu Reiseatlas in diesem Buch).

Wanderkarten
Für den Nationalpark Sierra Nevada/Alpujarra sowie für einige Naturparks (z. B. Sierra de Grazalema, Sierra de Cazorla, Cabo de Gata) hält der örtliche Handel Wanderkarten der Serie Mapa-Guía Excursionista von Editorial Alpina (www.editorialalpina.com) im Maßstab 1 : 40 000 oder 1 : 50 000 bereit (ca. 9 €, inkl. Wanderbeschreibungen; Spanisch, Englisch).

Einen brauchbaren Überblick über die Naturparks geben die Karten in den jeweiligen grünen Faltblättern Guía Básica Español, die in den Touristeninformationsbüros der Junta de Andalucía erhältlich sind.

Topografische Karten
Das Centro Nacional de Información Geográfica (CNIG) gibt die Mapa Topográfico Nacional de España in den Maßstäben 1 : 50 000 und 1 : 25 000 heraus. Beide können vor Ort in großen Buchläden (z. B. LTC in Sevilla, Avenida Menéndez Pelayo 42) oder in den Verkaufsstellen des CNIG in den acht andalusischen Provinzhauptstädten (Adressen unter www.cnig.es) erstanden oder vor der Reise über den Buchhandel bezogen werden. Als Wanderkarten sind sie nur bedingt geeignet.

Lesetipps

Sachbücher
Marianne Barrucand und Achim Bednorz: Maurische Architektur in Andalusien, Köln 2002. Der Überblick über die arabische Baukunst ist nach Epochen gegliedert und reich mit Bildern und Skizzen ausgestattet.

André Clot: Das maurische Spanien, Düsseldorf 2004. Eine detaillierte, aber verständlich geschriebene Geschichte der arabischen Kultur speziell in Andalusien.

Pierre Guichard: Al-Andalus – Acht Jahrhunderte muslimischer Zivilisation in Spanien, Tübingen/Berlin 2005. Großformatiges Buch, das sich in Wort und Bild mit der Geschichte der Mauren vor allem in Andalusien auseinandersetzt.

Margit Kunzke: Andalusien – Küche & Kultur, München 2006. Großzügig bebilderter Band mit zahlreichen Kochrezepten und Hintergrundreportagen zu kulinarischen Themen.

Jürgen Paeger: Wandern in Andalusien, Ostfildern 2009. 35 Wanderungen, detailliert beschrieben, mit Höhenprofilen und Karten.

Belletristik
Frank Baer: Die Brücke von Alcántara, München 2010. Roman, der die Schicksale von Christen, Mauren und Juden im mittelalterlichen Andalusien miteinander verknüpft.

Ernest Hemingway: Gefährlicher Sommer, Reinbek bei Hamburg 2001. Zwei Jahre vor seinem Tod reist Hemingway noch einmal kreuz und quer durch Spanien, um über den spanischen Stierkampf zu berichten.

Luigi Malerba: Der geheime Zirkel von Granada, Berlin 2003. Ein historischer Roman um die Liebe eines Wanderhändlers zu der schönen Mariana, um Banditen in der andalusischen Wüste und einen Goldschatz.

Juan Ramón Jiménez: Platero und ich, Frankfurt a. M. 2008. Schilderung eines Jahresablaufs in Moguer in poetisch-autobiografischer Form.

Robert Wilson: Der Blinde von Sevilla (München 2004), Die Toten von Santa Clara (München 2007), Die Maske des Bösen (München 2009). Die Trilogie spielt in Sevilla. Inspektor Javier Falcón löst Kriminalfälle mit viel Feinsinn.

Reise- und Routenplanung

Andalusien als Reiseziel

Auf Individualisten, die Land und Leute kennenlernen und die grandiosen Landschaften und vielfältigen kulturellen Aspekte des Landes genießen wollen, übt Andalusien eine große Anziehungskraft aus. Wer den Schwerpunkt auf das Naturerlebnis legt, findet im Frühjahr und Herbst ideale Wandergebiete in den naturgeschützten Gebirgen, wo zahlreiche Wildblumen blühen und sich Luchse, Wildkatzen, Steinböcke, Adler, Geier und Fischotter tummeln. Abenteuerliche Jeeptouren und Flussschifffahrten führen in amphibische Deltalandschaften. Ein Badeurlaub an den schier endlosen Sandstränden der Mittelmeer- oder Atlantikküste – vielleicht in der ruhigeren Vor- oder Nachsaison – lässt sich mit sportlichen Betätigungen (Wassersport, Radfahren, Reiten) oder Ausflügen zu den kulturellen Highlights im Hinterland verbinden. Klassisch ist der Besuch der ›Großen Drei‹: Sevilla, Granada, Córdoba. Fast schon zum Pflichtprogramm gehört auch Ronda, die Hochburg des Stierkampfs. Wer mehr Zeit mitbringt, kann zahlreiche weniger bekannte, aber nicht minder sehenswerte Städte für sich entdecken. Citytouren bieten nicht nur Architekturgenuss auf den Spuren der Römer, Mauren und christlichen Eroberer, sondern auch südländisches Flair, Shoppingvergnügen und nächtliche Streifzüge durch Tapabars und Flamencokneipen.

Was ist sehenswert?

Sevilla glänzt mit der Kathedrale und dem Glockenturm Giralda. Weitere Highlights sind das malerische Stadtviertel Barrio de Santa Cruz und der Real Alcázar (Königspalast). Kunst des Goldenen Zeitalters beherbergt

Ein Stück vom Paradies: Patio de la Acequía im Generalife, Granada

das Museo de Bellas Artes. Zu den ganz großen Sehenswürdigkeiten der Welt zählt die Alhambra, die ehemalige maurische Königsburg von Granada, mit dem berühmten Löwenhof. Darüber hinaus bietet die Stadt das arabisch anmutende Gassenlabyrinth des Albaicín, wo die bunte Studentenszene hippe Teestuben bevölkert, die Höhlenwohnungen des Sacromonte, in denen Flamencoklänge ertönen, und die Capilla Real mit dem Grabmal der Katholischen Könige. In Córdoba beeindruckt die Große Moschee Mezquita durch ihre gewaltige Säulenhalle. Pittoreske Patios betören mit ihrer Blumenpracht. Idyllisch etwas außerhalb liegt Madinat al-Zahra, die Palaststadt der Kalifen.

Dicht drängen sich die Häuser von Ronda an eine Schlucht, die maurische Altstadt von christlicher Neustadt trennt. Seit über 200 Jahren überspannt sie den viel fotografierten Puente Nuevo. Málaga punktet als Geburtsstadt von Pablo Picasso mit einem Museum für den berühmten Künstler. In exotischen Parks gedeihen dort tropische Gewächse üppiger als irgendwo sonst im Land. Mondän und mit lauschiger Altstadt zeigt sich der Nobelferienort Marbella. Cádiz, die alte Phönizierstadt und Metropole des Amerikahandels, hat bis heute einen wichtigen Hafen und dazu eine lebendige Altstadt. Im Sherry-Dreieck zwischen Jerez de la Frontera, El Puerto de Santa María und Sanlúcar de Barrameda laden ehrwürdige Bodegas zur Besichtigung und Probe ein. In Jerez ist die Königliche Reitschule nicht nur für Pferdefreunde eine Attraktion. Kleinode der Renaissancearchitektur sind die Zwillingsstädte Baeza und Úbeda. Almeria schließlich, abseits der großen Touristenströme, bewahrt das andalusische Flair vergangener Jahrzehnte.

Klassische Ausflugsziele sind Andalusiens weiße Dörfer. Von weitem betrachtet wirken sie wie Schneefelder in ihrer meist gebirgigen Umgebung, so strahlend hell sind die Hauswände gekalkt. Typisch sind sie für die Sierra de Grazalema sowie für die historischen Landschaften Axarquía und Alpujarra, die letzten Rückzugsgebiete der andalusischen Mauren.

Andalusien für Naturliebhaber

Landschaftliche Höhepunkte bieten die beiden andalusischen Nationalparks: Die Doñana im Flussdelta des Guadalquivir ist ein Mosaik aus Dünen, Pinienwäldern, Marschen und Lagunen und für Zugvögel eines der letzten Paradiese Europas. In der Sierra Nevada ragt mit dem Mulhacén der höchste Gipfel der Iberischen Halbinsel auf. Oft ist er monatelang von Schnee bedeckt. Dort können Wanderer ›richtige‹ Bergtouren unternehmen. Botanikliebhaber freuen sich über die reiche Gebirgsflora. Darüber hinaus stehen in Andalusien große Flächen als Naturparks unter Schutz. Zu den schönsten zählen der Park am Cabo de Gata mit Vulkanlandschaft und einsamen Stränden, der Gebirgspark Sierra de Grazalema mit bizarren Felsen und dunklen Igeltannenwäldern und die wildreiche Sierra de Cazorla mit Wasserfällen, Bergseen und knorrigen Kiefernbeständen.

Strand- und Aktivurlaub

Kilometerlange Sandstrände säumen überall die Küsten. An der milden Costa del Sol hat der Badetourismus lange Tradition. In jüngerer Zeit wurden die Costa Tropical, an die exotische Obstplantagen grenzen, und die Costa de Almería mit ihrem wüstenhaften Hinterland erschlossen. Die touristische Infrastruktur an den Mittelmeerküsten ist gut, allerdings hier und da begleitet von Bausünden. Speziell die westliche Costa del Sol zwischen Málaga und Estepona ist fast durchgehend bebaut und wirkt geradezu verstädtert. Individualisten zieht es ans Cabo de Gata oder in die Umgebung von Nerja. Ebenfalls erst in den letzten Jahren entwickelte sich die Costa de la Luz am Atlantik zum bei Mitteleuropäern beliebten Badeziel. Die

Strände sind hier streckenweise noch völlig naturbelassen und auch größere Feriensiedlungen gliedern sich optisch anspruchsvoller in die Landschaft als in manchem Urlaubsort am Mittelmeer. Allerdings ist der Atlantik rauer, das Wasser bewegter und der Wind bläst stärker. Wer surfen, Rad fahren, reiten oder golfen möchte, kommt an der Costa de la Luz auf seine Kosten.

Für denjenigen, der einen Bade- oder Aktivurlaub an der Küste mit Erkundungstouren ins Hinterland verbinden möchte, bietet sich ein fester Standort an. Marbella, Nerja oder Almuñécar empfehlen sich für Individualisten, die ein gewisses urbanes Umfeld nicht missen möchten. Für sportliche Ferien ist Novo Sancti Petri ›der‹ Standort, Surfer finden in Tarifa die beste Infrastruktur. Wem die großen Urlauberorte zu umtriebig erscheinen, der kann z. B. am Cabo de Gata oder in Bolonia individuelle Quartiere beziehen, aber auch etwas abseits der Costa del Sol in den Dörfern der Axarquía. Um Strände zu erreichen, ist dann allerdings ein Mietwagen von Nutzen. Dieser ist auch das Verkehrsmittel erster Wahl für Ausflüge in die weißen Dörfer oder die Naturparks in der jeweiligen Umgebung. Für Abstecher in die großen Städte bietet sich hingegen das gut ausgebaute Netz von Linienbussen an, denn der Verkehr z. B. in Granada oder Sevilla ist unübersichtlich und die Parkhäuser sind teuer. Eine Alternative können organisierte Ausflüge sein, die in vielen Ferienhotels angeboten werden und die durchaus individuell zu gestalten sind. Um nach Gibraltar oder Marokko zu fahren, ist dies meist die stressfreie Variante.

Sprachurlaub

Wer in Andalusien außerhalb der Metropolen Granada, Málaga oder Sevilla einen spanischen Sprachkurs besuchen möchte, kann dies im Frühjahr oder Herbst in Conil de la Frontera tun und befindet sich dann in Gesellschaft vieler junger Leute, die großenteils aus Deutschland kommen. Es gibt zwei Sprachschulen, die auch Unterkünfte vermitteln: Academia Andaluza de Idiomas (Calle Confederación s/n, Tel. 956 44 05 52 oder (in Deutschland) Tel. 02 01/861 91 49, www.academia.andaluza.net) und Academia Atlántika (Calle Bodegueros 5, Tel. 956 44 12 96 oder (in Deutschland) Tel. 040/47 75 87, www.atlantika.net).

Vorschläge für Rundreisen

Wer möglichst viel von Andalusien sehen will, reist wahrscheinlich mit dem eigenen Fahrzeug an und bringt im Idealfall mindestens vier Wochen Zeit mit. Wer Andalusien mit öffentlichen Verkehrsmitteln erkunden möchte, sollte einen ähnlich großzügigen zeitlichen Rahmen vorsehen. Es ist aber durchaus auch möglich, das Land auf einer ein- oder zweiwöchigen Rundreise intensiv zu erleben, indem man nach Andalusien fliegt und dort am Flughafen einen vorab über ein Reisebüro oder das Internet reservierten Mietwagen übernimmt. Wer nur eine Woche Zeit hat, erspart sich viel Stress bei der Quartiersuche durch die Buchung einer individuellen Paketrundreise, wie sie anspruchsvolle Reiseveranstalter in verschiedenen Varianten anbieten. Im Reisepreis von ca. 1500–2000 € für zwei Personen sind Flug, Mietwagen und Übernachtung mit Frühstück enthalten. Die Tage gestaltet man nach eigenen Vorstellungen, vorgegeben ist lediglich das abendliche Ziel. Die Standardrouten beginnen in Málaga und ermöglichen den Besuch der Städte Granada, Baeza, Úbeda, Córdoba, Sevilla, Ronda und Marbella. Übernachtet wird je nach Programm jeweils ein oder zwei Nächte in zentral gelegenen Stadthotels oder unterwegs in stimmungsvollen Landhotels, in der Luxusvariante auch in Paradores. Wer sich lieber Raum für spontane Entscheidungen lässt und die Rundreise selbst organisiert, tut gut daran, zumindest das erste Hotel in nicht allzu weiter Entfernung vom Flughafen vorzubuchen und eher 14 Tage Reisezeit einzuplanen.

14 Tage: Die klassische Andalusientour

1. Tag: Flanieren Sie über die Meerespromenade von Málaga, besuchen Sie die maurische Burg und das Picasso-Museum. Am Nachmittag lohnt ein Besuch des üppig-subtropischen Gartens Jardín de la Concepción.
2. Tag: Wer nach Ronda fährt, besichtigt meist die Stierkampfarena. Schlendern Sie anschließend über den waghalsig gespannten Puente Nuevo und entdecken Sie romantische Winkel in der Altstadt. Ein Abstecher führt zu den prähistorischen Felszeichnungen der Cueva de la Pileta.
3. Tag: Die weißen Dörfer stehen auf dem Programm. Beim malerischen Grazalema bleibt vielleicht Zeit für eine Wanderung durch die wilde Berglandschaft. Danach lockt Arcos de la Frontera mit seiner Bilderbuchaltstadt.
4. Tag: Jerez de la Frontera ist berühmt für seine Hofreitschule und die großen Sherry-Bodegas. Genießen Sie am Abend Fisch und Meeresfrüchte aus dem Atlantik in El Puerto de Santa María.
5. Tag: Ein Fährboot bringt Sie von El Puerto de Santa María nach Cádiz, wo das Museo de Cádiz einmalige Funde aus phönizischer Zeit zeigt. Anschließend bietet sich ein Einkaufsbummel durch die Altstadt an.
6. Tag: Besichtigen Sie in Sevilla die Kathedrale mit der Giralda, die Königsburg Real Alcázar und das Gelände der Ibero-Amerikanischen Ausstellung von 1929. Dann geht es zum *tapeo* in den Barrio de Santa Cruz.
7. Tag: Ein Ausflug führt zur römischen Ausgrabungsstätte Itálica. Am Nachmittag steht die Sonne am günstigsten, um auf dem Guadalquivir eine Bootsfahrt mit Blick auf Sevilla zu unternehmen.
8. Tag: Wandeln Sie bei Palos de la Frontera auf den Spuren von Christoph Kolumbus. Der Strand zwischen Mazagón und Matalascañas lädt zum Baden ein. In den Nationalpark Coto de Doñana führen kurze Abstecher zu Fuß.
9. Tag: Besonders eindrucksvoll ist die Mezquita von Córdoba. Bummeln Sie danach durch die Altstadt, um Einblicke in blumengeschmückte Patios zu gewinnen und in den kleinen Läden der Silberschmiede zu stöbern. Eine Rundfahrt am Nachmittag erschließt die Kalifenstadt Madinat al-Zahra und die idyllischen Ermitas.
10. Tag: Weiter geht es durch die Sierras Subbéticas. In Baena wird hochwertiges Olivenöl verkauft, Zuheros begeistert durch seine Lage und die Barockstadt Priego de Córdoba lohnt einen Bummel.
11. Tag: Nach Jaén fährt man wegen des prächtigen Palacio de Villardompardo mit den arabischen Bädern. Nächstes Ziel ist Baeza mit seiner Renaissancealtstadt.
12. Tag: Auch Úbeda ist ein Museum der Renaissancebaukunst. Anschließend fährt man durch riesige Olivenplantagen nach Guadix, das für seine Höhlenwohnungen berühmt ist.
13. Tag: Höhepunkt des Aufenthalts in Granada ist die Besichtigung der Alhambra. Schlendern Sie auch durch die engen Gassen des Albaicín und besuchen Sie die Capilla Real mit der Grabstätte der Katholischen Könige. Abends lohnt der Besuch eines Flamencolokals am Sacromonte.
14. Tag: Über das nostalgische Kurbad Alhama de Granada und durch die historische Landschaft der Axarquía mit ihren schmucken Dörfern geht die Fahrt zurück nach Málaga.

Variante für eine 10-Tage-Tour

Wer nur 10 Tage Zeit hat, kann den 5. Tag (Cádiz) und den 8. Tag (Palos, Doñana) aussparen und am 10. Tag direkt nach Granada fahren, wobei dann der Besuch von Jaén, Baeza, Úbeda und Guadix entfällt.

Tierisches Vergnügen: Strandspaziergang an der Costa del Sol

Varianten für längere Reisen

Nach dem Baukastensystem sind hier einige Abstecher aufgeführt, die man ganz nach Belieben und zur Verfügung stehender Zeit in die oben beschriebene Route einpassen kann:

Nach Antequera (ab Málaga): Eine Tagestour führt nach Antequera mit sehenswerter Altstadt und drei bedeutenden Ganggräbern der Megalithkultur. In der Nähe lohnt der bizarre Felsengarten El Torcal einen Besuch.

An die südliche Costa de la Luz (ab Jerez): Einen Tag sollte man für die Fahrt entlang der Küste nach Vejer de la Frontera und zum Cabo Trafalgar einplanen. Bei Barbate bieten sich Spaziergänge durch Pinienwälder an. Bei Bolonia liegt die Ruinenstadt Baelo Claudia.

In die Sierra de Aracena (ab Sevilla): Erkunden Sie in zwei bis drei Tagen die Gegend mit guten Wandermöglichkeiten. Besuchen Sie in Aracena die Tropfsteinhöhle und in Jabugo die Produktionsstätten des Serranoschinkens. Eine Besichtigung des Bergbauparks von Minas de Ríotinto lohnt.

In die Sierra de Cazorla (ab Úbeda): Allein die Rundfahrt durch das wald- und wasserreiche Gebirge dauert schon einen Tag. Wer wandern möchte, sollte zwei Tage einplanen.

In die Alpujarra (ab Granada): Wegen der kurvenreichen Bergstraßen ist eine Zwischenübernachtung zu empfehlen. Besonders schön ist das Poqueira-Tal. Trevélez ist für seinen Schinken bekannt. Hier wie dort führen Wanderwege in die Sierra Nevada.

Nach Ostandalusien (ab Granada): In Almería scheint das klassische Spanien noch lebendig. Hauptsehenswürdigkeit ist die Alcazaba. Nördlich der Stadt liegt die einzige europäische Wüste, Desierto de Tabernas. Im Osten schließt das Vulkangebiet am Cabo de Gata an, mit Stränden, Wanderwegen und einer seltenen Flora. Zwei bis drei Tage sollte man sich für die Erkundung Zeit nehmen.

Anreise und Verkehr

Einreisebestimmungen

Ausweispapiere

Die Grenzkontrollen für Reisende aus den Schengen-Ländern (z. B. Deutschland, Österreich) und aus der Schweiz entfallen. Personalausweis (Schweiz: Identitätskarte) oder Pass sind aber beim Einchecken am Flughafen, bei Mietwagenfirmen und in Hotels vorzuzeigen. Außerdem besteht in Spanien Ausweispflicht. Das Ausweispapier sollte noch mindestens drei Monate gültig sein. Sinnvoll ist es, für den Fall des Verlustes Fotokopien mitzuführen.

Bei einer Aufenthaltsdauer von mehr als drei Monaten müssen sich EU-Bürger in das Registro de Extranjeros (Ausländerregister) eintragen. Das geht nur in den Provinzhauptstädten, Adressliste unter http://extranjeros.mtas.es. Man wird dadurch zum Steuerinländer! Schweizer müssen nach drei Monaten bei der spanischen Botschaft (3000 Bern 15, Kalcheggweg 24, Tel. 031/350 52 52) ein Visum beantragen.

Zollbestimmungen:

Innerhalb der EU dürfen Waren für den persönlichen Gebrauch unbeschränkt mitgeführt werden. In der Praxis akzeptiert der Zoll 3200 Zigaretten, 400 Zigarillos, 200 Zigarren oder 3 kg Tabak, 10 l Spirituosen, 20 l weinhaltige Getränke, 90 l Wein oder 110 l Bier. Wer mehr mitnehmen möchte, muss die private Verwendung nachweisen.

Für die Schweiz gelten die internationalen Freigrenzen: 200 Zigaretten, 100 Zigarillos, 50 Zigarren oder 250 g Tabak sowie 2 l Tafelwein und 1 l alkoholische Getränke über 22 Vol.-% (pro Person ab 15 bzw. 17 Jahren), 500 g Kaffee und 60 ml Parfum oder 250 ml Eau de Toilette. Geschenke sind bis zu 175 € bzw. 300 sfr zollfrei. Achtung: Diese Grenzen gelten auch bei Reisen innerhalb der EU, wenn die Einkäufe in Travel-Value-Shops oder im Flugzeug getätigt wurden.

Mitnahme von Haustieren:

Für Hunde, Katzen und Frettchen ist der amtliche EU-Heimtier-Ausweis vorgeschrieben (beim Tierarzt, 12 €). Das Tier muss anhand einer Tätowierung oder eines Mikrochips identifizierbar sein (ca. 40 €). Im Ausweis ist die letzte Tollwutimpfung eingetragen (mindestens einen Monat, maximal ein Jahr alt).

Tiere bis 6 kg Gewicht (inkl. Tragebox) fliegen meist in der Fluggastkabine (ca. 25 €). Größere Tiere werden im Frachtraum untergebracht (Aufpreis wie bei Übergepäck). Unbedingt rechtzeitig anmelden!

In den meisten Hotels und Restaurants werden keine Hunde akzeptiert. Sie werden auch nicht in Bussen, Bahnen oder Taxis mitgenommen. In manchen Ferienhäusern sind auf Anfrage kleine Haustiere erlaubt.

Anreise

Mit dem Flugzeug

Die Flugzeit ab Mitteleuropa nach Andalusien beträgt rund drei Stunden. Der wichtigste Flughafen, Málaga, liegt nicht weit von den Ferienorten an der Costa del Sol und Costa Tropical und eignet sich auch gut als Ausgangspunkt für Rundreisen. Ins Stadtzentrum sowie nach Torremolinos/Fuengirola besteht Anschluss per Nahverkehrszug, nach Marbella gibt es direkte Busverbindungen. Die südliche Costa de la Luz ist am besten über Jerez de la Frontera zu erreichen (kein Busanschluss, Taxi nach Jerez ca. 12 €). Bei Pauschalreisen zur nördlichen Costa de la Luz wird oft Faro (Portugal) angeflogen. Für Individualreisende gestaltet sich die Anreise über Faro umständlicher als über Sevilla (Stadtbusanschluss). Almería (Stadtbusanschluss) ist Zielflughafen für das östliche Andalusien. Für Rundreisende interessant: Manche Mietwagenfirmen bieten an, den Wagen in Málaga zu übernehmen und später in Almería abzugeben.

Málaga, Almería, Jerez und Faro werden im Sommerhalbjahr von zahlreichen Ferienfluggesellschaften ab Deutschland, Österreich und der Schweiz angeflogen, z.B. Air Berlin (www.airberlin.com), Condor (www.condor.de), TUIfly (www.tuifly.com), Germanwings (www.germanwings.de). Im Winterhalbjahr ist der Flugverkehr eingeschränkt. Die Tickets gibt es mit oder ohne Pauschalarrangement (Unterkunft, Transfer oder Mietwagen) in Reisebüros oder im Internet, Nur-Flug-Tickets auch direkt bei den Fluggesellschaften. Hin und zurück kostet der Flug je nach Saison etwa zwischen 160 und 700 € (inkl. Steuern und Flughafen-Sicherheitsgebühr).

Teurer (hin und zurück 600–900 €) wird es mit Lufthansa und Swiss, die Málaga nonstop ab Frankfurt bzw. ab Zürich und Genf anfliegen. Mit der spanischen Liniengesellschaft

Heißt Schiffe aus aller Welt willkommen: der Leuchtturm am Hafen von Málaga

Iberia gelangt man von mehreren deutschen Flughäfen sowie von Wien, Zürich und Genf nach Andalusien, allerdings mit Zwischenlandung in Madrid oder Barcelona. Zielflughäfen sind Sevilla, Granada, Almería, Málaga und Jerez.

Mit der Bahn

Die umweltfreundliche, allerdings gegenüber dem Flug nicht kostengünstigere Bahnanreise dauert ab Deutschland, Österreich und der Schweiz je nach Abfahrtsort zwischen ca. 24 und 36 Stunden. Unterwegs ist mehrmaliges Umsteigen erforderlich. Am zügigsten geht es über Barcelona oder Paris nach Madrid und von dort weiter per Hochgeschwindigkeitszug AVE über Córdoba nach Sevilla oder Málaga. Alternativ kann man von Barcelona aus über Valencia nach Almería oder Granada fahren.

Mit dem Europabus

Europabusse der Eurolines, eines internationalen Zusammenschlusses von 32 Busgesellschaften (in Deutschland die Deutsche Touring) fahren regelmäßig von Großstädten in Deutschland, Österreich und der Schweiz nach Málaga, Sevilla und in andere Städte in Andalusien. Die Busse sind komfortabel, dennoch kann die Fahrt (ca. 35 Stunden) anstrengend werden. Die Kosten liegen um 250 € für Hin- und Rückfahrt. Infos und Reservierung in den Ticketcentern der Busbahnhöfe; in Deutschland über DER- und DB-Reisebüros oder die Deutsche Touring, Tel. 069/790 35 01, www.touring.de; in Österreich über Eurolines Austria-Blaguss, Tel. 01/798 29 00, www.eurolines.at; in der Schweiz über Alsa + Eggmann, Tel. 09 00/57 37 47, www.eurolines.ch.

Mit dem Pkw

Die Fahrt von Mitteleuropa nach Andalusien dauert rund drei Tage. Sowohl in Frankreich als auch in Spanien fallen Autobahngebühren an. Die Kosten für Benzin und Autobahnen sollte man mit rund 500 € veranschlagen, hinzu kommen Zwischenübernachtungen.

In der Regel erfolgt die Anfahrt von Mitteleuropa zunächst nach Barcelona und weiter auf der Autobahn entlang der Küste über Valencia und Murcia in den Osten und Süden Andalusiens. Um Córdoba, Sevilla oder die Costa de la Luz zu erreichen, bietet sich ab Barcelona die Route über Madrid auf nicht kostenpflichtigen Schnellstraßen *(autovías)* an. Wer im Westen oder Norden Deutschlands wohnt, kann alternativ über Paris nach Madrid und weiter nach Andalusien fahren.

Per **Autoreisezug** gelangt man bequem von verschiedenen deutschen Bahnhöfen über Nacht in ca. 20 Std. bis Narbonne in Südfrankreich. Die einfache Fahrt kostet für zwei Personen im Liegewagen plus Pkw ab ca. 260 €. Infos: www.autoreisezug.de; Buchung: Tel. 01 80/599 66 33.

Die **Grüne Versicherungskarte** ist zwar in Spanien nicht Pflicht, kann sich aber bei Kontrollen dennoch als nützlich erweisen.

Die Automobilclubs ADAC und ÖAMTC unterhalten zwei **24-Stunden-Notrufnummern** in Spanien: Barcelona: Tel. 935 08 28 28, Madrid: Tel. 915 93 00 41. Notrufnummer des TCS: Tel. 0041-22-417 22 20.

Verkehrsmittel in Andalusien

Autofahren

Auf Autobahnen (AP, *autopista*) werden in gewissen Abständen **Mautgebühren** kassiert. Die Benutzung von vierspurigen Schnellstraßen (A, *autovía*) ist kostenlos.

Benzin: Die meisten Mietwagen benötigen Eurosuper (95 Oktan) oder Diesel. 1 l kostete im Frühjahr 2010 ca. 1,10 bzw. 1 €.

Promillegrenze: 0,5

Höchstgeschwindigkeiten: In den Ortschaften 50 km/h, auf Landstraßen 90 km/h, auf *autovías* 100 km/h, auf Autobahnen *(autopista)* 120 km/h. Bei auch nur geringfügiger Übertretung drohen hohe Strafgebühren, Bußgeldbescheide werden mittlerweile u.a. auch nach Deutschland zugestellt. Gleiches gilt bei falschem Parken, beim Telefonieren mit dem Handy während der Fahrt ohne Freisprechanlage und für weitere Ordnungswidrigkeiten.

Unfallaufnahme: Immer sofort die Mietwagenfirma anrufen (Nummer steht auf dem Vertrag). In gravierenden Fällen Guardia Civil (Tel. 062) hinzuziehen.

Verkehrsregeln: Beim Halten im Parkverbot (maximal zwei Minuten) darf der Fahrer das Auto nicht verlassen. Im Pannenfall müssen Personen, die das Auto verlassen, eine orangefarbene Warnweste tragen (liegt im Wagen). Es sind zwei Warndreiecke aufzustellen – vor und hinter dem Fahrzeug.

Parken: Parkeinweiser weisen auf freie Lücken hin und assistieren beim Einparken. Teilweise arbeiten sie in eigener Regie und erwarten ein Trinkgeld. Heute sind sie aber meist offiziell von der Gemeinde angestellt, an farbigen Leuchtwesten zu erkennen, verteilen Parkscheine und kassieren ca. 1 €.

Besonderheiten: Auf Autobahnen empfiehlt sich eine defensive Fahrweise, die Unfallhäufigkeit ist hoch. Vorsicht auf Landstraßen vor langsamen Fahrzeugen, die oft unvermittelt einbiegen. Innerorts sind Vorfahrtsstraßen nicht als solche gekennzeichnet. Es gibt nur Stoppzeichen für den nicht vorfahrtberechtigten Verkehr. Schlecht einsehbaren Kreuzungen vorsichtig nähern!

Sehr häufig sind Kreisverkehre. Der Kreisverkehr hat normalerweise Vorfahrt. Vorsicht ist geboten, wenn zwei Spuren vorhanden sind. Die rechte Spur wählt man nur, wenn man bei der nächsten Möglichkeit wieder aus dem Kreisverkehr hinausfahren will. Auf Landstraßen biegt man häufig nicht direkt nach links ab, sondern wird nach rechts auf eine Abbiegerspur geleitet, um von dort aus die Straße zu überqueren. Durch Linksblinken zeigen vorausfahrende Fahrzeuge an, dass ein Hindernis in Sicht kommt und nicht überholt werden soll.

Mietfahrzeuge

Voraussetzung für das Mieten eines Wagens oder eines Motorrads ab 125 ccm ist der (mindestens ein Jahr alte) nationale Führerschein. Der Fahrer muss mindestens 21 bzw. 23 Jahre alt sein.

Einen Kleinwagen erhält man ab ca. 40 € pro Tag bzw. 130 € pro Woche (inkl. Vollkasko und unbegrenzten Kilometern). Ein zweiter Fahrer wird oft extra berechnet (ca. 5 € pro Tag). In der Hochsaison (Juli/Aug.) steigen die Preise. Meist ist eine Kaution zu hinterlegen, im Idealfall mit Hilfe der Kreditkarte. Die Deckungssummen der Haftpflichtversicherung reichen nicht immer aus. Ist das Fahrzeug über einen deutschen Reiseveranstalter angemietet, gelten die deutschen Deckungssummen. Andernfalls deckt die sogenannte ›Mallorca-Police‹ die Differenz ab (bei manchen Kfz-Versicherungen schon eingeschlossen).

Wird der Wagen im Voraus gebucht, kann man ihn auch bei Ankunft am Flughafen übernehmen. Dort befinden sich – ebenso wie in allen größeren Ferienorten – Büros verschiedener Autovermieter. Außerdem übernehmen Hotelrezeptionen die Vermittlung.

Busse

Andalusien verfügt über ein dichtes Netz an Überlandbuslinien. In größeren Ortschaften gibt es einen Busbahnhof *(estación de autobuses)*. Tickets sollte man dort rechtzeitig vor Abfahrt kaufen, um sich einen Platz zu sichern. Es sind nur so viele Passagiere zugelassen, wie der Bus Sitzplätze hat. Wer unterwegs zusteigen möchte, kann sich also nicht darauf verlassen mitgenommen zu werden. Auf freier Strecke stoppen die Busfahrer auch an Haltestellen meist nur auf Handzeichen. Fahrräder werden in Linienbussen nicht mitgenommen.

Wichtig ist der Unterschied zwischen *directo* (Bus nimmt die kürzeste Strecke zwischen zwei Orten und hält unterwegs selten) und *ruta* (Bus fährt alle an der Strecke liegenden Ortschaften an).

Preisbeispiele
Málaga–Granada ca. 10 €
Málaga–Sevilla ca. 16 €

Es gibt eine Reihe von Busgesellschaften, die verschiedene Landesteile abdecken (vgl. dazu Informationen bei den einzelnen Ortsbeschreibungen). Teilweise überschneiden sich ihre Liniennetze. Neuere Busse müssen die Beschriftung ›Transportes Públicos de Andalucía‹ tragen, sind aber weiterhin in den Farben der jeweiligen Firma lackiert.

Infos und Fahrpläne
Aktuelle Busfahrpläne händigen die Schalter der verschiedenen Anbieter in den Busbahnhöfen sowie auch örtliche Touristeninformationsbüros und Hotelrezeptionen aus. Hotlines und Internetadressen wichtiger

Busgesellschaften
Alsina Graells: Tel. 902 42 22 42, www.alsa.es
Amarillos: Tel. 902 21 03 17, www.losamarillos.es
Casal: Tel. 954 99 92 90, www.autocarescasal.com
Comes: Tel. 902 19 92 08, www.tgcomes.es
Damas: Tel. 959 25 69 00, www.damas-sa.es
Linesur: Tel. 954 98 82 20, www.linesur.com
Portillo: Tel. 902 14 31 44, www.ctsa-portillo.com

Stadtbusse
Größere Städte und auch manche Ferienorte (diese teilweise nur im Sommer) betreiben Stadtbusnetze. Im Bereich Cádiz/Jerez gibt es einen Verkehrsverbund. Die Einzelfahrt kostet rund 1,20 €. Aufladbare Magnetkarten für günstigere Mehrfachfahrten (Tarjeta Multiviaje) verkaufen Kioske. Außerdem werden in Großstädten kommentierte Stadtrundfahrten per Cabrio-Dopppeldeckerbus angeboten, wobei man beliebig oft die Fahrt unterbrechen kann (ca. 16 € für 24 Std.). Infos bei den jeweiligen Stadtbeschreibungen.

Züge
Die spanische Bahngesellschaft RENFE (Tel. 902 24 02 02, www.renfe.es) betreibt in Andalusien acht Bahnlinien. Die meisten gehen von Sevilla aus: A 1 nach Jerez/Cádiz, A 2 nach Córdoba/Jaén, A 3 nach Málaga bzw. Granada, A 7 nach Huelva, A 8 über Zafra in die Extremadura. Am Verkehrsknotenpunkt Bobadilla (bei Antequera) kann man in die A 5 Richtung Algeciras umsteigen. Bobadilla ist außerdem per A 4 mit Córdoba verbunden. Linie A 6 verbindet Linares-Baeza mit Granada bzw. Almería. Regionalzüge, die etwa 4 x pro Tag auf den genannten Strecken verkehren, halten unterwegs relativ häufig. Allerdings sind weniger Orte per Bahn erreichbar als per Bus. Vor allem fehlen Verbindungen entlang der Küsten.

Der Preis einer Fahrt im Regionalzug liegt im Vergleich zum Bus meist geringfügig höher. Sehr viel teurer kommen die AVE-Hochgeschwindigkeitszüge, die zwischen Córdoba und Sevilla bzw. Málaga verkehren (Preisbeispiel: Córdoba-Sevilla ab 27 €).

Von Málaga fährt über den Flughafen zu den Ferienorten Torremolinos, Benalmádena und Fuengirola mit häufiger Frequenz eine S-Bahn *(cercanía)*. Das Netz dieser Nahverkehrszüge soll in Andalusien in den kommenden Jahren weiter ausgebaut werden.

Taxi
Die Tarife sind uneinheitlich. Als Faustregel gilt: Grundgebühr ca. 3–4 €, jeder gefahrene Kilometer etwa 1 €. Es dürfen Gepäck-, Nacht-, Wochenend- sowie Flughafenzuschläge erhoben werden. In mehreren Städten werden nostalgische Rundfahrten per **Pferdekutsche** angeboten (ca. 60 €).

Unterkunft

Buchung

Auch für Individualtouristen kann die Buchung über einen Reiseveranstalter sinnvoll sein. Dies ist in manchen Fällen billiger als die Direktbuchung per Telefon oder E-Mail. Bei den großen Veranstaltern können Unterkünfte oft separat vom Flug gebucht werden, auch tageweise. Es ist heute keineswegs ungewöhnlich, Flug, Unterkunft und Mietwagen bei jeweils verschiedenen Veranstaltern einzukaufen. Einfache Hotels und Pensionen sind allerdings nur selten über Veranstalter buchbar. Die örtlichen Touristenbüros informieren über Unterkünfte, übernehmen aber keine Vermittlung. Privatquartiere gibt es in Andalusien kaum.

Für die Hauptreisesaison im Juli und August und für die Karwoche *(semana santa)* muss man Wunschquartiere mehrere Monate im Voraus buchen, in der übrigen Zeit sind sie meist auch kurzfristig zu haben. Stadthotels und viele ländliche Quartiere sind durchgehend in Betrieb. Hingegen schließen in den Ferienorten an der Küste viele Hotels in den Wintermonaten. Ganzjährig etwas los ist vor allem an der Costa del Sol, teilweise auch an der übrigen Mittelmeerküste und an der südlichen Costa de la Luz.

Paradores: Die legendäre spanische Hotelkette betreibt in Andalusien 16 Häuser, die meisten mit vier, einige mit drei Sternen dekoriert. Viele befinden sich in historischen Gebäuden und bieten viel Atmosphäre, gepaart mit Luxus und Komfort. Andere bestechen durch ihre landschaftlich besonders attraktive Lage. Spaniens bekanntester, aber auch teuerster Parador ist in die Alhambra von Granada integriert. Reservierungszentrale: Tel. 902 54 79 79, Fax 902 52 54 32, www.parador.es. Buchbar auch über Veranstalter.

Offiziell werden in Spanien nach standardisierten Ausstattungskriterien Hotels mit 1–5 Sternen bewertet, Apartmenthäuser mit 1–4 Schlüsseln. Ästhetik, Service oder Essensqualität bleiben unberücksichtigt, daher ist daran nicht unbedingt zu erkennen, ob einem das Quartier behagen wird.

Unterkünfte am Meer

Für die Ferienorte an den Küsten haben die bekannten Reiseveranstalter ein breites Angebot im Programm. Der Ausstattungsstandard ist in der Regel gut bis sehr gut. Je nach Jahreszeit ist aber die nächtliche Lärmbelästigung aus der Hausbar oder aus benachbarten Kneipen oder Discos als feste Größe einzuplanen, vor allem dann, wenn die gebuchte Unterkunft nicht der Luxuskategorie angehört. Wer nicht mitfeiert, fühlt sich oft fehl am Platz. Sofern es die Zeitplanung ermöglicht, empfiehlt es sich, auf die ruhigere Vor- oder Nachsaison (Juni oder Sept./Okt.) auszuweichen. Zwischen November und März zieht es dank günstiger Langzeitangebote viele Senioren zum Überwintern in die Ferienorte der Costa del Sol und Costa de Almería.

Wenn Halbpension gebucht ist, werden Frühstück und Abendessen meist in Form gut bestückter Buffets eingenommen. In größeren Hotels wird vielfach in zwei Schichten zu Abend gegessen. **Apartmenthäuser** sind meist einfacher ausgestattet. Manchmal sind sie an ein Hotel angeschlossen oder haben ein eigenes Restaurant. Reiseveranstalter unterscheiden in ihren Katalogen zwischen Studios (kombinierter Wohn-Schlafraum mit Küchenzeile) und Apartments (Wohnraum mit Küchenzeile und ein oder zwei separate Schlafzimmer). Wer auf eigene Faust ein Apartment mieten möchte, kann sich an Turespaña (s. S. 62) wenden. Sie verschicken Unterkunftslisten für die einzelnen andalusischen Provinzen, in denen auch *apartamen-*

tos aufgeführt sind. Die Zahl der offiziell registrierten Apartmenthäuser ist im Verhältnis zu den Hotels eher gering. Zwar gibt es an den Küsten Andalusiens sehr viele Ferienwohnungen, doch fast alle befinden sich in Privatbesitz und werden nicht vermietet.

Einige Küstenabschnitte sind wegen ihrer speziellen Atmosphäre bei Individualisten beliebt. Östlich von Almería ist dies der Naturpark Cabo de Gata mit Ferienorten, in denen es relativ preisgünstige, familiäre Hotels und Hostales (einfache Hotels) gibt. Besonders schöne Naturstrände liegen bei Nerja. Wer dort dem Trubel des Urlauberortes entgehen möchte, bezieht Quartier im benachbarten Maro oder aber im Hinterland, in den weißen Dörfern der Axarquía. Auch an die südliche Costa de la Luz zieht es viele Individualurlauber. Tarifa, Bolonia, Zahara de los Atunes, Caños de Meca und Conil sind dort als Bade- und Surferorte ›in‹. Wer einen gewissen Komfort zu schätzen weiß und sportlich orientiert ist, urlaubt in Novo Sancti Petri.

Ferienwohnungen und Ferienhäuser

Wer es individueller mag, findet an den andalusischen Küsten und in ihrem Hinterland ein recht gutes Angebot an Ferienwohnungen und -häusern. Zu buchen sind diese über Reisebüros oder über das Internet (z. B. www.fincaferien.de, www.fewo-direkt.de, www.interhome.de). Die Mindestaufenthaltsdauer beträgt oft eine Woche, in der Hochsaison manchmal sogar einen Monat. Für die Monate Juli und August sollte man sehr frühzeitig reservieren.

Stadthotels

Um in die Atmosphäre andalusischer Städte einzutauchen, empfiehlt es sich jeweils eine oder zwei Übernachtungen in möglichst zentraler Lage einzuplanen. Am schönsten wohnt man in umgebauten Stadtpalästen, die das Flair früherer Jahrhunderte mit zeitgemäßem Komfort vereinen. Für den kleineren Geldbeutel bieten sich die Hostales an, einfachere, aber oft romantische Hotels. Größere Stadthotels sind über Reisebüros buchbar, kleinere muss man in der Regel selbst reservieren (Adressen s. Reiseteil). Am Wochenende gibt es oft günstige Paketangebote.

Ferien auf dem Land

Im Trend liegt überall in Andalusien der Country-Tourismus. Man wohnt sehr individuell in ehemaligen Gutshäusern oder Jagdlodges, die als kleine, komfortable Hotels geführt werden. Oft sind sie von weitläufigen Feldern und Ölbaumplantagen umgeben, betreiben nebenher weiterhin Landwirtschaft und bieten manchmal auch Reitgelegenheit, Ausfahrten per Kutsche, Jeeptouren, Mountainbikeverleih oder geführte Wanderungen. Die in der Regel geschmackvolle, oft in jedem Zimmer unterschiedliche Einrichtung orientiert sich am traditionellen andalusischen Stil. Zu buchen meist direkt, manche auch über Veranstalter. Außerdem vermitteln folgende Organisationen ländliche Unterkünfte: Red Andaluza de Alojamientos Rurales, Tel. 902 44 22 33, Fax 950 27 16 78, www.raar.es (auch Ferienhäuser und Feriendörfer); Asociación de Hoteles Rurales de Andalucía, Tel. 957 54 08 01 oder 952 37 87 75, Fax 957 54 19 21 oder 952 37 87 84, www.ahra.es (nur Landhotels).

Zwischenübernachtungen

An den größeren Landstraßen und *autovías* finden sich in regelmäßigen Abständen Hostales (einfache Hotels), in denen vielfach

Fernfahrer übernachten. Das DZ mit Frühstück kommt dort auf ca. 50 €, ein dreigängiges Menü mit Getränken kostet 10–12 €. Eine Reservierung ist nicht erforderlich, auch in der Hochsaison ist es nicht schwierig ein Zimmer zu bekommen. Für einen längeren Aufenthalt kommen diese Unterkünfte zwar kaum in Frage, können aber für eine Zwischenübernachtung sehr nützlich und praktisch sein.

Camping und Hütten

Eine aktuelle Liste mit detaillierten Angaben zu den einzelnen Campingplätzen ist in der Broschüre ›Hoteles, Campings y Apartamentos‹ enthalten, die vom spanischen Fremdenverkehrsverband für jede Provinz herausgegeben wird und über die Turespaña-Büros (s. S. 62) gratis zu beziehen ist.

An den andalusischen Küsten ist die Campingplatzdichte relativ groß. Die Zahl der für einen längeren Aufenthalt geeigneten, komfortableren Anlagen beläuft sich auf rund 30, die sich über alle Küstenabschnitte gleichmäßig verteilen. Die Preise liegen im Durchschnitt pro Person bei 5 € (für Kinder meist kaum niedriger). Für ein Auto plus Zelt oder Wohnwagen bzw. für ein Wohnmobil kommen noch rund 10 € hinzu. Frühzeitige Reservierung ist ratsam. Dies gilt auch für die Wintermonate, in denen Langzeiturlauber meist Rabatte erhalten.

Im Landesinneren sind Campingplätze dünn gesät. Dies gilt auch für National- und Naturparks. Meist handelt es sich dort um eher einfache Anlagen, die oft nur in den Sommermonaten öffnen. Besonders preisgünstig, manchmal sogar gratis sind die *áreas acampadas* (Zeltgelände), bei denen allerdings auf fast jeglichen Komfort (außer vielleicht Toiletten und kalte Duschen) verzichtet werden muss. Informationen erteilen die Besucherzentren der Naturparks.

Auf vielen Campingplätzen finden sich **Bungalows** oder **Chalets**. Ihr Vorteil: Es muss keine eigene Ausrüstung mitgebracht werden und der Komfort ist relativ groß. Eine Besonderheit sind Campinganlagen auf dem Gelände von Gutshöfen oder Landhäusern *(camping cortijo)*.

Grundsätzlich ist in Spanien das einmalige Übernachten im Wohnwagen oder Wohnmobil außerhalb eines Campingplatzes – an Straßen, Park- oder Rastplätzen – gestattet. Allerdings gibt es vielerorts durch Verbotsschilder angezeigte Einschränkungen. Wildes Campen an Stränden und in naturgeschützten Bereichen ist generell verboten.

Einige **Berghütten** *(refugio)* als einfache Unterkünfte für Wanderer gibt es in der Sierra Nevada. Infos erteilt das Centro de Visitantes El Dornajo (s. S. 374).

Jugendherbergen

Jugendherbergen heißen in Spanien *Albergues Juveniles*. Insgesamt gibt es in Andalusien 21 Häuser, die nicht alle ganzjährig geöffnet sind. Eine Altersbegrenzung gibt es nicht, ein internationaler Jugendherbergsausweis ist vorzulegen. Manche Herbergen, wie diejenige von Málaga (s. S. 103 f.), wurden modernisiert und verfügen über Doppelzimmer mit eigenem Bad. Andere wiederum sind sehr einfach ausgestattet. Für die Übernachtung mit Frühstück sind pro Person mit 10–20 € zu rechnen. Informations- und Buchungszentrale Inturjoven: Tel. 902 51 00 00, Fax 955 03 58 48, www.inturjoven.com.

Preisangaben

Die Übernachtungspreise in diesem Buch gelten für zwei Personen im Doppelzimmer (DZ) inkl. Frühstück und Mehrwertsteuer, falls nicht anders angegeben.

Sport und Aktivurlaub

Golf

Andalusien ist mit rund 70 Plätzen eine der bedeutenden europäischen Golfsportdestinationen. Traditionelles Zentrum am Mittelmeer ist die Costa del Sol bei Marbella. Einige neuere Plätze sind an der Atlantikküste entstanden. Vielen Anlagen sind Luxushotels (Golf Resort) angegliedert. Meist sind Gastspieler willkommen. Die Platzgebühr (Greenfee) beträgt für 18 Löcher um 70 €. Die Golfakademie des Club de Golf Novo Sancti Petri (s. S. 192) führt ganzjährig Kurse in deutscher Sprache durch.

Die jeweils aktuelle Ausgabe des Albrecht Golf Guide ›Golf in Spanien‹ (Albrecht Golf Verlag, Gräfeling/München) enthält Adressen und Beschreibungen aller Plätze mit Preisangaben. Infos der Federación Andaluza de Golf im Internet: www.fga.org.

Klettern, Canyoning

Viele Andalusier haben diese Sportarten für sich entdeckt. Von Kletterern bevorzugte Reviere sind die Garganta del Chorro (s. S. 142), die Steilwand San Bartolo bei Tarifa (s. S. 172 ff.) und der Peñón Grande bei Grazalema (s. S. 160). Dort gibt's auch Kurse.

Fürs Canyoning eignen sich die Wildwasserläufe der Naturparks Los Alcornocales und Sierra de Grazalema. Organisation und Ausbildung übernehmen Amatur in Alcalá de los Gazules (Tel. 956 41 30 05), Horizon in Grazalema (Tel. 956 13 23 63, www.horizon aventura.com) und Al-qutun in Algodornales (Tel. 956 13 78 82, www.al-qutun.com).

Radfahren

Für Radfahrer ist in Andalusien in den Wintermonaten Saison, wenn in Mitteleuropa ungünstige klimatische Verhältnisse herrschen. Die besten Voraussetzungen bietet die Costa de la Luz mit ihrem flachen bis leicht hügeligen Hinterland. Hier hat sich Novo Sancti Petri zum wichtigsten Standort für Tourenfahrer entwickelt. Auch wer sich ohne große sportliche Ambitionen aufs Rad setzen möchte, kann in Novo Sancti Petri einen Drahtesel mieten (ab ca. 8 € pro Tag). Ideale Radwege im Landesinneren stellen die vier **Vías Verdes** dar, stillgelegte Bahnstrecken, die in Andalusien auf insgesamt 166 km Länge für den Radsport ausgebaut und mit einer entsprechenden Infrastruktur (Infostellen, Verleih, Rastplätze) versehen wurden. Informationen: www.viasverdes.com.

15 Mountainbikerouten in Andalusien mit Übersichtskarten sind der Broschüre ›Guías Practicas – Mountainbike‹ (auf Englisch) zu entnehmen, die in den Informationsbüros der Junta de Andalucía für 3,60 € erhältlich ist.

Die deutschsprachige Firma Almería Bike Tours (s. S. 411) vermietet Mountainbikes und organisiert individuelle Touren. Ansonsten sind Verleihfirmen bisher eher rar. Wer das eigene Rad mit nach Andalusien nehmen möchte, kann dies gegen Aufpreis (ca. 30 €) bei den meisten Fluggesellschaften tun. Spätestens einige Tage vor Abflug anmelden! Ein spezieller Transportbehälter empfiehlt sich.

In Spanien besteht für Radfahrer Helmpflicht! Bei schlechtem Wetter ist reflektierende Kleidung vorgeschrieben.

Reiten

Für Reiter ist Andalusien ein Eldorado, wegen der berühmten Pferde und der enorm abwechslungsreichen Ausrittmöglichkeiten auf alten Viehauftriebswegen, über riesige Weideflächen oder entlang der Atlantikstrände. Insbesondere bei den Ferienorten der südlichen Costa de la Luz (Tarifa, Novo Sancti Petri) und im Umkreis des Nationalparks Doñana (Mazagón, Matalascañas, El Rocío) gibt es Reitställe (Yeguada, Clube Hípico), die geführte Ausritte (deutsch- oder englischsprachig) anbieten. An der Costa del Sol empfiehlt sich die Escuela de Arte Ecuestre bei Estepona (Tel. 952 80 80 77, www.escuelaecuestre.com), ein großes Reitsportzentrum mit Unterricht in deutscher Sprache. Reitgelegenheit bieten auch viele Landhotels.

Reiterferien ab Deutschland organisiert Pferd & Reiter (Rader Weg 30 A, 22889 Tangstedt, Tel. 040/607 66 90, Fax 60 76 69 31, www.pferdreiter.de).

Strände

Andalusien bietet an seiner insgesamt 836 km langen Küste 221 gezählte Strände. Bei den Ferienorten sind sie touristisch erschlossen, mit Gastronomie, Sanitärgebäuden, Bewachung, Verleih von Strandliegen und Sonnenschirmen (pro Teil ca. 4 €), Tretbooten usw. (meist nur im Sommerhalbjahr geöffnet). Es finden sich aber auch unbebaute, teilweise unter Naturschutz stehende Abschnitte. Die Wasserqualität wird regelmäßig kontrolliert und gilt im Allgemeinen als gut, seit die meisten Ferienorte über Kläranlagen verfügen. An über 60 Playas weht die Blaue Flagge *(bandera azul)*. Diese sind in der Broschüre ›Spaniens beste Strände‹ verzeichnet, die über die Büros von Turespaña zu beziehen ist (s. S. 62). Allerdings wird die Auszeichnung nur auf Antrag verliehen und es müssen dafür auch andere Kriterien erfüllt werden (z. B. Vorhandensein einer Erste-Hilfe-Station), weshalb Strände ohne die Blaue Flagge durchaus nicht schmutziger sein müssen. Weniger gut schneiden bei den Untersuchungen die Strände ab, die neben großen Häfen und bei Flussmündungen liegen.

Eine Auswahl der gern von Individualisten aufgesuchten Strände von Ost nach West entlang der Mittelmeer- und Atlantikküste:

Playa de Macenas (S. 427): Südlich von Mojácar, über eine Piste zu erreichen. Im Sommer Strandlokal. Nahebei ein paar abgeschiedene FKK-Buchten.

Playa de los Genoveses und Playa Mónsul (S. 421): Idyllische Naturstrandbuchten im Naturpark Cabo de Gata. An der Playa Mónsul FKK.

Punta del Sabinar/Punta Entinas (S. 413): Lange, von Dünen begrenzte Naturstrandzone bei Roquetas de Mar. Nur zu Fuß oder per Fahrrad zu erreichen.

Acantilados de Maro (S. 391): Vier naturbelassene Strände an der Felsküste zwischen La Herradura und Nerja. Ein Paradies für Schnorchler.

Playa de Almayate (S. 402): Unberührter Strand bei Torre del Mar. Im Hinterland gedeihen Zuckerrohr und Gemüse.

Playa de Casablanca und Playa Los Monteros (S. 118): Zwei Strände bei Marbella, von Dünen und Pinien gesäumt und eine gute Alternative zum stark frequentierten Stadtstrand.

Playa de Torrecarbonera (S. 124): 1 km langer Naturstrand südlich von Sotogrande bei der Landspitze Punta Mala.

Playa de los Lances und Playa de Valdevaqueros (S. 176): Beliebte, 12,5 km lange Surferstrände bei Tarifa. Das Badevergnügen kann durch starken Wind beeinträchtigt sein.

Playa de Bolonia (S. 176): Im Naturschutzgebiet, praktisch unbebaut, 4 km lang und weißsandig.

Cabo de Trafalgar (S. 181 f.): Zu beiden Seiten des Kaps schließen lange Sandstrände an. Herrlich für Wellensurfer und Reiter.

Cabo Roche (S. 189 f.): Mehrere reizvolle Felsbuchten unterhalb der Steilküste bei Conil, zu Fuß über Treppen zu erreichen.

Playa de la Costilla (S. 220): Von Pinienwäldern gesäumter Naturstrand westlich von Rota, für Strandspaziergänge ideal.

Cuesta de Maneli (S. 228): Mitsamt der angrenzenden versteinerten Dünen naturgeschützt, über einen 1 km langen Holzplankenweg zu Fuß zu erreichen.

Tennis

Zu allen größeren Hotels gehören Tennisplätze, die auch von Nicht-Hotelgästen gemietet werden können (10–12 € pro Stunde). Eine besondere Adresse ist Matchpoint Sports in Novo Sancti Petri (Tel. 650 46 36 09, www.mp-sports.de) mit Platzvermietung, Schnupperkursen und professionellem Unterricht in deutscher Sprache.

Wandern

Immer mehr entwickelt sich Andalusien auch zu einem beliebten Reiseziel für Wanderer. In den heißen Sommermonaten eignen sich nur die höheren Gebirgslagen (Sierra Nevada, Sierra de Cazorla) zum Wandern. Für die übrigen Wandergebiete, die eher Mittelgebirgscharakter haben, sind die besten Zeiten das Frühjahr (Feb.–Mai) und der Herbst (Sept.–Nov.).

Feste Wanderstiefel (Trekkingstiefel) empfehlen sich immer. Im Winter und bei Wanderungen im Gebirge sollten Regenschutz und eine wärmende Windjacke im Gepäck sein.

Das Wanderwegenetz insbesondere in den zahlreichen Naturparks wird ständig erweitert und markiert. Hinweise zu besonders lohnenden Wandergebieten sowie spezielle Tourenbeschreibungen sind im Kapitel ›Unterwegs in Andalusien‹ zu finden.

Wassersport

Jachtsport

An der andalusischen Mittelmeerküste gibt es rund 20 Jachthäfen, darunter mit der Marina del Este (bei Almuñécar) einen der schönsten und mit dem Puerto Banús bei Marbella den mondänsten ganz Spaniens. Die Costa de la Luz bietet rund 12 Jachthäfen. Törns können entlang der Küste bis nach Portugal oder über die Straße von Gibraltar nach Marokko führen. Costa del Sol Yacht Charter verchartert z. B. Jachten ab Benalmádena (Tel. 952 57 60 18, Fax 952 44 61 50, www.costadelsolcharter.com). Eine 10-Meter-Segeljacht für vier bis sechs Personen gibt es ab ca. 1500 € pro Woche. Die Liegegebühren in den Häfen sind im Schnitt etwa doppelt so hoch wie an Nord- oder Ostsee. Ankerplätze in romantischen Buchten gibt es nur an wenigen Stellen (z. B. Cabo de Gata).

Kajak und Kanu

An den Küsten werden mancherorts Seekajaks verliehen (ca. 30 € pro Tag) und geführte Touren angeboten, z. B. in San José am Cabo de Gata (s. S. 420) oder in Sancti Petri (s. S. 193). Mit Kajak oder Kanu lässt sich auch mancher Stausee im Binnenland erkunden, allen voran der Embalse del Tranco de Beas in der Sierra de Cazorla (Bootsverleih).

Surfen

Ein Paradies für fortgeschrittene Surfer ist das Starkwindgebiet bei Tarifa. Mehrere Anbieter führen dort Kurse (auch deutschsprachig) im Wind- und Kitesurfing durch und verleihen Gerät. Wellensurfer bevorzugen das Revier bei Caños de Meca. Das eigene Board mit Zubehör kann man meist im Flugzeug mitnehmen (hin und zurück ca. 50 €, rechtzeitig anmelden).

Tauchen

Entlang der andalusischen Küste gibt es eine Reihe von Tauchbasen *(centros de buceo)*. Beliebteste Reviere sind am Mittelmeer das Cabo de Gata und die Acantilados de Maro (bei La Herradura) sowie am Atlantik die Küste zwischen Tarifa und Bolonia, die Steilküste bei Barbate und das Cabo Roche bei

Wie aus 1001 Nacht: Wellnesstempel laden zum Entspannen ein

Conil. Kurse werden meist auf Spanisch abgehalten, manchmal auf Englisch. Für Fortgeschrittene kommt ein Tauchgang mit geliehener Ausrüstung auf ca. 40 €. Infos des andalusischen Tauchsportverbands FAAS im Internet: www.fedas.es/federac/and.htm.

Wellness

Hotels der gehobenen Kategorien warten oft mit gut ausgestatteten Spabereichen (Hallenbad, Sauna, Dampfbad, Jacuzzi u. a.) auf und bieten überdies Massagen, fernöstliche Therapien und vieles mehr. Einzelheiten sind den Katalogen der Reiseveranstalter zu entnehmen. Einige Hotelspas stehen auch Tagesgästen gegen Gebühr offen.

Eine Besonderheit sind die maurischen Bädern nachempfundenen **Hamams.** Der Hamam Sancti Petri in Novo Sancti Petri (s. S. 191) bietet unterschiedlich temperierte Pools und Dampfbäder sowie Massagen mit duftenden Ölen. Auch in den arabischen Bädern von Málaga (s. S. 105) und im Hammam von Granada (Tel. 958 22 99 78, http://granada.hammamspain.com) kann man sich verwöhnen lassen.

Andalusien besitzt eine Reihe **natürlicher Mineralquellen.** Die Baños de Hedionda bei Manilva (s. S. 124) und die warmen Quellen von Alhama de Granada (s. S. 370) bieten ursprüngliche Badeerlebnisse inmitten der Natur. Der Balneario de Chiclana (s. S. 193), Tolox (s. S. 119) und Lanjarón (s. S. 376 f.) sind traditionelle Kurbäder mit Heilwasser, das von den Andalusiern sehr geschätzt wird. In Carratraca, 60 km nördlich von Málaga, ist ein modernes Nobelthermalbad mit 5-Sterne-Hotel im Aufbau.

Einkaufen

Kunsthandwerk

Keramik aus Granada ist weiß glasiert und mit grünen und blauen Rankenmustern und dem Granatapfelmotiv bemalt. Typisch für Guadix sind reich verzierte Tonpokale. Bäuerliche Keramik in kräftigen Farben stammt aus Níjar. Der Ort ist auch für Flechtarbeiten bekannt, ebenso die Doñana. Aus Letzterer stammen außerdem traditionelle Metallarbeiten *(forja)*, z. B. Ölkännchen oder Kochgeschirr. Sehr begehrt sind gewebte Wolldecken aus Grazalema. In den Dörfern der Alpujarra werden ebenso wie in Níjar aus Schafswolle bunte Flickenteppiche *(jarapas)* nach maurischer Tradition gefertigt. Aus Granada kommen kunstvolle Einlegearbeiten aus Holz sowie von Hand gefertigte Gitarren.

Mode und Schmuck

Teure Designermode gibt es in den Nobelboutiquen von Marbella. Für den etwas kleineren Geldbeutel bietet sich Mode der spanischen Labels Zara, Mango und Cortefiel an, die in den großen Städten Stores in Fußgängerzonen und in Einkaufszentren in der Peripherie unterhalten. In Andalusien selbst ist Priego de Córdoba traditionelles Zentrum der Textilherstellung. Einige Familienbetriebe haben Fabrikverkaufsstellen am Stadtrand. Ubrique ist Zentrum der Schuh- und Lederwarenfabrikation. Einige Hersteller beliefern bekannte internationale Marken und unterhalten Shops an der Durchgangsstraße. Schöne Lederwaren nach maurischem Vorbild aus weichem Ziegen- oder Schafsleder gibt es in Córdoba. Wer Carmenkleider, *mantillas* (Umhänge), Fächer oder Flamencoschuhe erstehen möchte, wird z. B. in Sevillas Barrio Santa Cruz fündig. Eine Besonderheit ist Silberschmuck aus Córdoba. Meist ist das Design traditionell, manchmal aber auch hochmodern.

Kulinarische Spezialitäten

Hier ist allem voran das Olivenöl zu nennen. Am begehrtesten ist das biologisch produzierte Öl aus Baena. Südweine (Sherry, Montilla, Málaga) kann man in den Herkunftsgebieten in Bodegas vor dem Kauf probieren. Leichtere Tischweine werden in Lanjarón gekeltert. Berühmt sind die luftgetrockneten Schinken aus Trevélez und Jabugo. Verschiedene Wurstspezialitäten *(embutidos)* kommen aus Colmenar, außerdem ein hervorragender Bienenhonig. Das Gegenstück zu Letzterem, *miel de caña* (Zuckersirup), stammt aus einer ehrwürdigen Fabrik in Frigiliana, die einheimisches Zuckerrohr verarbeitet. Ziegen- und Schafskäse verkaufen Molkereien in den Sierras Subbéticas. Die Hafenstadt Barbate ist bekannt für luftgetrockneten Tunfischschinken, Räucherfisch und in Öl eingelegte Sardinen und Sardellen. In Riofrío werden geräucherte Forellen, Kaviar und Fischpasteten erzeugt. Süßes Backwerk *(dulces)* kauft man am besten in den Pastelarías von Gaucín, Medina Sidonia und Laujar de Andarax.

Wochenmärkte

Fast jeder Ort in Andalusien hat seinen Wochenmarkt *(mercadillo)*, auf dem die Händler nicht nur Gemüse, Obst und Gewürze anpreisen, sondern auch Kleidung und Hausrat. Für Reisende sind diese Märkte eine ideale Gelegenheit, mit der Bevölkerung des Landes in Kontakt zu kommen. Die Stände verteilen sich in der Regel auf dem zentralen Platz in der Nähe der Kirche und in den Gassen rundum. Im Angebot sind z. B. bäuerliche Keramik, Lederwaren aus andalusischer und marokkanischer Produktion, typische Würste, Käse, eingelegte Oliven, Gewürze und Trockenfrüchte. Termine s. Kapitel ›Unterwegs in Andalusien‹.

Ausgehen

Flamenco

Als Hochburgen des Flamenco (s. S. 45) gelten Sevilla und Jerez de la Frontera, aber auch Cádiz und Granada. Programme verteilen die Informationsbüros. Professionelle Vorführungen, die sich vorwiegend an Touristen wenden, finden inklusive Dinner in *tablaos* statt (30–100 € p. P.). Sie beginnen meist um 20 oder 21 Uhr. Über örtliche Reiseleitungen oder Hotelrezeptionen kann man die Tickets und eventuell auch den Transfer buchen. Preisgünstiger wird es in Lokalen, die kein Abendessen anbieten. Dort ist oft das erste Getränk im Eintrittspreis enthalten (um 12 € p. P.). Besonders authentisch sind die *peñas* (Laienclubs), wo – meist am Wochenende ab ca. 22 Uhr – junge Flamencokünstler auftreten. Im Rahmen örtlicher Feierlichkeiten (Ferias u. a.) finden häufig Flamencofestivals oder -wettbewerbe statt (auf Broschüren in Tourismusbüros und auf Plakate achten).

Tapeo

Die klassische Form des Ausgehens in Andalusien ist der *tapeo*. Am Wochenende ziehen in den großen Städten vom frühen Abend bis in die Morgenstunden hinein Cliquen gut gelaunter Menschen von Bar zu Bar, wo sie jeweils zu einem Glas *fino* (trockener Sherry) ein leckeres Häppchen *(tapa)* verspeisen (s. S. 54 f.). In den Sommerferien verlagert sich das Geschehen in die Ferienorte, in denen viele Spanier urlauben (z. B. Conil de la Frontera, Almuñécar). Die Studentenszene, speziell in Granada, vertreibt sich auch gerne in orientalischen Teestuben *(teterías)* den Abend. Ein zweifelhaftes Vergnügen sind hingegen die berüchtigten *botellones* – nächtliche Massengelage auf öffentlichen Plätzen, bei denen sich viele junge Andalusier bis zur Besinnungslosigkeit betrinken. Seit 2002 stehen auf die Teilnahme hohe Geldstrafen.

Chiringuitos, Cocktailbars und Discos

In den Sommerferien sind die andalusischen Küstenorte Schauplätze eines sehr ausgeprägten Nachtlebens, speziell dort wo viele junge Leute urlauben. Zunächst trifft man sich in einem der zahlreichen *chiringuitos* (Strandkneipen), wo man nicht nur die ersten Drinks zu sich nehmen, sondern auch lecker Fisch essen kann. Ab 23 Uhr ist die nächste Station meist ein Musiklokal oder eine Cocktailbar, wo eine Caipirinha oder ein Mojito munden. In den angesagten Discos und Clubs ist vor 24 Uhr gar nichts los, meist geht es erst ab 1 Uhr richtig zur Sache – dann aber bis zum Morgengrauen.

Als Hochburg des Nachtlebens gilt Torremolinos mit seinen zahlreichen schrillen Bars und Discos, in denen sich am Wochenende auch die feierfreudige Jugend aus Málaga einfindet. Nobel geht es hingegen in Marbella zu. In den feinen Clubs begegnet man schon einmal dem einen oder anderen Promi. Im ›Bermudadreieck‹ von Tarifa ist das Nightlife von der Surferszene geprägt. In kleinerem Maßstab gilt dies auch für Caños de Meca.

Kulturelle Veranstaltungen

Málaga, Cádiz, Sevilla, Córdoba und Granada sowie Marbella verfügen ganzjährig über einen umfangreichen Veranstaltungskalender. Im Sommer kommen Events in den Ferienorten hinzu. Informationen gibt es in den Touristeninformationsbüros. Oft finden klassische, aber auch Rock- und Pop-Konzerte statt. Jazz ist z. B. im Juli in Almuñécar während des Festivals Jazz en la Costa zu hören (s. S. 389). Nach Cádiz lockt in der ersten Julihälfte das Festival Internacional de Folclore Ciudad de Cádiz (s. S. 203).

Gut zu wissen

Frauen allein unterwegs

Andalusien ist im Allgemeinen ein Reiseziel, an dem sich Frauen relativ frei und ungestört bewegen können. Wer ganz ohne Begleitung unterwegs ist, sollte sich allerdings auf eine gewisse Form von Anmache einstellen. Diese kommt vor allem von älteren Männern, die noch in der ›Tradition der Machos‹ aufgewachsen sind.

Kleidung

In den Speisesälen der besseren Hotels und in gediegenen Restaurants wird angemessene Kleidung erwartet. Dies bedeutet lange Hosen für Herren und ein gemäßigt elegantes Outfit für Frauen. In den Ferienorten ist ansonsten lässige Urlaubskleidung angesagt, während man in dieser in den großen Städten sofort als Tourist auffällt. Nach wie vor ist eine gewisse Zurückhaltung in Kirchen angebracht, obwohl dort kurze Hosen und Tops, meist zumindest, toleriert werden.

Rauchen

Seit 2006 ist in Spanien das Rauchen in öffentlichen Gebäuden verboten. Restaurants, Cafés und Bars müssen ab einer bestimmten Größe eine Nichtraucherzone ausweisen (in der Praxis leider oft in einem unattraktiven Bereich des Lokals). Kleinere Gaststätten dürfen wählen, ob sie reine Nichtraucher- oder reine Raucherlokale sein möchten. Da in Spanien nach wie vor viel geraucht wird, entscheiden sich die Wirte meist für Letzteres.

Siesta

In den Sommermonaten (ca. Juli–Sept.) geht es in der heißesten Zeit, also in den frühen Nachmittagsstunden, in Andalusien recht ruhig zu. Viele Geschäfte, teilweise auch Museen und andere Sehenswürdigkeiten schließen etwa von 14 bis 17 Uhr. Die übrigen Monate (ca. Okt.–Juni) gelten als Winter. In dieser Zeit fällt die Siesta kürzer aus, dauert meist nur etwa von 14 bis 16 Uhr. Vielen Spaniern gilt die Siesta inzwischen als Relikt aus Zeiten, als ein Großteil der Bevölkerung noch in der Landwirtschaft arbeitete. Durch die Angleichung innerhalb Europas und bedingt durch die Bedürfnisse von Berufspendlern schaffen immer mehr Behörden und große Unternehmen die Siesta ab, lassen durchgehend arbeiten und dafür früher Feierabend machen. Einkaufszentren, größere Supermärkte und manche Sehenswürdigkeiten öffnen inzwischen ebenfalls über Mittag durchgehend. Dies gilt auch für viele Geschäfte in den Ferien- und Ausflugsorten.

Umgangsformen

Unbekannten gegenüber sind die Einheimischen meist zurückhaltend höflich. Wenn man sich länger kennt, wird es herzlicher. Männer und Frauen und Frauen untereinander begrüßen sich dann mit Wangenküsschen, Männer untereinander mit Handschlag oder leichtem Schulterklopfen. Ansonsten reicht ein *holá – buenos días* (vormittags) oder ein *holá – buenas tardes* (nachmittags). Allgemein verbreitet ist das Duzen. Auch im öffentlichen Leben, in Geschäften, Banken usw. wird man überall ganz selbstverständlich mit *tu* angesprochen.

Zeit

In Andalusien gilt die Mitteleuropäische Zeit (MEZ). Sommer- und Winterzeit beginnen zu denselben Terminen wie bei uns. Die Uhr muss also nicht verstellt werden.

Reisekasse und Reisebudget

Geld

Spanien gehört zur Euro-Zone. 1 Euro = 1,50 sfr (Stand Frühjahr 2010).

ec-Karte: Bei allen Bankfilialen stehen Geldautomaten. Sie sind in deutscher Sprache zu bedienen. Es werden ca. 2,5 % Gebühren abgebucht. In vielen Supermärkten und an Tankstellen kann man mit ec/Maestro-Karte gebührenfrei bezahlen.

Kreditkarten: Werden von Autovermietungen, Tankstellen, Hotels, größeren Restaurants und Geschäften akzeptiert. Visa und Mastercard sind die gängigsten.

Reiseschecks: Sind eher nicht zu empfehlen. Manchmal kann man sie im Hotel einlösen (rund 2 % Kommission). Hingegen werden sie nur noch von wenigen Banken in Spanien akzeptiert. Banken öffnen meist Mo–Fr 8.30–14.30 Uhr, teilweise Sa 9–13 Uhr. Personalausweis oder Pass sind vorzulegen!

Preisniveau

Generell liegt das Preisniveau knapp unter dem mitteleuropäischen. In einfachen Hostales kann man für 15–20 € pro Person im Doppelzimmer übernachten. Hauptgerichte gibt es in preiswerten Restaurants ab ca. 7 €, das kleine Bier oder ein Kaffee kosten um 1,50 €. Kleine Tapas bekommt man in Bars für 1–1,50 €, größere *raciones* für ca. 6 €. Nach oben sind kaum Grenzen gesetzt. Luxus pur zu entsprechendem Preis wird vor allem in den Großstädten und in einigen Ferienorten an der Costa del Sol offeriert.

Die Eintritte in städtische oder staatliche Museen sind für EU-Bürger oft gratis und liegen ansonsten bei 1,50–3 €. Große Besuchermagneten (Alhambra u. a.) verlangen bis zu 10 €. In privat geführten Aquarien, Vergnügungsparks, Bodegas usw. zahlt man zwischen 5 und 12 €. Der ermäßigte Preis für Kinder beträgt ca. die Hälfte bis zwei Drittel. Auch Studenten und Senioren erhalten manchmal Ermäßigungen (Ausweis mitnehmen). In einigen Städten (Ronda, Granada u. a.) verkaufen die Tourismusbüros Bonuskarten, in denen verschiedene Eintritte und Fahrten mit dem Stadtbus enthalten sind und auf die viele Geschäfte Rabatte gewähren.

Sportliche Aktivitäten sind meist relativ günstig. So kostet eine Runde Golfen (Greenfee) um 70 €. Reitställe verlangen für Ausritte pro Stunde um 15 €. Beim Tennis kommt die Platzmiete pro Stunde auf etwa 10 €, Fahrräder werden ab ca. 8 € pro Tag vermietet.

Sperrung von EC- und Kreditkarten bei Verlust oder Diebstahl*:

0049-116 116

oder 0049-30 4050 4050
(* Gilt nur, wenn das ausstellende Geldinstitut angeschlossen ist, Übersicht: www.sperr-notruf.de)
Weitere Sperrnummern:
– MasterCard: 0049-69-79 33 19 10
– VISA: 0049-69-79 33 19 10
– American Express: 0049-69-97 97 2000
– Diners Club: 0049-69-66 16 61 23
Bitte halten Sie Ihre Kreditkartennummer, Kontonummer und Bankleitzahl bereit!

Trinkgeld

In Restaurants und Cafés, in denen am Tisch bedient wird, ist der Service im Preis enthalten. Man lässt sich das Wechselgeld herausgeben und bei Zufriedenheit Münzen auf dem Tisch liegen (ca. 5–10 %). An der Theke in einer Bar wird kein Trinkgeld gegeben. Taxifahrer erwarten kein Trinkgeld, man kann aber aufrunden. Zimmermädchen erhalten zu Beginn eines Aufenthalts ca. 3 €, danach kann man alle paar Tage etwas geben.

Reisezeit und Reiseausrüstung

Klima

Das Klima in Andalusien ist sommertrocken, wie in großen Teilen der Mittelmeerregion. Von Ende Mai bis Mitte September fallen kaum Niederschläge. Die Hitze ist dann in den tieferen Lagen des Landesinneren am stärksten ausgeprägt, speziell im Guadalquivirbecken zwischen Sevilla und Córdoba. Milder ist es im Sommer an den Küsten, vor allem am Atlantik.

Von Oktober bis Mitte Mai ist mit Regenfällen zu rechnen, in den Bergen weitaus häufiger als in den Niederungen. Die Sierra de Grazalema gilt sogar als feuchteste, die Gegend um Almería hingegen als trockenste Region ganz Spaniens. Die Mittelmeerküste hält auch im Winter ein angenehmes Klima mit vielen Sonnentagen bereit. Nur wenige Kilometer entfernt liegt dann in den Bergen nicht selten Schnee.

Reisezeit

Badesaison an den Küsten ist vor allem von Juni bis September. Längere Stadtbesichtigungen können dann aufgrund der Hitze sehr anstrengend werden. Der Herbst (Okt./Nov.) bietet demgegenüber für Reisende den Vorteil, dass Baden im Meer noch möglich, das Klima aber wesentlich milder ist. Der Winter (Dez.–Feb.) bietet sich insbesondere für einen Erholungsaufenthalt im milden Klima der Mittelmeerküsten oder für sportlich orientierte Ferien im Atlantikbereich an. In dieser Zeit kann man die großen andalusischen Städte weitgehend ohne Touristenrummel genießen. Das Frühjahr (März–Mai) besticht durch die blühende Natur, eignet sich also besonders gut für Wanderungen. In größeren Höhen bleibt es allerdings bis Ende April noch empfindlich kühl. Die Gipfelregion der Sierra Nevada ist bis weit ins Frühjahr hinein verschneit.

Kleidung und Ausrüstung

Von Mai bis September benötigt man leichte Sommerkleidung. Für abends sowie für kulturelle Besichtigungen und Stadtbesuche empfiehlt sich die Mitnahme von gediegeneren Kleidungsstücken. Von Oktober bis April ist das Gepäck umfangreicher. Genügt in Málaga im Dezember oder Januar ein T-Shirt, kann es z. B. in Granada kalt sein. Regenschutz und warme Kleidung sind für Abstecher in die Gebirge wichtig. An den Küsten kann Wind die gefühlte Temperatur erheblich sinken lassen. Zu jeder Jahreszeit ist Sonnenschutz erforderlich. Dazu gehört am besten auch eine Kopfbedeckung.

Elektrizität

220 Volt sind üblich, nur in älteren Häusern auf dem Land trifft man manchmal noch auf 125-Volt-Steckdosen. Dann kann man vor Ort einen Adapter *(adaptoro de grueso a fino)* für ca. 1 € kaufen.

Klimadaten Málaga

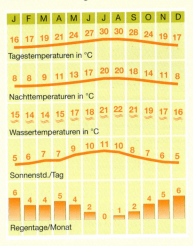

Gesundheit und Sicherheit

Krankenversicherungsschutz

Mitglieder einer gesetzlichen Krankenversicherung werden in Spanien in öffentlichen Krankenhäusern kostenfrei behandelt, wenn sie die Europäische Krankenversicherungskarte (EHIC) vorlegen (in der Regel in die nationale Versichertenkarte integriert). Vorsicht bei Ambulanztransporten: Touristen werden oft in (sehr teure!) Privatkrankenhäuser gefahren. Bei Kassenpatienten kann es dann Probleme mit der Kostenerstattung geben.

Niedergelassene Ärzte bestehen in Andalusien meist auf Barzahlung. Solche Kosten werden von den gesetzlichen Krankenkassen übernommen (detaillierte Rechnung ausstellen lassen), allerdings sind nicht alle Leistungen abgedeckt und die Rückerstattung erfolgt nur bis zur Höhe der heimischen Gebührensätze. Die Kosten eines eventuell erforderlichen Rücktransports übernimmt die gesetzliche Krankenversicherung nicht. Daher ist der Abschluss einer privaten Auslandskrankenversicherung (z. B. über das Reisebüro) sinnvoll. Privatversicherte zahlen die Behandlungskosten vor Ort und bekommen sie zu Hause gegen Vorlage der Rechnung erstattet. Weitere Infos unter www.travelmed.de.

Ärzte und Apotheken

In den größeren Ferienorten sind Ärzte und Apotheken auf Touristen eingestellt. Oft wird Deutsch verstanden. Etwas anders sieht es abseits der Urlauberzentren aus, wo man sich aber meist auf Englisch verständigen kann. Internationale Kliniken und Arztpraxen:
Torremolinos: Salus Medical Centre, Avda. Carlota Alessandri, Tel. 900 44 49 99 (gebührenfreier 24-Stunden-Notruf mit Arzt- und Krankenwagendienst). Mit Filialen in Benalmádena und Fuengirola.
Marbella: Hospital ›Costa del Sol‹, Autovía A-7 km 187, Tel.: 951 97 66 69.
Novo Sancti Petri: Clinica Novo Sancti Petri, Tel.: 956 49 50 00, Deutsch sprechende Ärzte.
Torre del Mar: Clínica Rincón, Calle San Andrés 23, Tel. 952 54 37 44 (deutsche Ärzte für Allgemeinmedizin, Gynäkologie und Zahnheilkunde; Filialen in Rincón de la Victoria und Nerja).

Gut sortierte Apotheken *(farmacia)* gibt es überall, zu erkennen an einem grünen Kreuz auf weißem Grund. Reguläre Öffnungszeiten sind Mo–Fr 9–13 und 17–19 Uhr. Ein Schild an der Tür gibt an, welche Apotheke Notdienst hat. Außerdem gibt es in den meisten größeren Städten eine 24-Std.-Apotheke.

Sicherheit

Wertgegenstände sollten im Idealfall im Hotelsafe deponiert werden (in den Hotels höherer Kategorien ist ein solcher in der Regel vorhanden, ca. 2 € pro Tag). Ist das nicht möglich, so empfiehlt es sich diese am Körper zu tragen (Brustbeutel, verdeckte Gürteltasche o. Ä.).

Taschendiebe fühlen sich vor allem in den Hauptsaisonzeiten in Menschenmengen in ihrem Element. An unbewachten Parkplätzen kommen Autoaufbrüche vor. Wo Diebstähle anzuzeigen sind (Bescheinigung für die Reisegepäckversicherung!), erfährt man an der Hotelrezeption.

Notruf

Allgemeiner Notruf (Polizei, Krankenwagen, Feuerwehr, auch auf Deutsch): Tel. 112
Polizeilicher Notruf (Guardia Civil): Tel. 062
ADAC Barcelona: Tel. 935 08 28 28 (Fahrzeugschaden) oder Tel. 915 93 00 41
Kreditkartensperrung: s. S. 84

Kommunikation

Internetzugang

In den Empfangshallen größerer Hotels stehen Computer mit Internetzugang (15 Min. kosten 1–2 €). Öffentliche Internetpoints (locutorio) gibt es in jedem größeren Ort (15 Min. ca. 0,50 €). Wer mit dem Laptop unterwegs ist, findet in vielen Hotels und Cafés freien WLAN-Zugang (in Spanien meist WiFi genannt).

Post

Das Porto für Postkarte und Standardbrief bis 20 g beträgt 0,62 € (Stand Frühjahr 2010). Briefmarken (sellos) kann man entweder auf der Post (correos, meist Mo–Fr 9–13/14 Uhr, Sa 9–12/13 Uhr), in Tabakläden (estancos) und ebenso an vielen Hotelrezeptionen kaufen.

Fernsehen und Radio

In zahlreichen Unterkünften stehen Fernseher in den Gästezimmern. Ferienhotels an der Küste bieten in der Regel mehrere deutschsprachige Sender zur Auswahl. Im Landesinneren werden manchmal nur spanisch- und englischsprachige Sender ins hoteleigene Netz eingespeist.

Programm und Frequenzinformationen der Deutschen Welle (Radio und TV) gibt es gratis bei: Deutsche Welle, Technische Beratung, Kurt-Schumacher-Str. 3, 53113 Bonn, Tel. 0228/429 40 00, Fax 0228/429 15 40 00, info@dw-world.de, zum Herunterladen: www.dw-world.de.

Telefonieren

Vom Ausland ist Spanien über die Vorwahl 0034 zu erreichen. Es gibt keine Ortsvorwahlnummern. Alle Telefonnummern sind neunstellig. Festnetznummern beginnen mit 9, Handynummern mit 6, Hotline-Nummern (z. B. von Flug- oder Fährgesellschaften) mit 902.

Die **Vorwahlnummern** für Gespräche aus Spanien: nach
Deutschland: 0049
Österreich: 0043
Schweiz: 0041
Dann die nationale Ortsvorwahl ohne die Null und die Teilnehmernummer wählen.

Für die Apparate in Telefonzellen kann man sowohl Münzen (bei Auslandsgesprächen mindestens 2 €) als auch Telefonkarten (teletarjeta, in Tabakläden für 6 oder 12 €) verwenden. In größeren Ferienorten gibt es Telefonläden, in denen man die angefallenen Gebühren im Anschluss an das Gespräch an der Kasse zahlt. Deutlich teurer kommt das Telefonieren vom Hotel aus. Von 22 bis 8 Uhr sowie am Wochenende gilt ein ermäßigter Tarif. Generell sind die Telefongebühren recht hoch.

Handybenutzer zahlen für Gespräche ins europäische Ausland seit Juli 2010 maximal 0,47 € pro Minute, für ankommende Anrufe maximal 0,18 € pro Minute. Die Gebühren sollen jedoch schrittweise weiter gesenkt werden. Für Handytelefonate innerhalb Spaniens zaht man 25 % Aufpreis auf die nationalen Gebühren (immer die Landesvorwahl 0034 mitwählen).

Deutsche Telefonauskunft in Spanien: 11841, 11880, 11883 (je ca. 1–2 €). Oder unter www.paginasblancas.es.

Zeitungen und Zeitschriften

Deutschsprachige Zeitungen und Magazine liegen in den Ferienorten an der Küste und in den Großstädten schon am Erscheinungstag in vielen Kiosken.

Sprachführer

Ausspracheregeln

In der Regel wird Spanisch so ausgesprochen wie geschrieben. Treffen zwei **Vokale** aufeinander, so werden beide einzeln gesprochen (z. B. E-uropa). Die **Betonung** liegt bei Wörtern, die auf Vokal, n oder s enden, auf der vorletzten Silbe, bei allen anderen auf der letzten Silbe. Liegt sie woanders, wird ein Akzent gesetzt (z. B. teléfono).

Konsonanten:

c	vor a, o, u wie k, z. B. casa; vor e, i wie englisches th, z. B. cien
ch	wie tsch, z. B. chico
g	vor e, i wie deutsches ch, z. B. gente
h	wird nicht gesprochen
j	wie deutsches ch, z. B. jefe
ll	wie deutsches j, z. B. llamo
ñ	wie gn bei Champagner, z. B. niña
qu	wie k, z. B. porque
y	am Wortende wie i, z. B. hay; sonst wie deutsches j, z. B. yo
z	wie englisches th, z. B. azúcar

Allgemeines

guten Morgen/Tag	buenos días
guten Tag (ab 12 Uhr)	buenas tardes
guten Abend/gute Nacht	buenas noches
auf Wiedersehen	adiós
Entschuldigung	perdón
hallo/grüß dich	hola/¿Qué tal?
bitte	de nada/por favor
danke	gracias
ja/nein	si/no
Wie bitte?	¿Perdón?

Unterwegs

Haltestelle	parada
Bus/Auto	autobús/coche
Ausfahrt/-gang	salida
Tankstelle	gasolinera
rechts	a la derecha
links	a la izquierda
geradeaus	todo recto
Auskunft	información
Telefon	teléfono
Postamt	correos
Bahnhof/Flughafen	estación/aeropuerto
Stadtplan	mapa de la ciudad
alle Richtungen	todas las direcciones
Eingang	entrada
geöffnet	abierto/-a
geschlossen	cerrado/-a
Kirche	iglesia
Museum	museo
Strand	playa
Brücke	puente
Platz	plaza/sitio

Zeit

Stunde	hora
Tag	día
Woche	semana
Monat	mes
Jahr	año
heute	hoy
gestern	ayer
morgen	mañana
morgens	por la mañana
mittags	al mediodía
abends	a la noche
früh	temprano
spät	tarde
Montag	lunes
Dienstag	martes
Mittwoch	miércoles
Donnerstag	jueves
Freitag	viernes
Samstag	sábado
Sonntag	domingo

Notfall

Hilfe!	¡Socorro!
Polizei	policía
Arzt/Zahnarzt	médico/dentista
Apotheke	farmacia
Krankenhaus	hospital
Unfall	accidente
Schmerzen	dolores
Panne	avería

Übernachten

Hotel	hotel
Pension	pensión
Einzelzimmer	habitación individual
Doppelzimmer	habitación doble
mit/ohne Bad	con/sin baño
Toilette	servicio
Dusche	ducha
mit Frühstück	con desayuno
Halbpension	media pensión
Gepäck	equipaje
Rechnung	cuenta

Einkaufen

Geschäft/Markt	tienda/mercado
Kreditkarte	tarjeta de crédito
Geld	dinero
Geldautomat	cajero (automático)
Bäckerei	panadería
Lebensmittel	víveres
teuer	caro/-a
billig	barato/-a
Größe	talla
bezahlen	pagar

Zahlen

1	uno	17	diecisiete
2	dos	18	dieciocho
3	tres	19	diecinueve
4	cuatro	20	veinte
5	cinco	21	veintiuno
6	seis	30	treinta
7	siete	40	cuarenta
8	ocho	50	cincuenta
9	nueve	60	sesenta
10	diez	70	setenta
11	once	80	ochenta
12	doce	90	noventa
13	trece	100	cien
14	catorce	150	ciento cincuenta
15	quince		
16	dieciséis	1000	mil

Die wichtigsten Sätze

Allgemeines

Sprechen Sie Deutsch/Englisch?	¿Habla Usted alemán/inglés?
Ich verstehe nicht.	No entiendo.
Ich spreche kein Spanisch.	No hablo español.
Ich heiße …	Me llamo …
Wie heißt Du/heißen Sie?	¿Cómo te llamas/se llama?
Wie geht es Dir/Ihnen?	¿Cómo estás/está Usted?
Danke, gut.	Muy bien, gracias.
Wie viel Uhr ist es?	¿Qué hora es?

Unterwegs

Wie komme ich zu/nach …?	¿Cómo se llega a …?
Wo ist …?	¿Dónde está …?
Könnten Sie mir bitte … zeigen?	¿Me podría enseñar …, por favor?

Notfall

Können Sie mir bitte helfen?	¿Me podría ayudar, por favor?
Ich brauche einen Arzt.	Necesito un médico.
Hier tut es mir weh.	Me duele aqui.

Übernachten

Haben Sie ein freies Zimmer?	¿Hay una habitación libre?
Wie viel kostet das Zimmer pro Nacht?	¿Cuánto vale la habitación al día?
Ich habe ein Zimmer bestellt.	He reservado una habitación.

Einkaufen

Wie viel kostet …?	¿Cuánto vale …?
Ich brauche …	Necesito …
Wann öffnet/schließt …?	¿Cuándo abre/cierra …?

Andalusische Grafik: Landschaftsteppich in der Provinz Jaén

Unterwegs in Andalusien

Paragliding bei Málaga: dem Himmel(blau) so nah

Kapitel 1
Westlich von Málaga

Málaga ist der erste Anlaufpunkt an der Costa del Sol. Vom Flughafen verteilen sich die Touristenströme in die angrenzenden Ferienorte. Die Stadt selbst übt durch ihre Urbanität, die sehenswerte arabische Burg und das Picasso-Museum Anziehungskraft auf Tagesbesucher aus. Die klassische Costa del Sol mit ihrem milden Klima grenzt westlich an Málaga.

Mit bekannten Badeorten wie Torremolinos, Marbella und Estepona liegen dort die ganz großen Touristenmagneten. Obwohl die Küste selbst sehr zugebaut ist, gibt es in dem Häusermeer doch auch Schönes zu entdecken. Für einen Badeurlaub eignen sich die Monate Mai bis Oktober. Wer auf den Sprung ins Meer verzichten kann, wird sich auch im Winter wohlfühlen. Nicht so richtig zu Andalusien und doch irgendwie zur Costa del Sol gehört die britische Enklave Gibraltar, ein beliebtes Ausflugsziel.

Das vergleichsweise unberührte Hinterland der Costa del Sol lädt zu Erkundungstouren durch seine schroffen Gebirgszüge ein. Zu deren Füßen liegen die sehenswerten Städte Ronda und Antequera, Erstere besonders malerisch und als Wiege des Stierkampfes bekannt. In den Bergen gibt es wuchtige Megalithbauten und geheimnisvolle Höhlen mit steinzeitlichen Felsmalereien zu entdecken, aber auch bizarre Gesteinsformationen und wilde Schluchten. Wer die körperliche Herausforderung sucht, kann dort klettern oder anderen Extremsportarten frönen.

Für ihre weißen Dörfer ist das Biosphärenreservat Sierra de Grazalema berühmt, das auch Wanderer und Naturgenießer wegen ihrer besonderen Flora und Fauna gerne aufsuchen. Schönste Zeiten dafür sind März bis Mai sowie Oktober/November mit dem ›Herbst-Frühling‹, einer zweiten Blüte nach dem trockenen Sommer.

Auf einen Blick
Westlich von Málaga

Sehenswert

1 Marbella: Der mondänste Ferienort an der Costa del Sol glänzt mit seiner Altstadt und den Stränden (s. S. 114).

2 Dólmenes de Menga, Viera y Romeral: Drei Ganggräber der Megalithkultur sind bei Antequera zu besichtigen, die eindrucksvollsten ihrer Art in Spanien (s. S. 139).

3 Ronda: Wahrzeichen des romantischen Gebirgsortes ist die ›neue Brücke‹, eine waghalsige Konstruktion aus dem 18. Jh. zwischen Alt- und Neustadt (s. S. 146).

4 Grazalema: Als eines der schönsten weißen Dörfer liegt Grazalema vor einer malerischen Bergkulisse (s. S. 160).

5 Arcos de la Frontera: Attraktiv präsentiert sich die Altstadt von Arcos: enge, von maurischen Bögen überspannte Gassen auf einem steilen Felsen (s. S. 166).

Schöne Routen

Sierra Blanca und Sierra de las Nieves: Nicht weit von der Costa del Sol beherbergen beide Gebirgszüge eine alpin anmutende Flora und Fauna. In den Dörfern geht es zu wie in alten Zeiten (s. S. 118).

Im Osten von Los Alcornocales: Von Manilva führt die Route landeinwärts entlang der Sierra Bermeja mit ihren Bergdörfern und weiter zum Ostrand des urwüchsigen Naturparks Los Alcornocales (s. S. 122).

Die weißen Dörfer: Kreuz und quer geht es durch die Sierra de Grazalema. Mit ihren weißen, kubischen Häusern und verwinkelten Straßenzügen liegen die Dörfer wie Tupfer in der Landschaft verstreut (s. S. 157).

Unsere Tipps

Fisch und Meeresfrüchte servieren die urigen Lokale in Málagas ehemaligen Fischervierteln Pedregalejo und El Palo besonders frisch (s. S. 104).

Benalmádena Pueblo liegt küstennah und ist doch ein klassisches weißes Dorf, mit Cafés, die unter duftenden Orangenbäumen ihre Tische ins Freie stellen, und mittelpreisigen, gediegenen Unterkünften (s. S. 109).

Garganta del Chorro: Die grandiose Schlucht hat der Río Guadalhorce 3 km lang und 400 m tief in Kalkgestein geschnitten. Ein Wanderweg führt zum Schlund (s. S. 142).

Kunsthandwerkliche Erinnerungsstücke: Weber in Grazalema verstehen sich seit jeher auf die handwerkliche Herstellung von Decken und Tüchern aus Schafswolle (s. S. 162).

aktiv unterwegs

Botanischer Spaziergang im Jardín de la Concepción: Als einer der schönsten Gärten Spaniens gilt dieser wie ein tropischer Dschungel anmutende Park (s. S. 106).

Rundwanderung im Torcal Alto: Bizarre steinerne Gebilde schuf die Karsterosion auf dem Plateau bei Antequera. Rundwege führen durch den Felsengarten von El Torcal, der die Fantasie beflügelt (s. S. 138).

Birdwatching an der Laguna de Fuente de Piedra: Andalusiens größter Binnensee ist ein wichtiger Brutplatz für Flamingos, die sich oft zu Tausenden hier zeigen (s. S. 144).

Wanderungen im Parque Natural Sierra de Grazalema: Ein grünes und alpin wirkendes Landschaftsbild zeigt die Sierra de Grazalema, die reizvolle Wandermöglichkeiten bietet (s. S. 158).

Die klassische Costa del Sol

In Málaga spielt sich das Leben der Einheimischen ab – auf schattigen Promenaden, in gepflegten Einkaufsstraßen und engen Altstadtgassen. Hingegen scheinen die Strände zwischen Málaga und Gibraltar ganz den Urlaubern zu gehören, die hier eine perfekte Infrastruktur finden. Manches Kleinod wartet abseits der Küste darauf, entdeckt zu werden.

Málaga ►H6

Cityplan: S. 98/99
Die Hafenstadt Málaga (560 000 Einw.), eine der ältesten Städte Spaniens, ist die Drehscheibe des Südens. Auf ihrem Flughafen landen die meisten Besucher der Costa del Sol. Viele bleiben – wenn überhaupt – nur kurz. Dabei ist das Zentrum der quirligen, authentischen Hafenstadt sehr erlebenswert.

Am Meer

Erster Anlaufpunkt ist meist die von Palmen gesäumte Hafenpromenade **Paseo del Parque** 1. An sie grenzt der Parque de Málaga, mit zahlreichen tropischen und subtropischen Pflanzen. Mit den Gartenanlagen von Puerta Oscura am Südhang des Burgberges von Gibralfaro und den sehenswerten Gärten beim Rathaus beträgt die begrünte Fläche über 30 000 m².

Das **Rathaus** 2 selbst glänzt in den Farben blassgelb und weiß. In ganz Andalusien findet man öffentliche oder wichtige Gebäude mit einem solchen Anstrich.

In Hafennähe hat die Stadt Málaga in einem ehemaligen Großmarkt von 1939 das **Centro de Arte Contemporáneo** 3 eingerichtet. Auf 6000 m² finden wechselnde Ausstellungen moderner Künstler statt (Calle Alemania 2, Tel. 952 12 00 55, www.cacmalaga.org, Di-So 10–20 Uhr, 20.7.–24.9. Di-So 10–14, 17–21 Uhr, Mo (außer Fei), 25.12. u. 1.1. geschlossen, Eintritt frei).

Um den Mercado Central

Der städtische **Mercado de Atarazanas** 4 liegt wenig nördlich der Alameda Principal. In der über 100 Jahre alten Markthalle herrscht vormittags turbulentes Treiben. Faszinierend sind die duftenden Blumen und Früchte, die Fische und Meeresfrüchte und die Gemüse- und Gewürzstände. Fische werden lautstark angepriesen und vor den Augen des Käufers zerlegt. Hier trifft der Besucher auf den Inbegriff mediterraner Vielfalt.

Den Südeingang des Marktgebäudes markiert ein großes maurisches Portal (13. Jh.). Es gehörte zum Arsenal einer Schiffswerft des nasridischen Königreichs. Das Meer lag damals noch einige hundert Meter näher. Der Name des Marktes (*atarazanas* = span. Schiffszeughaus) erinnert daran.

Nördlich der Markthalle am Río Guadalmedina ist das **Museo de Artes y Costumbres Populares** 5 (Museum für volkstümliche Kunst und Gebräuche) im Mesón de la Victoria untergebracht, einem ehemals herrschaftlichen Wohnhaus aus dem 17. Jh. In insgesamt 19 Räumen – um einen malerischen Innenhof angeordnet – werden Exponate gezeigt, die das Stadt- und Landleben zum Thema haben, z. B. Werkzeuge einer Schmiede oder Tragegeschirre für Lasttiere. Ein Saal widmet sich den Seeleuten, ein weiterer dem bürgerlichen Leben in der Stadt (Pasillo Santa Isabel 10, Tel. 952 21 71 37, www.museoartespopulares.com, 1.10.–15.6. 10–13.30, 16–19 Uhr, 16.6.–30.9. 10–13.30, 17–20 Uhr, 2 €).

Málaga

Shopping in der Altstadt

Die **Plaza de la Constitución** 6 bildet das Zentrum der Altstadt. Von zahlreichen Cafés aus lässt sich hier das Geschehen beobachten. Als Hauptachse des Einkaufsviertels führt die **Calle Marqués de Larios** auf den Platz zu. Die Prachtstraße ist Fußgängerzone und strahlt in restauriertem Glanz. An der Alameda Principal erinnert ein Denkmal an ihren Namenspatron, den Marqués Don Manuel Domingo Larios y Larios. Der Markgraf hatte Ende des 19. Jh. den Bau der Straße finanziert. In den Altstadtgassen zwischen dem Ufer des Río Guadalmedina im Westen, der Calle Alcazabilla im Osten und der Calle Álamos und der Carretería im Norden haben sich zahlreiche Handwerker, kleine Geschäfte und Boutiquen niedergelassen.

Museo del Vino Málaga 7

Jetzt lohnt ein Abstecher ins 2008 eröffnete **Museo del Vino Málaga**, das den süßen Dessertwein der Region thematisiert. Der Palacio Biedmas, ein ehrwürdiger Stadtpalast aus dem 18. Jh., bietet den zünftigen Rahmen dafür. Im Erdgeschoss werden historische Flaschen und Verpackungen gezeigt. Das Obergeschoss beherbergt eine Ausstellung über die Geschichte des Weinbaus bei Málaga sowie über die Besonderheiten der Herstellung des Vino Málaga und die Unterschiede zu anderen Weinen (Plaza de los Viñeros 1, Tel. 952 22 84 93, www.museovinomalaga.com, Okt.–März Di–So 11.30–19.30, April–Sept. Mo–Sa 12–21 Uhr, 1.1., 6.1., Gründonnerstag, 24., 25. u. 31.12. geschl., 5 € (inkl. Probe von zwei Weinen), jede weitere Probe 1 €).

Catedral

An der Stelle der weithin sichtbaren **Catedral** 8 stand zuvor die große Moschee von Málaga. 1528 wurde mit dem Bau der Kathedrale nach Plänen von Pedro López und Diego de Siloé begonnen. Sie gehört zwar mit den Bischofskirchen von Granada, Jaén und Cádiz zu den vier größten Renaissancegotteshäusern Andalusiens, doch wollte das Werk auf Anhieb nicht recht gelingen. Im Laufe der Jahre fehlte es an Geld und an Einigkeit unter den beteiligten Architekten. Deshalb zogen sich die Bauarbeiten bis 1783 hin. Die lange Bauzeit und wechselnde künstlerische Konzeptionen haben eine Ansammlung verschiedener Stilformen hinterlassen. Die Hauptfassade sollte von zwei Türmen flankiert werden. Nur der Nordturm wurde fertiggestellt. Der Südturm blieb ein Torso, es fehlt der Aufsatz. Daher nennen die Bewohner Málagas ihre Kathedrale auch liebevoll *La Manquita* (»die kleine Einarmige«).

Besonders eindrucksvoll wirkt der Innenraum vom Chor aus betrachtet. Bögen, Halbrunde und Kreise bestimmen das Bild harmonischer Geschlossenheit der drei 48 m hohen Schiffe. Korinthische Kapitelle gliedern die Säulenauflagen bereits in mittlerer Höhe. Ebenfalls sehenswert ist der **Chor** für sich. Ihn zieren 103 geschnitzte Heiligenfiguren. 40 davon schuf Pedro de Mena Mitte des 17. Jh. Eine Besonderheit ist auch die Rosenkranzmadonna von Alonso Cano in der Capilla del Rosario (Kathedrale und Museum: Mo–Fr 10–18, Sa 10–17 Uhr, So/Fei für Besichtigungen geschl., 3,50 €).

Gegenüber steht der **Palacio Episcopal** 9 aus dem 18. Jh. Er ist nur im Rahmen von Ausstellungen zu besuchen.

Museo Picasso Málaga 10

Der Palacio Buenavista beherbergt seit Oktober 2003 mit dem **Museo Picasso Málaga** die vielleicht bedeutendste Sehenswürdigkeit der Stadt. Nach Paris und Barcelona besitzt Málaga nun das drittwichtigste Picasso-Museum der Welt. Schon das Renaissancegebäude (16. Jh.) an sich ist sehenswert, besonders aber die verzierten Holzdecken im Aufgang und in der oberen Galerie. Bei Restaurierungsarbeiten entdeckte man Reste aus phönizischer und römischer Zeit sowie eine Zufahrt zum Palast aus dem 16. Jh. (im Kellergeschoss zu besichtigen).

Erdgeschoss und Obergeschoss widmen sich Gemälden, Zeichnungen, Skulpturen und Keramiken Picassos, die großenteils vor 2003 unbekannt waren. Die Palette reicht von frühen, noch realistischen Porträts vornehmer Frauen der Wende vom 19. zum 20. Jh.

Málaga

Sehenswert
1. Paseo del Parque
2. Rathaus (Ayuntamiento)
3. Centro de Arte Contemporáneo
4. Mercado de Atarazanas
5. Museo de Artes y Costumbres Populares
6. Plaza de la Constitución
7. Museo del Vino Málaga
8. Catedral
9. Palacio Episcopal
10. Museo Picasso Málaga
11. Casas de Campos
12. Museo Casa Natal
13. Iglésia de Santiago
14. Alcazaba
15. Teatro Romano
16. Castillo de Gibralfaro
17. Plaza de Toros La Malagueta

Übernachten
1. Parador del Gibralfaro
2. Hotel Don Curro
3. Hotel Sur
4. Hotel Castilla
5. Hostal Larios
6. Jugendherberge

Essen & Trinken
1. Café de Paris
2. Mesón Astorga
3. Casa Pedro

Einkaufen
1. Trujal Vinos
2. Monasterio de Nuestra Señora de la Paz
3. El Rocío
4. Joyería Hago
5. Pedro Maldonado

Fortsetzung s. S. 100

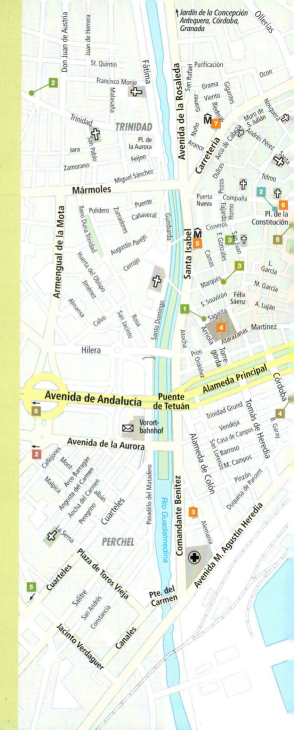

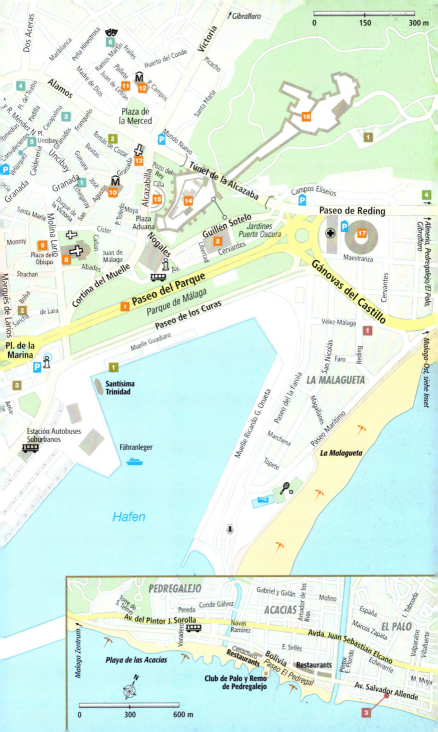

Málaga

Abends & Nachts
1. Bodegas El Pimpi
2. Café Central
3. Liceo
4. ZZ Pub
5. El Cantor de Jazz
6. Teatro de Cervantes

Aktiv
1. Cruceros Málaga
2. El Hammam
3. Inossidable

über Picassos verschiedene Stilphasen und Abstraktionsformen hinweg bis hin zu den letzten grotesk selbstreflexiven, aber in ihrer zupackenden Kraft nicht nachlassenden Gemälden zum Thema ›Der Maler und sein Modell‹ aus den 1970er-Jahren (Calle San Augustín 8, Tel. 902 44 33 77, www.museopicassomalaga.org, Di–Do, So/Fei 10–20, Fr/Sa 10–21, 24. u. 31.12. 10–15 Uhr, Mo, 25.12. u. 1.1. geschl., Museum 6 €, wechselnde Ausstellungen 4,50 €, Kombiticket 8 €).

Plaza de la Merced und Casa Natal de Picasso

Die quadratische **Plaza de la Merced** dient als urbaner Treffpunkt, dessen quirliges Leben sich auf zahlreiche Bars, Cafés und Restaurants verteilte. Im nordöstlichen Teil des Platzes stehen in zwei Komplexen die prächtigen **Casas de Campos** 11. Die Häuser ließ der Markgraf von Iznate – Antonio Campos Garín – in den 1870er-Jahren errichten. Das Haus mit der Nr. 15 wurde allerdings schon 1861 fertiggestellt. Bei ihrer Hochzeit 1880 mieteten es die Eltern von Pablo Ruiz y Picasso, wie der vollständige Name des Künstlers lautet. Er kam hier als Erstgeborener zur Welt.

Das **Museo Casa Natal** 12 zeigt Werke des Künstlers aus dem Besitz der **Fundación Picasso** (Picasso-Stiftung). Es wurde im Geburtshaus Picassos eingerichtet, das heute der Stadt Málaga gehört und als Kulturdenkmal ausgewiesen wurde (Plaza de la Merced 15, Tel. 952 06 02 15, www.fundacionpicasso.es, tgl. 9.30–20 Uhr, Fei geschl., 1 €).

Weiter südlich steht die **Iglésia de Santiago** 13 mit sehenswertem Mudéjarturm und frisch renovierter Barockfassade, an der eine zuvor übertünchte Bemalung jetzt zutage tritt. Diese Kirche ist deshalb von Interesse, weil Picasso hier am 10. November 1881 getauft wurde (Calle Granada 78, tgl. 9–13.30, 18–20 Uhr).

Alcazaba und Teatro Romano

Der **Alcazaba** 14, die maurische Burg, entstand ab dem 11. Jh. Während ihrer Blütezeit unter den Nasriden wurde sie im 14. Jh. stark erweitert. Ein Mauerring umfasst den unteren Bereich der ehemals königlichen Residenz, ein zweiter befestigt den oberen Teil. Besucher betreten den ersten Ring durch die **Torre del Cristo** und gelangen in den begrünten **Patio de Armas** (ehemaliger Waffenhof). Zum oberen Bereich erfolgt der Zugang durch die Puerta de los Cuartos de Granada. Hier sind Wohnquartiere und mehrere Paläste mit Innenhöfen und Gärten zu besichtigen. Die Säle des Nazari-Palastes sind heute zum Teil Museum. Sie beherbergen Keramik und andere Fundstücke. Im Osten am höchsten Punkt der Anlage steht die Ruine des Verteidigungsturms **Torre del Homenaje**.

Nach der Vertreibung der Mauren 1487 diente die Alcazaba auch den Christen als Burg, verfiel aber immer mehr. Erst 1931 wurde sie zum Nationaldenkmal erklärt und restauriert. Eine zweite große Restaurierungsphase begann in den 1990er-Jahren.

Von der Calle Guillén Sotelo hinter dem Rathaus führt ein Aufzug in den Palastbereich. So kann man sich den Anstieg ersparen. Oder man beginnt mit der Besichtigung an der Plaza de la Aduana hinter dem Zollpalast. Auf einem Serpentinenweg geht es dort hinauf in die eigentliche Anlage (Plaza de la Aduana/Calle Alcazabilla, Di–So April–Okt. 9.30–20, Nov.–März 8.30–19 Uhr, 24., 25., 31.12. u. 1.1. geschl., 2,10 €).

Am Fuß der Alcazaba, neben dem Eingang an der Plaza Aduana, liegt das **Teatro Romano** 15 aus der Zeit von Kaiser Augustus. Den Mauren diente es lange Zeit als Steinbruch. Erst 1951 wurde es wieder entdeckt. Heute finden hier gelegentlich Aufführungen statt (Calle Alcazabilla 8, Di–Sa 10–21 (1.11.–31.3. 9–19), So 10–14.30 Uhr, im Ein-

Ikone des 20. Jh.

Pablo Picasso — Thema

Picasso war einer der berühmtesten Künstler des 20. Jh. Wie kein anderer prägte und revolutionierte er die Kunstszene. Er lebte unkonventionell, ließ sich gern in gestreiften T-Shirts oder gar nur im Bademantel fotografieren. Obwohl er Spanien früh verließ, blieb er seiner andalusischen Heimat immer verbunden.

Pablo Ruiz Picasso wurde am 25. Oktober 1881 in Málaga geboren. Sein Vater, José Ruiz Blasco, war freischaffender Künstler und Zeichenlehrer. Vom Vater angeregt und geleitet begann Picasso breits in frühester Kindheit zu zeichnen und zu malen. 1891 zog die Familie nach A Coruña in Galizien.

Die frühen Zeichnungen seiner Teenagerjahre bestechen durch ihre Realitätsnähe und eine ungewöhnlich starke Aufnahmefähigkeit physischer und psychischer Feinheiten. Das Wunderkind absolvierte schon im Alter von 15 Jahren erfolgreich die Aufnahmeprüfung an der Kunsthochschule in Barcelona. Ein Jahr später wechselte Picasso nach Madrid. Als 20-Jähriger bereiste er regelmäßig Paris und bekam Kontakt zur dortigen Künstlerszene. Während dieser Zeit entstanden die in Farbe und Form stark reduzierten Bilder seiner ›Blauen Phase‹ (1901–1904), die Außenseiter der Gesellschaft thematisieren.

1904 zog Picasso endgültig nach Paris. In der folgenden ›Rosa Phase‹ (1905–1907) faszinierte ihn die Welt des Zirkus, der Gaukler und Artisten. Seine ›Kubistische Phase‹ (1907–1920) wird gekennzeichnet durch Motive, die sich aus verschiedenen geometrischen Formen zusammensetzen. Das Gemälde ›Demoiselles d'Avignon‹ markiert den Beginn dieses Abschnitts. In dieser Zeit entstand auch sein unverwechselbarer Stil, Objekte so darzustellen, als sähe man sie von allen Seiten gleichzeitig. Der Einfluss der Surrealisten auf Picasso wird in den 1920er-Jahren deutlich sichtbar, in den 1930er-Jahren beschäftigte er sich stark mit dem Stierkampf und seiner mythologischen Bedeutung.

Während des Spanischen Bürgerkriegs bezog Picasso eindeutig Stellung für die Republikaner. Sein Bild ›Guernica‹, das die Bombardierung der gleichnamigen baskischen Stadt durch Franco-Anhänger thematisiert, gehört weltweit zu den bekanntesten Antikriegsbildern. Nach Francos Machtübernahme 1939 schwor Picasso, zu dessen Lebzeiten Spanien nicht mehr zu betreten. 1944 setzte der Künstler ein weiteres Zeichen, indem er Mitglied der kommunistischen Partei Frankreichs wurde. Das weltbekannte Symbol der Friedenstaube kreierte er 1949 für die Weltfriedenskonferenz in Paris.

Nach dem Zweiten Weltkrieg experimentierte Picasso mit Lithografie, Bildhauerei und Keramik. Seine letzten Lebensjahre verbrachte er dann mit seiner zweiten Ehefrau Jacqueline Roque zurückgezogen in Südfrankreich. Picasso beschäftigte sich nun mit seinem Alterungsprozess, dem Zerfall und dem Kontrast seiner selbst zu seiner schönen jungen Frau. Gegen Ende wurde er derart produktiv (zeitweise ein Bild pro Tag), dass Jacqueline Roque die am häufigsten dargestellte Frau seines gesamten Werks ist.

Am 8. April 1973 starb Picasso. Er wurde in seinem Schloss Vauvenargues bei Aix-en-Provence begraben.

Die klassische Costa del Sol

tritt der Alcazaba enthalten, geführte Besichtigungen Anmeldung Tel. 952 60 16 19).

Castillo de Gibralfaro [16]
Von der begehbaren Mauer des **Castillo de Gibralfaro** ergibt sich ein Blick auf die Stierkampfarena und ganz Málaga. An dieser Stelle stand schon in den Zeiten der Phönizier, Römer und Westgoten eine Burg. Den heutigen Bau ließ allerdings erst Yusuf I. im 14. Jh. errichten. Die effektivere Artillerie der Christen machte diese Befestigungsanlage oberhalb der Alcazaba notwendig. Die *caracha,* ein befestigter Wehrgang, verband die Burg mit der maurischen Residenz. Im ehemaligen Pulvermagazin zeigt ein Besucherzentrum eine Ausstellung zur Geschichte der Festung (tgl. April–Okt. 9–20, Nov.–März 9–18 Uhr, 24., 25., 31.12. u. 1.1. geschl., 2,10 €).

Der Castillo de Gibralfaro ist zu Fuß vom Eingang der Alcazaba in 15 Min. zu erreichen. Außerdem fährt der Stadtbus Nr. 35 ca. alle 45 Min. ab Avenida Cervantes (nahe Touristeninformation) hinauf.

Plaza de Toros La Malagueta [17]
Die **Plaza de Toros La Malagueta,** ein Bau im Neomudéjarstil, wurde 1876 eingeweiht. Wer sich für die *corrida* interessiert, sollte das Museum in der Stierkampfarena besuchen (Paseo Reding 8, Mo–Fr 10–13, 17–20 Uhr, Fei geschl., 1,80 €).

Auf der Landzunge südlich der Plaza de Toros erstreckt sich das exklusive Wohnviertel **La Malagueta** mit seinen eleganten Apartmenthäusern. Östlich schließt der Stadtstrand **Playa de la Malagueta** an.

> ## Tipp: Kaffeepause mit Ausblick
>
> Einen ruhigeren und luftigeren Platz für eine Kaffee- oder Mittagspause als die Terrasse des staatlichen Nobelhotels **Parador del Gibralfaro** wird man in Málaga schwerlich finden. Dazu bietet sich ein herrlicher Blick über die Stadt (s. S. 103).

Infos
Oficina Municipal de Turismo: Central: Pl. de la Marina 11, 29015 Málaga, Tel. 952 12 20 20, Fax 952 12 20 23, www.malagaturismo.com, 1.4.–31.10. Mo–Fr 9–19, Sa/So/Fei 10–19, 1.11.–31.3. Mo–Fr 9–18, Sa/So/Fei 10–18 Uhr, 25.12. u. 1.1. geschl.

Casita del Jardinero: Av. Cervantes 1, Tel. 952 20 96 03, Fax 952 21 41 20, Mo–Fr 9–19, Sa/So 10–19, im Winter nur bis 18 Uhr. Städtische Informationsbüros. Über die Stadt verteilen sich mehrere **Infokioske.**

Oficina de Turismo: Pasaje de Chinitas 4 (nahe Pl. de la Constitución), Tel. 951 30 89 11, Fax 951 30 89 12, www.andalucia.org, Mo–Fr 9–19.30, Sa 10–19, So/Fei 10–14 Uhr. Infobüro der andalusischen Landesregierung, gut bestückt mit Broschüren und Kartenmaterial. Mit Zweigstelle in der Ankunftshalle

Málaga

In der Heimatstadt Picassos setzen auch die Straßenkünstler auf die Popularität des Begründers des Kubismus

des **Flughafens** (Mo–Fr 8.30–20.30, Sa/So 9–14, Fei 10–14 Uhr).

Übernachten

Stilvoll ▶ Parador del Gibralfaro 1: Castillo de Gibralfaro, Tel. 952 22 19 02, Fax 952 22 19 04, www.parador.es. Rustikale Architektur, Pool. Die Zimmer sind komfortabel eingerichtet, es gibt unterschiedliche Kategorien. Mit ambitioniertem Restaurant (tgl. geöffnet, Hauptgerichte 18–32 €). DZ 160–180 €.

Klassisch ▶ Hotel Don Curro 2: Calle Sancha de Lara 7, Tel. 952 22 72 00, Fax 952 21 59 46, www.hoteldoncurro.com. Stadthotel mit 120 großen, modern eingerichteten Zimmern, 2008 renoviert. Restaurant und eigene Parkgarage. DZ 113–124 €, am Wochenende 93 €.

Funktional ▶ Hotel Sur 3: Calle Trinidad Grund 13, Tel. 952 22 48 03, Fax 952 21 24 16, www.hotel-sur.com. Recht zentral, Zimmer ordentlich mit Heizung und Klimaanlage. DZ 66–76 €, Garagenplatz um 13 €.

Komplett renoviert ▶ Hotel Castilla 4: Calle Cordoba 7, Tel. 952 21 86 35, www.hotelcastillaguerrero.com. Zimmer mit Heizung und Klimaanlage sowie ordentlichen Bädern. Nachts können Hotelgäste vergünstigt in der öffentlichen Garage Plaza de la Marina parken. DZ 53–60 €.

Für Stadtschwärmer ▶ Hostal Larios 5: Calle Marqués de Larios 9, Tel. 952 22 54 90, www.hostallarios.com. Günstig gelegenes kleines Hostal mit ordentlich eingerichteten Zimmern (Etagenbad) und Studios (mit Privatbad und Kühlschrank, aber ohne Küche). DZ ab 30 €.

Die klassische Costa del Sol

Tipp: Stadtrundgänge

Auf dem kostenlosen Stadtplan, den die Touristenbüros verteilen, sind drei Spaziergänge durch Málaga verzeichnet. Die Route *Monumental Básico* führt an den Hauptsehenswürdigkeiten vorbei. Mit Besichtigungen kann diese Tour einen ganzen Tag in Anspruch nehmen. Der schattige Spaziergang *Jardín Mediterráneo* ist an heißen Tagen nicht nur für Pflanzenfreunde empfehlenswert. Einen ursprünglichen Teil Málagas erschließt die Route *Málaga Tradicional*.

Auch für ältere Semester ▶ Jugendherberge 6: Plaza Pio XII 6, Tel. 952 30 85 00, Fax 951 30 81 75, www.inturjoven.com. 200 Plätze in Zimmern mit 2–4 Betten, meist mit eigenem Bad. Rezeption rund um die Uhr besetzt. Allerdings recht weit vom Zentrum (ca. 30 Min. Fußweg oder mit Stadtbus Nr. 14 ab Paseo del Parque). In der Hochsaison oft ausgebucht. Je nach Saison 12–18 € pro Person unter 26 Jahren, 18–24 € für Ältere, jeweils mit Frühstück.

Essen & Trinken

Zahlreiche Tapalokale, die vor allem abends frequentiert werden, finden sich in den Seitenstraßen der **Calle Marqués de Larios** und im Bereich **Plaza de la Constitución.** Restaurants der gehobenen Kategorie gibt es vorwiegend im Stadtteil **La Malagueta** und an der **Playa de la Malagueta.** An diese schließen Richtung Osten die ehemaligen Fischerviertel **Pedregalejo** und **El Palo** an. An der dortigen Uferpromenade lässt sich in urigen Lokalen vorzüglich Fisch essen (Stadtbus Nr. 11).

Gourmet ▶ Café de Paris 1: Calle Vélez-Málaga s/n, Tel. 952 22 50 43, www.rcafedeparis.com, Di–Sa 13.30–15.30, 20.30–23 Uhr. Sternegekröntes Restaurant von José Carlos García. Das junge Küchenteam interpretiert klassische und traditionelle Küche neu. Reservieren ist ratsam. Menú de Mercado (wechselnd nach Marktangebot) ca. 40 €, Hauptgerichte 25–35 €.

Fisch vom Feinsten ▶ Mesón Astorga 2: Calle de Gerona 11, Tel. 952 34 25 63, www.mesonastorga.com, tgl. 13–16 und 20–23 Uhr, so geschl. Klassische Einrichtung, gute Weinauswahl, ausgezeichnete einheimische Küche. Verschiedene Menüs, abwechslungsreiche Speisekarte. Hauptgerichte ab 10 €, Edelfische um 15 €.

Traditionell ▶ Casa Pedro 3: Quitapeñas 121, Playa El Palo, Tel. 952 29 00 13, www.casapedro.es, Di–So 13–16, 20.30–24 Uhr. Beliebtes Fischlokal. 3-Gänge-Menü 20 €. Die gegrillten Sardinen sind schlicht, aber gut, warme Vorspeisen ab 5,50 €.

Einkaufen

Viele gute Tropfen ▶ Trujal Vinos 1: Plaza Arriola 1, Tel. 952 21 24 08, www.trujalvinos.net. Erlebniseinkauf vom Feinsten: Bevor die Entscheidung für den einen oder anderen Wein fällt, kann die großartige Auswahl im Barbereich getestet werden. Dazu passend sind nette brochetas im Angebot, Kleinigkeiten wie Sardellen auf Art von Málaga oder Manchego-Käse.

Süßes von den Nonnen ▶ Monasterio de Nuestra Señora de la Paz y Santísima Trinidad 2: Plaza Zumaya 5. Einer langen Tradition in Andalusien entsprechend, backen und verkaufen auch die Nonnen dieses Klarissenklosters in Málaga wunderbar süßes Gebäck.

Für die Fiesta ▶ El Rocío 3: Calle San Juan 1, Tel. 952 22 54 95, www.elrocio.es. Hier gibt es für die Dame das passende Outfit zum Flamencotanz oder für die Feria de Málaga: Kleider, Schuhe, Umhänge, Kastagnetten und vieles mehr.

Individueller Schmuck ▶ Joyería Hago 4: Avenida de Príes 3, Tel. 952 22 72 41, www.joyeriahago.com, Mo–Fr 10.30–14, 17.30–20.30, Sa 10.30–14 Uhr. Seit über 40 Jahren fertigt die Silberschmiede Ketten, Ringe, Armreifen und vieles mehr ausschließlich nach eigenen Entwürfen. Immer wiederkehrendes Motiv sind die Blüten des in Málaga allgegenwärtigen Jasmins.

Instrumente für Kenner ▶ Pedro Maldonado 5: Avenida Velázquez 59, Tel. 952 23

Málaga

23 24, www.pedromaldonadoguitars.com. Jede klassische oder Flamencogitarre, die Pedro Maldonados Werkstatt verlässt, ist handgefertigt und ein Einzelstück. Wertvolle Einlegearbeiten aus verschiedenen ausgefallenen Hölzern schmücken die edlen Instrumente.

Abends & Nachts

Die einheimische Jugend trifft sich während der Sommermonate in den Musikbars und Diskotheken an der **Playa Pedregalejo**. Auch die **Playa de la Malagueta** entwickelt sich immer mehr zur Ausgehzone. Ansonsten ist am Wochenende der Bereich zwischen Kathedrale und der **Plaza de la Constitución** sehr beliebt. Hier wie in der **Calle Granada** gibt es zahlreiche Bars.

Alteingesessen ▶ **Bodegas El Pimpi** 1: Calle Granada 62, 19–2 Uhr. Die Bar besticht mit vielen gemütlichen Räumen und Innenhöfen. Die Musik spricht ein eher junges Publikum an.

Sehr beliebt ▶ **Café Central** 2: Plaza de la Constitución 11, Tel. 952 22 49 72, www.cafecentralmalaga.com. Nicht nur abends, sondern auch tagsüber meist gut besuchtes Café mit Terrasse auf dem Platz.

Tolle Stimmung ▶ **Liceo** 3: Calle de las Beatas 21, Tel. 952 60 24 40, Do–Sa 23–5 Uhr. In einem ehrwürdigen Stadtpalais logiert die Studentendisco. Dieses wunderbare Ambiente sorgt für Stimmung bei House-Musik, aber erst ab 1 Uhr kommen!

Chillig ▶ **ZZ Pub** 4: Calle Tejón y Rodríguez 6, Tel. 952 44 15 95, www.zzpub.es. Junge Leute, meist Studenten, genießen hier zeitgemäße Musik der klassischen Variante (Jazz, Soul, Rock). Oft wird live aufgespielt, meist Mo, Mi oder Do.

Jazz pur ▶ **El Cantor de Jazz** 5: Calle Lazcano 7, Tel. 952 22 28 54, tgl. 22-4 Uhr. Der in Spanien äußerst beliebte Jazz ist hier fast jeden Donnerstag live zu hören. Stilecht dazu die Dekoration, fast wie in New Orleans.

Musik & Tanz ▶ **Teatro de Cervantes** 6: Calle Ramos Martin, Tel. 952 22 41 00, www.teatrocervantes.com. Regelmäßig gute klassische Musik- und Tanzaufführungen, auch Flamenco. Programminfo im Touristenbüro.

Aktiv

Bootstouren ▶ **Cruceros Málaga** 1: Puerto de Málaga, Muelle 2, am Haupteingang zum Hafen (nahe Plaza de la Marina), Tel. 952 12 22 88, www.crucerosmalaga.com. Verschiedene Fahrten entlang der Costa del Sol. Ganztägig mit Mittagessen und Badepause ca. 40 €.

Arabische Bäder ▶ **El Hammam** 2: Calle Tomás de Cózar 13, Tel./Fax 952 21 23 27, www.elhammam.com, tgl. 10–20 Uhr. Hier kann man nach Art der Mauren baden und sich verwöhnen lassen (21 €, mit Massage ab 34 €).

Von Spitzenköchen lernen ▶ **Inossidable** 3: Calle Fernán González 6, Tel. 952 22 28 26, www.inossidable.com. Der Feinkostladen hält nicht nur Gourmetprodukte bereit, ebenso wie vom katalanischen Starkoch Ferràn Adrià entworfene Küchengeräte, sondern veranstaltet auch Kochkurse auf höchstem Niveau, bei denen man z.B. die perfekte Zubereitung von Arroz Negro (Schwarzer Reis) erlernt oder in die Geheimnisse der asiatischen Küche eingeweiht wird (Abendkurs von 1,5 Std. Dauer ca. 20 €, Termine auf der Website).

Termine

Semana Santa: Karwoche. Eine Besonderheit von Málaga sind die *tronos* – die größten Heiligenbilder ganz Spaniens. Die örtlichen Bruderschaften tragen sie bei den Osterprozessionen durch die Straßen der Stadt.

Costa Pop: an einem Samstag Ende Mai oder Anfang Juni. Spaniens größtes Pop- und Tanzfestival, früher als World Dance Costa del Sol bekannt. Mehr als 100 000 Fans zieht es jedes Jahr zu diesem Ereignis. Im Fußballstadion Rosaleda treten spanische und lateinamerikanische Popgrößen auf.

Feria de Málaga: eine Woche ab dem 2. Augustsamstag. Größtes Stadtfest. Viele Kneipen öffnen rund um die Uhr. Umfangreiches kulturelles Beiprogramm mit Umzügen, Flamenco, Stierkampffestival.

Die klassische Costa del Sol

aktiv unterwegs

Botanischer Spaziergang im Jardín La Concepción

Tour-Infos

Start: Haupteingang des Jardín Botánico-Histórico La Concepción (ausgeschildert)
Anfahrt – mit dem Pkw: Von Málaga (Zentrum) auf der N-331 Richtung Sevilla. Kurz vor Erreichen der Autobahn weist die Beschilderung nach rechts. Zunächst fährt man dort parallel zur Autobahn, quert dann durch eine Unterführung und fährt wieder ein Stück nach links zurück. Mit dem Stadtbus: Sa/So/Fei fährt Linie 61 direkt zum Garten. Ansonsten mit Linie 2 bis Endstation, dann noch 15 Min. zu Fuß. Der Bus Turístico (s. o.) fährt den Garten ebenfalls an.
Dauer: etwa 2 Std.
Wichtige Hinweise: Tel. 952 25 21 48, http://laconcepcion.ayto-malaga.es; geöffnet 1.4.–30.9. Di–So 9.30–20.30 Uhr, 1.10.–31.3. Di–So 9.30–17.30 Uhr, 25.12. u. 1.1. geschl.; letzter Einlass 90 Min. vor Schließung; Eintritt 3,50 €; Gartenplan an der Kasse.

Einer der schönsten Gärten Spaniens ist der **Jardín Botánico-Histórico La Concepción** am Nordrand von Málaga. An heißen Tagen bietet der schattige, dschungelartige Park wohltuende Kühle. Ein großzügiges Eisentor, flankiert von Bougainvillea, führt in die Anlage. Wer diese noch nie besichtigt hat, folgt nun am besten der ausgeschilderten Route durch den **Jardín Histórico,** den wohl schönsten Gartenteil. Ihn ließ ab 1855 der äußerst vermögende Graf Jorge Loring gemeinsam mit seiner Frau als romantischen Park im damals aktuellen englischen Stil anlegen. Anregungen dafür hatte das Paar auf seiner Hochzeitsreise quer durch Europa reichlich gewonnen und unterwegs Kontakte geknüpft, um Setzlinge allerlei exotischer Pflanzen zu erhalten. Alte, mächtige Platanen säumen zunächst den Weg. Dann lohnt es sich, auf die riesigen Gummibäume mit gewaltigen Brettwurzeln zu achten. Wie auch andere tropische Bäume wachsen sie an der Costa del Sol zu Riesen heran, während sie anderswo allenfalls Gewächshäuser zieren. Insgesamt stehen im Jardín Histórico über 800 Baumarten aus aller Welt.

Windungsreiche Pfade führen zu dem kleinen **Museo Loringiano** hinauf, das einem antiken Tempel nachempfunden ist. Vier do-

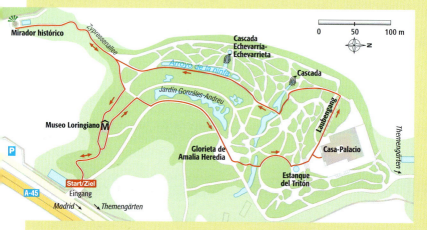

Málaga

rische Säulen bewachen den Eingang. Graf Loring beauftragte den deutschen Architekten Strack eigens mit dem Bau, um eine Serie römischer Mosaiken (2./3. Jh.) darin adäquat zu präsentieren, die er aus einer Grabung bei Cártama (westlich von Málaga) erworben hatte. Sie stellen die »zwölf Arbeiten« des Herkules dar. Die Originale befinden sich seit 1963 nicht mehr im Jardín La Concepción. Heute sind aber Reproduktionen zu sehen. Vor dem Museum stehen archäologische Fundstücke, die während der Anlage des Parks an Ort und Stelle ausgegraben wurden.

Dann quert der Rundweg die **Glorieta de Amalia Heredia.** Der lauschige Platz ist der Gräfin und Begründerin des Gartens gewidmet. Am **Estanque del Tritón** vorbei, einem Teich mit Figur des griechischen Meeresgottes, geht es zur **Casa-Palacio.** In dem prächtigen, im Kolonialstil gehaltenen Herrenhaus gaben sich im 19. Jh. wichtige Persönlichkeiten aus Politik, Kunst, Adel und gehobenem Bürgertum die Klinke in die Hand. Durch einen von Glyzinien überwucherten Laubengang, der sich im April in ein tiefes Blau hüllt, und an zwei Wasserfällen vorbei schließt sich die Runde.

Noch vor dem erneuten Abstieg zum Museo Longriano bietet sich nun ein Abstecher durch eine Zypressenallee zum **Mirador histórico** an. Von einer Pergola mit fliesenverzierter Kuppel bietet sich dort ein Fernblick auf die Kulisse von Málaga. Für speziell botanisch Interessierte empfiehlt sich anschließend ein Besuch der **Themengärten** im unteren Gartenteil, die sich noch im Aufbau befinden. Herausragend sind hier die Sammlung von rund 100 Palmenarten, eine der größten ihrer Art in Europa, die Abteilung mit einheimischen Pflanzen aus der Umgebung von Málaga und die Kollektion traditioneller Weinreben der Region.

Fiesta de Verdiales: 28. Dez. Großes Flamenco- und Folklorefestival mit Aufführungen im Teatro Cervantes (s. o.).

Verkehr

Flüge: Aeroporto Pablo Ruiz Picasso, etwa 11 km südwestlich von Málaga in Richtung Torremolinos, Tel. 952 04 88 44 (Info), www.aena.es. Stadtbus 19 ins Stadtzentrum (ca. alle 15 Min.). Nahverkehrszug *(cercanías)* nach Málaga und Torremolinos/Fuengirola (ca. alle 30 Min., 6–23.30 Uhr, Haltestelle gegenüber Terminal 2). Taxi: Nach Málaga ab 14,50 €, 22–6 Uhr ab 18 €, So/Fei, 3–6 Uhr weiterer Zuschlag.

Fernzüge: RENFE-Bahnhof, Explanada de la Estación, Tel. 902 24 02 02 (Auskunft), www.renfe.es. Gepäckschließfächer. Nach Madrid, Sevilla und Córdoba ca. 6 x tgl., nach Barcelona ca. 2 x tgl. Zahlreiche Buslinien fahren vom RENFE-Bahnhof ins Zentrum.

Nahverkehrszüge: *Cercanías* (www.renfe.es/cercanias) fahren in der Nähe der Alameda Principal und am RENFE-Bahnhof ab. Eine Art S-Bahn mit vielen Haltestellen über Flughafen, Torremolinos und Benalmádena weiter nach Fuengirola, ca. 6–22.30 Uhr im 30-Min.-Takt.

Busse: Fernbusbahnhof, Paseo de los Tilos, Tel. 952 35 00 61, www.estabus.emtsam.es. Zahlreiche Verbindungen nach Andalusien und ganz Spanien, Europabusse. Gepäckschließfächer.

Stadtbusse: EMT, Tel. 902 52 72 00, www.emtmalaga.es. Fahrpläne im Internet sowie in Touristenbüros, im Fernbusbahnhof und im Centro de Atención al Cliente (Alameda Principal 15). Die meisten Linien starten am Paseo del Parque. Einzelticket 0,95 €, 10 Fahrten 5,90 €.

Bus Turístico: Offene Doppeldeckerbusse fahren alle Sehenswürdigkeiten der Stadt an. Über Kopfhörer erhält man Erläuterungen auch in Deutsch. Man kann beliebig ein- und aussteigen, das Ticket gilt 24 Std. (15 €).

Fähren: Ab Estación Marítima fährt die Acciona Trasmediterránea (Tel. 952 06 12 06, www.trasmediterranea.es) tgl. nach Melilla und über Algeciras nach Tanger und Ceuta.

Die klassische Costa del Sol

Mit dem Pkw: Hauptverkehrsachse verläuft parallel zur Küste die Alameda Principal mit der Plaza de la Marina. Dort und in der Verlängerung nach Osten, um den Paseo del Parque, gibt es einige Parkhäuser (s. Cityplan S. 98/99).

Torremolinos ►H 7

Bei **Torremolinos** beginnt die klassische ›Sonnenküste‹. Den wohlklingenden Namen Costa del Sol ersann in den 1960er-Jahren das für den Tourismus zuständige Ministerium in Madrid. Torremolinos steht inzwischen allerdings stellvertretend für den Massentourismus und alles Negative, was die öffentliche Meinung oft damit verbindet. Dabei waren es seinerzeit vorwiegend Hippies, die hier urlaubten und das Image des Ortes prägten. Der amerikanische Schriftsteller James A. Michener hat diese Zeit in seinem Kultroman »Die Kinder von Torremolinos« verewigt.

Ab den 1970er-Jahren wurde dann eine Ferienstadt gewaltigen Ausmaßes quasi aus dem Boden gestampft. Heute gesellen sich zu den rund 58 000 gemeldeten Einwohnern in der Hochsaison Zehntausende von Urlaubern. Die Einförmigkeit der Architektur – hinter dem 7 km langen, feinsandigen Strand dominiert der Beton – täuscht auf den ersten Blick darüber hinweg, dass eine professionell betriebene Freizeitwelt in Torremolinos fast das ganze Jahr über eine Menge Urlauberattraktionen bereithält. Für die einen mag dies die Hölle sein, für die anderen ist es das Paradies.

Alte Stadtviertel

Zwei Stadtteile stechen durch eine gewisse Individualität hervor: Aus einer winzigen Fischersiedlung ging **La Carihuela** hervor. Bis heute blieb etwas vom Hafenflair erhalten, vor allem in den hervorragenden Fischlokalen an der Strandpromenade.

El Bajondillo liegt an der gleichnamigen Playa am Nordrand von Torremolinos, die von La Carihuela durch eine Felsnase getrennt ist. In seinen engen Gassen spiegelt sich noch die Struktur eines andalusischen Dorfes wider.

Molinos und Jardín Botánico

Gemeinsam mit einem alten arabischen Wachturm, der sich heute in den Häuserschluchten von El Bajondillo versteckt, gaben einige Mühlen Torremolinos den Namen (*torre* = Turm, *molino* = Mühle). Wasser aus dem Quellgebiet **Los Manantiales** am Fuß der Sierra de Mijas trieb sie an, um Getreide und Öl zu mahlen. Bis zu 19 waren über ein Gefälle von mehr als 100 m hinweg hintereinandergeschaltet.

Der **Molino de Inca** wurde als Museumsmühle restauriert und in den neuen **Jardín Botánico** einbezogen – ein idyllischer Ort am Rand der Touristenstadt. Er bezieht sein Wasser aus einem in den Berg getriebenen Stollen. Ein Müller stellt Weizenmehl her und verkauft es. Im Mühlengebäude sind auch die Räumlichkeiten zu besichtigen, in denen 1926 König Alfons XIII. und seine Gemahlin Victoria Eugenia anlässlich eines Besuchs in Torremolinos übernachteten.

Im kreisrunden Labyrinthgarten erhebt sich eine über 100 Jahre alte Norfolktanne (*Araucaria excelsa*). Eine weitere Attraktion ist der schöne Palmengarten mit Teichen und Skulpturen, welche die vier Jahreszeiten repräsentieren (ab Umgehungsstraße Circunvalación Antigua nahe Aqualand Schildern ›Los Manantiales Jardín Botánico Molino de Inca‹ folgen, Mai–Sept. Di–So 11.30–13.30, 18–21, Okt.–April Di–So 10.30–13.30, 16–18 Uhr, 3 €).

Infos

Oficina de Turismo: La Carihuela: Plaza del Remo, 29620 Torremolinos, Tel. 952 37 18 92; Playa del Bajondillo: Plaza de Comunidades Autónomas (am Strand), Tel. 952 37 19 09, www.visitetorremolinos.com.

Übernachten

Idyllisch ► Hotel Residencia Miami: La Carihuela, Calle Aladino 14, Tel. 952 38 52 55, www.residencia-miami.com. Ein Cousin Picassos ließ die Villa 1950 für die Flamencotänzerin Lola Medina errichten. Das damalige Ambiente blieb bewahrt. Prächtiger Garten mit Pool, einige Zimmer mit Terrasse und Meerblick. DZ 41 64 €.

Essen & Trinken

Hervorragend ▶ **El Roqueo:** Calle Carmen 35, Tel. 952 38 49 46, Di Ruhetag, Mitte Dez.– Mitte Jan. geschl. Großzügige Terrasse am Strand, erstklassige Meeresfrüchte und Fisch, das wissen offenbar auch die vielen einheimischen Gäste zu schätzen. Hauptgerichte um 18 €.

Traditionslokal ▶ **Casa Juan Los Mellizos:** Calle San Ginés 18, Tel. 952 37 35 12, www.losmellizos.info/casajuan. In La Carihuela, die Fischrezepte fußen auf der örtlichen Tradition. Hauptgerichte 8–15 €.

Einkaufen

Markt ▶ Donnerstags **Wochenmarkt,** auch Souvenirs (am Stadion, ca. 9–14 Uhr).

Abends & Nachts

In den Sommermonaten ist hier rund um die Uhr etwas los. Beliebte Treffpunkte sind die *chiringuitos* (Kioske am Strand). Das Nachtleben in den schrillen Bars, Pubs und Discos im Stadtviertel La Nogalera, der Calle Casablanca und Av. Carlotta Alessandri ist von vielen jungen Leuten unterschiedlichster Nationalitäten geprägt.

Aktiv

Wasserpark ▶ **Aqualand:** Calle Cuba 10 (nahe Umgehungsstraße Circunvalación Antigua), Mai–Sept. tgl. 10–18 Uhr, Erwachsene 21,50, Kinder 15,50 €. Familien freuen sich über die vielfältigen Attraktionen des größten Wasserparks der Costa del Sol.

Verkehr

Nahverkehrszüge: s. Málaga S. 107.
Busse: Busbahnhof zentral im Stadtteil El Bajondillo, Calle Hoyo (nahe Plaza Costa del Sol), Tel. 952 38 24 19. Mit *Portillo* mehrmals tgl. z. B. nach Ronda oder La Línea (bei Gibraltar).

Benalmádena ▶ G 7

An Torremolinos schließt nahtlos **Benalmádena Costa** an. Im Jachthafen (Puerto de Benalmádena) geht es recht exklusiv zu. Die zugehörigen Apartmenthäuser zeichnen sich durch einen gefälligen, maurischen Vorbildern nachempfundenen Baustil aus. Ansonsten gleicht die Bebauung der 9 km langen, grauen, eher grobsandigen Strandzone der von Torremolinos.

Benalmádena Pueblo

Das schmucke weiße Dorf **Benalmádena Pueblo** liegt landeinwärts am Fuß der Sierra de Mijas. Vom Parkplatz am unteren Ortsrand fährt ein Aufzug zur vorgeschoben auf einem Felssporn stehenden **Iglesia Santo Domingo** hinauf. Die Kirche umgibt der Terrassen- und Aussichtspark **Jardines del Muro.** Weit schweift der Blick von hier aus über die Küste. Wohl idyllischster Fleck am Ort ist die kleine **Plaza de España.** Sitzbänke unter Orangenbäumen oder auch die Tische mehrerer Cafés laden hier zur Entspannung ein mit Blick auf einen Brunnen mit der Skulptur der *Niña de Benalmádena* – eines Mädchens mit Muschelschale in der Hand. Die Bronzeplastik schuf 1991 der aus Vélez-Málaga stammende Bildhauer Jaime Pimentel (geb. 1933). Sie entwickelte sich rasch zum Wahrzeichen von Benalmádena.

Das **Museo de Benalmádena** (im Ort ausgeschildert) ist bekannt für seine Sammlung präkolumbianischer Kunst aus Lateinamerika. Sie ging aus einer Stiftung des mexikanischen Malers und Anthropologen Felipe Orlando hervor, der die meisten der rund 400 Exponate von seinem Großvater erbte. Für Besucher der Costa del Sol fast noch interessanter sind die im Untergeschoss ausgestellten Funde aus der Umgebung. Sie stammen aus verschiedenen in der Jungsteinzeit bewohnten Höhlen, aus kupferzeitlichen Siedlungen (9./8. Jh. v. Chr.) sowie aus dem Römerdorf Benalroma und zwei römischen Fischfabriken an der Küste von Benalmádena (Av. Juan Luis Peralta 49, Tel. 952 44 85 93, Di–Sa 9.30–13.30, 17–19, So 10–14 Uhr, 1.1.,

Die klassische Costa del Sol

6.1., Karfreitag, 1.5., 24./25.12. u. 31.12. geschl., Eintritt frei).

Infos
Oficina de Turismo: Av. Antonio Machado 10 (Küstenstraße), 29630 Benalmádena Costa, Tel. 952 44 24 94, www.benalmadena.com.

Übernachten
In die Hotels an der Küste bringen fast nur britische Veranstalter Gäste.

Geschmackvoll ▶ **Hotel La Fonda de Benalmádena:** Benalmádena Pueblo, Calle Santo Domingo 7, Tel. 952 56 83 24, Fax 952 56 82 73, www.fondahotel.com. Vom Künstler César Manrique aus Lanzarote entworfene Anlage. Schöner Meerblick, mehrere Patios mit Pflanzen und Brunnen, reichhaltiges Frühstücksbuffet. Mit Restaurant (Hauptgerichte 11–12 €). DZ 67–99 €.

Charmant ▶ **Hotel La Plazoleta:** Av. Juan Luis Peralta s/n, Tel. 952 44 81 97, Fax 952 56 99 79. Im Ortszentrum. Die meisten der 10 Zimmer (alle mit Balkon oder Terrasse) schauen auf die ruhige Plaza de Andalucía mit Palmen, Bänken und Brunnen. DZ ohne Frühstück 56–78 €.

Essen & Trinken
Anspruchsvoll ▶ **Fidel's:** Benalmádena Pueblo, Calle Maestra Ayala 3 (nahe Rathaus), Tel. 952 44 91 65, Mo–Sa nur abends, So auch mittags, August Betriebsferien. Gehobene Küche in rustikalem Ambiente. Spezialität ist *pollo kiew* (Hähnchenbrust mit Kräuterfüllung). Reservieren! Hauptgerichte 14–22 €.

Einkaufen
Wochenmarkt ▶ In Arroyo de la Miel, Fr 9–14 Uhr, auf dem Tivoli-Parkplatz.

Abends & Nachts
Gediegene, britisch geprägte Bars für ältere Semester finden sich im Puerto de Benalmádena (Jachthafen). In ein paar Clubs und Discos trifft sich am Wochenende ein sehr junges Publikum.

Aktiv
Aquarium ▶ **Sea Life:** an der Einfahrt zum Jachthafen, Tel. 952 56 01 50, www.sealifeeurope.com, tgl. 10–18 (Juni bis 20, Juli/Aug. bis 24 Uhr), Erwachsene 12,50, Kinder 9 €. Eine interaktive Aquarienlandschaft mit über 2000 Arten von Meeresbewohnern. Besondere Attraktionen sind das Korallenriff mit Haitunnel, die Amazonas-Flusslandschaft und mehrere Becken mit Seeschlangen.

Bootsausflüge ▶ Im Jachthafen von Benalmádena Costa starten in der Saison mehrmals täglich Ausflugsboote nach Fuengirola und Málaga (hin und zurück jeweils um 11, Kinder 7 €).

Verkehr
Nahverkehrszüge: s. Málaga S. 107
Busse: *Portillo* hält in Benalmádena Costa an der Av. Antonio Machado (Küstenstraße) nahe Tourismusbüro. Busse u. a. nach Ronda und La Línea. Nach Benalmádena Pueblo tgl. mehrmals ab Torremolinos, Benalmádena Costa und Fuengirola.

Seilbahn: Der Teleférico verbindet Benalmádena mit dem rund 800 m hohen Gipfel des Monte Calamorro. Oben warten Ausritte auf Eseln, Greifvogelvorführungen und eine Pferdeshow. Wem das alles zu umtriebig erscheint, der kann von der Bergstation zu verschiedenen Aussichtspunkten mit weiten Küstenblicken laufen. Auch der Abstieg nach Benalmádena auf markierten Wegen ist möglich (Arroyo de la Miel, nahe Tívoli-Park, Tel. 902 19 04 82 oder 952 57 50 38, teleferico benalmadena.com, April 10–20, Mai/Juni u. Sept. 10–21, Juli/Aug. 10–24, Okt.–März 10–18 Uhr, Anfang Jan.–Anfang Feb. außer Betrieb, Hin- und Rückfahrt inkl. Shows 12,80, Kinder 9,25 €).

Fuengirola  G 7

In **Fuengirola** urlauben neben Spaniern vorwiegend Briten und Skandinavier. Vielgeschossige Apartmenthäuser beherrschen das Bild. Allerdings verfügt Fuengirola über einen mehrere Kilometer langen, gepflegten Strand mit Promenade, einen intakten Stadtkern und einen hübschen Jachthafen mit im orientalischen Stil gestalteter Ladenzeile.

Parque del Castillo

Auf die Mauren geht der **Castillo Sohail** am südwestlichen Stadtrand zurück. Er erhebt sich unmittelbar hinter dem Strand auf einem isolierten Hügel, der als **Parque del Castillo** heute eine gepflegte Gartenanlage ist. Sohail hieß das heutige Fuengirola bei den Phöniziern nach dem gleichnamigen Stern, den wir Canopus nennen und der von hier gerade noch klar sichtbar ist.

Die im 10. Jh. unter dem Almoraviden-Herrscher Abderramán III. errichtete Burg diente zum Schutz der Pilgerroute nach Mekka, die von Córdoba nach Algeciras und von dort übers Meer führte. Die unmittelbar benachbarte Mündung des Río Fuengirola fungierte als Militärhafen. Im 16. Jh. ließ Kaiser Karl V. die Festung erneuern, um Landungsversuche des algerischen Piraten Bar-

Benalmádena: So sieht es mancherorts an der Costa del Sol aus

Die klassische Costa del Sol

barossa zu vereiteln. Die achteckige arabische Wehrmauer blieb dabei erhalten.

Am größeren der beiden aus Ziegelsteinen gemauerten Türme erinnert gleich neben dem Eingang zur Burg ein zugemauerter Hufeisenbogen ebenfalls noch an die maurische Zeit. Während der Napoleonischen Kriege besetzten französische Soldaten die Burg für zwei Jahre. Nach ihrem Abzug 1812 vergruben sie ihre Kanonen am Strand. Inzwischen wurden sie wieder ausgebuddelt und auf der *batería* aufgestellt, dem Bollwerk, von dem aus man den Wehrgang fast rundum abmarschieren kann. Im Innenhof, wo sich früher Häuser und eine Moschee befanden, sind nur noch ein paar Mauerreste zu besichtigen. Rechts steht neben einem Brunnen die Ruine eines Backofens, links hinten erahnt man die ehemaligen Pferdeställe (A-7 Fuengirola–Marbella, Ausfahrt Hipódromo, Tel. 687 66 30 66, Sept.–Juni tgl. ca. 10–19 Uhr, Juli/Aug. nur zu Veranstaltungen, s. u., 3, Kinder 2 €, Eintritt in den Parque del Castillo frei).

Fuengirola Zoo

Durchaus empfehlenswert ist ein Besuch im **Fuengirola Zoo**. Er ist als Miniaturausgabe eines tropischen Regenwalds gestaltet, mit modernen, geräumigen Gehegen hinter Glaswänden. Dazwischen plätschern Wasserläufe. Räumlich gliedert sich die Anlage in die Themenbereiche Äquatorialafrika, Madagaskar und Südostasien. Außerdem ist die Tierwelt der Mangrovengewässer vertreten. Der Fuengirola Zoo nimmt an 35 europäischen Programmen zur Erhaltung bedrohter Arten teil und unterstützt internationale Projekte zum Schutz der Wälder (Calle Camilo José Cela 8–10, hinter dem Hafen südlich des Zentrums, Tel. 952 66 63 01, www.zoofuengirola.com, Sept.–Juni tgl. 10–18, z. T. bis 20 Uhr, Juli/Aug. tgl. 10–24 Uhr, Eintritt 15,50, Kinder 10,60 €, Rabatte bei Anfahrt per Zug).

Infos

Oficina Municipal de Turismo: Paseo Jesús Santos Rein 6 (nahe Busbahnhof), 29640 Fuengirola, Tel. 952 46 74 57, www.fuengirola.org.

Einkaufen

Märkte ▶ Am Dienstagvormittag ist das Feria-Gelände Schauplatz des bunten Wochenmarkts, am Samstagvormittag findet hier ein Flohmarkt statt.

Termine

Castillo Sohail: In der zweiten Augusthälfte findet in der Burg ein viertägiger **Mittelaltermarkt** statt.

Aktiv

Bootstouren ▶ Im Hafen von Fuengirola startet der Glasbodenkatamaran **Aqua Vista** zu eineinhalbstündigen Ausfahrten entlang der Küste. Oft sind unterwegs Delfine zu beobachten. Im Juli/Aug. gibt es eine Nachtfahrt (22 Uhr). Infos: Tel. 952 66 66 07, www.cruceroaquavista.com. März–Dez. je nach Jahreszeit und wetterabhängig 1–5 x tgl., pro Person 15, Kinder 8 €.

Verkehr

Nahverkehrszüge: s. Málaga S. 105.
Busse: Busbahnhof in der Av. Tejada (nahe Bahnhof), Tel. 952 47 50 66.

Mijas ▶ G 7

Im unmittelbaren Hinterland der Costa del Sol ist **Mijas** ein Vorzeigeort mit musealem Charme. Zwar zählt die Gemeinde heute 61 000 Einwohner, seit sich – im Gefolge von Künstlern und Schriftstellern, die Mijas in den 1950er-Jahren entdeckten – zahlreiche ausländische Residenten in der Umgebung niedergelassen haben. Doch im alten Kern drängen sich weiße, kubische Häuser mit blumengeschmückten Patios. Souvenirläden, Restaurants und Cafés warten auf die Tagesbesucher.

Stadtrundgang

Ausgangspunkt für eine Erkundung von Mijas ist die Plaza Virgen de la Peña oberhalb des großen Parkhauses am Ortseingang. Dort befindet sich linker Hand der **Santuario de la Virgen de la Peña**. Mönche des Kar-

Mijas

meliterordens schlugen die Höhlenkapelle zwischen 1656 und 1682 in einen exponiert stehenden Felsen. Zuvor sollen an dieser Stelle zwei Hirtenkinder, denen eine Taube den Weg wies, die heute in dem Heiligtum verehrte Marienfigur gefunden haben. Der balkonartige **Mirador del Compas** vor dem Heiligtum bietet einen schönen Blick auf die Küste bei Fuengirola.

Die Avenida del Compas führt zur **Plaza de la Constitución.** Hier und in den angrenzenden Straßen spielt sich ein Großteil des touristischen Geschehens ab. Oberhalb der Plaza erinnert einiges an die Zeit, als der Ort Teil des *Reino de Mijas* war, eines unabhängigen mozarabischen Reiches (s. S. 143). Sein Herrscher, der christliche König Samuel I., verhielt sich gegenüber seinen moslemischen Untertanen sehr tolerant. 866 ließ er ihnen eine große Moschee in Mijas errichten, die nach der Reconquista im 16./17. Jh. zur heutigen, schlichten Pfarrkirche **Nuestra Señora de la Inmaculada Concepción** umgebaut wurde. Beachtung verdient vor allem ihr gedrungener Ziegelsteinturm im Mudéjarstil.

An die Kirche grenzen Reste der Königsburg von 883 an, die auch nach dem Untergang des *Reino de Mijas* im 10. Jh. für weitere sechs Jahrhunderte die wichtigste Festungsanlage der Gegend darstellte. Erhalten blieben der **Torreón,** ein wuchtiger Turm, sowie **Las Murallas** – Reste der äußeren Verteidigungsmauer. Die parkartige **Ruta Botánica La Muralla** erschließt diesen Bereich für Fußgänger und berührt dabei eine Abfolge von Miradores mit Blick auf das Tal von Mijas und große Teile der Costa del Sol. In den gepflegten Gartenabschnitten wurde die Bepflanzung so geschickt gewählt, dass zu jeder Jahreszeit Blüten zu sehen sind.

Der Kirche vis-à-vis steht seit dem Jahr 1900 die **Plaza de Toros,** eine winzige Stierkampfarena. Sie nimmt für sich in Anspruch, als einzige in Andalusien oval anstatt rund zu sein (zu besichtigen inkl. Stierkampfmuseum tgl. 10–19, im Sommer bis 22 Uhr, 3 €).

Wer jetzt landeinwärts durch die Calle del Pilar zum Fuß des angrenzenden Berghangs schlendert, kann im oberen Teil des Ortes noch authentische Atmosphäre schnuppern. Dort führt ein alter Kreuzweg aus dem Gassenlabyrinth hinaus zur **Ermita del Calvario** hinauf, wo sich ein herausragender Küstenblick bietet. Auch diese winzige Einsiedelei, die übrigens nur am Karfreitag geöffnet ist, gründeten Karmelitermönche.

Infos

Oficina Municipal de Turismo: Plaza Virgen de la Peña 2, 29650 Mijas, Tel. 952 58 90 34, Fax 952 58 90 35, www.mijas-digital.es, Mo–Fr 9–19, im Sommer bis 20, Sa 9–14 Uhr.

Essen & Trinken

Regionale Küche ▶ **El Mirlo Blanco:** Plaza de la Constitución 2, Tel. 952 48 57 00. Hübsches altes Stadthaus mit Terrasse über dem zentralen Platz. Hauptgerichte 10–20 €. Angeschlossen ist ein Hostal.

Aktiv

Eselreiten ▶ **Burros-Taxis:** Plaza Virgen de la Peña, tgl. 10–18, im Sommer bis 22 Uhr. Wer nicht zu Fuß zur Ermita del Calvario steigen möchte, reitet auf dem Rücken eines Esels für 7 € hinauf. Im Eselskarren kann man sich für 14 € herumkutschieren lassen. Die Idee zu dieser außergewöhnlichen Attraktion entstand in den 1960er-Jahren, als frühe Touristen Bauern, die mit ihrem Grautier von der Feldarbeit kamen, baten, für einen Schnappschuss aufsitzen zu dürfen.

Termine

Feria de Mijas: erste Septemberhälfte. Mehrtägiges Patronatsfest mit breitem Kultur-, Musik- und Sportprogramm. Höhepunkte sind der Umzug der Festköniginnen, begleitet von Riesenfiguren und ›Großköpfen‹, sowie die feierliche Prozession zu Ehren der Virgen de la Peña mit den Stadthonoratioren und religiösen Bruderschaften.

Verkehr

Busse: Haltestelle an der Av. de la Peña. Mit *Portillo* nach Fuengirola ca. halbstdl., nach Benalmádena Costa und Torremolinos ca. stdl.

Die klassische Costa del Sol

Auto: Am unteren Ortsrand Parkhaus Virgen de la Peña (ausgeschildert) mit Aufzug zur Plaza de la Peña.

1 Marbella ▶ G 7

Königin Isabella die Katholische soll hier beim Anblick des Meeres ausgerufen haben: »¡Que mar bella!« (Welch schönes Meer!). Zwar geht **Marbella** (125 000 Einw.) in Wirklichkeit auf das arabische Marbiliya zurück. Doch die Lage der Stadt in einer lang gedehnten, gar nicht einmal zu sehr zugebauten Bucht ist wirklich beachtlich. Die schroffe Sierra Blanca bildet eine großartige Kulisse und schützt vor Nordwinden.

Nachdem Prinz Alfons von Hohenlohe 1953 den legendären Marbella-Club gründete – Treffpunkt für Adlige, Industrielle und Filmstars –, prägten lange Zeit Illustriertenberichte über Prominente den Ruf des exklusiven Ferienortes. Inzwischen steht Marbella diesbezüglich etwas im Schatten von Mallorca. Als bekannteste Residenten auf Zeit sind noch das Schauspielerehepaar Antonio Banderas und Melanie Griffith verblieben. Sean Connery hingegen soll vor dem Medienrummel die Flucht ergriffen haben.

Promenaden und Strand

Zentrale Anlaufstelle in Marbella ist die kurze, aber mondäne **Avenida del Mar**. Diese autofreie Flanierzone ist zugleich eine Art Freilichtmuseum für moderne Kunst. Salvador Dalí entwarf die zehn großen Bronzefiguren, die in Verona von Bovincini gegossen wurden. Die Avenida trifft auf den von schicken Esslokalen und Cafés gesäumten **Paseo Marítimo**. Ihm ist die äußerst gepflegte **Playa de la Venus** vorgelagert. Sie erstreckt sich zwischen dem Fischereihafen mit der Marina Bajadilla im Osten und dem kleinen Jachthafen des *Club Marítimo* im Westen. Von letzterem aus führt, an der Playa Fontanilla vorbei, der Paseo Marítimo als prächtige Palmenpromenade mit Blick auf Gibraltar weiter die Küste entlang.

Landeinwärts von der Avenida del Mar stellt der **Parque de la Alameda** mit üppiger tropischer Bepflanzung die Verbindung zur Altstadt her. In der Mitte ziert ihn die Fuente Virgen del Rocío, ein kreisrunder Springbrunnen mit Fliesenbildern, die Szenen aus Andalusien zeigen. Bunt gefliest sind auch die hübschen Sitzbänke im Park.

Altstadt

In Marbellas **Casco Antiguo** gibt es noch Winkel mit viel Atmosphäre. Hinter den modernen Häuserfronten an der Küstenstraße verstecken sich schattige, ruhige Gassen, deren Verlauf noch dem des 16. Jh. entspricht, gesäumt von weißen, blumengeschmückten Häusern. Individualurlauber finden in der Altstadt kleine Hostales – für die Costa del Sol eine Ausnahme.

Mit Springbrunnen und Straßencafé bietet die **Plaza de la Victoria** einen schattigen Ort zum Verweilen. Den Mittelpunkt der Altstadt markiert die mit Orangenbäumen bepflanzte und mit Strandkieseln gepflasterte **Plaza de los Naranjos**. Zwischen Blumenbeeten stellen Cafés ihre Tische auf. An der Nordseite des Platzes erhebt sich seit dem 16. Jh. das Rathaus an der Stelle, wo 1485 nach der Reconquista die besiegten Mauren den Stadtschlüssel an die Christen übergaben. Gegenüber grenzt unmittelbar an den ›Orangenplatz‹ die kleinere Plaza Fernando Alcalá mit einem achteckigen Renaissance-Marmorbrunnen von 1604 und der **Ermita Nuestro Señor Santiago**, der ältesten Kirche der Stadt.

Weiter östlich befestigten die Mauren einen Hügel. Große Teile der **Murallas del Castillo Árabe,** der Burgmauer aus dem 9./10. Jh., blieben erhalten und umgeben heute ein kleines Wohnviertel, in dem man Lokale und Boutiquen vergeblich sucht, dafür aber Authentizität findet.

In einem renovierten Renaissancegebäude am Ostrand der Altstadt, im 16. Jh. als Armenhospital errichtet, befindet sich das **Museo del Grabado** mit spanischen Gravuren, Lithografien, Holzschnitten und Radierungen des 20. Jh. Picasso, Miró, Dalí, Tàpies und Chillida sind ebenso vertreten wie weniger bekannte zeitgenössische Künstler. Außerdem wird über die Technik der Gravierkunst

Marbella

Plaza de los Naranjos in Marbella: das Zentrum der Altstadt

informiert (Hospital Bazán, Tel. 952 76 57 41, www.museodelgrabado.com, Di–So im Winter 10–14, 17.30–20.30, im Sommer 10–14, 18–21 Uhr, 3 €).

La Milla de Oro

Westlich der Altstadt von Marbella beginnt ein 7 km langer Küstenstreifen, der als **La Milla de Oro** (›Goldmeile‹) Berühmtheit erlangte, aber auch unter dem Namen **Nueva Andalucía** bekannt ist. Eine nicht gerade finanzschwache Klientel fliegt seit den 1970er-Jahren regelmäßig aus Saudi-Arabien und den angrenzenden Emiraten ein. Diese ›Ölscheichs‹, allen voran König Fahd von Saudi-Arabien, ließen sich hier exotisch anmutende Villen im orientalischen Stil errichten. Dezent verstecken sich die Anwesen hinter Pinien, Palmen und Zypressen. Längst nicht alle Bewohner kommen jedoch aus dem Nahen und Mittleren Osten. Auch mehr oder weniger bekannte Prominenz von anderswo zieht es in die exklusive Idylle.

Wer ein wenig von der eleganten Atmosphäre schnuppern möchte, kann das im Stil eines antiken Tempels gehaltene **Museo Rallí** besuchen. Es zeigt Werke von Salvador Dalí, Aristide Maillol, Max Ernst und Henry Moore sowie die bedeutendste Sammlung lateinamerikanischer Kunst in Europa (Av. Ricardo Soriano, Urb. Coral Beach, Tel. 952 85 79 23, Di–Sa 10–14 Uhr, Fei u. 15.12–15.1. geschl., Eintritt frei).

Puerto Banús

Die ›Goldmeile‹ erstreckt sich bis zum **Puerto Banús,** dem wohl mondänsten Jachthafen Spaniens. Auch hier ist der Baustil orienta-

Die klassische Costa del Sol

lisch angehaucht. Luxusjachten von gewaltigen Dimensionen – der Hubschrauberlandeplatz an Deck ist schon fast selbstverständlich – liegen an den Stegen vertäut. Daneben parken die ausgefallensten Nobelschlitten. In der Shopping- und Restaurantmeile am Kai werden Luxuswaren und Gaumenspezialitäten aller Länder offeriert. Nicht von ungefähr lockt Puerto Banús jedes Jahr 4 Mio. Schaulustige an, die ein wenig Jet-Set-Atmosphäre schnuppern möchten.

San Pedro de Alcántara

Ein sehr traditioneller Ortsteil von Marbella ist der **Barrio del Ingenio,** der Siedlungskern von **San Pedro de Alcántara.** Der Marqués del Duero gründete ihn 1860 als landwirtschaftliche Kolonie und ließ in der Umgebung Zuckerrohr anbauen. Die Verarbeitung erfolgte in einer Zuckermühle, dem *ingenio*, der sich neben der A-7 erhebt. Jetzt ist in dem Gebäude ein Kulturzentrum untergebracht. Rundum scharen sich die Häuser der ehemaligen Landarbeiter. Einige der heutigen Bewohner gingen noch bis vor wenigen Jahren dem Fischfang nach, wie die Wracks einiger Fischerboote an der nahen Mündung des Río Guadaiza bezeugen. Sie dienen einem urigen *chiringuito* als Dekoration.

Der angrenzende Strandabschnitt lädt zu Spaziergängen ein. Ihn umweht noch ein Hauch von Ursprünglichkeit, wenn nicht gerade Saison für Jetskis ist, die ein Verleih in großer Zahl bereithält. Richtung Osten schließt vor einer Villenurbanisation eine Strandzone mit Palmenpromenade an, auf der sich frühmorgens Jogger und Walker ein Stelldichein geben. Mehrere Strandrestaurants servieren Fisch und Meeresfrüchte.

Archäologische Stätten

San Pedro de Alcántara wartet mit drei interessanten Sehenswürdigkeiten aus römischer und frühchristlicher Zeit auf. Da sie auf Privatgrundstücken liegen, können sie nur von Weitem betrachtet werden, wenn man auf eigene Faust unterwegs ist. Prinzipiell veranstaltet die Gemeinde Marbella zwar geführte Exkursionen zu den drei archäologischen Stätten, diese waren aber bei Redaktionsschluss bis auf Weiteres abgesagt (aktuelle Infos unter Tel. 952 78 13 60 oder in den örtlichen Touristenbüros).

Im strandnahen Eukalyptushain östlich der Mündung des Río Guadaiza bei San Pedro de Alcántara, gegenüber der Calpe School, befindet sich die Ruine der frühchristlichen **Basílica Paleocristiana de Vega del Mar** (6. Jh.), die einem westgotischen Fischerdorf als Kirche diente. Eine Besonderheit, die nordafrikanischen Einfluss verrät, sind die zwei Absiden, eine nach Osten und eine nach Westen gerichtet. Das Gelände rundum diente als Friedhof. Rund 200 Steingräber fanden die Archäologen. Außer Mauerresten und zwei Absiden blieben von der Basilika zwei Taufbecken erhalten: ein kreuzförmiges, 1 m tiefes für Erwachsene und ein kleineres für Kinder.

Las Bóvedas (Termas Romanas) sind hohe Gewölbe aus dem 3. Jh., die einen achteckigen zentralen Hof mit angrenzenden Räumlichkeiten überspannen. Entweder handelte es sich um eine riesige Zisterne, die über einen Aquädukt herangeführtes Wasser aufnahm, oder – wegen der architektonischen Ähnlichkeit mit römischen Thermen – um eine öffentliche Badeanstalt. Die archäologische Stätte befindet sich am Strand von San Pedro de Alcántara gleich westlich der Mündung des Río Guadaiza, neben dem Wachturm Torre de las Bóvedas (16. Jh.).

Die **Villa Romana de Río Verde** – eine römische Villa aus dem 1. Jh. – liegt zwischen Marbella und Puerto Banús in der Urbanización Río Verde. Sie blieb von der römischen Siedlung Silniana erhalten. Zum von Säulen umrahmten Innenhof orientierten sich ein Dutzend Räume. Schöne, in Schwarz-Weiß gehaltene Mosaikfußböden sind zu besichtigen. Ihre Motive sind antikes Küchengerät, Szenen aus dem Fischerleben und als I-Tüpfelchen der Kopf einer Medusa, die mit ihren Schlangenhaaren Böses vom Haus fernhalten sollte.

Infos

Oficina de Turismo: Plaza de los Naranjos 1, 29600 Marbella, Tel. 952 82 35 50, Fax 952

Marbella

77 36 21, www.marbella.es. Weitere Filialen an der Glorieta de la Fontanilla (nahe Jachthafen) und in den beiden Eingangstoren der Stadt an der A-7: Arco de Marbella und Arco de San Pedro.

Übernachten

Luxusherberge ▶ Hotel Guadalmina Spa & Golf Resort: San Pedro de Alcántara, A-7 km 168, Tel. 952 88 22 11, Fax 952 88 22 91, www.hotelguadalmina.com. Mit großer Geschichte – in die Gästeliste trugen sich Soraya und Greta Garbo sowie Mitglieder der englischen Königsfamilie ein. Strandnahe Lage, drei eigene Golfplätze. DZ 120–290 €.

Traditionshotel ▶ Hotel El Fuerte: Av. El Fuerte s/n, Tel. 952 86 15 00, Fax 952 82 44 11, www.fuertehoteles.com. Nur durch die Uferpromenade vom Strand getrennt und zugleich in Altstadtnähe. Schöner Garten mit Pool, Beachclub, Fitness, Sauna. DZ 100–200, Suite 184–301 €.

Ruhig ▶ Hostal Enriqueta: Calle Los Caballeros 18, Tel. 952 82 75 52. Hinter der Plaza de los Naranjos in einer Fußgängergasse. Recht große Zimmer, die schönsten weisen zum Innenhof. Öffentliche Tiefgarage in der Nähe. DZ 55–60 €.

Essen & Trinken

Typisch ▶ Buenaventura: Plaza de la Iglesia de la Encarnación 5, Tel. 952 85 80 69, www.demarbella.net, Juli/Aug. nur abends. Altstadthaus mit begrüntem Patio und rustikalem Speiseraum. Die Küche verfeinert regionale Rezepte auf innovative Weise. Hauptgerichte 24–30 €.

Gerühmter Klassiker ▶ Santiago: Paseo Marítimo 5, Tel. 952 77 00 78, www.restaurantesantiago.com, Nov. geschl. An der Strandpromenade mit Schwerpunkt auf Fisch und Meeresfrüchten. Tradition und Moderne sind hier keine Gegensätze. Riesige Weinauswahl. Vorspeisen 15–25, Hauptgerichte 20–30 €.

Einkaufen

Luxuriöse **Geschäfte** warten in der Av. Ricardo Soriano sowie im Puerto Banús auf zahlungskräftige Kundschaft. Für den weniger gut gefüllten Geldbeutel bieten sich nette Boutiquen und Geschenkartikelläden in der Altstadt an, z. B. in der Calle Ancha.

Wochenmärkte mit buntem Angebot, auch an Souvenirs, finden jeweils ca. 9–14 Uhr statt: montags in Marbella (am Fußballstadion), donnerstags in San Pedro Alcántara (Calle Vega del Mar) und samstags in Puerto Banús (hinter dem Casino).

Abends & Nachts

Wer hofft, in Bars und Discos auf Schritt und Tritt Promis zu begegnen, wird meist enttäuscht. Diese verkehren vorwiegend in Clubs, die nur Mitglieder zulassen. Otto Normalverbraucher beginnt den abendlichen Streifzug in den *tascas* der Altstadt und wechselt dann an den Puerto Deportivo oder nach Puerto Banús. Die Namen der angesagten Locations wechseln häufig, aktuelle Infos unter www.guiamarbella.com oder im ›Guía Magazine Día y Noche‹, dem alle zwei Monate erscheinende Heft mit brandneuen Tipps zum Nachtleben, erhältlich in den Tourismusbüros.

Glücksspiel ▶ Casino Marbella: Puerto Banús, A-7 Richtung Algeciras, Hotel H 10 Andalucía Plaza, Tel. 952 81 40 00, www.casinomarbella.com, Eintritt ca. 4 €. An den Automaten geht es ab 12 Uhr zur Sache, an den Spieltischen im Winter ab 19 Uhr, im Sommer ab 21 Uhr.

Flamenco ▶ Tablao Ana María: Plaza Santo Cristo 4/5, Tel. 952 77 56 46, Jan.–Okt. Di–So ab 20.30 Uhr, Eintritt 19 €. Wenn Flamenco an der Costa del Sol, dann bei der spanienweit bekannten Tänzerin Ana María, die ihre Show persönlich leitet. Im landwärtigen Teil der Altstadt. Reservierung obligatorisch.

Nightclub ▶ Olivia Valere: Ctra. de Istán km 0,8, www.oliviavalere.com, tgl. 24–6.30 Uhr, Eintritt Sept.–Juli 30, Aug. 42 €. ›Der‹ Nightclub in Marbella. Hin und wieder werden sogar Mitglieder der spanischen Königsfamilie gesichtet. Wie eine Märchenlandschaft aus 1001 Nacht: mit ›maurischen‹ Tanzpatios, Springbrunnen und schummrigen Barbereichen.

Die klassische Costa del Sol

Prominentenbar ▶ Vanity Club: Camino de la Cruz, Las Lomas, www.vanitymarbella.com, Mo–Sa 22.30–3.30 Uhr. Wunderschöne Bar an der Milla de Oro mit Art-déco-Einrichtung und Pianomusik. Auch hier vertreibt sich schon einmal Prominenz die Nacht.

Aktiv

Baden & Beachen ▶ Der Stadtstrand von Marbella ist sehr gepflegt, aber in der Hochsaison stark frequentiert. Alternativ bieten sich die 1,5 km lange, weniger besuchte **Playa de Casablanca** (vor der Milla de Oro) und die 2 km lange, von Dünen und Pinienhainen gesäumte **Playa Los Monteros** (östlich von Marbella bei der gleichnamigen Urbanisation) an.

Radfahren ▶ Bike Station Marbella: Av. Arias de Velasco 8, Tel. 952 86 18 07, Fax 952 77 64 86. Verleih von Tourenrädern für die Erkundung des Ortes und der Küste (ca. 9 € pro Tag).

Verkehr

Busse: Busbahnhof am Nordrand der Stadt (Av. del Trapiche, Tel. 952 76 44 00), von dort Stadtbus Linie 7 zur Altstadt. *Portillo* fährt ab Marbella mehrmals tgl. u. a. Málaga, Ronda und La Línea (bei Gibraltar) an. Zum Flughafen von Málaga gibt es einen Direkttransfer (Fahrzeit 45 Min., ca. 4 €).

Tren Turístico: Der Minizug verkehrt auf einem Rundkurs zwischen Altstadt, Kongresszentrum und Paseo Marítimo.

Mit dem Auto: Zentral gelegenes Parkhaus unter der Avenida del Mar.

Benahavís ▶ F 7

Oberhalb von San Pedro Alcántara, etwa 7 km von der Küste entfernt, liegt das gepflegte Dorf **Benahavís.** Zu erreichen ist es durch die wildromantische Schlucht **Las Angosturas,** die der Río Guadalmina hier geschaffen hat. Heute befindet sich in fast jedem Haus ein Restaurant, über 30 sind es insgesamt. Sie wirken echt spanisch, sollen aber in den 1980er Jahren von britischen Firmen gegründet worden sein und wenden sich vorwiegend an ein britisches Publikum, das das ›Typische‹ sucht. Insgesamt ist diese Ansammlung von Gourmettempeln eher kurios.

Übernachten

Palastartig ▶ Hotel Amanhavís: Calle Pilar 3, Tel. 952 85 60 26, Fax 952 85 61 51, www.amanhavis.com. Altrosa getünchtes Gebäude, in die Bausubstanz des Bergdorfs perfekt integriert. Originell wie in einer andalusischen Burg eingerichtete Zimmer, z. B. mit Falltür und Fluchttunnel oder als Gemach von Sultan Boabdil. Preisgekröntes Restaurant (Menü ca. 35 €). DZ 100–150 €.

Sierra Blanca und Sierra de las Nieves ▶ F/G 6/7

Erstes Ziel auf dieser Route, die von Marbella nach Ronda führt, ist **Ojén,** ein weißes Dorf, das sich trotz der Nähe zur Costa del Sol einen großen Teil seiner Ursprünglichkeit bewahrt hat. Es gibt einige individuelle Unterkünfte und nette Lokale. Eine Ölmühle aus dem 19. Jh. mit restauriertem Wasserantrieb bildet den attraktiven Rahmen für das **Museo del Molino,** in dem – falls die Mühle nicht sogar in Betrieb ist – ein Video ihre Funktion demonstriert. Zugleich befand sich in dem Gebäude eine Schnapsbrennerei, an die ein Destillierkolben erinnert. Das Museum dient auch als Touristeninformationsstelle (s. u.).

Wanderer finden am südlichen Ortseingang bei der Tankstelle den Einstieg in den **Sendero Ojén-Istán,** einen als PR-A 167 ausgeschilderten, mittelschweren Wanderweg, der in rund 4 Std. 30 Min. nach Istán führt, einem maurisch anmutenden Bergdorf. Rund 650 Höhenmeter sind dabei zu überwinden. Am Ausgangspunkt ist die Route auf einer Infotafel detailliert beschrieben. An- und Abfahrt lassen sich gut per Linienbus realisieren.

Die A-355 führt von Ojén weiter in die **Sierra Blanca** hinauf, zum Puerto de Ojén (580 m). Gleich hinter dem Pass bietet sich nach links ein Abstecher auf der Ma-5300

Sierra Blanca und Sierra de las Nieves

zum 5 km entfernten Hotel **El Refugio de Juanar** an. In dessen waldreicher Umgebung gedeihen unter Kastanien und Igeltannen seltene Orchideenarten. Vielleicht begegnet man sogar Steinböcken, Steinadlern oder Uhus. Beim Hotel wird die Straße zur Piste, die noch etwa 500 m weit befahrbar ist. Dann geht es zu Fuß auf dem weiß-rot markierten Fernwanderweg GR-243 weiter zum 1,5 km entfernten **Mirador** am Puerto de Marbella. Bei günstigen Sichtverhältnissen schweift der Blick von dort bis nach Afrika.

Weiter führt die A-355 nach **Monda**. Seit dem 9. Jh. überragt die **Fortaleza de Al-Mundat** den hübschen Ort. Die Katholischen Könige ließen die Festung 1485 schleifen. Endgültig zerstörten sie maurische Aufständische 1568. In jüngerer Zeit wurden Teile der charmanten Burgruine zu einem Hotel ausgebaut (s. u.).

Infos

Museo del Molino: Calle Charcao, 29610 Ojén, Touristeninformation im Aufbau.
Oficina Municipal de Turismo: 29110 Monda, Ctra. de Guaro La Villa, Tel. 952 45 70 69. An der Zufahrt zum Castillo.

Übernachten

Klassisch-elegant ▶ **Hotel El Castillo de Monda:** El Castillo s/n, Tel. 952 45 71 42, Fax 952 45 73 36, www.castillodemonda.es. In der Burg über dem Ort. Schöne Ausblicke vom Pool mit Sonnenterrasse. Zimmer mit jedem Komfort, z. T. mit Sauna oder Jacuzzi. Andalusisch-mediterrane Küche im vornehmen Restaurant Al-Bacar (Hauptgerichte 18–22 €). DZ 80–200 €.

Einsam im Wald ▶ **Hotel El Refugio de Juanar:** 5 km vom Puer-to de Ojén, Tel. 952 88 10 00, Fax 952 88 10 01, www.juanar.com. Ehemaliges Jagdhaus von König Alfons XIII., dem Großvater des heutigen Königs. Im Zimmer Nr. 3 beendete General Charles de Gaulle 1970 seine Memoiren. Stilvoll eingerichtet, mit Pool. Gutes Restaurant, spezialisiert auf Wildgerichte. DZ 75–120 €.

Ruhiges Landhotel ▶ **Hotel Rural La Hostería de Don José:** Ojén, Paseo del Nacimiento, Tel./Fax 952 88 11 47, www.hdonjose.com. Am oberen Ortsrand mit sechs rustikal eingerichteten Zimmern, davon vier mit großem Südbalkon. DZ 70–80 €.

Aktiv

Abenteuer ▶ **Monte Aventura:** Ojén, Plaza de Andalucía, Tel. 952 88 15 19, www.monteaventura.com. Organisiert Mountainbiketouren, Jeepausflüge und Wanderungen in die Sierra Blanca und Sierra de las Nieves. Eventuell Abholung in verschiedenen Hotels in und bei Marbella.

Wanderungen ▶ Monda eignet sich gut als Standort für Wanderer. Drei beschilderte, einfach zu begehende Wege erschließen südlich des Ortes die Abhänge der Sierra Blanca. Ihr gemeinsamer Ausgangspunkt befindet sich jenseits der A-355 bei der Abfahrt Camino de Alpujarra (ab der zentralen Plaza de la Ermita durch die Calle Hospital zu erreichen). Der PR-A 276 führt zur Fuente de los Morales (hin und zurück ca. 3 Std.), der PR-A 275 zum Höhenrücken Cerro Gordo (hin und zurück etwa 6 Std.). Ein zweieinhalbstündiger Rundweg über den Camino Alto (hoher Weg) ist der PR-A 277.

Verkehr

Busse: Von Ojén nach Marbella fast stdl.

Zur Sierra de las Nieves

Auf der A-366 Richtung Ronda gelangt man zum Badeort **Tolox** (2300 Einw.). Seit 1871 wird außerhalb des Ortes im **Balneario de Fuente Amargosa** der Kurbetrieb kontinuierlich aufrechterhalten (s. u.). In die kürzlich modernisierten Anlagen kommen Kurgäste aus ganz Spanien.

Tolox liegt am Ostrand der **Sierra de las Nieves**, einem recht unwegsamen Gebirge mit schroffen Kalkbergen und tiefen Schluchten. Es gipfelt im Torrecilla (1919 m), wo früher im Winter Schnee (span. *nieve*) gesammelt und in Schächte gepresst wurde. Dort verwandelte er sich in Eis, das während der Sommermonate in den umliegenden Orten verkauft wurde. 1931 wurde dieser Handel endgültig eingestellt. Wegen der vielfältigen

Die klassische Costa del Sol

Flora und Fauna und der noch sehr ursprünglichen Wirtschaftsweise der Bewohner erklärte die UNESCO die Sierra de las Nieves zum Biosphärenreservat. An den Nordhängen gedeihen die berühmten Igeltannen (s. S. 21). Die Tierwelt ähnelt derjenigen der Sierra Blanca. Hinzu kommt der seltene Fischotter.

Besser als von Tolox ist der Naturpark von **Yunquera** aus zugänglich, dem größten Ort in dieser Gegend. Die rund 3300 Einwohner nennen ihre imposante Pfarrkirche Encarnación (16. Jh.) gern voller Stolz *catedral de la sierra*. Ebenfalls ein günstiger Ausgangspunkt ist **El Burgo,** ein eher bäuerlich geprägter Ort mit allerdings guten Übernachtungsmöglichkeiten. Von El Burgo bietet sich die Weiterfahrt nach Ronda (s. S. 146 ff.) an.

Infos
Centro de Iniciativas Turísticas de la Sierra de las Nieves: Calle del Pozo 17, 29410 Yunquera, Tel. 952 48 28 21, Fax 952 48 29 44, www.sierranieves.com. Infos über Zugangsmöglichkeiten zum Biosphärenreservat Sierra de las Nieves, ländliche Unterkünfte u. a.

Übernachten
Herrschaftlich ▶ **Hotel La Casa Grande del Burgo:** El Burgo, Calle Mesones 1, Tel. 952 16 02 32, Fax 952 16 02 52, www.hotellacasagrande.com. Restauriertes altes Herrenhaus. Im Restaurant Fleischspezialitäten der Region (Lamm, Kaninchen u. a.) und leckere hausgemachte Desserts. DZ 53–70 €.
Rustikal mit Stil ▶ **Hotel Posada del Canónigo:** El Burgo, Calle Mesones 24, Tel./Fax 952 16 01 85. Stilvolles Haus aus dem 19. Jh. mit Holz und Naturstein. Landestypische Küche, z. B. Kaninchen mit Thymian oder Fleischbällchen *(albóndigas)* in Mandelsauce. DZ 33–60 €.
Freundlich ▶ **Hostal Asencio:** Yunquera, Calle Mesones 1, Tel. 952 48 27 16. Zentral gelegene Pension mit Restaurant. DZ 37 €.

Aktiv
Kuranwendungen ▶ **Tolox:** Balneario de Fuente Amargosa, Tel. 952 48 70 91, www.balneariodetolox.com, Mai–Okt. Das bitter schmeckende Heilwasser wird insbesondere bei Atemwegserkrankungen inhaliert.

Verkehr
Busse: Sierra de las Nieves, Tel. 952 23 12 00, www.pacopepe.com. Von Málaga nach Ronda über Yunquera und El Burgo 2–3 x tgl.

Estepona ▶ F 7

Zwar hat sich das Profil von **Estepona** (59 000 Einw.) durch den Tourismus gewandelt, doch es geht insgesamt ruhig zu und Urlauber bestimmen selbst in der Hauptsaison nicht völlig das Bild. Die traditionsreiche Siedlung – vermutlich eine phönizische Gründung – blieb sehr lange maurisch. Erst 1457, als Granada den Tribut an Kastilien verweigerte, fiel sie an christliche Truppen. Die **Altstadt** bewahrte ihr arabisches Gepräge mit weißen, kubischen Häusern und schmiedeeisernen Balkonen. Die engen Gassen sind mit

Estepona

Lehmrote Erde, silbergrüne Blätter: Olivenplantagen soweit das Auge reicht

Blumen geschmückt. Im Mittelpunkt des Geschehens steht die hübsche, autofreie **Plaza de las Flores.** Hier konzentrieren sich die Tapabars. Sehenswert ist die Pfarrkirche **Nuestra Señora de los Remedios,** die auf ein Franziskanerkonvent von 1725 zurückgeht. An ihrer Fassade vermischen sich in kurioser Weise Elemente des Rokoko mit denen des lateinamerikanischen Kolonialstils.

Am Hafen

Haupteinnahmequelle von Estepona war bis vor wenigen Jahrzehnten die Fischerei. Immer noch hat sie neben dem Tourismus einige Bedeutung. Im Hafen sind Netze flickende oder ihren Fang anlandende Fischer noch keine folkloristisch anmutende Seltenheit. Jeden Morgen findet eine sehenswerte Fischauktion statt (unbedingt am frühen Morgen vor 7 Uhr kommen). Wie in einem tropischen Park wuchern im Jachthafenbereich die exotischsten Pflanzen.

Der Baustil der Laden- und Restaurantzeile ist – wie so oft an der Costa del Sol – orientalisch inspiriert. Nichtsdestotrotz kann man in einem der Cafés bequem ein englisches oder deutsches Frühstück einnehmen. Zu beiden Seiten des Hafens säumt eine mit Palmen bestandene Promenade (Paseo Marítimo) die **Playa de la Rada.** Vor allem Richtung Osten reihen sich an dem rund 2,5 km langen Strand die Hotels, wobei Luxusherbergen eher weiter außerhalb liegen.

Selwo Aventura

Der weitläufige Wildpark (s. u.) erstreckt sich über mehrere Täler und Bergrücken. Tiere aus fünf Kontinenten leben hier zwischen exotischen Pflanzen in riesigen Gehegen fast wie in freier Wildbahn. So ist beispielsweise die Schlucht der Vögel mit einem Netz überspannt. Per Jeepsafari wird das Gelände erkundet, wobei die Begegnung mit Löwen, Elefanten und Nilpferden recht wahrscheinlich ist. Selbstverständlich ist auch die passende Infrastruktur (Restaurants, Geschäfte usw.) vorhanden, um die rund eine Million jährlichen Besucher zufriedenzustellen.

Die klassische Costa del Sol

Infos

Oficina de Turismo: Av. San Lorenzo 1, 29680 Estepona, Tel. 952 80 20 02, Fax 952 79 21 81, www.infoestepona.com. Do 10 Uhr geführte Touren durch die Altstadt, die Teilnahme ist kostenlos.

Übernachten

Absolute Luxusadresse ▶ **Kempinski Hotel Bahía Estepona:** Ctra. de Cádiz km 159, Bahía El Padrón, Tel. 952 80 95 00, Fax 952 80 95 50, www.kempinski-spain.com. Umgeben von einer weitläufigen Garten- und Poollandschaft. Drei Restaurants, drei Bars, großer Wellnessbereich und vieles mehr. Die Zimmer des 5-Sterne-Hotels sind teilweise klassisch, teilweise modern eingerichtet. DZ 170–400 €, über Veranstalter günstiger.

Zentral gelegen ▶ **Hotel Buenavista:** Paseo Marítimo 180, Tel. 952 80 01 37, www.buenavistaestepona.com. Mit schönem Blick auf die umtriebige Promenade und aufs Meer. Geräumige, ordentliche Zimmer, es gibt eine Parkgarage (5,50 € pro Tag). DZ 50–80 €.

In einem alten Stadthaus ▶ **Hostal El Pilar:** Plaza de las Flores 10, Tel./Fax 952 80 00 18, www.hostalelpilar.es. Klassisches Hostal, Zimmer einfach, aber mit Bad, einige mit Balkon zum Platz. DZ 36–50 €.

Essen & Trinken

Berühmter Brunch ▶ **El Mirador:** im Kempinski Hotel Bahía Estepona, Tel. 952 80 95 00. An der ganzen Costa del Sol berühmt ist der **Sunday Brunch** (13–16 Uhr) mit Jazz auf der Terrasse. Das Vergnügen kostet mit Cava und Säften ca. 70 € pro Person.

Einkaufen

Wochenmarkt ▶ Jeden Mittwochvormittag wird auf der Avenida Juan Carlos I der bunte **Markt** aufgebaut.

Abends & Nachts

Das eher gesetzte Publikum vergnügt sich abends auf der Plaza de Flores und am Paseo Marítimo.

Gepflegt ▶ **Jazz Pub:** im Hafenturm des Jachthafens, Tel. 952 79 39 26, Mo geschl. Für einen Drink bietet sich die Terrasse des Pubs an. Am Donnerstag und Freitag gibt es dort Livemusik ab 22 Uhr.

Aktiv

Reiten ▶ **Escuela de Arte Ecuestre:** von der A-7 bei km 159 ca. 1 km landeinwärts, Tel. 952 80 80 77, Fax 952 80 80 78, www.escuela-ecuestre.com. Großes Reitsportzentrum. Unterricht für Anfänger und Fortgeschrittene auch in deutscher Sprache.

Wildpark ▶ **Selwo Aventura:** Tel. 902 19 04 82, www.selwo.es, Feb.–Okt. tgl. 10–18 (an Wochenenden z. T. bis 19), Juli/Aug. bis 20, Nov.–Mitte Dez. Fr–So 10–18 Uhr, Erwachsene 24,50, Kinder 17 €. Anfahrt: Von Estepona auf der A-7 ca. 7 km Richtung Marbella, dann 2 km landeinwärts. Linienbus *(Portillo)* nur ab Málaga/Torremolinos/Marbella, von Estepona nur per Taxi. Das Angebot im Wildpark spricht auch Erwachsene an (s. o.).

Verkehr

Busse: Tel. 952 80 02 49. Busbahnhof südwestlich des Stadtzentrums in der Calle San Roque (Durchgangsstraße). Mit *Portillo* mehrmals tgl. nach Marbella, Málaga, Ronda, La Línea (bei Gibraltar).

Im Osten von Los Alcornocales ▶ E 7/8

Karte: S. 123

Die Route führt ins Hinterland der westlichen Costa del Sol, wo es noch recht unbekannte weiße Dörfer zu entdecken gilt. Sie berührt den Naturpark Los Alcornocales, der gute Ausflugs- und Wandermöglichkeiten bietet.

Manilva 1

Authentisch geht es im 2 km von der Küste entfernten, auf einer Anhöhe gelegenen **Manilva** zu, auch wenn in jüngerer Zeit eine verstärkte Bautätigkeit zu verzeichnen ist. Seit ab 1515 die damaligen Feudalherren, die Grafen von Arcos, ausgedehnte Ländereien mit Rebstöcken bepflanzen ließen, prägt der Weinbau den Charakter des Ortes.

Im Osten von Los Alcornocales

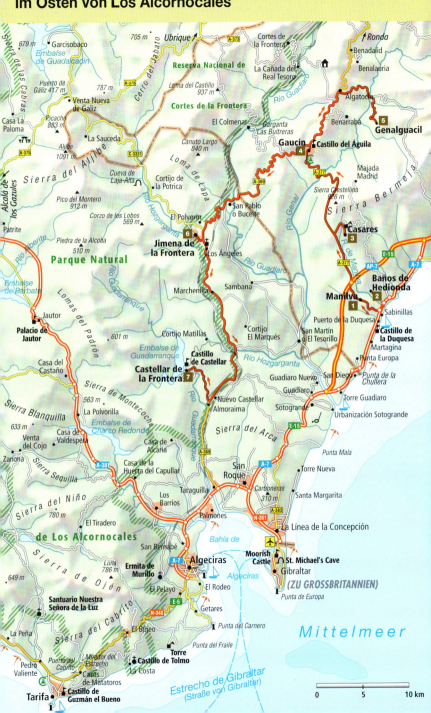

Die klassische Costa del Sol

Zwar gibt es im zur Gemeinde Manilva gehörigen Fischerort **Sabinillas** (auch San Luis de Sabinillas) einen gewissen Tourismus, doch fehlt der Trubel der großen Ferienstädte. Bei Sabinillas liegt der hübsche Jachthafen **Puerto de la Duquesa,** dessen Bebauung im andalusischen Stil gehalten ist – fast eine kleine Stadt für sich mit internationaler Atmosphäre. Den **Castillo de la Duquesa** ließ 1767 ein gewisser Francisco Paulino aus Sevilla auf eigene Kosten errichten. Der Kauf teuren Baumaterials blieb ihm erspart, denn er konnte die Steine einer römischen Villa wiederverwenden, deren Ruine sich zuvor dort befand. Im Gegenzug übertrug ihm der spanische König die Befehlsgewalt über eine Kavalleriekompanie.

Südlich von Manilva befindet sich mit **Sotogrande** Europas vielleicht teuerstes Golf-Resort. Die Zufahrten zu dem exklusiven Ferienort sind durch Schlagbäume und Wachpersonal gesichert. Hier urlauben vorwiegend vermögende Briten.

Infos

Oficina de Turismo: Ctra. Sabinillas–Manilva km 0,2, 29692 Manilva, Tel. 952 89 08 45, www.ayto-manilva.net, www.manilva.es. In einer ländlichen Villa. Mit Ausstellung von Funden aus der Römerzeit.

Übernachten

Überschaubar ▶ **Hotel Doña Luisa:** Calle Duque de Arcos 53, Tel. 952 89 22 50, Fax 952 89 23 01, www.hotelduisa.com. Hübsches Strandhotel 300 m vom Puerto de la Duquesa entfernt. Helle, freundlich eingerichtete Zimmer, die meisten mit Balkon. DZ 58–78 €.

Essen & Trinken

Maritim dekoriert ▶ **Mesón del Castillo:** Plaza Mayor, Castillo de la Duquesa (bei Puerto de la Duquesa), Tel. 952 89 07 66, Mo Ruhetag, im August Di–Fr nur abends, 2. Juni- und 2. Novemberhälfte geschl. Über 100 Jahre altes Traditionslokal in Strandnähe. Fisch aus dem Ofen probieren! Hauptgerichte 13–18 €.

Aktiv

Baden & Beachen ▶ Ein fast noch natürlicher Strand ist die 1 km lange **Playa de Torrecarbonera** südlich von Sotogrande bei der Landspitze Punta Mala. Allerdings gibt es weder Infrastruktur noch Bewachung.

Termine

Fiesta de la Vendimia: 1. Wochenende im Sept. Zum Abschluss der Weinlese wird das Fest für die auswärtigen Erntehelfer organisiert, um sie bis zum nächsten Jahr zu verabschieden. Die Winzer pressen den ersten *vino mosto* (Federweißer), um ihn Freunden und Besuchern zum Kosten anzubieten.

Verkehr

Busse: Mehrmals tgl. mit *Portillo* u. a. nach Estepona, Marbella, Málaga. Haltestelle u. a. am Puerto de la Duquesa.

Ingenio Chico und Baños de la Hedionda

Ein interessanter Ausflug führt in das Tal des Río de Manilva. Die Grafen von Arcos (s. o.) errichteten an dem wasserreichen Fluss zwei Zuckermühlen. Eine davon, der **Ingenio Chico** (17. Jh.), steht noch heute am *camino viejo* (alten Weg) nach Casares, der vom Kreisverkehr an der Flussmündung taleinwärts führt (Schild: *camino*). Über den gut erhaltenen Aquädukt wurde Wasser herangeführt, um das Mahlwerk anzutreiben.

Weiter geht es talaufwärts zu den inmitten fast unberührter Natur gelegenen, ehemals römischen und später von den Mauren erweiterten **Baños de Hedionda 2**. Um das heute noch benutzte Thermalbad zu erreichen, folgt man dort, wo die Asphaltstraße nach links biegt (ca. 4 km ab Küste), einer holprigen Piste noch rund 1 km geradeaus (am besten zu Fuß). Es geht an der einsamen Ermita San Adolfo und einem alten, geschlossenen Kurhaus vorbei und dann auf einem Pfad rechts steil abwärts zur Talsohle, wo das Bad zwischen Johannisbrotbäumen und Schilfrohr eingebettet liegt.

Mehrere schwefel- und eisenhaltige Quellen speisen das von einer Kuppel überwölbte

Im Osten von Los Alcornocales

Casares in der Sierra Bermeja: der Inbegriff eines weißen Dorfes

Becken. Das milchig blaue Wasser riecht zwar nach faulen Eiern, ist aber ganzjährig mindestens 18 °C warm. Julius Caesar, dessen Truppen 61 v. Chr. in der Nähe lagerten, soll persönlich den Bau der Badeanlage in Auftrag gegeben haben, nachdem er in dem Wasser eine Gelbsucht auskurieren konnte. Vor allem aber soll es gut für die Haut sein. Die Leute aus der Umgebung schwören auf folgende preiswerte Schönheitsbehandlung: Nach dem Bad in dem Quellwasser schmieren sie sich von oben bis unten mit nassem Lehm aus dem Bachbett nebenan ein. Dann warten sie, bis der Lehm vollständig getrocknet und rissig ist und waschen ihn durch ein Bad im Fluss wieder ab …

Casares 3

Die kurvenreiche A-377 führt durch Kiefern- und Korkeichenwälder bergauf zum malerisch gelegenen **Casares** (4800 Einw.). Trotz der Nähe zur Costa del Sol machen sich erstaunlich wenige Touristen auf den Weg hierher. Nur zur Feria de Agosto (Jahrmarkt am 1. Augustwochenende) und zur Feria del Cristo (s. u.) kommen Reisebusse. Rund um die **Plaza de España** bildet die barocke **Iglesia de San Sebastián** mit den umliegenden, teilweise noch aus dem 17. Jh. stammenden Häusern ein denkmalgeschütztes Ensemble. Ein nettes Café stellt Tische auf den Platz.

Von der Plaza geht es durch ein anmutiges Gassengewirr aufwärts. Die Häuser schmiegen sich an einen steilen Hügel, den die Ruine des geräumigen **Castillo Árabe** aus dem 13. Jh. krönt. Innerhalb der Burgmauern stehen die **Ermita de la Vera Cruz** und die Ruine der alten **Iglésia de la Encarnación** von 1505. Die neue Kirche gleicher Widmung befindet sich am gegenüberliegenden Talhang.

Termine

Feria del Cristo: ein Wochenende um den 14. Sept. (Fr–So). Alle Bewohner beteiligen sich an traditionellen Gesängen, Tänzen und Spielen.

Die klassische Costa del Sol

Verkehr

Busse: Mit *Portillo* nach Estepona/Manilva 1–3 x tgl.
Mit dem Pkw: Der nicht sehr große Parkplatz bei der Bushaltestelle am Ortseingang ist 500 m von der Plaza de España entfernt. Wenn er besetzt ist, parkt man weiter außerhalb entlang der Zufahrtsstraße.

Gaucín [4]

Kaum weniger pittoresk gelegen ist **Gaucín**, das seine Ursprünglichkeit noch weitgehend bewahrt hat, obwohl sich zu den rund 1900 einheimischen Bewohnern in jüngerer Zeit ca. 370 meist britische Künstler und andere Aussteiger gesellten. Sein goldenes Zeitalter erlebte der Ort im 19. Jh., als er Hauptstadt eines Gerichtsbezirks war, der zahlreiche Siedlungen in der Umgebung umfasste. Bei den Bürgerhäusern aus dieser Zeit fallen die tief heruntergezogenen, vergitterten Erdgeschossfenster mit ihren gefliesten Fensterbrettern auf. Sehr viel betagter, nämlich von 1628, ist die gefasste **Fuente de los 6 Caños** in Rathausnähe. Als Wasserspeier dienen dem Brunnen sechs Fratzen. Er gilt als ältestes christliches Architekturdenkmal in Gaucín.

Am Rand des Dorfes wacht auf einer Felskuppe der **Castillo de Águila** (Adlerburg). Die maurische Festung, heute Ruine, wurde wohl schon Ende des 9. Jh. errichtet. Ihre strategisch bedeutsame Lage auf der Wasserscheide zwischen Río Genal und Río Guadiaro wussten sogar noch die napoleonischen Truppen Anfang des 19. Jh. zu nutzen, die den Castillo zu diesem Zweck renovierten. Nicht nur die alte Kanone am Eingang schaut Richtung Gibraltar, sondern auch der Besucher kann die Sicht dorthin genießen.

Tipp: Miradores

Die A-369 von Gaucín nach Ronda wurde zu einer regelrechten Panoramastraße ausgebaut. Eine Reihe von sorgfältig angelegten Aussichtspunkten *(miradores)* sorgt – über die Strecke verteilt – für immer neue, faszinierende Ausblicke.

Rechter Hand lädt der **Santuario del Santo Niño** (18. Jh.) zu einem Besuch ein. Daneben steht ein Pavillon mit einer Sammlung von Kanonenkugeln. Weiter oben vom höchsten Turm der Burg, bietet sich einer der wohl schönsten Panoramablicke Andalusiens (schwierige Anfahrt, daher besser vom Ortszentrum der Beschilderung zu Fuß folgen, Mi–So 10.30–13.30 sowie im Winter 16–18 bzw. im Sommer 18–20 Uhr).

Ein Abstecher führt zur **Garganta de Las Buitreras,** einer spektakulären Schlucht. Bis zu 90 m tief hat sich der Río Guadiaro hier ins Gestein geschnitten. Die Bahnlinie Ronda–Algeciras folgt dieser Engstelle. Der beste Einstieg befindet sich in **El Colmenar,** der Bahnstation von Gaucín. Wagemutige – gute körperliche Verfassung vorausgesetzt – können von dort talaufwärts, parallel zu den Bahngleisen, die Schlucht erkunden. Achtung: Bei zu erwartendem Hochwasser sollte die Schlucht nicht betreten werden!

Einkaufen

Gebäck ▶ Gaucín ist berühmt für seine leckeren **Mandelschnecken** *(roscos de almendra)*. Sie werden in Konditoreien und Bars im Ort angeboten.

Ökoladen ▶ **Pura Vida:** Calle Convento 166, www.ecotiendapuravida.es, im Sommer Mo/Sa 10–15, Di–Fr 10–15, 17–20 Uhr, im Winter eingeschränkt. Die bunt bestückte Tienda am Ortsausgang Richtung Manilva verkauft Produkte aus biologischer Landwirtschaft, etwa ein sehr gutes Olivenöl. Mit Bar und Internetpoint.

Verkehr

Züge: Linie A 5 Granada–Ronda–Algeciras ca. 4 x tgl.; Bahnhof 14 km vom Ort entfernt in El Colmenar.
Taxi: Tel. 952 15 11 30.
Busse: Von der Zugstation mit *Lara* (Tel. 952 87 22 60) Mo–Fr 1 x tgl. nach Ronda und La Línea. Keine Verbindungen nach Casares.

Genalguacil [5]

Jetzt lohnt ein Abstecher auf landschaftlich besonders reizvoller Strecke über Algatocín in das sehr verschwiegen am Nordabhang der Sierra Bermeja gelegene **Genalguacil** (500 Einw.). Bekannt ist das Bergdorf für den Workshop **Encuentros de Arte,** der seit 1994 jedes Jahr in den ersten zwei Augustwochen stattfindet. Zwölf Bildhauer realisieren dabei rund 150 Projekte im Freien, wobei die Symbiose von Kunst und Kultur im Vordergrund steht. Abends finden während dieser Zeit Konzerte und Theatervorführungen statt. Die meisten Skulpturen verbleiben in Genalguacil und können auch den Rest des Jahres über in den verwinkelten Gassen oder im Dorfmuseum besichtigt werden.

Jimena de la Frontera 6

Die Route folgt nun der A-369 südwestwärts. Nächste Station ist **Jimena de la Frontera**, ein ruhiger, von Korkeichenwäldern, Ölbaumplantagen und Kampfstierweiden umgebener Ort. Der ganze Dorfkern steht unter Denkmalschutz. Überragt wird er von einer maurischen Burgruine (13./14. Jh.), die auf römischen Fundamenten fußt.

Jimena de la Frontera ist eines der Eingangstore zum **Parque Natural de Los Alcornocales** (s. S. 185 ff.). Von hier aus kann man durch wunderschöne Berglandschaft nach **La Sauceda** fahren (s. S. 185).

Der 2 km entfernte Weiler **Los Ángeles,** wo sich die Bahnstation von Jimena de la Frontera befindet, besteht im Wesentlichen aus dem Convento de los Ángeles – einem Kloster von 1860. Die romantische Anlage wird gern von einem älteren Mann aufgeschlossen, der sich meist in der Nähe aufhält (Eintritt frei, Spende wird erwartet).

Schon in der Bronzezeit, vor mindestens 3000 Jahren, war die Gegend bewohnt. Dies bezeugen schematische Zeichnungen in der **Cueva de Laja-Alta,** einer Höhle 9 km nordwestlich des Ortes. Herausragend sind die Darstellungen von Schiffen, die für einen Kontakt der Bewohner mit den damals das Mittelmeer beherrschenden Phöniziern sprechen. Der Punto de Información (s. u.) organisiert eventuell Führungen. Ansonsten ist eine Erkundung – Taschenlampe vorausgesetzt – auch allein möglich. Man fährt Richtung La Sauceda in den Naturpark hinein. Hinter einem Picknickplatz bei einem Bauernhof ist die Höhle links ausgeschildert. Sie liegt jenseits des Río Hozgarganta.

Im Osten von Los Alcornocales

Infos
Punto de Información: in der ehemaligen Iglesia de la Misericordia (15. Jh.), 11330 Jimena de la Frontera, Tel. 956 64 05 69. Der Infopunkt des Naturparks Los Alcornocales gibt Auskünfte über Wanderwege und Unterkünfte.

Übernachten
Viel Charme ▶ **Hostal el Anón:** Calle Consuelo 36, s. o., Tel. 956 64 01 13, Fax 956 64 11 10, www.hostalanon.com. 12 Zimmer und Apartments im Ortskern in zwei benachbarten Häusern mit Patios und weinberankten Terrassen. Die amerikanische Eignerin lebt seit 1977 in Jimena und gibt ihre hervorragenden Kenntnisse der Gegend gern an ihre Gäste weiter. Bar, gutes Restaurant (Menü um 22 €, Mi Ruhetag), Dachterrasse mit Pool. DZ 62, Apartment für Selbstverpfleger 72 €.

Essen & Trinken
Deftig ▶ **El Ventorrillero:** Plaza de la Constitución 2. Im Ortszentrum, auch bei Einheimischen sehr beliebte Fleischküche. Hauptgerichte ca. 8–10 €.

Ordentliche Portionen ▶ **Cuenca:** Av. Los Deportes 21, Tel. 956 64 01 52. Gutes Preis-Leistungs-Verhältnis, viel Publikum aus dem Ort. Hauptgerichte ca. 8–10 €.

Aktiv
Reiten ▶ **Rancho Los Lobos,** 11339-Jimena de la Frontera, Tel. 956 64 04 29, Fax 956 64 11 80, www.rancholoslobos.com. Ausritte in den nahe gelegenen Naturpark unter österreichisch-schweizerischer Leitung. Hierher zieht es vor allem Individualisten. Auch Anfänger werden ins Geländereiten eingewiesen.

Wandern ▶ Direkten Zugang zum Naturpark Los Alcornocales bietet von Jimena de la Frontera aus ein 4 km langer Wanderweg durch das Flussbett des **Río Hozgarganta.** Der Ausgangspunkt (Schild: *Sendero Río*

Die klassische Costa del Sol

Hozgarganta) befindet sich nördlich des Ortes, kurz vor dem Campingplatz Los Alcornocales. Von dort geht es hinab zum Fluss und links daran entlang talabwärts. Man passiert – von einer Felswand flankiert – zunächst *La Teja,* die Ruine eines Brunnens, aus dem sich die Bevölkerung von Jimena früher mit Trinkwasser versorgte. Bald darauf zweigt links die *Vereda de la Encubierta* ab, ein Pfad, der zum Ort hinaufführt. Es bietet sich aber an, weiterhin dem Flussbett zu folgen, an einigen traditionellen *huertas* (Gemüse- und Obstgärten) vorbei bis zum alten Kanal der ehemaligen königlichen Artilleriefabrik von 1780. Sein Wasser trieb die Blasebälge zum Anfachen des Schmiedefeuers an. Der Kanal endet bei einer Wassermühle, von der aus es auf einem schmalen Weg aufwärts bis zum Südrand von Jimena geht.

Verkehr
Züge: Linie A 5 Granada–Ronda–Algeciras ca. 4 x tgl.; Bahnhof 2 km vom Ort entfernt in Los Ángeles.
Busse: Mit *Comes* ab Zugstation 3 x tgl. nach Algeciras, Mo–Fr 1 x tgl. nach Ronda/La Línea.

Castellar de la Frontera 7
Die ursprünglichen Bewohner haben das exponiert gelegene Bergdorf **Castellar de la Frontera** in den 1970er-Jahren verlassen und leben inzwischen weiter unten im Tal in Nuevo Castellar, wo es zwar kein besonderes Flair, dafür aber Neubauten, elektrisches Licht und bequem zu bewältigende Wege gibt. Oben im alten Dorf hat sich daraufhin eine bunte Gemeinschaft von rund 200 Aussteigern gebildet und eingerichtet. Viele von ihnen sind Deutsche.

Eine schmale Nebenstraße (Schild: *Castillo de Castellar*) führt durch Korkeichen- und Eukalyptuspflanzungen hinauf. Der Mauerring aus arabischer Zeit (12. Jh.) umgibt den Ort noch heute. Ein Spaziergang durch die Gassen ist äußerst reizvoll. Neben pittoresken Zeugnissen des Verfalls stehen liebevoll renovierte Wohngebäude, geschmückt mit üppiger Blütenpracht. Jetzt wird Castellar de la Frontera auch von der Schickeria entdeckt. Zahlreiche wohlhabende Spanier aus Madrid und anderen Großstädten haben sich bereits eingekauft. Sogar Ex-Regierungschef Felipe González soll hier ein Grundstück besitzen. Der ehemals herrschaftliche Wohnbereich der Burg wird derzeit in ein exklusives Hotel umgewandelt.

Infos
Punto de Información: am Parkplatz bei der Burg, 11350 Castellar de la Frontera, Tel. 956 23 68 87. Infostelle des Naturparks Los Alcornocales.

Übernachten
Einzigartiges Ambiente ▶ **Antigua Casa Convento La Almoraima:** 8 km vom Ort nahe der A-369, Tel. 956 69 30 50, Fax 956 69 32 14, www.la-almoraima.com. Ehemaliges Kloster von 1603 und späterer Jagdsitz der Grafen von Castellar. In einem Park gelegen, umgeben von riesigen Ländereien, die auf einer mehrstündigen Jeep-Exkursion erkundet werden können. Begrünter Patio im einstigen Kreuzgang, elegante Salons. Tennisplatz, Pool. Im Restaurant serviert man schmackhafte Wildspezialitäten, z. B. Hirsch- oder Wildschweingerichte (Abendessen ca. 20 €). Nach Renovierung im Juni 2010 wiedereröffnet. DZ 86–111 €.

Restaurierte Dorfhäuser ▶ **Casas Rurales Castillo de Castellar:** Calle Rosario 3, Tel. 956 23 66 20, Fax 956 23 66 24, www.tugasa.com. Einfacher Zuschnitt und dennoch komfortabel – 11 kleine Häuser für 2–6 Pers. mit Kochgelegenheit innerhalb des ummauerten Altstadtbezirks. Mit dem Restaurant El Aljibe (Hauptgericht um 12 €). Haus für 2 Pers. 70–75 €.

Abends & Nachts
Flamenco ▶ **Peña de Flamenco:** In der Tapabar gegenüber den Casas Rurales zeigen an Sommerwochenenden oft einheimische Flamencotänzer ihr Können.

Aktiv
Wandern ▶ Castellar de la Frontera befindet sich inmitten des **Parque Natural de los Al-**

cornocales. In unmittelbarer Nähe, aber tief unterhalb des Orts, liegt der zu Fuß erreichbare **Stausee Embalse del Guadarranque.** Über weitere Wandermöglichkeiten informiert die Infostelle (s. o.).

Verkehr

Züge: Linie A 5 Granada–Ronda–Algeciras, Bahnhof ca. 7 km vom Ort in Almoraima. Bedarfshaltestelle: Nur 1–2 Züge pro Tag halten, und dies nur, wenn der Kunde vorher am Bahnhof Fahrinteresse anmeldet. Kein Busanschluss nach Castellar de la Frontera.

Gibraltar ▶ E/F 8

Strategisch äußerst günstig liegt der Felsen von Gibraltar auf einer Halbinsel an der Meerenge zwischen Mittelmeer und Atlantik. So war er 711 erster Anlaufpunkt der maurischen Invasion. Guzmán el Bueno eroberte 1309 Gibraltar vorübergehend für Kastilien, doch erst 1462 mussten es die Mauren endgültig verlassen. Kaiser Karl I. ließ den Felsen im 16. Jh. zum Schutz gegen nordafrikanische Seeräuber zur Festung ausbauen. Im Zusammenhang mit dem Spanischen Erbfolgekrieg besetzten die Engländer 1704 Gibraltar. Im Frieden von Utrecht 1713 wurde es ihnen offiziell zugesprochen, ist aber bis heute ein Zankapfel zwischen Spanien und Großbritannien geblieben. Staatschef Franco ließ 1969 den Grenzübergang bei La Línea schließen, der allerdings seit 1982 für Fußgänger und seit 1985 auch für Fahrzeuge wieder geöffnet ist.

Die britische Kronkolonie (oder *dependent territory,* wie sich Gibraltar heute offiziell nennt) dient zwar immer noch als Marine- und Luftwaffenstützpunkt. Allerdings ist gemeinsame Hoheit von Spanien und Großbritannien im Gespräch. Doch bei einem Referendum entschieden sich 2002 über 99 % der Wahlberechtigten für den Verbleib beim Vereinigten Königreich. Sie befürchten die Aufgabe des exklusiven Status als mehrwertsteuerfreie Finanzoase, der Gibraltar als *offshore*-Handelsplatz äußerst attraktiv macht.

Tipp: Trickbetrüger

Vor der Grenze versuchen findige Gauner angebliche Eintrittskarten oder Parkscheine für Gibraltar zu verkaufen. Gerne verwenden sie dafür abgelaufene Lose der spanischen Blindenlotterie Once, die entgegen den Beteuerungen nichts mit dem englischen Wort *once* (einmal) zu tun hat.

Die Angaben zur Anzahl der registrierten Firmen schwanken zwischen 25 000 und 75 000.

Zwar herrscht in Gibraltar nicht Links-, sondern Rechtsverkehr. Ansonsten aber ist die Kronkolonie in geradezu grotesker Weise englisch geprägt, von Doppeldeckerbussen über rote Telefonzellen bis hin zum Pfund als Währung. Die rund 30 000 Gibraltar-Briten stammen nur zum Teil von Engländern ab. Viele leiten ihre Herkunft von Fachkräften für Schiffsreparaturen ab, die von der britischen Marine im 18. Jh. aus Genua angeworben wurden. Außerdem trugen Juden, Maltekten und Portugiesen zu dem Bevölkerungsgemisch bei. Inder betreiben die meisten der allgegenwärtigen Duty-Free-Shops (s. u.). Eine recht große Gruppe stellen die marokkanischen Gastarbeiter dar, die meist nur mit befristeten Arbeitsverträgen ausgestattet sind. Auch viele Spanier pendeln zur Arbeit nach Gibraltar.

Offizielle Amtssprache ist Englisch. Gesprochen wird hingegen oft *llanito* (oder *yanito),* eine eigentümliche Mischung aus Spanisch und Englisch mit einem unverwechselbaren Singsang. Typisch ist das unvermittelte Umschalten von Englisch auf Spanisch oder umgekehrt, oft im selben Satz.

North Town

Die City am westlichen Fuß des Felsens ist zweigeteilt. Geschäfts- und Bankenzentrum, in dem es auch die meisten Restaurants und Pubs gibt, ist die **North Town,** an die unmittelbar westlich der ausgedehnte Hafenbereich grenzt. Die meisten Duty-Free-Shops (s. u.) befinden sich gleich am Beginn

Die klassische Costa del Sol

dieses Stadtviertels, am **Grand Casemates Square**. Entlang der **Main Street** reihen sich Geschäfte mit englischen Lebensmitteln und anderen Waren von der Insel. Dort liegen auch drei wichtige Sehenswürdigkeiten: Die **Catholic Cathedral of Saint Mary the Crowned** war in maurischer Zeit Moschee und wurde 1502 von den Spaniern im gotischen Stil zur Kirche umgebaut. Hingegen stammt die zweite große Kirche Gibraltars, die **Anglican Cathedral of the Holy Trinity**, den arabisch anmutenden Hufeisenbögen zum Trotz erst aus englischer Zeit, nämlich von 1821.

Ein ehemaliges Franziskanerkloster von 1531 nutzen die Briten seit 1728 als Sitz des Gouverneurs. Heute residiert hier der von der Bevölkerung gewählte Chief Minister, der den Gouverneur inzwischen ersetzte. Vor der **Governor's Residence The Convent** findet jeden Dienstag um 11 Uhr die traditionelle Wachablösung *(changing of the guards)* statt. New Guard und Old Guard treffen sich im Vorhof und tauschen symbolisch Schlüssel aus, von Marschmusik begleitet.

Das **Gibraltar Museum** dokumentiert die Geschichte des Felsens von der Steinzeit bis heute aus britischer Sicht. Wichtigstes Exponat ist die Nachbildung des Neandertalerschädels, der 1848 an der Nordseite des Felsens gefunden wurde – acht Jahre vor der Entdeckung des namengebenden Knochenfunds im Neandertal bei Düsseldorf. Das Original befindet sich im National History Museum in London. Wie jüngere, erst 2006 bekannt gegebene Funde andeuten, scheint der Neandertaler hier noch vor 28 000 Jahren gelebt zu haben – länger als irgendwo sonst in Europa. Im Untergeschoss des Museums ist eine restaurierte maurische Badeanlage (14. Jh.) zu besichtigen, deren Schönheit hinter den Bädern der Alhambra in Granada kaum zurücksteht (Bomb House Lane, Mo–Fr 10–18, Sa 10–14 Uhr, 2 £).

Die 1816 angelegten **Gibraltar Botanic Gardens** (früher Alameda Gardens) am Südrand der North Town sind eine Oase. Der irische Schriftsteller James Joyce wählte den Garten als einen der Schauplätze seines 1922 erschienenen Romans ›Ulysses‹. Über 600 subtropische Pflanzenarten gedeihen hier. Viele stammen aus dem britischen Commonwealth, insbesondere aus Südafrika und Australien. Schon 1842 legte ein genuesischer Gärtner mit *The Dell* den ältesten Gartenteil im damals aktuellen italienischen Stil an. Anfang des 20. Jh. kamen zwei Springbrunnen und ein Wasserfall mit Goldfischteich hinzu.

Im ehemaligen Gärtnerhaus aus dem 17. Jh., *The Cottage*, ist eine Ausstellung über Botanik und Naturgeschichte Gibraltars zu sehen. *The Nature Shop* verkauft Pflan-

Gibraltar

zen, Samen, Geschenkartikel und Postkarten (Europa Road, tgl. 8 Uhr bis Sonnenuntergang, Eintritt frei). Beim Garten befindet sich die Talstation der **Cable Car** (s. u.).

South Town

Jenseits der Gibraltar Botanic Gardens beginnt die *very british* geprägte **South Town,** ein Villenviertel mit angrenzenden Badestränden südlich des Hafens. Hier legte in der Rosia Bay 1805 die HMS Victory mit den sterblichen Überresten des in der Schlacht von Trafalgar gefallenen Admirals Nelson an. Angeblich wurde die Leiche in einem Rumfass gelagert, um sie zu konservieren. Die genaue Stelle dieser Begebenheit ist heute als **Nelson's Anchorage** zu besichtigen.

Nahebei an der **Napier of Magdala Battery** steht eine der berühmt-berüchtigten 100-Tonnen-Kanonen aus viktorianischer Zeit. Nur zwölf von ihnen wurden 1870 in Newcastle-upon-Tyne gebaut, zwei davon nach Gibraltar geschickt. 35 Mann waren nötig, um so ein Ungetüm zu bedienen, das – einmal mit Hilfe einer Dampfmaschine in Position gebracht – alle vier Minuten einen Schuss abfeuern konnte. Ein Besucherzen-

Vor der Kulisse des Felsens von Gibraltar gehen Fischer seit Jahrhunderten ihrer Arbeit nach

Die klassische Costa del Sol

trum liefert weitere Informationen (Rosia Road, Mo–Sa 9.30–17.15 Uhr, 1 £).

Europa Point

Die Südspitze Gibraltars mit einem sehenswerten **Leuchtturm** von 1841 – ähnliche Exemplare, die als Trinity House Lighthouses bekannt sind, gibt es ansonsten nur im Vereinigten Königreich selbst – ist auf einer 5 km langen, kurvenreichen Panoramastraße zu erreichen. Von der Aussichtsterrasse wirkt Afrika zum Greifen nah.

In der Nähe des Europa Point steht die Seefahrerkapelle **Shrine of Our Lady of Europe.** Sie ging 1462 nach der Reconquista aus einer Moschee hervor. Seither brennt stets ein Licht in einem Turm über der Kapelle – einem Vorläufer des heutigen Leuchtturms. Außer zahlreichen Votivgaben der Seeleute birgt das Gotteshaus eine hoch verehrte Madonnenfigur, die wie durch ein Wunder verschont blieb, als der berüchtigte türkisch-algerische Pirat Barbarossa die Landspitze im 16. Jh. überfiel und plünderte (Mo–Fr 10–13, 14–19, Sa/So 11–13, 14–19 Uhr).

Nicht weit davon erhebt sich seit 1997 die **Moschee Ibrahim-al-Ibrahim.** König Fahd von Saudi-Arabien gab sie in Auftrag, um die Seelsorge für die zahlreichen marokkanischen Gastarbeiter in Gibraltar sicherzustellen. Sie gilt als größte Moschee in einem nichtislamischen Land.

Upper Rock Nature Reserve

Der obere Teil des Felsens steht unter Naturschutz. Unter den 530 Pflanzenarten, die hier gezählt wurden, befinden sich etliche Endemiten. Hauptblütezeit ist März bis Mai. Auch ist The Rock Rastplatz für zahlreiche Zugvögel auf ihrem Weg. Die meisten Besucher kommen allerdings wegen der *attractions* (Sehenswürdigkeiten), die im Rahmen der einundhalbstündigen Official Rock Tour von Sammeltaxis (7 £ pro Person ohne Eintrittsgebühren, s. u.) angefahren werden. Manche Punkte sind bei dieser Tour Pflichtstationen (s. u.), andere können zusätzlich angefahren werden. Die Rundfahrt lässt sich auch mit dem Privat-Pkw durchführen. So oder so werden bei der Einfahrt in das Naturreservat pro Person 7 £ kassiert (Kinder 4, Auto 1,50 £).

An der Südflanke des Felsens geht es zunächst zur **Saint Michael's Cave,** einer als Konzert- und Theatersaal eingerichteten Tropfsteinhöhle mit bunt ausgeleuchteten Stalaktiten und Stalagmiten. Früher glaubten die Bewohner von Gibraltar, es gäbe einen geheimen Weg durch die Höhle, der unter der Meerenge hinweg nach Afrika führen sollte (tgl. im Sommer 9.30–19, im Winter 10–17.30 Uhr, 2 £). Auf der Weiterfahrt wird eine Treppe passiert, wo man den mit 426 m **Highest Point** (höchsten Punkt) des Felsens erklimmen kann.

Zweite offizielle Attraktion ist **Apes' Den,** das legendäre Affenlager. Hier leben Berberaffen, eine schwanzlose Makakenart, die wahrscheinlich im 8. Jh. von den Mauren nach Europa gebracht wurde. Die gar nicht scheuen Tiere machen sich an allem zu schaffen, was nicht niet- und nagelfest ist: Autos, Rucksäcke, Kameras … Sie können auch etwas bissig sein, daher ist eine gewisse Vorsicht im Umgang mit ihnen nicht verkehrt. Von den Bewohnern Gibraltars werden die Affen gehätschelt. Solange sie hier leben, so heißt es, bleibt The Rock unter britischer Hoheit. Als der Bestand während des Zweiten Weltkriegs besorgniserregend schrumpfte, ließ Winston Churchill daher weitere Artgenossen aus Marokko importieren. Ein Sergeant des Militärs ist eigens dazu abgestellt, die heute etwa 160 Tiere umfassende Herde zu versorgen. Besucher dürfen übrigens nicht füttern.

Weiter geht es Richtung Norden zu den **Great Siege Tunnels.** Mit dem Graben der komplexen Tunnelanlage – damals noch mit Hilfe von Vorschlaghämmern und Stemm-

Tipp: Telefonnummern

In Gibraltar sind die Telefonnummern achtstellig. Von Spanien aus kann die vierstellige Ziffernkombination 9567 davorgesetzt werden, aus allen anderen Ländern (auch von ausländischen Handys) die Landesvorwahl 003 50.

Gibraltar

Changing of the guards: **In Gibraltar wird die britische Tradition hochgehalten**

eisen – wurde während der großen Belagerung *(The Great Siege)* durch spanische Truppen zwischen 1779 und 1783 begonnen. Stellungen für Kanonen entstanden darin, die Gibraltar praktisch uneinnehmbar machten. Noch im Zweiten Weltkrieg erweiterten die Briten das Tunnelsystem auf jetzt über 70 km Länge. Ein Großteil davon ist gar nicht oder nur im Rahmen einer dreistündigen Gruppenführung (vorherige Anmeldung unter Tel. 558 42) zugänglich. Die meisten Besucher müssen sich auf einen 15-minütigen Fußweg durch den Holyland Tunnel bis zur Ostseite des Felsens beschränken, wo sich ein grandioser Meeresblick ergibt (tgl. 10–17.30, im Sommer bis 19 Uhr, 1 £). Rund um die Great Siege Tunnels lebt ein weitaus größerer Teil der Berberaffen als am Apes' Den.

Vierte und letzte *attraction* ist das **Moorish Castle.** Die Ursprünge der maurischen Burg reichen angeblich bis ins 8. Jh. zurück. Allerdings stammt der heutige Bau vorwiegend von 1333 (zzt. wegen Renovierung geschl.).

Wer The Rock per **Cable Car** (Seilbahn) besichtigt, muss längere Fußwege zurücklegen, um alle Attraktionen zu erleben. Nur der Affenfelsen ist gut zu erreichen. Er liegt gleich südlich der Mittelstation. Dann geht es wei-

Die klassische Costa del Sol

Tipp: Ceuta

Der spanische Militärstützpunkt auf afrikanischem Boden ist zollfreie Zone und bietet günstige Einkaufsmöglichkeiten. Ceuta (▶ F 9) wird von Spaniern gern im Rahmen von Tagesausflügen besucht. Die unmittelbar gegenüber von Gibraltar gelegene Halbinsel wurde 1415 zunächst von den Portugiesen besetzt, kam aber im 16. Jh. zu Spanien. Das Stadtbild ist europäisch, gegenüber Marokko ist Ceuta durch einen Gürtel von Stacheldrahtzäunen abgeschottet. Über örtliche Reiseleitungen und Reisebüros können organisierte Tagesausflüge nach Ceuta in Kombination mit der benachbarten marokkanischen Stadt Tétouan gebucht werden, einem bunten Handelszentrum mit großem Souk.

ter zur 395 m hoch gelegenen Bergstation, wo ebenfalls einige Makaken leben. Ein Self-Service-Restaurant glänzt dort mit einem schönen Afrika-Blick (Auffahrt: Mo–Sa 9.30–16.15, im Sommer bis 17.15 Uhr, z. T. auch So, letzte Abfahrt jeweils 30 Min. später, Rückfahrticket 9 £, hinzu kommt der Eintritt in das Naturreservat, s. o.).

Infos

Tourist Information Office: Grand Casemates Square, Gibraltar, Tel. 200 749 82, Fax 200 749 43, www.gibraltar.gi.

Gibraltar-Führer: Die Broschüre ›Guided Tour of Gibraltar‹ von T. J. Finlayson gibt in englischer Sprache detaillierte Infos zu den Sehenswürdigkeiten der Kronkolonie. Für 2 £ im Gibraltar Museum erhältlich.

Übernachten

... in Gibraltar:
Zum Relaxen ▶ **Bristol Hotel:** Cathedral Square 10, Tel. 200 768 00, Fax 200 776 13, www.bristolhotel.gi. Zentral in geschmackvollem Kolonialstilgebäude, mit subtropischem Garten und Pool. Komfortable Zimmer, Snackbar, Parkmöglichkeit. DZ 84–89 £.
Very british ▶ **Cannon Hotel:** Cannon Lane 9, Tel. 200 517 11, Fax 200 517 89, www.cannonhotel.gi. Schlichtes altes Stadthaus. Restaurant/Bar im hübschen Innenhof. Kleine, aber nette Zimmer, nur z. T. mit eigenem Bad. Englisch Breakfast! DZ 40–49 £.

... in La Línea:
Stylish ▶ **Hotel AC La Línea:** Calle Los Caireles 2, Tel. 956 17 55 66, Fax 956 17 15 63, www.ac-hotels.com. Modernes, komfortables Haus, Pool, Parkgarage. Im Restaurant wird Wert auf die Verwendung regionaler Produkte und von Fischen aus örtlichem Fang gelegt. DZ 56–138 €.

Essen & Trinken

In Gibraltar isst man selbstverständlich *fish'n'chips*. Den englischen Klassiker servieren zahlreiche Pubs in der North Town. Das passende Getränk dazu ist *ale* vom Fass.

Einkaufen

Etwa 6 Mio. – vorwiegend spanische – Touristen zieht es jedes Jahr v. a. wegen der Duty-Free-Shops in die Steueroase. Unterhaltungselektronik, Uhren und Kameras sind – obwohl keine Mehrwertsteuer erhoben wird – nicht immer wirkliche Schnäppchen. Wer hier einkauft, sollte die Preise genau kennen. Außerdem erhält man oft keine Garantie und Elektronikartikel entsprechen häufig nicht den deutschen Sicherheitsbestimmungen.

Offizielle Währung ist das Gibraltar-Pound. Dessen Kurs entspricht dem des britischen, es kann allerdings außerhalb von Gibraltar kaum rückgetauscht werden. Daher empfiehlt es sich – was fast überall möglich ist –, in Euro zu zahlen, auch wenn Geschäfte einen etwas ungünstigeren Kurs berechnen. Der Wechselkurs ist Schwankungen unterworfen (Stand Frühjahr 2010: 1 £ = 1,13 €, 1 € = 0,90 £). Öffnungszeiten der Geschäfte: meist Mo–Fr 9–19.30, Sa 9–13 Uhr, z. T. auch So. Bei der Rückreise nach Spanien gelten am Zoll die internationalen Freigrenzen für Nicht-EU-Länder (200 Zigaretten oder 50 Zigarren oder 250 g Tabak, 2 l Wein und 1 l Spirituosen mit über 22 Vol.-% Alkoholgehalt pro Person ab 15 bzw. 17 Jahren, 500 g Kaffee, 60 ml Parfum, Geschenke im Wert bis zu 175 €).

Feine Glaswaren ▸ Crystal Glass Factory: Grand Casemates Square. Herstellung und Verkauf. Besucher können den Produktionsprozess verfolgen.

Aktiv

Delfinbeobachtung ▸ Zum **Dolphin Watching** in der Meerenge starten am Hafen mehrere Anbieter (z. B. The Original Dolphin Safari, Marina Bay, Tel. 200 719 14, www.dolphinsafari.gi). Im Sommer (April–Sept.) fährt jedes Boot tgl. 2–3 x aus, im Winter meist nur 1 x. Die Begegnung mit Delfinen gilt als fast sicher, manchmal werden auch Wale gesichtet. Dauer der Fahrten ca. 2,5 Std., pro Person 25, Kinder 15 £.

Verkehr

Flüge: Nach London mit easyjet, www.easyjet.com, nach London oder Manchester mit Monarch Airlines, www.flights.monarch.co.uk. Oneway nach London ab ca. 50 £. Büros am Flughafen.

Busse: Nach La Línea (Busbahnhof Pol. San Felipe, Tel. 956 17 00 93) jeweils mehrmals täglich mit *Portillo* von Málaga und den Orten der südlichen Costa del Sol, mit *Comes* von Tarifa und Cádiz. Von dort zu Fuß über die Grenze, wo Stadtbusse starten: Linie 9 zum Market Place (alle 10–30 Min.), Linie 3 über Cathedral Square und Cable Car bis Europa Point (alle 15–30 Min.). Vom Stadtzentrum fährt Linie 4 alle 20–45 Min. zur Rosia Bay.

Fähre: Nur 1 x wöchentl. (Fr 6 Uhr) startet eine Autofähre nach Tanger. Tickets: Turner & Co, Irish Town 65, Tel. 783 05. Vorausbuchung empfiehlt sich.

Mit dem eigenen Auto: Die grüne Versicherungskarte ist Pflicht. Parkplätze sind in Gibraltar knapp und teuer. Außerdem kann die Wartezeit bei der Einreise und vor allem bei der Rückreise per Pkw nach Spanien wegen eingehender Kontrollen insbesondere im Sommer bis zu drei Stunden betragen. Spanische Mietwagenfirmen schließen in ihren Verträgen in der Regel die Fahrt nach Gibraltar aus. Daher lassen die meisten Besucher das Auto in einer Tiefgarage in La Línea oder auf einem riesigen Parkplatz außerhalb stehen und gehen zu Fuß über die Grenze (Pass oder Personalausweis vorzeigen).

Taxi/zu Fuß: Hinter der Grenze warten Sammeltaxis auf Kundschaft. Sie bieten eine eineinhalbstündige Standard-Rundfahrt (Official Rock Tour) an, die Aussichtspunkte (jeweils kurzer Fotostopp), die Saint Michael's Cave (30 Min. Stopp) und den Apes' Den (10 Min. Stopp) berührt. Anschließend bleibt Zeit für einen Rundgang durch die City mit Einkaufsbummel. Der Rückweg zur Grenze erfolgt per Stadtbus (s. o.) oder zu Fuß (ca. 20 Min.), wobei die Landebahn des Flughafens zu queren ist. (Bei den nur je zwei bis drei Starts und Landungen pro Tag wird die Straße vorübergehend für wenige Minuten gesperrt.)

Algeciras ▸ E 8

Die moderne, von einem Hochhausgürtel und petrochemischen Fabriken umgebene Stadt **Algeciras** (115 000 Einw.) ist durch den wichtigen Fähr- und Handelshafen geprägt. Für Reisende ist sie meist nur Durchgangsstation, um Autofähren nach Tanger oder Ceuta zu besteigen (s. o. und S. 168). Knapp 3,5 Mio. Menschen setzen hier jedes Jahr von und nach Afrika über. Im Sommer handelt es sich vorwiegend um in Europa arbeitende Marokkaner auf Heimaturlaub.

Innenstadt

Weniger bekannt ist, dass Algeciras einiges Sehenswerte bereithält. Nach der Reconquista wurde die Stadt zerstört und erst 1724 von Spaniern wieder besiedelt, die Gibraltar nach der Besetzung durch britische Truppen verlassen hatten. Aus dieser Zeit stammt das

Warnung

Überall in Algeciras bekommt man *chocolate* (Haschisch) angeboten, der Drogenhandel spielt hier in der Hafenstadt eine unrühmliche Rolle. Die Kontrollen der spanischen Polizei sind sehr streng, es drohen hohe Strafen auch auf den Besitz kleiner Mengen.

Die klassische Costa del Sol

Zentrum mit der hübschen, von Palmen beschatteten **Plaza Alta**. Zwei barocke Gotteshäuser stehen sich dort gegenüber: die Pfarrkirche Nuestra Señora de la Palma und die **Capilla Nuestra Señora de Europa**. Letztere hat große symbolische Bedeutung für die Bewohner. In ihr verehren sie das Bild der Muttergottes von Europa, das die Flüchtlinge aus Gibraltar mitbrachten. 1864 wurde die Statue wieder dorthin überführt (s. S. 132). In Algeciras steht heute eine Kopie.

Hier wie im westlich angrenzenden Stadtviertel San Isidro, dessen Gassen weiße, blumengeschmückte Häuser säumen, geht es erstaunlich beschaulich zu. Weiter nördlich in der **Casa Consistorial,** dem alten Rathaus von 1897, wurde 1906 der Vertrag von Algeciras unterschrieben. Damals sicherten sich Frankreich und Spanien gemeinsam die Kontrolle über Marokko, nachdem im Verlauf der vorangegangenen ersten Marokkokrise das Deutsche Reich durch einen persönlichen Besuch Kaiser Wilhelms II. in Tanger versucht hatte, Einfluss in Nordafrika zu gewinnen.

Nicht weit davon sind im **Parque Maria Cristina** Reste einer maurischen Badeanlage zu sehen. Daneben steht die Nachbildung einer *noria,* eines früher von Tieren angetriebenen Schöpfradbrunnens, der das Bad mit Wasser versorgte. Vom Südrand der Gartenanlage erstreckt sich Richtung Meer der **Parque Arqueológico de las Murallas Meriníes.** Ein etwa 200 m langer Abschnitt der Stadtmauer der sogenannten Villa Nueva (Neustadt), die unter maurischer Herrschaft zwischen 1279 und 1285 entstand, wurde hier mitsamt vier Türmen freigelegt. Auch ein Teil des Grabens mit einer Brücke, die zu einem der Tore führte, ist zu sehen.

Schließlich lohnt der **Mercado Ingeniero Torroja** von 1935 im Süden des Zentrums nicht nur wegen des bunten Angebots einen Besuch. Mit ihrer für die damalige Zeit bahnbrechenden, achteckigen Stahlbauweise gilt die von einer riesigen Kuppel überspannte Markthalle als außerordentliches Beispiel für die Verbindung von Architekturkunst und Ingenieurtechnik.

Infos

Oficina de Turismo de la Junta de Andalucía: Calle Juan de la Cierva s/n (am Hafen), 11201 Algeciras, Tel. 956 78 41 31, Fax: 956 78 41 34, www.andalucia.org.

Übernachten

Sehr exklusiv ▶ Hotel Reina Cristina: Paseo de la Conferencia s/n, Tel. 956 60 26 22, Fax 956 60 33 23, www.reinacristina.es. Traditionshaus von 1901 im englischen Stil am Stadtrand, großer Park, Schwimmbad, Tennisplatz. Für Kinder nicht geeignet. DZ 50–100 €.

Ordentlich ▶ Hotel Don Manuel: Calle Segismundo Moret 4, Tel. 956 63 46 06, Fax 956 63 47 16. Kleines Hotel in Hafennähe. DZ 35–50 €.

Verkehr

Züge: Linie A 5 Granada–Ronda–Algeciras ca. 4 x tgl.; Bahnhof an der Calle San Bernardo (in Hafennähe).
Busse: Busbahnhof in der Calle San Bernardo 1 (nahe Bahnhof, Tel. 956 65 34 56). Bisher starten dort nur Busse von *Comes* (Atlantikküste, Sevilla, La Línea). *Portillo* fährt noch ab Calle Virgen del Carmen 15 (Costa del Sol, Granada), *Linesur* ab Calle Virgen del Carmen 31 (Jerez, Sevilla). Beide Gesellschaften sollen in die Calle San Bernardo wechseln. **Europabusse** fahren ab Estación Marítima (Fährterminal am Hafen).
Fähren: Nach Ceuta Schnellfähre mit Autotransport, Fahrzeit 35 Min., pro Person ca. 20, pro Pkw 60–80 €. Nach Tanger Autofähre Fahrzeit 2,5 Std., Schnellfähre 1 Std., je ca. pro Person 25, pro Pkw 60–80 €. Im Sommer jeweils ca. stdl., auch im Winter häufig. Mehrere Fährgesellschaften, Tickets am jeweiligen Hafenschalter oder bei einer der vielen Agenturen in der Avenida La Marina (kein Preisunterschied). Ticketvermittler, die Touristen auf der Straße ansprechen, verlangen hingegen hohe Aufpreise.
Mit dem Auto: Beim Parken in der Hafengegend sollte man unbedingt den Parkplatz im abgeschlossenen Hafengelände oder ein bewachtes Parkhaus aufsuchen.

Antequera, Ronda und weiße Dörfer

In den Jahrhunderten nach der Reconquista entwickelte sich Antequera zu einem wichtigen Handelszentrum. In Ronda wird die maurische Vergangenheit zum Leben erweckt. Prähistorische und antike Stätten laden ebenso wie landschaftliche Besonderheiten zum Besuch ein. Weiße Dörfer, in Andalusien allgegenwärtig, häufen sich in der Sierra de Grazalema, die zudem ein Paradies für Wanderer ist.

Antequera ▶ G 6

Besonders schön zwischen felsigen Hügeln eingebettet liegt die weiße Stadt **Antequera** (44 000 Einw.). Keine hässlichen Hochhausgürtel stören den Anblick. Angeblich sind nirgendwo in Spanien so viele Kirchtürme auf engem Raum vereint wie im historischen Zentrum von Antequera. Tatsächlich werden rund 40 Kirchen gezählt. Dabei wurde die Stadt erst 1410 durch christliche Truppen von den Mauren zurückerobert. Doch ab dem 16. Jh. erlebte sie ein rund 300 Jahre währendes goldenes Zeitalter dank ihrer Lage an der Kreuzung bedeutender Verkehrswege. Kastilische Adlige ließen sich in Antequera nieder, um von hier aus Handel zu treiben. Ihnen folgten die religiösen Orden. So entstand ein reiches architektonisches Erbe an Kirchen, Klöstern und Palästen im Renaissance- und Barockstil. Dennoch liegt Antequera abseits der großen Touristenströme. Besucher erleben also eine erfrischend normale, mittelgroße andalusische Stadt.

Rund um die Alcazaba

Auf einem Hügel am Südrand der Stadt erhebt sich die **Alcazaba** mit großteils noch aus arabischer Zeit (14. Jh.) stammenden Mauern. Unter den drei verbliebenen Türmen ist die Torre Blanca besonders bemerkenswert, denn ihr wurde 1582 ein Glockenstuhl aufgesetzt. Vom Inneren der Burg blieb praktisch nichts erhalten, daher wurde es zu einem Park umgestaltet (tagsüber geöffnet, Eintritt frei). Zu erreichen ist der Castillo durch den **Arco de los Gigantes** (Torbogen der Riesen) von 1585, ein 7 m hohes Tor mit dem Stadtwappen, das sich aus einer Vase mit Lilien, der kastilischen Burg und dem Löwen von León zusammensetzt. Von der Burg schweift der Blick nicht nur über Antequera, sondern auch in östlicher Richtung zu einem markanten Felsen: der 874 m hohen **Peña de los Enamorados** (Fels der Verliebten). In maurischer Zeit soll der Legende nach eine Liebesgeschichte zwischen einem jungen Christensklaven und der Tochter seines Herrn hier ihr tragisches Ende gefunden haben. Auf der aussichtslosen Flucht vor dem Vater des Mädchens stürzten sich die beiden eng umschlungen die Steilwand hinab in den Tod.

Zu Füßen der Burg, neben dem Arco de los Gigantes, steht mit der **Real Colegiata Santa María** (16. Jh.) ein architektonisch herausragendes Gotteshaus. Es soll sich um das älteste Renaissancebauwerk Andalusiens handeln, nach italienischen Vorbildern errichtet. Der Bischof von Málaga erteilte den Auftrag, hier ein Stift und eine Grammatikschule einzurichten. Für die monumentale Fassade fanden Quadersteine aus den Ruinen der nahe gelegenen Römerstadt Singilia Verwendung. Die drei Schiffe tragen Mudéjardecken. In den Chorraum fällt relativ viel Licht durch die eleganten Fenster im Floren-

aktiv unterwegs

Rundwanderung im Torcal Alto

Tour-Infos

Start: Parkplatz beim Besucherzentrum
Länge: 1,5 km, Dauer: 1 Std.
Schwierigkeitsgrad: leicht bis mittel
Anfahrt: Auf der A-7075 von Antequera 12 km Richtung Villanueva de la Concepción, dann auf einer asphaltierten Forstpiste (beschildert) noch 3,5 km. Kein Linienbusanschluss. Das Touristenbüro in Antequera vermittelt Taxis, die zum Festpreis von 25 € (inkl. 1 Std. Wartezeit) zum Torcal Alto fahren.
Wichtige Hinweise: Besucherzentrum: Tel. 952 04 21 00, www.juntadeandalucia.es/medioambiente, tgl. 10–17 Uhr, 24. u. 31.12. nur bis 14 Uhr, 25.12. geschl., Eintritt frei, mit Restaurant.

Eine der eindrucksvollsten Karstlandschaften Europas ist das Plateau **El Torcal** mit dem bizarreren, rund 1200 m hoch gelegenen Torcal Alto und dem sanfteren, niedrigeren Torcal Bajo. Der gesamte Felsengarten steht auf 2008 ha Fläche als **Paraje Natural Torcal de Antequera** unter Schutz.

Der markierte, schmale und manchmal rutschige Wanderweg **Ruta Verde** (grüne Route) führt durch das Gesteinslabyrinth des Torcal Alto. Auf kurzer Strecke bietet er Gelegenheit zur Beobachtung aller Tiere, Pflanzen und geologischen Besonderheiten des Gebiets. Von Beginn an beherrschen bizarre Skulpturen die Szenerie. Kräfte der Verwitterung und Erosion meißelten sie aus dem porösen Kalkstein heraus, der hier vor rund 150 Mio. Jahren durch Kalkablagerungen auf dem Meeresboden gebildet und in späterer Zeit tektonisch gehoben wurde.

Charakteristischer Baum in dieser kargen Landschaft ist der aus Mitteleuropa vertraute

Antequera

Eingriffelige Weißdorn *(Crataegus monogyna),* dessen weiße Blüten im April/Mai erscheinen und eine wahre Bienenweide sind. Im Frühherbst hängt er voller roter Früchte, über die sich gerne verschiedene Vogelarten hermachen.

Der Ahorn, dem man im folgenden Wegverlauf begegnet, war in der Vergangenheit mit seinen Blättern und jungen Trieben ein Leckerbissen für das Vieh, das seit dem 19. Jh. in großer Zahl hier gehalten wurde. Weidewirtschaft wie auch Holzkohlegewinnung setzten der Vegetation erheblich zu, bis El Torcal 1989 unter Schutz gestellt wurde. Inzwischen hat sich die reiche Orchideenflora des Gebiets (rund 30 Arten) erholt und im April/Mai blühen Pfingstrosen, Schwertlilien und Narzissen.

An einer Gabelung zweigt rechts die bis hierher parallel verlaufene **Ruta Amarilla** (gelbe Route) ab, die den Torcal Bajo erschließt (Rundweg, 2 Std., Infos im Besucherzentrum). Links geht es auf der Ruta Verde weiter, die jetzt sanft in eine von hohen Felstürmen flankierte Senke hinabzieht. Dort zwitschern Rotkehlchen, Kohlmeise und Rotschwanz um die Wette.

Schließlich fasziniert vor Erreichen des Parkplatzes vom **Mirador Las Ventanillas** der Ausblick bis zur Costa del Sol. Tipp: Wer nicht wandern, sondern sich mit dieser Sicht begnügen möchte, gelangt vom Parkplatz in wenigen Minuten hierher.

Zuletzt sollte man den Besuch des **Centro de Visitantes** nicht versäumen. Interaktiv werden dort geologische Entstehung, Flora und Fauna sowie ethnographische Aspekte des Torcal präsentiert. Außerdem werden Informationen zum Verlauf und Zustand der Wanderwege erteilt.

Achtung: Bei starker Bewölkung lohnt die Auffahrt nicht, denn dann liegt Nebel auf dem Torcal Alto.

tiner Stil. Die Kirche wird heute nicht mehr für Gottesdienste genutzt, sondern für Konzerte und Wechselausstellungen (Di–Fr 10.30–14, 16.30–18.30, im Sommer 20.30–22.30, Sa 10.30–14, So 11.30 14 Uhr).

Museo Municipal

Unter den Adelspalästen von Antequera sticht der **Palacio de Nájera** (18. Jh.) hervor, der am damaligen Marktplatz Coso Viejo errichtet wurde. Er besitzt eine besonders schöne *torre mirador* (Aussichtsturm) im Barockstil. Solche Türme waren in Antequera seit dem 16. Jh. in Mode, damit Geschäftsleute rechtzeitig informiert waren, wenn sich Warentransporte der Stadt näherten. Im Inneren des Palastes besticht der von Arkaden umgebene Patio. Heute ist hier das **Museo Municipal** zu Hause. Wichtigstes Ausstellungsstück ist der Ephebe von Antequera aus dem 1. Jh., eine 1,54 m hohe römische Bronzeskulptur eines Jünglings, nach griechischem Vorbild gestaltet. Epheben wurden in der Antike junge Männer genannt, die eine Militärausbildung durchliefen, um das Bürgerrecht zu erlangen. Eine wertvolle Statue des hl. Franziskus von Assisi schuf Pedro de Mena. Auch die Werke des zeitgenössischen einheimischen Malers Cristóbal Toral (geb. 1940) verdienen Beachtung (Tel. 952 70 40 21, Di 10.30–14, Mi–Fr 10.30–14, 16.30–18.30, im Sommer 20.30–22.30, Sa 10.30–14, So 11.30–14 Uhr, 3,10 €).

2 Dólmenes de Menga, Viera y Romeral ▶ G 6

Die bedeutendsten Zeugen der Megalithkultur in Spanien sind östlich von Antequera zu besichtigen. Ähnlich eindrucksvolle Ganggräber findet man ansonsten nur in der Bretagne und auf den Britischen Inseln. Zwei dieser drei Dolmen stehen als **Yacimiento Arqueológico Dólmenes de Menga y Viera** dicht beieinander an der Avenida de Málaga. Ein großes Besucherzentrum ist dort im Bau. Die oval geformte Grabkammer des **Dólmen de Menga** besitzt mit 27,50 m Länge, 6 m Breite und 2,70 m Höhe majestätische Ausmaße. 15 riesige, leicht schräg gestellte

Antequera, Ronda und weiße Dörfer

Fantastische Kalksteingebilde erwecken die Felskegellandschaft zum Leben

Tragsteine bilden die Seitenwände. In der Mitte stützen drei mächtige Steinpfeiler die Deckplatten aus Kalkstein. Am ersten seitlichen Tragstein links sind Ritzzeichnungen zu erkennen. Archäologen deuten sie als stilisierte menschliche Figuren. Die größte Deckplatte am Ende des Gangs wiegt geschätzte 170 t. Sie wurde um 2500 v. Chr. aus 1 km Entfernung vermutlich mit Hilfe von Baumstämmen herangerollt. Ein Brunnen in diesem Bereich der Kammer mit einem 19,50 m tiefen Schacht wurde erst kürzlich ausgegraben.

Nebenan befindet sich der etwa 500 Jahre jüngere **Dólmen de Viera.** Am Ende seines Eingangskorridors muss man durch einen sogenannten Fensterstein schlüpfen, um in eine enge Kammer zu gelangen. Die einzige, quadratische Deckplatte wird von vier Monolithen gestützt. Nach Fertigstellung bedeckten die prähistorischen Baumeister die Dolmen mit einem flachen Erdhügel (Tumulus). Die Kammern konnten dann nur noch durch schmale Gänge betreten werden.

Das dritte und jüngste Ganggrab, der **Dólmen de El Romeral** entstand um 1800 v. Chr. Die Bautechnik war damals schon deutlich fortgeschritten, wie die sorgfältig aufgeschichteten und mit Lehm verbundenen Steine bezeugen. Er weist das größte Volumen auf, das sich allerdings auf zwei kreisförmige Kammern mit kuppelförmigen Decken verteilt. Die hintere, kleinere birgt einen Steinaltar, auf dem vermutlich Opfer dargebracht wurden.

In allen drei Dolmen wurden zwar Gräber gefunden. Doch ist zu vermuten, dass hier generell nur wenige, hierarchisch hochgestellte Persönlichkeiten beigesetzt wurden. Keinesfalls waren die Dolmen für alle Toten der damaligen Gesellschaft bestimmt. Vielmehr dienten sie wohl auch als Tempel. Zahlreiche Reste von Dörfern aus der Zeit der Megalithkultur konnten in der Umgebung identifiziert werden, die damals offenbar recht dicht besiedelt war (Dólmenes de Menga y Viera: bei einer Repsol-Tankstelle an der Avenida de Málaga, von Antequera aus vor der Umgehungsstraße

Ronda Norte, Tel. 670 94 54 53; Dólmen de El Romeral: der Avenida de Málaga stadtauswärts folgen und hinter einem Industriegebiet an einem Kreisverkehr links auf die Antigua Ctra. N-232 Richtung Córdoba abbiegen, unmittelbar hinter einer Brücke über die Eisenbahn Ausschilderung beachten, Tel. 670 94 54 52, www.dolmendemenga.org, jeweils Di–Sa 9–18, So 9.30– 14.30 Uhr, 1.1., 1.5. u. 25.12. geschl., Eintritt frei).

Infos
Oficina Municipal de Turismo: Plaza San Sebastián 7, 29200 Antequera, Tel./Fax 952 70 25 05, www.antequera.es.

Übernachten
Gut ausgestattet ▶ **Hotel Las Villas de Antikaria:** Av. de la Cruz Blanca 1, Tel. 952 84 48 99, Fax 952 84 56 21, www.hotellasvillas.com. Modernes Hotel mit angenehmem Lesesaal und Café. Im Restaurant (Tagesmenü ca. 14 €) einheimische Spezialitäten. Parkgarage (7 €). Jeweils nur 5 Min. zu Fuß von Bahnhof und Busbahnhof entfernt. DZ 75–86 €.

Im schönen Altstadtviertel ▶ **Hostal Hospedería Coso San Francisco:** Calle Calzada 31, Tel. 952 84 00 14, www.cososanfrancisco.com. Ordentliche Zimmer mit Bad, Restaurant. DZ ca. 30 €.

Essen & Trinken
Kleine Tapabar ▶ **El Angelote:** Plaza Coso Viejo, Tel. 952 70 34 65, Di–So 12–16.30, 20–23.30 Uhr. Günstige Tagesmenüs (außer am So) und gute Fischgerichte. Hauptspeisen 6–15 €.

Andalusische Küche ▶ **La Espuela Centro:** Calle San Agustín 1, Tel. 952 70 30 31, Di–So 13–16, 20–23 Uhr. Klassiker in der Altstadt mit viel einheimischem Publikum. Hauptgerichte 8–12 €.

Verkehr
Züge: Linie A 3b Granada–Sevilla 1 x tgl., Linie A 5 Granada–Ronda ca. 4 x tgl. Am Knotenpunkt Bobadilla (eine Station westlich von Antequera) ist Umsteigen in die Linien A 3a Málaga–Sevilla und A 4 Bobadilla–Córdoba möglich. Bahnhof 1 km nördlich der Stadt (Busanschluss).

Busse: Busbahnhof am Paseo García del Olmo (Tel. 952 84 13 65). Mehrmals tgl. mit *Casado* (Tel. 952 84 19 57) nach Málaga und Bobadilla, mit *Alsina Graells* nach Málaga, Sevilla, Córdoba, Granada.

Tren Turístico-Cultural: Abfahrten Mo–Fr ca. 11, 12, 18, 20 und 22.30 Uhr an der Plaza de Castilla, Tel. 952 70 25 05. Der supermoderne Minizug bewältigt auch enge Gassen und starke Steigungen. So eignet er sich ideal dazu, auf zwei Rundkursen das Stadtzentrum (1 €) oder die Altstadt (4 €) von Antequera kennenzulernen.

Archidona ▶ H 5

Obwohl **Archidona** (8800 Einw.) wenig besucht wird, ist es doch eine Perle unter den andalusischen Kleinstädten. Das historische Zentrum steht in seiner Gesamtheit unter Denkmalschutz. Mit der zentral gelegenen **Plaza Ochavada** besitzt Archidona den wohl einzigen achteckigen Platz Andalusiens und vielleicht sogar ganz Spaniens. 1780 gaben die damaligen Feudalherren, die Herzöge von Osuna, ihn in Auftrag, um ein als unhygienisch geltendes Altstadtviertel zu sanieren. Achteckige Grundrisse waren damals in Frankreich im Rahmen des klassizistischen Baustils gerade in Mode. Den beiden einheimischen Architekten gelang erfolgreich die Umsetzung der Vorgabe *a lo francés* in eine volkstümliche Sprache. Nach Art eines arabischen Patios ist die ansonsten an allen Seiten bebaute Plaza nur durch Torbögen zu betreten. Die verschieden langen Seiten werden von weißen Häusern gesäumt, deren Türen und Fenster von rotem Ziegelmauerwerk umrahmt sind. Cafés stellen auf der Plaza Ochavada Tische ins Freie. In den Gassen nebenan finden sich einige Tapabars.

Ein weiteres bemerkenswertes Baudenkmal ist **La Cilla,** das Zehnthaus. Einziger Schmuck des ansonsten – dem Zweck ent-

Antequera, Ronda und weiße Dörfer

sprechend – sehr schlichten Gebäudes ist das schöne Barockportal (18. Jh.) mit dem Wappen der Herzöge von Osuna. Diese übten bis ins 19. Jh. hinein die Feudalherrschaft über Archidona aus. Im Zehnthaus lagerten sie die Abgaben, die die Bevölkerung in Form von Naturalien (Getreide, Olivenöl usw.) entrichten musste.

Castillo

Malerisch schmiegt sich Archidona an den Hang eines Berges, dessen strategisch günstige Lage schon die Phönizier und Karthager zu schätzen wussten, denn hier verlief der Handelsweg zwischen ihren Hafenstädten Gadir (heute Cádiz) und Cartagena. Auf den Resten der karthagischen Festung errichteten die Araber im 9. Jh. eine **Burg,** von der zwei Verteidigungsringe noch vorhanden sind. Sie sicherten nur die der heutigen Stadt zugewandte Seite des Bergs, denn die andere ist so steil, dass sie als uneinnehmbar galt. 1462 konnten die christlichen Truppen die Burg von Archidona immerhin erst nach zweimonatiger Belagerung stürmen.

Schon die Aussicht ist den Aufstieg wert, der von Osten her durch ein restauriertes maurisches Tor führt. In arabischer Zeit umschlossen die Burgmauern das Wohnhaus des Gouverneurs, eine Zisterne und eine Moschee. Letztere blieb außergewöhnlich gut erhalten. Sie wurde nach der Reconquista in ein Marienheiligtum umgewandelt, den **Santuario Virgen de Grácia.** Königin Isabella die Katholische stiftete das Taufbecken. Die drei älteren, in die Moschee hineingebauten Kirchenschiffe weisen nach Osten. Im 17. Jh. wurden drei weitere Schiffe in Nord-Süd-Richtung hinzugefügt.

Infos

Oficina de Turismo: Plaza Ochavada, 29300 Archidona, Tel. 952 71 64 79.

Übernachten

Im örtlichen Stil ▶ **Hotel Escua:** Ctra. Jeréz– Cartagena km 176, Tel. 952 71 70 21, Fax 952 71 71 42, www.hotelescua.com. Hübscher Komplex etwas außerhalb der Stadt. Zimmer im Landhausstil, gut ausgestattet. Im rustikalen Restaurant saisonal wechselnde Hausmannskost, traditionelle Schmorgerichte (*guisados*) aus dem Holzofen (Halbpensionsmenü 13 €). DZ ca. 60, DZ spezial (mit Salon und Jacuzzi) ca. 98 €.

Verkehr

Züge: Vgl. Antequera. Bahnhof 7 km nördlich der Stadt an der Ma-221 nach Villanueva.

Garganta del Chorro
▶ G 6

Für Kletterer sind die oftmals senkrechten Wände der **Garganta del Chorro** (auch Desfiladero de los Gaitanes genannt) ein Eldorado. Bis zu 400 m tief, 3 km lang und manchmal nur 10 m breit hat sich der Río Guadalhorce hier entlang einer tektonischen Bruchlinie in das Kalkgebirge geschnitten. Spektakulär verläuft die alte Eisenbahnlinie Málaga–Córdoba am Ostrand der unter Naturschutz gestellten Schlucht durch zwölf Tunnel und über sechs Brücken.

Nördlich der Schlucht erhält der Río Guadalhorce Zufluss durch den Río Turón und den Río Guadalteba. Sie wurden zu drei Seen aufgestaut, um die flussabwärts gelegenen Zitruskulturen zu bewässern. Landschaftlich am reizvollsten und zum Baden am besten geeignet ist der südwestliche See **Embalse del Conde de Guadalhorce.** Eine Stichstraße führt von Süden an seinem Ufer entlang, ein riesiges Campinggelände passierend, bis zum großen Damm des Doppelstausees **Embalse de Guadalteba-Guadalhorce.** Unterwegs wird ein Tunnel passiert, vor und hinter dem sich jeweils Parkplätze befinden. Hinter dem zweiten Parkplatz ist die Weiterfahrt Anliegern vorbehalten (Schranke).

Der kleinere, ältere **Embalse Gaitanejo** liegt unterhalb der großen Seen unmittelbar am engen Nordausgang der Garganta del Chorro. Er wird heute nicht mehr gebraucht, ist an den Ufern dicht bewachsen und bietet zahlreichen Pflanzen und Tieren Lebensraum. Hier kreisen oft Gänsegeier und Steinadler.

Garganta del Chorro

Rundweg

Etwa 1 Std. dauert diese leichte Wanderung. Vor dem Tunnel an der Zufahrt zum Staudamm des Embalse de Guadalteba-Guadalhorce (s. o.) läuft man einen Fahrweg rechts aufwärts (Schild: *Desfiladero de los Gaitanes*). An einer Gabelung geht es zunächst links zu einer Aussichtsplattform mit schönem Blick über die Stauseen. Zurück an der Gabelung gelangt man in der anderen Richtung auf dem Sendero de Gaitanejo durch Kiefernwald in knapp 30 Min. zum ehemaligen Wasserkraftwerk am Beginn der Garganta del Chorro. Von hier kann man zwar einen Blick in die Schlucht werfen, aber zurzeit nicht hineinlaufen. Der sogenannte **Caminito del Rey**, ein schwindelerregender Pfad in der Steilwand, führte früher durch die gesamte Schlucht nach Süden und diente den Arbeitern zum Heranschaffen von Baumaterial für das Kraftwerk. Zu dessen Einweihung reiste 1921 König Alfonso XIII. aus Madrid an und soll ein Teilstück des Weges begangen haben. Inzwischen mussten die Behörden den Caminito del Rey wegen Baufälligkeit der Stege und Geländer sperren. Er soll in den kommenden Jahren repariert werden. Solange dies nicht der Fall ist, geht man vom Kraftwerk aus nordwärts auf einem gut ausgebauten Weg am Embalse Gaitanejo entlang, der nach ca. 15 Min. geradeaus in einen Pfad übergeht. Dieser verlässt das Tal ansteigend und führt zurück zum Parkplatz.

Bobastro

Wie ein Adlerhorst sitzt südlich der Garganta del Chorro die sagenumwobene Burg von **Bobastro** auf der Hochebene Mesas de Villaverde. Hier unterhielt von 850 an mehrere Jahrzehnte lang Omar Ben Hafsún sein Hauptquartier, ein Rebellenführer aus westgotischem Geschlecht, dessen Vorfahren zum Islam übergetreten waren. Er selbst blieb diesem Glauben nur in seiner Jugend treu, dann konvertierte er zum Christentum. Von Bobastro ausgehend leitete er einen frühen Versuch der Reconquista ein. Mijas (s. S. 110 f.), wo damals mehr Christen als Mauren lebten, fiel ihm rasch zu. 856 ließ er sich zum König Samuel I. krönen und nannte sein Reich, das er mit der Zeit auf die gesamte Südhälfte Andalusiens ausdehnen konnte, Reino de Mijas. Bemüht, Bündnisse mit christlichen Herrschern in Nordspanien zu schließen, trachtete er danach, das Maurenreich in die Zange zu nehmen. 891 erlitt er allerdings bei dem Versuch Córdoba zu erobern eine entscheidende Niederlage. Erst nach seinem Tod 917 bahnte sich die unumschränkte Herrschaft des Kalifats in Andalusien an.

An der (beschilderten) Zufahrt nach Bobastro weist nach etwa 2,8 km links ein Schild zur **Iglesia Mozárabe,** einer angeblich von Omar Ben Hafsún errichteten, vielleicht aber auch älteren Kirche, in der er zunächst beigesetzt wurde. Abd-ar Rahman I. ließ den Leichnam allerdings exhumieren, nach Córdoba überführen und dort an den Schandpfahl nageln. Eine verwunschene Stimmung liegt über der Kirchenruine, die auf einem knapp 500 m langen Fußweg zu erreichen ist. Ihre drei Schiffe wurden regelrecht aus dem Fels herausgeschnitten und sind durch Hufeisenbögen miteinander verbunden.

Nach weiteren 2,5 km endet die Straße auf dem Gipfelplateau bei einem riesigen Wasserspeicherbecken. Dort steht die Ruine des **Castillo de Bobastro.** Es blieben nur Grundmauern des einstmals mächtigen Alcázar, denn Abd-ar Rahman I. nahm Bobastro 927 ein und befahl den befestigten Herrschersitz zu schleifen. Dennoch lohnt die Auffahrt wegen des Panoramablicks, der über Berge und Täler in die Ferne schweift (in einer Bar bei der Burgruine werden Erfrischungen serviert (Juni–Sept.).

El Chorro

Den winzigen Ort **El Chorro** am Südausgang der Garganta del Chorro, ursprünglich kaum mehr als eine Bahnstation, hat sich das bunte Völkchen der Kletterfreaks zum Standquartier erkoren. Sie quartieren sich oft wochen- oder monatelang in einfachen Herbergen oder auf dem Campingplatz ein, um ihrer Passion zu frönen. Nur im Hochsommer wirkt El Chorro wie ausgestorben, denn dann ist es zu heiß zum Klettern.

Antequera, Ronda und weiße Dörfer

aktiv unterwegs

Birdwatching an der Laguna de Fuente de Piedra

Tour-Infos
Start: Bahnhof von Fuente de Piedra, am Westrand des Orts
Länge: 20 km, Dauer: ein halber Tag
Anfahrt: Per Bus oder Bahn s. S. 141
Wichtige Hinweise: Besucherzentrum: Tel. 952 11 17 15, www.fuentedepiedra.es, Okt.–März tgl. 10–14, 16–18 Uhr, April–Sept. tgl. 10–14, 18–20 Uhr.

Zwischen Januar und Juli halten sich bis zu 40 000 Flamingos in der **Reserva Natural Laguna de Fuente de Piedra** auf, also fast die Hälfte des gesamten Bestands im Mittelmeerraum – Grund genug, das Feuchtgebiet 1983 unter den Schutz der RAMSAR-Konvention zu stellen und 1988 zum speziellen Vogelschutzgebiet zu erklären.

Die Flamingos brüten von März bis Mai, anschließend ziehen sie Tausende von Jungtieren auf. Den Herbst und Frühwinter verbringt ein Großteil der Vögel in Marokko, viele bleiben aber auch das ganze Jahr über in Fuente de Piedra.

Der See ist eingezäunt, sein unmittelbares Ufer darf nicht betreten werden. Es besteht jedoch die Möglichkeit, ihn per Auto, Fahrrad oder zu Fuß (Asphaltstraße) auf der **Ruta del Entorno de la Laguna** zu umrunden, wegen der Sichtverhältnisse am besten gegen den Uhrzeigersinn, und hier und da Beobachtungsstopps einzulegen oder einen Spaziergang zu unternehmen. Beste Tageszeit ist der Vormittag, wenn die Luft noch nicht über dem See flimmert.

Bei **Fuente de Piedra** trifft man am angrenzenden Nordostufer des Sees zunächst auf das 500 m vom Bahnhof entfernte **Centro de Visitantes José Antonio Valverde**. Das Besucherzentrum trägt den Namen eines bekannten spanischen Biologen und aktiven Umweltschützers (1926–2003). Es steht auf dem Cerro del Palo, einem flachen Hügel, der die ansonsten plattebene Landschaft rund um die Laguna de Fuente de Piedra beherrscht. Diese Tatsache wurde genutzt, um den **Mirador del Cerro del Palo** anzulegen, der einen guten Überblick bietet. Allerdings halten sich die Flamingos in diesem Teil der Lagune nur bei hohem Wasserstand auf. Das Zentrum informiert anhand von Schautafeln über Flora und Fauna des Gebiets. Letztere umfasst außer Flamingos weitere Wasservogelarten, etwa Säbelschnäbler, Stelzenläufer oder Rotschenkel. Die Ausstellung widmet sich weiterhin der interessanten, salzliebenden Flora in den Uferzonen und Randbereichen der Lagune und informiert über die enorme ökologische Bedeutung des Feuchtgebiets. Auch ist zu erfahren, wie der Mensch das natürliche Aussehen des Sees in der Vergangenheit veränderte, insbesondere durch die Anlage von Salinenbecken (s. S.145). Außerdem werden im Besucherzentrum Hinweise auf Beobachtungsstellen gegeben, Li-

teratur und Karten verkauft und – gegen Gebühr – Ferngläser verliehen. Das Centro de Visitantes ist von Fuente de Piedra aus auch mit dem Auto zu erreichen (ausgeschildert).

Vom Besucherzentrum ausgehend sind zwei Wege beschildert. Der 500 m lange **Sendero del Laguneto** führt zu einer kleineren Lagune, die ebenfalls Teil des Naturschutzgebietes ist. Vom dortigen Mirador lassen sich Seevögel aus kürzerer Distanz als in der Hauptlagune beobachten. Knapp 3 km lang ist der **Sendero de Las Albinas,** der am Ufer der Laguna de Fuente de Piedra entlang zum **Mirador de la Vicaría** am Nordwestrand verläuft. Hier ergibt sich nicht nur ein weiterer schöner Blick über den See, sondern unterwegs lassen sich auch die typische, Salz liebende Ufervegetation und das angrenzende Tamariskengebüsch genau in Augenschein nehmen.

Die Flamingos bevorzugen allerdings den tieferen Südwestteil des Sees. Wenn man am Westufer entlangfährt, passiert man nach 5 km ab Fuente de Piedra den Gutshof **La Herriza.** Nach weiteren 2 km befindet man sich genau gegenüber der größten Brutkolonie. Hier liegt auf einem flachen, mit Mastiksträuchern bestandenen Rücken der **Mirador Cantarranas** mit Beobachtungshütte.

Weiter geht es zum äußersten Südzipfel des Sees. Dort ist **Las Latas** ausgeschildert, ein 300 m von der Straße entfernter, steiniger Hügel mit Panoramablick über den See. Er darf allerdings nur mit zuvor bei der Umweltbehörde Medio Ambiente eingeholter Genehmigung (Infos im Besucherzentrum) bestiegen werden, da sich das natürliche Steineichengebüsch erholen soll. Im weiteren Verlauf der Umrundung besteht nur noch im Südosten bei ein paar **Ruinen** (ca. 13 km ab Fuente de Piedra) Gelegenheit, zum Seeufer zu laufen. Danach gibt es bis zum Ort keine Zugangsmöglichkeit mehr.

Übernachten
Schöne Lage ▶ **Hotel Mesón La Posada del Conde:** Barriada Conde del Guadalhorce 16–18, Tel. 952 11 28 00, Fax 952 11 28 05. Am Staudamm gelegen, helle, gut ausgestattete Zimmer. Im Restaurant Grillspezialitäten (14–16 €). DZ 70–90 €.

Essen & Trinken
Witzig ▶ **Estación:** El Chorro, Tel. 952 49 50 04. Treffpunkt der Kletterer ist das schattige Terrassenlokal im Bahnhof, auch als Bar Isabel bekannt. Tellergerichte *(platos combinados)* um 4 €. Auch vier einfache Zimmer – ehemalige Bahnarbeiterquartiere – werden vermietet (DZ ca. 24 €).

Aktiv
Wandern & Klettern ▶ **Aventur El Chorro:** nahe Bahnhof, Tel. 952 49 52 18, www.aventuraelchorro.com. Organisiert geführte Wanderungen und Kletterkurse und vermietet Mountainbikes (ca. 2 €/Std.), mit denen sich – gute Kondition vorausgesetzt – die Hochebene zu beiden Seiten der Schlucht erkunden lässt. Mit etwas Glück sind dort Steinböcke zu beobachten.

Verkehr
Züge: In El Chorro hält Linie A 3a Málaga–Sevilla 1–2 x tgl. In Bobadilla (eine Station weiter nördlich) Umsteigemöglichkeiten.

Fuente de Piedra ▶ G 5

Der größte natürliche See Andalusiens, die **Laguna de Fuente de Piedra,** ist zugleich der einzige Binnensee Europas, an dem Flamingos brüten, und neben der französischen Camargue der wichtigste ihrer Brutplätze überhaupt. Dies ist der Tatsache zu verdanken, dass sein Wasser einen hohen Salzgehalt aufweist. Die Hänge herabrinnendes winterliches Regenwasser führt dem See – wenn auch in geringen Mengen – aus dem Gestein gelöste Salze zu. Da er in einer abflusslosen Senke liegt und die Verdunstung den Niederschlag überwiegt, reichert sich das Salz in

Antequera, Ronda und weiße Dörfer

seinem Wasser immer mehr an. So können zwar keine Fische in der Lagune überleben, aber sie ist von kleinen Krebsen und Muscheln bevölkert, die neben Algen und Insekten den Speiseplan der Flamingos bestimmen. Dämme im See, auf denen die Flamingos gern ihre Nester aus Schlamm bauen, teilten früher Salinenbecken ab. Von 1892 bis 1951 wurde hier Salz gewonnen.

Mit den Jahreszeiten und von Jahr zu Jahr schwankt der Wasserstand – den unterschiedlichen Regenmengen entsprechend – sehr stark. Im Winter ist der See bis zu 2 m tief und erreicht mit knapp 7 km Länge und 2,5 km Breite seine größte Ausdehnung. Im Sommer bleibt davon oft nur eine dicke Salzkruste zurück. Um zu verhindern, dass in trockenen Jahren, wie früher oft geschehen, viele junge Flamingos aufgrund von Nahrungsmangel sterben, wird heute bei Bedarf Wasser in die Lagune gepumpt.

Übernachten

Im Kolonialstil ▶ Hotel Fuente Piedra: Av. de Andalucía 1, Tel./Fax 952 73 60 14, 24.12.–7.1. geschl. Wunderschöne Villa (19. Jh.) mit Innenhof, Garten und Pool, schöner Blick auf die Lagune, komfortable Zimmer. DZ 70 €, Suite mit Hydromassage-Bad 120 €.

Pensionscharakter ▶ Hostal La Laguna: Autovía Sevilla–Málaga km 135,4, Tel. 952 73 52 92. Freundliches kleines Haus an der Ausfahrt der Autovía nach Málaga, mit Terrassenrestaurant, Parkplatz vor dem Haus. DZ um 40 €.

Verkehr

Züge: Linie A 4 Bobadilla–Córdoba 2 x tgl. In Bobadilla Umsteigemöglichkeiten. Bahnhof westlich von Fuente de Piedra.
Busse: Von Antequera 4–6 x tgl. mit *Casado* (Tel. 952 84 19 57) nach Fuente de Piedra.

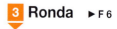
Ronda ▶ F 6

Cityplan: S. 152/153
In Ronda wurde der spanische Stierkampf in seiner heutigen Form erfunden. Schmuggler und Banditen machten einst die Umgebung unsicher. Und Poeten waren berührt von diesem Ort, der sich wie ein gespaltener Amboss über einem Hochplateau erhebt.

Ronda wurde schon von den Phöniziern vor nahezu 3000 Jahren besiedelt. Die Römer nannten den Ort Arunda. Später war die Stadt 770 Jahre lang eine maurische Festung, bis sie 1485 von den Katholischen Königen erobert wurde. Heute hat Ronda ca. 36 000 Einwohner, ist durch seine lange Geschichte reich an Sehenswürdigkeiten und mit Sicherheit einer der Höhepunkte jeder Andalusienreise. In den spanischen Sommerferien schieben sich zahlreiche Tagesausflügler durch die Straßen, die nicht zuletzt wegen der angenehm kühlen Temperaturen gerne nach Ronda kommen. Demgegenüber kann es im Winter aufgrund der Höhenlage (ca. 750 m über dem Meer) empfindlich kalt werden. Gelegentlich fällt sogar Schnee. Die besten Zeiten sind also Frühjahr und Herbst. Wer ein Quartier am Mittelmeer hat, kommt vielleicht für einen Tag. Um alle Sehenswürdigkeiten und auch die Umgebung zu erkunden, bietet sich ein längerer Aufenthalt an.

Stadtbild

Alt- und Neustadt von Ronda trennt ein 160 m tiefer Spalt – **El Tajo.** Tief unten fließt der Río Guadalevín. Der südliche Stadtteil **La Ciudad** entspricht der Altstadt, in der sich Baudenkmäler und Sehenswürdigkeiten konzentrieren. Zentrale Achse ist die Calle Armiñan mit Souvenir- und Antiquitätengeschäften, manche kitschig, einige stilvoll und wieder andere authentisch altmodisch.

Puente Nuevo 1

Die ›neue Brücke‹ ist Wahrzeichen der Stadt und beliebtes Fotomotiv. In jedem Bericht und jeder Reportage über Ronda oder gar Andalusien ist der **Puente Nuevo** zu sehen. Eine Brücke an derselben Stelle aus dem Jahre 1735 hielt nur sechs Jahre, dann brach sie zusammen. 50 Menschen kamen damals ums Leben. Die heutige Konstruktion entstand zwischen 1751 und 1793. Sie ist knapp 100 m hoch und erlaubt beeindruckende Bli-

Ronda

cke in die Tiefe und auf die *casas colgadas* (hängenden Häuser), die abenteuerlich am Rand der Schlucht stehen. Im Raum über dem mittleren Bogen informiert ein kleines Brückenmuseum über den Bau und die Technik (Centro de Interpretación del Puente Nuevo, Mo–Fr 10–18 (Winter) bzw. 10–19 (Sommer), Sa 10–13.45, 15–18, So/Fei 10–15 Uhr, 2 €).

Casa del Rey Moro 2

Die **Casa del Rey Moro** (Haus des Maurenkönigs) – in Wirklichkeit ein großzügiger Palast – geht auf das 11. Jh. zurück. Ein Großteil des restaurierungsbedürftigen Gemäuers stammt allerdings aus dem 18. Jh. Vom Palast führte eine Treppe mit 365 Stufen durch eine Art Stollen (*La Mina*) zum Fluss hinunter. Von dort mussten unter maurischer Herrschaft Christensklaven Wasser in Säcken nach oben tragen. Die Versorgung der Palastbewohner und der Stadt war so auch in Zeiten der Belagerung gewährleistet. Nach der Reconquista schickten die Katholischen Könige als Zeichen des Triumphs die Ketten der befreiten Sklaven in die damalige Hauptstadt Toledo, wo sie noch immer in der Klosterkirche San Juan de los Reyes hängen. Trittsichere Besucher können die heute nur noch ca. 200 Stufen hinabsteigen, um sich einen Eindruck von der Tortur zu verschaffen. Die Räume des Palastes sind nicht zu besichtigen, wohl aber die schönen Gärten, die über mehrere Ebenen hinweg 1912 unter der Leitung des französischen Architekten Nicolas Forestier angelegt wurden (Calle Santo Domingo 9, tgl. 10–19, im Sommer bis 20 Uhr, 4 €).

Palacio del Marqués de Salvatierra 3

Ein typischer Adelspalast aus dem Jahre 1786 ist der **Palacio del Marqués de Salvatierra.** Er kann nur von außen bewundert werden. Das Familienwappen des Markgrafen Salvatierra über dem Portal tragen die Figuren von vier nackten Indios. Zwei davon verstecken ihre Scham, während die beiden anderen dem Betrachter frech die Zunge herausstrecken. Damit wird auf die Rolle der Familie Salvatierra bei der Verwaltung der spanischen Kolonien in Süd- und Mittelamerika angespielt.

Am Fuß von La Ciudad

Weniger spektakulär als die ›neue Brücke‹ führt weitaus tiefer der **Puente Viejo** 4 (alte Brücke) über die Schlucht El Tajo. Er stammt von 1616, wurde aber auf einem maurischen Fundament errichtet. Jenseits schließt ein sehr authentischer Teil des Stadtviertels El Mercadillo (s. u.) an, wo die Einheimischen noch meist unter sich sind. Vom Puente Viejo blickt man auf eine noch weiter unten gelegene Brücke, die zur Zeit der Drucklegung wegen Restaurierungsarbeiten gesperrt war: der **Puente Árabe** 5 (manchmal auch als ›römische Brücke‹ bezeichnet). Die Mauren errichteten ihn im 14. Jh. Der Name deutet aber an, dass hier schon in römischer Zeit eine Brücke den Fluss überspannte.

Vom Puente Viejo führt eine Treppengasse hinab zu den **arabischen Bädern** 6 (13./14. Jh.), den am besten erhaltenen in Spanien. Sie mussten kaum restauriert werden. Mit einem Schöpfrad holten die damaligen Bademeister das Wasser aus dem Fluss und leiteten es in den Heizraum und die Badesäle. Es gab, wie auch schon bei den Römern, drei Bereiche: einen Schwitzraum mit heißem Wasser, einen Kühlraum und einen Erholungsbereich mit gemäßigten Temperaturen (Mo–Fr 10–18, Sa 10–13.45, 15–18 Uhr, So/Fei 10–15 Uhr, 3 €).

Anschließend bietet sich vom Puente Viejo ein Aufstieg zum Puente Nuevo durch die **Jardines Ciudad de Cuenca** 7 an. Auf mehreren Ebenen liegen die Gärten malerisch am Rand der Schlucht (tgl. Sommer 9.30–21.30, Winter 9.30–18.30 Uhr, Eintritt frei).

Casa del Gigante 8

Ein gut erhaltener Wohnpalast der Nazari-Epoche (13.–15. Jh.) ist die **Casa del Gigante.** Sie weist eine Vielzahl arabischer Bauelemente auf: Hufeisenbogen, Stuckdekoration, schön verzierte Holzdecken. Nach seiner Restaurierung ist das Gebäude wieder

Antequera, Ronda und weiße Dörfer

für Besucher geöffnet (Plaza del Gigante, Mo–Fr 10–18, Sa/So/Fei 10–15 Uhr, 2 €).

Schräg gegenüber ist im Stadtpalast Casa del Marqués de Montezuma das **Museo Peinado** 9 untergebracht. Der Maler Joaquín Peinado (1898–1975) wurde in Ronda geboren, verbrachte aber den größten Teil seines Lebens in Paris. In seinem Stil ließ er sich stark von seinem Zeitgenossen Picasso beeinflussen (Plaza del Gigante, Mo–Sa 10–14, 16–19, So 10–14 Uhr, 3 €).

Palacio Mondragón 10 und Museo de Ronda

An der lauschigen, mit Orangenbäumen bepflanzten Plaza Mondragón erhebt sich der wehrhaft wirkende **Palacio Mondragón**. Hier residierten sowohl die maurischen Herrscher aus Granada als auch später die Katholischen Könige.

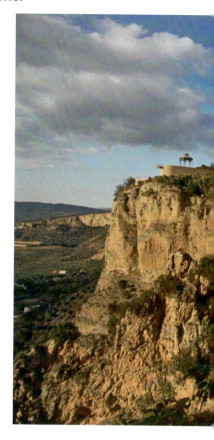

Aufgrund zahlreicher Umbauten hat sich das Bild des Palastes im Laufe der Jahrhunderte stark verändert. Die wuchtige Fassade erhielt er erst im 18. Jh. Seine Ecktürme im Mudéjarstil weisen über dem Dachgesims zwei Zwillingsfenster auf. Wie der Palast in islamischer Zeit ausgesehen hat, lässt sich nur vermuten. Wahrscheinlich kommen die Innenhöfe dem maurischen Original noch am nächsten. Zwar wurden auch sie von den christlichen Herrschern umgestaltet. Die arabischen Elemente sind aber nicht zu übersehen. Der Palast beherbergt heute das sehenswerte Stadtmuseum, das **Museo de Ronda** (Mo–Fr 10–18, Sa 10–13.45, So/Fei 10–15 Uhr, 3 €).

Casa Don Bosco 11

Ein Beispiel für adelige Wohnkultur des 20. Jh. ist die modernistische **Casa Don Bosco**. Die Familie Grandinos hinterließ das Gebäude dem Salesianerorden. Alte und gebrechliche Ordensangehörige bewohnen heute das obere Stockwerk. Sehenswert ist der verspielt angelegte Garten mit herrlicher Aussicht auf die Umgebung von Ronda. Im Inneren sind Möbel und Wandbehänge aus dem 19. Jh. zu bewundern (Calle Tenorio 20, tgl. 10–18 Uhr, 1,20 €).

Museo de Lara 12

Dieses private ethnografische Museum verdankt die Stadt dem Gönner Juan A. Lara Jurado. In einem Stadtpalast aus dem 18. Jh. verteilen sich auf zwei Stockwerke ca. 3000 Exponate: Uhren, antike Waffen, regionale Kunstwerke und Antiquitäten, archäologische Funde, Musikinstrumente. Beim **Museo de Lara** handelt es sich um das größte Privatmuseum Andalusiens. Im Keller ließ der Gründer einen typischen Weinkeller einrichten. Gelegentlich finden hier Flamencoaufführungen statt (Calle Armiñán 29, www.museolara.org, tgl. 11–18 Uhr, 4 €).

Ronda

Die Stadt auf dem gespaltenen Felsplateau:
Nirgendwo gibt sich Andalusien dramatischer als in Ronda

Alminar und Museo del Bandolero

An der Plaza Abul Beka steht der maurische **Alminar** 13 aus dem 14. Jh. Daneben befand sich ehemals eine Moschee, die 1485 zur Kirche San Sebastián umgebaut wurde. Geblieben ist nur das Minarett mit einem maurischen Hufeisenbogen als Eingangstor. Das Innere ist nicht zu besichtigen.

Nicht weit davon liegt das **Museo del Bandolero** 14 (s. Thema S. 150), das sich den berühmten Räubern der Region widmet. Der Besucher gewinnt Einblicke in ihr Leben und kann sich ein Bild von ihrem Aussehen machen (Calle Armiñán 65, tgl. 10.30–18 Uhr, 3 €.

Ayuntamiento und Catedral

Im südlichen Teil der Altstadt steht an der parkähnlichen Plaza de Duquesa de Parcent der **Ayuntamiento** 15 (Rathaus). Nach seiner Errichtung 1734 diente er zunächst als Kaserne. Seinen heutigen Zweck erfüllt das langgestreckte Gebäude erst seit 1978.

Vis-à-vis erhebt sich die Kathedrale **Santa María la Mayor** 16. Ihr auffälligstes Architekturmerkmal ist der Glockenturm, ein ehemaliges Minarett, das ein achteckiger Re-

Antequera, Ronda und weiße Dörfer

Los Bandoleros – Räuber in den Bergen — Thema

Zahlreiche Legenden ranken sich um die Räuber vergangener Jahrhunderte in den Bergen von Ronda und Málaga. Einige erlangten einen Ruf wie der berühmte Robin Hood aus Sherwood Forest. Ihr edler Wahlspruch lautete: Bestehle die Reichen, um die Beute unter den Armen zu verteilen.

Die südspanischen Gebirgszüge waren bis ins 20. Jh. hinein ziemlich unzugänglich und einsam. Für Reisende war ihre Durchquerung gefährlich, denn sie boten den legendären *bandoleros* (Straßenräuber, Banditen) Gelegenheit, dem Wegelagern, Rauben und Schmuggeln ungestört nachzugehen. Die sozialen Gegensätze zwischen den Großgrundbesitzern und der Masse mittelloser Landarbeiter und Tagelöhner trugen dazu bei, dass im ländlichen Andalusien das Räubertum lange Zeit nicht in den Griff zu bekommen war. Bis heute sind die Geschichten darüber in Andalusien beliebt und werden häufig romantisch verklärt. Die Opfer dürften vorwiegend reiche Viehbarone und Handelsreisende gewesen sein, während manche Bande ihre Beute mit der armen Landbevölkerung teilte, die deshalb den Banditen gegenüber recht positiv eingestellt war.

Die *bandoleros* lassen sich nicht einer bestimmten Epoche oder Region zuordnen. Vom 18. bis zum Beginn des 20. Jh. traten sie jedoch gehäuft in der Gegend von Ronda auf. Zu den frühesten überlieferten Namen gehört Diego Mateos, *el bandido generoso* (der edelmütige Bandit). Er wurde 1781 gefangen genommen, gehängt und geviertelt.

Einer der bekanntesten Räuber war José María Hinojosa *(El Tempranillo)*. 1820 beging er mit 15 Jahren einen Ehrenmord, flüchtete in die Sierra Morena und schloss sich der Bande *Siete niños de Écija* (Sieben Jungs von Écija) an. Als 20-Jähriger befehligte er bereits 14 Männer, die Kutschen überfielen und die Reisenden zwangen, Wegezoll zu zahlen. Auf Begehr der Bevölkerung hin tilgte der damalige spanische König seine Verbrechen. Wenig später starb *El Tempranillo* im Alter von 28 Jahren im Streit mit ehemaligen Weggefährten. Zu derselben Bande gehörte auch José Ulloa, genannt *El Tragabuches* (Fötus eines Esels). Den Spitznamen verdankte er der Tatsache, dass sein Großvater einen solchen wegen einer Wette essen musste. In seinem abwechslungsreichen Leben war er zunächst Stierkämpfer und dann – beeinflusst durch seine schöne Frau La Nena, eine Tänzerin – Flamencosänger. Zum *bandolero* wurde er, nachdem er 1814 seine Frau mit ihrem Liebhaber überrascht und diesen ermordet hatte.

Nachdem 1844 die *Guardia Civil* (spanische Gendarmerie) gegründet worden war und sich die Telegrafie allmählich durchsetzte, bahnte sich das Ende der Ära der *bandoleros* an. 1910 überraschte die *Guardia Civil* den Wegelagerer Francisco Ríos González *(El Pernales)* in der Sierra de Alcaraz bei Albacete und erschoss ihn. Francisco Flores Arrocha, der seinen Cousin und dessen Familie wegen Streitigkeiten um ein Stück Land ermordet hatte und anschließend Bandit geworden war, wurde 1932 von der *Guardia Civil* erschlagen. Mit Juan Mingolla *(Pasoslargos)*, der sich jahrzehntelang als Wilddieb betätigt hatte und auf dessen Konto einige Rachemorde gingen, erschossen die Gendarmen 1934 den letzten *bandolero*.

Ronda

naissanceaufsatz krönt. Einige Archäologen vermuten, dass an dieser Stelle schon ein römischer Tempel stand. Gesichert ist, dass die Mauren hier ihre Hauptmoschee errichteten. Von dieser blieb nur eine Gebetsnische mit Hufeisenbogen und Stuckdekorationen erhalten. Gleich nach der Eroberung Rondas 1485 begannen die Christen mit dem Umbau. Die Arbeiten zogen sich bis Ende des 17. Jh. hin, denn ein Erdbeben zerstörte 1580 den halbfertigen Bau. Ihm fielen mit Ausnahme der Säulen und Bögen der Seitenschiffe die meisten gotischen Elemente der Kirche zum Opfer. Das Chorgestühl aus Zedern- und Nussholz wurde im Renaissancestil geschaffen, der prächtige Hauptaltar im Stil des Barock (tgl. 10–18 Uhr, So mittags geschl., www.colegiata.com, 4 €).

Puerta de Almocáber und Iglesia Espíritu Santo

Einlass in die maurische Medina, die heutige Altstadt, gewährte und gewährt bis heute von Süden her die **Puerta de Almocáber** [17] (13. Jh.). Zwei mächtige Rundtürme flankieren das hufeisenförmige Tor. Da es sich seinerzeit um den wichtigsten Eingang zur Stadt handelte, erbauten die Christen gleich nach der Eroberung 1485 unmittelbar dahinter die **Iglesia Espíritu Santo** [18] (Heiliggeistkirche). Die trutzige Kirche wirkt wie ein Mahnmal des Sieges der Christen über die Mauren. Außerhalb der ehemaligen Stadtmauer liegt das Viertel San Francisco. Bars und Cafés bieten sich hier für eine Rast abseits des Rummels an.

El Mercadillo

Jenseits der Schlucht liegt **El Mercadillo,** die Neustadt, die allerdings schon um das Jahr 1500 gegründet wurde. Damals erhoben die Stadtväter Zölle auf alle Waren, die innerhalb der Stadtmauer umgeschlagen wurden. Die Händler verlegten daher ihre Geschäfte nach außerhalb, jenseits von El Tajo. El Mercadillo wartet zwar nicht mit so vielen Sehenswürdigkeiten auf wie La Ciudad, ist aber vielleicht gerade deswegen einen Besuch wert.

Der lebhafteste Teil des Stadtviertels liegt in unmittelbarer Nähe zur Plaza de Toros (s. u.). Vom Puente Viejo bis zur **Carrera Espinel** – der für die Einheimischen wichtigsten Einkaufsstraße – laden zahlreiche Geschäfte, Cafés und Bars zum Schlendern, Stöbern und zur Rast ein. Ein schattiger Park mit Aussichtsterrasse ist die **Alameda del Tajo** [19]. Nordwestlich von dieser steht etwas abseits vom Geschehen in der Calle Jerez 25 das ehrwürdige **Hotel Reina Victoria** [20]. Ende 1912/Anfang 1913 quartierte sich hier Rainer Maria Rilke (1875–1926) für einige Wochen ein und verfasste einen Teil der ›Duineser Elegien‹, seines bedeutendsten Spätwerks. Im Zimmer 208 wird mit einigen Ausstellungsstücken des österreichischen Dichters gedacht (www.hotelhusareinavictoriaronda.com, Besichtigung auf Anfrage).

Plaza de Toros [21]

Die 1785 eingeweihte **Plaza de Toros** (Stierkampfarena) von Ronda ist die älteste ihrer Art in ganz Spanien. Sie fasst 5000 Besucher. Der Kampfplatz hat einen Durchmesser von 66 m. Beim Finale muss der Matador den Stier in die Mitte treiben. Bei dieser Größe gestaltet sich das manchmal recht langwierig. Jüngere Arenen sind daher meistens kleiner.

Stierkampf hat eine lange Tradition in Spanien (s. S. 42). Aber erst im 18. Jh. wurde die Variante zu Fuß – so wie heute betrieben – populär. Zuvor kämpfte man hoch zu Ross. Als Erfinder des Stierkampfes zu Fuß gilt Francisco Romero aus Ronda. Bei der Einweihung der Arena trat sein Enkel Pedro Romero (1754–1839) auf, der als 17-Jähriger seinen ersten Stier getötet hatte. Er perfektionierte den Ablauf des Kampfes. Im Laufe seiner Karriere brachte er es auf über 5000 Stiere. Seinen letzten Auftritt hatte er im Alter von 77 Jahren in Madrid. Sein Regelwerk, die ›Schule von Ronda‹, besitzt heute noch Gültigkeit. Im 20. Jh. brachte die ebenfalls aus Ronda stammende Familie Ordoñez berühmte Stierkämpfer hervor.

Antonio Ordoñez war mit Orson Welles befreundet und auch Ernest Hemingway war von ihm fasziniert. Viele Inspirationen für seinen Roman ›Tod am Nachmittag‹ stammen

Ronda

Sehenswert
1. Puente Nuevo
2. Casa del Rey Moro
3. Palacio del Marqués de Salvatierra
4. Puente Viejo
5. Puente Árabe
6. Baños Árabes
7. Jardines Ciudad de Cuenca
8. Casa del Gigante
9. Museo Peinado
10. Palacio Mondragón/ Museo de Ronda
11. Casa Don Bosco
12. Museo de Lara
13. Alminar
14. Museo del Bandolero
15. Ayuntamiento (Rathaus)
16. Santa María la Mayor
17. Puerta de Almocábar
18. Iglesia Espíritu Santo
19. Alameda del Tajo
20. Hotel Reina Victoria
21. Plaza de Toros

Übernachten
1. Parador de Ronda
2. Hotel San Gabriel
3. Hotel Alavera de los Baños
4. Hotel Don Miguel
5. Hotel Royal
6. Hostal Virgen del Rocio

Essen & Trinken
1. Tragabuches
2. Don Miguel
3. Pedro Romero
4. Doña Pepa
5. Almocábar
6. Hermanos Macías/ Bar de la Verdad

Einkaufen
1. El Pensamiento
2. Calzados La Bomba

Abends & Nachts
1. Siete Copas
2. Sabor Latino
3. Doika

Aktiv
1. Bicicletas Jesús Rosado
2. Pangea Active Nature

---

aus Ronda (Plaza de Toros mit Stierkampfmuseum, Paseo de Blas Infante, tgl. 10–18 Uhr, 6 €).

Infos

Oficina Municipal de Turismo: Paseo de Blas Infante (Nähe Stierkampfarena), 29400 Ronda, Tel. 952 18 71 19, www.turismoderonda.es. Städtisches Tourismusbüro.

Oficina de Turismo: Plaza de España 9, Tel. 952 16 93 11, Fax 952 16 93 14, www.andalucia.org, Sommer Mo–Fr 9–20, Sa/So/Fei 10–14, Winter Mo–Fr 9–19.30, Sa/So/Fei 10–14 Uhr. Informationsstelle der andalusischen Landesregierung.

Übernachten

Herrliche Lage ▶ Parador de Ronda 1: Plaza de España, Tel. 952 87 75 00, Fax 952 87 81 88, www.parador.es. Am Puente Nuevo gelegenes Haus mit schönem Ausblick vom Pool und den meisten Zimmern. Stilvolle, moderne Einrichtung. Restaurant mit andalusischer Küche (Menü 28 €). Gäste-Parkplatz. DZ 150–165 €.

Atmosphärisch ▶ Hotel San Gabriel 2: Calle Marqués de Montezuma 19, Tel. 952 19 03 92, Fax 952 19 01 17, www.hotelsangabriel.com. Stadtpalast (18. Jh.). Die geräumigen Zimmer sind liebevoll mit antiken Möbeln ausgestattet, entsprechen aber modernem Standard (Heizung, Klimaanlage etc.). Eine Besonderheit ist das kleine, niveauvolle Privatkino. DZ 80–103 €.

Maurisches Ambiente ▶ Hotel Alavera de los Baños 3: Hoyo San Miguel, Tel./Fax 952 87 91 43, www.alaveradelosbanos.com. Zehn individuell eingerichtete Zimmer, zwei davon mit privater Terrasse. Schöner Garten, Pool. Im Restaurant gute spanisch-arabische Küche. Unter deutsch-spanischer Leitung. Öffentliche Parkplätze bei den nahe gelegenen arabischen Bädern. DZ mit Terrasse 90–100, ohne Terrasse 80–95 €.

Mit ›Tiefblick‹ ▶ Hotel Don Miguel 4: Calle Villanueva 4/8, Tel. 952 87 77 22, Fax 952 87 83 77, www.dmiguel.com. Schöne Lage an der Schlucht, zu der einige Zimmer orientiert sind. Gutes Restaurant (s. u.), Parkgarage (9 €). DZ 85–100 €.

Moderner Komfort ▶ Hotel Royal 5: Calle Virgen de la Paz 42, Tel. 952 87 11 41, Fax 952 87 81 32, www.ronda.net/usuar/hotel royal. Funktionale Zimmer (Klimaanlage, Heizung, WLAN etc.). Parkplatz vorhanden. DZ ab 46 €.

Kleine Zimmer ▶ Hostal Virgen del Rocio 6: Calle Nueva 18, Tel./Fax 952 87 74 25,

Antequera, Ronda und weiße Dörfer

elrocio@ronda.net. Nahe Puente Nuevo zentral gelegen. Funktional ausgestattete Zimmer. Restaurant im Haus. DZ ab 40 €.

Camping ▶ **Camping El Sur 7:** Ctra. Ronda–Algeciras km 1,5, Tel. 952 87 59 39, Fax 952 87 70 54, www.campingelsur.com. Komfortabler Campingplatz 3 km südlich von Ronda mit Pool und gutem Freizeitangebot. Erwachsene 4,80, Wohnmobil ab 8,60, Zelt ab 4,30, Mindestpreis pro Person 11,80 €. Auch Vermietung kleiner Holzbungalows (53,50 €) oder Hütten (20–30 €) für je zwei Personen.

Essen & Trinken

Kreativ ▶ **Tragabuches 1:** Calle José Aparicio 1, Tel. 952 19 02 91, www.tragabuches.com, So/Mo geschl. Mit einem Michelinstern ausgezeichnet. Edles Ambiente und andalusische Küche. Reservierung empfehlenswert. Degustationsmenü ca. 70 €, Hauptgerichte 28–40 €.

Außerordentlich schön ▶ **Don Miguel 2:** Plaza de España 3, Tel. 952 87 10 90, www.dmiguel.com. Im gleichnamigen Hotel. An der Schlucht, mit Terrasse. Spezialitäten aus der Bergregion. Hauptgerichte um 20 €.

Nicht nur für Toreros ▶ **Pedro Romero 3:** Virgen de la Paz 18, Tel. 952 87 11 10, www.rpedroromero.com, tgl. 12–16, 19–23 Uhr. Mit zahlreichen Stierkampfplakaten und Fotos dekoriert. Ortstypische Küche, Spezialität ist *rabo de toro,* eine Art Gulasch aus Ochsenschwanz. Hauptgerichte um 19 €.

Solide ▶ **Doña Pepa 4:** Plaza del Socorro 10, Tel. 952 87 47 77, www.dpepa.com, tgl. 11–23 Uhr. Sehr beliebt ist die Terrasse auf dem Platz. Im Inneren auch hier zahlreiche Andenken an Stierkämpfe. Andalusische Küche, gutes Preis-Leistungs-Verhältnis. Tagesmenüs 10–14 €.

Authenitisch ▶ **Almocábar 5:** Calle Alameda 5, Barrio San Francisco, Tel. 952 87 59 77, Di Ruhetag. Bei Einheimischen sehr beliebt, nur ab und an kommen Touristen hierher. Besonders zu empfehlen ist die Tapas-Auswahl in der Bar. Hauptgerichte um 10 €.

Einheimisch ▶ **Hermanos Macías/Bar de la Verdad 6:** Calle Pedro Romero 3, Tel. 952 87 42 38, www.hermanosmacias.com, tgl. 12–24 Uhr. Tapabar mit deftiger Küche. *Raciónes* um 7 €.

Einkaufen

Herrlich für Geschenke ▶ **El Pensamiento 1:** Carrera de Espinel 16, Tel. 952 87 21 93, www.elpensamiento.com. Wunderschön altmodischer Laden mit Fliesendekors an der Fassade. Hier gibt es eine Riesenauswahl an Spielzeug, oft mit nostalgischem Touch: Miniaturautos, Puppen, Brettspiele und vieles mehr.

Schuhe über Schuhe ▶ **Calzados La Bomba 2:** Calle Virgen de la Paz 10, Tel. 952 87 19 32, www.calzadoslabomba.com. Seit 1892 (!) ist es Rondas größtem und beliebtestem Schuhgeschäft immer wieder gelungen, sich neu zu erfinden. In zeitgemäßem Ambiente locken außer Schuhen auch Taschen und andere Lederwaren insbesondere die Damenwelt an.

Abends & Nachts

Jazzclub ▶ **Siete Copas 1:** Paseo de Blas Infante, Tel. 952 87 60 97, tgl. 19-3 Uhr. Herausragend im ansonsten nicht sehr aufregenden Nachtleben von Ronda. Jazz kommt meist aus der Konserve, einmal im Monat aber auch live daher. In lauen Sommernächten füllt sich auch die Außenterrasse.

Südamerikanisch ▶ **Sabor Latino 2:** Calle del Padre Mariano Soubirón 4, tgl. ab 21 Uhr. Abtanzen zu Salsa und Merengue. Jeden Donnerstag zwischen 22.30 und 0.30 Uhr können Anfänger erlernen, wie man auf Latino-Art das Tanzbein schwingt. Große Auswahl an Cocktails, am zünftigsten ist hier natürlich der Mojito.

Zum Plaudern ▶ **Doika 3:** Calle José Ortíz Mazaguer 9, Tel. 952 87 29 63, tgl. 20-3 Uhr. Angenehme Cocktailbar mit dezenter Musik, für einen schönen Abend mit Freunden. Zwischendurch bietet sich eine Partie Billard an.

Aktiv

Drahtesel ▶ **Bicicletas Jesús Rosado 1:** Plaza del Ahorro 1, Tel. 952 87 02 21, www.

Ronda

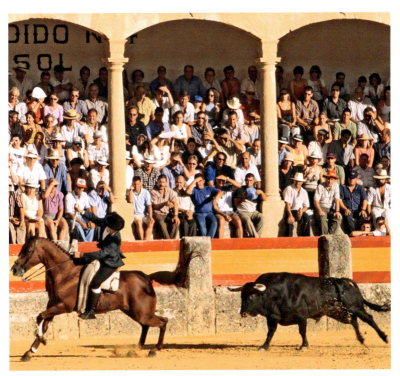

Wesentliches Element der *corrida*: das Kampfritual zwischen Mensch und Tier

bicicletasjesusrosado.com. Das gut bestückte Fahrradgeschäft vermietet Stadträder und Mountainbikes.

Abenteuer ▶ Pangea Active Nature 2: Pasaje Cayetano Ordóñez 10, Te. 952 87 34 96, www.pangeacentral.com. Veranstalter für die verschiedensten Outdooraktivitäten, u. a. Trekking, Mountainbiking, Canyoning, Ausritte und Höhlenerkundungen in den Naturparks Grazalema und Sierra de las Nieves. Tagespreise für Exkursionen ca. 30–42 €.

Termine

Feria de Ronda: 20.–23. Mai. Stadtfest zur Erinnerung an die Reconquista mit Viehmarkt.

Romería de Nuestra Señora de la Cabeza: erster Junisonntag. Wallfahrt mit großer Prozession zur mozarabischen Felsenkirche Virgen de la Cabeza aus dem späten 9. Jh., 2 km westlich von Ronda.

Fiestas de Pedro Romero: erste Septemberwoche. Fest zu Ehren eines berühmten einheimischen Stierkämpfers (s. o.) mit Stierkämpfen in goyesker Tracht (s. S. 42) und Flamencofestival. Ohne Reservierung ist in dieser Woche kaum ein Zimmer zu bekommen.

Verkehr

Züge: Bahnhof im Norden der Stadt (Av. Andalucía). Linie A 5 Granada–Bobadilla–Ronda–Algeciras ca. 4 x tgl.

Busse: Busbahnhof im Norden der Stadt (Plaza de la Concepción, Tel. 952 87 26 57)). Mit *Portillo* nach Málaga über Torremolinos/Marbella ca. 4 x tgl.; mit *Amarillos* nach Málaga ca. 10 x tgl.; mit *Comes* nach Arcos und Jerez de la Frontera ca. 5 x tgl.

Antequera, Ronda und weiße Dörfer

Mit dem Pkw: Öffentliche Parkhäuser an der Plaza de la Merced und der Plaza el Socorro (ausgeschildert). Der Parkplatz an der Plaza Teniente Arce ist eng und meist besetzt.

Cueva de la Pileta ▶F6

Ein spezielles Erlebnis ist der Besuch dieser völlig unbeleuchteten Tropfsteinhöhle, deren Besonderheit prähistorische Felszeichnungen sind. Die **Cueva de la Pileta** ist nur im Rahmen einer einstündigen Führung zugänglich. Mit ausgegebenen Gas-, Öl- oder Taschenlampen leuchtet man sich selbst den Weg aus.

An den Wänden sind abstrakte Strichzeichnungen, seltsame Figuren und menschliche Darstellungen zu erkennen. Eindrucksvoll wirken die naturalistischen Darstellungen eines dicken Fisches, eines schwangeren Pferdes und eines Stierkopfes. Die ältesten Bilder sind ca. 25 000 Jahre alt. Die Höhle wurde erst 1905 von Bauern aus der Umgebung entdeckt. Im Inneren werden konstant 15 °C gemessen, warme Kleidung ist daher ratsam. Auch empfiehlt sich festes Schuhwerk (Tel. 952 16 73 43, www.cuevadelapileta.org, tgl. 10–13, 16–17, im Sommer bis 18 Uhr, Führungen ca. stündlich, min. 4, max. 25 Pers., falls geschlossen, rufen oder hupen, der Führer wohnt in der Nähe, 8 €).

Verkehr
Anfahrt: Von Ronda auf der A-376 Richtung Algodonales/Jerez de la Frontera, dann Richtung Montejaque/Benaoján abbiegen und Beschilderung ›Cueva de la Pileta‹ folgen.

Ronda la Vieja ▶F6

Von der Straße nach Algondonales (A-376) zweigt bald hinter Ronda eine schmale Nebenstrecke zu den rund 1000 m hoch gelegenen **Ruinas de Acinipo** ab, die auch als

Erfrischung fürs Auge: gelbes Farbenmeer in der kargen Landschaft

Die weißen Dörfer

Ronda la Vieja (altes Ronda) bekannt sind. Acinipo war eine bedeutende römische Bezirksverwaltungsstadt, über die Plinius und Ptolemaios in ihren geografischen Werken berichten. Obwohl nur Ruinen erhalten sind, lohnt der Besuch.

Eine mächtige Innenmauer des Theaters (1. Jh. v. Chr.) blieb stehen. Ausgrabungen förderten Galerie, Orchester und Bühne zu Tage. Auch sind noch Reste von Thermen und Wohnhäusern aus dem 7. Jh. v. Chr. zu sehen. 429 n. Chr. zerstörten die Vandalen Acinipo. Byzantiner, die im 6./7. Jh. diesen Teil Spaniens zwischenzeitlich beherrschten, bauten den Ort noch einmal auf. Sie nannten ihn Runda, woraus die fälschliche Bezeichnung Ronda la Vieja wurde (wechselnde Zeiten, meist Di–So 10–17 Uhr, Auskunft in den Info-Büros in Ronda oder unter Tel. 952 18 71 19, Eintritt frei).

Die weißen Dörfer

Karte: S. 163

Diese klassische andalusische Route berührt zahlreiche malerische Ortschaften. Zu dem Beinamen *pueblos blancos* (span. weiße Dörfer) kamen sie, weil die Bewohner ihre Häuser regelmäßig kalken. Die Übersetzung könnte Verwirrung stiften, da einige der ›Dörfer‹ von der Einwohnerzahl her eher Kleinstädte sind. Jedoch bewahrten auch sie im Kern ihre dörfliche Struktur.

Setenil ◼1

Setenil (3000 Einw.) iegt ca. 18 km nördlich von Ronda am stark ausgewaschenen Flussbett des Río Guadalporcún. Dieses weiße Dorf zeichnet sich durch die einzigartige Bauweise seiner Häuser aus. Sie ducken sich unter überhängende Felsen, wobei das Gestein zum Teil als Dach oder Wand dient. Die versteckte Lage machte es den Katholischen Königen schwer Setenil zu erobern. Erst 1484 gelang es. Im Zentrum erhebt sich die gotische **Iglésia Mayor.** Rundum gibt es in den **Felshäusern** zahlreiche kleine Bars. Meist geht es im Dorf sehr ruhig zu, außer im Sommer, wenn zahlreiche Ausflugsbusse von der Küste Ronda und Umgebung anfahren.

Übernachten

Familiär geführt ▶ **Hotel El Almendral:** Ctra. Setenil–Puerta del Monte, Tel. 956 13 40 29, Fax 956 13 44 44, www.tugasa.com.es Etwas außerhalb gelegen, 28 helle Zimmer. Garten mit Pool, Restaurant. DZ ca. 65 €.

Essen & Trinken

Grillstube ▶ **Terraza Barbacoa El Mirador:** Calle Calejón (nahe Plaza Andalucía), Tel. 956 13 42 61, Di–So ab 12 Uhr. Andalusische Küche, auch Fisch und Tapas. Terrasse mit schönem Blick auf die ›Felshäuser‹. Gelegentlich speisen hier Reisegruppen. Tagesmenü um 7 €.

Verkehr

Busse: Mit *Sierra de las Nieves* (Tel. 952 23 12 00, www.pacopepe.com) nach Ronda Mo–Fr je ca. 5 x, Sa 2 x; mit *Comes* nach Arcos de la Frontera 1 x tgl.

Olvera ◼2

Von Setenil führt eine landschaftlich reizvolle Nebenstrecke nach **Olvera** (8600 Einw.). Zwei Bauwerke dominieren den Ort: die große **Iglésia de Encarnación** (19. Jh.) und auf einem Felsen gegenüber die Reste des **Castillo,** einer arabischen Festung aus dem 11. Jh. (Di–So 10–14, 16–19 Uhr, Eintritt frei). Die malerischsten Gassen und die Einkaufsstraßen liegen im Umkreis der Kirche. Auffallend sind in Olvera die mit schmiedeeisernen Gittern verzierten Balkone und Fenster.

Infos

Kleines Infobüro am Eingang zur arabischen Festung.

Verkehr

Busse: Mit *Amarillos* nach Ronda und Arcos je 1 x tgl., mit *Comes* nach Arcos 1 x tgl.

Algodonales ◼3

Das relativ große Dorf zwischen der Sierra de Lijar und dem Naturpark Sierra de Grazalema

Antequera, Ronda und weiße Dörfer

aktiv unterwegs

Wanderungen im Parque Natural Sierra de Grazalema

Tour-Infos
Start: Grazalema oder El Bosque
Dauer: Mehrere Tage, 30 Touren
Wichtige Hinweise: Karten für die Wege gibt es im Besucherzentrum von El Bosque (s. S. 164). Dort erteilt man auch kostenlose Genehmigungen für vier nicht frei zugängliche Wanderwege in der zentralen Zona de Reserva, im Dreieck zwischen Grazalema, Zahara de la Sierra und Benamahoma

Die Sierra de Grazalema wurde als eine der ersten Naturregionen Spaniens unter Schutz gestellt und gilt heute als Vorzeigeprojekt eines nachhaltigen Tourismus. Schon 1977 erklärte die UNESCO das Gebiet zum Biosphärenreservat. Die Regierung Andalusiens rief 1984 den Naturpark ins Leben. Er liegt zwischen ca. 600 und 1600 m Höhe.

Mit über 2000 l/m² werden in Teilen der Sierra de Grazalema die höchsten Jahresniederschläge Spaniens erreicht. Sie fallen vorwiegend in den Wintermonaten, gelegentlich auch als Schnee. So ist die Sierra ein erstaunlich grünes Gebiet. Andererseits wirkt sie aber durch Verkarstungsprozesse zerklüftet wie ein Hochgebirge und weist wie ein solches kahle Gipfelzonen auf. Zahlreiche Orchideenarten fühlen sich hier wohl. Besonderheit und Wahrzeichen des Parks ist allerdings die Spanische Tanne (span. *pinsapo*), auch Igeltanne genannt, weil ihre Nadeln rundum aus den Zweigen herauswachsen. In der Sierra del Pinar bei Grazalema bildet sie einen dichten Wald.

Oft sind Greifvögel zu sehen. Am häufigsten kreist der **Gänsegeier** mit über 2 m Flügelspannweite über den Bergen. Den scheuen Steinbock wird man eher selten antreffen. Am Río El Bosque leben Fischotter, auch sie wagen sich kaum aus der Deckung.

Besonders reizvolle, allerdings genehmigungspflichtige Wege in der Zona de Reserva sind der **Sendero El Pinsapar** durch den Igeltannenwald von Grazalema bis nach Benamahoma (mittelschwer, 5 Std.) und der **Sendero Gargante Verde** durch die ›grüne Klamm‹ südlich von Zahara de la Sierra (mittelschwer bis anspruchsvoll, 2,5 Std., in den Hochsaisonzeiten rechtzeitig unter pn.grazalema. cma@juntadeanalucia.es vorbestellen, da Zahl der Wanderer pro Tag beschränkt). In den Monaten Juli, August und September darf die Zona de Reserva wegen der Waldbrandgefahr nur in Begleitung eines Rangers betreten werden (Teilnahmegebühr ca. 15 €). Außerhalb der Zona de Reserva führen schöne, frei zugängliche Touren auf dem **Sendero Río Majaceite** von Benamahoma nach El Bosque (leicht, 2 Std.) oder auf dem **Sendero del Salto del Cabrero** von Grazalema nach Benaocaz (mittelschwer, 4 Std.).

Die weißen Dörfer

entwickelt sich immer mehr zum Standort für Aktivurlauber. Besonders beliebt ist **Algodonales** (5700 Einw.) bei Gleitschirm- und Drachenfliegern, die in der Umgebung hervorragende Bedingungen vorfinden. Das Umland ist agrarisch geprägt. Es werden Oliven und Gemüse angebaut, auch Zitrusfrüchte. Im Zentrum um die Pfarrkirche Santa Ana (18. Jh.) herrscht meist nur vormittags lebhaftes Treiben. Hier gibt es einige Bars, die Frühstück anbieten.

Übernachten
Gemütlich ▶ **Hostal Sierra de Lijar:** Calle Ronda 5, Tel./Fax 956 13 70 65, hostal.sierra.lijar@tiscali.es. Einfache, familiäre Unterkunft mit 10 Zimmern und Gästeparkgarage. Ein Restaurant ist angeschlossen. DZ ca. 50 €.

Aktiv
Extremsport ▶ **Al-qutun:** Tel. 956 13 78 82, www.al-qutun.com. Verschiedene Sportarten: Canyoning, Gleitschirmfliegen, Höhlenerkundung, Klettern, Kanufahren.

Verkehr
Busse: Nach Ronda ca. 8 x tgl., nach Cádiz über Arcos de la Frontera ca. 3 x tgl.

Zahara de la Sierra 4
Von der Straße Algodonales–Jerez zweigt die schmale Nebenstrecke Ca-531 nach **Zahara de la Sierra** (1500 Einw.) ab. Leuchtend weiß schmiegt sich das malerische Dorf am Nordrand des Naturparks Sierra de Grazalema an einen mächtigen Felsen über dem Stausee Embalse de Zahara. Im Hintergrund ragen die Gebirgszüge der Sierra Margarita auf.

Über dem Dorf wacht die Ruine einer maurischen Burg (13.–15. Jh.). Im Verlauf der Reconquista war sie Schauplatz zäher Kämpfe. Nachdem Zahara de la Sierra von den Christen schon 1407 erobert worden war, erstürmte der Nasridenherrscher Abdul Hassan die Festung im Jahre 1481 noch einmal vorübergehend. Die **Torre del Homenaje** (Bergfried) ist noch gut erhalten. Von Burgfelsen (ca. 15 Min. Fußweg) öffnet sich ein schöner Blick über das Dorf und die Nachbarorte Olvera und Algodonales. Wer sich den Aufstieg ersparen möchte, genießt von der zentralen **Plaza de Zahara** einen ähnlichen Blick. Der Ortskern steht unter Denkmalschutz. Palmen und Orangenbäume säumen die breiteren Straßen. Die kleinen Türen und Fenster der Häuser aus dem 16. und 17. Jh. sind mit schmiedeeisernen Gittern geschützt. In späteren Jahrhunderten errichtete der Landadel insbesondere in der Hauptstraße Calle de San Juan repräsentative Stadtpaläste mit kunstvoll verzierten Fassaden.

Knapp 1 km hinter Zahara in Richtung Grazalema, an der CA-9104, die über den Puerto de las Palomas führt (s. u.), befindet sich die **Ölmühle** El Vínculo. Von November bis Januar werden die Oliven geerntet und daraus ein qualitativ hochwertiges Öl gewonnen. Die Mühle, die zur Besichtigung offen steht, stammt noch aus dem 18. Jh., die Produktion erfolgt aber inzwischen nach modernen Gesichtspunkten. Das zum Verkauf angebotene Öl ist ein beliebtes Mitbringsel (Tel. 956 12 30 02, www.molinoelvinculo.com, tgl. ca. 10–19 Uhr).

Infos
Punto de Información: Plaza de Zahara, 11688 Zahara de la Sierra, Tel. 956 12 31 14, Mo–Sa 9–14, 17–19, So 9–14 Uhr. Auskünfte über den Naturpark, Verkauf von Produkten der Region.

Übernachten
Komfortabel ▶ **Hotel Arco de la Villa:** Paseo Nazarí, Tel. 956 12 32 30, www.tugasa.com. Modernes Hotel mit 17 Zimmern nahe der Plaza de Zahara. Schöner Ausblick und Restaurant. DZ ca. 60 €.

Mit Innenhof ▶ **Hostal Marqués de Zahara:** Calle San Juan 3, Tel. 956 12 30 61, Fax 956 12 32 68, www.marquesdezahara.com. Gemütliche Unterkunft in einem alten Stadtpalast. Große, freundlich eingerichtete Zimmer mit Heizung, z. T. mit Balkon. Im Restaurant gute spanische Küche. DZ 40–45 €.

Etwas außerhalb ▶ **Hostal Los Tadeos:** Camino de la Fuente, Tel. 956 12 30 86. Familiäre, ordentliche Unterkunft, solides Res-

Antequera, Ronda und weiße Dörfer

taurant. Einige Zimmer mit Balkon. DZ ca. 45 €.

Essen & Trinken
Die Restaurants der ausgewählten Unterkünfte stehen auch externen Gästen zur Verfügung. Außerdem bieten in der Calle San Juan und an der Plaza de Zahara Bars und Restaurants ordentliche andalusische Küche zu angemessenem Preis an (Hauptgerichte 6–10 €).

Im Bistrostil ▶ **Bar Nuevo:** Calle San Juan 13, Tel. 956 12 31 94. Nette, beliebte Bar mit Tischen vor dem Haus. Tagesmenü ca. 8 €.

Aktiv
Reiten ▶ **Rutas a Caballo Santiago Sánchez:** Calle Guadalete 7, Tel. 956 12 30 57. Geführte Ausritte in den Naturpark Sierra de Grazalema.

Termine
Corpus Christi: Fronleichnam. Mit aufwendiger, farbenfroher Prozession, die über die Dorfgrenzen hinaus bekannt ist.

Verkehr
Busse: Mit *Comes* nach Ronda 2 x tgl.

4 Grazalema

Zahara de la Sierra und Grazalema sind durch zwei landschaftlich reizvolle Straßen verbunden: Eine führt am Embalse de Zahara entlang, die andere – kurviger und schmaler – windet sich über den 1357 m hohen **Puerto de las Palomas** (Pass der Tauben). Vom Pass aus ist ein schöner Aussichtspunkt über Stufen zu erreichen. Auch während der Fahrt ergeben sich zahlreiche grandiose Ausblicke.

Grazalema (2200 Einw.) liegt im Zentrum des gleichnamigen Naturparks, umgeben von einer alpinen Kulisse mit der markanten Felsspitze **Peñón Grande.** Es bietet sich mit einer gut entwickelten touristischen Infrastruktur als Standort für Unternehmungen im Park an. Aufgrund der Höhenlage von 820 m kann es im Winter allerdings empfindlich kalt werden, gelegentlich auch mit Schnee zu rechnen.

Mit seinen gepflegten Häusern und blumengeschmückten Gassen ist Grazalema eines der schönsten weißen Dörfer. Beliebter Treffpunkt ist die zentrale **Plaza de España,** an der sich das Rathaus und die **Iglésia de la Aurora** (18. Jh.) erheben. Letztere hat einen ungewöhnlichen, achteckigen Grundriss. Im Dreieck der nahe beieinander liegenden Plätze España, Andalucía und Pequeña sind einige Restaurants und Bars angesiedelt.

Die Wollweberei (s. u.) hat in Grazalema eine lange Tradition. Sie brachte gemeinsam mit der Landwirtschaft Anfang des 20. Jh. den Bewohnern noch ein gutes Einkommen.

Die weißen Dörfer

Geschütze Lage: Zahara de la Sierra an einem Felsen über dem Stausee

In Grazalema lebten damals 9000 Menschen. Prächtige Häuser der Händler zeugen von einstigem Reichtum. Heute ist der Tourismus wichtigster Wirtschaftszweig.

Infos

Oficina de Turismo Benzalema: Plaza de España 11, 11610 Grazalema, Tel. 956 13 22 25. Gut ausgestattetes Büro mit kompetenten und freundlichen Angestellten (teilweise auch deutschsprachig). Broschüre mit Beschreibungen von acht Wanderwegen, die im Ort beginnen (span./engl., ca. 6 €). Auch Verkauf von regionalen Produkten (Wolldecken, Keramik, Ziegenkäse, Honig der Region).

Übernachten

Freundlich eingerichtet ▶ Hotel Puerta de la Villa: Plaza Pequeña 8, Tel. 956 13 23 76, Fax 956 13 20 87, www.grazalemahotel.com. Komfortable, geräumige Zimmer und Apartments mit Klimaanlage und Heizung, z. T. französische Balkone. Schöne Aufenthaltsräume, kleiner Pool, Fitnessraum, Sauna, Jacuzzi. Gästeparkplatz. DZ 105–130, Apartment für 4 Pers. 130–160 €.

Beeindruckende Gebirgslage ▶ Hotel Fuerte Grazalema: Ctra. A-372 km 53, Tel. 956 13 30 00, Fax 956 13 30 01, www.fuertehoteles.com. Großer Hotelkomplex 4 km außerhalb von Grazalema. Vom großen Pool Pa-

Antequera, Ronda und weiße Dörfer

noramablick. Komfortabel ausgestattete Zimmer (Heizung, Klimaanlage, Minibar, Satelliten-TV). Zwei Bars, ein Restaurant. Die Rezeption vermittelt Wanderungen, Ausflüge, Fahrräder und Ausritte. DZ über Veranstalter 50–85, laut Preisliste 55–105 €, Halbpension ca. 18 € Aufpreis.

In ansprechender Bauweise ▶ **Villa Turística de Grazalema:** Ctra. Comarcal 344, El Olivar, Tel. 956 13 21 36, Fax 956 13 22 13, www.tugasa.com. Ferienanlage am Ortsrand. Zimmer landestypisch und recht komfortabel eingerichtet. Weitläufige Außenanlagen mit Pool. Über die Rezeption können Wanderungen, Ausflüge etc. gebucht werden. DZ 65–70 €.

Mitten im Dorf ▶ **Hostal Casa de las Piedras:** Calle Las Piedras 32, Tel. 956 13 20 14, Fax 956 13 22 38, www.casadelaspiedras.net. Einfache, aber stilvolle Unterkunft in einem Zusammenschluss aus mehreren alten Dorfhäusern nahe der Plaza de España. Die Zimmer haben eine unterschiedliche Ausstattung, entsprechend Komfort. Hilfsbereite Leitung. Gutbürgerliches Restaurant. DZ ca. 50 €.

Essen & Trinken

Gehobene Küche ▶ **La Garrocha:** Plaza Pequeña 8, Tel. 956 13 23 76. Dem Hotel Puerta de la Villa angeschlossenes stilvolles Restaurant. Hauptgerichte um 15 €.

Rustikal ▶ **Mesón El Simancón:** Plaza Asomadero, Tel. 956 13 24 21. Beliebtes Restaurant mit Terrasse. Spezialisiert auf regionale Fleisch- und Wildgerichte. Hauptgerichte um 15, Tagesmenü um 12 €.

Gutes Preis-Leistungs-Verhältnis ▶ **El Torreón:** Calle Agua 44, Tel. 956 13 23 13. Günstig, reichhaltig und gut. Wechselnde Tagesmenüs. Hauptgerichte unter 10 €.

Einkaufen

In Grazalema werden qualitativ hochwertige, von Hand gewebte Textilwaren aus Schurwolle hergestellt: Decken, Ponchos, Schals, Tücher. Verkauf u. a. in der Oficina de Turismo (s. o.) sowie bei:

Webwaren ▶ **Artesanía de Lana** (Calle Corrales Terceros (nahe Plaza de España) und **Artesanía Téxtil de Grazalema** (Ctra. de Ronda, am Ortsrand).

Aktiv

Organisierte Wanderungen/Abenteuer ▶ **Horizon:** Calle Corrales Terceros 29 (nahe Plaza de España), Tel./Fax 956 13 23 63, www.horizonaventura.com. Im Angebot sind zahlreiche Halbtages- und Tages-Wanderungen mit unterschiedlichem Schwierigkeitsgrad. Für sportlich Ambitionierte gibt es auch Abenteuerevents, z. B. die Möglichkeit zum Gleitschirmfliegen oder zu Ausflügen im Geländewagen durch die Sierra de Grazalema.

Reiten ▶ **Al-Hazán:** Ctra. Grazalema–Montecorto (ca. 3 km außerhalb von Grazalema, dann ausgeschildert), Tel. 956 23 42 35, alhazan@airtel.net. Reitstall unter deutscher Leitung. Ausritte unterschiedlicher Länge. Telefonische Anmeldung ist zu empfehlen.

Verkehr

Busse: Mit *Amarillos* nach Ronda und Ubrique je 2 x tgl., nach El Bosque 1 x tgl.

Villaluenga del Rosario 5

In **Villaluenga del Rosario** (500 Einw.) geht es beschaulich zu. Das gepflegte Dorf liegt auf einer Hochfläche, rundum weiden Schafe. An der zentralen Plaza de la Alameda erhebt sich die Pfarrkirche. In ihr wird die Virgen del Rosario (Rosenkranzmadonna) verehrt – die Namenspatronin des Ortes. An der Plaza ist ein **Mirador** ausgeschildert. Der Aussichtspunkt versteckt sich hinter ein paar schmalen Gassen. Von hier bietet sich ein gutes Panorama über das Dorf.

Am Ortsrand in Richtung Grazalema liegt die kleine **Stierkampfarena.** Sie ist komplett aus Natursteinen der Umgebung gebaut. Manchmal steht das Tor offen, sodass man einen Blick hineinwerfen kann.

Essen & Trinken

Solide ▶ **Los Llanos:** Calle del Rosario (im Dorf ausgeschildert), Tel. 956 12 61 18, Fax 956 12 61 19. Spanische Küche und Spezialitäten aus der Umgebung. Gute Auswahl an Suppen. Hauptgerichte um 12 €.

Grazalema und Umgebung

Einkaufen

Käseladen ▶ Queso Payoyo: Tel./Fax 956 46 37 59, www.payoyo.com. Direktverkauf für diverse Ziegen- und Schafskäse an der Umgehungsstraße, sehr schmackhaft und günstig.

Benaocaz 6

Benaocaz gehört zur ausgewiesenen Route ›Ruta Arqueológico de los Pueblos Blancos‹. Malerisch liegt der Ort in der kargen Landschaft, genauso wie man sich ein weißes Dorf vorstellt. Mit dem **Barrio Nazari** blieb der älteste Ortsteil aus der Zeit der Nasriden gut erhalten. Die Gassen sind schmal und pittoresk, verschiedene lauschige Plätze liegen eng beieinander. Auch das barocke Rathaus an der Plaza de la Libertad fügt sich gut ins schmucke Bild ein.

Ein kleines ethnologisches Museum zeigt Funde aus der Umgebung von der Steinzeit bis in die jüngste Vergangenheit (Sa/So 11.30–13.30, 17–19 Uhr).

Essen & Trinken

Urig ▶ Casa Olivia: Calle Lavadero/Plaza de Vista Hermoso, Tel. 956 12 55 98, Mi–Mo 13.30–16.30 Uhr. Mit landwirtschaftlichem Gerät liebevoll dekoriertes Lokal am Ortsrand. Gute andalusische Küche und Spezialitäten der Region. Hauptgerichte um 10 €.

Typisch ▶ Las Vegas: Plaza de la Libertad, Tel. 956 12 55 02. Spanisches Restaurant mit Bar. Einheimische Küche. Hauptspeisen ca. 9 €.

Aktiv

Kurzwanderung ▶ Calzada Romana: Eine kurze Wanderung führt auf einer alten Römerstraße aus dem 1. Jh. v. Chr. von Benaocaz nach Ubrique. Die Straße wurde sorgfältig restauriert. Wegen des groben Pflasters sind aber bequeme Wanderschuhe ratsam. Insgesamt sind ca. 450 Höhenmeter abzusteigen. Man benötigt dafür etwas mehr als eine Stunde. Der Einstieg befindet sich unmittelbar unterhalb von Benaocaz an der Um-

Antequera, Ronda und weiße Dörfer

gehungsstraße, gegenüber der Bushaltestelle.

Ubrique 7

Das in einer Landsenke gelegene **Ubrique** (17 000 Einw.) wirkt insgesamt städtisch. Im **Casco histórico,** dem sehenswerten historischen Viertel, sind aber noch dörfliche Strukturen auszumachen. Kleine, aus Natursteinen gebaute Häuser säumen die Gassen. Sie haben Giebeldächer, wie sie in regenreichen Bergregionen üblich sind, im Gegensatz zu den ansonsten in Spanien vorherrschenden Flachdächern.

Die Gegend war schon in phönizischer Zeit besiedelt. Später errichteten die Römer hier den Ort **Ocuri.** Dessen Ruinen liegen außerhalb von Ubrique an der Straße nach Benaocaz. Sie zählen zu den am besten erhaltenen römischen Siedlungsresten Andalusiens und wurden zudem sorgfältig restauriert, sind aber vorerst nur von außen zu besichtigen.

Infos
Oficina de Turismo: Moreno de Mora 19, 11600 Ubrique, Tel./Fax 956 46 49 00.

Einkaufen
Lederwaren ▶ Ein wichtiger Wirtschaftszweig von Ubrique mit langer Tradition ist die **Lederverarbeitung.** In der Durchgangsstraße Avenida Doctor Solis Pacual und ihrer Querstraße Avenida de España reihen sich Werkstätten sowie Boutiquen und Geschäfte, die Lederartikel verkaufen, aneinander.

Verkehr
Busse: Busbahnhof westlich des Zentrums (Av. Manuel de Falla, Tel. 956 46 80 11). Mit *Amarillos* nach Arcos de la Frontera 5 x tgl., nach Ronda über Grazalema 2 x tgl.

El Bosque 8

Am Westrand des Parque Natural Sierra Grazalema liegt **El Bosque** (2000 Einw.) in etwa 290 m Höhe. Es wird als ›Tor zum Naturpark‹ bezeichnet. Der gleichnamige, heute besser unter dem Namen **Río Majaceite** bekannte Fluss gilt als südlichstes Forellenfanggebiet Europas. Forellen sind daher Spezialität der meisten Restaurants im Ort. Der **Jardín Botánico El Castillejo** befindet sich am oberen Rand von El Bosque. In dem kleinen botanischen Garten sind vor allem Pflanzen des Naturparks zu sehen, darunter einige Exemplare der Spanischen Tanne oder Igeltanne – dem Wahrzeichen des Naturparks Sierra de Grazalema (s. S. 158).

Infos
Centro de Visitantes de El Bosque: Calle Federico García Lorca 1, Tel. 956 72 70 29, Fax 956 71 63 39, April–Sept. Mo–Do 10–14, Fr 10–14, 18–20, Sa 9–14, 18–20, So 9–14 Uhr, Okt.–März Mo–Sa 16–18, So 9–14 Uhr. Das Besucherzentrum des Naturparks Sierra de Grazalema informiert im Rahmen einer permanenten Ausstellung über Flora, Fauna und das traditionelle Leben im Naturpark (nur auf Spanisch). Gute Auswahl an Kartenmaterial.

Übernachten
Forellenhof ▶ **Hotel Las Truchas:** Av. de la Diputacíon 1, Tel. 956 71 60 61, Fax 956 71 60 86, www.tugasa.com. Am unteren Ortseingang oberhalb der Stierkampfarena gelegen, mit ansprechender Architektur und gemütlichem Hof mit Pool. Funktionale, aber große Zimmer, einige mit Balkon. Das angeschlossene Restaurant (Hauptgerichte 8–14 €) serviert natürlich Forellen (span. *truchas*). DZ ca. 65 €.

Funktional ▶ **Hostal Enrique Calvillo:** Av. de la Diputacíon, Tel. 956 71 60 10 oder 956 71 61 05, www.casacalvillo.com. Einfach, aber vernünftig ausgestattete Unterkunft mit urigem Restaurant und Terrasse an der Straße. DZ ca. 40, Apartments (einige mit Balkon) ca. 50 €. Auch Vermittlung von Landhäusern.

Camping ▶ **La Torrecilla:** Antigua Carretera El Bosque-Ubrique km 1, Tel./Fax 956 71 60 95, www.campinglatorrecilla.com. Komfor-

---

Arcos de la Frontera: Glockenturm der Iglesia de Santa María de la Asunción

Antequera, Ronda und weiße Dörfer

tabler Platz. Pro Person 4,50, großes Zelt 4,50, Mindestpreis 16 €, auch klimatisierte Holzhütten (für 2 Pers./50 €).

Verkehr

Busse: Mit *Amarillos* nach Arcos de la Frontera 5 x tgl., nach Jerez de la Frontera und Grazalema 6 x tgl., nach Sevilla 2 x tgl.

Villamartín [9]

Die Häuser von **Villamartín** drängen sich eng an einen Hügel. Um den zentralen Platz mit der gotischen Pfarrkirche warten einige Bars und Cafés auf Gäste, aber insgesamt geht es in dem Landstädtchen ruhig zu. Ein arabisches Viertel gibt es nicht, denn der Ort wurde erst 1503, kurz nach der *Reconquista*, gegründet.

Etwa 5 km südlich von Villamartín liegt der **Dolmen de Alberite,** eine ca. 6000 Jahre alte Grabstätte der Megalithkultur. Sie ist auf zwei Straßen zu erreichen, wobei die am westlichen Ortseingang Richtung Arcos de la Frontera ausgeschilderte äußerst holprig und daher nicht zu empfehlen ist. Die bessere, ebenfalls beschilderte Zufahrt zweigt östlich des Orts von der A-373 nach Ubrique ab. Der Dolmen de Alberite ist in der Regel frei zugänglich. Das ca. 20 m lange Ganggrab wird von einer wuchtigen Stahl-Beton-Konstruktion vor Wind und Wetter geschützt. Seinen hinteren Bereich markieren 1,70 bis 2 m hohe Steinblöcke.

Infos

Am Eingang zum Gelände wurde ein **Informationszentrum** mit Bar eingerichtet (unregelmäßig geöffnet).

Bornos [10]

In der Umgebung von **Bornos,** einem kleinen Ort am gleichnamigen Stausee, ist die Landschaft sanft wellig und stark landwirtschaftlich geprägt. Riesige Felder und Olivenplantagen dehnen sich über ganze Hügel hinweg aus. Vereinzelt wird noch Baumwolle angebaut, die früher größere Bedeutung hatte. Die Bergrücken des Naturparks Sierra de Grazalema sind nur noch in der Ferne auszumachen. Dennoch ist auch Bornos ein weißes Dorf. Im Vergleich zu den kleinen Häusern wirken die Mauern des **Convento Corpus Christi** enorm wuchtig. Das Kloster wurde 1597 eingeweiht. Noch aus arabischer Zeit stammt der **Castillo Fontanar.** Die Burg wurde allerdings im 16. Jh. im Platereskstil umgebaut.

Espera [11]

Wegen des schönen Ortsbilds lohnt ein Abstecher in das nördlich von Bornos gelegene **Espera**. Im alten Teil des Dorfes stehen noch Häuser aus dem 16. und 17. Jh. Über Espera erhebt sich der **Castillo Fatetar.** Die Burg stammt aus arabischer Zeit und ist sehr gut erhalten.

[5] Arcos de la Frontera

Arcos de la Frontera ist – obwohl mit 30 000 Einwohnern recht groß – in seinem Kern ein repräsentatives weißes Dorf wie aus dem Bilderbuch. Malerisch liegt der komplett unter Denkmalschutz gestellte historische Teil auf einem steilen Felsen. Maurische Bögen *(arcos)* überspannen hier und da noch die engen Gassen. Trotz seiner Attraktivität, die zahlreiche Besucher anzieht, hat sich Arcos einen Teil seiner Ursprünglichkeit erhalten können und wirkt nicht kitschig-museal.

Die Calle Corredera führt durch ein Tor in die Altstadt, und schon wähnt man sich in einer anderen Welt: Kleine, kubische weiße Häuser teilen sich den engen Raum mit wuchtigen Sakralbauten und herrschaftlichen Palästen. Voraus ragt das reich verzierte Westportal der **Iglesia de Santa María de la Asunción** (16. Jh.) auf. Dem Glockenturm fehlt eine Spitze. Daher wirkt er, trotz barocker Elemente, klobig und düster. Das Hauptportal der Kirche weist nach Süden zum Hauptplatz, der Plaza del Cabildo. Es vereint die Stile der Gotik und der Renaissance. Im Inneren lohnt ein Blick auf den kunstvoll geschnitzten Chor und die schöne Orgel, beide aus dem 18. Jh. (Mo–Fr 10–13, 15.30–18.30, Sa 10–14 Uhr, 1,50 €).

Gegenüber der Kirche liegt an der Kante des hier steil abfallenden Felsens der Aus-

Die weißen Dörfer

sichtspunkt **Balcón de Arcos** (auch Mirador de la Peña). Er bietet einen weiten Blick über die Landschaft. Ebenfalls an der Plaza del Cabildo befindet sich die Touristeninformation, hinter der der **Castillo** von Arcos steht. Er ist arabischen Ursprungs, wurde aber im 15. Jh. völlig erneuert. Da die Burg in Privatbesitz und zudem von Wohnhäusern umbaut ist, kann sie nicht besichtigt werden.

Im Südosten der Altstadt erhebt sich die auf den Resten einer maurischen Burg erbaute **Iglesia de San Pedro,** die zweite wichtige Kirche von Arcos. Ende des 17. Jh. spaltete ein Streit die Gemeinde, welche der beiden Kirchen nun die Hauptkirche des Ortes sein sollte. Der Zwist konnte Mitte des 18. Jh. nur durch eine Entscheidung des Papstes beigelegt werden.

Infos

Oficina Municipal de Turismo: Plaza del Cabildo, 11630 Arcos de la Frontera, Tel. 956 70 22 64, Fax 956 70 22 26, www.ayuntamientoarcos.org. Mo–Sa 10–14, 16–20, So/Fei 10–14 Uhr.

Kiosco de Turismo: Paseo de Andalucía, Mo–Fr 10.30–13.30 Uhr. Infokiosk am Parkhaus vor der Altstadt.

Übernachten

Tolle Lage ▶ **Parador de Arcos de la Frontera:** Plaza del Cabildo, Tel. 956 70 05 00, Fax 956 70 11 16, www.parador.es. Im historischen Zentrum, stilvoll eingerichtet. Von einigen Zimmern und der Terrasse schöner Weitblick. Restaurant mit Gerichten der Region (tgl. geöffnet, Hauptgerichte 14–30 €). Gäste dürfen auf dem Platz vor dem Haus parken. DZ 145–160 €.

Stilvolle Unterkunft ▶ **Hotel Marqués de Torresoto:** Calle Marqués de Torresoto 4, Tel. 956 70 07 17, Fax 956 70 42 05. In einem Adelspalast aus dem 17. Jh., Restaurant (s. u.). DZ 60–80 €.

Essen & Trinken

Am Wochenende kommen viele Ausflügler nach Arcos zum Mittagessen. Die Auswahl an Tapabars und Restaurants ist groß, besonders in der zentralen **Calle Deán Espinosa** und der **Calle Marqués de Torresoto.**

Traditionelle regionale Küche ▶ **El Convento:** Calle Marqués de Torresoto 7, Tel. 956 70 32 22, Fax 956 70 41 28. Solides Restaurant des gleichnamigen Hotels. Man speist in einem schönen Innenhof. Hauptgerichte ab 20 €.

Urige Bar ▶ **Cárcel:** Calle Deán Espinosa/Cuesta de Belén. Mit typischen, teils aber auch ausgefallenen Tapas (ab 2 €).

Schummrig ▶ **Bar Típico Al Caraván:** Calle Nueva 1. Lokal, in dem deftige Tapas und Würste der Region aufgetischt werden.

Termine

Toro Aleluya: Ostersonntag. Im Rahmen der Semana Santa werden Stiere durch die engen Gassen der Altstadt getrieben. Einige Furchtlose stellen sich ihnen in den Weg – eine gefährliche Angelegenheit.

Fiesta Virgen de las Nieves: Drei Tage Anfang Aug. Flamencoaufführungen auf der Plaza del Cabildo (meist am 5. August).

Feria de San Miguel: Um den 29. Sept. Vier Tage feiert man den Schutzpatron der Stadt. Bei dem wichtigsten Kirchenfest von Arcos bleiben die Einheimischen meist unter sich.

Belén Viviente: Wochenende vor Weihnachten. Hunderte von Stadtbewohnern spielen am Samstag ab 18 Uhr die Weihnachtsgeschichte in 30 Szenen nach. Die ganze Altstadt verwandelt sich dann in das antike Bethlehem. Jedes Jahr kommen mehr als 20 000 Besucher zu dem Spektakel.

Verkehr

Busse: Busbahnhof westlich der Altstadt (Calle de los Alcaldes/Calle Corregidor, Tel. 956 70 04 53), von dort 20 Min. zu Fuß ins Zentrum. Mit *Amarillos* nach Jerez de la Frontera ca. stdl., Cádiz ca. 5 x tgl., Sevilla 2 x tgl., El Bosque und Ubrique mehrmals tgl.; mit *Comes* nach Jerez und Cádiz 6–7 x tgl.; nach Ronda 4 x tgl., Málaga 1 x tgl.

Mit dem Pkw: In die enge Altstadt dürfen nur Anwohner fahren. Eine große unterirdische Parkgarage liegt unter dem Paseo de Andalucía in Fußgängerentfernung zur Altstadt.

Gegründet in der Blütezeit des Amerikahandels: Kathedralplatz in Cádiz

Kapitel 2
Atlantikküste

Durch stete Winde geprägt, präsentiert sich die Costa de la Luz (Küste des Lichts) um einiges rauer als die Mittelmeergestade. Im Süden zeigt sie sich von ihrer schönsten Seite. Kilometerlange Naturstrände, von Dünen und Pinienwäldern gesäumt, wechseln mit schroffen Steilküsten, ursprünglichen Fischerorten und maßvoll gebliebener Ferienbebauung ab. Bade- und Wassersportsaison ist von Juni bis Oktober. Die Frühjahrs- und Herbstmonate bieten sich für das Ausüben anderer Sportarten, etwa Reiten, Radfahren oder Golfen, an. Schier endlose Korkeichenwälder prägen den Parque Natural de Los Alcornocales, der spannende Wandererlebnisse verspricht.

Im Sherrydreieck zwischen Jerez de la Frontera, El Puerto de Santa María und Sanlúcar de Barrameda spielen sich Anbau der Reben und Produktion des berühmten Sherry-Weins ab. Aber auch andalusische Pferde und ihre Dressur prägen die Region, ebenso wie der Flamenco hier zahlreiche Anhänger und Interpreten hat. Eine Welt für sich scheint die Hafenstadt Cádiz zu sein, die – scheinbar abgehoben vom Rest Andalusiens – eine Symbiose mit dem Atlantik ein-gegangen ist.

Noch viel Platz halten die flachen Sandstrände der nördlichen Costa de la Luz bereit. Dahinter erstrecken sich weite Sumpfgebiete, die Wasservögeln und Amphibien Schutz und Nahrung bieten. Am bekanntesten ist der Parque Nacional de Doñana, ein ehemaliges königliches Jagdgebiet im Mündungsdelta des Guadalquivir.

Kulturinteressierte wandeln auf den Spuren von Kolumbus oder erkunden das antike Bergbaugebiet am Río Tinto. Abwechslungsreiche Wanderungen und der Genuss der noch erfreulich unverdorbenen Landschaft sind in der Sierra de Aracena angesagt.

Auf einen Blick
Atlantikküste

Sehenswert

Baelo Claudia: In der Antike wurde hier Fisch aus dem Atlantik eingesalzen und nach Rom exportiert. Die gut erhaltene Ruinenstätte zeigt sehr anschaulich, wie eine römische Provinzstadt aufgebaut war (s. S. 176).

6 Cádiz: In der riesigen Altstadt scheint die Blütezeit des Amerikahandels noch lebendig. Viel Atmosphäre strömen Plätze und Straßen, Strände und Hafen aus (s. S. 194).

7 Jerez de la Frontera: In den urigen Weinkellern der Sherryproduzenten lagern wertvolle Tropfen. Ein Besuch in der Hofreitschule ist nicht nur für Pferdeliebhaber ein Gewinn (s. S. 208).

8 Parque Nacional de Doñana: Das riesige Feuchtgebiet mit Sümpfen und Flussarmen, Dünengürteln und Pinienwäldern bietet einzigartige Lebensräume für eine reiche Tier- und Pflanzenwelt (s. S. 229).

Schöne Routen

Durch das Hinterland der südlichen Costa de la Luz: Von Vejer de la Frontera, einer der hübschesten Städte im Bereich der andalusischen Küste, geht es in den Naturpark Los Alcornocales und weiter in die historische Stadt Medina Sidonia (s. S. 182).

Die Kolumbusroute: Huelva und seine Umgebung stehen im Zeichen von Kolumbus. In Palos de la Frontera startete der Entdecker zu seiner ersten Amerikareise (s. S. 221).

Durch die Sierra de Aracena: Eine abwechslungsreiche Rundfahrt durch das wohl grünste Gebirge Andalusiens berührt nette Dörfer, in denen noch die maurische Bewässerungskultur gepflegt wird (s. S. 242).

Unsere Tipps

Natur pur: Insbesondere zur Orchideenblüte im zeitigen Frühjahr oder im Winter zur Pinienkernernte lohnt das Durchstreifen der lichten Wälder des küstennahen **Naturparks Breña y Marismas del Barbate** (s. S. 179).

Andalusische Leckereien: Für ihre appetitlichen Häppchen ist die Altstadt von **Conil** bekannt. Besonders am Wochenende füllen sich die zahlreichen **Tapabars** (s. S. 188).

Olé España! Nirgends ist der **Flamenco** authentischer zu erleben als in den *peñas* (Laienclubs) von **Cádiz,** San Fernando und Jerez de la Frontera (s. S. 203, 205, 213).

Serrano-Schinken: In der **Sierra de Aracena** leben halb wild die berühmten schwarzen Schweine und ernähren sich von Eicheln. Sie liefern den Rohstoff für einen begehrten Schinken, der in Jabugo reift (s. S. 242, 246).

aktiv unterwegs

Ausflug nach Marokko: Afrika ganz nah bei einem Tagesausflug nach Tanger (s. S. 174).

Bergbesteigungen im Parque Natural de Los Alcornocales: Zwei Gipfel ragen aus dem waldreichen Naturpark heraus (s. S. 186).

Minikreuzfahrten ab Sancti Petri: Per Boot werden die sumpfigen Marschlandschaften oder die vorgelagerte Insel erkundet (s. S. 192).

Spaziergänge im Zoobótanico Jerez: Es gibt rund 200 Tier- und 150 Baumarten aus (sub)tropischen Ländern (s. S. 209).

Entdeckertour im Parque Nacional de Doñana: Im Park lassen sich Wild und seltene Vogelarten beobachten (s. S. 230).

Abstecher nach Portugal: Das Nachbarland reizt durch seine Andersartigkeit (s. S. 240)

Südliche Costa de la Luz

Lange, oft naturbelassene Dünenstrände und das als einzigartig beschriebene Licht sind die Markenzeichen der südlichen Costa de la Luz. Reizvolle felsige Abschnitte wechseln mit Sandküste ab und bieten ideale Bedingungen für Surfer, Taucher und andere Aktivsportler. Das dünn besiedelte Hinterland prägen Stierweiden und Korkeichenwälder.

Tarifa ▶ E 8

Tarifa (17 500 Einw.) liegt am südlichsten Punkt Spaniens und an der engsten Stelle der Straße von Gibraltar. Die flache, dem Ort vorgelagerte **Isla Tarifa** markiert die geografische Grenze zwischen Atlantik und Mittelmeer. Sie ist durch einen Damm mit dem Festland verbunden, aber als militärisches Sperrgebiet nicht zugänglich. An der Luvseite wehten die vorherrschenden Westwinde 12 km lange hellsandige Strände an, das Markenzeichen von Tarifa. An der Ostseite des Damms, im Windschatten, liegt der Fährhafen, der die kürzeste Verbindung von Europa nach Afrika bietet. Nur 14 km trennen hier die beiden Kontinente voneinander – keine große Hürde für die Mauren, als sie im Jahre 710 unter dem Berberfürsten Tarif ibn Mâlik mit 400 Mann und 100 Pferden zu einem ersten Erkundungszug übersetzten.

Tarifa ist eine Wetterecke. Die relative Gewissheit, mit einer steifen Brise rechnen zu können, hat den Ort zum sommerlichen Mekka der Windsurfer werden lassen. Doch auch für etliche andere Sportarten ist Tarifa eine gute Adresse (s. u.).

Neue und alte Stadt

Reizvoll ist der Kontrast zwischen der geschlossenen, im Mittelalter als Festung ausgebauten Altstadt mit ihren schmalen Gassen und winzigen Läden und der Offenheit des westlich angrenzenden Hafenviertels mit einem jungen internationalen Publikum. Die Durchgangsstraße Calle Batalla del Salado quert den modernen Stadtteil und wird von einer bunten Mischung aus Surfshops, Straßencafés und Boutiquen gesäumt.

Wo sie in die Calle Amador de los Ríos übergeht, gewährt das Mudéjarhufeisentor **Puerta de Jerez** Einlass in das maurisch anmutende Gassengewirr der Altstadt. Auf einer efeuumrankten Fliesentafel wird dort die *muy noble muy leal y heroica ciudad* (sehr edle, sehr treue und sehr heldenhafte Stadt) gewürdigt, die 1292 von König Sancho IV. erobert wurde. Zwei Jahre später scheiterten die Mauren mit einem Rückeroberungsversuch. Befehlshaber in Tarifa war damals Alonso Pérez de Guzmán. Als die maurischen Truppen seinen Sohn, der in ihre Hände geraten war, vor die Mauern zerrten und ihn umzubringen drohten, falls die Stadt nicht übergeben würde, soll Guzmán sein Schwert hinuntergeworfen und sich abgewandt haben.

König Sancho verlieh Guzmán als Anerkennung für seine Dienste jedenfalls den Ehrentitel *El Bueno,* im Grunde eine spanische Wiederholung seines westgotischen Namens (guter Mann). Darüber hinaus beschenkte er ihn mit reichen Gütern. Seine Nachfahren, die Herzöge von Medina Sidonia, zählen bis heute zu den mächtigsten Familien Spaniens.

Das **Castillo Guzmán el Bueno** in der Nähe des Hafens gründeten die Mauren im 10. Jh. Es bietet eine gute Aussicht (Plaza Santa María, Di–Sa im Sommer 11–14, 18–20, im Winter 17–19, So 11–14 Uhr, 2 €). Vor

Tarifa

In der Medina von Tanger: Pause beim marokkanischem Nationalgetränk

der Burg zeigt ein Denkmal König Sancho IV. mit einem Löwen an seiner Seite.

Auch der **Hafen** mit seiner ansehnlichen Fischereiflotte lohnt einen Besuch. An Ort und Stelle werden die frischen Fische versteigert.

Mirador del Estrecho

Zehn Autominuten Richtung Algeciras liegt an der A-34, die hier rund 340 m oberhalb des Meeres verläuft, mit dem **Mirador del Estrecho** ein beeindruckender Aussichtspunkt. Bei gutem Wetter bietet sich der schönste Blick auf das marokkanische Rifgebirge.

Infos

Oficina de Turismo: Paseo de la Alameda, 11207 Tarifa, Tel./Fax 956 68 09 93. Infos zum breiten Sportangebot.

Übernachten

Viele Surfer ▶ **Hotel Dos Mares:** Ctra. N-340 Málaga–Cádiz km 79,5, Tel. 956 68 40 35, Fax 956 68 10 78, www.gmares.com/dosmares/index.html. Am Strand 5 km außerhalb von Tarifa. Angenehme Atmosphäre, es gibt einen Tennisplatz und einen Pool. DZ 63–185, Bungalow 63–205, Suite 126–345 €, je nach Saison.

Familiär ▶ **Hotel Hurricane Tarifa:** Ctra. N-340 Málaga–Cádiz km 78, Tel. 956 68 49 19, Fax 956 68 03 29, www.hotelhurricane.com. In einem tropischen Garten 8 km außerhalb der Stadt, bei Surfern sehr beliebt. Im Restaurant, das auch viele externe Gäste aufsuchen, werden Gerichte mit marokkanischem Touch serviert (Hauptgerichte 10–14 €). DZ 87–143, Suite 145–243.

Südliche Costa de la Luz

aktiv unterwegs

Ausflug nach Marokko

Tour-Infos
Start: Hafen von Tarifa
Dauer: ein Tag
Anfahrt: Jetboot der FRS (Ticketschalter im Hafengebäude von Tarifa, Tel. 956 68 18 30, www.frs.es) tagsüber alle 2 Std., Fahrzeit ca. 35 Min., Hin- und Rückfahrt pro Person 67 €, Automitnahme möglich.
Wichtige Hinweise: EU-Bürger benötigen bei individueller Einreise einen Reisepass. Direkt bei FRS oder über Hotels und Reisebüros an der Costa de la Luz können auch organisierte Tagesausflüge nach Tanger (ca. 65 € inkl. Stadtführung auf Deutsch oder Englisch, Mittagessen und Gelegenheit zum Kamelritt) gebucht werden, bei denen der Personalausweis genügt (Reisepass empfiehlt sich dennoch).

Ein Ausflug nach **Tanger** (700 000 Einw.) kann in vieler Hinsicht eine bereichernde Erfahrung sein. Die marokkanische Hafenstadt besaß zwischen 1923 und 1956 einen internationalen Status und übte während dieser Zeit eine starke Anziehungskraft auf Schmuggler und Geheimagenten aus. In den 1950er- und 1960er-Jahren verkehrten hier Literaten der amerikanischen Beatgeneration, darunter viele Homosexuelle. Sie genossen das milde Klima, die günstigen Preise und ein alternatives Leben ohne Zwänge. Inzwischen ist Tanger wieder ›in‹. Europäer und Amerikaner erwerben Immobilien, die Preise steigen ebenso wie die Zahl der für marokkanische Verhältnisse sehr freizügigen Bars und Diskotheken. Ein großer Berbermarkt wird jeden Donnerstag und Sonntag auf dem **Grand Socco** südlich der Altstadt abgehalten, auf der **Place du 9 Avril 1947,** die vom Hafen aus über die Rue

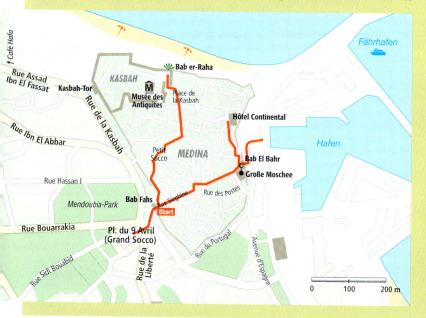

Tarifa

Siaghine in 10 Minuten bequem zu Fuß zu erreichen ist. Bäuerinnen aus dem Rif-Gebirge bieten in malerischen Trachten ihre Waren feil: Teppiche, Decken, Tücher und Flechtwaren. Bei ernsthaftem Kaufinteresse ist Handeln angesagt, wobei man nie mehr als ein Drittel der ursprünglich genannten Summe zahlen sollte. Oft wird zunächst sogar das Fünffache des realistischen Preises verlangt. Gaukler präsentieren auf dem Grand Socco ihr Können, Märchenerzähler unterhalten die Besucher. Am besten lässt man sich in einer der Teestuben nieder und genießt die Atmosphäre in aller Ruhe.

Die angrenzende **Medina** (Altstadt) liegt auf einem Hügel. Von Süden her wird sie durch das weiße **Stadttor Bab Fahs** betreten. Auch hier manifestiert sich die orientalische Seite von Tanger, am eindrucksvollsten im **Petit Socco**, einem lebhaften Markt für Teppiche und Schmuck. Ihn säumen ehrwürdige Cafés, von denen sich das Geschehen bestens verfolgen lässt. Ein weiteres Ziel kann die **Kasbah** am Nordrand der Medina sein, ein abgegrenzter Bereich mit dem ehemaligen Sultanspalast aus dem 17. Jh. Heute ist darin das **Musée des Antiquites** (Antiquitäten und marokkanische Kunst) untergebracht (tgl. 8–12, 14–18 Uhr). Nördlich der Kasbah schweift der Blick vom Aussichtspunkt beim Bab er-Raha über die Meerenge von Gibraltar nach Spanien. Ein gewisses subkulturelles Erbe der Beatniks ist in Tanger bis heute unverkennbar. Es offenbart sich etwa auf der Terrasse des legendären **Hôtel Continental** am Hafen. 1885 im reinsten Kolonialstil erbaut, galt es seinerzeit als eines der attraktivsten Hotels in ganz Nordafrika und war Anlaufstelle für die Schönen und Reichen aus aller Welt. Oder man lässt sich zum Abschluss der Tour per Taxi zum **Café Hafa** über der Steilküste fahren, wo einst die Rolling Stones und Jimi Hendrix verkehrten.

Designerstil ▶ **Hotel Misiana:** Calle San Joaquín 2, Tel. 956 62 70 83, Fax 956 62 70 55, www.misiana.com. In der Altstadt. Farbenfrohes Understatement kennzeichnet die Einrichtung. Angeschlossen ist eine edle Café-Lounge. DZ 70–135.

Abends & Nachts

Im Sommer treffen sich die Surfer zu vorgerückter Stunde in den zahlreichen Kneipen hinter dem Strand, um zur Caipirinha Surfvideos zu gucken. Das Nightlife in Tarifa selbst konzentriert sich auf die Altstadt, ist weithin als besonders cool bekannt und wird bereits mit dem von Ibiza verglichen. Aktuelle Infos über das Nachtleben von Tarifa erhält man unter www.tarifa.de). Erste Anlaufstelle ist ab ca. 23 Uhr die Bar **El Cateto** im sogenannten Bermudadreieck (zwischen Calle Invalidos und Calle Carnicería). Von dort geht es dann nach Mitternacht in einen der Tanztempel, z. B. die ebenfalls im Bermudadreieck gelegene Disco-Kneipe **Pepepotamus** oder in die In-Disco **La Ruina** (Calle Trinidad, tgl. 1–4 Uhr, im Winter nur am Wochenende).

Aktiv

Windsurfing ▶ Die Gewässer vor Tarifa gelten als High Wind Area. Windstärken von 4,5 Beaufort werden an rund 300 Tagen im Jahr erreicht. Dementsprechend surfen hier die Könner. Für Anfänger ist das Revier nicht geeignet. Surfzentren mit Schulung und Verleih, z. B..**Eric Lubbe:** Hotel Dos Mares (s. o.), Tel. 956 68 40 35. **Club Mistral,** Hotel Hurricane (s. o.), Tel. 956 68 49 19.

Kitesurfing ▶ **Dragon Kite School:** Ctra. N-340 Málaga–Cádiz km 83,5, Tel. 660 88 27 10, Fax 956 62 74 67, www.dragonkiteschool.com. Individueller Unterricht, es gibt auch Kurse in deutscher Sprache, Kursbeginn jeden Tag für alle Stufen. Eintägiger Schnupperkurs 90 €.

Mountainbiking ▶ **Tarifa Bike:** Ctra. N-340 Málaga–Cádiz km 77,1 (Apartamentos Las Flores), Tel./Fax 956 68 13 73, www.tarifabike.com. Verleih unter deutscher Leitung.

Baden & Beachen ▶ Die **Playa de los Lances** mit guter Infrastruktur zieht sich vom

Südliche Costa de la Luz

westlichen Stadtrand 7 km nach Norden bis zur Punta de la Peña. Kräftiger Wind, der Sandkörner über den Strand fegt, kann das Badevergnügen trüben. Jenseits der Landspitze schließt die 5,5 km lange **Playa de Valdevaqueros** an, die sich bei Surfern großer Beliebtheit erfreut. Hinter ihr erhebt sich die berühmte Riesendüne der Punta Paloma.

Whalewatching ▶ Mehrere Anbieter fahren zur Wal- und Delfinbeobachtung aus, z. B. die wissenschaftlich orientierte Schweizer Organisation **Firmm** (Foundation for Information and Research on Marine Mammals), Calle Pedro Cortés 4, Tel. 956 62 70 08, www.firmm.org (pro Person 30 €, Reservierung 2–3 Tage vorher empfohlen, auch ein- oder zweiwöchige Beobachtungskurse).

Reiten ▶ **Hurricane Hípica:** Ctra. N-340 Málaga–Cádiz km 78 (nahe Hotel Hurricane), Tel. 956 68 90 92, Fax 956 68 90 93, www.tarifahip.com. Ausritte unter Schweizer Führung (z. B. Strandritt 1 Std. für 30 €). Auch mehrtägige Ausflüge und Ferienangebote.

Termine

La Gesta de Guzmán: erste Augustwoche. Folkloristisches Festival in der Burg, in dessen Mittelpunkt eine Aufführung der ›Geste‹ von Guzmán (s. o.) steht. Nicht in jedem Jahr. Infos in der Oficina de Turismo.

Verkehr

Busse: Mit *Comes* ab Calle Batalla del Salado (im Zentrum) mehrmals täglich nach Algeciras, Málaga, Conil, Cádiz, Sevilla. Stadtbusse von *Tarifabus* verkehren entlang der Strandzone und nach Bolonia.

Bolonia ▶ D/E 8

Die schöne, von felsigen Bergrücken eingerahmte Bucht von Bolonia liegt im **Parque Natural del Estrecho** und dürfte daher von größeren Bauvorhaben verschont bleiben. Sie besitzt einen 4 km langen, weißsandigen, praktisch naturbelassenen Strand. Im Westen begrenzt ihn eine Riesendüne. Dort wird FKK toleriert. Dahinter schließen Klippen an, die sich gut besteigen lassen. Von oben fällt bei klarem Wetter der Blick bis zum Leuchtturm von Tarifa und auf die afrikanische Küste.

Die lockere Bebauung des Ortes besteht lediglich aus ein paar *chiringuitos,* die frischen Fisch servieren, mehreren kleinen Hostales und ein paar Bauernhäusern. Bolonia bietet sich für ein paar erholsame Badetage an. Abgesehen von den Ferienmonaten Juli und August geht es hier sehr ruhig zu.

Baelo Claudia

Unmittelbar westlich von Bolonia ist mit **Baelo Claudia** die bedeutendste antike Ruinenstadt Andalusiens nach Itálica zu besichtigen. Auf besonders anschauliche Weise lässt sich Einblick in die Struktur einer römischen Siedlung gewinnen. Ein mit Pfeilen markierter Rundweg berührt alle wichtigen Punkte. In die Ausgrabungsstätte hinein führt eine der beiden gut erhaltenen Hauptstraßen, der *decumanus maximus*. Im rechten Winkel dazu verläuft der *cardo maximus* am Forum vorbei, wo die *basilica* (Ratsgebäude) und die Tavernen gut zu erkennen sind.

Bei der Statue des Kaisers Trajan handelt es sich um eine Kopie, das Original steht im Museo de Cádiz (s. S. 195). Das Forum überragten auf dem Kapitolshügel die Tempel für Juno, Jupiter und Minerva. Etwas seitlich befand sich außerdem ein Tempel für die ägyptische Göttin Isis, der als Beweis für Handelsbeziehungen ins Nildelta gewertet wird.

Die natürliche Hangneigung am Nordwestrand der Siedlung wurde genutzt, um die Ränge des kleinen Theaters anzulegen. Im Südwestteil der Ruinenstadt sind Reste einer kleinen Therme zu besichtigen (die Hauptthermen wurden bisher nicht gefunden).

Baelo Claudia war Standort einer bedeutenden Fischwirtschaft. Davon zeugen hinter dem Strand runde und viereckige Steintröge, in denen der Fang (vorwiegend Tunfisch) eingesalzen und gelagert wurde.

Baelo wurde Ende des 2. Jh. v. Chr. gegründet und erhielt unter Kaiser Claudius, der 41–54 n. Chr. regierte, die Rechte einer römi-

Garum

Würzsoße der Römer — Thema

Auch wenn das Mittelmeer erst heute als überfischt gilt – besonders fischreich war es eigentlich noch nie. So mussten sich schon die Menschen der Antike Gedanken darüber machen, wie der im Atlantik in weit größeren Mengen vorhandene Fisch zu konservieren sei, um ihn nach Griechenland und Rom zu verschiffen.

Schon im 5. Jh. exportierten griechische Händler eingesalzenen Fisch aus dem damaligen Gadir (heute Cádiz). Sie erfanden auch das *garon*, eine kräftig riechende Soße, für die sie Fischabfälle verwerteten. Die Römer verfeinerten dieses Produkt zu ihrem berühmten *garum*, das am ehesten mit der asiatischen Fischsoße zu vergleichen ist, die noch heute in Thailand und Vietnam hergestellt wird. *Garum* wurde häufig anstelle von Salz verwendet, teilweise aber auch für Süßspeisen. Anfänglich war es ein kostspieliges Luxusprodukt und ausschließlich für reiche Bürger erschwinglich. Später benutzten es alle Schichten, sodass die Köche der Wohlhabenden es bald für vulgär hielten und lieber Salz verwendeten. Umstritten ist bis heute, ob *garum* wirklich nur zum Würzen diente oder auch dazu, bei nicht mehr ganz frischen Speisen den schlechten Geschmack zu überdecken. Jedenfalls war die Soße nicht ganz einfach zu dosieren. Nahm der Koch zu viel davon, schmeckte das ganze Essen nach Fisch.

Für die Herstellung von *garum* wurden kleinere Fische (z. B. Anchovis) oder die Innereien von Makrelen, für bessere Qualitäten auch Innereien, Kiemen und Blut vom Tunfisch, zusammen mit Gewürzen in einem Gefäß eingesalzen und dieses zwischen einer Woche und zwei Monaten offen in die Sonne gestellt. Der dabei stattfindende Fermentationsprozess zersetzte das Fischeiweiß. Anschließend wurde der Inhalt des Gefäßes gesiebt oder man bohrte den Behälter an, um die entstandene Flüssigkeit – das *garum* – ablaufen zu lassen. Für den Export wurde es in Amphoren abgefüllt, die römischen Legionäre transportierten es auf ihren Feldzügen auch in kleinen Glasgefäßen. Solche wurden in großer Zahl bei archäologischen Ausgrabungen entdeckt, so auch in Germanien, wohin nachweislich erhebliche Mengen von *garum* aus Spanien gelangten. Das begehrteste *garum* kam aus der heutigen Provinz Cádiz (*garum gaditanum*), wo es allein in Baelo Claudia fünf *Garum*-Fabriken gab, die in Teilen noch erhalten sind. Weitere Produktionsstätten fand man auch an anderen Stellen der spanischen Küste, außerdem in Marokko und in geringerem Ausmaß am östlichen Mittelmeer.

Bis ins 16. Jh. hinein wurde in manchen Teilen Europas eine ähnliche Fischsoße hergestellt, das sogenannte *allex*. Im alten Rom hieß so das nach Absieben des *garum* verbleibende und weniger geschätzte Restprodukt. Heute bieten gehobene Restaurants in Andalusien, die sich einer modernisierten regionalen Küche verschrieben haben, gelegentlich wieder Gerichte mit *garum* an. Dieses hat mit dem Original in der Regel allerdings nur entfernte Ähnlichkeit. Um dem heutigen Geschmack entgegenzukommen, verwenden die Köche meist eine Paste aus Anchovis und Oliven, die in Andalusien eigentlich unter dem Namen *olivada* bekannt ist.

Südliche Costa de la Luz

schen Gemeinde und den Beinamen Claudia. Schon Ende des 2. Jh. zeichnete sich ein wirtschaftlich bedingter Niedergang ab. Ein Erdbeben zerstörte die Stadt völlig, die daraufhin von ihren rund 2000 Bewohnern verlassen wurde. Ab Anfang des 20. Jh. fanden Ausgrabungen statt, die noch lange nicht abgeschlossen sind (Conjunto Arqueológico de Baelo Claudia: Di–Sa 10–19, Juni–Sept. bis 20, Nov.–Feb. bis 18, So/Fei ganzjährig 10–14 Uhr; 1.1., 6.1., 24./25.12 u. 31.12. geschl., für EU-Bürger gratis, sonst 1,50 €).

Übernachten

Strandnah ▸ Pensión Bellavista: El Lentiscal 21, Tel. 956 68 47 18, ganzjährig. Zentral gelegen, dort wo die Zufahrtsstraße nach Bolonia auf den Strand trifft. Einige Zimmer haben Balkon und Meerblick. Mit Restaurant, dessen Terrasse Hauptanlaufstelle und idealer Ort für einen Drink ist. DZ mit Bad 40–60 €.

Hübsches Hostal ▸ Pensión La Posada de Lola: El Lentiscal 26, Tel. 956 68 85 36, Fax 956 68 85 58, www.hostallola.com, ganzjährig. Pension mit schönem, üppigem Garten. DZ mit eigenem Bad 55, mit Gemeinschaftsbad 45 €. Im Sommer Mindestaufenthalt 7 Tage.

Essen & Trinken

Einfach, aber gut ▸ Marisma: El Lentiscal (nahe La Posada de Lola), Karfreitag bis Okt. tgl., sonst nur Sa/So. Beliebte überdachte Terrasse vor traditionellem Strohdachhaus, Fisch und Meeresfrüchte. Hauptgerichte 5–12 €.

Verkehr

Busse: Tarifabus ab Tarifa, Taktfrequenz je nach Jahreszeit.

Zahara de los Atunes ▸ D 8

Der Ortsname **Zahara de los Atunes** (1000 Einw.) sagt bereits aus, wovon die Menschen hier seit dem Mittelalter lebten, nämlich vom Fischfang, vor allem vom Tunfisch *(atún)*. Heute hat der Fischreichtum stark abgenommen und die Einheimischen beschweren sich darüber, dass ihr Fang en gros von den gut zahlenden Japanern gekauft wird und erst wieder als Konserve auf ihren Tisch kommt – was zum Glück nur zum Teil stimmt.

Noch immer haben einige Fischer in Zahara de los Atunes ihr Auskommen. Am Strand liegen ihre kleinen, bunten Boote. Vor allem zwischen März und Juni treiben sie die Tunfische mit Schleppnetzen zusammen und stechen sie mit Harpunen ab. *La Almadraba* (Tunfischfalle) heißt diese Fangmethode schon seit maurischer Zeit. So trägt die Ruine der alten Burg im Ortszentrum, die den Fischern früher als Lagerhalle und Zufluchtsstätte diente, den Namen **Castillo de las Almadrabas.**

Heute ist jedoch das benachbarte Barbate wichtigster Fischerhafen dieses Küstenabschnitts. In Zahara de los Atunes setzt man auf den Tourismus. Vor allem unter jungen Spaniern gilt der Ort fast schon als Modedestination. Dennoch geht es hier noch sehr beschaulich und ursprünglich zu. Schöne, feinsandige und auch in der Hochsaison nicht überfüllte Strände erstrecken sich zu beiden Seiten von Zahara de los Atunes und Richtung Süden bis zur 4 km entfernten Feriensiedlung Atlanterra mit der großen Hotelanlage Meliá Atlanterra.

Infos

Kiosk am Strand in der Nähe von Castillo de las Almadrabas, Tel. 956 44 95 25, Ostern–Mitte Sept.

Übernachten

Ansprechende Architektur ▸ Hotel Pozo del Duque: Av. de las Palmeras, Tel. 956 43 90 40, Fax 956 43 90 87, www.pozodelduque.com. Am Ortsrand von Zahara de los Atunes am Strand, auf den auch viele Zimmer blicken. Garten mit kleinem Pool. Junges Publikum. DZ 58–135 €.

Relativ groß ▸ Hotel Gran Sol: Av. de la Playa s/n, Tel. 956 43 93 09, Fax 956 43 91 97, www.gransolhotel.com, ganzjährig geöffnet. Ruhig und strandnah im Ortszentrum gelegenes Haus im andalusischen Baustil mit

Barbate

Innenhof und hübschem Garten und Pool. DZ 68–135 €.

Essen & Trinken

Aus dem Meer ▸ **Marisqueria Porfirio:** Plaza Tamarón 5, Tel. 956 43 91 30, im Winter geschlossen. Zentral gelegen. Sehr gute Adresse für frischen Fisch, besonders Tunfisch, und Meeresfrüchte. Hauptgerichte um 15 €.

Abends & Nachts

Im Juli/August öffnen am Strand ein paar einfache, in Zelten untergebrachte Bars und *teterías* (Teestuben nach arabischem Vorbild). Der **Chiringuito La Gata** ist für gute Live-Konzerte bekannt.

Verkehr

Busse: Mit *Comes* nach Barbate/Véjer/Cádiz 4–5 x tgl., nach Tarifa Mo–Fr 1 x tgl. Im Sommer häufigere Verbindungen.

Barbate ▸ D 8

Barbate (23 000 Einw.) ist eine relativ junge und schachbrettförmig angelegte Stadt. Hübsche Sommervillen aus den 1930er-Jahren säumen die Zufahrt zum Paseo Marítimo, einer Fußgängerpromenade, die hinter dem gepflegten Strand verläuft. Die Ferienwohnungen in den angrenzenden Apartmenthäusern gehören ebenso wie die Villen fast ausschließlich Spaniern. Weniger der Tourismus ist von Bedeutung für Barbate als vielmehr der große Fischereihafen. In dessen Umfeld haben sich Konservenfabriken angesiedelt, die Tunfisch, Sardinen und Sardellen in Öl einlegen, lufttrocknen *(salazones)* oder räuchern *(ahumados)*.

Lange trug Barbate den Beinamen »de Franco«, weil General Franco hier 1936 zu Beginn des Spanischen Bürgerkriegs mit seinen Truppen aus Marokko kommend landete. Heute wird dieser – inzwischen von vielen Bewohnern als peinlich empfundene – Namenszusatz auf Straßenschildern, in Karten und Prospekten nicht mehr aufgeführt.

Parque Natural Breña y Marismas del Barbate

Beiderseits der Stadt erstreckt sich dieser mit 3000 ha zwar recht kleine, aber interessante Naturpark. In seinem östlichen Teil stehen die *marismas* (Gezeitensümpfe) unter Schutz, die der **Río Barbate** in seinem Mündungsgebiet gebildet hat. In Meeresnähe sind noch aufgelassene Salinenbecken zu erkennen, in denen heute zahlreiche Vogelarten auf Nahrungssuche gehen. Eine kleine Werft führt die Tradition des Holzbootbaus fort.

Im Westen grenzt an Barbate der **Pinar de la Breña**, weit und breit der ausgedehnteste Wald an der Costa de la Luz. Trotz der Entstehung durch Menschenhand – die Pinien wurden zu Beginn des 20. Jh. gepflanzt, um Wanderdünen festzulegen – wirkt er ganz natürlich und bildet heute ein wichtiges Biotop, in dem Zwergpalmen, duftende Kräuter und Wildorchideen gedeihen und zahlreiche Vogelarten brüten.

Infos

Oficina de Turismo: Calle Vázquez Mella s/n, 11160 Barbate, Tel. 956 43 39 62, www.barbate.es. Im Juli/Aug. Info-Kiosk (Stadtstrand).

Übernachten

Landgut ▸ **Hotel Rural El Palomar de la Breña:** Pago de la Porquería (ab A-2233 Barbate–Caños de Meca bei km 17 ausgeschildert, Zufahrt ist auf den letzten 800 m Piste), Tel. 956 43 50 03, www.palomardelabrena.com, Nov. geschl. Hacienda (18. Jh.) in sehr ruhiger Alleinlage am Nordrand des Pinar de la Breña. Großzügige Zimmer mit Balkon oder Terrasse, Restaurant (Hauptgerichte 10–12 €), freundliche Gastgeber. Den namengebenden Taubenschlag dürfen auch externe Gäste auf Anfrage besichtigen. Er ist nicht mehr in Benutzung, bot früher aber rund 5000 Paaren Platz. Sie produzierten 10–15 t Dünger pro Jahr und wurden auch als lebender Proviant an die Schiffe in Cádiz geliefert. DZ 66–98 €.

Essen & Trinken

Auswärtige Besucher zieht es nach Barbate vor allem wegen der zahlreichen renommier-

Südliche Costa de la Luz

aktiv unterwegs

Küstenwanderung im Pinar de la Breña

Tour-Infos
Start: Wanderparkplatz an der A-2233 Barbate-Caños de Meca, zw. km 21 und 20
Länge/Dauer: mit Rückweg 16 km, 4 Std.
Wichtige Hinweise: Eine kleine Karte des Parque Natural Breña y Marismas del Barbate, auf der Parkplätze, Wanderwege und Picknickplätze verzeichnet sind, ist für rund 1,50 € im örtlichen Handel erhältlich (z. B. im Hotel Rural El Palomar de la Breña, s. S.179).

Ein Panoramaweg erschließt die Oberkante der rund 100 m hohen Steilküste westlich der **Playa de Hierbabuena** (s. S. 181). Den Kiefernwald des Pinar de la Breña zur Rechten, die Klippen zur Linken, erweist sich die Route als äußerst spektakulär. An klaren Tagen schaut man bis zur afrikanischen Küste und – rückblickend – über die Costa de la Luz bis Zahara de los Atunes.

Etappenziel ist der grandios an der höchsten Stelle der Felsküste stehende Wachturm **Torre del Tajo** (1 Std.) aus dem 16. Jh. Rund um den mit 13 m außergewöhnlich hohen Turm informieren Tafeln über Besonderheiten der Natur. In den gewaltigen Pinien rundum brüten die verschiedensten Singvogelarten: Meisen, Buchfink, Stieglitz. Auch der Wiedehopf lässt sich gar nicht selten blicken. Im Frühjahr spenden die Bäume dem Affodill Schatten, einem weißen Zwiebelgewächs. Vor dem Wachturm erlaubt ein gut mit Mauer und Geländer gesicherter Aussichtsbalkon Tiefblicke auch für nicht ganz schwindelfreie Wanderer, während an anderen Stellen der Steilküste Vorsicht bei der Annäherung an die äußerste Kante geboten ist. Mit etwas Glück (und am besten einem Fernglas) lassen sich hier Turmfalken beobachten, die über den Küstenfelsen schweben.

Von rechts tritt bald nach Verlassen der Torre del Tajo ein breiter, direkt von der A-2233 kommender Weg hinzu (s. u.). Geradeaus wird in einer weiteren Stunde **Caños de Meca** erreicht, wo sich der Weg allmählich bis zum Meer absenkt. In dem Kultort bietet sich Gelegenheit zur Einkehr, am zünftigsten in der Bar Trafalgar (s. S. 182). Anschließend läuft man auf derselben Route zurück.

Variante: Wer sich mit einem bequemen Spaziergang begnügen möchte, findet an der A-2233 bei km 19 einen weiteren Wanderparkplatz, wo ein Weg quer durch den Pinar de la Breña startet, der ebenfalls den Torre del Tajo zum Ziel hat (hin/zurück ca. 1 Std.).

ten **Fischlokale** an der Meerespromenade. Spezialität des Ortes ist *atún encebollao* (Tunfisch mit Zwiebelsauce).

Einkaufen
Kulinarisches ▶ Tienda Museo Conservas y Salazones La Barbateña: am neuen Hafen, tgl. 10–24 Uhr. Leckere Souvenirs sind die nett verpackten Fischprodukte der ortsansässigen Firma. Außerdem gibt es Pinienkerne aus dem angrenzenden Pinar. Mit kleinem Museum, das den traditionellen Fischfang dokumentiert (Eintritt frei).

Aktiv
Baden & Beachen ▶ Idyllischer als der Hauptstrand von Barbate ist die naturbelassene **Playa de Hierbabuena**, die außerhalb des Ortes westlich an den Hafen grenzt.

Verkehr
Busse: Busbahnhof am Nordende der Av. del Generalísimo, Tel. 956 43 05 94. Mit *Comes* häufig nach Vejer und Cádiz, 1 x tgl. nach Tarifa/Algeciras.

Caños de Meca ▶ D 8

Caños de Meca entwickelte sich in den 1970er-Jahren zum legendären Treffpunkt für Hippies. Sie übernachteten am Strand, der den Vorteil bot, recht windgeschützt zu liegen. Immer noch ist das Ferienpublikum hier jünger, bunter und individualistischer als anderswo. Improvisation wird nach wie vor groß geschrieben, vor allem bei den nächtlichen Musik-Sessions am Strand. Heute wohnen die Sommergäste jedoch in kleinen *hostales* und Ferienwohnungen oder auch auf einem der drei Campingplätze. Inzwischen ist es vor allem die internationale Wellensurferszene, die im Sommer Leben in den Ort bringt.

Los Acantilados
Östlich des Ortes unterhalb der Steilküste *(acantilados)* gibt es praktisch menschenleere Buchten, die – am FKK-Strand (Playa Nudista) vorbei – nur bei Ebbe und mit größter Vorsicht über die Klippen zu erreichen sind. Von den Felswänden hängt dort ein üppiger Pflanzenvorhang herab, überall tropft Süßwasser. Nach ca. 30 Min. gelangt man zu den **Caños,** kleinen Wasserfällen, die dem Ort den Namen gaben. Achtung: Man muss rechtzeitig vor Einsetzen der Flut zurückkehren, denn der Atlantik hat spürbare Gezeiten und die Überquerung der Klippen ist bei Hochwasser unmöglich!

Cabo de Trafalgar
Westlich von Caños de Meca schiebt sich das nur 20 m hohe, aber windumtoste **Cabo de Trafalgar** weit ins Meer hinaus. Schon in römischer Zeit gab es hier einen Tempel für die Göttin Juno. Die Araber errichteten im 9. Jh. einen Wachturm, dessen Ruine neben dem weithin sichtbaren Leuchtturm von 1860 steht. Berühmt wurde das Cabo de Trafalgar durch den Sieg des hier tödlich verwundeten englischen Admirals Nelson über die spanisch-französische Flotte im Jahre 1805. Der Trafalgar Square in London erhielt daraufhin seinen Namen. Britische Touristen kommen aus nostalgischen Gründen hierher. Eine Infotafel unterhalb des Leuchtturms gibt detaillierte Auskunft über den Verlauf der Seeschlacht.

Der **Tómbolo de Trafalgar** – eine 800 m lange, sandige Landzunge mit zentralem Strandsee – verbindet die einstige Insel, die heute das Kap bildet, mit dem festen Land. Wellen und Wind häuften den Sand an und sorgten so für die Entstehung dieser landschaftlichen Kuriosität, die heute als Naturmonument unter Schutz steht – nicht zuletzt wegen der Zugvögel, die den See gerne als Futterplatz aufsuchen. Die Dünenstrände des Tómbolo zu beiden Seiten des Kaps eignen sich zwar wegen unberechenbarer Strömungen nicht zum Baden, dafür aber für ungestörte Strandwanderungen. Von Caños de Meca läuft man bis zum Kap rund 30 Minuten. In nördlicher Richtung ist entlang des naturbelassenen Strandes in einer weiteren Stunde der Surferort **El Palmar** erreicht. Unterwegs lädt eine romantische Strandbar zur Rast ein.

Südliche Costa de la Luz

Übernachten

Klein, aber fein ▶ **Hostal Fortuna:** Av. Trafalgar 34, Tel. 956 43 70 75, www.hostalfortuna.com. Sehr hübsche Architektur mit begrüntem Patio im andalusischen Stil, komfortable Zimmer, nach Balkon und Meerblick fragen. DZ 50–85 €.

Abends & Nachts

Die **Bar Trafalgar** (mit Restaurant, Hauptgerichte 12–27,50 €) ist ganzjährig Anlauf- und Treffpunkt. In der Sommersaison öffnen in Strandnähe zahlreiche weitere Bars. In einem Zelt mitten im Ort herrscht im Juli/August marokkanische Stimmung mit Tee, Couscous und Bauchtanz. Nach Mitternacht wechselt die Szene in die Disco **La Caracola**, einem originellen Bau in Form eines Schneckenhauses direkt an der Playa. Wer statt House- und Techno-Sounds andalusische Musik bevorzugt, kommt im **Tablao Flamenco El Tronío** auf seine Kosten.

Verkehr

Busse: Mit *Comes* nach Barbate Mo–Fr 3 x tgl., Conil/Cádiz Mo–Fr 2 x tgl. Im Sommer häufigere Verbindungen, auch nach Sevilla.

Durch das Hinterland der südlichen Costa de la Luz

Von den Ferienorten an der südlichen Costa de la Luz lohnt ein Abstecher nach Vejer de la Frontera, das Ausgangspunkt für eine Tour durch die **Region La Janda** sein kann. Auf Nebenstrecken geht es durch die Flussniederung des Río Barbate zum Parque Natural de Los Alcornocales und weiter zur traditionsreichen Stadt Medina Sidonia.

Vejer de la Frontera ▶ D 8

Als vielleicht schönste Kleinstadt in der Nähe der andalusischen Atlantikküste liegt **Vejer de la Frontera** (13 000 Einw.) auf einem markanten Bergrücken. Es empfiehlt sich, den Wagen westlich der engen Altstadt beim Parque de los Remedios zu parken und der Avenida de los Remedios zu Fuß aufwärts bis zur Plazuela zu folgen, um von diesem hübschen kleinen Platz aus das Gassenlabyrinth zu durchstreifen. Besonders reizvoll sind die Einblicke in die begrünten Innenhöfe der weißen Häuser.

Von der Plazuela aus geht es, das Hotel im ehemaligen Franziskanerkloster (s. u.) im Rücken, aufwärts. In einem Adelspalast aus dem 18. Jh., der **Casa Marqués de Tamarón,** ist das örtliche Kulturzentrum untergebracht. Weiter oben liegt der innerste Kern der Altstadt, von **Las Murallas** umgeben, Resten einer Stadtmauer (15. Jh.). Durch eines der vier erhaltenen Tore, die **Puerta de La Segur,** betritt man das komplett unter Denkmalschutz stehende Ensemble.

Gleich neben dem Tor steht die **Iglesia Parroquial Divino Salvador**. Sie wurde ab dem 14. Jh. erbaut und vereint Stilelemente des Mudéjar mit solchen der Spätgotik, die einer zweiten Bauphase (17. Jh.) zuzuschreiben sind. Deutlich erkennbar diente ein Minarett als Basis für den heutigen Glockenturm mit seinem spitzen, mit Fliesen verzierten Dach.

Nebenan zeigt der **Convento Concepcionistas** (16. Jh.), ein ehemaliges Nonnenkloster, ein schönes, wenn auch restaurierungsbedürftiges Renaissanceportal. Das Gebäude wird in der Gasse nebenan durch die vier aus Ziegelsteinen gemauerten **Arcos de las Monjas** (Nonnenbögen) abgestützt. Diese gewährten im Mittelalter Einlass in die Judería. Die gleichnamige Straße erinnert noch heute an das alte Judenviertel.

An der höchsten Stelle des Ortes befindet sich die restaurierte Ruine einer mittelalterlichen Burg (9./10. Jh.). Die Aussicht vom Wehrgang des **Castillo** ist bemerkenswert. Ein kleines Museum zeigt einen *cobijado*, ein schwarzes Gewand mit Schleier, das nicht – wie oft angenommen – auf maurische, sondern auf kastilische Traditionen zurückgeht. Die Frauen von Vejer de la Frontera trugen es noch bis 1936. Dann wurde der Cobijado von der Volksfrontregierung in Madrid verboten, damit Franco-Anhänger ihn nicht als Verkleidung nutzen konnten, um Waffen zu transportieren. Heute ist der Cobijado nur noch als beliebtes Postkartenmotiv überall im Ort an-

Das Hinterland

Den Brunnen auf der Plaza de España zieren maurisch anmutende Fliesen aus Sevilla

zutreffen (Castillo und Museum waren zur Zeit der Drucklegung wegen Renovierung geschl.).

Im Osten des Altstadtkerns hat sich eine kleine Kunsthandwerkerszene unter Beteiligung ausländischer Aussteiger etabliert. Hier führt der **Arco de la Villa** aus dem Gassengewirr hinaus auf die hübsche **Plaza de España.** Der Platz ist mit Sitzbänken, altmodischen Lampen und einem Brunnen möbliert, die mit bunten, maurisch anmutenden Fliesen aus Sevilla verziert sind. Rundum spielt sich in einigen Tavernen und Restaurants das bescheidene Nachtleben von Vejer ab.

Infos

Oficina Municipal de Turismo: Parque de los Remedios, 11150 Vejer de la Frontera, Tel. 956 45 17 36, Fax 956 45 16 20, www.turismovejer.com.
Centro de Interpretación del Patrimonio: Casa de la Cultura, Calle Nuestra Señora de la Oliva 10, Tel. 956 45 01 91. Infos über die Baudenkmäler von Vejer.

Übernachten

Schlicht, aber charmant ▶ **Hotel Convento de San Francisco:** La Plazuela, Tel. 956 45 10 01, Fax 956 45 10 04, www.tugasa.com. Im alten Kloster (17. Jh.), Übernachtung in ehemaligen Mönchszellen. Mit dem kreativen Restaurant El Refectorio im einstigen Speiseraum des Konvents (tgl. 14–16, 20.30–0.30 Uhr, Hauptgerichte 12–15 €). DZ 70–80 €.
Gediegen ▶ **Hotel La Casa del Califa:** Plaza de España 16, Tel. 956 44 77 30, Fax 956 45 16 25, www.lacasadelcalifa.com, 2. u. 3. Januarwoche geschl. Haus mit schönem Ausblick und dem guten Restaurant El Jardín del Califa (Hauptspeisen 8–17 €). DZ 60–110 €.
Landestypische Pension ▶ **Hostal La Posada:** Av. de los Remedios 21, Tel. 956 45 02 58, www.hostal-laposada.com, Weihnachten–Mitte Jan. geschl. Nur 6 Zimmer, rechtzeitig reservieren. DZ 50, Garagenplatz 6 €.

Essen & Trinken

Authentische Atmosphäre ▶ **Venta Pinto:** Barca de Vejer, Ctra. Barbate–Medina Sido-

Südliche Costa de la Luz

nia km 37, Tel. 956 45 00 69, www.venta-pinto.com. In einer alten Poststation an der Landstraße. Deftige Küche, in der rustikalen Bar hängen Schinken von der Decke. Tagesmenü um 16 €.

Im Altstadtkern ▶ **La Vera Cruz:** Calle Eduardo Shelly 1, Tel. 956 45 16 83, nur abends, Mi u. Jan. geschl. In einer ehemaligen Kapelle (16. Jh.), französisch inspirierte Speisekarte, gute Weine. Hauptgerichte 13–15 €.

Bewährte Küche ▶ **Mesón Judería:** Calle Judería 5, Tel. 956 44 76 57, Mi geschl. Viele einheimische Gäste schätzen die andalusischen Gerichte und den schönen Ausblick. Hauptgerichte 10–14 €.

Termine

El Toro Embolao: Ostersonntag. Traditioneller Straßenstierkampf (s. S. 44) mit zwei Stieren (12 und 16 Uhr), anschließend wird die Nacht durchgefeiert.

Fiesta de Primavera: Zwei Wochen nach Ostern (Do–So). Begrüßung des Frühlings nach archaischem Brauch mit geschmückten Pferdekarren. Folklore-Wettbewerb, Stierkampf und Viehmarkt auf dem Festgelände bei den Windmühlen am Südrand der Stadt.

Verkehr

Busse: Ab Barca de Vejer (Ctra. Barbate–Medina Sidonia km 37; dorthin fährt ein Stadtbus) mit *Comes* mehrmals tgl. nach Tarifa/Algeciras und Conil/Cádiz. Nach Conil/Cádiz z. T. auch ab Parque de los Remedios nahe Stadtzentrum.

Freilichtmuseum Montenmedio

8 km östlich von Vejer de la Frontera liegt der Skulpturenpark der **Fundación NMAC.** Die private Stiftung gibt Künstlern die Möglichkeit, ihre Werke in die Natur einzufügen. Während die Rezeption des Freilichtmuseums für moderne Kunst in einer ehemaligen Militärbaracke logiert, verteilen sich die Arbeiten sowohl spanischer als auch internationaler Bildhauer (Roxy Paine, Sol LeWitt, Gunilla Bandolín u. a.) über einen weitläufigen Kiefernwald, der etwa 30 ha Fläche umfasst, und sind auf einem ausgedehnten Spaziergang zu erkunden (gutes Schuhwerk!).

Manche Werke entstanden unmittelbar vor Ort, inspiriert durch die Besonderheit der Landschaft, so der halb im Teich versenkte Polizei-Wasserwerfer *Fuente* (Quelle) von Fernando Sánchez Castillo (Fundación NMAC Montenmedio Arte Contemporáneo: Ctra. A-48 Vejer–Algeciras km 42,5, www.fundacionnmac.com, Di–So im Sommer 10–14, 17–20.30, im Winter 10–14.30, 16–18 Uhr, 5 €).

Benalup-Casas Viejas ▶ D 7

Auf schmalen Landstraßen geht es von Vejer über eine ländlich geprägte Ebene nordostwärts nach **Benalup-Casas Viejas.** Der aufstrebende Ort, der dank eines neuen Golfplatzes derzeit eine rege Bautätigkeit erlebt, schmiegt sich an einen Osthang. Der alte Siedlungskern liegt hier einmal nicht an der höchsten Stelle, sondern am unteren Rand. Dort gruppieren sich die **Casas Viejas** (alte Häuser) um die Kirche. Die **Plaza Casas Viejas** ist Bühne für sommerliche Konzerte. Etwas oberhalb davon befindet sich am Rand der Hauptstraße unterhalb von Treppenstufen die **Fuente de la Galera** mit Azulejos, Holzbalken und Ziegeldach – typisch andalusischen Dekorationselementen. Sie ist eine von zahlreichen gefassten Quellen im Ort, der für seinen Wasserreichtum bekannt ist. Die Quellen speisen sich aus einem gewaltigen unterirdischen Aquifer, der die gesamte Zone zwischen Barbate und Benalup einnimmt.

Infos

Oficina de Turismo: Calle Paterna 4, 11190 Benalup, Tel. 956 42 40 09, www.benalupcasasviejas.es.

Übernachten

Ungewöhnlich ▶ **Hotel Utopía:** Calle Dr. Rafael Bernal 32, Tel. 956 41 95 32, Fax 956 41 79 39, www.hotelutopia.es. Surrealistische Wandmalereien im Stil der 1930er-Jahre zieren die Wände des Hotels, das über ein eigenes Museum verfügt und oft kulturelle Events organisiert, guter Komfort. DZ über Veranstalter 120–182, laut Preisliste 125–230 €.

Das Hinterland

Aktiv

Golf ▶ **Golf & Country Club Benalup:** Calle la Torre, Tel. 956 42 49 28, Fax 956 42 49 29, www.benalupgolf.com. Der 18-Loch-Platz ist für Anfänger und Fortgeschrittene oder Profis geeignet. Wunderbar ist der Ausblick in Richtung Naturpark Los Alcornocales. Greenfee 9 Loch 60, 18 Loch 85 €.

Verkehr

Busse: Mit *Comes* Mo–Sa 2 x tgl. nach Medina Sidonia/Cádiz.

Tajo de las Figuras ▶ E 7/8

Benalup ist Ausgangspunkt für eine Besichtigung des **Tajo de las Figuras,** einer 7 km westlich des Ortes gelegenen archäologischen Stätte. Sie besteht aus sieben Höhlen sowie mehreren Dolmen und Grabstätten und birgt die bedeutendsten prähistorischen Felsmalereien Südspaniens. Das älteste Bild, wohl zu Beginn der Jungsteinzeit entstanden, befindet sich in der namengebenden Cueva del Tajo de las Figuras. Es stellt in schematischer Form einen großen Hirsch dar, den menschliche Figuren umtanzen. Vermutlich steht es in Zusammenhang mit einem Fruchtbarkeitskult. Ungewöhnlich sind die zahlreichen in den Höhlen abgebildeten Vögel. Eine mögliche Erklärung dafür wäre, dass sich bis Mitte des 20. Jh. die inzwischen trockengelegte Laguna de la Janda in der Nähe befand, ein Paradies für Zugvögel (Mi–So, 9–15 Uhr, nur im Rahmen von Führungen, Dauer ca. 2 Std. 30 Min., 6 €, Minibus startet am Tourismusbüro von Benalup (s. o.), Reservierung notwendig, strapazierfähige Kleidung und Sportschuhe empfohlen).

Parque Natural de Los Alcornocales ▶ E 6–8

Alcalá de los Gazules ist ein typisches weißes Dorf und zugleich das Tor zum östlich angrenzenden **Parque Natural de Los Alcornocales.** In diesem stehen ausgedehnte Korkeichenwälder unter Schutz (*alcornoque* = span. Korkeiche, s. S. 20 f.).

Durch die Sierra del Aljibe führt von Alcalá eine kurvenreiche Straße zum 417 m hohen Pass **Puerto de Gáliz,** wo auf landschaftlich reizvoller Strecke Anschluss nach Ubrique (s. S. 164) besteht. Ebenfalls sehr eindrucksvoll ist die Weiterfahrt auf der C-3331 durch den zentralen Teil des Naturparks über La Sauceda nach Jimena de la Frontera (s. S. 127 f.). **La Sauceda** diente Schmugglern früher als abgeschiedenes Versteck. Während des Spanischen Bürgerkriegs wurde der Ort bombardiert, weil sich hier Franco-Gegner verschanzt hatten. Das mittlerweile verlassene Dorf dient jetzt als Freizeitgelände (s. u.).

Bei La Sauceda ist es möglich, den für Südspanien untypisch üppigen Korkeichenwald in der Schlucht des Río Pasadallana zu Fuß zu durchstreifen und dabei uralte, knorrige Baumriesen zu Gesicht zu bekommen. Im Unterwuchs gedeihen Lorbeerschneeball, Erdbeerbaum, Myrthe und verschiedene Heidearten. Die Luftfeuchtigkeit ist so hoch, dass sogar Farne und Moose auf den Stämmen sitzen. Besonders schön ist es in den Alcornocales im November und Dezember, wenn die Früchte an Bäumen und Sträuchern reif sind und überall grüne Kräuter sprießen.

Infos

Centro de Visitantes El Aljibe: Ctra. CA-2112 Alcalá–Benalup km 1, 11180 Alcalá de los Gazules, Tel. 956 42 05 29. Besucherzentrum des Naturparks Los Alcornocales. Kartenmaterial, Infos über das Gebiet.

Oficina del Parque Natural Los Alcornocales: Plaza San Jorge 1 (Casa del Cabildo), Alcalá de los Gazules, Tel. 956 41 33 07, Fax 956 42 05 11, Mo–Fr 8–15 Uhr.

Übernachten

Zentral ▶ **Hotel San Jorge:** Alcalá de los Gazules, Paseo de la Playa s/n, Tel. 956 41 32 55, Fax 956 42 01 75. In einer ruhigen Gasse, moderne Zimmer. DZ 45–55 €.

Campingplatz ▶ **Los Gazules:** 5 km östlich on Alcalá beim Weiler Patrite, Tel. 956 42 04 86, Fax 956 42 03 88, losgazules@hotmail.com, ganzjährig geöffnet. Großes Wiesengelände mit Pool, Lebensmittelladen, Restaurant. Auch Bungalows und Zeltverleih. Pro Person, Auto und Zelt je ca. 4 €.

Südliche Costa de la Luz

aktiv unterwegs

Bergbesteigungen im Parque Natural de Los Alcornocales

Tour-Infos

Start: gegenüber vom Picknickgelände Área recreativa El Picacho, etwa 11 km nördlich von Alcalá de los Gazules an der A-2304 Richtung Puerto de Gáliz.
Dauer: Aufstieg zum Aljibe 4 Std., zum Picacho 3,5 Std. (jeweils mit Rückweg).
Schwierigkeitsgrad: mittelschwer, etwa 650 bzw. 450 Höhenmeter im Auf- und Abstieg.
Anfahrt: Keine öffentlichen Verkehrsmittel
Wichtige Hinweise: Für die Besteigungen ist eine Genehmigung von der Oficina del Parque Natural Los Alcornocales (s. S. 185) erforderlich.

Die imposantesten Berge des Naturparks Los Alcornocales sind beliebte Wanderziele. Höchster Gipfel ist mit 1091 m der **Aljibe** in der gleichnamigen Sierra. Gleich nebenan erhebt sich der felsige Sandsteingipfel **Picacho** (883). Beide Aufstiegsrouten beginnen gemeinsam, eine Informationstafel am Startpunkt zeigt die Wegverläufe. Nach 5 Min. ist die **Laguna de El Picacho** erreicht. Im Frühjahr leben Molche und Frösche in dem kleinen See, der im Sommer allerdings austrocknet.

An der Lagune geht es rechts vorbei. Ungefähr 100 m nach einem einsamen Haus weist an einer Gabelung die Beschilderung nach rechts. Kurz darauf erreicht man die **Garganta de Puerto Oscuro,** überquert die Schlucht auf einer Holzbrücke und folgt dem Fluss aufwärts bis zu einem asphaltierten Fahrweg (45 Min.). Hier trennen sich die Wege.

Zum Aljibe geht es rechts auf dem Fahrweg weiter bis zu einer Forsthütte. Von dort steigt ein gut markierter Forstweg durch Steineichenwald bergan. Etwa bei 900 m Höhe ist eine natürliche Baumgrenze erreicht, bedingt nicht durch niedrige Temperaturen, sondern durch den ganzjährig wehenden, heftigen Ostwind (Levante). Auf dem Gipfel des Aljibe (2,15 Std.) gedeihen nur windgepeitschte Sträucher und als absolute Besonderheit eine kleine fleischfressende Pflanze, das Taublatt *(Drosophyllum lusitanica),* die zur Ergänzung des hier oben in den Felsspalten sehr kargen Mineralangebots mit ihren klebrigen Blättern Insekten einfängt. Auch Hobby-Ornithologen kommen auf ihre Kosten: Gänsegeier, Zwerg- und Schlangenadler kreisen über den Gipfeln. Vor allem aber gibt es ein Panorama zu bewundern, das bei guter Sicht von der Meerenge von Gibraltar bis in die Gegend von Málaga reicht.

Um zum **Picacho** zu gelangen, geht es über den oben erwähnten asphaltierten Fahrweg hinweg geradeaus weiter auf einem schönen Waldweg. Nach 1,30 Std. Gehzeit wird der Anstieg steiler. Weitere 15 Min. später ist das schräge Gipfelplateau erreicht, auf dem man bis zur höchsten Stelle des Berges weiterläuft (2 Std.). Hier können zwar noch einige Korkeichen Fuß fassen, doch sie sind niedrig, dicht mit Flechten bewachsen und vom Wind verbogen. So bietet sich auch hier ein herausragender Ausblick, speziell auf die Costa de la Luz und die Sierra de Grazalema.

Das Hinterland

Campen unter sehr einfachen Bedingungen ist möglich beim bei der **Área recreativa El Picacho** (Picknickplatz etwa 11 km nördlich von Alcalá de los Gazules an der A-375 Richtung Puerto de Gáliz) und in **La Sauceda**, wo außerhalb von Wochenende und Sommerferien auch Hütten vermietet werden (Tel. 952 15 43 45).

Aktiv

Wandern ▶ **Sendero Ruta de los Molinos:** Eine problemlose Wanderung (hin und zurück ca. 2 Std.) führt ohne große Höhenunterschiede zu den **Molinos de Patrite.** Nicht weniger als 18 Wassermühlen – heute nur noch als Ruinen erhalten und oft von üppiger Vegetation zugewuchert – reihen sich am **Río Rocinejo** und seinem Zufluss, dem Arroyo del Montero, aneinander. Die unteren zehn liegen auf öffentlich zugänglichem Gelände. Ausgangspunkt ist das Straßenende der CA-2115 in Patrite, östlich von Alcalá de los Gazules. Von hier aus folgt die Route einem alten Viehauftriebsweg, der Alcalá mit Jimena de la Frontera verband. Dieser führt zunächst durch das bewaldete Tal des Río Rocinejo, später durch offeneres Gelände mit schönen Ausblicken. Nach Überqueren des Arroyo del Montero endet der Wanderweg beim *Molino Los Espartiores o Repartidores*, von wo es zurück zum Ausgangspunkt geht.

Kurzer Rundweg ▶ **Sendero Garganta de Puerto Oscuro:** Dieser kurze, aber sehr interessante Rundweg (30–45 Min.) durch den Naturpark Alcornocales ist zunächst mit den Aufstiegsrouten zum Aljibe und Picacho identisch (s. o., keine Genehmigung erforderlich). An der Gabelung hinter dem einsamen Haus geht es jedoch links in die Garganta de Puerto Oscuro hinein. Am Bach entlang führt die Route durch die feuchte, mit Steineichenwald bewachsene Schlucht abwärts bis zur Straße, der man nach links folgt, bis der Ausgangspunkt wieder erreicht wird.

Verkehr

Busse: Nach Alcalá de los Gazules 2–3 x tgl. mit *Comes* von Cádiz/Medina Sidonia.

Medina Sidonia ▶ D 7

Letzte Station der Route ist **Medina Sidonia** (11 000 Einw.). Der klangvolle Name erinnert daran, dass Phönizier, die vermutlich aus Sidon stammten, hier eine erste Siedlung gründeten. Auf Römer und Westgoten folgten als Herren der Stadt die Araber und in christlicher Zeit schließlich die Familie Guzmán (s. S. 166 f.). Juan Alonso III. de Guzmán wurde 1445 vom kastilischen König zum Herzog von Medina Sidonia geadelt, um seine Stellung als Befehlshaber an der Grenze zu den noch in maurischer Hand verbliebenen Gebieten zu stärken. Seine Nachfahren hatten später entscheidenden Anteil an der Erschließung der spanischen Kolonien in Übersee. Der Reichtum der Stadt im 16. Jh. war dem Amerikahandel zu verdanken.

Auch wenn die Herzogsfamilie im 19. Jh. ihre Lehnsherrschaft über die Stadt verlor, ist doch das dünn besiedelte Umland immer noch durch Großgrundbesitz geprägt. Auf riesigen Ländereien wächst Getreide, weiden Rinder. Medina Sidonia selbst ist eine ruhige, kaum von Touristen besuchte Provinzstadt.

Einlass in die Altstadt gewährt von Norden als Rest der arabischen Stadtbefestigung ein Tor in Form eines doppelten Hufeisenbogens, der **Arco de la Pastora** (10. Jh). Weiter oben gelangt man zu Resten der Ummauerung, die die Burganlage schützen sollte. Vom **Castillo de Medina Sidonia** selbst sind nur wenige Relikte erhalten. Um die **Torre de Doña Blanca**, den einzigen noch vorhandenen Turm, rankt sich eine Legende. König Peter ›der Grausame‹ von Kastilien soll seine Ehefrau Blanca de Borbón hier eingekerkert haben, um sich in Sevilla ungestört einer Geliebten widmen zu können (Castillo de Medina Sidonia: im Sommer 10–14, 18–20, im Winter 10–14, 16–18 Uhr, Eintritt frei).

Nahebei steht die **Iglesia Santa María la Mayor la Coronada** (14.–17. Jh.), die teils gotisch, teils im isabellinischen Stil der Renaissance ausgeführt ist. Ihr Inneres wurde prächtig ausgestattet. Sehenswert ist vor allem das manieristische, von Künstlern aus Sevilla ausgeführte Schnitzwerk des Hoch-

Südliche Costa de la Luz

Tipp: Kombi-Ticket
Der Bono turístico ermöglicht die Besichtigung der Iglesia Santa María la Mayor la Coronada und des Conjunto Arqueológico Romano (Cloacas Romanas) für zusammen 4 €.

altars (16. Jh.). Auf den Bänken vor dem Chor – die Insignien Schwert, Palme und Dominikanerkreuz bezeugen es – tagten ehemals Dominikanermönche als Vertreter der Inquisition. Vom Glockenturm schweift der Blick in alle Himmelsrichtungen (Plaza de la Iglesia Mayor, gleiche Zeiten wie Touristeninfo, s. u., falls geschlossen, dort erkundigen, 2,50 €).

Im Innenhof eines Stadthauses sind die **Cloacas Romanas** zu besichtigen, die römische Kanalisation aus dem 1. Jh. Sie blieb auf einer Länge von 30 m erhalten. Betreten wird die Anlage durch einen ehemaligen römischen Wohnraum mit Resten eines Freskos (Conjunto Arqueológico Romano, Calle Ortega, Di–So 10–14, 16–18 Uhr, 3,10 €).

Ermita de los Santos Mártires
Südwestlich von Medina Sidonia steht die vielleicht älteste Kirche Andalusiens, die **Ermita de los Santos Mártires**. Sie wurde in westgotischer Zeit errichtet, um die Reliquien von nicht weniger als 13 Märtyrern aufzunehmen. Der damalige Bischof Pimenio soll sie im Jahre 630 persönlich geweiht haben. Der wehrhafte Turm der Ermita geht vielleicht sogar auf römische Ursprünge zurück (im Sommer 10.30–13.30, 17–20, im Winter 10.15–13.15, 16.15–18.15 Uhr, Eintritt frei, eine Spende wird erwartet).

Infos
Oficina Municipal de Turismo: Plaza Iglesia Mayor, 11170 Medina Sidonia, Tel./Fax 956 41 24 04, www.medinasidonia.com.

Übernachten
Stilvoll ▶ **Hotel Medina Sidonia:** Plaza del Llanete 1, Tel. 956 41 23 17, Fax 956 41 22 56, www.tugasa.com. Stilvoll in einem alten Stadtpalast mit hübschem Innenhof, Spezialitätenrestaurant. DZ 110–125 €.
Kleines Designhotel ▶ **Hotel El Duque:** Ctra. Medina–Chiclana (Av. del Mar 10), Tel. 956 41 00 40, Fax 956 41 24 39, www.hotelelduque.com. Haus mit hübschem Terrassengarten am westlichen Ortsrand, sehr gutes Restaurant, Innenstadt zu Fuß erreichbar. DZ 50–70 €.

Einkaufen
Süße Spezialität ▶ Das Rezept für den **Alfajor de Medina Sidonia**, ein Zimtgebäck mit Nüssen und Honig, kannten schon die Mauren. Zu kaufen vor Ort in jeder Konditorei, z. B. bei Sobrina de las Trejas (Plaza de España 7) oder in der Pastelería Santa Rita im Innenhof des Convento San Cristóbal (Calle Hércules 1), wo ein Gitter die Nonnen beim Verkauf von den Kunden trennt.

Verkehr
Busse: Mit *Comes* nach Chiclana de la Frontera 4 x tgl., nach Jérez de la Frontera 1 x tgl.

Conil de la Frontera ▶ D 8

Conil de la Frontera (20 000 Einw.) ist ein wichtiger Badeort, der im Sommer bis zu 80 000 Touristen aufnimmt und damit seine Einwohnerzahl verfünffacht. Die Bewohner der lebhaften Stadt betreiben aber auch noch teilweise professionellen Fischfang. Der moderne Hafen liegt 5 km nördlich unterhalb der Steilküste des Cabo Roche (s. u.).

Vor dem Ort selbst dehnt sich ein breiter Sandstrand aus, die **Playa de los Bateles**, die trotz der Stadtnähe beinahe naturbelassen wirkt. Holzplankenstege führen über Salzwiesen und kleine Dünen zum Sandbereich am Meer. Dahinter verläuft mit dem **Paseo de Atlántico** eine breite, gepflegte Promenade, die sich sogar im Winter einigermaßen belebt. Im Norden schließt nahtlos die für ihre Fischlokale berühmte **Playa Fontanilla** an, hinter der sich das Hotelviertel von Conil mit über Veranstalter buchbaren Häusern der 3-und 4-Sterne-Klasse ausdehnt.

Conil de la Frontera

Andalusische Wallfahrt: Nicht nur das Kostüm erinnert an Carmen

Altstadt

Eigentliche Sehenswürdigkeiten gibt es in Conil de la Frontera kaum. An die frühere Stadtmauer erinnert noch ein Torbogen, die **Puerta de la Villa.** Letzter Zeuge der einstigen Burg ist die gotische **Torre Guzmán** (15./16. Jh.). Der Turm trägt seinen Namen nach Alfonso Pérez de Guzmán, der Conil de la Frontera für seine Verdienste bei der Verteidigung von Tarifa (s. S. 172) erhielt. Später ging der Besitz in die Hände der Herzöge von Medinaceli über, die das Anwesen als Sommersitz nutzten.

Nahebei an der von Palmen gesäumten Plaza de Santa Catalina erhebt sich die baufällige **Iglesia de Santa Catalina** aus dem 16. Jh. Sie wird derzeit restauriert und soll in Zukunft als Informationszentrum für Umwelt und Tourismus dienen.

Tipp: Radtour gefällig?

Auch ohne große sportliche Ambitionen schafft man es gut **von Novo Sancti Petri zur Dehesa de Roche**, einem bewaldeten Küstenplateau, von dem Treppen die Klippen hinab zu verschwiegenen Sandbuchten führen (s. S. 192).

Cabo Roche

Nördlich der Playa de la Fontanilla beginnt eine rötliche Steilküste, unter die sich der Fischerei- und Jachthafen von Conil duckt. Über ihm ragt auf dem **Cabo Roche** ein Leuchtturm auf, von dem ein beschilderter Wanderweg die Küstenklippen entlang in 30 Min. zur Ferienvillensiedlung Roche führt. An drei Stellen leiten Steintreppen hinunter in reizvolle Felsbuchten. Diese Strandzugänge *(acceso a playa)* sind von der Straße ausgeschildert, die Conil mit Roche verbindet.

Im Hinterland dehnt sich die **Dehesa de Roche** aus, eine flachwellige, locker mit Pinien bewaldete Ebene. Sie setzt sich nördlich von Roche bis Novo Sancti Petri fort. Von der Straße aus führen dort beschilderte Spazierwege zu einem Mirador über der Steilküste und quer über die Dehesa.

Infos

Oficina Municipal de Turismo: Ctra. El Punto 1, 11140 Conil de la Frontera, Tel. 956 44 05 01, Fax 956 44 05 00, www.conildelafrontera.es.

Übernachten

Mehrere Patios ▶ Hotel Almadraba Conil: Calle Señores Curas 4, Tel. 956 45 60 37, Fax

Südliche Costa de la Luz

> **Tipp: Tapeo**
>
> Während sich tagsüber vor allem die Lokale am Paseo del Atlántico füllen, z. B. das El Pasaje, verlagert sich das Geschehen abends in die Altstadt. Dort bieten unzählige Bars und Restaurants Tapas und *raciones* an. Spezialitäten aus dem Meer sind *ortiguillas* (fritierte Seeanemonen) und *urta* (eine große Brassenart mit sehr zartem Fleisch).

956 44 45 19, www.hotelalmadrabaconil.com. Komfortable Unterkunft in einem alten andalusischen Haus, strand- und altstadtnah, Parkmöglichkeit (Gebühr). DZ 70–110 €.

Absolut o.k. ▶ **Hostal La Posada:** Calle Quevedo s/n, Tel./Fax 956 44 41 71, www.laposadadeconil.com. Gediegen eingerichtete Zimmer mit schönen Gemeinschaftsterrassen und Meerblick, zentral nahe Puerta de la Villa, ausgezeichnetes Gartenrestaurant. DZ 50–90 €.

Essen & Trinken

Am Atlantik ▶ **Francisco La Fontanilla:** Playa Fontanilla, Tel. 956 44 08 02, www.franciscofontanilla.com. Strandlokal für gehobenere Ansprüche. 3 Gänge à la carte 20–30 €.

Exzellente raciones ▶ **La Fontanilla:** Playa Fontanillla, Tel. 956 44 07 79. Einfacheres Lokal direkt nebenan, die *raciones,* gebratener frischer Fisch, schmecken hervorragend. Hauptgerichte 8–10 €.

Einkaufen

Freitags vormittags (ca. 10–14 Uhr) trifft man sich zum Einkaufssbummel auf dem **Wochenmarkt** am Paseo de Atlantico.

Abends & Nachts

In der Calle José Tomás Borrego (nahe Plaza de España) konzentrieren sich Musikbars, die sich schon am früheren Abend füllen, z. B. **El Adán** oder die angesagte Teestube **El Cafetín del Sur.** Eher jüngeres Publikum verkehrt in der Calle Ancha (bei der Kirche). Mit schönen Tanz-Innenhöfen, in denen oft erst ab 2 Uhr morgens die Post abgeht, teilweise bei Livemusik, punkten dort **La Cochera** und **La Jacaranda.** Hier wie dort ist vorwiegend in den Sommermonaten etwas los. Ganzjährig öffnet die gediegene Cocktail-Bar **Café de la Habana** (Plaza de Santa Catalina).

Aktiv

Wellness ▶ **Hotel Fuerte Costa Luz:** Playa Fontanilla, Tel. 956 45 63 40, Di–So 10–14, 16–19 Uhr. Spa mit Sauna, türkischem Bad, Jacuzzi, schottischer Dusche. Externe Gäste zahlen 18 €.

Strandwanderungen ▶ Gemeinsam sind die **Playa de los Bateles** und die **Playa Fontanilla** über 2,5 km lang und nicht nur zum Baden, sondern dank ihres festen Sandes auch für Spaziergänge und Walking ideal.

Reiterferien ▶ **Finca El Sur:** Ctra. Barrio Nuevo 110 (El colorado), Tel. 956 44 57 14, www.finca-el-sur.com. Familiärer Reiterhof unter schweizerischer Leitung. Ausritte in Kleingruppen in die Umgebung der Finca (ab 40 €) oder zum Strand (ab 70 €), Unterricht für Anfänger und Kinder. Es werden auch ein paar Zimmer vermietet (DZ 50–60 €), Halb- oder Vollpension gegen Aufpreis (10 bzw. 15 € pro Person) möglich.

Termine

Feria de la Primavera de El Colorado: erste Juniwoche. Ländliches Fest im 10 km entfernten Ortsteil El Colorado mit uriger Atmosphäre, originellen Wettbewerben, Reiterumzügen und Stierkämpfen.

Fiesta de la Virgen del Carmen: um den 16. Juli. Tag der Schutzpatronin der Seefahrer mit farbenfroher Bootsprozession.

Feria Nuestra Señora de las Virtudes: um den 5. Sept. Mehrtägiges Fest mit viel Tanz und Gesang, dazu fließt reichlich Wein um das Ende der Sommerferien zu begehen.

Verkehr

Busse: Haltestelle Casa de Postas, 3 km außerhalb an der A-340. Mit *Comes* mehrmals tgl. u. a. nach Cádiz, Barbate, Algeciras. Manche Busse fahren ins Stadtzentrum (*parada central* an der Hauptstraße). Innerhalb

Novo Sancti Petri: Natur pur an der Playa de la Barrosa

von Conil, zur Playa Fontanilla und zur Busstation verkehren Stadtbusse.

Novo Sancti Petri ▶ C/D 7

Der auf dem Reißbrett geplante Ferienort **Novo Sancti Petri** entstand seit Anfang der 1990er-Jahre. Rund vier Fünftel der Gäste kommen aus Deutschland, die meisten, um sich aktiv dem Sport zu widmen. Es gibt in Novo Sancti Petri über 6000 Betten, alle in Hotels der 4- und 5-Sterne-Kategorie. Sie säumen – dezent konzipiert und nie mehr als drei Stockwerke hoch – in lockerer Folge die attraktive **Playa de la Barrosa**. Da sie Abstand zum Meer halten, wirkt der Strand mit seinen Dünen fast naturbelassen. Hinter der Hotelzeile erstreckt sich ein 36-Loch-Golfplatz. Einen gewachsenen Ortskern ersetzt das Einkaufs- und Restaurantzentrum Novo Center.

La Barrosa

Im Norden grenzt jenseits des Pinienhains **Parque La Barrosa** der Ort **La Barrosa** an – eine Gartenstadt gehobenen Niveaus. Wohlhabende Spanier besitzen hier oft geradezu herrschaftlich anmutende Ferienvillen. An der Strandpromenade reihen sich *chiringuitos* auf: bei Einheimischen wie Urlaubern gleichermaßen beliebte Fischrestaurants.

Chiclana de la Frontera

Dem Mutterort von Novo Sancti Petri und La Barrosa, **Chiclana de la Frontera** (76 000 Einw.), beginnt man den neuerdings durch den Tourismus an der Küste erworbenen Wohlstand anzusehen. Schon eröffnen in der lebendigen Altstadt Filialen schicker Mode- und Juwelierketten. Bis heute leben viele Bewohner von der Herstellung des Fino Chiclanero, eines dem Sherry ähnlichen, strohgelben Südweins mit Mandelaroma.

Infos

Oficina Municipal de Turismo: Calle Vega 6, 11130 Chiclana de la Frontera, Tel./Fax 956 53 59 69, www.turismochiclana.com. Filiale zwischen Novo Sancti Petri und La Barrosa, Tel./Fax 956 49 72 34, Ostern, Juni–Okt.

Übernachten

Die fast nur pauschal gebuchten Hotels in Novo Sancti Petri sind durchweg sehr komfortabel bis luxuriös ausgestattet, z. B. das **Hotel Meliá Sancti Petri** (www.solmelia.com), das All-Inclusive-**Hotel RIU Chiclana** (www.riu.com) und das **Hotel Iberostar Andalucía Playa** (www.iberostar.es).

Südliche Costa de la Luz

aktiv unterwegs

Minikreuzfahrten ab Sancti Petri

Tour-Infos
Start: Puerto de Sancti Petri
Dauer: jede Fahrt ca. 1 Std.
Wichtige Hinweise: Albarco: Tel. 956 10 03 24, www.albarco.com, im Sommer (Juli–Mitte Sept.) täglich, in der Vor- und Nachsaison seltener, pro Person ca. 12 €, Kinder 6 €.

Im Sporthafen von Sancti Petri starten organisierte Ausflugsfahrten mit dem Motorschiff La Pepa Cádiz und dem Katamaran Tavae (beide gehören zur Albarco.com grupo náutico). Eines der Programme führt um die Mittagszeit oder am Abend zum Sonnenuntergang zu der kleinen, unbewohnten Insel **Islote de Sancti Petri**. Dort erhebt sich das gleichnamige **Castillo,** dessen Grundmauern noch aus arabischer Zeit stammen. Funde von Statuen bezeugen, dass in der Antike an dieser Stelle ein Tempel für Melkart stand, den Hauptgott Karthagos. Er entsprach dem griechischen Gott Herkules und wurde auch ähnlich wie dieser dargestellt. Prominente Besucher des Heiligtums sollen Hamilkar Barkas (der Vater Hannibals) und Julius Cäsar gewesen sein.

Ein weiteres Programm hat die *marismas* (Gezeitensümpfe) im Südteil der Bucht von Cádiz zum Ziel. Sie stehen heute als **Parque Natural Bahía de Cádiz** unter Schutz. Das Feuchtgebiet umfasst rund 10 000 ha. Marschen, Dünen, mit Schilf bestandene Wasserflächen und kleine Inseln wechseln einander in verwirrender Folge ab. Dazwischen erstrecken sich ehemalige Salinen, die heute oft der Fischzucht dienen. Die ökologische Bedeutung als Rastplatz für Zugvögel ist enorm. Boote können das Gebiet auf einem Netz von Kanälen befahren.

Einkaufen

Gebäck ▶ **Monasterio:** Chiclana de la Frontera, Plaza de Jesús del Nazareno. Aus klösterlicher Produktion wird ausgezeichneter Mandelkuchen (*torta de almendra*) verkauft.

Wein aus Chiclana ▶ **Bodegas Cooperativa Unión de Viticultores Chiclaneros:** La Madera 5, nahe Kinocenter Las Salinas, Tel. 956 53 59 13, Fax 956 53 59 19, viticultores@terra.es. Die Genossenschaft der örtlichen Weinbauern lädt ein zu Probe und Kauf. Für Besichtigungen am Vortag anmelden. Außerdem gibt es im Ort mehrere Bodegas und Bodegones mit Direktverkauf, denen meist auch urige Lokale angeschlossen sind.

Wochenmarkt ▶ **Chiclana de la Frontera:** Di ca. 10–14 Uhr auf dem Festgelände im Stadtpark (Parque de las Albinas).

Aktiv

Golf ▶ **Club de Golf Novo Sancti Petri:** Tel. 956 49 40 05, Fax 956 49 43 50, www.golfnovosancti.es. Teile des Platzes liegen inmitten eines Kiefernwaldes, andere mit Blick auf den Atlantik. Zahlreiche Wasserhindernisse. Für Spieler aller Spielstärken. Greenfee 9 Loch 39 €. Die angeschlossene Golfakademie bietet ganzjährig Kurse in deutscher Sprache (Anfänger 4 Std. 99 €).

Radfahren ▶ Ein Netz von Radwegen führt durch Novo Sancti Petri und in die flachwellige Umgebung. Im Ort gibt es mehrere Fahrradverleihe. Der Ableger eines Schweizer Spezialveranstalters, **Holiday Bicycle Max Hürzeler** (Tel. 639 36 23 41, www.bicycle-holidays.com), betreibt eine Radsportbasis im Hotel Iberostar Royal Andalus (Verleih von Sport- und Rennrädern 65–85 pro Woche, geführte Touren um 8 € pro Tag). Das **Bike & Sport Center** (Tel. 956 49 21 25), eine spanisch-deutsch geführte Outdoor-Agentur neben dem Hotel Playa La Barrosa, bietet außer Mountainbike-Verleih (ab 12 € pro Tag) und Radtouren auch Wanderungen an.

Sancti Petri

Reiten ▶ Yeguada La Patiña: Ctra. de Chiclana, Novo Sancti Petri, Tel. 647 30 05 96, Mo–Fr 9–13, 17–21 Uhr; Ausritte am Strand und durch Pinienwälder, Unterricht für Anfänger und Fortgeschrittene. **Club Hípico Joaquín Vázquez:** Parcela ED 2, Novo Sancti Petri, Tel. 956 49 63 52; deutschsprachiger Unterricht, Ausritte, Ponyreiten, Kutschfahrten.

Tennis ▶ Matchpoint Sports: Tennisschulen in den Hotels Iberostar Andalucia Playa, Iberostar Royal Andalus und Riu Chiclana. Platzmiete 15 € pro Stunde, Schlägermiete 5 € pro Stunde. Schnupperkurse und professioneller Unterricht, auch Kinderkurse. Regelmäßig Gästeturniere. Außer Tennis auch **Nordic Walking** und **Schwimmkurse.**

Ausflugsfahrten ▶ MontSolMar: Calle Cordoniz 6, Tel. 649 91 81 75, 956 53 69 50, www.montsolmar.com. Exklusive Ausflüge ab Novo Sancti Petri in luxuriösen Kleinbussen und Vans zu verschiedenen Zielen in Andalusien, auch abseits ausgetretener Pfade. Deutsche Leitung. Schnuppertour 29, Halbtagesfahrten 49–55, Ganztagesfahrten 88–125 €.

Wellness ▶ Hammam Sancti Petri: Ctra. de la Loma s/n, Tel. 956 01 69 03, www.hammamsanctipetri.es; auf 1800 m² Fläche bieten unterschiedlich temperierte Pools und Dampfbäder sowie Massagen mit duftenden Ölen Entspannung; eine Auswahl an Tee, Cocktails und arabischen Gerichten sowie Bauchtanz-Shows runden das Angebot ab. **Balneario de Chiclana:** Av. de Fuenteamarga (im Ort ausgeschildert), Jan. geschl.; echtes Thermalbad mit viel einheimischem Publikum, das im schwefeligen Wasser rheumatische Beschwerden auskuriert; auch Druckstrahlmassagen, Schlammpackungen.

Verkehr

Busse: Zahlreiche Verbindungen innerhalb des Verbunds Bahía de Cádiz (s. S. 203).

Sancti Petri ▶ C 7

Auf einer geschwungenen Halbinsel liegt der verlassene Ort **Sancti Petri.** Erst in den 1940er-Jahren für die Arbeiter einer Tunfischfabrik gegründet, wurde die Siedlung nach deren Schließung schon in den 1970er-Jahren wieder aufgegeben. Danach nutzte das spanische Militär Sancti Petri als Übungsgelände. Erst seit wenigen Jahren darf das Dorf wieder besucht werden und stellt seither ein beliebtes Ausflugsziel für die Bewohner der Umgebung dar. Pläne, die leer stehenden Häuser zu restaurieren und darin Kunstgalerien und schicke Restaurants anzusiedeln, wurden bisher nicht verwirklicht.

Die naturbelassene **Playa de Sancti Petri** an der Atlantikküste der Halbinsel ist im Sommer bei einheimischen Badenden, Windsurfern und Anglern gleichermaßen beliebt. Sie kehren gern in den einfachen *chiringuitos* ein, um Fisch und Meeresfrüchte zu essen und dann die Nacht hindurch zu feiern. An den Strand grenzt der **Puerto de Sancti Petri,** ein kleiner moderner Sportboothafen. Einen urigen Fischereianleger (*muelle pesquero*), wo die kleinen, bunten Holzboote der Fischer im Schlick eines stillen Meeresarmes liegen, gibt es nordöstlich des verlassenen Dorfs.

Essen & Trinken

Aus dem Meer ▶ La Carpa: Calle de la Rivera s/n, Tel. 956 49 54 28, außer im Hochsommer nur mittags, im Winter Mo Ruhetag. Neben dem Wassersportclub am Sporthafen, je nach Fang wechselndes Angebot an Fisch und Meeresfrüchten. Tellergerichte ca. 8–10 €.

Authentische Fischerkneipe ▶ Bar Flotante: Muelle Pesquero, Di Ruhetag. Hier kann man den frischen Fang in Form von *tapas* (um 3 €) und *raciones* (um 8 €) verspeisen.

Aktiv

Seekayak ▶ Sancti-Petri Kayak: Puerto de Sancti Petri, Tel. 956 49 49 32, spkayak@terra.es. Vermietung und Schule.

Tauchen, Wind- und Kitesurfen, Wasserski, Jetski ▶ Novo Jet: Puerto de Sancti Petri, Tel. 956 49 20 26, www.novojet.net. Transfer von vielen Hotels in Novo Sancti Petri möglich.

Cádiz und das Sherrydreieck

Cádiz, das phönizische Gades, lockt mit kosmopolitischer Atmosphäre. Das angrenzende Sherrydreieck ist eine wellige Landschaft, von Weinbergen bedeckt, soweit das Auge reicht. Winzer und Erntearbeiter leben in einer der drei Städte – Jerez de la Frontera, El Puerto de Santa María, Sanlúcar de Barrameda – wo die großen Bodegas Besuchermagneten darstellen.

6 Cádiz ▶ C 7

Cityplan: S. 196/197

Die Touristenströme ziehen meist achtlos an Cádiz (130 000 Einw.) vorbei, was eigentlich schade ist. Zwar fehlen die spektakulären Sehenswürdigkeiten anderer andalusischer Großstädte. Dafür fasziniert die Atmosphäre am Hafen und in der belebten Altstadt. Als charakteristisch für Cádiz wird immer wieder das besondere Licht genannt. Es zeigt sich vor allem am frühen Abend, wenn die letzten Sonnenstrahlen die weißen Häuser an der Meerespromenade beleuchten und die Stadtbewohner hier ihren *paseo* zelebrieren.

Das historische Zentrum hat in jüngerer Zeit gründliche Sanierungsarbeiten erlebt. Es lag bis ins 19. Jh. hinein auf einer Insel. Erst dann entstand durch natürliche Anspülung von Meeressedimenten eine schmale Verbindung zum Festland. Dennoch ist die Altstadt immer noch fast rundum vom Atlantik umgeben. Mit ihren symmetrisch angeordneten Straßenfluchten und barocken Häuserfassaden wirkt sie in sich abgeschlossen und einheitlich. 1717 übernahm Cádiz von Sevilla das Monopol für den Handel mit Amerika, weil der Guadalquivir nicht mehr ausreichend schiffbar war. Die Bebauung stammt aus den Jahrzehnten danach, der Blütezeit der Stadt, in der drei Viertel des spanischen Amerikahandels von hier aus abgewickelt wurden. Damals war Cádiz die reichste und kosmopolitischste Stadt des Landes. Nach dem Wegfall der amerikanischen Kolonien, die Anfang des 19. Jh. ihre Selbstständigkeit erkämpften, verlor Cádiz bald seine Stellung als wichtige Handelsmetropole. Dennoch ist bis heute eine weltbürgerlich-liberale Stimmung zu spüren.

Aus der langen Geschichte davor – schließlich ist Cádiz die älteste Stadt Spaniens – blieb wenig erhalten. Die Phönizier gründeten Cádiz unter dem Namen Gadir (Festung) um 1100 v. Chr., von dem bis heute die Bezeichnung für die Bewohner, *gaditenos*, abgeleitet wird. Bald entwickelte sich die Stadt zur antiken Handelsmetropole, aber auch zu einem Zentrum der Naturwissenschaften. Griechische Forscher pilgerten nach Cádiz, um die Gezeiten zu studieren, die sich am Atlantik viel stärker bemerkbar machen als am Mittelmeer. Später ließen die Römer hier Schiffe bauen. Als erste Stadt auf der Iberischen Halbinsel nahm Cádiz römisches Recht und lateinische Sprache an. Die damaligen Reichtümer Andalusiens – Silber, Kupfer, Wein und Salzfisch – wurden von hier aus nach Rom verschifft.

Unter maurischer Herrschaft versank die Stadt rasch in Bedeutungslosigkeit und bekam erst nach der Entdeckung Amerikas wieder Aufschwung (s. o.). Heute lebt Cádiz vor allem von seinem Freihandelshafen mit Werften und Raffinerien sowie von Fischerei und Fischkonservenindustrie.

Cádiz

Plätze in der Stadt

Die enge Altstadt öffnet sich zu zahlreichen Plätzen, auf denen sich das Leben abspielt. In Hafennähe liegt die **Plaza San Juan de Dios** 1 mit dem Rathaus von 1799. An dessen Fassade prangen Reliefs in Form phönizischer Münzen und in der Mitte eine Darstellung des Gottes Herkules, des mythischen Gründers der Stadt. Um 10 Uhr erklingt hier jeden Tag ein Glockenspiel mit einer Melodie des 1876 in Cádiz geborenen Komponisten Manuel de Falla (s. S. 53) aus seinem Ballett »El Amor brujo« (Liebeszauber). Fallas Werk fußt auf der spanischen Volksmusik, auch wenn er später in Paris und schließlich in Argentinien lebte, wo er 1946 starb.

Im Zentrum der parkartigen **Plaza de España** 2 steht ein riesiges Denkmal für die *Cortes,* die verfassunggebende Versammlung von Cádiz im Jahre 1812. Damals wurde hier der Geist der Liberalität – Abschaffung der Inquisition, Presse- und Meinungsfreiheit, Gewaltenteilung – in einem Gesetzeswerk verankert und strahlte auf ganz Europa aus. Französische Truppen marschierten allerdings ein, um König Ferdinand VII. zu Hilfe zu kommen. 1823 eroberten sie das Fort von

Tipp: Museo de Cadiz

Einen Ausflug wert ist Cádiz nicht zuletzt wegen des **Museo de Cádiz** 3 an der Plaza de Mina (Di 14.30–20.30, Mi–Sa 9–20.30, So 9–14.30 Uhr, Mo und an vielen Feiertagen geschl., EU-Bürger frei, alle anderen Mo–Sa 1,50 €, So gratis). Es ist mitten in der Stadt in einem ehemaligen Franziskanerkloster untergebracht. Seine drei Abteilungen nehmen jeweils ein Stockwerk ein:

Prunkstücke in der **Abteilung für Archäologie** im Erdgeschoss sind zwei gewaltige Marmorsarkophage, die in der Nähe von Cádiz gefunden wurden und das einstmalige Vorhandensein eines phönizischen Gräberfeldes (Nekropole) bezeugen. Die Phönizier selbst sind nicht für Steinmetzarbeiten bekannt. Vermutlich fertigten griechische Handwerker die Steinsärge, wobei sie sich an Vorbildern aus Ägypten orientierten. Sie sind menschlichen Körpern nachgebildet und zeigen eine Frau mit Messer in der Hand sowie einen bärtigen Mann. Die Gesichter weisen orientalische Züge auf. Im Inneren fanden Archäologen tatsächlich ein männliches und ein weibliches Skelett aus dem 5. Jh. v. Chr.

Die Römer nutzten die Nekropole weiter, wie Grabbeigaben bezeugen: Terrakottastatuetten, Öllämpchen, Schmuck, Masken. Die überlebensgroße Statue des römischen Kaisers Trajan (98–117 n. Chr.) stand ehemals in Baelo Claudia, wo sich heute eine Kopie befindet (s. S. 176). Unterwasserfunde aus der Bucht von Cádiz, vor allem Amphoren, belegen den römischen Spanienhandel.

Im ersten Stock birgt die **Abteilung für Malerei** neben flämischen Gemälden von Jan van Eyck, van der Weyden und Rubens einige Kostbarkeiten der spanischen Malerei. Von Murillo sind mehrere Werke zu sehen, darunter sein letztes: »Desposorios de Santa Catalina« (Verlobung der hl. Katharina) von 1682. Ursprünglich zierte es den Altar der Kapelle des Kapuzinerinnenklosters von Cádiz. Bei den Arbeiten an diesem Bild stürzte der Künstler vom Gerüst und starb an den Folgen der Verletzungen. Den zentralen Teil der Sammlung bilden 18 Meisterwerke von Francisco de Zurbarán, darunter ein Zyklus, den dieser sogenannte »Maler der Mönche« 1638–39 für das Kartäuserkloster bei Jerez de la Frontera gemalt hatte. Selbst im Prado von Madrid und im Museo de Bellas Artes von Sevilla hängen keine eindrucksvolleren Bilder des Künstlers als diese.

Ein Stockwerk höher sind in der **Abteilung für Volkskunde** vor allem Puppen und Kulissen des andalusischen Marionettentheaters ausgestellt, der Marionettenspielgruppe La Tía Norica, die in Cádiz schon im 18. Jh. auftrat und ab 1815 über ein Theater verfügte. Sie war Vorbild für alle in Andalusien bis ins 20. Jh. äußerst populären Marionettentheater.

Cádiz

Sehenswert
1. Plaza San Juan de Dios
2. Plaza de España
3. Museo de Cádiz
4. Plaza San Francisco
5. Plaza de Mina
6. Plaza de San Antonio
7. Oratorio de San Felipe Neri
8. Museo de las Cortes
9. Baluarte de la Candelaria
10. Parque Genovés
11. Castillo Santa Catalina
12. Castillo de San Sebastián
13. Playa de la Caleta/ Balneario de la Palma
14. Mercado Central
15. Plaza de las Flores
16. Torre Tavira
17. Catedral Nueva
18. Museo Catedralicio
19. Iglesia de Santa Cruz
20. Casa del Obispo
21. Teatro Romano

Übernachten
1. Hotel Spa Senator Cádiz
2. Hotel Francia y París
3. Hostal Bahía

Essen & Trinken
1. El Faro
2. El Balandro
3. Fogón de Mariana/ Jamones de Mantanera

Einkaufen
1. Calle Guadalquivir
2. Hecho en Cádiz
3. Magerit
4. Tierra

Abends & Nachts
1. Anfiteatro
2. El Malecón
3. La Cava
4. Peña La Perla
5. Sala Central Lechera

Aktiv
1. Tour por Cádiz
2. Hop on Hop off
3. Fährboot nach El Puerto
4. Playa de la Cortadura
5. Playa de la Caleta

Cádiz und das Sherrydreieck

Eine Stadt und das Meer: Seefahrern zeigt sie sich von ihrer besten Seite

Trocadero in der Nähe von Cádiz, in dem sich die Liberalen verschanzt hatten. ›Trocadero‹ wurden daraufhin gleich eine ganze Reihe von Gebäuden und Plätzen in Paris genannt.

Ausgesprochen nett ist die **Plaza San Francisco** 4. Mehrere Lokale stellen Tische ins Freie. Von hier aus ist es nicht weit bis zur **Plaza de Mina** 5, auf der hohe exotische Bäume Schatten spenden.

Nächstes Ziel kann die traditionsreiche **Plaza de San Antonio** 6 sein, auf der 1812 die berühmte Verfassung von Cadíz verkündet wurde. Der geräumige, helle Platz dient oft als Bühne, für Paraden und musikalische Darbietungen, vor allem während des Karnevals (s. u.). Die **Calle Ancha** ist Fußgängerzone. Hier widmen sich die Bewohner von Cádiz dem Shopping-Vergnügen. Im Haus Nr. 19 wohnte einst der Komponist Manuel de Falla. Die meist offen stehende Tür erlaubt einen Blick in den Innenhof des vornehmen Stadthauses.

Weiter südlich liegt die Plaza de San Felipe Neri. Dort diente das **Oratorio de San Felipe Neri** 7 als Sitzungssaal der Cortes. Den Hauptaltar dieser schlichten, in Form eines Ovals gebauten Barockkirche aus dem 17. Jh. ziert ein Marienbildnis (»Unbefleckte Empfängnis«) von Murillo (Plaza de San Felipe Neri, Mo–Sa 10–13 Uhr, 2,50 €).

Nebenan zeigt das **Museo de las Cortes de Cádiz** 8 Gegenstände und Dokumente aus der Stadtgeschichte und lädt zu virtuellen historischen Rundgängen ein. Das Modell

Cádiz

von Cádiz wurde 1779 für König Carlos III. aus Mahagoni und Elfenbein gefertigt (Calle Santa Inés 9, Di–Fr 9–13, 16–19, Juni–Sept. 17–20, Sa/So 9–13 Uhr, Fei geschl., Eintritt frei).

Am Meer

Truppen des englischen Grafen von Essex zerstörten die Stadt 1596. Man baute sie danach wieder auf und errichtete an der Seeseite eine Mauer. Von dieser blieben drei Bollwerke erhalten. Eines davon, der **Baluarte de la Candelaria** 9, schiebt sich im Norden in den Atlantik vor. Wegen der Aussicht über die Stadt lohnt es sich die Bastion zu besteigen.

Auf dem Weg zum nächsten Bollwerk wird der **Parque Genovés** 10 passiert, eine Art Botanischer Garten aus dem ausgehenden 19. Jh., in dem unterschiedlichste exotische Bäume und Sträucher wachsen. Kleine Plätze mit Springbrunnen und Bänken laden zum Verweilen ein, im Park verteilte Skulpturen zum Schauen.

An der Westseite der Altstadt befinden sich das **Castillo Santa Catalina** 11 mit sternförmigem Grundriss und das **Castillo de San Sebastián** 12. Letzteres nimmt eine ganze Felsinsel ein, die durch einen 750 m langen Damm mit der Stadt verbunden ist. Die Festung selbst ist zwar nicht zu besichtigen, doch bietet sich – falls die Wellen nicht zu hoch spritzen – ein Spaziergang über den Damm an, um das Stadtpanorama zu genießen.

Zwischen den beiden Castillos erstreckt sich der knapp 500 m lange Sandstrand **Playa de la Caleta** 13 mit bunten Fischerbooten und dem hübschen Jugendstil-Badehaus **Balneario de la Palma y de Real** von 1925. Von hier aus führt durch das alte Fischerviertel **Barrio de la Vina** die von Orangenbäumen gesäumte Calle Virgen de la Palma landeinwärts, von Tapabars gesäumt.

Mercado Central

Einen Knotenpunkt in der Stadt stellt der **Mercado Central** 14 dar (Mo–Sa 9.30–14 Uhr). Die Hauptmarkthalle wurde im 19. Jh. im klassizistischen Stil wie ein griechischer Tempel mit Säulengalerien errichtet. Einheimische Kunden gönnen sich nach dem Einkauf einen

Tipp: Frischer Fisch

Zahlreiche *freidurías* (Fischbratereien) verkaufen in der Altstadt von Cádiz frittierten Fisch und Meeresfrüchte. Sofern die Braterei nicht selbst über ein paar Tische verfügt, dürfen die Leckereien oft in benachbarten Kneipen zum Bier oder Wein verzehrt werden (auf das Schild *Se admiten comidas de la calle* achten). Eine Portion zum Mitnehmen (ca. 250 g) kostet zwischen 3 und 7 €, je nachdem ob es sich um schlichte Makrelen oder z. B. um Gambas handelt.

Kaffee auf der angrenzenden Plaza Topete. Wegen der vielen Blumenstände heißt sie auch **Plaza de las Flores** 15.

In der Nähe des Marktes steht die 34 m hohe **Torre Tavira** 16 (18. Jh.), die früher zum Haus eines Kolonialhändlers gehörte. Ähnliche Türme gibt es überall in der Altstadt. Ein Ausguck schaute von oben ständig aufs Meer, um rechtzeitig das Eintreffen eines Handelsschiffs anzukündigen. Die Besteigung lohnt wegen der hervorragenden Aussicht. Im Inneren des dreistöckigen Turms projiziert eine **Camera obscura** mit Hilfe von Spiegel und Linse aktuelle Bilder von Gebäuden, Gassen und Plätzen der Stadt auf einen Schirm. Jede halbe Stunde beginnt eine (auch in deutscher Sprache) kommentierte, 15-minütige Führung durch das Panorama (Calle Marqués del Real Tesoro 10, www.torretavira.com, tgl. 10–18, Mitte Juni–Mitte Sept. bis 20 Uhr, 25.12. u. 1.1. geschl., 4 €).

Rund um die Catedral Nueva

Weithin sichtbar steht die **Catedral Nueva** 17 mit ihrer gelben Zentralkuppel an der Plaza de la Catedral, wo nette Cafés zur Einkehr einladen. 1722 wurde der Bau im Barockstil begonnen. Teurer Marmor fand dabei Verwendung. Vollendet werden konnte das Gotteshaus dann erst 1838, als der klassizistische Stil in Mode war. Inzwischen war das Geld knapp geworden, weshalb der jüngere Teil aus preiswerterem Kalkstein gemauert wurde. Der Innenraum beeindruckt mit seinen

Cádiz und das Sherrydreieck

Ausmaßen (85 m lang, 60 m breit und 52 m hoch). Das reich verzierte Chorgestühl aus Mahagoniholz ist älter als die Kathedrale. Es wurde 1702 geschnitzt und später von seinem ursprünglichen Ort, der Kartause von Sevilla, hierher gebracht.

Die schlichte Krypta der Kathedrale liegt unterhalb des Meeresspiegels. Hier befindet sich das Grabmal des Komponisten Manuel de Falla (s. o.). Unter der äußerst flachen Kuppel der Krypta ist ein ungewöhnliches Echo zu vernehmen, das sich fünfzehnmal wiederholt. Der **Torre de Poniente de la Catedral** (Westturm der Kathedrale) darf bestiegen werden. Von der Aussichtsplattform bietet sich ein hervorragender Rumdumblick (www.torredeponiente.com, tgl. 10–18, Mitte Juni–Mitte Sept. bis 20 Uhr; 25.12., 1.1. u. 6.1. geschl., 4 €).

In der Nachbarschaft ist in der Casa de Contaduria, dem ehemaligen Rechnungshof aus dem 16. Jh., das **Museo Catedralicio** [18] untergebracht. Es enthält Werke von drei Malern des Goldenen Zeitalters der spanischen Kunst: Zurbarán, Alonso Cano und Murillo. Vor allem aber birgt es den reichen Domschatz mit drei riesigen, jeweils aus mehreren hundert Kilogramm Gold und Silber geschmiedeten Monstranzen. Die gotische Custodia del Cogollo (16. Jh.) mit einem Amethystkreuz an der Spitze stammt von Enrique de Arfe (eigentlich Heinrich von Harff), der aus der Nähe von Köln 1506 mit dem Habsburgerkönig Philipp dem Schönen nach Spanien kam, wo er in kunstvoller Feinarbeit das erste aus Amerika mitgebrachte Gold und Silber verarbeitete. Die dreistöckige Custodia del Corpus Christi (17. Jh.) gilt mit fast 5 m Höhe als größtes Hostienbehältnis der Welt. Der Silberschmied Antonio de Suárez benötigte 16 Jahre, um sie zu fertigen. Die Custodia del Millón von 1721 ist mit unzählbar vielen Smaragden, Rubinen und Diamanten geschmückt. Eine Million sollen es sein. Zu Fronleichnam werden die Monstranzen im festlichen Umzug durch die Straßen getragen (Catedral Nueva und Museo de la Catedral: Plaza Fray Félix, Di–Fr 10–13.30, 16.30–18.30, Sa 10–13 Uhr, Kombiticket 4 €).

Die alte Kathedrale heißt heute **Iglesia de Santa Cruz** [19]. Das schlichte Gewölbe und der Eingangsbogen stammen noch von 1263. Britische Korsaren fügten dem Gebäude 1596 schwere Schäden zu, weshalb es im Renaissancestil erneuert werden musste. Bruderschaften unterhalten die bunten Barockaltäre in den Seitenkapellen (Di–Do u. Sa 10–13, 17.30–20.30, Fr 9–13.30, 16.30–22 Uhr, Eintritt frei).

Archäologische Stätten

Zwischen den beiden Kathedralen, unter der **Casa del Obispo** [20], dem alten Bischofspalast (16. Jh.), wurden Fundamente aus phönizischer, karthagischer und römischer Zeit ergraben. Offenbar befand sich hier seit dem 8. Jh. v. Chr. der Siedlungskern von Cádiz. Auf einem unterirdischen Lehrpfad taucht der Besucher hautnah in die Stadtgeschichte ein (Casa del Obispo: Plaza Fray Félix s/n, www.lacasadelobispo.com, tgl. 10–18, 15.6.–15.9. bis 20 Uhr, 25.12., 1.1. u. 6.1. geschl., 4 €).

Weiter östlich entdeckte man in Meeresnähe unter baufälligen Häusern die Ruinen des **Teatro Romano** [21], eines römischen Theaters aus dem 1. Jh. v. Chr., das 1990 teilweise ausgegraben wurde. Die Galerie unter den Sitzreihen kann betreten werden, während die Bühne noch unter angrenzenden Gebäuden verborgen ist (Campo del Sur: Di–So 10–14 Uhr, Eintritt frei).

Infos

Oficina Municipal de Turismo: Paseo de Canalejas s/n, 11005 Cádiz, Tel. 956 24 10 01, Fax 956 24 10 05, www.cadiz.es.

Patronato Provincial de Turismo: Plaza de Madrid s/n, 11011 Cádiz, Tel. 956 80 70 61, Fax 956 21 46 35, www.cadizturismo.com.

Oficina de Turismo de la Junta de Andalucía: Av. José Leon de Carranza s/n (Ecke Av. de la Coruña), 11006 Cádiz, Tel. 956 28 56 01, Fax 956 20 31 92, www.andalucia.org.

Übernachten

Moderne Klassik ▶ **Hotel Spa Senator Cádiz** [1]: Calle Rubio y Díaz/Plaza San

Cádiz

Agustín, Tel. 956 20 02 02, Fax 956 29 39 02, www.senatorhoteles.com. Mit Dachpool, Spa-Zentrum und Fitness. Elegante Atmosphäre. Parkplatz. DZ laut Preisliste 70–100, über Veranstalter teilweise günstiger.

Traditionelles Bürgerhaus ▶ **Hotel Francia y París** 2 : Plaza San Francisco 6, Tel. 956 21 23 19, Fax 956 22 24 31, www.hotelfrancia.com. Mit dem Charme vergangener Jahrzehnte, inmitten der Altstadt. DZ 70–80 €.

Kleine Pension ▶ **Hostal Bahía** 3 : Calle Plocia 5, Tel. 956 25 90 61, Fax 956 25 42 08, www.hostalbahia.info. In hübschem Stadthaus, günstig nahe der Plaza San Juan de Díos gelegen. DZ 50–70 €.

Essen & Trinken

Ambitioniert ▶ **El Faro** 1 : Calle San Félix 15, Tel. 902 21 10 68, www.elfarodecadiz.com. Unter Gourmets landesweit bekannter Familienbetrieb mit dem Ehrgeiz, nicht nur die frischesten, sondern auch die ausgefallensten Sorten Fisch und Meeresfrüchte zu servieren. Hauptgerichte 15–20 €. An der Bar Tapas (um 7 €).

Tipp: Kulinarisches

Viele Besucher kommen allein wegen der ausgezeichneten *marisquerías* und *cocederos* (für El Puerto typische Buden, in denen Meeresfrüchte in Salzwasser gekocht werden). Sie konzentrieren sich an der Ribera del Marisco (Meeresfrüchte-Ufer). Darüber hinaus lädt in der Innenstadt eine fast unüberschaubare Zahl von Bars zum **Tapeo** ein. Das vom Tourismusbüro verteilte Faltblatt »Ruta de la Tapa« empfiehlt 11 (!) Routen.

Feiner Fisch ▶ **El Balandro** 2 : Alameda Apodaca, Tel. 956 22 09 92, www.restaurantebalandro.com. Di–Sa 13–16, 20–24, So 13–16 Uhr. Erstklassiger Fisch aus der Bucht von Cádiz und Fleisch aus Ávila. Der Erfolg der letzten Jahre hat das Publikum schicker werden und die Preise anziehen lassen. Menü um 30 €, beachtliche Auswahl an Tapas (um 3,50 €).

Deftiges vom Grill ▶ **Fogón de Mariana/ Jamones de Mantanera** 3 : Calle Sacra-

Playa de la Caleta: Stadtstrand mit Flair

Cádiz und das Sherrydreieck

Perspektivenwechsel an der Strandpromenade

mento 39, Tel. 956 22 06 00, www.elfogondemariana.com. Wenn es einmal nicht Fisch sein soll: wegen der Qualität von Fleisch und Schinken geschätzte einfache Grillstube in der Innenstadt. Hauptgerichte 8–10 €.

Einkaufen

Wochenmarkt ▶ Calle Guadalquivir 1: nahe Corte Inglés, hinter der Playa de la Victoria. Mo vormittags.

Aus der Region ▶ Hecho en Cádiz 2: Plaza Candelaria 7, Tel. 956 28 31 97, www.hechoencadiz.com, Mo–Fr 10–13.30, 18–21, Sa 10–13.30 Uhr. Alles stammt aus der Umgebung von Cádiz. Kulinarische Spezialitäten wie hochwertiges Olivenöl, Wein, Käse und Wurstwaren, Fischkonserven und Räucherfisch stehen ebenso in den Regalen wie Keramik, Wolldecken aus Grazalema, Lederwaren aus Ubrique und Flechtwerk aus Palmfasern.

Weinladen mit Ambiente ▶ Magerit 3: Calle Fermín Salvochea 2, Tel. 956 22 79 94, www.vinosmagerit.com, Mo–Sa 10–14, 17.30–21 Uhr. Eine Selektion bester spanischer Weine, dazu Liköre und andere Spirituosen bietet der edle Laden, der dank liebevollem Styling für sich schon eine Augenweide ist.

So ziemlich alles ▶ Tierra 4: Calle del Rosario 12, Tel. 956 22 90 50. Ein unglaubliches Sammelsurium an Geschenk- und Dekorationsartikeln, Kunsthandwerk, bunter Mode und Accessoires ist in diesem Laden ausgestellt. Auf der Suche nach einem Souvenir wird man spätestens hier fündig.

Cádiz

Abends & Nachts

Im Sommer feiert man gern am **Paseo Marítimo** hinter den Stränden der Neustadt. An Winterwochenenden verlagert sich das Geschehen in die Tapabars rund um die Altstadtplätze **Plaza de Mina** und **Plaza San Francisco.** Gegen Mitternacht wechselt die junge Szene in die Gegend des Jachthafens im äußersten Nordosten der Altstadt.

Latinorhythmen ▶ **Anfiteatro** 1 : Punta de San Felipe s/n, www.salaanfiteatro.com. Die Megadisco am Jachthafen fasst 3000 Menschen, die speziell am Wochenende zu den heißen Klängen von Salsa und Merengue das Tanzbein schwingen. **El Malecón** 2 : Paseo Pascual Pery Junkera s/n. Ebenfalls am Jachthafen. Auch hier geht es südamerikanisch feurig ab Mitternacht zur Sache.

Tanzerlebnis Flamenco ▶ **La Cava** 3 : Calle Antonio López 16, Tel. 956 21 18 66, www.flamencolacava.com, Fr ab 22.30 Uhr Hier gibt es Flamenco, der in Cádiz eine besondere Tradition hat, sehr erlebenswert, Auftritte wechselnder Künstler, Eintritt frei.

Peña La Perla de Cádiz 4 : Calle Carlos Ollero s/n. Auch hier erlebenswerter Flamenco, Fr ab 22 Uhr. **Sala Central Lechera** 5 : Plaza Argüelles 10, mehrmals pro Woche, auch Pop- und Jazzkonzerte). **Baluarte de Candelaria** 9 : (s. S. 199, Do).

Aktiv

Stadtrundfahrten ▶ **Tour por Cádiz** 1 : Plaza de España, Tel. 954 21 60 52. Rundfahrten mit oben offenen Doppeldecker-Bussen, u.a. auf Deutsch kommentiert. **Hop on Hop off** 2 : Plaza San Juan de Díos, www.hopon-hopoff.com. Ähnliches Programm. Das Ticket gilt 24 Std., man kann unterwegs an einer Reihe von Stationen beliebig oft aus- und wieder einsteigen. Saisonal gestaffelte Preise, ab 13 €.

Ausflug mit dem Fährboot nach El Puerto ▶ **Consorcio de Transportes Bahía de Cádiz** 3 : Tel. 956 01 21 00, www.cmtbc.com. Die Boote starten im Haupthafen von Cádiz in der Nähe der Plaza de Sevilla und verkehren Mo–Fr 13 x tgl., Sa 6 x tgl., So 3 x tgl., Fahrzeit 30 Min., einfache Fahrt 1,80 €.

Baden & Beachen ▶ In der Neustadt erstrecken sich auf 7 km Länge die von Restaurants und Bars gesäumte, feinsandige **Playa de la Victoria** und die angrenzende **Playa de la Cortadura** 4 . Beide gelten als ausgesprochen sauber, ebenso wie die altstadtnahe **Playa de la Caleta** 5 .

Termine

Festival Manuel de Falla: Mai/Juni. Konzerte für alle Liebhaber klassischer Musik.
Festival Internacional de Folclore Ciudad de Cádiz: erste Julihälfte. Folklorefestival unter freiem Himmel im Parque Genovés.
Karneval: Von Weiberfastnacht an wird in Cádiz elf Tage lang der berühmteste Karneval des spanischen Festlands gefeiert. Vor allem am Wochenende vor Rosenmontag belebt sich die Altstadt mit Menschen, die die Nächte durch in fantasievoller Verkleidung trinken, tanzen und singen. Am Sonntag zieht eine vierstündige *cabalgata* (Umzug mit Prunkwagen) durch die Straßen. Am Rosenmontag sind überall kleinere und größere Gruppen mit den typischen Spottgesängen zu hören. In der Nacht zum Aschermittwoch wird um 24 Uhr der Dios Momo verbrannt, das Karnevalsmaskottchen. Erst am folgenden Sonntag endet der Karneval mit der *cabalgata de humor*. Hotelzimmer frühzeitig reserviert! Infos: www.carnavaldecadiz.com.

Verkehr

Verkehrsverbund: Die Orte rund um die Bucht von Cádiz sind zum Consorcio de Transportes Bahía de Cádiz (Tel. 956 01 21 00, www.cmtbc.com) zusammengeschlossen. Der Verbund betreibt ein dichtes, modernes Linienbusnetz zwischen Cádiz im Westen, Novo Sancti Petri im Süden, Jerez de la Frontera im Osten und Rota im Norden. Wer Cádiz stressfrei besuchen und dabei das Gefühl haben möchte, als Reisender anzukommen, kann von El Puerto de Santa María (s. S. 205 f., dort große Parkplätze am Hafen) mit einem Fährboot des Verkehrsverbunds hinüberfahren (s. o.). Eine weitere Fährverbindung besteht zwischen Rota und Cádiz.

Cádiz und das Sherrydreieck

Feria del Caballo: Pferde, Stierkampf und Flamenco immer dabei: der sombrero cordobés

Züge: Linie A 1 nach Sevilla (über Puerto de Santa Maria und Jerez de la Frontera) alle 1 bis 2 Std. Direktzüge nach Córdoba 4 x tgl., Madrid 2 x tgl. Am Wochenende seltener.
Busse: Mit *Comes* ab Plaza de la Hispanidad 1 (Tel. 956 80 70 59) u. a. häufig nach Sevilla, Conil, Tarifa/Algeciras; mit *Amarillos* ab Av. Ramon de Carranza 31 (nahe Plaza San Juan de Dios, Tel. 956 28 51 50) 11 x tgl. nach El Puerto de Santa Maria/Sanlúcar de Barrameda/Chipiona, 5 x tgl. nach Arcos de la Frontera/Ubrique.
Fähren: Eine Autofähre der Acciona Trasmediterránea verkehrt 1–3 x wöchentlich ab Cádiz zu den Kanarischen Inseln mit Stopps in Santa Cruz de Tenerife und Las Palmas de Gran Canaria (Fahrzeit ca. 40 bzw. 48 Std.). Tickets an der Estación Marítima, Muelle Alfonso XIII. Infos: Tel. 902 45 46 45, www.trasmediterranea.es.

San Fernando ▶ C/D 7

Auf einer Halbinsel, die weit in die Bucht von Cádiz hineinreicht, großenteils von Wasser umgeben, liegt das noch recht junge, aber immerhin 96 000 Einwohner zählende **San Fernando.** Bis heute konnten sich die Bewohner nicht an den im 19. Jh. zusammen mit den Stadtrechten erworbenen Namen gewöhnen. Sie nennen ihre Heimatstadt immer noch *La Isla.* Denn im 18. Jh. wurde der Ort unter dem Namen Isla de León (Löweninsel) als Marinestützpunkt – der er bis heute geblieben ist – gegründet.

Camarón de la Isla

San Fernando ist eine Hochburg des Flamenco. Der legendärste Flamencosänger Andalusiens, Camarón de la Isla, stammte von hier. Er starb 1992 im Alter von erst 41 Jah-

El Puerto de Santa María

dalena s/n, Mo–Fr 10–19, Sa, So 11–20 Uhr, 4, Kinder 2,50 €).

Essen & Trinken

San Fernando wird für seine guten Fischlokale gerühmt. Sie reihen sich entlang der sogenannten **Ribera del Pescado** (Fischufer). Offiziell heißt die Straße Barriada de Buen Pastor.

Abends & Nachts

Kultig ▶ **Venta de Vargas:** Plaza de Juan Vargas, am Ostende der zentralen Calle Real. Die Bar, in der Camarón de la Isla zu Beginn seiner Karriere (im Alter von acht (!) Jahren) auftrat, war damals Künstler- und Szenetreff und ist heute Kult. Die Wände sind mit Fotos des Sängers geradezu tapeziert. Spezialität des Hauses sind *tortillitas de camarones*, Teigtaschen mit kleinen Garnelen, die Pate für den Künstlernamen des Sängers standen, der eigentlich José Monge Cruz hieß. Flamenco ist in der Venta de Vargas seit Camaróns Tod nicht mehr zu hören.

Flamenco ▶ **Peña Camarón de la Isla:** Calle Manuel de Arriaga s/n (nahe Calle Real). Jeden Samstag ab 22.30 Uhr wird hier ein sehr ursprünglicher Flamenco gesungen und teilweise auch getanzt. Von September bis Dezember ist das Lokal Austragungsort eines nationalen Flamenco-Wettbewerbs.

Verkehr

Züge: Linie A 1 Sevilla–Cádiz; tagsüber alle 1–2 Std.; Bahnhof am Nordrand der Innenstadt.

Busse: Häufige Verbindungen innerhalb des Verkehrsverbunds Bahía de Cádiz (s. S. 195 f.).

ren. An seiner Beerdigung nahmen mehr als 100 000 Menschen teil. Sein Mausoleum auf dem städtischen Friedhof (*cementerio municipal*) nordwestlich des Zentrums ist bis heute Pilgerstätte der Fans und steht unter Denkmalschutz. Die Verkaufszahlen seines Albums »Soy Gitano« von 1989 hat bisher keine andere Flamencoproduktion erreichen können.

Expomarine

Das moderne Aquarium **Expomarine** bringt Erwachsenen und Kindern die Unterwasserfauna der Bahía de Cádiz und des Golfo de Cádiz anschaulich näher. In 28 Schaubecken, die unterschiedlichen Biotopen nachgestaltet sind, leben Krustentiere, Tintenfische, Seeanemonen und kleinere Fische. Ein großer Wassertank beherbergt Haie und verschiedene Schwarmfische (Paseo de la Mag-

El Puerto de Santa María
▶ C 7

Nach der Entdeckung Amerikas zog **El Puerto de Santa María** (86 000 Einw.) wagemutige Seefahrer an, die hier ihre Schiffe für die Fahrt über den Atlantik ausrüsteten. Auch Kolumbus selbst – der in El Puerto seine erste Reise teilweise vorbereitete und zu sei-

Cádiz und das Sherrydreieck

ner zweiten Reise sogar von hier aufbrach – befand sich darunter. Sein Steuermann Juan de la Cosa, der 1500 eine erste Weltkarte erstellte, stammte sogar aus El Puerto.

Das idyllische Stadtzentrum wurde planmäßig angelegt. In den rechtwinklig aneinander grenzenden Straßen stehen noch zahlreiche Barockpaläste (17./18. Jh.) von Händlern, die durch das Entdeckungsfieber zu Beginn der Neuzeit zu Wohlstand gelangt waren. Der barocke Brunnen, aus dem sich die Segelschiffe in früheren Jahrhunderten mit Trinkwasser versorgten, die **Fuente de las Galeras Reales,** steht bis heute am Südrand des Parque Calderón, der sich an der Mündung des Río Guadalete entlangzieht. In der **Calle Luna**, einer Fußgängerzone mit Geschäften und Straßencafés, lässt sich unverfälschtes Flair schnuppern.

Seit dem 18. Jh., als die ersten großen Bodegas gegründet wurden, ist El Puerto de Santa María der Ausfuhrhafen für die Sherryregion. Auch in El Puerto selbst wird Hochprozentiges produziert, wobei ein Schwerpunkt hier auf Brandy liegt.

Castillo San Marcos

Im Zentrum der Stadt ragt das **Castillo San Marcos** auf. Vom 15. bis weit ins 19. Jh. hinein herrschten die Herzöge von Medinaceli von der trutzigen Festung aus nahezu uneingeschränkt über die Stadt. Sie finanzierten übrigens die erste Fahrt von Kolumbus. Er und Juan de la Cosa waren in der Burg zu Gast. Der achteckige Hauptturm war einst ein Minarett. Die Burgkapelle trägt mit Hufeisenbögen, Resten einer Gebetsnische *(mihrab)* und Kufi-Schriftzeichen noch Züge der ehemaligen Moschee (Plaza Alfonso X., Juli–Sept. Di–Sa 10–14, Okt.–Juni Di–Do, Sa 11–14 Uhr, Fei geschl., 5 €, Di gratis).

Iglesia Mayor Prioral

Die Bauzeit der **Iglesia Mayor Prioral,** erstreckte sich nach der 1240 erfolgten Reconquista über vier Jahrhunderte. Dementsprechend sind verschiedene Stilrichtungen vertreten. Das überaus üppig im Plateresktil gestaltete Südportal Puerta del Sol nimmt die Vorderfassade ein. Im Hauptaltar wird die Virgen de los Milagros (Madonna der Wunder) verehrt. Sie soll König Alfons X. kurz vor der Rückeroberung der Stadt erschienen sein, um ihm eine kampflose Übergabe zu prophezeien. Ihre Statue stammt aus dem 13. Jh. Der gewaltige Silberaltar in der Kapelle rechts vom Hauptaltar, wurde im 17. Jh. in Mexiko angefertigt (Plaza de España, Mo-Fr 8.30–12.45, 18–20.30, Sa 8.30–12, 18–20.30, So 8.30–13.45, 18.30–20.30 Uhr, Eintritt frei).

Phönizische Siedlung

An der Straße nach El Portal liegt ca. 3 km östlich von El Puerto de Santa María nicht weit vom Río Guadalete die bedeutende archäologische Fundstelle **Doña Blanca.** Grundmauern einer phönizischen Handelsniederlassung, die vom 8. bis 3. Jh. v. Chr. bewohnt war, blieben hervorragend erhalten. Nebenan liegt eine Nekropole, in der Wissenschaftler einen Grabhügel mit Feuerbestattungsstellen identifizierten. In Zukunft sind hier wichtige Forschungsergebnisse über die Anwesenheit der Phönizier in Spanien und ihre Beziehungen zur einheimischen Bevölkerung zu erwarten. Nachdem die Römer die Iberische Halbinsel erobert hatten, geriet die Siedlung bis zum Mittelalter in Vergessenheit. Im 14. Jh. wurde nebenan ein Turm errichtet, der als Gefängnis für Doña Blanca de Borbón gedient haben soll (Yacimiento Arqueológico Doña Blanca, Mi–So 10–14 Uhr, Fei geschl.).

Infos

Oficina de Turismo: Calle Luna 22, Tel. 956 54 24 13, Fax 956 54 22 46, 11500 el Puero de Santa María, www.turismoelpuerto.com.

Übernachten

Beim alten Hafen ▶ **Hotel Santa María**: Avenida de la Bajamar, Tel. 956 87 32 11, Fax 956 87 36 52, www.hotelsantamaria.es. Ehemaliger Palast des Marques de la Cañada, mit Pool. DZ 50–110 €.

Im Stil um 1900 ▶ **Hostal Loreto:** Calle Ganado 17, Tel./Fax 956 54 24 10, www.hostal-

El Puerto de Santa María

loreto.com. In Stadthaus mit schönem Innenhof, gediegen eingerichtet DZ 42–48 €.

Essen & Trinken

Traditionslokal ▶ Casa Flores: Ribera del Rio 9, Tel. 956 54 35 12, www.casaflores.es, tgl. 13–17, 20–24 Uhr. Für gehobene Ansprüche. Hauptgerichte 15–21, Fisch im Salzteig 38 € pro kg.

Maritim ▶ Los Portales: Ribera del Marisco 11, Tel. 956 54 21 16. Paco Custodio verwendet in seiner Küche vorwiegend Fisch und Meeresfrüchte aus der Bucht von Cádiz. Spezialität: *almejas a la marinera* (marinierte Muscheln, 40 € pro kg). Hauptgerichte 14–20 €.

Selbsbedienung ▶ Romerijo La Guachi: Ribera del Marisco/Plaza de la Herrería 3, Tel. 956 54 12 54. Hier bekommt man mittags ein kühles Bier eingeschenkt und bedient sich selbst mit frischem Fisch und Meeresfrüchten (nach Gewicht in Papiertüten, 250 g Fisch ab ca. 3, Gambas je nach Sorte ab 5 €), um beides an einem schattigen Tisch im Freien zu genießen.

Beliebte Tapabar ▶ Nuevo Portuense: Calle Luna 31, Tel. 956 85 36 37, So Ruhetag. Im Zentrum gelegen, am Tresen herrscht meist dichtes Gedränge. Spezialität: *sardinas empanadas* (panierte Sardinen). Tapas 1,50, halbe *raciones* 4,50, ganze 9 €.

Einkaufen

Fischmarkt ▶ Im modernen Fischereihafen, gegenüber vom historischen Stadtzentrum landen die Boote um 6 Uhr morgens ihren Fang an. Ihre Ankunft und die Versteigerung von Fisch und Meeresfrüchten in der *lonja* (Fischbörse) sind für Frühaufsteher ein besonderes Erlebnis.

Wochenmarkt ▶ Hinter der Playa de la Puntilla Di vormittags.

In ehemaligem Kloster ▶ Bodegas Terry: Parque del Vino Fino, www.bodegasterry.com. Führungen auf Englisch ohne vorherige Anmeldung Di–Fr 10 u. 12, Sa 12 Uhr, 6,50 €. Nahe N-IV Richtung Jerez.

Traditionsmarke ▶ Osborne Bodega de Mora: Calle Los Moros 7, Tel. 956 86 91 00, Fax 956 86 90 59, www.osborne.es, Mo–Fr 10–14; um 12.30 Uhr meist Führung auf Deutsch (5,50 €, vorherige Anmeldung notwendig). Am Südrand der Innenstadt, zwischen Fluss und Stierkampfarena.

501-Sherry, nicht Jeans ▶ Bodegas 501: Calle Valdés 9, Tel. 956 85 55 11, Fax 956 87 30 53, www.bodegas501.com. Führungen Mo–Fr 12 und 12.30 Uhr (4 €, besser vorher anmelden). Unweit südlich von Osborne.

Abends & Nachts

Café-Bar ▶ La Pontona ist ein im Río Guadalete verankerter Ponton und zugleich Café-Bar. Am früheren Abend findet sich dort ein gesetzteres Publikum zu einer *copa* ein, um anschließend in eines der nahe gelegenen Restaurants zu wechseln. Zentrum des Nachtlebens ist der Jachthafen **Puerto Sherry.**

Aktiv

Baden und Beachen ▶ Eine Promenade führt nach Süden am Fluss entlang zur **Playa de la Puntilla.** Der zwischen der Mündung und dem schicken Jachthafen Puerto Sherry gelegene Strand ist trotz der Hafennähe erstaunlich sauber. Ein bewaldeter Dünengürtel begrenzt ihn an der Landseite.

Termine

Campeonato del Mundo de Motociclismo de Jerez: Ende April oder Anfang Mai. Ein Riesenevent, zu dem Motorradfans von weit her anreisen, ist alljährlich der Grand Prix von Jerez (auf der Rennstrecke an der A-382 Richtung Arcos). Parallel dazu läuft das ganze Wochenende eine (inoffizielle) Party, die das Zentrum von El Puerto voll im Griff hat.

Ciclo de Música: jeden Donnerstag im August. Im Castillo de San Marcos wird jeweils um 21.30 Uhr ein klassisches Konzert oder Flamenco gegeben. Infos und Reservierung: Tel. 956 85 17 51.

Verkehr

Züge: Linie A 1 Sevilla–Cádiz tagsüber alle 1–2 Std.; Bahnhof in Flussnähe am Nordostrand der Stadt.

Cádiz und das Sherrydreieck

Busse: Häufige Verbindungen innerhalb des Verkehrsverbunds Bahía de Cádiz (s. S. 203 f.). Außerdem mit *Amarillos* ab Stierkampfarena (Plaza de Toros) am Westrand der Innenstadt nach Chipiona/Sanlúcar 5–11 x tgl.
Fähre: Seit 1957 verkehrt die **Personenfähre** Adriano Tercero quer über die Bucht von El Puerto nach Cádiz. Die Einheimischen nennen das inzwischen als Kulturgut offiziell unter Schutz gestellte Boot liebevoll *el vaporcito* (Dampferchen). Zwei Vorläufer der heutigen Fähre waren seit 1929 im Einsatz. Abfahrt am Südrand des Parque Calderón, Fahrtdauer 45 Min. Infos: Tel. 629 46 80 14.
Schnellboot des Verkehrsverbunds Bahía de Cádiz 3–13 x tgl. nach Cádiz (s. S. 203 f.).

7 Jerez de la Frontera
▶ D 6

Cityplan: S. 210/211
Im Kerngebiet des Sherry, einer sanften, flachen und baumlosen Hügellandschaft mit weißlichem Kalkboden, liegt **Jerez de la Frontera** (200 000 Einw.). Obwohl größer als Cádiz, ist die Stadt nicht Provinzkapitale, dafür aber unangefochtene Hauptstadt des Sherry und der Pferdezucht.

Alcázar 1

Auf einem Hügel im Südteil der Innenstadt erhebt sich der maurische **Alcázar** aus der Almohadenzeit (12. Jh.). Das wie ein Park gestaltete Innere der Burg birgt Reste arabischer Bäder und eine achteckige Moschee. Letztere diente später als Burgkapelle und wurde kürzlich originalgetreu restauriert. Noch in Wiederherstellung befindlich ist der Pabellón del Patio de Doña Blanca, ein kleiner arabischer Pavillon mit Kuppel (12. Jh.). Im 18. Jh. ließ Lorenzo Fernández de Villavicencio inmitten des Alcázar einen Barockpalast errichten. In seinem Turmstockwerk werden alle 30 Min. aktuelle Bilder von Jerez mit Hilfe einer **Camera obscura** auf eine Leinwand projiziert und kommentiert, auch auf Deutsch (16.9.–30.4. tgl. 10–18; 1.5.–15.9. Mo–Sa 10–20, So 10–15 Uhr, 1,30, mit Camera obscura 3,30 €).

Catedral

Unterhalb des Alcázar-Hügels steht der bedeutendste christliche Bau der Stadt, die fünfschiffige **Catedral La Colegiata de Santa María la Mayor** 2 . Ihre heutige Gestalt erhielt die Kathedrale, nachdem sie teilweise eingestürzt war, in der Barockzeit (18. Jh.). Eindrucksvoll sind die Freitreppe und die wie Flügel ausschwingenden Strebepfeiler. Letztere erinnern an den ursprünglich gotischen Bau aus dem 13. Jh. Der separat stehende Glockenturm im Mudéjarstil (15. Jh.) lässt noch seine ehemalige Funktion als Minarett erahnen (Plaza Domecq, Mo–Fr 11–13, 18–20, Sa 11–14, 18–20, So 11–14 Uhr, Eintritt frei).

Weiter im Zentrum befindet sich das ehemalige Rathaus aus dem 16. Jh., die **Antigua Casa del Cabildo** 3 . Sie ist der schönste Renaissancepalast der Stadt.

Museo Arqueológico 4

Jerez blickt auf eine lange, bis zu den Phöniziern reichende Geschichte zurück. Diese ist im **Museo Arqueológico** dokumentiert. Das spektakulärste Exponat ist in Saal 4 ein altgriechischer Helm (7. Jh. v. Chr.). Er wurde aus dem Río Guadalete geborgen und deutet darauf hin, dass in der frühen Antike Griechen in Jerez siedelten. Später wurde die Stadt römisch (Säle 4–6). Aus dieser Zeit wird u. a. ein schöner Mädchenkopf mit einer offenbar für die damalige Provinz Baetica typischen Frisur gezeigt. Ab 711 entwickelte sich *Xeret*, wie die Mauren die Stadt nannten, zu einem wichtigen wirtschaftlichen Zentrum (Säle 8–9), das schließlich 1264 von Kastilien erobert wurde (1.9.–14.6. Di–Fr 10–14, 16–19, Sa/So 10–14.30; sonst Di–So 10–14.30 Uhr, 2 €).

Centro Andaluz de Flamenco

Jerez ist eine der Hochburgen des Flamenco. Angeblich soll eine besonders feurige Form, die *bulería,* im ehemals vorwiegend von *gitanos* bewohnten Barrio de Santiago im Nordwesten der Altstadt entstanden sein. Die *peñas* (Flamencolokale, s. u.) sind stets mit Einheimischen gut gefüllt. Speziell Interessierte können das **Centro Andaluz de Flamenco**

Jerez de la Frontera

aktiv unterwegs

Spaziergänge im Zoobotánico Jerez

Tour-Infos
Start: Zoobotánico Jerez: Calle Taxdirt s/n (im Westen der Stadt, ausgeschildert)
Dauer: 2 Std.
Anfahrt: Stadtbus Linien 8, 9; Parkplatz
Wichtige Hinweise: www.zoobotanicojerez.com , Mai–Sept. Di–So 10–19, Okt.–April 10–18 Uhr, Mo geschl. außer Fei u. Mitte Juni–Mitte Sept., in der Karwoche nur Mo–Fr 10–16 Uhr, Eintritt 9 €, Kinder/Rentner 6 €.

Der WWF hat **Zoobotánico Jerez** [6] zu einem der drei besten Tierparks Spaniens gekürt (neben den Zoos von Madrid und Barcelona). Rund 1300 Tiere leben hier, die etwa 200 verschiedenen Arten angehören. Wer sich vom Eingang aus nach links wendet, gelangt sogleich zu der Abteilung, wo kranke oder verletzte Wildtiere aufgenommen und gepflegt werden – einer der Schwerpunkte des Zoos, ebenso wie die Zucht bedrohter Arten. Derzeit läuft ein Projekt zur Auswilderung des Waldrapps *(Ibis eremita)*, eines in Europa im 17. Jh. ausgestorbenen Schreitvogels, der in Nordafrika und Vorderasien überlebt hat und nun im Gebiet La Janda (s. S. 182) wieder angesiedelt werden soll. Auch koordiniert der Zoo die Nachzucht des Pardelluchses, einer äußerst gefährdeten Tierart, die in freier Natur nur im Parque Nacional de Doñana überlebt hat (s. S. 229).

Selbstverständlich fehlen die üblichen Publikumsmagneten wie Elefant, Giraffe oder Löwe nicht. Ihre Gehege befinden sich im zentralen und nördlichen Teil des Parks. Hohe exotische Bäume spenden dem Gelände Schatten. Die Anlage ging aus Gärten hervor, die 1869 rund um ein städtisches Wasserreservoir herum entstanden. Dieses ist heute noch im hinteren Teil des Parks zu besichtigen.

So ist der Zoo zugleich auch Botanischer Garten. Ein *Itinerario Botánico* (botanischer Lehrpfad) führt hindurch und thematisiert 150 Baumarten aus tropischen und subtropischen Ländern, etwa den Drachenbaum von den Kanarischen Inseln, die imposante, in Andalusien oft auf Stadt- und Dorfplätzen gepflanzte Birgenfeige aus Indien oder die im Frühjahr strahlend blau bühende Jacaranda. Auch die Igeltanne *(Pinsapo)* aus der Sierra de Grazalema ist vertreten. Wer sich näher mit dem Pflanzenbestand befassen möchte, findet auf der Website des Gartens eine Artenliste. In Form eines Faltblatts ist sie auch an der Kasse des Zoobotánico erhältlich.

[5] aufsuchen. Es widmet es sich der Erforschung und Pflege des Flamenco. Zu sehen sind Dokumente, Gegenstände und Gemälde, die sich mit dieser Musikform befassen. Die hauseigene Bibliothek birgt rund 4000 Bände zu dem Thema. Stündlich gibt es eine Filmvorführung. Auch Kurse werden angeboten (Plaza de San Juan 1, www.centroandaluzdeflamenco.es, Mo–Fr 9–14 Uhr, Eintritt frei).

In den romantischen Garten der Finca La Atalaya mit jahrhundertealtem Baumbestand ist der innovative Ausstellungskomplex **Museos de la Atalaya** [7] eingebettet. Das alte Herrenhaus wurde in den Palacio del Tiempo verwandelt – ein einzigartiges Uhrenmuseum, das in zehn Sälen über 300 funktionsfähige Uhren aus dem 17.–19. Jh. zeigt. Barockmusik und Spezialeffekte versetzen den Besucher in vergangene Zeiten.

In der ehemaligen Bodega von 1853 verbirgt sich unter dem Namen Misterio de Jerez ein zweites Museum, das zu einem geheimnisvollen Rundgang durch das kulturelle Umfeld der Sherryproduktion im 19. Jh. einlädt. Nicht nur der Wein selbst wird themati-

Jerez de la Frontera

Sehenswert
1. Alcázar
2. Catedral La Colegiata de Santa María la Mayor
3. Antigua Casa del Cabildo
4. Museo Arqueológico
5. Centro Andaluz de Flamenco
6. Zoobotánico Jerez
7. Museos de la Atalaya
8. Real Escuela Andaluza del Arte Ecuestre
9. Museo del Enganche
10. Bodega Pedro Domecq
11. Bodega González Byass
12. Bodega Sandeman
13. Bodega Williams & Humbert
14. Bodega Harveys

Übernachten
1. Hotel Tryp Jerez
2. Nuevo Hotel
3. Hotel y Hostal San Andrés

Essen & Trinken
1. La Mesa Redonda
2. Juanito

Einkaufen
1. La Espartería
2. Hipisur
3. Cerámica Amaya
4. Dora González

Abends & Nachts
1. Peña El Lagá de Tío Parrilla
2. Peña Flamenca Tío José de Paula
3. La Taberna Flamenca
4. Tablao del Bereber

Aktiv
1. Tour Oficial de Jérez
2. Estudio Flamenco Chiqui de Jeré
3. Hammam Andalusí

siert, sondern auch Kulturdenkmäler, Flamenco, Pferde und vieles mehr (Calle Pizarro 19, Tel. 902 18 21 00, www.elmisteriodejerez.org; März–Okt Di–Sa 10–15, 18–20, So/Fei 10–15, sonst tgl. 10–15 Uhr, 1.1., 6.1., 24./25.12., 31.12. geschl., 9 €).

Real Escuela Andaluza del Arte Ecuestre

Im Villenviertel am Nordrand der Stadt verbergen sich hinter hohen Mauern die Paläste von Großgrundbesitzern und Weinproduzenten. Durch gewaltige Eisentore lassen sich Blicke auf gepflegte Parks mit englischem Rasen erhaschen. Dort gründete 1973 der Sherrybaron und Pferdeliebhaber Álvaro Domecq die **Real Escuela Andaluza del Arte Ecuestre** 8, um die andalusische Pferderasse zu erhalten.

Heute befindet sich die sogenannte Hofreitschule im Besitz der Region Andalusien. Hier wird die Dressurkunst gepflegt, die ursprünglich für militärische Zwecke und den Stierkampf zu Pferd gedacht war. Das Pferdeballett *Cómo bailan los caballos andaluces* (Tanz der andalusischen Pferde) zieht 75 Min. lang bis zu 1600 Zuschauer gleichzeitig in den Bann.

Auf dem Gelände der Reitschule befindet sich außerdem das **Museo del Arte Ecuestre**. Es befasst sich aus historischer und mythologischer Sicht mit der Kunst des Reitens (Av. Duque de Abrantes s/n, Info: Tel. 956 31 96 35, Reservierung: Tel. 956 31 80 08, www.realescuela.org; Dressurshows: Di/Do, im Aug. auch Fr 12 Uhr, an Feiertagen keine Vorführungen, Tickets 18–24 € (online oder über örtliche Reisebüros); Training *(entrenamiento)*, Besuch der Pferdeställe und des Museums nur an Tagen ohne Show: Mo, Mi, Fr, Sa 11–14 Uhr, 10 €).

Etwas abseits, gegenüber der Bodegas Sandeman, informiert das der Hofreitschule angeschlossene **Museo del Enganche** 9 (Kutschenmuseum) über das Anspannen von Pferden und zeigt eine Kutschenkollektion (Calle Pizarro 17, Mo–Sa 11–15 Uhr, 4 €).

La Cartuja

Etwa 5 km südöstlich von Jerez liegt das Kartäuserkloster **La Cartuja** von 1463. Zurbarán malte für das Kloster seine berühmten Mönchsbilder, die jetzt im Archäologischen Museum von Cádiz zu sehen sind (s. S. 195). Das prunkvolle Eingangstor zum Innenhof und die reich verzierte Kirchenfassade aus dem 16./17. Jh. täuschen über das asketische Leben jener Anhänger des heiligen Bruno (aus Köln) hinweg, die hier ihr einsiedlerisches Leben führten und in den Nischen der Fassade porträtiert sind (Ctra. A-381 Jérez–Medina Sidonia, nahe AP-4, Abfahrt Je-

rez Sur/Los Barrios, Kirche nur zur Messe um 17 Uhr geöffnet, Kunsthandwerksausstellung im Kreuzgang Sa 11–14 Uhr).

Das nahe gelegene Gestüt **Yeguada de la Cartuja-Hierro del Bocado** führt die traditionelle Pferdezucht der Kartäuser mit einem Bestand von rund 200 Tieren fort. Jeden Samstag ab 11 Uhr wird ein zweistündiges Besuchsprogramm durchgeführt. Zunächst ist ein kurzer Film zur Geschichte des Gestüts zu sehen, dann dürfen Stallungen und andere Vorrichtungen besichtigt werden, und schließlich gibt es eine Dressurvorführung. Anfahrt:

von La Cartuja auf der A-381 Richtung Medina Sidonia, nach 5 km rechts Richtung El Portal abbiegen (Schild: *La Yeguada*), dann noch 1,6 km (Tel. 956 16 28 09, www.yeguadacartuja.com, Haupttribüne 18, seitliche Sitzreihe 13, Kinder 12 bzw. 8 €, Reservierung empfohlen).

Infos

Oficina de Turismo: Alameda Cristina, 11403 Jerez de la Frontera Tel. 956 33 88 74; www.turismojerez.com, www.jerezconventionbureau.com.

Cádiz und das Sherrydreieck

Tipp: Bodega-Besichtigung in Jerez

Wichtigster Grund, um nach Jerez zu reisen, ist für die meisten Besucher die Besichtigung einer Bodega. Die großen Produktionsgewölbe für Sherry und Brandy liegen am Rand des Stadtzentrums. Meist ist eine Anmeldung per Telefon oder E-Mail spätestens am Vortag erforderlich. Im August sind viele Bodegas wegen Betriebsferien geschlossen.

Im Verlauf der ca. einstündigen Führungen erfährt man einiges über Gärung und Reifeprozess und die verschiedenen Sorten. Zu sehen sind ehrwürdige Fässer aus amerikanischer Eiche, in denen die wertvollsten Tropfen reifen, ebenso wie 50 000 l fassende Stahltanks und riesige Abfüllanlagen für die Massenproduktion. Bei González Byass geht es sogar teilweise per Minibahn durch die ausgedehnten Produktionsstätten. Im Anschluss an die Besichtigung ist stets die *cata* vorgesehen, eine Probe verschiedener Sorten. Am Ende wartet dann der Verkaufsraum …

Eine komplette Liste mit den zu besichtigenden Bodegas und ihren Öffnungszeiten hält das Tourismusbüro bereit. Hier einige Beispiele:

Pedro Domecq 10: Calle San Ildefonso 3, Tel. 956 15 15 00, www.bodegasfundador pedrodomecq.com. Nobles Ambiente. Hier wird auch der bekannte Brandy Carlos I abgefüllt. Führungen auf Deutsch Juli–Sept. Mo–Fr 12, auf Spanisch/Englisch Mo–Fr 10–13 Uhr stündlich, 7 €. Reservieren!

González Byass 11: Calle M. María González 12, Tel. 956 35 70 16, www.bodegastio pepe. com. Auch unter dem Markennamen Tío Pepe bekannt, der auf den Onkel *(tío)* des Firmengründers zurückgeht. Führungen auf Deutsch im Sommer Mo–Sa 12.15, 17.15 Uhr, im Winter nach tel. Vereinbarung, 8 €; Di/Do/Sa 14 Uhr Spezialführung (auf Spanisch/Englisch) inkl. Tapa-Imbiss.

Sandeman 12: Calle Pizarro 10, Tel. 956 31 29 95, www.sandeman.com. Nahe Hofreitschule. Führungen (u. a. auf Deutsch) Mo/Mi/Fr 11–14, Di/Do 10–14, Sa 12.30–13.30 Uhr, nur nach Voranmeldung, 6,50 €.

Williams & Humbert 13: Ctra. N-IV Richtung El Puerto de Santa María, km 641, Tel. 956 35 34 10, www.williams-humbert.com. Laut Eigenwerbung größte Bodega Europas, 1877 gegründet. Führungen (auch auf Deutsch) Mo–Fr 9.30–15 Uhr, 4 €; Mi/Fr 12 Uhr bei geeignetem Wetter Pferde- und Kutschenvorführung (Eintritt frei).

Harveys 14: Calle Pintor Muñoz Cebrián (nahe Straße nach Arcos), Tel. 956 15 15 00, www.bodegasharveys.com. Führungen Mo–Fr 10–12 Uhr, 5 €. Reservieren!

Übernachten

Elegant ▶ Hotel Tryp Jerez 1: Alameda Cristina 13, Tel. 956 32 70 30, Fax 956 33 68 24, www.solmelia.com. In Stadtpalast, den eine Orangenallee säumt. Innen modern und geschmackvoll eingerichtet. DZ über Veranstalter 90–122 €, laut Preisliste 60–255 €.

Im Palazzo ▶ Nuevo Hotel 2: Calle Caballeros 23, Tel. 956 33 16 00, Fax 956 33 16 04, www.nuevohotel.com. Ein Palast aus dem 19. Jh. mit überdachtem Patio. Gutes Preis-Leistungs-Verhältnis. DZ 50 €.

Familiär geführt ▶ Hotel y Hostal San Andrés 3: Calle Morenos 14, Tel. 956 34 09 83, Fax 956 34 31 96. Das etwas komfortablere Hotel hat eine Dachterrasse, das benachbarte Hostal kann dafür mit einem dicht belaubten Patio punkten. Es werden auch Gitarren- und Flamencokurse vermittelt. DZ mit Bad 38 €, ohne Bad 28 €.

Essen & Trinken

Etwas Besseres ▶ La Mesa Redonda 1: Calle Manuel de la Quintaña 3, Tel. 956 34 00 69, www.restaurantemesaredonda.com, Mo–Sa 13.30–16, 21–23.30 Uhr, So/Fei geschl. Noble, zugleich familiäre Atmosphäre. Spezialisiert auf Wild. Reservierung zu empfehlen. Hauptgerichte 12–15 €.

Klassisch ▶ Juanito 2: Calle Pescadería Vieja 8–10, Tel. 956 33 48 38, www.bar-juanito.com, im Sommer So geschl., im Mai eine

Jerez de la Frontera

Doppelter Genuss: Weinhandlung und Galerie

Woche Betriebsferien. Tapabar, schon 1943 gegründet. Tapas um 2 €, *raciones* um 9 €.

Einkaufen

Einen Korb bekommen ▶ La Espartería 1: Calle Ramón de Cala 17. Weidenflechtwaren aller Art, speziell aus der Korbmacherstadt Medina Sidonia.

Feinstes Leder ▶ Hipisur 2: Calle del Circo 1, Tel. 956 32 42 09. Pferdeboutique mit komplettem Reiterbedarf, vorwiegend aus renommierten Werkstätten in Andalusien. Wer nicht gleich einen kompletten Sattel erwerben will, wird sicher unter den anderen Lederartikeln (Stiefel, Kappen u. a.) fündig.

Tonwaren ▶ Cerámica Amaya 3: Av. de Blas Infante 16, Tel. 956 14 35 67. Einer der bekanntesten Keramikhersteller der Stadt. Wunderschön mit fein gemalten Ornamenten in Majolikafarben verzierte Krüge, Vasen, Schalen.

Für die Fiesta ▶ Dora González 4: Calle Enrique Domínguez Rodino, Tel. 956 34 32 83, http://auxiliadora.jimdo.com. Fächer, auf einer andalusischen Fiesta für die Dame unabdingbar, hält Dora González in großer Auswahl bereit. Dazu diverse Accessoires, etwa filigran gearbeitete Sonnenschirme.

Abends & Nachts

Eine Reihe von Lokalen bieten an wechselnden Tagen Flamenco. Aktuelles Programm in der Oficina de Turismo. Bekannte Adressen sind:

Flamenco ▶ Peña El Lagá de Tío Parrilla 1: Plaza Becerra 5 (nahe Plaza del Mercado), Tel. 956 33 83 34. Shows Mo–Sa 22.30 und 0.30 Uhr. Eintritt inkl. erstes Getränk ca. 12 €.

Junge Talente ▶ Peña Flamenca Tío José de Paula 2: Calle Merced 11. Einfaches Lokal mitten im Barrio de Santiago, hier stellen ambitionierte Amateure ihre Künste vor.

Tanz und Menü ▶ La Taberna Flamenca 3: Calle Angostillo Santiago 3, Tel. 956 32 36 93. Show Di–Sa 20–24, Di u. Do auch 12–16 Uhr, inkl. Menü pro Person 38 €. Im Barrio de Santiago.

Cádiz und das Sherrydreieck

Diner-Show ▶ Tablao del Bereber 4: Calle Cabezas 10, Tel. 956 34 00 16, www.tablaodelbereber.com. Dinner-Show Mo–Sa 21–24 Uhr, zu buchen über Hotelrezeptionen, örtliche Reiseleiter oder direkt, mit Transfer ab Hotel ca. 95 €.

Aktiv

Stadtrundfahrten ▶ Tour Oficial de Jérez 1: an der Plaza del Arenal startet ca. stdl. (Juli/Aug. halbstdl., Winter Mi–So 6 x tgl.) ein Doppeldeckerbus mit offenem Dach zu einer kommentierten Rundfahrt, die die wichtigsten Sehenswürdigkeiten der Stadt berührt. Auch an der Hofreitschule (s. u.) ist das Zusteigen möglich. Das Ticket (8 €) gilt 24 Std., die Fahrt darf beliebig oft unterbrochen werden. Info: Tel. 954 56 06 93.

Tanzbein schwingen ▶ Estudio Flamenco Chiqui de Jeré 2: Calle Empedrada 32, Tel. 956 33 58 71, www.chiquidejere.com. Die Flamencoschule der berühmten Tänzerin Chiqui de Jeré veranstaltet im Juli/August mehrere einwöchige Sommerkurse. Ein Anfängerkurs (an 6 Tagen je 1 Std.) kostet 140 €.

Arabisch baden ▶ Hammam Andalusí 3: Calle Salvador 6, Tel. 956 34 90 66, www.hammamandalusi.com. Orientalisches Ambiente steht hier mit zeitgemäßem Luxus voll im Einklang. Drei verschieden temperierte Becken laden zum Abkühlen oder Aufwärmen ein, wer mag kann sich mit Massagen und anderen Anwendungen verwöhnen lassen. Ein Badeturnus (18 €, mit Massage ab 28 €) dauert 1,5 Std., Beginn tgl. 10–22 Uhr alle 2 Std.

Termine

Festival de Flamenco: Februar/März. Zwei Wochen mit zahlreichen Veranstaltungen rund um den Flamenco, darunter auch Auftritten bekannter Künstler. Schauplatz ist meist das Teatro Villamarta (Plaza Romero Martínez).

Feria del Caballo: zweite Maiwoche. Auf einem großen Platz in der Nähe des staatlichen Reitinstituts werden von Mittwoch bis Sonntag die schönsten und besten Pferde ganz Andalusiens präsentiert. Die Männer geben bei einer farbenfrohen Reiterparade den stolzen Caballero, die Frauen zeigen sich in Carmen-Kleidern. Die Tradition dieses Pferdemarktes geht bis ins 13. Jh. zurück.

Fiestas de Otoño: letzte zwei Septemberwochenenden, jeweils Fr–So. Der Reigen von Herbstfestlichkeiten beginnt mit der Fiesta de la Vendimia (Fest der Weinlese). Auf der Treppe der Kathedrale segnet ein Pfarrer die Trauben, mit denen auf dem Platz gestampft werden. Mit der Fiesta de la Buleria (Festival der ortstypischen Flamencovariante in der Stierkampfarena) und anderen Highlights geht es weiter. Zwischen der Plaza Mayor und der Kathedrale wird ein Mittelaltermarkt abgehalten.

Verkehr

Flüge: Aeropuerto de la Parra, Tel. 956 15 00 00 oder 902 40 47 04; 11 km östlich von Jerez; wird auch von deutschen Chartergesellschaften (z. B. Hapag-Lloyd) angeflogen. Busse von *Comes* 12 x tgl. nach Jerez und Cádiz. Taxi nach Jerez ca. 12 €.

Züge: Bahnhof am Ostrand der Stadt, Linie A 1 Sevilla–Cádiz alle 1–2 Std., Direktzug nach Madrid 2 x tgl.; am Wochenende seltener.

Busse: Häufige Verbindungen innerhalb des Verkehrsverbunds Bahía de Cádiz (s. S. 195 f.). Ab Busbahnhof (Calle Cartuja, Tel. 956 34 52 07, soll demnächst zum Bahnhof verlegt werden) mit *Comes* mehrmals tgl. nach Sevilla, Rota, Conil, Arcos, Ronda; mit *Linesur* ca. stdl. nach Chipiona/Sanlúcar; mit *Amarillos* ca. stündlich nach Arcos de la Frontera.

Sanlúcar de Barrameda
▶ C 6

An der Mündung des Guadalquivir liegt **Sanlúcar de Barrameda** (64 000 Einw.), das sich den rauen Reiz eines vom Fischfang lebenden Küstenortes bewahrt hat. Es ist aber auch die Stadt des Manzanilla, einer herbtrockenen Variante des Sherry. Sein leicht salziges Aroma verdankt er der Reifung in der Nähe des Atlantiks.

Sanlúcar de Barrameda

Sanlúcar war schon vor Jahrzehnten bei den wohlhabenden Sevillanern als Badeort beliebt. Sie errichteten ihre Villen am Ufer des Guadalquivir, entlang der Avenida de Bajo de Guía. Der Strand ist wegen der Nähe der Flussmündung zum Baden nicht unbedingt ideal, dafür entschädigt die gediegene Atmosphäre. An der Promenade *(paseo marítimo)* laden Fischrestaurants zum Verzehr des frischen Fangs ein.

Castillo de Santiago

Auf einem Hügel oberhalb des Strandviertels liegt die Altstadt, **Barrio Alto,** gekrönt von den Ruinen eines mächtigen Kastells aus dem 15. Jh. Ein Teil des maurischen Vorgängerbaus blieb in Form des Bergfrieds (12. Jh.) erhalten. Das **Castillo de Santiago** befindet sich derzeit in Restaurierung und darf nicht betreten werden. Sobald es eröffnet wird, dürften von den Türmen schöne Ausblicke über die Mündung des Guadalquivir und den Südteil des Nationalparks Parque Nacional de Doñana möglich sein.

Parroquia de la O

Nahebei ragt die **Parroquia de la O** auf. Der seltsame Name der Pfarrkirche geht auf die hier verehrte Virgen de la O zurück, eine ihrer seltene in Spanien so variantenreichen Mariendarstellungen. Vor Ort gilt die Bedeutung des O als umstritten, es steht vermutlich aber für *parto* (span. Geburt, Niederkunft). Das Gotteshaus mit reich verziertem Mudéjarportal stammt von 1360. Im Innern bietet der Hauptaltar (18. Jh.) ein Beispiel für den Churriguerastil (Plaza de la Paz s/n, Mo–Fr 10–13, So 10–12 Uhr).

Schräg gegenüber steht an der Plaza Condes de Niebla der strenge gotische **Palacio Ducal de Medina–Sidonia** (s. S. 187 f.) aus dem 15. Jh. Den Herzögen von Medina Sidonia gehörte Sanlúcar jahrhundertelang als Lehen. Sie nutzten von hier aus den tierreichen Coto de Doñana (heute Nationalpark) als Jagdgebiet. Der Herzogspalast, der sich immer noch im Besitz der Familie befindet, wird derzeit in ein Gästehaus umgewandelt. Die Innenräume sind ausgeschmückt mit wertvollem altem Mobiliar und Gemälden spanischer Meister, u. a. Goya und Zurbarán. Ein sehr angenehmer Ort ist das angeschlossene Café (Besichtigung der Innenräume So 11, 12 Uhr, Anmeldung: Tel. 956 36 01 61, www.fcmedinasidonia.com, 3 €).

Weiter nördlich stehen **Las Covachas** (die kleinen Höhlen), der Rest einer Mauer, die ursprünglich das Areal des Herzogspalastes umgab. Ihre Fassade weist zehn gotische, mit Fabelwesen verzierte Bögen auf, unter denen im 15. Jh. Weinkeller untergebracht waren.

Palacio de Orleáns y Borbón

Der Herzog von Montpensier ließ den **Palacio de Orleáns y Borbón** Ende des 19. Jh. im Neomudéjarstil als Sommersitz errichten. Das war der Startschuss für den frühen Tourismus in Sanlúcar. Heute ist hier das Rathaus *(ayuntamiento)* von Sanlúcar untergebracht. Ein herrlicher Park umgibt das Gebäude. Ihn entwarf der französische Gartenarchitekt Lecolant, der auch für die Gestaltung des Parque María Luisa in Sevilla (s. S. 266) verantwortlich zeichnete (Calle Caballeros s/n, Mo–Fr 10–13.30 Uhr, Eintritt frei).

Fábrica de Hielo

Die **Fábrica de Hielo** stellte früher Eis zwecks Konservierung des Fischs her. Heute beherbergt die Eisfabrik ein **Besucherzentrum des Parque Nacional de Doñana** (s. S. 229 ff.). Es bietet eine interessante Ausstellung zur Natur, Geschichte und Kultur des Nationalparks. Von der dritten Etage bietet sich eine hervorragende Aussicht über den Fluss hinweg auf den Park.

Fischereihafen Bonanza

Etwa 4 km flussaufwärts liegt der Fischereihafen **Bonanza**. An Werktagen kann man hier erleben, wie in seiner *lonja* (Fischbörse) der frisch angelandete Fang versteigert wird. Im 15./16. Jh. war Bonanza ein wichtiger Stützpunkt der Entdeckungsfahrer. Kolumbus startete von hier aus 1498 zu seiner dritten Reise, 1519 legte der portugiesische Seefahrer Fernão de Magalhães (Magellan) hier ab.

Cádiz und das Sherrydreieck

Sherry – Tradition und Zukunft

Im geografischen Dreieck zwischen Jerez de la Frontera, El Puerto de Santa María und Sanlúcar de Barrameda liegt das Anbaugebiet für die berühmten Sherryweine. Mildes Klima, kalkreicher Boden und jahrhundertealte Winzererfahrung tragen dazu bei, sie zu einem unvergleichlichen Geschmackserlebnis zu machen.

Bei Jerez wurde schon in der frühen Antike Wein angebaut. Als *cerentenes* tranken ihn die Römer. Sir Francis Drake nahm nach der Plünderung von Cádiz im Jahre 1594 auch 3000 Schläuche Wein auf seinen Schiffen mit nach England. Er schmeckte den Gentlemen der High Society. Sie nannten ihn Sherry, angeblich weil sie Jerez nicht aussprechen konnten. Wenig später ließ Shakespeare seinen Falstaff ihn mit den Worten preisen: »Ein guter Sherry hat eine zweifache Wirkung in sich. Er steigt Euch in das Gehirn, zerteilt da alle die albernen und rohen Dünste, die es umgeben, macht es sinnig, schnell und erfinderisch, voll von behenden, feurigen und ergötzlichen Bildern. [...] Die zweite Eigenschaft unseres vortrefflichen Sherrys ist die Erwärmung des Bluts [...] Wenn ich tausend Söhne hätte, der erste menschliche Grundsatz, den ich sie lehren wollte, sollte sein, dünnem Getränk abzuschwören und sich dem Sherry (›Sack‹) zu ergeben.«

Die Nachfrage stieg, einheimische Großgrundbesitzer und britische Weinhändler gründeten Exportfirmen. Im 18. Jh. entstanden die ersten der heute noch existierenden Bodegas. Zwar gibt es Hunderte von Sherryproduzenten. Doch die Lagerhallen der großen, international bekannten Hersteller wie González-Byass, Sandeman, Osborne, Harveys, Terry, Domecq und Barbadillo bestimmen das Bild. Sie kamen mit der Krise in den 1980er- und 1990er-Jahren des 20. Jh. am besten zurecht, als die Anbaufläche der Sherryreben Palomino und Pedro Ximénez wegen mangelnder Nachfrage von über 20 000 ha auf rund 10 000 ha zurückging. Zu lange hatten die Produzenten auf Masse statt Klasse gesetzt. In den Importländern – außer Großbritannien vor allem Deutschland und Frankreich – war der Sherry mittlerweile nur noch als billiger Supermarktwein bekannt. Mit Premiumqualitäten, die in der gehobenen Gastronomie und im Fachhandel vertrieben werden, wollen die Hersteller jetzt neue Kundenkreise gewinnen. Auch hoffen sie das Image zu modernisieren, indem sie vermehrt trockene Sherrys auf den Markt bringen, um die nicht mehr so gefragten süßen Sorten zu ersetzen. Tatsächlich hat der Absatz in den letzten Jahren wieder leicht zugenommen.

Allen Sherrys wird hochprozentiger Alkohol beigemischt. Dies war bei Südweinen früher notwendig, um ein ›Umkippen‹ bei längerer Lagerung zu verhindern. Heute ist es – ähnlich wie beim Portwein oder Madeira – ein Markenzeichen. Prinzipiell gibt es zwei Reifeprozesse, die zu den beiden bekanntesten Varianten des Sherry führen – dem *fino* und dem *amontillado*. Der Alkoholgehalt des hellen, trockenen *fino* übersteigt nie 15,5 Vol.%. So bleibt der Flor am Leben, eine helle Hefe, die auf dem Wein schwimmt und seine Oxidation verhindert. *Fino* muss jung getrunken werden und wird meist als Aperitif serviert. In Sanlúcar de Barrameda schmeckt er wegen der Nähe der Bodegas zum Meer leicht salzig und heißt dort *manzanilla*. Im Gegensatz

Sherry

Thema

dazu darf der halbtrockene *amontillado* oxidieren, nachdem er auf 17 Vol. % aufgespritzt, das heißt dem Wein eine entsprechende Menge Alkohol beigemischt und so die Hefe zum Absterben gebracht wurde. Dadurch nimmt er eine dunklere Farbe und ein nussiges Aroma an. Er eignet sich für alle Gelegenheiten. Eine Sonderform ist der *oloroso*, bei dem der Alkohol sehr schnell zugefügt wird und der Flor kaum Zeit hat zu wachsen. Er ist besonders dunkel, süß und reich an Aromen und wird als Dessertwein bevorzugt.

In den Bodegas herrscht ganzjährig eine gleichbleibende Temperatur, die durch Luftzirkulation und angefeuchteten Sandboden erzielt wird. In mehreren Reihen übereinander liegt der Sherry in Fässern aus amerikanischer Eiche gestapelt, um im so genannten Solerasystem zu reifen. Mit *solera* (span. Sohle) ist die unterste Reihe der Fässer gemeint, die den ältesten Wein enthalten. Aus diesen wird jeweils der zur Abfüllung bestimmte Sherry abgesaugt, wobei jedoch mindestens zwei Drittel des Inhalts im Fass verbleiben. Anschließend wird mit jüngerem Wein aus der Reihe darüber nachgefüllt. So eliminieren die Winzer qualitative Unterschiede der einzelnen Jahrgänge und erzielen einen stets gleichen Geschmack. Jahrgangsweine stellen sie nur selten her, diese liegen aber neuerdings im Trend.

Jeder Sherry lagert mehrere Jahre. Edle Qualitäten bringen es im Schnitt sogar auf 30 Jahre. Solche Weine haben ihren Preis, der schon einmal bei 250 € und darüber liegen kann.

Von außen ähneln sie Flaschen vom Trödel, ihr Inhalt aber ist wertvoll und köstlich

Cádiz und das Sherrydreieck

Er stand in spanischen Diensten und hatte den Auftrag, einen Westweg zu den Gewürzinseln zu erkunden.

Nachdem er einen Seeweg um die Südspitze des amerikanischen Kontinents gefunden hatte, fiel er 1521 im Kampf gegen die Bewohner besagter Inseln, die später Philippinen genannt wurden, nach dem spanischen König Philipp II. Sein Steuermann Juan Sebastián Elcano vollendete die erste Weltumsegelung und kehrte nach Sanlúcar zurück – jedoch mit nur einem der ursprünglich aufgebrochenen fünf Schiffe.

Infos

Oficina de Turismo: Calzada del Ejercito, 11540 Sanlúcar de Barrameda, Tel. 956 36 61 10, Fax 956 36 61 32, www.aytosanlucar.org, www.turismosanlucar.com.

Centro de Interpretación Fábrica de Hielo: Bajo de Guía, Tel. 956 38 16 35, tgl. 9–19 Uhr. Informationen und Filmvorführungen zum Parque Nacional de Doñana, s. o.

Centro de Interpretación Bajo de Guía: Bajo de Guía, Tel. 956 36 07 15, Di–So 10–14, 18–20 Uhr. Ausstellung und Filmvorführungen über den dem Nationalpark als Peripheriezone vorgelagerten Parque Natural de Doñana.

Übernachten

Guter Komfort ▶ **Hotel Los Helechos:** Plaza de la Madre de Dios 9, Tel. 956 36 13 49, www.hotelloshelechos.com. Am Rand der Altstadt in andalusischem Haus mit Innenhof und Dachterrasse, stilvolle Einrichtung, Parkgarage. DZ 60–80 €.

Essen & Trinken

Große andalusische Küche ▶ **Casa Bigote:** Av. de Bajo de Guía 10, Tel. 956 36 26 96, www.restaurantecasabigote.com, Mo–Sa 13.30–16, 20–23.30 Uhr, So und Nov. geschl. Gut besuchtes Restaurant, vor allem Fisch und Meeresfrüchte. Hauptgerichte 12–18 €.

Mit Qualität ▶ **Casa Balbino:** Plaza del Cabildo 11, Tel. 956 36 05 13, www.restaurantecasabigote.com. Sehr gute Auswahl an Tapas (ab 1,50 €) und *raciones* (ca. 9 €). Viel Atmosphäre mitten in der Altstadt.

Einkaufen

Sherry und Wein ▶ **Bodegas Barbadillo:** Calle Luis de Eguilaz 11, Tel. 956 38 55 28, www.barbadillo.com. Führungen auf Engl. Di–Sa 11, auf Span. Di–Sa 12 u. 13 Uhr, 3 €. Die Weinkeller dieser 1821 gegründeten Winzerei produzieren nicht nur Manzanilla, sondern auch den fruchtig frischen Weißwein *Castillo de San Diego*, der zu den meistverkauften Marken von ganz Spanien gehört. Zu besichtigen ist u. a. der wohl eindrucksvollste Solera-Lagerraum der Region, die 12 m hohe sogenannte Kathedrale (Di–Sa 11–15 Uhr, Eintritt frei).

Beliebtester Manzanilla ▶ **Bodegas Hidalgo-La Gitana:** Banda de la Playa 42, Tel. 956 38 53 04. Führungen auf Spanisch Mi/Fr/Sa 12 Uhr, 5 €. Aus dieser Winzerei – die bereits seit 1792 existiert – stammt einer der beliebtesten Manzanillas. Außerdem werden die Brandys Fabuloso und Hidalgo 200 hergestellt. Letzterer stammt aus langjährig gepflegten Privatbeständen der Familie Hidalgo, die Menge ist limitiert.

Bester Sherryessig ▶ **Bodegas Pedro Romero:** Calle Trasbolsa 84, Tel. 956 36 07 36, www.pedroromero.es. Führungen auf Deutsch Mo 12, Mi/Fr 11 Uhr, 6 €. Produzent des Manzanillas Aurora, des Brandys Punto Azul und bester Sherryessige. Der Brandy reift in Fässern aus amerikanischer Eiche.

Abends & Nachts

Flamenco ▶ **Bodegón Cultural Mirabrás:** Calle La Plata 50, tgl. ab 21 Uhr, Sa Show. Beliebteste Flamencobar am Ort.

Aktiv

Nationalparktour mit dem Bus ▶ **Viajes Doñana:** Calle San Juan 8, Tel. 956 36 25 40. Fahrten per geländegängigem Bus in den Parque Nacional de Doñana. Di/Fr je 2 x tgl., Dauer ca. 3 Std. 30 Min., 33 €. Möglichst frühzeitig reservieren.

Bootsausflüge in den Nationalpark ▶ Am Fährenlager **Fábrica de Hielo** startet die Real Fernando, ein Nachbau des ersten spanischen Dampfers, der 1817 den Guadalquivir befuhr, startet. Unterwegs legt er zweimal an: am **Poblado de la Plancha,** einem rekonstruierten, für das Sumpfgebiet typischen Dorf (Aufenthalt 1 Std.), und an **Las Salinas,** einem Marschengebiet, in dem Flamingos zu sehen sind (Aufenthalt 30 Min.). An Bord werden Ferngläser vermietet (tgl. 10, März–Mai/Okt. 10 u. 16, Juni–Sept. 10 u. 17 Uhr, Dauer ca. 4 Std., Reservierung Tel. 956 36 38 13, www.visitasdonana.com, in der Hochsaison ca. eine Woche, sonst 2–3 Tage vorher, Tickets: Fábrica de Hielo, s. o., 15,50 €).

Termine

Feria de la Manzanilla: Ende Mai oder Anfang Juni. Mehrtägige Feierlichkeiten rund um den Manzanilla-Wein mit Tanz, Reiterumzügen und Festzelten am Paseo de la Calzada.

Carreras de Caballo: zwei je dreitägige Zyklen im August. Die genauen Daten werden auf die Tage der Nipptide (niedrigster Wasserstand) festgelegt. Spektakuläre Serie von insgesamt 26 Pferderennen am Strand von Sanlúcar de Barrameda mit den besten Reitern Spaniens. Die Rennen beginnen gegen 17.30 Uhr und enden vor entsprechend hübschem Himmelspanorama zum Sonnenuntergang. Seit 1845 durchgeführt und damals wie heute Treffpunkt der High Society. Der Ursprung geht auf informelle Wettbewerbe zurück, bei denen Reiter frisch gefangenen Fisch schnellstmöglich zum Markt brachten.

Verkehr

Busse: Vom Busbahnhof *(Av. de la Estación, nahe Calzada de Ejército)* mit *Linesur* ca. stdl. nach Jerez; mit *Amarillos* häufig nach Chipiona, El Puerto de Santa María/Cádiz und Sevilla.

Die Küste des Sherrydreiecks

Dem Sherrydreieck vorgelagert sind mehrere Badeorte am Atlantik. Kilometerlange, helle Sandstrände prägen diesen flachen Küstenabschnitt. Rota und Chipiona glänzen mit modernen Jachthäfen, gepflegten Meerespromenaden und einer guten Bade-Infrastruktur. Während in Chipiona vor allem spanische Familien urlauben, ist Rota auch in Katalogen deutscher Reiseveranstalter zu finden.

Die Landschaft zwischen den beiden Orten blieb weitgehend unberührt, unterbrochen lediglich durch die noch recht neue, als besonders umweltfreundlich konzipierte Feriensiedlung Costa Ballena. Dahinter dehnt sich Bauernland mit traditionellen, oft noch mit Stroh gedeckten Höfen aus.

Rota ▶ C 7

Aus einer kleinen Fischersiedlung hervorgegangen, kann **Rota** (27 000 Einw.) in seiner netten Altstadt mit den weißen und kubischen Häusern die maurischen Wurzeln kaum verleugnen. Sie scharen sich um die fünf Türme des **Castillo de la Luna,** dessen Ursprünge im 11. Jh. liegen. Im 15. Jh. sollen die Katholischen Könige in der Burg übernachtet haben. Heute dient das Gemäuer oft als Bühne für kulturelle Events (Gratisführungen im Sommer Mi/Fr–So 3–4 x tgl., im Winter nur Sa/So; Anmeldung im Informationsbüro, s. u.).

Chipiona ▶ C 6

Bei **Chipiona** (18 000 Einw.) wird Wein der Moskateller-Rebe angebaut. Ein Teil der Bewohner betrieb jedoch immer auch Fischfang. Die Strandpromenade von Chipiona säumen zahlreiche kleinere Hotels und Pensionen. Nur in den Monaten Juli und August herrscht hier Betrieb.

Das nördliche Ende der Promenade markiert El Faro, der mit 69 m höchste Leuchtturm Spaniens. Angeblich ist er sogar der dritthöchste der Welt. Er wurde 1867 an der Einfahrt zur Guadalquivir-Mündung, errichtet. Schon die Römer sollen hier ein Leuchtfeuer betrieben haben. Bis zu seiner Kuppel sind 344 Stufen zu erklimmen (Führungen April–Okt. tgl. 18 u. 20 Uhr, 3 €; Anmeldung im Infobüro empfohlen, s. u.).

Am Südrand des Ortes steht das **Santuario Nuestra Señora de Regla** fast schon be-

Cádiz und das Sherrydreieck

ängstigend nah am Meer. Augustinermönche gründeten das Kloster kurz nach der Reconquista. Als ältester Bauteil blieb der Mudéjarkreuzgang (15. Jh.) erhalten. Die heute hier lebenden Franziskaner erneuerten die Kirche Anfang des 20. Jh. im neugotischen Stil. In ihr verehren die Seefahrer eine Statue der Jungfrau von Regla.

Infos

Oficina de Turismo: Castillo de la Luna, 11520 Rota, Tel. 956 84 63 45, Fax 956 84 63 46; Av. Juan Carlos I, Costa Ballena, Tel. 956 84 73 83; Plaza Juan Carlos I 3, 11550 Chipiona, Tel. 956 37 72 63, Fax 956 37 31 82, www.turismochipiona.com.

Übernachten

... in Rota:

Palastartig ▶ **Hotel Duque de Nájera:** Calle Gravina 2, Tel. 956 84 60 20, Fax 956 81 24 72, www.hace.es. Stilvolles Bade- und zugleich Stadthotel beim Jachthafen. Pool und Liegeflächen im geräumigen Innenhof der schönen Anlage. Umweltschonend geführt. Sauna, Fahrradverleih, Parkgarage. DZ über Veranstalter 76–210 €, laut Preisliste 65–220 €.

Stylisch ▶ **Hostal El Torito:** Calle Constitución 1, Tel. 956 81 33 69, www.eltoritoderota.com. 6 im Designerstil eingerichtete Zimmer und Apartments. Angeschlossen ist eine gemütliche Tapabar (Tel. 956 81 62 73) mit schattiger Außenterrasse. DZ 60–80 €.

... in Chipiona:

Jugendstilvilla ▶ **Hotel La Española:** Calle Isaac Peral 3, Tel. 956 37 37 71, Fax 956 37 21 44, www.hotellaespanola.com, ganzjährig geöffnet. Zentral an der hübschen Fußgängerzone gelegen. Ordentlicher Komfort, gutes Restaurant, Parkgarage. DZ 50–60 €.

Essen & Trinken

... in Rota:

Äußerst edel ▶ **El Embarcadero:** Calle Gravina 2, Tel. 956 84 60 20, www.hace.es. Das feine Restaurant gehört zum Hotel Duque de Nájera, ist aber durch einen separaten Eingang zu erreichen. Geschmackvoll im marinen Stil dekoriert. 3-Gänge-Menü à la Carte 28–39 €.

Einkaufen

Wein ▶ **Bodega El Castillito:** Chipiona, Calle Castillo 11. Sehr ursprüngliche Winzerei, wo die Kunden bei der Herstellung des Moskateller-Weins zuschauen können.

Wochenmarkt ▶ **Altstadt von Rota:** mittwochs ca. 10–14 Uhr.

Aktiv

Baden & Beachen ▶ Rota verfügt über insgesamt 16 km lange Strände. Westlich des Ortes liegt die besonders schöne **Playa de la Costilla,** die großenteils von Kiefernwald gesäumt wird und zu Strandspaziergängen einlädt. Hauptstrand von Chipiona ist die 800 m lange **Playa de Regla.** Wer es einsamer mag, läuft Richtung Süden zu den zusammen 4 km langen Dünenstränden **Playa Camarón** und **Playa Tres Piedras.**

Wellness ▶ **Acquaplaya:** Costa Ballena, Av. Juan Carlos I, Tel. 956 84 90 44, tgl. außer Mi. Wellness-Oase im Hotel Playaballena, die auch externe Gäste gegen Gebühr (15 € für 4 Std.) nutzen dürfen. Sauna, Whirlpool, Dampfbad, Eisgrotte und Früchtebad.

Golf ▶ **Costa Ballena Golf Course:** Ctra. Chipiona–El Puerto de Santa María km 5, Tel. 956 84 70 70, Tel. 956 84 70 50, www.ballenagolf.com. Riesige, größtenteils naturnahe Anlage (100 ha), die für alle Leistungsstufen interessant und abwechslungsreich ist. Greenfee 9 Loch 45 €, 18 Loch 65 €.

Termine

Fiesta del Moscatel: ca. 11.–15. Aug. in Chipiona. Fest zur Weinlese mit Stiertreiben zum Strand und viel Flamenco.

Verkehr

Busse: Ab Rota häufige Verbindungen innerhalb des Verkehrsverbunds Bahía de Cádiz (s. S.203). Ab Chipiona mit *Linesur* ca. stdl. nach Jerez, mit *Amarillos* häufig nach Sanlúcar und El Puerto de Santa María/Cádiz.

Fähre: Ab Rota Schnellboot des Verkehrsverbunds Bahía de Cádiz 2–4 x tgl. nach Cádiz.

Nördliche Costa de la Luz

Flach und sandig zeigt sich die nördliche Costa de la Luz, mit Lagunen und Nehrungen, Dünen und Marschland. Auch wenn Baden, Wassersport und Golf immer größeren Raum einnehmen, steckt sie touristisch noch in den Kinderschuhen. Mehr und mehr gebirgig wird es Richtung Norden, wo die Sierra de Aracena großartige Naturerlebnisse bietet.

Huelva und die Kolumbusroute ▶ B/C 5

Huelva (148 000 Einw.) blickt auf eine lange Geschichte zurück. Ab etwa 1000 v. Chr. ließen die Phönizier und später die Römer in Bergwerken weiter im Norden wertvolle Metalle fördern. Damals wie heute war Huelva ein wichtiger Erzverschiffungshafen. Im 20. Jh. hat sich die Stadt zu einem Zentrum der Petrochemieindustrie entwickelt.

Zwar fehlen die großen Sehenswürdigkeiten, nicht zuletzt weil Huelva nach dem Erdbeben von 1755, das auch Lissabon verwüstete, fast vollständig neu aufgebaut werden musste. Dafür präsentiert sich die Innenstadt jung, lebendig und völlig untouristisch. Das **Museo de Huelva** informiert in seiner archäologischen Abteilung sehr ausführlich über die Geschichte des Bergbaus in der Provinz Huelva (Alameda Sundheim 17, Di 15–20, Mi–Sa 9–20, So 9–14 Uhr, Eintritt frei).

Paraje Natural Marismas del Odiel

Zwischen Huelva und der unmittelbar westlich gelegenen Strandsiedlung Punta Umbría bildet der **Río Odiel** ein ausgedehntes Mündungsdelta mit Marschland *(marismas)*. In dessen brackigen Lagunen und Tümpeln fühlen sich Löffler, Reiher sowie verschiedene Wattvogel- und Entenarten wohl. Über 1000 Flamingos überwintern hier regelmäßig. Die zwei ausgewiesenen Wanderrouten im Naturpark dürfen nur mit schriftlicher Erlaubnis begangen werden. Informationen im Centro de Recepción La Calatilla Anastasio Senra, Ctra. de las Islas km 3 (Anfahrt über A-497 Richtung Punta Umbría), Tel. 959 50 02 36, tgl. außer Fei 10–14, 17–21 Uhr. Dort ist auch eine Ausstellung über die Sumpflandschaft zu besichtigen.

Santuario de Nuestra Señora de la Cinta

Huelva eignet sich gut als Ausgangspunkt für eine Rundfahrt auf den Spuren von Christoph Kolumbus. Erstes Ziel kann das **Santuario Nuestra Señora de la Cinta** sein, wo der Entdecker 1492 gebetet haben soll, bevor er von Palos aus in See stach. Der Keramikkünstler Daniel Zuloaga stellte diese Szene auf einem Fliesenbild dar. Die Kapelle steht etwa 2 km nördlich des Stadtzentrums unweit der Avenida de Manuel Siurot auf einem Hügel. Der Ausflug lohnt auch wegen der wunderschönen Aussicht über das Schwemmland des Río Odiel (Anfahrt mit Stadtbus Linie 6, Mo–Sa, 9–13 und 16–19 Uhr, So und Fei. 9.30–13.30 und 16–19 Uhr, Eintritt frei).

Monumento a Cristóbal Colón

Die eigentliche **Ruta Colombina** (Kolumbusroute) beginnt bei dem 34 m hohen **Monumento a Cristóbal Colón**, einem Geschenk der USA an die Stadt Huelva in Erinnerung an den Entdecker Amerikas. Das Denkmal steht

Nördliche Costa de la Luz

auf der Punta del Sebo, einer Landspitze südlich von Huelva, an der Brücke über den Mündungsbereich des Río Tinto Die amerikanische Bildhauerin Gertrude (Vanderbilt) Whitney schuf es 1929 aus Granit.

Infos

Oficina de Turismo: Av. Alemania 12 (nahe Busbahnhof), 21071 Huelva, Tel./Fax 959 25 74 03, www.turismohuelva.org.

Patronato de Turismo (Junta de Andalucía): Calle Fernando el Católico 18, 21003 Huelva, Tel. 959 25 74 67, Fax 959 24 96 46, www.turismohuelva.org.

Übernachten

Relativ stadtnah ▶ **Hotel Familia Conde:** Alameda Sundheim 14, Tel. 959 28 24 00, Fax 959 28 50 41, www.hotelfamiliaconde.com. Komfortable Zimmer, Parkgelegenheit, Cafeteria mit Tagesmenü (ca. 12 €). DZ 60–75 €.

Essen & Trinken

Sehr renommiert ▶ **Las Meigas:** Av. Guatemala 44, Tel. 959 28 48 58, So Ruhetag. Lokal, etwas außerhalb im Osten hinter dem kuriosen ehemaligen britischen Bergarbeiterviertel Barrio Obrero Reina Victoria. Andalusische Küche mit galicischem Einfluss. Hauptgerichte 15–22 €.

Lange Tradition ▶ **Las Candelas:** Av. de Huelva (Cruce de Aljaraque), Tel. 959 31 83 01, www.restaurantelascandelas.com, So Ruhetag. Exzellentes Seafood sowie Gerichte vom Holzkohlengrill. Hauptgerichte 8–14 €.

Termine

Fiestas Columbinas: Ende Juli/Anfang Aug. Einwöchige Feierlichkeiten zu Ehren von Kolumbus, der am 3. August 1492 zu seiner ersten Amerika-Reise aufbrach. Segelregatten, Stierkämpfe, kulturelle Veranstaltungen sowie viel Musik und Tanz.

Aktiv

Bootstouren in den Naturpark Marismas del Odiel ▶ **Turismar:** Tel. 959 31 55 26, ab Punta Umbría; weitere Infos im Tourismusbüro von Punta Umbría (s. o.).

Verkehr

Züge: Linie A 7a nach Sevilla ca. 4 x tgl., Linie A 7b über Jabugo nach Zafra ca. 2 x tgl.; Bahnhof in der Av. de Italia (am Südrand der Stadt).

Busse: Mit *Damas* ab Busbahnhof (Tel. 959 25 69 00) Calle Dr. Rubio ca. stündlich nach Sevilla. Außerdem viele Verbindungen in die Orte der Umgebung.

Monasterio Santa María de la Rábida

Weiter geht es auf der Ruta Colombina zum Kloster **La Rábida,** das in einen großen Park eingebettet ist. Die Franziskanermönche von La Rábida nahmen 1486 den sechsjährigen Kolumbussohn Diego auf, während sich der

Huelva und die Kolumbusroute

Vater jahrelang am Königshof in Sevilla um Mittel für die Realisierung seiner Entdeckungsfahrt bemühte. Zwischendurch genoss Kolumbus immer wieder die Gastfreundschaft der gebildeten, wissenschaftlichen Neuerungen gegenüber aufgeschlossenen Mönche. Dabei lernte er viel über Navigation und Astronomie. Einer der Ordensbrüder war Beichtvater von Königin Isabella I. und unterstützte Kolumbus dadurch offenbar entscheidend.

Im Vorraum nehmen die 1929/30 vom Picassoschüler Daniel Vázquez Días aus Huelva im Stil des Expressionismus gestalteten Fresken Bezug auf die Rolle des Klosters bei der Entdeckung Amerikas. In der Kirche nahmen die Besatzungen der Kolumbusschiffe am Vorabend der Abreise an einer letzten Messe teil. Hier wird eine Alabasterstatue der Santa María de la Rábida aus dem 13. Jh. verehrt. Nach ihr nannte Kolumbus sein Flaggschiff Santa María.

Besonders schön ist der Kreuzgang mit seinen Arkaden im Mudéjarstil (Anfang 15. Jh.). Das Refektorium (Speisesaal) benutzen die heute noch hier lebenden Mönche nur am 3. August, dem Tag als Kolumbus 1492 in See stach. Im Kapitelsaal hängt ein Reliefmedaillon, das die Porzellanmanufaktur Hutschenreuther aus Selb dem Kloster stiftete. Es wurde nach dem Vorbild eines Bronzeabgusses gefertigt, der 1505 angeblich von der Totenmaske des Entdeckers genommen wurde. In der Sala de las Banderas sind die Flaggen der ehemals spanischen Kolonien in

Muelle de las Carabelas: Nachbildungen der Schiffe des Kolumbus

223

Nördliche Costa de la Luz

Christoph Kolumbus in Stichworten

Viel ist über den großen Entdecker, der in Spanien Cristóbal Colón genannt wird, geschrieben worden. Nur selten sprach Kolumbus selbst über seine Herkunft, daher bleiben viele Einzelheiten aus den Jahren, bevor er öffentlich bekannt wurde, unklar. Auch die Biografien zweier Zeitgenossen enthalten manchen Widerspruch.

Die meisten Historiker gehen davon aus, dass Kolumbus um das Jahr 1451 in der italienischen Hafenstadt Genua als Sohn eines Wollwebers geboren wurde (obwohl auch eine Herkunft von Mallorca oder aus Portugal zur Diskussion steht). Seine Abenteuerlust, vielleicht auch politische Schwierigkeiten, verschlugen ihn nach Lissabon. Er selbst behauptete später, die genuesische Handelsflotte, mit der damals segelte, sei vor der Südküste Portugals von französischen Korsaren angegriffen worden. Nach einer Verwundung sei er über Bord gegangen und habe schwimmend das Land erreicht. In Lissabon heiratete Kolumbus 1479 Felipa Moniz, die Schwester des Lehnsherrn von Porto Santo, der Nachbarinsel Madeiras. Durch diese Verbindung erlangte er Zutritt zu höheren Kreisen in Portugal, für den ehrgeizigen Mann ein wichtiger Karriereschritt. Nach der Geburt des Sohnes Diego (um 1480) siedelte die Familie nach Porto Santo über. In den nun folgenden Jahren exportierte Kolumbus offenbar im Auftrag eines italienischen Handelshauses Zucker von Madeira nach Europa.

Damals erhielt er auch entscheidende Anregungen von portugiesischen Seefahrern, die den Atlantik schon recht gut erkundet hatten. Eine viel zitierte Legende besagt, Kolumbus habe die Kenntnis über das Land jenseits des Ozeans von dem Steuermann eines Schiffes erhalten, das in einem Sturm weit nach Westen abgetrieben worden sei und dort eine unbekannte Insel gesichtet habe.

Auf der Rückfahrt sei das Schiff mit todkranker Besatzung auf Porto Santo gestrandet und Kolumbus habe die Männer in sein Haus aufgenommen. Keiner habe überlebt, doch auf dem Sterbebett habe der Steuermann Kolumbus zum Dank für seine Großzügigkeit die genaue Lage der Insel verraten. Auch heißt es, Kolumbus habe regelmäßig den Strand von Porto Santo abgesucht und wurde dabei auf angeschwemmte Samen aufmerksam, die wie riesige Bohnenhülsen aussahen. Diese ›Kolumbusbohnen‹ stammen, wie man heute weiß, von einer tropischen Liane und werden tatsächlich vom Golfstrom aus der Karibik ostwärts transportiert. Wie auch immer, der Gedanke an einen Seeweg nach Japan ließ den künftigen Entdecker nicht mehr los.

1482 ging Kolumbus nach Lissabon zurück, wo er König Johann II. einen Plan für eine Atlantiküberquerung vorlegte. Zwar hatte sich inzwischen die Idee von der Kugelgestalt der Erde in der Wissenschaft durchgesetzt. Eine Gelehrtenkommission entdeckte jedoch Irrtümer bei der Berechnung der Entfernung nach Japan. So lehnte der portugiesische König das allzu fantastisch erscheinende Vorhaben schließlich ab. Enttäuscht und verarmt kehrte Kolumbus Portugal den Rücken und kam 1484 oder 1485 nach Kastilien. Auch Königin Isabella übergab die Angelegenheit einer Expertenkommission und ließ Kolumbus vier Jahre auf die Entscheidung warten, die schließlich ne-

Entdecker Amerikas

Thema

gativ ausfiel. Während dieser Zeit starb seine Frau Felipa, deren Gestalt im Dunkeln geblieben ist. 1488 wurde Kolumbus' unehelicher zweiter Sohn Fernando geboren, einer seiner späteren Biografen.

Verzweifelt ließ Kolumbus seinen Bruder Bartolomeo in den Jahren 1489–1492 für das gemeinsame Unternehmen in Frankreich und England um Unterstützung werben. Doch für diese Nationen kam der Plan um Jahrzehnte zu früh, es fehlte dort an der Motivation und auch an den Finanzen. Die Eroberung Granadas am 2. Januar 1492 durch kastilische und aragonische Truppen hatte dann eine entscheidende Wende im Leben des Christoph Kolumbus zur Folge. Plötzlich kam die Zusage von Königin Isabella. Warum sie ihre Meinung änderte, ist unbekannt. So konnte Kolumbus mit drei Schiffen von Palos de la Frontera am 3. August 1492 auslaufen und trat mit seiner Rückkehr sechs Wochen später ins Rampenlicht der Geschichte. Noch drei weitere Fahrten führten ihn zu dem Kontinent jenseits des Atlantiks, von dem er Zeit seines Lebens glaubte, es handle sich um Asien. Dann fiel er wegen der zunächst geringen materiellen Ausbeute seiner Entdeckungen beim spanischen Hof in Ungnade und bekam seinen Titel ›Vizekönig von Indien‹ und alle damit verbundenen Privilegien aberkannt. Am 20. Mai 1506 starb Christoph Kolumbus einsam und vergessen, ohne dass jemand davon Notiz nahm. Erst die Nachwelt würdigte ihn als Entdecker Amerikas.

Eugène Delacroix: »Kolumbus vor König Ferdinand und Isabella« (1839)

Nördliche Costa de la Luz

Lateinamerika sowie kleine Kästen mit Erde aus den jeweiligen Ländern ausgestellt (www.monasteriodelarabida.com; im Sommer Di–So 10–13, 16–19, Aug. Di–So 10–13, 16.45–20, im Winter Di–So 10–13, 16–18.15 Uhr, 3 € inkl. Audioguide; Familienkarte 7 €).

Ein kurzer Spaziergang führt vom Kloster abwärts, am Foro Iberoamericano (einem Openair-Auditorium) vorbei, zum Flussufer. An der **Muelle de las Carabelas** liegen dort die anlässlich der Expo '92 auf einer Werft in Isla Cristina (s. S. 236) nachgebauten Schiffe der Kolumbusflotte. Sie sind auch von innen zu besichtigen. Auf der Mole, die die Anlegestelle umschließt, ist etwas kitschig ein Dorf der Insel Guanahani nachgebildet, wo Kolumbus seine erste Begegnung mit Bewohnern Amerikas hatte. Die Cafeteria (nur im Sommer geöffnet) ist dem mittelalterlichen Ort Palos de la Frontera nachempfunden. Im Ausstellungsraum zeigt Navigationsinstrumente, Kartenmaterial und Waffen aus der Zeit der Entdeckungsfahrer und informiert über das Leben an Bord (20.4.–20.9. Di–Fr 10–14, 17–21, Sa/So/Fei 11–20, sonst Di–So 10–19 Uhr, 3,20 €, Familienticket 6,70 €).

Unweit südlich der Karavellen, an der Straße nach Huelva, lädt der noch recht neue, weitläufige **Parque Botánico José Celestino Mutis** zu einer botanischen Reise über den Atlantik ein. Ein Großteil des Pflanzenbestands stammt aus Amerika (20.4.–20.9. Di–Fr 10–14, 17–21, Sa/So/Fei 11–20, sonst Di–So 10–19 Uhr, Eintritt frei).

Palos de la Frontera

Vom Kloster La Rábida begleitet eine Fußgängerpromenade die Straße nach **Palos de la Frontera** (8000 Einw.). Diese sogenannte Avenida de América ist parkartig gestaltet mit Sitzbänken, Bäumen und Sträuchern sowie Gedenksteinen zu den Entdeckungsfahrten.

Bevor Sevilla das Monopol als Ausgangspunkt für Fahrten in die Neue Welt errang, war Palos, am Unterlauf des damals noch schiffbaren Río Tinto gelegen, ein Zentrum der Entdecker, Ausrüster und Schiffsbauer. Die Originale der Pinta und der Niña liefen auf Werften in Palos de la Frontera bzw. Moguer (s. S. 227.) vom Stapel. Von dem inzwischen verlandeten Hafen in Palos, der nicht mehr als solcher zu erkennen ist, brach Kolumbus am 3. August 1492 mit drei Karavellen auf, und hierher kehrte die Flotte am 15. März 1493 auch zurück.

Kolumbus selbst befehligte die Santa María. Die Kapitäne der beiden anderen Schiffe, die Brüder Pinzón, stammten aus Palos. Insbesondere Martín Alonso Pinzón, Kapitän der Pinta, hatte maßgeblichen Anteil am Gelingen der Expedition, indem er eine Mannschaft für das waghalsige Unternehmen, an dem kaum ein Seemann freiwillig teilnehmen mochte, rekrutierte. Unterwegs erwies er sich immer wieder als eigensinniger Konkurrent von Kolumbus, der mit seinem Schiff auf eigene Faust Erkundungstouren unternahm. Zuletzt versuchte er sogar vor Kolumbus Europa zu erreichen, um als Erster von der Reise berichten zu können. An ihn erinnert beim Rathaus ein Denkmal. Das Geburtshaus der Brüder ist als **Casa Museo de Martín Alonso Pinzón** in der Calle Cristóbal Colón zu besichtigen (Mo–Fr 10–14 Uhr, Eintritt frei).

Ebenfalls in der Calle Cristóbal Colón, am Ortsrand Richtung Moguer, erhebt sich die gotische Backsteinkirche **San Jorge** (15. Jh.). In ihr baten Kolumbus und die Brüder Pinzón am frühen Morgen des Abreisetages die Virgen de los Milagros (Madonna der Wunder) um Schutz. Anschließend erhielten sie die Erlaubnis, die Kirche durch die zur gleichnamigen Plaza gewandte Puerta Los Novios zu verlassen – ein schönes Mudéjarportal, durch das normalerweise nur der Lehnsherr des Ortes schreiten durfte. Auch heute ist es meist verschlossen. Betreten wird die Kirche durch den Eingang gegenüber, den eine Reiterfigur des Namenspatrons Georg ziert (Di–So 10–12, 19–20 Uhr).

Unterhalb der Kirche steht das von den Arabern gemauerte Brunnenhaus **La Fontanilla.** Aus ihm schöpften die Besatzungen der Überlieferung nach Trinkwasser für ihre Schiffe, das bis zu den Kanarischen Inseln reichen musste, wo eine Zwischenstation eingelegt wurde. Heute ist der Brunnen ausgetrocknet. Ihn umgibt ein Park, der häufig als Bühne für zwanglose Flamenco-Abende dient.

Übernachten
Erstes Haus am Platz ▶ **Hotel La Pinta:** Calle Rábida 79, Tel. 959 35 05 11, Fax 959 53 01 64, www.hotellapinta.com. In Rathausnähe, komfortable Zimmer, gutes Restaurant (Tagesmenü ca. 10 €), Parkgarage. DZ 45–70 €.

Verkehr
Busse: Mit *Damas* 3–6 x tgl. nach Mazagón und Huelva.

Moguer
Aus dem heute schmuck herausgeputzten Ort **Moguer** (19 000 Einw.) stammten elf der insgesamt 84 Seeleute, mit denen Kolumbus 1492 aufgebrochen war. Nach der Rückkehr von seiner ersten Amerikafahrt verbrachte Kolumbus die erste Nacht im **Monasterio de Santa Clara** wachend im Gebet, wozu er sich in einem Gelübde verpflichtet hatte, als er bei den Azoren in einen schweren Sturm geriet. Am Tag darauf ließ er eine Dankesmesse lesen. Die Grabstätte seiner Mäzenin und wohl auch Geliebten, Beatriz Enriquez de Araña, die als Witwe des Feudalherrn über Moguer gebot, befindet sich in der Klosterkirche. Das im gotischen Stil mit Mudéjarelementen errichtete ehemalige Klarissinnenkloster (14. Jh.) ist auch aus kunsthistorischer Sicht einen Besuch wert. Besondere Beachtung verdienen sieben gotische Grabmäler aus Alabaster. In ihnen wurden Adelsfamilien aus Moguer bestattet. Die zwei schönsten schuf ein Schüler Michelangelos (im Ortszentrum ausgeschildert; Führungen: Di–Sa 11, 12, 13, 17, 18 u. 19, So 11, 12 u. 13 Uhr, Fei geschl., 1,80 €).

In Moguer wurde 1881 der Dichter Juan Ramón Jiménez (s. S. 53) geboren, dessen wichtigste Schaffensperiode der spanische Jugendstil *(modernismo)* in den 1920er-Jahren war. 1956 erhielt er den Nobelpreis für Literatur. Zwei Jahre später starb Jiménez in Puerto Rico, wohin es ihn verschlagen hatte, nachdem er während des Spanischen Bürgerkriegs ins Exil gegangen war. Ihm und seiner Frau widmet sich die **Casa-Museo de Zenobia y Juan Ramón** in seinem einstigen Wohnhaus. Im Hof steht die Skulptur eines Esels in Anspielung auf sein Buch »Platero und ich«. Das Haus ist mit Originalmobiliar, Fotos, Büchern und anderen persönlichen Hinterlassenschaften des Paares eingerichtet und kann nur im Rahmen einer Führung besichtigt werden (Calle Juan Ramón Jiménez, Mo–Sa 10–14, 17–20, So 10–14 Uhr, Führung 15 Min. nach jeder vollen Stunde, 1,80 €).

Infos
Oficina de Turismo: Calle Castillo s/n, 21750 Moguer, Tel. 959 37 18 98, Fax 959 37 18 53, www.aytomoguer.es.

Übernachten
Nette Herberge ▶ **Hostal Pedro Alonso Niño:** Calle Pedro Alonso Niño 13, Tel. 959 37 23 92. In Stadthaus mit attraktiv gefliestem Innenhof, zu dem die schönsten Zimmer weisen. DZ 22 €.

Verkehr
Busse: Mit *Damas* ab Plaza Coronación (im Zentrum) nach Huelva über Palos 7–11 x tgl.

Mazagón ▶ B 5

Mazagón zeichnet sich vor allem durch seine 13 km lange, feinsandige Strandzone aus, hinter der sich teilweise noch Dünen und Pinienwälder ausbreiten. Angeblich hat der Ort die meisten Sonnenscheinstunden der gesamten Costa de la Luz. Dennoch wirkt die Siedlung außerhalb der spanischen Sommerferien wie ausgestorben. Zwar verläuft in Ortsnähe eine viel befahrene Schifffahrtsroute, denn hier beginnt die Hafeneinfahrt von Huelva, durch einen langen künstlichen Damm vom offenen Meer abgetrennt. Aber Richtung Matalascañas wird der Strand schnell sauberer. Noch liegen dahinter mehrere Campingplätze. Doch entstand, um die Saison zu verlängern und ausländische Gäste anzulocken, bereits ein Golfplatz. Parallel zur

Nördliche Costa de la Luz

Küstenstraße wurde ein separater Radweg angelegt. Mehrere Hotels sind geplant.

Cuesta de Maneli

Etwa auf halbem Weg zwischen Mazagón und Matalascañas liegt die **Cuesta de Maneli,** ein Küstenabschnitt, der mitsamt den versteinerten Dünen dahinter als Naturdenkmal geschützt ist. Vom Parkplatz an der A-494 bei km 39 (Info-Hütte, Parkgebühr 1,50 €) sind es noch ca. 1000 m zu Fuß auf einem Holzplankenweg durch das sandige Gelände bis zum Meer. Im Hochsommer erfreut sich der Strand bei FKK-Badenden großer Beliebtheit. Dann öffnet auch eine Strandbar.

Infos

Oficina de Turismo: Plaza Odón Betanzos (landeinwärts vom Jachthafen), 21130 Mazagón, Tel. 959 37 63 00, Fax 959 37 60 44.

Übernachten

Weiter Blick über den Atlantik ▶ **Parador de Mazagón:** Playa de Mazagón, Tel. 959 53 63 00, Fax 959 53 62 28, www.parador.es. Sehr schön auf einer Klippe über dem Strand in Richtung Matalascañas gelegen, von Grünanlagen und Pinienwald umgeben. An Gäste werden Fahrräder verliehen. Pool, Tennisplatz. DZ 150–170.

Aktiv

Reiten ▶ **Alejandro Ecija:** Camping Doñana, Tel. 626 02 20 55. Ausritte, Unterricht, Kutschfahrten. Auch Fahrradverleih. Nur im Sommer geöffnet.

Verkehr

Busse: Mit *Damas* häufig nach Palos de la Frontera und Huelva sowie ca. 3 x tgl. nach Matalascañas.

Matalascañas ▶ C 5

Den feinsandigen Atlantikstrand von **Matalascañas** säumt eine lange, gepflegte Promenade. Viele Spanier aus Sevilla oder Madrid gönnen sich in der weitläufigen Feriensiedlung eine Villa, die sie nur in den Sommerferien nutzen. Außerdem gibt es ein paar Mittelklassehotels, die sich auch in den Katalogen deutscher Reiseveranstalter finden, sowie einige Pensionen.

Parque Dunar

Am Westrand von Matalascañas liegt der **Parque Dunar.** Markierte Wanderpfade führen durch den naturbelassenen Dünenpark und zu mehreren Aussichtspunkten, einige davon als breite Holzplankenstege ausgebaut. Auch ein Radweg und ein Reitweg sind ausgeschildert. Am Zugang befindet sich ein Besucherzentrum mit Infostelle (s. u.). Von dort etwa 800 m entfernt liegt mitten im Park das **Museo del Mundo Marino.** Es widmet sich verschiedenen Aspekten der Küste und des Atlantiks. Dünen, Wale, das Ökosystem Meer, der Fischfang sowie Bootsbau und Schifffahrtswege werden thematisiert. An der Kasse ist ein Erläuterungsblatt u. a. auf Deutsch erhältlich (www.parquedunar.com; Park tgl. 9–18.30 Uhr, Eintritt frei; Museum, Tel. 959 44 34 09, Di–Sa 10–14, 15.30–18, So 10–14, Mitte Juni–Mitte Sept. Di–Sa 11–14.30, 18–21.30, So 11–14.30 Uhr; Erw. 5,50 €, Kinder 3,50 €).

Infos

Centro de Acogida/Oficina de Turismo: Parque Dunar, 21760 Matalascañas, Tel. 959 43 00 86, Fax 959 44 80 61.

Übernachten

Idealer Standort ▶ **Pensión Hostal El Duque:** Calle Rafael Pinto 1, Tel./Fax 959 43 00 58. Recht zentral gelegen, nicht weit von der Haltestelle der Überlandbusse. Guter Ausgangspunkt für Unternehmungen im Parque Nacional de Doñana. DZ 25–50 €.

Essen & Trinken

Fischbraterei ▶ **El Rey de la Gamba:** Plaza del Pueblo 6 (Sektor A), Tel. 959 44 81 48. Alteingesessene *freiduría* (Fischbraterei) mit Selbstbedienung. In der Saison immer gut besucht. Fisch und Meeresfrüchte nach Gewicht (250 g ca. 5–6 €).

Parque Nacional de Doñana

Aktiv

Reiten ▶ **Centro Hípico El Paso Doble:** Parque Dunar, Tel. 956 44 82 41. Der Reitstall arrangiert zweimal täglich Ausritte am Strand und durch die Dünen für alle Altersklassen. Englischsprachige Begleitung. 22 €.

Verkehr

Busse: Mit *Damas* ca. 3 x tgl. nach Sevilla/Huelva. Zwischen Matalascañas, El Rocío und Almonte verkehren Stadtbusse, je nach Jahreszeit häufiger oder seltener.

8 Parque Nacional de Doñana  ▶ B/C 5–7

Der **Parque Nacional de Doñana** im Mündungsbereich des Guadalquivir ist mit rund 54 000 ha Fläche eines der größten Naturschutzgebiete Europas. Einst bildete der Fluss hier ein ausgedehntes Delta, das bis in die Römerzeit in weiten Teilen schiffbar war. Heute ergießt sich der Fluss nur noch mit einem Arm ins offene Meer. Vor dem übrigen Delta hat sich eine gewaltige Sandbank gebildet, die fast 100 km weit von der Mündung des Río Tinto bis zum Ufer des Guadalquivir reicht.

Hinter dem Strand folgt zunächst ein breiter Dünengürtel, der landeinwärts flacher wird und dicht mit Pinien und Gebüsch bewachsen ist. In diesem wildreichen Gelände ging schon im 13. Jh. König Alfons X. auf die Jagd. Später kam ein Teil des Landes in den Besitz der Herzöge von Medina–Sidonia. Der siebte Herzog des Adelsgeschlechts ließ Ende des 16. Jh. nach der Niederlage der spanischen Armada, die er kommandiert hatte, einen Palast in dieser einsamen Gegend errichten, um sich aus der Öffentlichkeit zurückzuziehen. Seiner Gattin verdankte das Gebiet seinen früheren Namen, Coto de Doñana: Jagdrevier (span. *coto*) der Doña Ana, woraus Doñana wurde. Der Palacio de Doñana ist heute ein nicht öffentlich zugängliches Forschungszentrum.

Das Wald- und Buschland geht in die weiten, sumpfigen Flächen der *marismas* (Marsch) über, die in Meeresnähe noch durch den Einfluss des Salzwassers geprägt sind und landeinwärts immer brackiger werden. Riesige Schwärme von Zugvögeln rasten hier im Frühjahr und Herbst auf dem Weg von und nach Afrika wegen der in den Tümpeln und ehemaligen Flussarmen reichlich vorhandenen Nahrung. Für rund 125 Vogelarten ist der Parque Nacional de Doñana Brutplatz. Andere, darunter Zehntausende von Graugänsen und Flamingos, kommen zum Überwintern. Auch ist der Park letzte Zufluchtstätte für den Pardelluchs (es gibt noch rund 50 Exemplare) und Heimat von weiteren seltenen Säugetierarten wie Mungos und Ginsterkatzen.

1897 verkauften die Herzöge von Medina Sidonia ihr Jagdrevier an den Sherryexporteur William Garvey. Damals wurde man in Großbritannien erstmals auf die ökologische Bedeutung des Deltas aufmerksam. Dennoch wurden im Verlauf des 20. Jh. große Teile der *marismas* trockengelegt, um sie für die Landwirtschaft urbar zu machen. Eine englische Wissenschaftlergruppe untersuchte das verbliebene Feuchtgebiet 1957 und gründete vier Jahre später in London den WWF (damals World Wildlife Fund, heute Worldwide Fund for Nature), mit dem Ziel, den Coto de Doñana zu retten. Mit Spendengeldern konnten 7000 ha Land aufgekauft und unter Schutz gestellt werden. 1969 entstand dann der damals 37 000 ha große Nationalpark. 1994 erklärte die UNESCO den Park zum Welterbe der Menschheit, sein Kerngebiet zum Biosphärenreservat. 2004 konnte die Parkfläche um wertvolle Außenbereiche erweitert werden.

Diese Maßnahmen wurden dadurch erleichtert, dass der Coto de Doñana seit jeher fast unbesiedelt war. Nur wenige Menschen lebten (und leben teilweise immer noch) in dem Gebiet.

Unterwegs im Parque Nacional

Das Betreten des Nationalparks unterliegt erheblichen Einschränkungen. Im Randbereich, ausgehend von der A-483 Matalascañas–El Rocío, dürfen mehrere markierte Wege auf eigene Faust begangen werden. Für die Vogel-

Nördliche Costa de la Luz

aktiv unterwegs

Entdeckertour im Parque Nacional de Doñana

Tour-Infos
Start: Centro de Visitantes El Acebuche (s.re.)
Dauer: 4 Std.
Anfahrt: Bus s. S. 232
Wichtige Hinweise: Infos unter www.dona navisitas.es, Reservierung Tel. 959 43 04 32 oder Fax 959 43 04 51, frühzeitig anmelden (in der Nebensaison spätestens am Vortag, in der Hauptsaison mehrere Wochen vorher), 1. Mai–14. Sept. Mo–Sa 8.30 und 17 Uhr, 15. Sept.–30. April Di–So 8.30 und 15 Uhr, nicht in der Woche vor Pfingsten und um Weihnachten, pro Person 26 €.

Große Teile des Parque Nacional de Doñana sind nicht frei zugänglich. Es besteht jedoch Gelegenheit zur Teilnahme an einer organisierten Exkursion durch den südlichen Teil des Nationalparks. Im geländegängigen Bus geht die Tour – von einem fachkundigen Ranger begleitet – zunächst am Strand entlang und durch den Dünengürtel, gequert werden ebenso Wälder wie Buschland und Marschgebiete. Die ungefähr 80 km lange Route berührt damit alle wichtigen Ökosysteme des Parks. Meist sind frei laufende Pferde, Rinder und viel Wild zu beobachten, oft kann man sogar den seltenen Spanischen Kaiseradler beobachten, von dem es im Park etwa 15 Brutpaare gibt, sowie Reiher, Löffler und vielleicht auch das seltene Purpurhuhn. Ferngläser, Proviant und ausreichend Getränke nicht vergessen!

Ein Hobby für Geduldige: Vogelbeobachtung

Parque Nacional de Doñana

beobachtung sind die frühen Morgenstunden in den Monaten März/April sowie Oktober die beste Zeit.

In einer ehemaligen Hacienda ist das Besucherzentrum **La Rocina** (s. u.) untergebracht. Nebenan steht eine *choza*, ein einfaches Haus mit Strohdach, wie es früher typisch für die Landschaft war. Es informiert mit einer kleinen Ausstellung über die Wallfahrt von El Rocío.

Bei dem in den 1960er-Jahren errichteten Besucherzentrum **Palacio del Acebrón** (s. u.) handelt es sich um eine ehemalige Jägerlodge. Es gab einige dieser Anwesen im Coto de Doñana, in denen sich der Eigner und seine Gäste während der Jagdsaison aufhielten. Einzigartig ist allerdings die neoklassizistische, für die Gegend ungewöhnliche Bauweise. Ein weitläufiger Park umgibt das Gebäude. Sein einstmals großartiger Bestand an exotischen Pflanzenarten ist aber nur noch zu erahnen. Die Anlage verwilderte, als sie nach dem Tod des Gründers Luis Espinosa ein Jahrzehnt lang verwaist war. Zwei steinerne Löwen bewachen den Treppenaufgang zum Palast. Innen widmet sich eine permanente Ausstellung der Jagd im Coto de Doñana und dem bis in die 1970er-Jahre hinein sehr traditionellen Leben der Menschen in den *marismas* und ihren Aktivitäten: Köhlerhandwerk, Viehhaltung, Fischfang, Sammeln von Muscheln und Pinienkernen, Kork- und Salzgewinnung. Die Dachterrasse, von der früher die Jäger nach Wild Ausschau hielten, bietet einen weiten Blick über die waldreiche Umgebung.

Infos

Centro de Visitantes El Acebuche: Zufahrt von der A-483, km 26, Tel. 959 43 04 32, www.donanavisitas.es, tgl. 7.30–15, 16–20 Uhr, um Pfingsten und Weihnachten geschl. Mit Cafeteria und Souvenirshop. Nach Bedarf (ca. stdl.) wird eine 20-minütige audiovisuelle Vorführung über die Ökosysteme des Parque Nacional de Doñana gezeigt.

Centro de Visitantes La Rocina: Zufahrt von der A-483, km 16, Tel. 959 44 23 40, www.donana.es, Sommer tgl. 9–15, 16–21, sonst je nach Jahreszeit nur bis 19 oder 20 Uhr, um Pfinsten und Weihnachten geschl. Ausstellung über die Wallfahrt von El Rocío.

Centro de Visitantes Palacio del Acebrón: Zufahrt von der A-483, km 16, 6 km abseits der Straße, Tel. 959 50 61 62, www.donana.es, Sommer tgl. 9–15, 16–21, sonst nur bis 19 oder 20 Uhr, um Pfingsten und Weihnachten geschl. Ausstellung über Jagd und traditionelle Lebensformen s. o.

Centro de Visitantes José Antonio Valverde: (am besten in einem der anderen Zentren Anfahrtsbeschreibung erbitten) Tel. 959 95 90 96, www.donana.es, tgl. 10–19 Uhr, um Pfingsten und Weihnachten geschl. Mit Bar und Shop. Am Ufer des Caño de Guadiamar gelegen, eines breiten, ganzjährig Wasser führenden Altarms inmitten der *marismas*, bietet das Zentrum hervorragende Voraussetzungen für das Birdwatching und lockt zudem mit einer Ausstellung über Wasserwege im Delta.

Einkaufen

Delikate Honigsorten ▶ In der Cafeteria des Centro de Visitantes El Acebuche (s. o.) steht Honig aus der Doñana zum Verkauf, u. a. auch mit Pinienkernen oder Nüssen verfeinert.

Aktiv

Spazierwege ▶ An den Informationszentren beginnen mehrere Fußwege, die den Randbereich des Parque Nacional de Doñana erschließen. Sumpfige Stellen überwinden sie mit Holzplanken. Beobachtungsstände an Bächen und Tümpeln machen es möglich, die Wasservogelwelt aus der Tarnung heraus in Ruhe zu betrachten. Am Centro de Visitantes El Acebuche starten der **Sendero Laguna del Acebuche** (1,5 km) durch Buschland *(matorral)* zu einem großen, See sowie der **Sendero Lagunas del Huerto y las Pajas** (3,5 km) durch Pinienwald zu mehreren kleineren Wasserflächen. Vom Centro de Visitantes La Rocina führt der **Sendero Charco de la Boca** (3,5 km) am Ufer des Arroyo de la Rocina entlang zu einem dicht mit Schilf bestandenen kleinen See. Am Centro de Visitantes Palacio

Nördliche Costa de la Luz

Tipp: Bodegones in Bollullos Par del Condado

Nicht von ungefähr trägt **Bollullos Par del Condado** den Beinamen *La Ciudad del Vino* (Stadt des Weins). Ringsum und bei den Nachbarstädten Almonte und Rociana del Condado erstreckt sich das Anbaugebiet Condado de Huelva mit geschützter Herkunftsbezeichnung (D.O.C.). Obwohl auch gute Brandys aus Bollullos stammen, spielen die Hauptrolle doch Weißweine, die hier noch in den *bocoyes* reifen dürfen – gewaltigen Fässern aus Eichen- oder Kastanienholz, deren Gerbsäure den Geschmack des Inhalts prägt. Auf die längste Tradition blickt der bernsteinfarbene *Condado Viejo* zurück, ein alkoholreicher (16–22 %) Aperitif- oder Dessertwein, dem Sherry ähnlich. Es gibt ihn süß oder trocken. Der etwas leichtere (15–17 %), säurearme, blassgelbe *Condado Pálido* erfreut sich als Aperitif zu Tapas großer Beliebtheit. Kenner sagen ihm ein leichtes Bittermandelaroma nach. Dem Trend zu leichten Weinen folgend gewinnt der *Condado Blanco* immer mehr Anhänger. Mit nur 10–12 % Alkohol ist dieser frische, spritzige Weißwein ein besonderer Genuss zu Fisch und Meeresfrüchten.

An der alten Durchgangsstraße von Bollullos reihen sich von Nord nach Süd die **Bodegones** – ehemals Kellereien, heute Restaurants. Zum Glas Wein speist man hier deftige Regionalkost: Fisch, gekochte Gambas, Fleisch und Würste, Letztere gerne vom Grill. Bei Selbstbedienung an der Theke kostet eine Portion (*ración*) ab 7 €. Teurer ist es im gediegeneren Teil der Lokale, wo am Tisch serviert wird. Die Bodegones halten auch Wein zum Kauf bereit, dazu weitere kulinarische Produkte der Region. Ein Ereignis ist Anfang bis Mitte Oktober das Anzapfen des *mosto*, des jungen Weins, der dem Federweißen vergleichbar ist.

Essen & Trinken
Bodegón Abuelo Curro: Av. 28 de Febrero 105, Tel. 959 41 21 29. Beim *abuelo* (Großvater) Curro speist es sich vorzüglich. Der Ruf dieses Lokals reicht weit über Bollulos hinaus.
Bodega Roldán: Av. 28 de Febrero 111, Tel. 959 41 13 49. Auch diese Weinstube zählt zu den renommiertesten im Ort. Obwohl man draußen essen kann, ist doch v. a. die Atmosphäre im hohen Innenraum erlebenswert.

---

del Acebrón beginnt der **Sendero Charco del Acebrón** (1,5 km) rund um einen von Pinien- und Korkeichenwald umgebenen Tümpel (Infos: www.donana.es).

Verkehr

Busse: Stadtbusse verkehren je nach Jahreszeit mehr oder weniger häufig auf der A-483 von Matalascañas über El Rocío nach Almonte. Bedarfshaltestellen an den Zufahrten zu den Besucherzentren (Busse halten nur auf Handzeichen).

El Rocío ▶ C 5

Die bedeutendste *romería* (Wallfahrt) Andalusiens führt zu Pfingsten regelmäßig bis zu einer Million Menschen nach **El Rocío,** das sich den Rest des Jahres mit seinen wenigen Hundert Einwohnern still und beschaulich zeigt. Die breiten, staubigen Sandstraßen erinnern mehr an den Wilden Westen als an das moderne Andalusien. So ist es auch allgemein üblich, durch den Ort zu reiten und die Pferde vor den Häusern festzubinden.

Im **Santuario de la Virgen del Rocío** am südlichen Ortsrand wird die Virgen del Rocío (Jungfrau vom Morgentau) mit dem Beinamen *La Blanca Paloma* (weiße Taube) verehrt. Angeblich fanden Gläubige die Marienfigur hier kurz nach der Reconquista im 13. Jh. in einem Baumstamm. Daraufhin veranlasste König Alfons X. höchstpersönlich den Bau einer ersten Kapelle, die sich rasch zu einem wichtigen Wallfahrtsziel entwickelte. Die heutige, weitaus größere Kirche wurde 1969 geweiht (Mo–Fr 8.30–19, Sa/So/Fei 8.30–20 Uhr).

El Rocío

Der weitläufige Kirchvorplatz grenzt an einen von Wasservögeln bevölkerten See, der den nahen Parque Nacional de Doñana ankündigt. Mehrere Aussichtsbalkons an der Uferpromenade sind mit Münzferngläsern ausgestattet, damit Interessierte die Tierwelt genauer in Augenschein nehmen können.

Die Pfingstwallfahrt

Einer Tradition aus dem 17. Jh. folgend, machen sich jedes Jahr 78 Bruderschaften *(hermandades)* aus der ganzen Region zur Pilgerfahrt nach El Rocío auf den Weg. Ihnen gehören jeweils Hunderte oder gar Tausende von Mitgliedern an, die sich stolz *rocieros* nennen. Die Frauen in Carmen-Tracht fahren in prächtig geschmückten, von Ochsen oder Pferden gezogenen Planwagen, von ihren *caballeros* hoch zu Ross begleitet. Sie sammeln sich in Huelva, Sevilla und Sanlúcar de Barrameda, um auf drei Hauptrouten gemeinsam weiterzuziehen. Ab Sanlúcar dürfen die Pilger mit Sondergenehmigung sogar den Parque Nacional de Doñana passieren. Unterwegs zelten sie oder schlafen in ihren Wagen. Abends köchelt über dem Holzfeuer die *caldereta rociera,* ein Pilgereintopf aus Lammfleisch, Paprika, Zwiebeln und Tomaten.

Am Pfingstsamstag treffen die drei Züge in El Rocío ein. Das Hauptfest beginnt am Sonntag auf dem riesigen Dorfplatz, wo musiziert und getanzt wird. In den frühen Morgenstunden des Pfingstmontags steuert die Feier ihrem Höhepunkt entgegen. Dann tragen ein paar kräftige Männer die Madonna aus der Kirche heraus auf den Platz. Dort soll sie – alten Vorschriften entsprechend (der Morgentau gilt seit jeher als Fruchtbarkeitssymbol) – das erste Licht der aufgehenden Sonne erblicken. *Viva* und *olé* schallt es dann von allen Seiten aus der Menge, ein tumultartiges Gedränge setzt ein. Ziel vieler Pilger ist, die als wundertätig geltende Madonna wenigstens einmal im Leben kurz berührt zu haben. Im Verlauf eines mehrstündigen Umzugs stattet die Jungfrau nun jeder der Bruderschaften einen Besuch ab – in ihren kapellenähnlichen Häusern, die sie in El Rocío unterhalten und die zum besonderen Flair des Ortes beitragen. Am Nachmittag kehrt die Statue in ihre Kirche zurück, die Pilger machen sich auf den Weg nach Hause.

Infos

Oficina de Turismo: Kiosk bei der Kirche, Tel. 959 44 38 08, Fax 959 44 38 11, www.rocio.com.

Übernachten

Übernachten während der Romería: Zur Pfingstwallfahrt sind die wenigen Unterkünfte hoffnungslos überbucht. Dann steigen die Preise um bis zu 500 %. Die meisten Pilger zelten oder schlafen im Auto.

Exklusives Ambiente ▶ **Hotel El Cortijo de los Mimbrales:** Ctra. Rocío–Matalascañas, A-483, km 30, Tel. 959 44 22 37, Fax 959 44 24 43, www.cortijomimbrales.com. 3 km außerhalb unmittelbar am Parque Nacional de Doñana in Orangenhaine eingebetteter Hof mit Gourmetrestaurant (Hauptgerichte 17–21 €). Die Zimmer – in den früheren Häusern der Plantagenarbeiter – sind über einen eigenen Gartenpatio zugänglich. Fahrradverleih, Reitmöglichkeit, Kutschfahrten. DZ über Veranstalter ca. 122–130 €, laut Preisliste 120–170 €.

Praktisch eingerichtet ▶ **Hotel Toruño:** Plaza del Acebuchal 22, Tel. 959 44 23 23, Fax 959 44 23 38, www.toruno.es. Einige Zimmer mit schönem Blick auf die Lagune von El Rocío, im ersten Stock teilweise mit Balkon. Ruhig gelegen. Gleichnamiges, gutes Restaurant schräg gegenüber (Halbpensionsmenü 15,50 €). DZ 75 €, zu Pfingsten 330 €.

Einkaufen

Aus Metall ▶ **Forja y Mimbre Doñana:** hinter der Kirche. Authentische Metallarbeiten *(forja),* z. B. traditionelles Kochgeschirr, sowie Geflochtenes aus Weide *(mimbre)* aus der Doñana.

Aktiv

Jeeptouren ▶ **Doñana Nature:** Las Carretas 10 (bei der Kirche), Tel./Fax 959 44 21 60,

Nördliche Costa de la Luz

Romería del Rocío: Wallfahrt mit Wildwestcharme

www.donana-nature.com. Mehrstündige geführte Touren mit Allradfahrzeugen oder Kleinbussen durch die Peripheriegebiete des Nationalparks, z. B. durch den Coto del Rey, ein wildreiches Waldgebiet. Es gibt ebenfalls speziell auf Fotografen oder Ornithologen abgestimmte Angebote, außerdem kann man in einem Naturshop Ökoprodukte erwerben.
Reiten ▶ **Doñana Ecuestre:** Av. Canaliega s/n, Tel. 959 44 24 74 oder 667 79 51 84, www.donanaecuestre.com. Geführte Ausritte (z. B. 2 Std. inkl. Tapa-Imbiss ca. 21 €), auch mehrtägige Touren und Kutschfahrten werden angeboten.

Verkehr
Busse: Vgl. Matalascañas (s. S. 229).

El Rompido ▶ C 5

Eine langgestreckte, sandige Halbinsel lenkt den Lauf des Río de las Piedras vor **El Rompido** nach Osten. Der Fischerort versteckt sich jenseits der Flussmündung hinter dieser Nehrung, liegt also nicht direkt am Atlantik. *La Flecha del Rompido* (der Pfeil von Rompido), wie die 12 km lange Sandbank bezeichnenderweise heißt, schiebt sich dank

Die Küste von Lepe

Tipp: Niebla

Die kleine Stadt am Río Tinto verschwindet hinter einem 3 km langen, mit 46 Wehrtürmen bestückten Mauergürtel aus dem 12. Jh., den die Almohaden hinterließen. Vier Tore gewähren Einlass in den mittelalterlich anmutenden Ort. An der reizvollen zentralen Plaza bietet sich zwischen Brunnen, Palmen und Orangenbäumen eine Rast an. Die ehemals mozarabische Kirche wurde originalgetreu wieder aufgebaut. Ehemals war Niebla eine römische Gründung und später Sitz eines weniger bedeutenden maurischen Königreichs.

der Sedimentzufuhr durch Fluss und Meeresströmungen pro Jahr um 30 m vor.

Katen und nette Fischlokale charakterisieren das charmante Dorfzentrum von El Rompido. In jüngster Zeit erlebt der Ort eine rasante touristische Entwicklung. Im Gefolge eines 18-Loch-Golfplatzes eröffneten Komforthotels, die auch in den Katalogen deutscher Reiseveranstalter zu finden sind.

Übernachten

Landhotel ▶ **Hotel Hacienda San Miguel:** Ctra. de Cartaya (2 km landeinwärts von El Rompido), Tel./Fax 959 50 42 62. Einsam mit schönem Blick über die Umgebung gelegen, gut geführt. DZ 55–80 €.

Aktiv

Baden & Beachen ▶ An der Atlantikseite der Flecha del Rompido liegt mit der **Playa de Nueva Umbría** ein kilometerlanger, unbebauter Traumstrand. Mehrere Personenfähren setzen während der Badesaison dorthin über, eine davon ab dem Hafen von El Rompido. Keinerlei Einrichtungen, FKK ist erlaubt.
Golf ▶ **El Rompido Golf Club:** Ctra. Cartaya–El Rompido km 7, Tel. 959 02 42 42, Fax 959 02 42 43, www.golfelrompido.es. Der noch recht neue Platz liegt an der Mündung des Río Piedras, umgeben von amphibischem Land, das unter Naturschutz steht. Sowohl die ersten 9 Bahnen in der Flussmarsch als auch die zweiten 9 Lagunenbahnen sprechen anspruchsvolle Golfer an. Greenfee 18 Loch 55–75 €.

Verkehr

Busse: Mit *Damas* mehrmals tgl. nach Huelva.

Die Küste von Lepe

Die etwas landeinwärts gelegene Stadt **Lepe** (25 000 Einw.) bietet wenig Aufregendes, dafür aber deutlich bessere Einkaufsmöglich-

Nördliche Costa de la Luz

keiten als die nahen Küstenorte. Ausgedehnte Erdbeerfelder umgeben den Ort. Viele Bewohner leben vom Anbau und Export der süßen Früchte.

El Terrón ▶ A 5

Der kleine Fischerhafen von Lepe besitzt noch die andernorts allzu oft schon im Verschwinden begriffene Ursprünglichkeit. Wie in alten Zeiten landen die Fischer hier ihren Fang an, der direkt an Händler und Gastwirte versteigert wird. Letztere servieren ihn gleich am Hafen in ihren schlichten, aber renommierten Lokalen. Örtliche Spezialität sind gekochte oder gebratene *langostinos* (Kaisergranat).

El Terrón liegt an der Mündung des Río Piedras, wo der Atlantik dank der Gezeiten ein brackiges Marschland *(marismas)* geschaffen hat.

Mit diesem Sumpfgebiet und der angrenzenden Strandzone beschäftigt sich die **Aula Marina de El Terrón,** ein kleines Museum mit Aquarium, in dem über 70 Tierarten des Golfs von Cádiz zu sehen sind (Juli–Mitte Sept. Mo–Fr 17.30–21.30, sonst Mo–Fr 12–14, 16.30–19 Uhr, 5 €).

La Antilla ▶ A 5

Das alte Dorfzentrum der Fischersiedlung **La Antilla** ist zwar glanzlos, aber nicht ohne Charme. Da die vorwiegend spanischen Eigner ihre Apartments und Villen am Strand nur im Urlaub nutzen, sind die rund 500 Bewohner von La Antilla meist unter sich. Am westlichen Ortsrand spielt sich im **Barrio de los Pescadores** noch traditionelles, pittoreskes Fischerleben ab.

Von der über 2 km langen und bis zu 100 m breiten Playa de la Antilla profitiert auch die weiter westlich gelegene Feriensiedlung **Islantilla.** Deren Bebauung wurde bewusst niedrig gehalten und zeigt architektonische Anklänge an Nordafrika. Um ein Einkaufszentrum mit Boutiquen, Restaurants und Cafés gruppieren sich mehrere Komforthotels, die über Veranstalter gebucht werden können; außerdem gibt es einen 27-Loch-Golfplatz.

Infos

Oficina de Turismo: Av. Ríofrío s/n, 21449 Islantilla, Tel. 959 64 60 13.

Aktiv

Baden & Beachen ▶ Bislang vollkommen unbebaut blieb die 2 km lange **Playa Redondela** westlich von Islantilla. Dünen und Kiefernwald säumen den breiten Naturstrand.

Verkehr

Busse: Mit *Damas* mehrmals tgl. von La Antilla nach Huelva sowie nach Isla Cristina.

Isla Cristina ▶ A 5

Mit seinem lebendigen Hafen hat sich der Fischerort **Isla Cristina** einen spröden Charme bewahrt. Am attraktiven Atlantikstrand reihen sich entlang der Avenida de la Playa Hotels und Apartmenthäuser. Im Kontrast dazu glänzt das Ortszentrum an der Ría Carreras, einem weit ins Land reichenden Meeresarm, durch Authentizität. Dabei ist Isla Cristina mit seinen schachbrettförmig angelegten Straßenzügen noch recht jung. Erst im 18. Jh. gründeten Fischer aus Katalonien den heute 20 000 Einwohner zählenden Ort.

Die vor allem morgens und gegen Abend einlaufenden Kutter landen Sardinen und Tunfisch an, die in einer großen Fabrik eingedost werden. Spezialitäten, die es überall im Ort zu kaufen gibt, sind Pökelfisch und luftgetrockneter Tunfischschinken. Den überwiegenden Teil des Fangs ersteigern jedoch Großhändler aus Sevilla, Córdoba und Madrid direkt am Hafen in der **Lonja del Pescado,** einer der wichtigsten Fischbörsen Spaniens.

Ein nettes Ziel für einen Spaziergang ist die **Punta del Caimán** mit ihrem strahlend weißen Leuchtturm *(faro),* der die Hafeneinfahrt von Isla Cristina markiert. Wer in der Bar El Faro einkehrt, kann das Kommen und Gehen der Fischerboote und Jachten verfolgen. An beiden Ufern der Ría Carreras widmen sich kleine Werften noch dem Holzbootbau. Hier entstanden anlässlich der Expo '92 die Nachbauten der Kolumbusflotte (s. S. 226).

Marismas

Bevor ein künstlich aufgeschütteter Damm die Verbindung zum Festland schuf, lag Isla Cristina – wie der Name andeutet – auf einer Insel. Im Norden erstreckt sich allerdings kein Meer, sondern ein amphibischer Gürtel aus Lagunen, Altarmen, Kanälen, ehemaligen Salinenbecken, Sümpfen und Marschland. Dieser Teil des Deltas des Río Guadiana steht heute als **Parque Natural Marismas de Isla Cristina** unter Schutz. Die Wasserflächen bieten zahlreichen Vogelarten Nahrung und Schutz, darunter Flamingos und Löffelreihern.

Von der A-472 aus ist bei dem Dorf Pozo del Camino, 2 km nördlich von Isla Cristina, der Sendero de Molino Mareal de Pozo del Camino angezeigt, ein 1 km langer Fußweg durch das Gebiet. Dort befindet sich in einer ehemaligen Gezeitenmühle auch das **Centro de Visitantes El Hombre y la Marisma**, ein kleines Besucherzentrum mit einer Ausstellung über das Verhältnis des Menschen zur Marsch (Juli/Aug. Mo 17.30–19, Do 10–12 Uhr, Eintritt frei).

Infos

Oficina de Turismo: Av. Madrid, 21410 Isla Cristina, Tel. 959 33 26 94.

Übernachten

Dezenter Luxus & andalusische Atmosphäre ▶ **Isla Cristina Palace Hotel & Spa:** Av. del Parque 148, Tel. 959 34 44 99, Fax 959 34 44 98, www.islacristinapalace.com. Ein kleiner Pinienhain trennt die Anlage vom weitläufigen Strand, wo das 5-Sterne-Hotel einen Beachclub betreibt. Großer Wellnessbereich. DZ über Veranstalter 108–196 €, laut Preisliste 160–300 €.

Klein und oho ▶ **Paraiso Playa:** Av. de la Playa s/n, Tel. 959 33 02 35, www.hotelparaisoplaya.com. Familiäres Hotel mit 40 Zimmern und kleinem Pool. In einem Nebengebäude werden auch Apartments vermietet. DZ 50–120 €.

Essen & Trinken

Reiche Auswahl ▶ **Casa Rufino:** Av. de la Playa 1, Tel. 959 33 08 10, außerhalb der Sommerferien nur mittags. Renommiertes, nicht ganz billiges Strandlokal mit Fisch und Meeresfrüchten. Menü 20 €.

Aktiv

Bootsausflüge ▶ **Cruceros Torre del Oro,** im Jachthafen (nahe Leuchtturm), Tel. 618 44 91 11. Die Boote steuern verschiedene Ziele an, u. a. die Mündung des Río Guadiana (pro Person 12 €). Manche Fahrten starten auch von Isla Canela (s. u.).

Verkehr

Busse: Mit *Damas* ab Calle Manuel Siurot (Tel. 959 33 16 52, am nördlichen Stadtrand) nach Huelva ca. 14 x tgl. (z. T. über Islantilla und La Antilla), Ayamonte 5 x tgl., Sevilla 1–3 x tgl.

Ayamonte ▶ A 5

Auf einem Hügel am Ufer des Río Guadiana liegt der charmante Fischerort **Ayamonte**, (19 000 Einw.) zugleich ein wichtiger Grenzübergang. Seit 1991 spielt sich der Verkehr über den Fluss vorwiegend auf einer Autobahnbrücke ab. Aber auch eine Fähre ist noch in Betrieb (s. u.). Ayamonte ist für die Portugiesen ein beliebtes Ziel für Tagesausflüge, in deren Mittelpunkt das Shopping steht.

Angenehm präsentieren sich im neueren Zentrum die von Palmen gesäumten Plätze **Paseo de la Ribera** und **Plaza de la Laguna** mit Cafés und Zeitungskiosken. Sie sind mit bunten Fliesen *(azulejos)* gepflastert. Fliesen zieren auch den Brunnen und die Sockel der schmiedeeisernen Lampen. Als wollte sich hier schon das nahe Portugal ankündigen, sind zudem im nördlichen, älteren Stadtviertel **La Villa** die weißen Fassaden von Häusern und Kirchen oftmals mit den insbesondere für das Nachbarland typischen Heiligenbildern aus Fliesen geschmückt.

Neben einigen Palästen aus vergangenen Zeiten sind vor allem die Mudéjarkirchen **Iglesia de San Francisco** und **Parroquia de El Salvador** (beide in der Calle San Francisco) einen Blick wert. Ihre Ursprünge rei-

237

Nördliche Costa de la Luz

chen ins 15. Jh. zurück. Der Turm von El Salvador kann bestiegen werden und bietet einen schönen Blick auf Stadt und Hafen.

Isla Canela und Punta del Moral

Nur über Ayamonte auf einer 7 km langen, schmalen Straße zu erreichen liegt die weitläufige Feriensiedlung **Isla Canela** am Atlantikstrand. Die feinsandige Playa hat eine gute Infrastruktur. Hotels und Apartments beleben sich vorwiegend in den Sommermonaten. Am Strand Richtung Westen lassen sich lange, einsame Spaziergänge bis zur Sandbank an der Mündung des Río Guadiana unternehmen. Nicht weit von Isla Canela und der Hafeneinfahrt von Isla Cristina gegenüber liegt **Punta del Moral.** Die Bewohner der Umgebung rühmen den Fischerort für seine einfachen Restaurants, deren Spezialität Reisgerichte, kombiniert mit Fisch und Meeresfrüchten sind. Die Boote landen u. a. die besonders begehrten Gambas aus dem Mündungsbereich des Guadianadeltas an. Richtung Meer liegt an der Playa Punta de la Mojarra eine neue Feriensiedlung mit mehreren Komforthotels, deren Zimmer über deutsche Reiseveranstalter buchbar sind.

Übernachten

Modernes Haus ▶ **Parador Costa de la Luz:** Ayamonte, El Castillito, Av. de la Constitución, Tel. 959 32 07 00, Fax 959 02 20 19, www.parador.es. Mit schönem Blick auf die Stadt und bis zum Atlantik, oberhalb des alten Viertels La Villa gelegen. Mit Pool. DZ 100–140 €.

Zentral ▶ **Hotel Marqués de Ayamonte:** Ayamonte, Calle Trajano 14, Tel. 959 32 01 25. Stadthotel mit nostalgischem Ambiente. DZ 35–45 €.

Essen & Trinken

Traditionslokal von 1917 ▶ **Casa Barberi:** Ayamonte, Paseo de la Ribera 12, Tel. 959 47 02 89, tgl. 12–16.30, 20–23.30 Uhr. Vielseitige, für das Guadianadelta typische Reisgerichte (um 9 €), z. B. *arróz marismeño* (Reis nach Art des Marschlands).

Aktiv

Flusskreuzfahrt ▶ **Cruceros del Guadiana:** Ayamonte, Av. de Andalucía 31, Tel./Fax 959 64 10 02. Eine beschauliche Tageskreuzfahrt führt von Ayamonte den Río Guadiana hinauf nach Sanlúcar del Guadiana und in das gegenüberliegende portugiesische Alcoutim. In Sanlúcar besteht Gelegenheit zu einem Stadtrundgang, in Alcoutim zur Besichtigung des Kastells. Ein Mittagessen ist eingeschlossen. Gestartet wird urlauberfreundlich erst um 11 Uhr, die Rückkehr erfolgt gegen 18.30 Uhr (42, Kinder 19 €). Für Eiligere werden Panoramatouren durch die Mündung des Río Guadiana

Im Fischereihafen von Isla Canela: Jedes Jahr wird der Bootsanstrich erneuert

veranstaltet (12–17 Uhr, 8 €, Kinder 5 €, inkl. Getränke).

Golf ▶ **Isla Canela Club de Golf:** Ctra. de la Playa, Tel. 959 47 72 63, Fax 959 47 72 71, www.golfislacanela.com. Vielseitige 18-Loch-Anlage mit Dünen und Lagunen, Ölbaum- und Orangenhaine. Anfänger wie Fortgeschrittene fühlen sich hier wohl. Greenfee 18 Loch 68 €.

Verkehr

Busse: Mit *Damas* ab Busbahnhof (Av. Cayetano Feu, östlich des Stadtzentrums von Ayamonte, Tel 959 23 11 71) ca. 10 x tgl. nach Huelva, je 5 x tgl. nach Isla Cristina und Sevilla.

Minas de Riotinto ▶ C 3

Schon in der Antike bauten Iberer, Phönizier und Römer am Oberlauf des Río Tinto verschiedene Metalle ab. Die Vorräte an Gold und Silber sind bereits seit langem erschöpft. Kupfererz wird jedoch immer noch im Tagebau gewonnen. Durch Regenwasser weggeschwemmte Kupfer- und Eisenoxide färben das Flusswasser violettrot (span. *tinto*). Tagebaugruben, Schlackehalden, vor sich hin rostende Fördertürme prägen das Bild dieser Landschaft.

Nach dem Zerfall des Römischen Reiches gerieten die Erzvorkommen fast in Verges-

Nördliche Costa de la Luz

aktiv unterwegs

Abstecher nach Portugal

Tour-Infos
Start: Ayamonte (▶ A 5, s. S. 237 ff.), Fähranleger Muelle de Portugal
Dauer: ein ganzer Tag
Wichtige Hinweise: Autofähren der Transporte Fluvial del Guadiana (Tel. 959 47 06 17, www.rioguadiana.net) pendeln täglich zwischen Ayamonte und Vila Real de Santo António, Abfahrt in Ayamonte 1.7.–15.9. halbstündlich (9.30–21 Uhr), im Juli und Sept. am So nur alle 40 Min., 16.9.–30.4. stündlich (9.30–19.30, So/Fei 10.30–18.30 Uhr), 1.5–30.6. alle 40 Min. (9.40–20 Uhr, So/Fei stdl. 10.30–18.30 Uhr), Fahrzeit 30 Min., einfache Überfahrt pro Person 1,50 €, Kinder 0,90 €, Auto 5 €, Fahrrad 1 €.

Da Portugal ebenso wie Spanien sowohl der Schengen- als auch der Euro-Zone angehört, entfallen Grenzkontrollen und Geldwechsel. Ein Ausflug in das westliche Nachbarland ist also ohne großen Aufwand durchführbar – am stilvollsten per Fähre von Ayamonte aus, die bis 1991 die einzige Verbindung über den Grenzfluss Río Guadiana darstellte. Sie steuert **Vila Real de Santo António** an, eine schachbrettförmig angelegte Stadt, die der portugiesische Bauminister Marquês de Pombal 1774 innerhalb von fünf Monaten aus dem Boden stampfen ließ. Zuvor hatte sich hier nur eine winzige, von den Hochwasserfluten des Flusses immer wieder zerstörte Fischersiedlung befunden. Pombal hatte sich schon um den Wiederaufbau Lissabons nach dem verheerenden Erdbeben von 1755 verdient gemacht. Nun wollte er mit dem Bau der neuen »königlichen« Grenzstadt ein Zeichen gegenüber dem oft als übermächtig empfundenen Nachbarn Spanien setzen und die Fortschrittlichkeit Portugals demonstrieren. Innerhalb weniger Jahre ließ er 5000 Menschen aus verschiedenen Landesteilen nach Vila Real de Santo António umsiedeln.

Ein Obelisk auf dem mit Orangenbäumen bepflanzten zentralen Platz erinnert an den Marquês de Pombal. Ringsum laden Cafés und kleine Restaurants zum Verweilen ein. Im Ort geht es recht beschaulich zu. Die heute rund 10 000 Bewohner leben vorwiegend von spanischen Tagesausflüglern, die auf der Suche nach Schnäppchen ins vermeintlich billigere Portugal kommen. Längst haben sich jedoch die Preise in den Geschäften beiderseits der Grenzen angeglichen.

Wer Zeit und Lust hat, kann von Vila Real de Santo António per Linienbus (Busbahnhof nördlich des Fähranlegers) einen Abstecher in das landeinwärts gelegene Dorf **Castro Marim** machen. Von seiner wuchtigen Burg schweift der Blick weit über das Land. Castro Marim wurde kurz nach der Reconqista, ab 1319, zunächst Hauptsitz des legendären Christusritterordens – des portugiesischen Nachfolgeordens der kurz zuvor verbotenen Templer. Schiffe konnten damals vom Río Guadiana direkt bis zum Burghügel fahren. Die inzwischen verlandete Senke ist noch zu erkennen. In ihr fühlen sich Flamingos wohl. Schon 1356 verlor Castro Marim seinen Status als Machtzentrale der Christusritter, als diese ihren Sitz nach Tomar verlegten.

senheit. 1873 erwarb die englische Río Tinto Mining Company die Schürfrechte und hatte sie bis 1954 inne. Sie eröffnete moderne Gruben und gründete **Minas de Riotinto** (4400 Einw.) als Ersatz für ein Dorf, das dem Tagebau weichen musste.

Parque Minero de Riotinto

Der **Parque Minero** bietet ein buntes Programm, das es ermöglicht, die Geschichte des Bergbaus in der Region auf anschauliche und vergnügliche Weise kennenzulernen. Das Angebot setzt sich aus drei Bausteinen zusam-

Minas de Riotinto

men, die einzeln oder gemeinsam gebucht werden können. Im ehemaligen Hospital der Río Tinto Mining Company zeigt das **Museo Minero de Riotinto Ernest Lluch** als interessantestes Exponat den *Vagón del Maharajah*. 1892 ließ Königin Victoria von England diesen luxuriösesten Schmalspurwaggon aller Zeiten in Birmingham für eine Reise durch Indien bauen. Diese führte sie allerdings nie durch. Stattdessen nutzte später Spaniens König Alfons XIII. den Waggon für einen Besuch in Minas de Riotinto. Erschütternd wirkt der Nachbau einer römischen Mine unter dem Museum, in der Sklaven in nur 1 m hohen Stollen Erz abbauen mussten. Ein handbetriebenes Schöpfrad hielt die Mine frei von Wasser. Im Eintrittspreis enthalten ist die Besichtigung der **Casa 21,** eines viktorianischen Hauses von 1883 mit Originaleinrichtung im Wohnviertel Bella Vista, das die Río Tinto Mining Company für ihre englischen Techniker errichten ließ. Mit seiner anglikanischen Kirche nebst Friedhof wirkt es noch immer *very british* (Museo Minero: 1.10.–15.7. tgl. 10.30–15, 16–19, 16.7.–30.9. tgl. 10.30–15, 16–20 Uhr, 4 €).

Geführte Besichtigungsfahrten starten am Museo Minero zur **Peña de Hierro** bei Nerva, einer 1972 stillgelegten Mine. Eingeschlossen sind die Erkundung eines 200 m langen Stollens sowie der Besuch der Quelle des Río Tinto (wechselnde Zeiten, aber garantiert täglich 1–2 Fahrten, 8 €).

Eine Eisenbahnstrecke, auf der die Río Tinto Mining Company das Erz Richtung Niebla und von dort zum Hafen von Huelva transportierte, wurde ab 1873 innerhalb von zwei Jahren fertiggestellt, trotz des schwierigen, von Schluchten durchzogenen Geländes. 1300 Waggons und 143 Dampflokomotiven waren für den Waren- und Personenverkehr im Einsatz. Seit 1984 führt die spanische Nachfolgegesellschaft der Río Tinto Mining Company den Transport per Lkw durch. Auf 12 km Länge ist die Schmalspurstrecke aber noch befahrbar. Hier verkehrt der **Ferrocarril Turístico Minero,** dessen Wagen aus viktorianischer Zeit stammen, den Fahrgästen jedoch etwas schlichteren Komfort bieten als der königliche Waggon.

Normalerweise werden die Loks mit Diesel angetrieben. Als besonderer Leckerbissen wird dem Zug aber zwischen November und April an jedem ersten Sonntag im Monat eine Dampflokomotive vorgespannt, übrigens die älteste Lok Spaniens. Die etwa einstündige Fahrt beginnt bei den Talleres Mina, einer alten Eisenbahn-Reparaturwerkstatt 2,5 km östlich von Minas de Riotinto an der A-476 nach Nerva (Abfahrt 1.3.–31.5. Mo–Fr 13, Sa/So/Fei 16, 1.6.–15.7. tgl. 13.30 , 16.7.–30.9. tgl. 13.30 u. 17, Okt.–Feb. nur Sa/So/Fei 16 Uhr, aktuelle Zeiten am besten unter Tel. 959 59 00 25 oder unter www.parquemineroderiotinto.com überprüfen, 10 €).

Mirador Cerro Colorado

Ungefähr 1 km nördlich von Minas de Riotinto an der A-461 Richtung Aracena bietet der Mirador Einblicke in die Corta Cerro Colorado. In dieser Tagebaugrube wird immer noch Kupfererz gewonnen. Es erstaunt, dass der Cerro Colorado (bunter Hügel) noch zu Beginn des 20. Jh. ein Berg war. Inzwischen wurde er nicht nur vollständig abgetragen, sondern unter ihm ein riesiges Loch gegraben.

Übernachten

Hoch über der Stadt ▶ **Hotel Santa Bárbara:** Cerro de los Embusteros s/n, Tel. 959 59 06 09, Fax 959 59 06 27, www.hotelsantabarbaragolf.com. Recht komfortables Haus. Angeschlossen ist ein Restaurant (Tagesmenü 9 €). DZ 65–70 €.

Neben dem Bergbaumuseum ▶ **Hostal Galán:** Av. La Esquila 10, Tel. 959 59 08 40.

Tipp: Kombitickets

Wer im Museo Minero gleich ein Kombiticket für die verschiedenen Angebote kauft, spart gegenüber dem Erwerb von zwei oder drei Einzeltickets. Museum und Peña de Hierro kosten zusammen 9 € und einschließlich der historischen Zugfahrt 17 €. Am 1.1., 6.1. und 25.12. ist der ansonsten täglich geöffnete Parque Minero komplett geschlossen.

Nördliche Costa de la Luz

Angenehme Pension. Nicht alle Zimmer mit Bad. Eigenes Restaurant (Tagesmenü 8,50 €). DZ um 40 €.

Verkehr

Busse: Mit *Casal* 2 x tgl. ab Sevilla, mit *Damas* 6 x tgl. ab Huelva.
Organisierte Ausflüge: Wer nicht selber fahren mag, kann von Ferienorten an der nördlichen Costa de la Luz Tagesfahrten per Bus zum Parque Minero de Riotinto buchen.

Durch die Sierra de Aracena ▶ B/C 3

Mit Eichen und Kastanien bewaldete Hänge und feuchte Niederungen, in denen Schwarzstörche leben, wechseln in der **Sierra de Aracena** mit Gipfeln von fast 1000 m Höhe ab. Burgen und Bergdörfer schmücken die grüne, an Flüssen und Stauseen reiche Landschaft, in der Schweine, Ziegen, Schafe und Pferde weiden. Große Teile des Gebirges stehen als Lebensraum für die gefährdeten Pardelluchse und Iberischen Kaiseradler im **Parque Natural Sierra de Aracena y Picos de Aroche** unter Schutz. Eine Erschließung des Gebiets durch Wanderwege ist im Gang. Ein Geheimtipp für Entdecker wird die Sierra de Aracena aber wohl noch lange bleiben.

Aracena

Im Luftkurort und alten Marktzentrum **Aracena** (7500 Einw.) zeigt sich die Mittelgebirgswelt der Sierra de Aracena von ihrer vielleicht schönsten Seite. Schon die Mauren wussten den Wasserreichtum der Gegend, die mehr Feuchtigkeit vom Atlantik empfängt als das übrige Andalusien, zu schätzen. Reste der arabischen Burg stehen auf dem **Cerro de Castillo,** an dessen Nordhang sich der Ort schmiegt. Die Burg kam nach der Reconquista vorübergehend in den Besitz des 1312 verbotenen Templerordens. Dieser errichtete auf den Grundmauern einer Moschee die heute noch neben der inzwischen verfallenen Befestigungsanlage aufragende, gotische **Iglesia del Castillo** mit originellem Glockenstuhl, der zugleich als Toreinfahrt dient (tgl. 11–19 Uhr, Eintritt frei).

Beim Bummel durch das Ortszentrum trifft man immer wieder auf Skulpturen zeitgenössischer Künstler aus Andalusien, die zum **Museo de Arte Contemporáneo al Aire Libre** arrangiert wurden. Jede Plastik erinnert an ein bestimmtes Ereignis. Der einheimische Bildhauer Pepe Noja regte dieses Freilichtmuseum moderner Kunst an und leistete damit Pionierarbeit. Viele andere spanische Städte sind inzwischen dem Beispiel von Aracena gefolgt.

Mitten im Ort befindet sich der Eingang zur **Gruta de las Maravillas**, einer auf 1200 m Länge erschlossenen, gewaltigen Tropfsteinhöhle im Inneren des Burghügels. In verschiedensten Farben spiegeln sich ihre Stalaktiten und Stalagmiten in sechs unterirdischen Seen, deren größter 60 m breit ist. Die Höhle war Schauplatz von Dreharbeiten im Rahmen der Verfilmung von Jules Vernes »Reise zum Mittelpunkt der Erde« (45-minütige Führungen, tgl. 10–13.30, 15–18 Uhr, 8 €; Zugang pro Tag auf 1000 Personen beschränkt, daher in der Saison reservieren unter Tel. 959 12 83 55).

Um alles Wissenswerte rund um das berühmte ›schwarze Schwein‹ (s. S. 56) zu dokumentieren, wurde in Aracena das **Museo del Jamón** (Schinkenmuseum) geschaffen. Der Besucher erfährt viel über Aufzucht und Haltung des *cerdo ibérico* und die Produktion des begehrten Schinkens von Jabugo (Gran Vía s/n, tgl. 11–18.30 Uhr, 3 €).

Infos

Oficina de Turismo: Calle Pozo de la Nieve s/n (gegenüber Gruta de las Maravillas), 21200 Aracena, Tel./Fax 959 12 82 06, www.aracena.es.

Centro de Visitantes del Parque Natural: Cabildo Viejo, Plaza Alta 5, Tel. 959 12 88 25, www.sierradearacena.net. Broschüre »Die Wanderwege der Sierra de Aracena und der Picos de Aroche« (auf Deutsch) mit Beschreibungen von ca. 60 markierten Wegen im Naturpark. Auch Organisation von Wanderungen in der Umgebung.

Übernachten

Gebirgsblick ▶ Hotel Los Castaños: Av. Huelva 5, Tel. 959 12 63 00, Fax 959 12 62 87, www.loscastanoshotel.com. Erstes Haus am Platz, relativ zentral, Parkgarage, komfortable Zimmer. Speiseraum im 3. Stock. DZ um 65 €.

Essen & Trinken

Gebirgsküche ▶ José Vicente: Av. Andalucía 53, Tel. 959 12 84 55, So/Mo/Mi/Do nur mittags, Fr/Sa mittags u. abends, im Sommer Mi–Mo mittags u. abends, Di u. Mitte Juni–Mitte Juli geschl. Klassiker, der die Spezialitäten der Sierra de Aracena serviert: Jabugo-Schinken, Haxe vom ›schwarzen Schwein‹, Pilze und Schnecken. Hauptgerichte um 15 €, Tagesmenü 15 €.

Abends & Nachts

Maurisch inspiriert ▶ La Tetería Andalusi: Av. Reina de los Ángeles. Teestube mit dem Ambiente der Alhambra, kleine arabische Gerichte, gutes Eis. Sa abend Tanzspektakel.

Verkehr

Busse: Ab Av. de Sevilla mit *Casal* 2 x tgl. nach Sevilla (Plaza de Armas), 1 x tgl. zur portugiesischen Grenze (Umsteigemöglichkeit in portugiesische Linienbusse Richtung Lissabon u. a.), Mo–Sa 2 x tgl. nach Minas de Riotinto; mit *Damas* 2 x tgl. nach Huelva, 3 x wöchentlich nach Lissabon.

Bus und Bahn in der Sierra de Aracena: Ab Aracena Busse der Gesellschaft *Casal* in viele Orte der Sierra de Aracena, z. B. 2 x tgl. (außer So) über Linares de la Sierra nach Alájar und Almonaster la Real und 4 x tgl. über Fuenteheridos und Jabugo nach Cortegana. Außerdem quert die Bahnlinie A 7b Huelva–Zafra das Gebirge und bedient 2 x tgl. die Haltestellen Almonaster–Cortegana (Bahnhof zwischen den beiden Orten), Jabugo–Galaroza (Bahnhof in El Repilado, 4 km westlich von Jabugo) und Cumbres Mayores.

Linares de la Sierra

Von Aracena führt die A-470 in südwestlicher Richtung durch einen der schönsten Teile der

Durch die Sierra de Aracena

Sierra. Etwas abseits der Straße liegt das winzige Bergdorf **Linares de la Sierra** (300 Einw.), dessen labyrinthisches System verwinkelter Gassen arabischen Ursprungs ist. Charakteristisch für den Ort sind die gepflasterten Teppiche aus hellem und dunklem Gestein vor vielen Hauseingängen. Sie dienten mit ihren individuellen geometrischen Mustern nicht nur der Dekoration, sondern sollten auch das Vieh – wohl durch den Wiedererkennungseffekt – am Zurückscheuen hindern, wenn es abends in die Ställe in den Innenhöfen geführt wurde. Auf der Plaza de la Fuente ist noch ein öffentlicher Waschplatz in Betrieb und soll es nach dem Willen der Linarenser auch bleiben – Traditionspflege der besonderen Art.

Essen & Trinken

Regionalküche ▶ Mesón Arrieros: Linares de la Sierra, Calle Arrieros 2, Tel. 959 46 37 17, Mo und Mitte Juni–Mitte Juli geschl. Weithin gerühmte Küche mit Schwerpunkt auf Fleisch- und Pilzgerichten. Im Sommer wird auf der Aussichtsterrasse gespeist, im Winter im stilvoll mit altem Mobiliar eingerichteten Inneren vor dem Kaminfeuer. Hauptgerichte 12–15 €.

Alájar

Alájar (800 Einw.) ist ein reizvoller Ort mit originaler andalusischer Atmosphäre. Hier lohnt die Einkehr in eine der Bars auf der zentralen Plaza. Vor allem aber erhebt sich unweit nördlich von Alájar der an Wochenenden viel besuchte Aussichtsberg **Peña de Arias Montano** mit der **Ermita Virgen de los Ángeles**, zu der eine schmale Straße führt. Im Kalkgestein der Peña hat die Natur durch Verkarstungsprozesse viele kleine Höhlen geschaffen. Eine davon, die Sillita del Rey, war nachweislich schon von Angehörigen der Megalithkultur bewohnt. Im 5. Jh. soll ein hl. Viktor als Eremit auf der Peña gelebt haben. Eine Nische im Gestein wird als frühchristliches Taufbecken aus dieser Zeit interpretiert.

Seinen heutigen Namen verdankt der Berg dem spanischen Humanisten und königli-

Nördliche Costa de la Luz

chen Berater Benito Arias Montano (1527–1598). Er schuf eine der ersten Weltkarten und setzte sich für die Übersetzung der Bibel in verschiedene Sprachen ein, was ihm zeitweilig Schwierigkeiten mit der Inquisition einbrachte. Seine persönliche Sinnsuche führte Arias Montano in den 50er-Jahren des 16. Jh. nach Alájar, wo er dem Orden von Santiago beitrat, der damals den Ort beherrschte. Zur inneren Einkehr zog er sich auf die Peña zurück, bis er von König Philipp II. zur Betreuung der Bibliothek des Escorial bei Madrid abberufen wurde.

Der Ursprung der Ermita Nuestra Señora de los Ángeles und der Verehrung des in ihr aufbewahrten Bildnisses (13. Jh.) der Patronin der Sierra de Aracena liegen im Mittelalter. Arias Montano ließ die Ermita erneuern und auch den frei stehenden Renaissancebogen errichten, der früher wohl Einlass in einen Garten gewährte.

Übernachten

Nichtraucherhotel ▶ **Hotel La Posada:** Alájar, Calle Médico Emilio González 2, Tel./Fax 959 12 57 12, www.laposadadealajar.com. In einem Dorfhaus (18. Jh.) bei der Kirche. 8 individuell dekorierte Zimmer. Im Restaurant traditionelle Küche (Halbpensionsmenü 11 €). Verleih von Pferden und Fahrrädern. DZ 60 €.

Termine

Romería de Nuestra Señora de los Ángeles: 8. September. Die Wallfahrt beginnt am Vorabend mit dem Auszug von El Poleo, einem Komitee religiöser und ziviler Würdenträger aus Alájar, zur Peña de Arias Montano. Am nächsten Morgen treffen Bruderschaften aus der ganzen Sierra per Kutsche, hoch zu Ross oder zu Fuß in Alájar ein. Gemeinsam folgen sie einer Prozession zur Bergkapelle. Im Ort wird noch bis zum folgenden Sonntag gefeiert.

Almonaster la Real

Kurz vor **Almonaster la Real** (1900 Einw.) bietet sich ein Halt am **Mirador de San Cristóbal** mit weitem Blick über die Sierra de

Aracena an. In der Ferne verschwimmen die bewaldeten Hügel mit dem Horizont.

Den Ort selbst überragt eine Burgruine, in der noch die maurische **Mezquita** (10. Jh.) steht. Sie erscheint wie ein kleiner Nachbau des großen Vorbilds in Córdoba. Die Moschee fußte auf einer westgotischen Kirche, wie Details am Portal sowie ein Rest des Altars, in den eine Taube und Engelsflügel graviert sind, den Kunsthistorikern verraten. Nach der Reconquista wurde sie wiederum zur Kirche, blieb aber baulich praktisch unverändert, mit Hufeisenbögen, Mihrab (Gebetsnische) und arabischen Inschriften (Sa/So 9.30–20 Uhr, Eintritt frei).

Durch die Sierra de Aracena

Einzug in die Stierkampfarena von Almonaster la Real:
Der *picador* zu Pferde führt den *paseillo* an

Die Ursprünge der Pfarrkirche **San Martín** liegen im 14. Jh. Sie leitet von der Architektur her – einzigartig in der Sierra de Aracena – zum benachbarten Portugal über. Dekorative Steinmetzarbeiten, die für den dortigen manuelinischen Stil stehen, finden sich an ihrem Portal Puerta del Perdón. Sie stellen verknotete Schiffstaue, Muscheln und andere Meerestiere dar: Symbole, die in Zusammenhang mit der Seefahrt und den Entdeckungsfahrten des 15./16. Jh. stehen.

Übernachten

In altem Dorfhaus ▶ **Casa García:** Av. San Martín 2, Tel. 959 14 31 09, Fax 959 14 31 43. Schickes kleines Hotel, besonders schön ist die Suite mit Jacuzzi und Privatterrasse. Service wird groß geschrieben. Gutes Restaurant mit regionaler Küche (Hauptgerichte 9–12 €). DZ um 60 €.

Termine

Fiestas de la Cruz: letztes April- und erstes Maiwochenende. Zwar ist der ›Tag der Auffindung des wahren Kreuzes Christi‹ (3. Mai) kein offizieller katholischer Festtag mehr. Doch in den Ortschaften der Sierra de Aracena, insbesondere in Almonaster la Real, wird er noch kräftig gefeiert – mit Fandangotänzen und farbenprächtigen Trachten.

Nördliche Costa de la Luz

Cortegana

Beim Bergdorf **Cortegana** (5000 Einw.) finden sich in feuchten Bachtälern noch schöne Beispiele für die von den Mauren gepflegte und später weitergeführte Bewässerungskultur. Winzige Kanäle führen das kostbare Nass aus Staubecken zu den terrassenförmig angelegten Obstgärten, in denen eine begehrte Apfelsorte gedeiht. Auch einige Mühlen wurden früher mit dem reichlich vorhandenen Wasser angetrieben.

Ein jüngst restaurierter **Castillo** aus dem 13. Jh. überragt Cortegana. Es beherbergt eine Ausstellung über die Burgen und Befestigungsanlagen in der Sierra de Aracena. Im Verlauf der Reconquista markierten sie die Frontlinie zu den maurischen Gebieten Südandalusiens. Später dienten sie auch dazu, potenzielle Angreifer aus Portugal abzuschrecken. Von den Türmen und Wehrgängen des Castillo bietet sich ein hervorragender Ausblick weit über die Landschaft (tgl. 11–14, 17–19 Uhr; 1,25 €).

Infos
Oficina de Turismo: Calle Cervantes 19, 21230 Cortegana, Tel. 959 13 11 88.

Übernachten
Nette Pension ▶ **Hostal Cervantes:** Calle Cervantes 27, Tel. 959 13 15 92. Nette Pension in zentraler Lage, manche Zimmer mit Bad, andere ohne. DZ 18–24 €.

Termine
Jornadas Medievales: August. Große Mittelalterparty mit Ritterturnieren, Falknervorführungen, Wettbewerben im Bogenschießen. Viele Teilnehmer erscheinen fantasievoll kostümiert.

Aktiv
Wandern ▶ Die Umgebung von Cortegana bietet gute Wandermöglichkeiten. Eine **Variante des Fernwanderwegs von Cumbres Mayores** (s. u.) nach Aroche nahe der portugiesischen Grenze führt, als GR 42.1 weiß-rot markiert durch den Ort. Außerdem sind **fünf örtliche Wanderwege** weiß-gelb markiert und mit PR *(pequeño recorrido)* beschildert. Eine Karte dieses Wegenetzes *(mapa de senderos)* verteilt das Rathaus von Cortegana kostenlos.

Jabugo

In **Jabugo** (2500 Einw.) wird einer der berühmtesten Schinken Andalusiens hergestellt. Er ist luftgetrocknet und stammt von dunklen iberischen Schweinen, die sich in der Sierra de Aracena von den Früchten der Steineichen ernähren. An der Hauptstraße von Jabugo reihen sich Bars und Geschäfte, die den *jamón ibérico* in hervorragender Qualität und zu günstigem Preis anbieten. Gleich nebenan stehen die riesigen Trockenräume *(secaderos)*, in denen die Schinken nach dem Einsalzen vier bis fünf Monate verbringen. Für die Reifung in der *bodega* benötigen sie anschließend je nach Größe weitere vier Monate bis eineinhalb Jahre.

Übernachten
Auf dem Bauernhof ▶ **La Silladilla:** Los Romeros s/n (3 km westlich von Jabugo), Tel. 959 50 13 50, www.jabugo.cc. Vier Bauernkaten auf dem Gelände einer großen Finca, die auf die Zucht des ›schwarzen Schweins‹ spezialisiert ist, wurden in Ferienhäuser umgewandelt. Sie bieten viel Komfort und sind stilvoll dekoriert. Im Hauptgebäude mehrere Hotelzimmer, Restaurant (*raciones* ab 6 €) und Lebensmittelgeschäft. DZ 89 €, Ferienhaus 108–178 €.

Cumbres Mayores

Von Jabugo führt ein Abstecher auf der A-435 quer durch die Sierra de Aracena in das nahe der Grenze zur Extremadura gelegene Bergdorf **Cumbres Mayores** (2000 Einw.). Seine Ursprünge liegen in keltischer Zeit. Seit Menschengedenken rasteten hier auf dem Hauptkamm des Gebirges Hirten mit riesigen Herden auf dem oft mehrere 100 km langen Weg von den Sommerweiden im Gebirge zu den winterlichen Weidegründen in den Ebenen. Nach der Reconquista entstand die gewaltige, 400 m lange Verteidigungsmauer, innerhalb derer damals das gesamte Dorf Platz fand. Inzwischen hat der Ort

Durch die Sierra de Aracena

längst die Grenzen dieser Befestigungsanlage gesprengt. Das nette Zentrum will zu Fuß erkundet werden.

Termine
Corpus Christi: Fünf Tage rund um Fronleichnam (Mi–Mo). Dieses wohl älteste Fest der Sierra de Aracena geht auf das 8. Jh. (!) zurück. Die Bruderschaften Esperanza und Santísimo Sacramento schicken jeweils zehn Jungen tanzend und musizierend durch die Straßen. Archaisch muten ihre Instrumente an: Dudelsäcke, Trommeln, Kastagnetten.

Fuenteheridos
Die Rückfahrt nach Aracena kann über **Fuenteheridos** (700 Einw.) führen, das durch ein besonders schönes Ortsbild gefällt. Reichliche Grundwasservorkommen in den umliegenden Kalkfelsen, die aus verschiedenen Quellen sprudeln, prägen den Ort. Nach der Reconquista siedelten sich die ersten kastilischen Bewohner rund um die **Fuente de los Doce Caños** an. Die gefasste Quelle mit ihren zwölf wie Orgelpfeifen angeordneten Rohren ist noch heute an der Plaza del Coso zu besichtigen, wo sich auch ein wesentlicher Teil des sozialen Lebens im Ort abspielt. Das Quellwasser speist die *lievas*, kleine Bewässerungskanäle, die das kostbare Nass zu den Feldern rings um den Ort führen. Am Paseo de Arias Montano wurde ein schöner Platz rund um den Ursprung dieser Kanäle angelegt.

Das Erdbeben von 1755, das Lissabon zerstörte, war auch in der Sierra de Aracena zu spüren. In Fuenteheridos erlitt die **Iglesia Parroquial del Espíritu Santo** so schwere Schäden, dass sie anschließend im klassizistischen Stil neu aufgebaut werden musste. Im Inneren wird eine barocke Statue der Virgen de la Fuente (Quelljungfrau) verehrt, der Schutzpatronin von Fuenteheridos.

Reizvoll in die Landschaft eingebettet steht am Weg zum außerhalb des Ortes gelegenen Friedhof einer der wenigen *humilladeros* Andalusiens. Solche Heiligenschreine wurden – wie in diesem Fall – an königlichen Straßen (*caminos reales*) aufgestellt, um den Reisenden zur Rast und inneren Einkehr zu veranlassen. Im Volksmund ist der Schrein als **Cristo de la Verónica** bekannt.

Übernachten
Rustikal ▶ **Hostal El Barrio:** Calle Esperanza Bermúdez s/n, Tel. 959 12 50 33, tgl. 9 Uhr bis spät abends. 6 Zimmer. Spezialität des Restaurants ist gegrilltes Fleisch, natürlich vom schwarzen Schwein aus der Sierra (Hauptgerichte um 10 €). DZ um 50 €.

Termine
Quema de Judas: Karsamstag. Die Fiesta beginnt am Nachmittag auf der Era de la Carrera, einem Aussichtshügel beim Ort, wo früher Getreide gedroschen wurde. Unter reger Beteiligung der Bevölkerung entstehen dort überdimensionale Judaspuppen aus Lumpen. Die schönste erhält einen Preis. Gegen Mitternacht erfolgt dann die Verbrennung des Judas.

Villa Onuba
Ein exotischer Garten umgibt die 1 km nördlich von Fuenteheridos an der A-433 gelegene **Villa Onuba**. Die Einheimischen nennen die Anlage auch *jardín de Sunda*, wobei Sunda wohl eine Verballhornung des Nachnamens von Wilhelm Sundheim ist. Der deutsche Ingenieur kam im 19. Jh. nach Spanien, um den Bau der Eisenbahnstrecke zwischen Zafra und Huelva zu leiten. Er erkor die Villa zunächst zu seinem Sommersitz, verkaufte sie aber bald an einen anderen Deutschen, Karl Dötsch, der hier seine Vision von einem kleinen Paradies auf Erden verwirklichte. In seinem Auftrag schuf ein französischer Gartenarchitekt zwischen 1895 und 1914 ein Arboretum aus zahlreichen Koniferen (Mammutbäume, Thujas, Zypressen, Zedern u. a.). Außerdem legte er einen dekorativen Garten im französischen Stil mit Hecken und Zierpflanzen an.

Seit 1955 ist die Villa Onuba im Besitz der Maristen-Brüder. Stets halten sich vier Brüder in der Villa auf. Wenn sie nicht gerade spirituelle Exerzitien vornehmen, empfangen sie gern Besucher, die sich wie sie an der Natur erfreuen und diese respektieren.

Olivenernte: vielerorts noch Handarbeit

Kapitel 3
Städte und Landschaften am Guadalquivir

Der Río Guadalquivir gilt als Lebensader Andalusiens. Im Schwemmland dieses längsten andalusischen Flusses reiht sich Ölbaum an Ölbaum und die Getreidefelder reichen bis zum Horizont. Im Guadalquivirbecken sind die Sommer trocken und heiß mit Temperaturen bis 45°C, die Winter hingegen kühl. Beste Reisezeiten sind Frühjahr und Herbst. Geschichtsträchtige Städte locken mit architektonischen Kleinoden wie auch mit prallem südländischem Leben, allen voran natürlich Sevilla.

Keine andere andalusische Stadt erweckt so viele Emotionen. Gern wird Sevilla mit den Büßerprozessionen der Karwoche und der heiteren Jahrmarktstimmung der Feria de Abril in Verbindung gebracht. Die Hauptstadt des Landes präsentiert sich aber auch als moderne Metropole mit mondänen Hotels und eleganten Einkaufsstraßen.

Die Landstädte der Campiña können sich daran nicht messen, glänzen aber durch barocke Baudenkmäler und römische Grabungsfunde.

In Córdoba blieben aus der Zeit des maurischen Kalifats die Säulenhalle der Mezquita und die Palaststadt Madinat al-Zahra erhalten. In den Altstadtgassen gibt es hübsche Innenhöfe zu entdecken. Ausflüge führen auf die dicht bewaldete Sierra de Córdoba mit der stillen Einsiedlergemeinde Las Ermitas, in die schroffen Sierras Subbéticas, zu den Ölplantagen von Baena und den Bodegas von Montilla.

Kein Landstrich Andalusiens wird so von Ölbaumpflanzungen geprägt wie die Umgebung von Jaén. In der Stadt selbst sind Kathedrale und arabische Bäder die Höhepunkte. Die intakten Renaissancealtstädte von Baeza und Úbeda schmücken sich mit dem Titel Welterbe. Wanderer und Naturliebhaber zieht es in die ausgedehnten Wälder der wasserreichen Sierra de Cazorla.

Auf einen Blick
Städte und Landschaften am Guadalquivir

Sehenswert

Sevilla: Hauptsehenswürdigkeit ist die gewaltige **Kathedrale** mit der **Giralda,** dem Glockenturm, der einst ein Minarett war. Wer ins quirlige Stadtleben eintauchen möchte, geht zum *tapeo* ins **Viertel Santa Cruz** (s. S. 252).

Itálica: Schöne Mosaikfußböden, Thermen und das drittgrößte Amphitheater des Reiches blieben von der ältesten Römerstadt Andalusiens übrig (s. S. 280).

Córdoba: 800 Säulen bilden in der Mezquita, der ehemaligen Kalifenmoschee, einen regelrechten Wald – äußerst beeindruckend! In der verwinkelten Altstadt öffnen sich blumengeschmückte Patios (s. S. 294).

Cueva de los Murciélagos: In der Tropfsteinhöhle bei Zuheros leben zahlreiche Fledermäuse. In der Steinzeit brachten Jäger hier Felsmalereien an (s. S. 314).

Schöne Routen

Durch die Campiña: Hübsche Landstädte, reich an wenig bekannten Sehenswürdigkeiten (s. S. 285).

Zur Sierra de Córdoba: Ein halber Tag führt zur Märchenstadt des Kalifen und zu stillen Einsiedeleien (s. S. 310).

Von Córdoba in die Sierras Subbéticas: Durch Weinberge und Ölbaumplantagen wird die bizarre Gebirgskette mit der Barockstadt Priego de Córdoba erreicht (s. S. 311).

aktiv unterwegs

Bootsfahrt auf dem Guadalquivir: Sevilla lernt man auf einer Bootsfahrt auf dem Guadalquivir von seiner schönsten Seite kennen. In der Nebensaison kommen, dann ist genügend Platz auf den Schiffen (s. S. 270).

Radtour durch Sevilla: 2007 ließ die Stadt ein Radwegenetz von 76 km Länge anlegen. Einen Plan mit Routenvorschlägen gibt es in den Touristeninformationstellen (s. S. 279).

Wanderung zur Ruinenstadt Munigua: Nur zu Fuß erschließen sich die versteckten römischen Ausgrabungen (s. S. 288).

Wanderung zum Cerro del Hierro: Seit dem Jahr 2003 steht die bizarre Landschaft des Monumento Natural Cerro del Hierro unter Schutz. Das 121 ha große Areal ist nicht zuletzt wegen des Pflanzen- und Tierreichtums ein beliebtes Ausflugsziel (s. S. 293).

Die Patios in Córdoba: Im Mai sind einige der schönsten Innenhöfe Besuchern zugänglich (s. S. 303).

Wandern und Birdwatching im Cañón del Río Bailón: Bei Zuheros ist ein landschaftliches Highlight die Schlucht des Río Bailón. Vogelliebhaber können die artenreiche Vogelwelt der Region studieren (s. S. 315).

Radwandern auf der Vía Verde La Subbética: Eine stillgelegte Eisenbahnstrecke ist heute zu einem idealen Rad- und Wanderweg umfunktioniert (s. S. 316).

Wanderungen am Río Borosa: Vorschläge für eine kürzere und eine längere Wanderung im schönsten Teil der Sierra de Cazorla (s. S. 340).

9 Sevilla ▶ D4

Sevilla ist eine stolze und elegante Stadt mit großartigen Sehenswürdigkeiten. Viele ihrer Qualitäten erschließen sich dem Besucher nicht auf den ersten Blick, sondern warten im Verborgenen und wollen entdeckt werden. Kaum jemand kann sich dem Reiz und den unterschiedlichen Gesichtern der Hauptstadt Andalusiens entziehen.

Cityplan: S. 254

Sevilla (700 000 Einw.) ist größte Stadt Andalusiens und zugleich Regierungssitz der Region. Alles, was man sich für einen Städtetrip wünscht, ist vorhanden: Sehenswürdigkeiten von Weltformat, schicke Einkaufsstraßen, Plätze und Promenaden zum Flanieren, prächtige Parkanlagen, ein Flussufer mit Terrassencafés und ein aufregendes Nachtleben. Der Besucher sollte sich nicht auf die zahlreichen Kirchen, Paläste und Museen beschränken, sondern die Stadt ganz ohne Besichtigungsstress auf sich wirken lassen.

Ein Blick in die Geschichte Sevillas

Vor ca. 2500 Jahren gab es an diesem Ort schon die phönizische Siedlung Sephala. Das Delta des Guadalquivir war damals längst nicht so ausgedehnt wie heute. Das antike Sevilla muss nahe am Meer gelegen haben. Auch Herkules soll sich in dieser Gegend aufgehalten haben. Er gilt als der mythische Gründer Sevillas. Cäsar kämpfte in Andalusien gegen seinen Widersacher Pompejus, der Córdoba auf seiner Seite hatte. Schon damals begann der Konkurrenzkampf um die Vorrangstellung der beiden Städte.

Unter den Westgoten besaß Sevilla zu Beginn des 7. Jh. mit dem hl. Isidor einen bedeutenden Erzbischof. Im 9. Jh. zerstörten die Wikinger die damals schon maurische Stadt. Der Emir von Córdoba vertrieb sie allerdings schnell wieder. Einige Wikinger durften bleiben und auf der heutigen Isla Menor südlich von Sevilla Viehzucht betreiben. Grund dafür war der Käse, den die Nordmannen produzierten und den die Feinschmecker von Córdoba zu schätzen wussten.

Drei Jahrhunderte war Córdoba als Sitz des Kalifats die bei weitem glänzendere Stadt. Nachdem dieses zusammengebrochen war, wurde Sevilla Zentrum eines Kleinkönigreichs (*taifa*). Als die bedrängten Mauren gegen die Christenheere ihre strengen Glaubensbrüder aus Marokko zu Hilfe holten, blieben diese einfach im Lande und übernahmen die Macht. Sevilla wurde Hauptsitz der Almohaden in Andalusien. Die Bevölkerung litt allerdings unter den harten, wenig gebildeten neuen Herrschern.

Die Bewohner Sevillas rebellierten gegen die Almohaden, wehrten sich aber auch gegen angreifende Christen. Schließlich übernahm Ferdinand der Heilige 1248 die Stadt. An den schweren Kämpfen um Sevilla musste auf christlicher Seite auch der moslemische König von Granada teilnehmen, ein Vasall Ferdinands. Die maurische Kultur wurde in Sevilla zunächst weiterhin gepflegt. So ließ sich Peter I. im 14. Jh. von maurischen Handwerkern aus Granada seinen Alcázar als Residenz errichten.

Mit Beginn des 16. Jh. entwickelte sich Sevilla zum Verbindungsglied zwischen Alter und Neuer Welt. Der Königliche Rat, der für

Wahrzeichen Sevillas – die Giralda: ein Minarett, das zum Glockenturm der Kathedrale umgestaltet wurde

alle rechtlichen Belange des kolonialisierten Amerikas zuständig war, hatte hier seinen Sitz. Handelshäuser aus ganz Europa gründeten am Guadalquivir Niederlassungen. Die Monopolstellung für den Handelsverkehr mit den Kolonien musste Sevilla jedoch 1717 an Cádiz abgeben. Größere Schiffe konnten den versandeten Guadalquivir nicht mehr passieren. Dennoch blieb Sevilla auch danach eine bedeutende Handelsstadt. Kubanischer Tabak wurde in einer der größten Fabrikanlagen des 18. Jh. zu Zigaretten und Zigarren verarbeitet.

Catedral de Sevilla 1

Die **Kathedrale** ist das Prachtstück von Sevilla und eines der gewaltigsten Bauwerke der Christenheit. Sie zählt mit 116 m Länge und 76 m Breite zu den größten gotischen Kirchen der christlichen Welt. Ihre Kuppel ist 56 m hoch. Mit dem Bau wurde 1402 begonnen. Erst 1506 war die Kathedrale vorläufig vollendet. Fünf Jahre später stürzte die Kuppel ein. 1519 wurde sie erneuert und erhielt ihre heutige Form. 69 Kreuz-, Stern- und Netzgewölbe überziehen den Raum, 90 bemalte Glasfenster (16.–19. Jh.) schmücken die Seiten. Gotische Elemente dominieren bis heute. Sie wurden durch Renaissanceanbauten und Bildwerke des Barock ergänzt. Über 100 Künstler arbeiteten über die Jahrhunderte hinweg intensiv an der Ausgestaltung der Kathedrale (Plaza Virgen de los Reyes s/n, www.catedraldesevilla.es, Sept.–Juni Mo-Sa 11–17.30, So 14.30–18.30 Uhr, Juli/Aug. Mo-Sa 9.30–16.30, So 14.30–18 Uhr,

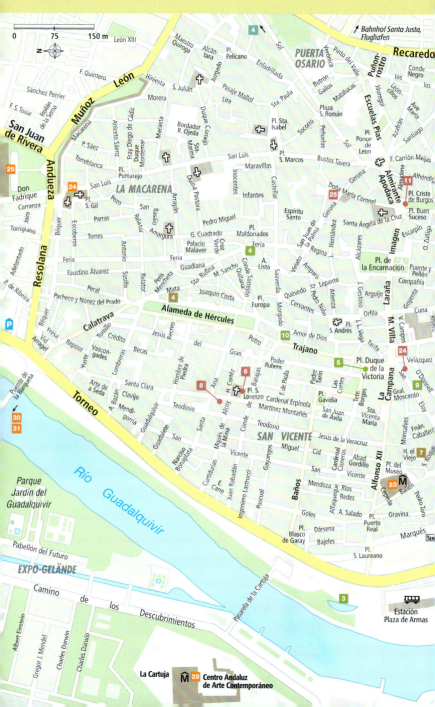

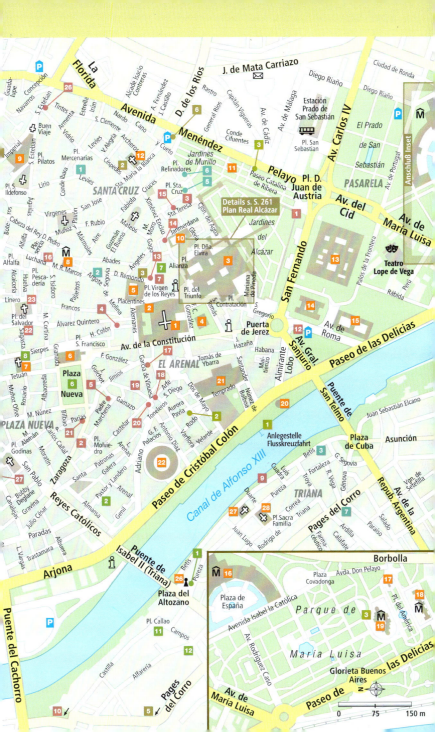

Sevilla

Sehenswert
1. Catedral de Sevilla
2. La Giralda
3. Real Alcázar
4. Archivo General de Indias
5. Palacio Arzobispal
6. Rathaus (Ayuntamiento)
7. Iglesia Colegial del Salvador
8. Museo del baile flamenco
9. Casa de Pilatos
10. Hospital de los Venerables Sacerdotes
11. Jardines de Murillo
12. Iglesia Santa María la Blanca
13. Antigua Fábrica de Tabacos (Universität)
14. Hotel Alfonso XIII.
15. Palacio de San Telmo
16. Palacio de España
17. Pabellón Real
18. Museo Arqueológico
19. Museo de Artes y Costumbres Populares
20. Torre del Oro
21. Hospital de la Caridad
22. Plaza de Toros de la Maestranza (Stierkampfarena)
23. Museo de Bellas Artes
24. Basílica de la Macarena
25. Hospital de las Cinco Llagas
26. Denkmal Plaza Altozano
27. Capilla de los Marineros
28. Iglesia Santa Ana
29. Monasterio de Santa María de las Cuevas
30. Teatro Central
31. Isla Mágica

Übernachten
1. Hotel Casa Imperial
2. Hotel Las Casas de la Judería
3. Hotel Doña María
4. Aparthotel Patio de la Alameda
5. Hotel Monte Triana
6. Hotel Puerta de Sevilla
7. Hotel Zaida

Essen & Trinken
1. Egaña Oriza
2. Taberna del Alabardero
3. La Albahaca
4. Casa Robles
5. Enrique Becerra
6. Az Zait
7. El Giraldillo
8. Eslava
9. Kiosco de las Flores
10. Sol y Sombra
11. Taberna Coloniales
12. mama-terra
13. Cervecería Giralda
14. Casa Román
15. Bar Las Teresas
16. Bar La Estrella
17. Bar Hijos de E. Morales
18. Freiduría de La Isla
19. El Rincón del Pulpo Gallego
20. La Isla
21. Casa Cuesta
22. Bodeguita Antigua San Salvador
23. Bar Europa
24. Patio San Eloy
25. El Rinconcillo
26. Bodega Extremeña
27. La Tasca del Burladero

Einkaufen
1. Markthalle Calle Alfarería
2. Markthalle Calle Pastor y Landero
3. Kleintiermarkt Calle Torneo
4. Mercadillo del Jueves
5. Mercadillo Plaza del Duque
6. Mercado Navideño de Artesanía
7. Juan Foronda
8. Calle Tetán und Sierpes
9. Calle San Eloy
10. Calle Amor de Diós
11. Plaza Callao
12. Calle Alfarería

Abends & Nachts
1. La Carbonería
2. Antigüedades
3. Boss
4. El Palacio Andaluz
5. Los Gallos
6. Casa Museo de la Memoria de Al Andaluz
7. Casa Anselma

Aktiv
1. Cruceros Torre del Oro
2. Quiquecicle
3. bici4city

---

8 €, Schüler/Studenten und Rentner 2 €, Mo-Sa zu den Gottesdiensten bis 10.30 Uhr sowie So ganztägig frei)

Der Innenraum

Der Eingang für Besucher befindet sich an der Südseite, zum Archivo de las Indias hin. Dort liegen Besichtigungspläne (u. a. in Deutsch) zur besseren Orientierung aus. Durch einen Vorraum mit kirchlichen Kunstwerken betritt man das Innere der Kathedrale. Im Unterschied zu den lichtdurchfluteten gotischen Kathedralen Frankreichs und Englands ist es – typisch für spanische Kirchen – relativ dunkel. Spanischer Tradition entspricht auch der in die Mitte gesetzte Chor mit dem gegenüberliegenden Hauptaltar. Auch die reich verzierten Gitter vor den Ka-

Catredral de Sevilla

pellen kennzeichnen eine Besonderheit der spanischen Kirchen.

Kolumbusgrab

An der Puerta de la Lonja tragen vier Herolde den Sarkophag des Christoph Kolumbus. Das Denkmal entstand 1902. Die Träger stehen für die mittelalterlichen Königreiche Kastilien, León, Aragón und Navarra, mit deren Wappen sie geschmückt sind. Von den vorderen Figuren hält die linke als Zeichen der Seeleute ein Ruder, die rechte eine Lanze, die einen Granatapfel aufspießt – eine Allegorie auf die Eroberung Granadas.

Kolumbus unternahm nicht nur als Lebender weite Reisen, sondern auch sein Leichnam wurde weit herumgeschickt. Er starb 1506 in Valladolid. Seine sterblichen Überreste kamen einige Jahre später nach Sevilla, wurden 1596 aber nach Santo Domingo auf der Insel Hispaniola (heute Dominikanische Republik) überführt. 1795 landeten dort französische Truppen. Vor ihnen brachten die Spanier den Leichnam nach Havanna in Sicherheit. Als mit Kuba die letzte spanische Kolonie 1898 im Krieg gegen die USA verloren ging, verschiffte man den Weitgereisten wieder nach Sevilla.

Wissenschaftler untersuchten drei Jahre lang die Skelettreste mit Hilfe einer vergleichenden DNA-Analyse. Im Mai 2006 konnten sie den Erweis erbringen, dass zumindest ein Teil der Gebeine von Kolumbus in Sevilla liegt. Wo sich der Rest befindet, ist noch nicht geklärt.

Chor und Hauptaltar

Das 1478 fertiggestellte Chorgestühl besteht aus 117 reich verzierten Sitzen, zu denen 216 Figuren sowie zahlreiche Intarsien und Reliefs gehören. Es gilt als das größte Spaniens und das vielleicht schönste Andalusiens. Im Chor steht das Vorbild für die kleine Madonna von Cano in der Kathedrale von Granada. Sie hat die Augen niedergeschlagen und sieht von links betrachtet ernst aus, während sie zu lächeln scheint, wenn man sie von der rechten Seite anschaut. Ihr Schöpfer, der große andalusische Bildhauer Montañés – Lehrer von Cano – hielt diese Madonna für sein Meisterwerk. Sie entstand 1606.

Der Hochaltar der **Capilla Mayor** (Hauptkapelle) gegenüber vom Chor ist außerordentlich reich gestaltet mit Spinnwebfiligran aus Gold und Hunderten holzgeschnitzter Figuren. Dieser größte gotische Hochaltar überhaupt nimmt mit 23 m Höhe und 12 m Breite die gesamte Rückwand der Kapelle ein. Das Jesus- und Marienleben wird auf 45 Feldern geschildert, außerdem das einiger Heiliger aus Sevilla. Der Mittelteil ist Maria gewidmet. Der obere Bereich zeigt die Auferstehung Christi. Um perspektivische Verzerrungen auszugleichen, sind die oberen Figuren größer, sodass sie von unten nicht kleiner erscheinen.

Der tragende Teil des Altars besteht aus Flachreliefs mit Stadtansichten Sevillas. Auf ihnen sind auch die Kathedrale und die Giralda, allerdings ohne ihren späteren Aufbau, sowie die Stadtheiligen Justina (Justa) und Rufina (s. u.) zu entdecken. 1482 begannen die Arbeiten am Altar. Während der ersten zehn Jahre schnitzte der Flame Pieter Dancart an den Bildwerken, danach etwa 20 weitere Bildhauer, die zur künstlerischen Elite Spaniens gehörten. 1526 wurden die Einzelbilder eingefasst, 1564 war der gesamte Altaraufsatz vollendet. Das beste Licht für die Betrachtung des Hochaltars fällt am frühen Nachmittag in die Kathedrale.

Schätze und Kunstwerke

Kostbarkeiten wie goldene Kreuze und kunstvoll verzierte Reliquienschreine sind im **Tesoro** (Schatzkammer) zu bewundern. Die folgende **Sala Capitular** (Kapitelsaal) mit elliptischem Gewölbe wurde 1530 im Stil der Renaissance angebaut. Gegenüber dem Eingang hängt dort ein großes Marienbildnis von Murillo.

In der **Sacristía Mayor** (Hauptsakristei) sind links und rechts Heiligenbildnisse von Murillo zu bewundern, die Leander und Isidor darstellen. An der hinteren Wand hängen ein schlichtes Bildnis von Zurbarán, das die hl. Teresa von Ávila zeigt, und eine eindrucksvolle, vor allem von Murillo hoch geschätzte

Sevilla

»Kreuzabnahme« von Pedro de Campaña aus dem Jahre 1548. Von Juan de Arfe, dessen Vater Enrique de Arfe eine der Kustodien in der Kathedrale von Cádiz schuf (s. S. 199), stammt die 3,25 m hohe Monstranz aus Silber (1581).

Die **Sacristía de los Cálices** beherbergt zahlreiche Gemälde aus der Sevillaner Malerschule. Goyas »Justa y Rufina« zeigt die beiden Stadtheiligen Sevillas, dargestellt vor der Giralda. Sie waren junge Töpferinnen aus dem Stadtteil Triana. Weil sie ein römisches Götterbild zerstörten, mussten sie den Märtyrertod sterben.

Weiter in Richtung Hauptportal, das außerhalb großer Festlichkeiten nur für den König, den Papst und den Kardinal geöffnet wird, befindet sich zentral auf dem Boden die Grabplatte für Fernando Colón, einen Sohn des Entdeckers.

In der **Capilla de Santo Antonio** hängt ein Meisterwerk von Murillo: Das Jesuskind erscheint Antonius von Padua. Anfang des 20. Jh. schnitt ein Dieb die Abbildung des Heiligen heraus. Das gesamte Bild erschien ihm wohl zu groß zum Mitnehmen. Durch Zufall tauchte der Ausschnitt in einem New Yorker Antiquariat wieder auf. Inzwischen staunt Antonius wieder über das ihm erscheinende Jesuskind. Je nach Lichteinfall ist zu erkennen, welcher Teil herausgeschnitten war. In dieser und in den benachbarten Kapellen sind zahlreiche Gemälde des Sevillaner Barocks zu sehen: von Pacheco, Valdés Leal und Zurbarán.

Giralda 2 und Orangenhof

Wahrzeichen der Stadt ist **La Giralda**, der Glockenturm der Kathedrale. Bis zu einer Höhe von 70 m kann man auf einer stufenlosen Rampe im Inneren hinaufsteigen. Der Zugang befindet sich im östlichen Teil des Kathedraleninnenraums. Es gilt 35 Stockwerke zu überwinden. Sie sind nummeriert, wohl damit man unterwegs nicht den Mut verliert. Oben bietet sich eine großartige Aussicht auf Sevilla. Aber auch während des Aufstiegs gibt es immer wieder Möglichkeiten, einen Blick auf die Stadt zu werfen.

Der Turm ist in strengem Almohadenstil erbaut, wie man ihn ähnlich auch in den marokkanischen Städten Rabat oder Marrakesch findet. Man kann ihn weit außerhalb der Stadt noch deutlich sehen. Seine Gesamthöhe beträgt 97 m. Das ehemalige Minarett der Almohadenmoschee aus dem 12. Jh. hat 1568 einen dreiteiligen Renaissanceaufsatz bekommen, in dem nun die Glocken der Kathedrale hängen. Auf seiner Spitze war früher als Wetterfahne der sogenannte *giraldillo* befestigt, eine Bronzefigur, die den »Triumph des Glaubens« darstellen sollte – mit Standarte und Palmenzweig in den Händen. Ihr verdankt der Turm seinen Namen (*giralda* = span. Wetterfahne). Die Originalfigur wird derzeit restauriert.

An der Nordseite der Kathedrale liegt der **Patio de los Naranjos** (Orangenhof), an dessen Ausgang die Besichtigung endet. Sein Brunnen soll noch aus der Zeit der Westgoten stammen, also aus dem 7. Jh. Charakteristischer sind jedoch die maurischen Einflüsse, die noch an die ehemalige Almohadenmoschee denken lassen. Der Orangenhof war in maurischer Zeit für rituelle Waschungen vorgesehen. Es war aber auch ein Ort um Recht zu sprechen und Vorlesungen abzuhalten. Darüber hinaus gingen Händler und Ärzte hier ihren Geschäften nach.

Besichtigung von Kathedrale und Giralda: Sept.–Juni Mo–Sa 11–17, So 14.30–18 Uhr, Juli/Aug. Mo–Sa 9.30–15.30, So 14.30–18, 7,50 €, So frei. Zu den Gottesdiensten bis 10.30 Uhr ist der Eintritt ebenfalls frei, die Seitenkapellen sind dann allerdings nicht zugänglich.

Königliche Kapelle

Die **Capilla Real** (Königliche Kapelle) wurde erst Mitte des 16. Jh. im Plateresksstil dem Mittelschiff der Kathedrale angefügt. Sie ist offiziell nicht zu besichtigen. Nur Gläubige dürfen sie zur Andacht und Messe von außen betreten, der Zugang vom Kathedraleninneren aus ist versperrt. Hier thront eine der berühmtesten Marienfiguren von Sevilla: die **Virgen de los Reyes** (Jungfrau der Heiligen

Tipp: Semana Santa in Sevilla

Am Palmsonntag, eine Woche vor Ostern, beginnt die Semana Santa (Karwoche). Viele Sevillaner feiern sie noch sehr inbrünstig, auch wenn die Jüngeren inzwischen die arbeits- und schulfreie Woche oft für einen Kurzurlaub nutzen. Alles läuft seit über 300 Jahren nach unveränderten Regeln ab. 57 Prozessionen ziehen in der Semana Santa durch die Straßen, pro Tag bis zu neun. Sie kommen am Nachmittag aus den Pfarrkirchen der Stadtteile.

Dem Leitkreuz folgen in Zweierreihen Hunderte von *nazarenos*, Büßer, wie sie in Sevilla genannt werden, mit spitzen Mützen, die Kopf und Gesicht verdecken. Dieser Brauch geht auf das 14. Jh. zurück, als der Papst die Selbstzüchtigung bei Büßerumzügen verbot. Wer sich weiterhin geißeln wollte (was allerdings inzwischen abgeschafft ist), musste sein Gesicht verdecken. Es folgt eine Bühne mit dem *paso,* einer lebensgroßen Figurengruppe mit dem gekreuzigten Christus, die eine Szene aus der Passionsgeschichte darstellt. Das Gestell darunter ist verhüllt. Durch Klingelzeichen weist der *capataz* (Anführer) den Trägern den Weg. Dann kommen die *penitentes,* eine zweite, von Kapuzen verhüllte Gruppe barfüßiger Büßer mit brennenden Kerzen in der Hand. Einige schleppen Holzkreuze oder ziehen Ketten hinter sich her. Den Abschluss bildet der *paso de la virgen,* die festlich geschmückte Marienfigur.

Prozessionen aus den traditionell ›bürgerlichen‹ Stadtteilen im Zentrum Sevillas laufen oft schweigend ab, nur vereinzelt ertönen Klagegesänge. Die Züge aus den Vorstädten werden von Trommlern, Blasinstrumenten und Gesang begleitet, die *pasos* sind farbenfreudiger dekoriert.

Die Prozessionen werden von den Bruderschaften (die heute teilweise auch Schwestern aufnehmen) bestritten. Jede besitzt eigene Farben und Embleme. Die erste derartige *cofradía* gründete sich in Sevilla schon 1340. Viele weitere folgten im 16. Jh. als Reaktion auf reformatorisches Gedankengut, gegen das sich die katholische Kirche wappnen wollte. Die *pasos* waren ursprünglich Bußstationen in den Straßen, an denen die Gläubigen während der Semana Santa vor Passionsszenen beteten. Im 17. Jh. begann man die *pasos* bei den Büßerprozessionen als Figurengruppen durch die Straßen zu tragen.

Die Prozessionszüge treffen zwischen 17 und 23 Uhr in der Calle Campana ein, um von hier den *itinerario oficial* (offizieller Weg) zu verfolgen: Calle Sierpes – Plaza de San Francisco – Avenida de la Constitución – Kathedrale. Durch diese geht es hindurch zur Plaza Virgen de los Reyes, dort am Erzbischöflichen Palast unter dem Balkon des Kardinals vorbei. Mitten in der Nacht kehren die Prozessionen in ihre Kirchen zurück.

In der Nacht von Gründonnerstag auf Karfreitag erreicht die Semana Santa zur *madrugada* ihren Höhepunkt. Dann ziehen in den frühen Morgenstunden die sechs populärsten Bruderschaften durch die Innenstadt, allen voran ab ca. 0.30 Uhr die älteste, El Silencio, in einer Schweigeprozession. Es folgen u. a. La Macarena mit der am leidenschaftlichsten verehrten Marienfigur Sevillas sowie zum Abschluss ab ca. 6 Uhr Los Gitanos, die Bruderschaft der Gitanos, mit Flamencogesang. Frühestens zum Sonnenaufgang dürfen die Sevillaner nach uralter Tradition in dieser Nacht nach Hause gehen, um kein Unglück heraufzubeschwören.

Programm: Prozessionswege und Zeiten werden erst ca. 14 Tage vorher genau festgelegt. Das Programm ist dann unter www.semana-santa.org abrufbar oder gedruckt bei den örtlichen Tourismusbüros (s. S. 271) erhältlich.

Tribünenplätze: Der Andrang von Zuschauern am Straßenrand entlang dem *itinerario oficial* ist immens. Am besten verfolgt man das Geschehen von einem Tribünenplatz aus. Tickets dafür gibt es an ambulanten Schaltern in der Innenstadt. Die Preisspanne reicht von ca. 5 bis über 25 €..

Sevilla

Drei Könige), Schutzpatronin der Stadt. Sie stammt aus dem 13. Jh. und ist aus Lärchenholz geschnitzt.

Vor dem Altar steht ein reich verzierter Schrein aus Silber und Bronze. In ihm ruht angeblich unverwest Ferdinand III. der Heilige, der Sevilla 1248 eroberte. Sein Banner und Schwert sowie ein Kreuz, das Hernán Cortés bei der Eroberung Mexikos begleitet hatte, gehören zum Schatz der Kapelle. Auf halber Höhe sind an den Seitenwänden rechts die kniende Figur der Beatrix von Schwaben (Gattin Ferdinands III.) und links die ihres Sohnes Alfons X. des Weisen zu sehen. Beide sind hier bestattet.

Real Alcázar 3

So wie die Kathedrale an die Stelle der riesigen Moschee der Almohaden trat, ist auch der Ort des Königspalastes über zwei Jahrtausende hinweg derselbe geblieben. Der **Real Alcázar** von Sevilla dient dem König von Spanien noch heute bei einem Besuch als Residenz. (Patio de Banderas s/n, Tel. 954 50 23 24, www.patronato-alcazarsevilla.es, Okt.–März, tgl. 9.30–17, sonst bis 19 Uhr, 1.1., 6.1., Karfreitag und 25.12. sowie z.T. am Mo geschl., 7,50 €, Schüler/Studenten und Rentner frei).

Seine Mauern sind teilweise noch römischen Ursprungs. Seit Cäsar Sevilla befestigen ließ, war der Palast des Herrschers zugleich eine äußerst wehrhafte Festung. Die zinnengekrönten Mauern, die nicht nur die Gebäude, sondern auch die Gärten umschließen, wurden von den Almohaden errichtet. Das Kernstück des Königspalastes und eine der Hauptsehenswürdigkeiten Sevillas ist allerdings ein späterer Bauabschnitt: die Residenz von Peter dem Grausamen (Pedro el Cruel) von Kastilien, der 1350–69 herrschte. Als christlicher König zählte er den moslemischen Herrscher von Granada zu seinen Bündnispartnern. Peter verhalf dem zeitweise vom Thron gestürzten Mohammed V. wieder zur Macht. Aus Dankbarkeit schickte dieser ihm Baukünstler und Handwerker. Mit dem Königspalast von Sevilla schufen sie ein Meisterwerk maurischer Baukunst. Teilweise arbeiteten sie auch Formen und Symbole der christlichen Tradition ein (Mudéjarstil). Peter der Grausame engagierte sich sehr für diesen Palast. In ihm sollte seine Geliebte María de Padilla wohnen.

Äußerer Festungsbereich

Hinter dem Eingangstor des Festungsbereichs – der Puerta del León – öffnet sich zunächst der begrünte **Patio del León** (Löwenhof). Dahinter liegt der **Patio de La Montería**, der Ausgangspunkt für die Besichtigung der Baukomplexe. Im Gebäude rechts befand sich die **Casa de Contratación**, die 1503 von Isabella I. gegründete Handelskammer, von der aus der Warenverkehr mit Amerika gesteuert wurde. Dort gelangt man zunächst in den Audienzsaal. Hier empfingen die spanischen Könige Seefahrer und Entdecker, z. B. Kolumbus nach seiner zweiten Amerikareise oder Magalhães (Magellan) vor der ersten Weltumsegelung. Dahinter befindet sich eine Kapelle mit einem berühmten Gemälde: Die »Madonna der Seefahrer« wurde 1540 von Alejo Fernández gemalt. Besser bekannt ist sie als »Madonna der guten Winde« (*buenos aires*), die der Hauptstadt Argentiniens ihren Namen gab. Unter ihrem weiten Mantel versammeln sich bekannte Figuren der Weltgeschichte, unter ihnen Karl V. und Kolumbus.

Palast Peters des Grausamen

In den Palast von Pedro el Cruel führt ein schlichtes, aber dennoch auffallendes Eingangstor. Es ist von reich dekorierten Blendarkaden umgeben. Über den Fenstern prangt in kufischer Schrift das Motto des Nasridenkönigs: »Es gibt keinen Sieger außer Allah«. Möglich, dass der christliche König den Text – er wirkt wie ein harmloses Linienornament – nicht entziffern konnte. Es könnte auch sein, dass es ihm ganz recht war, denn Allah bedeutet schließlich nichts anderes als Gott. Im ersten Obergeschoss befinden sich Räumlichkeiten für den jetzigen spanischen König.

Real Alcázar

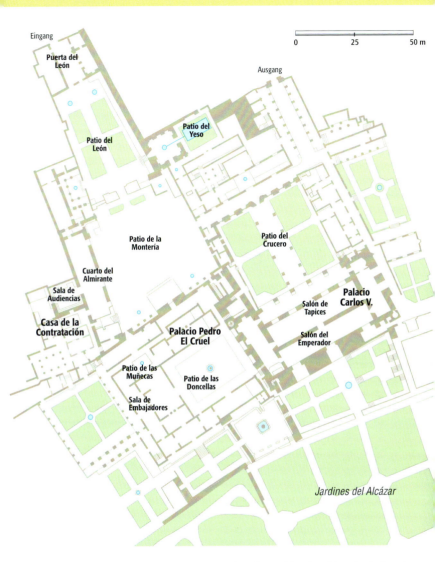

Hinter dem Eingangstor folgt zunächst ein winkliger, schmaler Gang, wie man ihn ähnlich auch in der Alhambra findet (s. S. 349 ff). Er führt in das weitläufige, offene Zentrum des Palastes – den **Patio de las Doncellas** (Hof der Damen). Von ihm aus gelangt man in die umliegenden Wohn- und Repräsentationsräume. Manches ist restauriert und hinzugebaut worden. So bekamen die maurischen, auf Doppelsäulen gestützten Fächerbögen des zentralen Hofs 1569 ein Obergeschoss im Renaissancestil.

Der **Salón de Embajadores** (Gesandtensaal) ist besonders prunkvoll. Oben schwebt

Sevilla

ein Stalaktitengewölbe. Die Stuckdekoration an den Wänden ist rundherum in einem warmen Goldton gestrichen. Karl V. und Isabella von Portugal gaben sich hier das Jawort.

Auch die übrigen Räume sind mit farbigem Stuckwerk reich verziert. Zahlreiche Decken werden von kunstvollen Einlegearbeiten aus Holz geschmückt *(artesonado)*. Die großen geschnitzten Türen sind Originale aus dem 14. Jh. Bemalte Fliesen *(azulejos)* säumen als Fries die unteren Teile der Seitenwände. Das Motiv des Zedernbaumes als Zeichen des Lebens schließt den Fliesenschmuck nach oben ab. Im eisernen Gitterwerk, versteckt vor einem Fenster zum Garten, kann man die Form eines Davidsterns ausmachen, vielleicht ein Hinweis darauf, dass einige der beteiligten Handwerker der jüdischen Religionsgemeinschaft angehörten.

Über die ursprüngliche Einrichtung und Aufteilung des Palastes ist nichts Sicheres bekannt. Die zum Garten ausgerichteten Räume gelten als die Gemächer María de Padillas. Hinter der Sala de Embajadores liegt der lange Speisesaal. Um den kleinen **Patio de las Muñecas** herum befanden sich später die Privatgemächer der Katholischen Könige.

Palast Karls V. und Jardines del Alcázar

Im Vergleich zum Palast von Peter I. wirkt der Palast Karls V. schlicht. In ihn wurden gotische Gebäudereste integriert. Kostbare Gobelins, die die Belagerung von Tunis durch Karl V. (1535) illustrieren, stammen aus der Brüsseler Werkstatt von Willem de Pannemaker (1554). Auch im Palast Karls V. finden sich *azulejos* aus dem 16. Jh. Während die Mauren 200 Jahre zuvor die Farben noch getrennt auftrugen und brannten, war damals schon die Majolikatechnik verbreitet. Sie erlaubt es, eine vielfarbige Glasur auf die Oberfläche der Tonwaren aufzubringen und zu brennen, ohne dass sie verläuft.

Die **Jardines del Alcázar** gleichen besonders um die Mittagszeit einer Oase der Ruhe. Zwischen Orangenbäumen und Palmen, Zedern und Zypressen stehen Parkbänke, der ideale Platz für eine Pause im Schatten. Schöne Blickfänge: Springbrunnen und ein Pavillon. Andalusienreisende rühmten diese Gärten schon vor 500 Jahren!

Centro

Das historische Zentrum der Stadt liegt auf der linken, der östlichen Seite des Río Guadalquivir. Markanter Orientierungspunkt ist die Kathedrale mit dem Glockenturm La Giralda. Zahlreiche Sehenswürdigkeiten und Museen sind hier auf engem Raum verteilt.

Archivo General de Indias [4]

Südlich der Kathedrale steht das ehemalige Börsengebäude (Ende 16. Jh.). Es wurde vom Architekten Juan de Herera im strengen Renaissancestil entworfen. Seit 1784 befindet sich hier der Sitz des **Archivo General de Indias,** in dem sämtliche Dokumente archiviert sind, die die spanischen Kolonien betreffen: z. B. Nachlässe und Briefe von Kolumbus oder Aufzeichnungen von Amerigo Vespucci, nach dessen Vornamen der gesamte Kontinent vom deutschen Kartografen Waldseemüller 1507 erstmalig Amerika genannt wurde. Man findet auch Notizen und Briefe von Hernán Cortés, der das mexikanische Aztekenreich erobert, und von Francisco Pizarro, der in Peru die Inka unterwarf. Wer über die Geschichte Lateinamerikas forschen möchte, muss sich nach Sevilla begeben. Nur wenige Räume des Archivs sind der Öffentlichkeit zugänglich. Im ersten Obergeschoss werden einige historische Briefe in Kopie ausgestellt. In hohen Regalen stehen leere Dokumentenschachteln, um die Fülle der gelagerten Informationen zu veranschaulichen (Plaza Triunfo, Tel. 954 50 05 28, www.mcu.es/archivos/MC/AGI, Mo–Fr 8–15 Uhr, Eintritt frei).

Palacio Arzobispal und Ayuntamiento

Östlich der Kathedrale steht an der Plaza de los Reyes der **Erzbischöfliche Palast** [5]. Das prachtvolle barocke Eingangstor stammt aus dem 18. Jh. Dahinter liegen schöne Innenhöfe aus dem 16. Jh.

Centro

Folgt man der Avenida de la Constitución entlang der Kathedrale nach Norden, so gelangt man direkt zum **Rathaus** 6. Es wurde Mitte des 16. Jh. während der Regierungszeit Karls V. erbaut und zeigt außen zwei verschiedene Gesichter der Renaissance. Zur Plaza Nueva ist die Fassade in schlichtem italienischem Stil gehalten. Dagegen präsentiert sich das Gebäude zur Plaza de San Francisco mit platerersker Verzierung, die allerdings nicht fertiggestellt wurde.

Einkaufsstraßen und Plätze

Nördlich vom Rathaus beginnt das Einkaufsviertel Sevillas. Vor allem in der **Calle Sierpes,** ihrer Parallelstraße Calle Velázquez Tetuán und in den Seitenstraßen bis zur Plaza Duque de la Victoria herrscht während der Geschäftszeiten vormittags und am späten Nachmittag reges Treiben. Hier gibt es fast alles, was das Herz begehrt: schicke Boutiquen für Damen und Herren, Juweliere, Kunsthandwerks- und Souvenirsläden. Speziell in der Calle Velázquez Tetuán sind Filialen der großen spanischen Modeketten wie Zara, Mango, Camper oder Massimo Dutti angesiedelt. Wer sich vom Einkaufsstress erholen möchte, findet in den Seitenstraßen einige Tapabars und Cafés.

Altmodischer auf eine sympathische Art wirken die Geschäfte in den Gassen zwischen der Plaza Alfalfa und der Plaza San Salvador. Die urigen Bars mit Tischen auf der Plaza San Salvador erfreuen sich nachmittags und am frühen Abend bei Sevillanern aller Altersgruppen großer Beliebtheit. An der Stelle der **Iglesia Colegial del Salvador** 7 stand im 9. Jh. die erste Moschee der Stadt. Im Innenhof der Kirche sind noch Reste davon zu sehen (www.colegialsalvador.org).

Museo del baile flamenco 8

Nördlich der Plaza San Salvador liegt das privat geführte **Flamencomuseum**. Ein komplettes Stadthaus aus dem 18. Jh. ist hier dem Flamenco gewidmet. Im Erdgeschoss befindet sich im überdachten Innenhof ein schönes Café. Hier eröffnen in unregelmäßigen Abständen auch Kunstausstellungen. Der angeschlossene Laden hält allerlei Flamencozubehör bereit. Im historischen Keller werden gelegentlich Aufführungen und Vorträge für Gruppen veranstaltet. Die eigentlichen Museumsräume befinden sich im ersten Ober-

Flamenco: Andalusienklischee und gelebte Kunstform

Sevilla

Tipp: Traditionscafé

Die **Confitería La Campana** ist ein Traditionscafé (gegründet 1885) am nördlichen Ende der feinen Einkaufsstraße Calle Sierpes. Zum Frühstück oder nach einem Einkaufsbummel lässt sich in gediegener Atmosphäre Kaffee trinken. Das Ambiente erinnert an ein Wiener Caféhaus, die Auswahl an Kuchen, Gebäck und Süßwaren ist ausgezeichnet (Calle Sierpes 1, Tel. 954 22 35 70, www.confiterialacampagna.com).

geschoss. Große Leinwände, z. T. auch raumübergreifend, projizieren die verschiedenen Stilformen des Flamenco in alle Räume. Auf zahlreichen kleineren Monitoren kann sich jeder Besucher über Kopfhörer sein musikalisch unterlegtes Infoprogramm zusammenstellen (auch auf Deutsch). Das Museum ist modern gestaltet, die Bild- und Klangqualität ist gut. Ein Raum widmet sich den farbenprächtigen Flamencokleidern und den traditionellen Anzügen der Musiker und Tänzer. Die Galerie über dem Innenhof bietet Platz für eine Fotoausstellung mit stilvollen Schwarz-Weiß-Aufnahmen von den 1960er-Jahren bis heute über die jüngere Geschichte des Flamenco und seine Protagonisten und Künstler. Das zweite Obergeschoss dient wechselnden Kunstausstellungen (Calle Manuel Rojas Marcos 3, www.museoflamenco.com, Nov.–März tgl. 9–18, April–Okt. 9–19 Uhr, 10 €).

Casa de Pilatos [9]

Die **Casa de Pilatos** ist neben dem Alcázar der prachtvollste Stadtpalast Sevillas und das beste Beispiel für den Mudéjarstil. Die Verschmelzung maurischer Dekorationskunst mit den Maßen und Formen der Renaissance ist in diesem Palast auf besondere Weise gelungen. 1519 schloss man die Arbeiten an dem Jahrzehnte zuvor geplanten Palast ab. Bauherr war Ribera, der erste Marqués von Tarifa. Er hatte sich lange Zeit in Jerusalem aufgehalten und wollte der Legende nach das Haus des römischen Statthalters Pilatus nachbauen lassen. Wahrscheinlich ist nichts Wahres an dieser Geschichte. Dennoch überdauerte der Name ›Haus des Pilatus‹ bis heute. Ein Tor hinter dem Eingangshof öffnet sich zu einem von Arkaden gesäumten Renaissancehof mit Springbrunnen. Über den Wasserstrahlen zeigt ein Januskopf seine beiden Gesichter. In den vier Ecken des Patio stehen römische Statuen, darunter Darstellungen der Göttinnen Minerva und Demeter. In den umliegenden Räumen gibt es weitere antike Skulpturen zu sehen, darunter ein römisches Relief, das Leda mit Zeus zeigt, der sich ihr in Gestalt eines Schwans nähert.

Beeindruckend sind auch die *azulejos,* die nicht nur die Innenräume, sondern auch die zum Garten zeigenden Außenmauern schmücken. Die Räume im ersten Stockwerk sind wie ein Museum hergerichtet: alte Möbel, Gemälde und Porzellan zeugen von adeliger Wohnkultur (Plaza de Pilatos 1, Okt.–Feb. tgl. 9–18, Obergeschoss nur 10–14, 15–18, März–Sept. tgl. 9–19, Obergeschoss nur 10–14, 15–19 Uhr, 8 €, nur Erdgeschoss 5 €, Di 13–17 Uhr für EU-Bürger frei).

Barrio de Santa Cruz

Santa Cruz ist der kleinste und zugleich reizvollste Stadtteil Sevillas. Im Westen wird er von Kathedrale und Alcázar begrenzt, im Osten von der Calle Santa María la Blanca. Santa Cruz besteht aus einem Gewirr enger Gassen und lauschiger Plätze mit zahlreichen Restaurants, Cafés und Bars. Die **Calle de Pimienta** (Pfefferstraße) erinnert an den ehemaligen Reichtum des Viertels. Schon bald nach der Entdeckung Amerikas bezogen die hier ansässigen Händler den ursprünglich aus Indien stammenden Pfeffer aus Peru und Chile. Zeitweise war das Gewürz wertvoller als Gold, entsprechend hohe Gewinne wurden erzielt. Jahrhundertelang war Sevilla auch berühmt für seine Keramikproduktion. Noch heute werden Tonwaren im Barrio de Santa Cruz verkauft.

Sehenswert ist das **Hospital de los Venerables Sacerdotes** [10] an der gleichnami-

Guadalquivir und El Arenal

gen, meist sehr belebten und mit Tischen der umliegenden Restaurants belegten Plaza. Das palastartige Gebäude mit eigener Kapelle wurde Ende des 17. Jh. erbaut und diente als Altersheim für Priester. Reizvoll ist der große Innenhof. Heute wird der barock ausgeschmückte Bau für wechselnde Ausstellungen genutzt (Besichtigung nur im Rahmen von Führungen auf Spanisch oder Englisch, tgl. 10–13.30, 16–19.30 Uhr, 4,75 €).

Grün und lauschig ist die **Plaza de Santa Cruz.** Im zentralen Bereich steht ein reich verziertes schmiedeeisernes Kreuz aus dem Jahre 1629. Vom Platz geht die Calle Santa Teresa ab. Im **Haus Nr. 8** soll der sevillanische Maler Murillo gewohnt haben. In der Callejón del Agua lässt sich durch die offenstehenden Torflügel der alten Stadthäuser manchmal ein Blick in die schönen Innenhöfe erhaschen. In der angrenzenden Gartenanlage **Jardines de Murillo** 11 sitzt man unter großen Gummibäumen im Schatten.

Santa Cruz ist auch als ehemaliges Judenviertel bekannt. Als Ferdinand der Heilige 1248 Sevilla eroberte, fand er allerdings kaum Juden vor. Sie waren weitgehend von den fanatisch religiösen Almohaden vertrieben worden. Um den Handel anzukurbeln, holte der christliche König die Juden wieder zurück. Er siedelte sie neben dem Palast an, wo sie unter seinem besonderen Schutz standen. Allerdings währte dieser Zustand nicht lange. Bis 1391 war die heutige **Iglesia Santa María la Blanca** 12 in der gleichnamigen Straße Synagoge. Dann setzte in Sevilla die Verfolgung der Juden ein, rund 100 Jahre vor ihrer endgültigen Vertreibung aus Spanien im Jahre 1492.

Guadalquivir und El Arenal

Antigua Fábrica de Tabacos 13

Bei der ehemaligen **Tabakfabrik** handelt es sich um einen der größten zivilen Baukomplexe Spaniens. Die Ausmaße (250 x 180 m) sind beträchtlich. Ungewöhnlich ist auch, dass eine Fabrik wie ein Palast gebaut wurde – mit schönen großen Innenhöfen. 1757 nahmen die ersten Zigarrendreherinnen hier ihre Arbeit auf. Anfang des 19. Jh. waren es schon um die 12 000. Das königliche Monopolunternehmen wurde streng bewacht, damit keine Ware hinausgeschmuggelt werden konnte. Für diese Straftat verfügte die Fabrik über ein eigenes Gericht und ein Gefängnis. Der französische Schriftsteller Prosper Mérimée machte die Tabakfabrik übrigens zum Schauplatz seiner berühmten Novelle »Carmen« aus dem Jahre 1845. Bis 1949 war sie in Betrieb. Dann begannen Umbauarbeiten, damit Teile der **Universität** einziehen konnten: mehrere Fakultäten, das Rektorat und die Bibliothek. Während des Semesters herrscht meist reges Treiben in den öffentlich zugänglichen Innenhöfen (Calle San Fernando/Calle Palos de la Frontera, www.us.es).

Gelände der Ibero-Amerikanischen Ausstellung 1929

Neben der Universität steht das luxuriöse **Hotel Alfonso XIII.** 14. Das palastartige Gebäude ist im Mudéjarstil errichtet. Der damalige spanische König Alfonso XIII. gab den Bau 1928 für die Ibero-Amerikanische Ausstellung in Auftrag, eine internationale Ausstellung ähnlich der EXPO. Es sollte das prunkvollste Hotel von Europa werden. Tatsächlich übernachtet hier oft nationale und internationale Prominenz aus Politik, Adel und Medien.

Hinter dem Hotel lohnt der **Palacio de San Telmo** 15 einen Abstecher. Der Palast wurde Ende des 17. Jh. erbaut und diente zunächst als Seemannsschule. Im oberen Bereich des Eingangsportals steht eine Statue des hl. Erasmus (span. San Telmo) – des Schutzheiligen der Seefahrer. Heute ist das Gebäude Sitz des andalusischen Ministerpräsidenten. Die Palastgärten wurden der Stadt für die Ausstellung überlassen. Hier stehen die Pavillons der Vereinigten Staaten von Amerika, von Chile, Peru und Uruguay. Das ehemalige Casino der Ausstellung ist heute das **Teatro Lope de Vega**.

Speziell für die Ibero-Amerikanische Ausstellung von 1929 gestaltet wurde der **Par-**

Sevilla

que de María Luisa. Er ist nach der Herzogin Marie Louise von Montpensier (1627–1693) benannt, die in den Jahren 1651/52 während des Fronde-Aufstands – von Spanien unterstützt – ganz Paris gegen den Kardinal und Staatsmann Mazarin aufwiegelte. Mit seinen Springbrunnen, Teichen, dem künstlichen Hügel und üppigem Pflanzenwuchs ist er eine der schönsten Grünanlagen Spaniens. Besonders am Wochenende treffen sich hier Familien zum Schlendern (tgl. 8–22 Uhr).

Der **Pabellón de España** 16 – Beitrag Spaniens zur Ibero-Amerikanischen Ausstellung – umschließt halbkreisförmig die Plaza de España. Die Plaza durchzieht ein Kanal, auf dem Boote fahren können. Vier Brücken symbolisieren die mittelalterlichen Königreiche Kastilien, León, Navarra und Aragón, aus denen Spanien hervorging. An der nach innen gerundeten Front des Gebäudes zeigen 52 Fliesenbilder Szenen der spanischen Geschichte. Jedes Bild steht für eine der Provinzen. Maurische, gotische, barocke und klassizistische Stilelemente sind im Palacio de España vereint. Dennoch wirkt das Gebäude nicht überladen. Heute befindet sich hier das **spanische Militärmuseum** (Puerta de Aragón, Di-Sa 10–13.30 Uhr, So/Mo/Fei geschl., Eintritt frei).

Am Südrand des Parque de María Luisa liegt die **Plaza de América**. Hier steht der **Pabellón Real** 17 (königlicher Pavillon). Auch er wurde im Rahmen der Ausstellung von 1929 errichtet, und zwar im spätgotischen Stil. Auffällig auf der Plaza de América sind die zahlreichen weißen Tauben.

Im **Pabellón Renacimiento** – einem Bau im Stil der Neorenaissance – ist an der Plaza de América das **Museo Arqueológico** 18 untergebracht. Es zeigt Fundstücke von der Prähistorie bis zur Maurenzeit, vor allem aus den Provinzen Sevilla, Cádiz und Huelva. Unbestrittener Glanzpunkt im Untergeschoss ist der Goldschatz von Carambolo aus dem 8. Jh. v. Chr. Er wurde 1958 nahe Sevilla gefunden und wird mit der Kultur des untergegangenen Reiches Tartessos (s. S. 29) in Zusammenhang gebracht.

In den oberen Stockwerken sind Funde aus dem römischen Itálica (s. S. 280 ff.) ausgestellt, außerdem hellenistische Statuen, die der Konsul Mummius 147 v. Chr. nach dem Sieg über das griechische Korinth per Schiff nach Spanien bringen ließ. Häufig sind Darstellungen der römischen Kaiser Trajan und Hadrian, die beide aus Itálica stammten (Plaza de América, www.juntadeandalucia.es/cultura/museos, Di–Sa 9–20.30, So/Fei 9–14.30 Uhr, EU-Bürger frei, sonst 1,50 €).

Der **Pabellón Mudéjar** gegenüber beherbergt das **Museo de Artes y Costumbres Populares** 19 (Museum der Volkskunst und -bräuche). Thema ist das Leben in der Stadt im Verlauf der Jahrhunderte. Ausgestellt sind Kleidung, Geräte und Möbel (Plaza de América 3, www.juntadeandalucia.es/cultura/museos, Di 14.30–20.30, Mi–Sa 9–20.30, So/Fei 9–14.30 Uhr; EU-Bürger frei, sonst 1,50 €).

Guadalquivirufer

Der Name **Guadalquivir** stammt aus dem Arabischen und bedeutet ›großer Fluss‹. In der Anfangszeit des Amerikahandels brachte der Fluss Sevilla großen Reichtum. Allmählich verlandete er aber immer mehr, sodass größere Schiffe nicht mehr bis Sevilla gelangen konnten. Heute wird die Fahrrinne regelmäßig ausgebaggert, Seeschiffe erreichen wieder den Industrie- und Handelshafen südlich des Zentrums. Doch erst seit der Weltausstellung 1992 fließt der Guadalquivir wieder ungehindert direkt am historischen Zentrum vorbei. Im Rahmen dieser gestalterischen Baumaßnahmen ist auch die schöne Promenade am Ostufer entstanden – besonders bei Joggern und Radfahrern beliebt. Abends flanieren die Sevillaner hier gern.

Torre del Oro 20

Der zweite berühmte Turm Sevillas stammt aus der Almohadenzeit, von 1220. Von der **Torre del Oro** führte ehemals eine Kette zur gegenüberliegenden Seite, um den Fluss gegenüber Eindringlingen abzusperren. Hier

Lädt zum Verweilen ein: die Plaza de España im Parque de María Luisa

Sevilla

legten die aus Amerika kommenden Schiffe an. Am Kai wurde das Gold der Inka und Azteken ausgeladen und im Turm sicher zwischengelagert. Angeblich war seine Kuppel zu jener Zeit mit vergoldeten Ziegeln oder *azulejos* gedeckt (span. *oro* = Gold).

Hospital de la Caridad [21]

Das im 17. Jh. gegründete **Hospital de la Caridad** wird heute als Seniorenheim genutzt. An den Wänden des Einganghofes sind Geschichten aus dem Alten Testament auf flämischen Fliesen dargestellt. In der Kapelle befinden sich einige Meisterwerke von Estebán Murillo und Valdés Leal. Beide wirkten zu dieser Zeit in Sevilla. Während Murillo das Leben in stimmungsvollen Tönen malt, widmet sich Leal in seinen Gemälden dem Schrecken des Todes.

Im Eingangsbereich der einschiffigen Kirche hängen zwei Gemälde von Leal. Eines zeigt die verwesenden Leichen eines Ritters, der die Züge des Hospitalgründers Don Miguel Mañara trägt, und eines Erzbischofs. Auf dem anderen löscht ein Knochenmann das Licht des Lebens hinter sich aus. An den Seitenwänden der Kirche selbst sind Gemälde von Murillo zu bewundern, u. a. mit den Themen »Das Wunder der Brotvermehrung« und »Johannes der Täufer als Kind« (Calle Temprado 3, Okt.–März Mo–Sa 9–13.30, 15.30–19.30, So/Fei 9–13, April–Sept. Mo–Sa 9–13.30, 16–20, So/Fei 9–13 Uhr, 5 €).

Plaza de Toros de la Maestranza [22]

Die berühmte **Stierkampfarena** ist eine der größten (14 000 Zuschauer) und ältesten Arenen des ganzen Landes; sie entstand bereits 1761. In ihr aufzutreten bedeutet für jeden Torero einen Höhepunkt in seiner Karriere. Die Arena kann besichtigt werden, wenn keine Kämpfe stattfinden. Im angeschlossenen Museum werden Fotografien und Stierkampfzubehör gezeigt (Paseo de Cristóbal Colón 12, www.realmaestranza.com, Nov.–April tgl. 9.30–19, Mai–Okt. 9.30–20, an Stierkampftagen eingeschränkt, Besichtigung alle 20 Min., 6 €).

Museo de Bellas Artes [23]

Das **Museum der Schönen Künste** (Museum der schönen Künste) führt in den Räumen eines ehemaligen Klosters aus dem 17. Jh. vor allem den Reichtum der Sevillaner Malerschule vor Augen. Zur ihr gehörten bedeutende Meister des Goldenen Jahrhunderts der spanischen Kunst, als das Land im gesamten katholischen Europa den ersten Rang einnahm.

Der wichtigste des 17. Jh. war Diego Velázquez, Hofmaler in Madrid. Er stammte aus Sevilla, wo er auch sein Handwerk erlernte. Zurbarán, ›Maler der Mönche‹, kam zwar aus der Extremadura, war aber schon früh Mitglied der Sevillaner Schule. Valdés Leal gehörte ebenso zur Reihe der Meister. Aber keiner von ihnen ist der Stadt so mit seinen Themen, seinem Stil und auch seinem Leben verbunden wie Murillo. Alle genannten Maler sind im Museum vertreten, daneben Luis de Morales und sein Zeitgenosse El Greco, der aus Kreta stammte und im 16. Jh. in Toledo zu einem der größten Maler Spaniens wurde. Außerdem sind Bilder von Goya und zahlreichen ausländischen Künstlern wie Cranach, Rubens, van Dyck, Coreggio, Tizian, Veronese, Lorrain und Poussin zu sehen (Plaza del Museo 9, www.juntadeandalucia.es/cultura/museos, Di–Sa 9–20.30, So/Fei 9–14.30 Uhr, EU-Bürger gratis, sonst 1,50 €).

La Macarena

Nördlich des Zentrums schließt der noch sehr authentische Stadtteil La Macarena an. Je weiter man den Bereich der schicken Einkaufsstraßen Sierpes und Velázquez Tetuán Richtung Norden hinter sich lässt, desto eigenwilliger und bunter werden die Auslagen der Geschäfte, besonders deutlich erkennbar in der Calle Amor de Díos und ihren Parallelstraßen. Sie ziehen deutlich jüngere Käufer an.

Alameda de Hércules

Die **Alameda de Hércules** ist eine breite Allee, von Bars und Cafés gesäumt. Diese zogen bislang ein junges, studentisches Publikum an, zu dem sich auch Prostituierte und deren Kundschaft gesellten. Der Umgang miteinander war tolerant. Wegen Baufälligkeit vieler Häuser entschloss sich die Stadt zur Sanierung des Viertels. Nach über drei Jahren Arbeit wurde die Alameda de Hércules in restauriertem Zustand Ende Dezember 2008 eröffnet: neu gepflastert und mit Bäumen frisch bepflanzt. Laternen erleuchten die ehemals düstere Straße. Nicht alle Anwohner sind allerdings mit dem Ergebnis zufrieden. Wie sich die umgestaltete Alameda auf das Viertel auswirkt bleibt abzuwarten.

Erste Umstrukturierungsmaßnahmen betrafen das Gebiet der Alameda de Hércules schon im 16. Jh. Hier floss ursprünglich ein Seitenarm des Guadalquivir. Die Stadtherren ließen ihn trockenlegen und stellten zwei römische Säulen an den Anfang des neu geschaffenen Boulevards. Auf einer der Säulen steht eine Figur des Herkules, daher der Name der Allee.

Basílica de la Macarena 24

Im Norden begrenzt eine **alte Stadtmauer** den Stadtteil, die noch auf maurische Zeiten zurückgeht. Davor an der Puerta de la Macarena steht die **Basílica de la Macarena**. Im Hauptaltar wird die berühmte **Virgen de la Macarena** (auch Virgen de la Esperanza) verehrt, die Schutzheilige der Stierkämpfer, die auch bei den Prozessionen anlässlich der Semana Santa eine wesentliche Rolle spielt (s. S. 259) und als wichtigste Marienfigur von Sevilla gilt. Im angeschlossenen Museum sind Gegenstände zu bewundern, die die Bruderschaft Hermandad de la Macarena während der Semana Santa für die Prozession benötigt (Calle Bécquer 1, www.hermandaddelamacarena.es, Basílica Mo–Sa 9–14, 17–21, Museum tgl. 9.30–14, 17–20 Uhr, Museum 3 €).

Hospital de las Cinco Llagas 25

Das große **Hospital de las Cinco Llagas** mit vier Innenhöfen wurde schon im 16. Jh. erbaut. Erst 1972 musste der Krankenhausbetrieb wegen Baufälligkeit eingestellt werden. Einige Jahre später wurde das Gebäude res-

Tipp: Veranstaltungskalender

Die monatlich erscheinende kostenlose **Broschüre El Giraldillo** ist in den Touristeninformationsbüros erhältlich (nur Spanisch, doch mit Grundkenntnissen lässt sich das Wichtigste daraus entnehmen). Sie enthält aktuelle Hinweise auf die verschiedensten Veranstaltungen, u. a. in dem für die EXPO 1992 im postmodernen Stil am Ufer des Guadalquivir errichteten **Teatro de la Maestranza** (Sinfonieorchester, manchmal Opernaufführungen, www.teatromaestranza.com.

tauriert und ist seit 1992 Sitz des andalusischen Parlaments. Es kann nur nach längerer Voranmeldung im Rahmen von Führungen besucht werden.

Jenseits des Guadalquivir

Triana

Dem Zentrum gegenüber liegt das Traditionsviertel Triana: berühmt als die Heimat der Fischer, Seeleute, Töpfer und Flamencointerpreten. Ein **Denkmal von Juan Belmonte** 26 an der Plaza del Altozano, direkt an der Triana-Brücke, erinnert an einen berühmten **Stierkämpfer** aus dem Viertel. In der Uferstraße **Calle Betis** und der parallel zu ihr verlaufenden Calle Pureza reihen sich Bars, Cafés und Restaurants perlenschnurartig aneinander. Am beliebtesten sind abends die Lokale am Fluss mit Blick auf die beleuchtete Stadt. Traditionell war die Gegend nördlich des Puente de Isabel II. den Handwerkern vorbehalten. Viele Keramiker haben dort heute noch ihre Werkstätten (s. S. 276).

In den Straßenzügen südlich der Brücke lebten ursprünglich die Fischer. Hier befindet sich in der Calle Pureza die **Capilla de los Marineros** 27 mit der Virgen de la Esperanza de la Triana (nicht zu verwechseln mit der Virgen de la Macarena s. o., aber fast genauso hoch verehrt).

Sevilla

aktiv unterwegs

Bootsfahrt auf dem Guadalquivir

Tour-Infos
Start: Torre del Oro [20], Muelle del Marqués del Contadero
Dauer: ca. 1 Std.
Wichtige Hinweise: tgl. zw. 10 und 23 Uhr jede halbe Stunde, Fahrpreis 15 €, Kinder frei.
Cruceros Torre del Oro [1]**:** Tel. 954 56 16 92, www.crucerostorredeloro.com (s. S. 278)
Karte: s. Cityplan S. 254/255

Die behäbigen Flussschiffe von Cruceros Torre del Oro legen das ganze Jahr über zur **Ruta por Sevilla Monumental** ab. Diese »Sevillaner Denkmalroute« führt meist zunächst Richtung Süden zum Industriehafen und dann nach Norden zum ehemaligen **EXPO-Gelände,** bevor wieder die Torre del Oro angelaufen wird. Unterwegs ertönen aus der Konserve Erläuterungen in mehreren Sprachen (auch Deutsch) zu den Sehenswürdigkeiten.

In erster Linie ist die abwechslungsreiche Fahrt eine Tour unter den neun sehr unterschiedlichen Brücken hindurch, die im Stadtgebiet von Sevilla den Guadalquivir überspannen. Südlich der Altstadt führen in den Stadtteil Los Remedios hinüber der **Puente de San Telmo** und der **Puente de los Remedios.** Auf Letzteren folgt der moderne Frachtschiffhafen von Sevilla. Der jenseits von ihm gelegene **Puente de las Delicias** ermöglicht als Zugbrücke großen Schiffen die Einfahrt von Süden, vom rund 70 km entfernten Atlantik her. Am imposantesten zeigt sich noch etwas weiter südlich die Autobahnbrücke **Puente del V Centenario.** Wie ihr Name verrät, wurde sie zur 500-Jahrfeier der Entdeckung Amerikas (die mit der EXPO 1992 zusammenfiel) gebaut. Die Fahrbahn verläuft 45 m über dem Fluss.

Das Ausflugsboot kehrt nun um, passiert die Anlegestelle an der Torre del Oro und fährt weiter Richtung Norden. Dort folgt sogleich ein Wahrzeichen der Stadt, der zentrale **Puente de Isabel II** (auch Puente de Triana). 1852 wurde diese älteste Guadalquivir-Brücke als reine Eisenkonstruktion erbaut. Vom Stil erinnert sie an den Eiffelturm, weshalb sie oft fälschlich mit Gustave Eiffel in Verbindung gebracht wird. Tatsächlich hießen die Architekten jedoch Ferdinand Bernadet und Gustav Steinacher.

Der weiter nördlich gelegene **Puente del Cachorro** besticht durch die Segelkonstruktionen als Schattenspender über den Gehwegen.

Am schmalsten ist die nur für Fußgänger bestimmte **Pasarela de la Cartuja.** Sie wurde für die EXPO 1992 erbaut. Die Zufahrt zum damaligen Ausstellungsgelände ermöglichte der **Puente de la Barqueta** von 1989. Mit der spektakulärsten Architektur wartet der **Puente del Alamillo** nördlich des EXPO-Geländes auf. Dreizehn Kabel, an einem schrägen Mast befestigt, halten die Brücke.

In unmittelbarer Nähe steht die älteste Kirche Sevillas, die **Iglesia Santa Ana** [28] aus dem 13. Jh. Das große Erdbeben von Lissabon zerstörte 1755 auch einen Großteil dieser Kirche. Danach wurde sie wieder aufgebaut, allerdings mit starken barocken Einflüssen. Erst in den 1970er-Jahren erfolgte eine Restaurierung im ursprünglichen, gotischen Stil.

Isla de la Cartuja

Im Jahr 1992 fand 500 Jahre nach der Entdeckung Amerikas in Sevilla eine Weltausstellung statt. Die Großveranstaltung auf der **Isla de la Cartuja** zog innerhalb eines halben Jahres über 30 Mio. Besucher an. Das Karthäuserkloster **Monasterio de Santa María de las Cuevas** [29] (15. Jh.) diente während der Ausstellung als königlicher Pavillon. Ko-

Jenseits des Guadalquivir

Sevilla bei Nacht: der Puente de Triana mit der Torre del Oro im Hintergrund

lumbus hatte in dem Kloster seine zweite Atlantiküberquerung vorbereitet. Im 19. Jh. zog eine Keramikfabrik in die Gemäuer, die bis in die 1970er-Jahre dort produzierte. Die Kamine der Brennöfen blieben erhalten. Inzwischen ist das **Centro Andaluz de Arte Contemporáneo** (Zentrum für zeitgenössische Kunst) eingezogen. Zu sehen sind Werke spanischer Künstler des 20. Jh., u. a. von Miró, Chillida und Saura (Av. Américo Vespucio 2, www.juntadeandalucia.es/cultura/caac, Okt.–März Di–Sa 10–20, So 10–15, April–Juni u. Sept. Di–Sa bis 21, Juli/Aug. Sa erst ab 11 Uhr, Ausstellung und Kloster 3, nur Ausstellung 1,80 €, Di 13–17 Uhr EU-Bürger gratis).

Das restliche EXPO-Gelände wird nur noch teilweise genutzt. Im **Teatro Central** 30 finden z. B. kulturelle Veranstaltungen statt. Das Theater hat sich auf Avantgardestücke spezialisiert; aber es werden auch Jazz-, Rock- und Flamencoaufführungen gegeben.

Seit 1997 zieht vor allem die **Isla Mágica** 31 jüngere Besucher und Familien an. Der Themenpark liegt inmitten eines 60 000 m² großen Gartens mit 500 000 Pflanzen und 42 000 m² Wasserfläche. Mit Hilfe moderner Technik gehen die Besucher auf eine Reise in die Zeit der Entdeckung Amerikas (www.islamagica.es, April–Sept. unterschiedliche Zeiten, am Wochenende meist 11–23 Uhr, Okt.–März nur sporadisch geöffnet, 18–28, Kinder 12,50–20 €).

Infos

Turismo de Sevilla/Naves del Barranco: Calle Arjona 28 (nahe Puente de Isabel II), 41 001 Sevilla, Tel. 902 19 48 97, Fax 954 22 95 66, www.turismosevilla.org, Mo–Fr 8.30–20.45, Sept.–Juni auch Sa/So 9–13.45 Uhr. In der ehemaligen Fischmarkthalle, die von Gustave Eiffel entworfen wurde. Das am besten ausgestattete Infobüro in Sevilla. Weitere städtische Tourismusbüros: Edificio Laredo: Plaza de San Francisco 19, Tel. 954 59 52 88, Fax 954 59 52 89; Costurero de la Reina, Tel. 954 23 44 65, Fax 954 22 95 66. Die städtischen Büros verteilen hervorragende Stadtpläne.

Oficina de Información de la Junta de Andalucía: Av. de la Constitución 29 B, 41 004

Sevilla

Sevilla, Tel. 954 22 14 04, Fax 954 22 97 53, www.andalucia.org, Mo–Fr 9–19, Sa 10–14, 15–19, So 10–14 Uhr. Informationsstelle der andalusischen Regierung. Zweigstellen am **Bahnhof** (Av. Kansas City, Tel./Fax 954 53 76 26) und am **Flughafen** (Ankunftsterminal, Tel. 954 44 91 28, Fax 954 44 91 29).
Turismo de la Provincia: Plaza del Triunfo 1–3, 41 004 Sevilla, Tel. 902 07 63 36/954 21 00 05, Fax 954 21 05 58, www.turismosevilla.org. Offizielle Informationsstelle der Provinz Sevilla.

Übernachten

Die Preise für Hotelzimmer schwanken saisonal sehr stark. Im Frühjahr zur Zeit der Semana Santa und der Feria de Abril ist es am teuersten und die meisten Unterkünfte sind dann langfristig ausgebucht.

Edel ▶ **Hotel Casa Imperial** [1]**:** Calle Imperial 29, Tel. 954 50 03 00, Fax 954 50 03 30, www.casaimperial.com. In einem Stadtpalast (16. Jh.) hinter der Casa de Pilatos, mit malerischen Innenhöfen. Nur Suiten und Juniorsuiten, einige mit eigener Terrasse oder Innenhof, stilvoll eingerichtet und mit modernem Komfort (Safe, Minibar, Fernseher, Klimaanlage, Heizung, ISDN). Gästeparkplatz. Suite für 2 Pers. 200–320, Semana Santa 350–420 €.

Ein ganzes Stadtviertel ▶ **Hotel Las Casas de la Judería** [2]**:** Plaza Santa María la Blanca/Callejón Dos Hermanas, Tel. 954 41 51 50, Fax 954 42 21 70, www.casasypalacios.com. 4 Sterne, 27 historische Häuser am Rand des Stadtviertels Santa Cruz wurden zu dieser stilvollen Unterkunft zusammengeschlossen. Durch Innenhöfe und Gassen miteinander verbunden. Zimmer individuell eingerichtet, einige mit eigenem Innenhof oder Terrasse. Bar, Restaurant, Pool, Parkgarage. DZ 140–180 €.

Altes Stadthaus ▶ **Hotel Doña María** [3]**:** Calle Don Remondo 19, Tel. 954 22 49 90, Fax 954 21 95 46, www.hdmaria.com. 4 Sterne, nicht weit von der Giralda. Zimmer antik dekoriert und mit modernem Komfort. Schöne Dachterrasse mit kleinem Pool und Aussicht auf die Stadt. DZ 105–240 €.

Für Selbstversorger ▶ **Aparthotel Patio de la Alameda** [4]**:** Alameda de Hércules 56, Tel. 954 90 49 99, Fax 954 90 02 26, www.patiodelaalameda.com. Im Macarena-Viertel. Große Wohneinheiten mit Küchenzeile für bis zu 4 Pers. Üppig begrünter Innenhof für alle Gäste. Garage gegen Gebühr. Apt. für 2 Pers. 95–115, Semana Santa 220, jede zusätzliche Person 35, Semana Santa 60 €.

Jenseits des Flusses ▶ **Hotel Monte Triana** [5]**:** Calle Clara de Jesús Montero 24, Tel. 954 34 31 11, Fax 954 34 33 28, www.hotelesmonte.com. Günstig im Triana-Viertel gelegen. Helles, modernes Haus, Zimmer funktional-modern. Parkgarage gegen Gebühr. DZ 64–180 €.

Freundlichlag ▶ **Hotel Puerta de Sevilla** [6]**:** Puerta de la Carne 2, Tel. 954 98 72 70, Fax 954 98 73 60, www.hotelpuertadesevilla.com. Kleines Hotel am Rand des Santa-Cruz-Viertels. Einige Zimmer mit Balkon. DZ 65–95, Semana Santa 160 €.

Adressen

Zum zweiten Frühstück Tapas gefällig?

Ein wenig maurisch ▶ Hotel Zaida 7: Calle San Roque 26, Tel. 954 21 11 38, Fax 954 21 88 10, www.hotelzaida.com. In der Nähe des Museo de Bellas Artes, in einer ruhigen Seitenstraße. Typisches Herrenhaus (18. Jh.) mit arabisch anmutendem Innenhof. Zimmer funktional, einige mit französischem Balkon. DZ 45–100 €.

Essen & Trinken

Feinschmeckerlokal ▶ Egaña Oriza 1: Calle San Fernando 41, Tel. 954 22 72 54, www.restauranteoriza.com, Mo–Fr 13.30–15.30, 20.30–23.30 Uhr, Sa/So u. Aug. geschl. Der Speiseraum erinnert mit seinem klassischen Ambiente an einen Jugendstilwintergarten. Feine baskische und andalusische Küche. Sehr gute Wein- und Spirituosenauswahl. 3-Gänge-Menü à la carte ab 50 €.

Innovativ ▶ Taberna del Alabardero 2: Calle Zaragoza 20, Tel. 954 50 27 21, tgl. 13–16, 20–24 Uhr, Aug. geschl. Gourmetrestaurant in einem Stadtpalast (auch 7 Hotelzimmer). Traditionelle Gerichte neu interpretiert. 3-Gänge-Menü à la carte ab 50, Mo–Fr mittags im EG Tagesmenüs ab 12 € und Tapas.

In einem alten Herrenhaus ▶ La Albahaca 3: Plaza de Santa Cruz 12, Tel. 954 22 07 14, So geschl. Das gediegene Restaurant verteilt sich auf drei Räume und eine romantische Terrasse. Traditionelle Fleisch- und Fischgerichte mit kreativem Touch. 3-Gänge-Menü ab 37 €.

Seit 1954 ▶ Casa Robles 4: Calle Alvarez Quintero 58, Tel. 954 21 31 50, www.casa-robles.com, tgl. 12–0.30 Uhr. Das Restaurant genießt einen guten Ruf in Sevilla. Klassische, gehobene andalusische Küche. Mit Terrasse und benachbarter Tapabar. 3-Gänge-Menü à la carte ab 30 €.

Mediterran ▶ Enrique Becerra 5: Calle Gamazo 2, Tel. 954 21 30 49, www.enriquebecerra.com, Mo–Sa 13–16.30, 20–24 Uhr, So Ruhetag. Große Auswahl an traditionellen,

Tipp: Tapear – Tapas essen in Sevilla

Anstatt den Abend in nur einem Restaurant zu verbringen, ist es in Sevilla beliebt, von Bar zu Bar zu ziehen und sich aus den dortigen Tapas-Kreationen ein Dinner auf Raten zusammenzustellen. Aber auch zur Mittagszeit ersetzen die Häppchen ein schweres Essen. Eine Tapa ist dabei die kleinste Einheit. Vier bis fünf braucht man mindestens, um einigermaßen satt zu werden. Nächstgrößere Einheit ist die *media ración* (halbe Portion). Eine *ración* hat dann schon die Ausmaße eines Hauptgerichts.

Tapabars im Barrio de Santa Cruz

Gleich am Beginn des Viertels, von der Kathedrale kommend, liegt in der Calle Mateos Gago die **Cervecería Giralda** [13] Das Lokal ist eine Institution mit immenser Auswahl. An der Plaza de los Venerables wartet die **Casa Román** [14] auf Gäste. Spezialität sind hier Schinken und Tapas mit Manchego-Käse. Die Tische auf dem engen Platz sind meist belegt. In der schmalen Calle Santa Teresa befindet sich die urige **Bar Las Teresas** [15], eine Lokalität wie aus dem Bilderbuch. Etwas außerhalb des eigentlichen Viertels gelegen, aber deswegen nicht minder beliebt ist die **Bar La Estrella** [16] in der gleichnamigen Straße (nahe Flamencomuseum). Einheimische sind hier noch in der Überzahl. Vorwiegend werden klassische Tapas serviert, aber auch einige kreative Varianten.

Tapabars in El Arenal

Von der Nordseite der Kathedrale führt die Calle García Vinuesa nach Westen. Hier liegt mit der **Bar Hijos de E. Morales** [17] eine der ältesten Bars von Sevilla, was an der Theke und der rustikalen Einrichtung mit alten Holzfässern unschwer zu erkennen ist. Am Ende der Straße in der **Freiduría de La Isla** [18] kann man frittierten Fisch und Meeresfrüchte nach Gewicht kaufen. Die Köstlichkeiten werden schlicht in Papiertüten gewickelt. In der anschließenden Calle Harinas lohnt ein Stopp im **El Rincón del Pulpo Gallego** [19]. Spezialität ist hier, wie der Name schon sagt, *pulpo* (Krake). Aber auch alle anderen Fisch-Tapas sind empfehlenswert. Näher am Guadalquivir befindet sich in der Calle Arfe das Fischrestaurant **La Isla** [20]. Die Tapas bieten einen Vorgeschmack auf die sehr gute, wenn auch nicht ganz billige Küche.

Tapabars im Centro

In der Nähe der Plaza Nueva befindet sich die **Casa Cuesta** [21], ein moderner Ableger des Traditionshauses im Trianaviertel (seit 1880). Die riesige Tapas-Auswahl wird in einer Bar in modernem Bistrostil präsentiert. Während der Siesta und abends ist die Plaza del Salvador beliebt. Einfache Tapas wie Schinken, Käse oder ein paar Oliven zum Bier gibt es dort in der **Bodeguita Antigua San Salvador** [22]. Hinter der Salvatorkirche liegt die **Bar Europa** [23] an der Plaza del Pan. Traditionelle und kreative Varianten kleiner, aber feiner Tapas werden serviert. Einfache und solide Tapas sowie *montaditos* (Sandwiches) gibt es im **Patio San Eloy** [24] in der Calle San Eloy am Ende der Calle Sierpes.

Eine Institution in Sevilla ist die Bar **El Rinconcillo** [25] nordöstlich der Plaza de la Encarnación in der Calle Gerona. Die bereits 1670 gegründete und damit älteste Bar von Sevilla wird seit vielen Generationen von derselben Familie betrieben. Die Einrichtung mit Stuckdekors und Azulejos ist museumsreif, die Tapas sind klassisch andalusisch. Wer großen Hunger mitbringt, kann hier auch ein komplettes Menü bestellen. Gutes gegrilltes Fleisch kommt unweit in der **Bodega Extremeña** [26] auf den Tisch.

Eine der beliebtesten Tapabars liegt näher am Fluss bei der Iglesia San Lorenzo. Sie gehört zum Restaurant **Eslava** [8] und ist oft brechend voll. Wer in gediegenem Rahmen exquisite Tapas essen möchte, dem sei die **La Tasca del Burladero** [27] (Ecke Calle Canalejas/Bailén, südlich des Museo de Bellas Artes [23], s. S. 268) ans Herz gelegt. Sie ist dem Hotel Meliá Colón angeschlossen.

Adressen

aber auch an Fantasietapas, außerdem gute Fleischgerichte. Die Speisesäle verteilen sich auf zwei Häuser aus dem 17. Jh. Mediterrane Einrichtung, schlicht, aber elegant. Im oberen Stockwerk sitzt man besonders gemütlich. 3-Gänge-Menü ab 30 €.

Angenehmer Rahmen ▸ Az Zait 6 : Plaza San Lorenzo 1, Tel. 954 90 64 75, www.azzaitrestaurantes.com, So (außer Dez.) und August geschl. Kreative andalusische Küche. Versierter Service. Hauptgerichte um 26 €.

Ein Klassiker ▸ El Giraldillo 7 : Plaza Virgen de los Reyes 2, Tel. 954 21 45 25, www.barriosantacruz.com/giraldillo, tgl. 12–24 Uhr. Gute einheimische Küche mit Schwerpunkt auf Fisch. Speziell die Tische auf der Plaza sind beliebt. Gute Auswahl an Tapas. Hauptgerichte um 20, Tapas 3–4 €.

Einfallsreich ▸ Eslava 8 : Calle Eslava 3/5, Tel. 954 90 65 68, Di–Sa 12.30–16.30, 21–24, So 12.30–16.30 Uhr, Mo u. Aug. geschl. Kreative andalusische Küche. Im Restaurant günstige Tagesmenüs, abends Reservierung ratsam. Sehr beliebt auch die Tapabar. Hauptgerichte um 25, Tapas 2–4 €.

Der Fischspezialist ▸ Kiosco de las Flores 9 : Calle Betis, Tel. 954 27 45 76, www.kioscodelasflores.com. Di–So 11–16, 19–24 Uhr. Gegenüber von der Torre del Oro. Große Fenster ermöglichen eine schöne Aussicht auf die Stadt. Terrasse am Fluss. Spezialität ist *pescaito frito* (frittierter Fisch). Hauptgerichte um 20, *raciones* 4–10 €.

Authentisch ▸ Sol y Sombra 10 : Calle Castilla 151, Tel. 954 33 39 35, www.tabernasolysombra.com, tgl. 13–16 und 20–24 Uhr. Echte andalusische Atmosphäre und dazu passende Küche. Spezialitäten ist Cola de Toro (Ochsenschwanz). Außerdem große Auswahl an verschiedenen Omeletts. Hauptgerichte um 12 €, *raciones* 4–10 €.

Mit Flair ▸ Taberna Coloniales 11 : Plaza Cristo de Burgos 17, Tel. 954 50 11 37, www.tabernacoloniales.es. Mit Einrichtungsgegenständen des Kolonialwarenladens, der sich einst hier befand, wunderschön dekoriert. Gut zum Tapeo, aber auch für ein »richtiges« andalusisches Essen. Hauptgerichte 10–15 €, Tapas 3–4 €.

Ökofood ▸ mama-terra 12 : Paseo de Cristina 3, Tel. 954 22 19 50, www.mama-terra.com, Buffet tgl. 12.30–16.30, Snacks durchgehend. Angesagtes Lokal für leichte Küche unter Verwendung von biologisch erzeugten Produkten. Vorwiegend vegetarische Speisen, aber auch Öko-Fleisch und schonend gefangener Fisch. Hauptgerichte um 10 €, Snacks 3–5 €.

Tapas ▸ Cervecería Giralda 13 : Calle Mateos Gago 3, Tel. 954 22 82 50, tgl. 9–24 Uhr. **Casa Román** 14 : Plaza de los Venerables 1, Tel. 954 22 84 83, Mo–Do 9–16, 19.30–24, Fr–So 8–16, 20–14 Uhr. **Bar Las Teresas** 15 : Calle Santa Teresa 2, Tel. 954 21 30 69, tgl. 10–16, 18–24 Uhr. **Bar La Estrella** 16 : Calle La Estrella 3, Tel. 954 56 14 26, tgl. 9–24 Uhr. **Bar Hijos de E. Morales** 17 : Calle García Vinuesa 11, Tel. 954 11 12 42, tgl. 12–16, 20–24 Uhr. **Freiduría de La Isla** 18 : Calle García Vinuesa 13, Tel. 954 22 83 55, tgl. 12–17, 19–24 Uhr. **El Rincón del Pulpo Gallego** 19 : Calle Harinas 21, Tel. 954 22 43 11, tgl. 10.30–16.30, 19–23 Uhr. **La Isla** 20 : Calle Arfe 25, Tel. 954 21 53 76, www.restaurantelaisla.com, tgl. 12–17, 19–24 Uhr. **Casa Cuesta** 21 : Calle Zaragoza 50. Calle Zaragoza 50, Tel. 954 22 97 18, www.casacuesta.net, tgl. 12–24 Uhr. **Bodeguita Antigua San Salvador** 22 : Plaza del Salvador 6, Tel. 954 56 18 33, tgl. 12–16, 20–24 Uhr. **Bar Europa** 23 : Calle de Siete Revueltas 35/Plaza del Pan, tgl. 8–24 Uhr. **Patio San Eloy** 24 : Calle San Eloy 9, Tel. 954 22 11 48, www.gruposaneloy.com, tgl. 11.30–17, 18.30–23.30 Uhr. **El Rinconcillo** 25 : Calle Gerona 40, Tel. 954 22 31 83, www.elrinconcillo.es, tgl. 13–1.30 Uhr. **Bodega Extremeña** 26 : Calle San Esteban 17, östlich der Casa de Pilatos, Tel. 954 41 70 60, tgl. 12–24 Uhr. **La Tasca del Burladero** 27 : Calle Canalejas 1/Ecke Calle Bailén, Tel. 954 21 39 10, tgl. 8–24 Uhr.

Einkaufen

Markthallen ▸ Eine moderne Markthalle liegt im Triana-Viertel in der **Calle Alfarería** 1 nahe dem Puente de Isabel II. Eine weitere befindet sich zwischen Calle Reyes Católicos

Sevilla

und Stierkampfarena in der **Calle Pastor y Landero** 2.

Haustiermarkt ▶ Am **Ufer des Guadalquivir** auf der Höhe **Calle Torneo** findet jeden Sonntagvormittag ein **Kleintiermarkt** 3 statt. Für Besucher weniger zum Kaufen, sondern eher zum Schauen.

Trödelmärkte ▶ **Mercadillo del Jueves** 4: Calle Feria, Do 9–14 Uhr. In der Tradition eines mittelalterlichen Wochenmarkts werden heute Antiquitäten, antiquarische Bücher und Secondhand-Klamotten verkauft. **Mercadillo Plaza del Duque** 5: Plaza Duque de la Victoria, Fr./Sa. Bunter Hippiemarkt für Kleider und Accessoires.

Weihnachtsmarkt ▶ **Mercado Navideño de Artesanía** 6: Plaza Nueva, Mitte Dezember bis 5. Januar. Einer der schönsten Märkte dieser Art in Spanien. Rund 70 Kunsthandwerker aus Sevilla und Umgebung verkaufen ihre Produkte.

Souvenirs ▶ Im **Barrio Santa Cruz** gibt es zahlreiche kleine, mehr oder weniger kitschige Geschäfte für Mitbringsel. In der Calle Mateos Gago, gleich bei der Giralda, verkauft **Juan Foronda** 7 Fächer und die für Andalusien typischen *mantillas* (Umhängetücher).

Mode/Schmuck ▶ In den Einkaufsstraßen **Calle Tetuán und Sierpes** 8 gibt es Boutiquen für Mode und Schmuck. Nette Geschäfte befinden sich auch in der **Calle San Eloy** 9. Boutiquen für flippige und junge Mode findet man in der **Calle Amor de Diós** 10. An der **Plaza del Duque** (s. o.) steht ein großes Kaufhaus der spanischen Kette El Corte Inglés.

Keramik ▶ Triana ist das traditionelle Töpferviertel (s. o.). Dort gibt es zahlreiche Keramikläden an der **Plaza Callao** 11 und den umliegenden **Calles Alfarería** (Straße der Töpfereien) 12, **Antillano** und **Campos**.

Abends & Nachts

Das Nachtleben tobt in Sevilla vor allem am Wochenende (Freitag- und Samstagabend). An den anderen Tagen ist, mit Ausnahme der Vorabende von Feiertagen, sehr viel weniger los. Beliebt sind die Bars an der **Plaza de San Salvador,** der **Plaza de Alfalfa** und der

Calle Betis im Triana-Viertel. Von Ostern bis Sept./Okt. ist die **Uferpromenade** am Guadalquivir abends sehr belebt. Rund um die **Alameda de Hercúles** fühlt sich ein alternatives Szenepublikum wohl, in unmittelbarer Nachbarschaft das Rotlichtmilieu.

Urige Bar ▶ **La Carbonería** 1: Calle Levíes 18, Tel. 954 21 44 60, http://lacarboneriasevilla.spaces.live.com, Di–So 21–3 Uhr. Am Rand des Barrio Santa Cruz. Im Winter wird der Kamin angefeuert, im Sommer gibt es Livemusik (oft Flamenco) auf der Terrasse. Sowohl Einheimische als auch Touristen.

Adressen

Patio de las Doncellas im Real Alcázar: Im Auftrag eines christlichen Fürsten schufen maurische Handwerker dieses Meisterwerk des Mudéjarstils

Skurril ▶ Antigüedades 2: Calle Argote de Molina 40. Geradezu schaurig eingerichtete Bar. Gemischtes Publikum.

Strenge Türsteher ▶ Boss 3: Calle Betis 67, www.salaboss.es, Mi–Sa 23–7 Uhr, So–Di u. Juli/Aug. geschl. Große Club-Disco im Triana-Viertel mit mehreren Bars und Cafeteria. Internationaler Musikmix. Einlass nur mit schicker und moderner Kleidung.

Flamenco ▶ El Palacio Andaluz 4: Av. María Auxiliadora 18–B/Ecke Crta. de Carmona, Tel. 954 53 47 20, www.elpalacioandaluz.com, tgl. professionelle Flamencogroßveranstaltung in theaterähnlichem Ambiente. Prospekte gibt es in jeder Informationsstelle, zu buchen v. a. großen Hotels aus mit Transfer und inkl. Dinner oder auch nur Getränk.

Noch ein Tablao ▶ Los Gallos 5: Plaza de Santa Cruz 1, Tel. 954 21 69 81, www.tablaolosgallos.com. Bekannter und beliebter *tablao flamenco*, gilt als einer der besten von Sevilla. Tgl. zwei Shows pro Abend (20 und 22.30 Uhr), 30 €.

Musik im Museum ▶ Casa Museo de la Memoria de Al Andaluz 6: Calle Ximénez de Enciso 28, Tel. 954 56 06 70. Kleines Museum im Barrio de Santa Cruz, im Innenhof eines historischen Stadthauses (tgl. 9–14,

Sevilla

18–20 Uhr, 1 €). Abends ab 21 Uhr gibt es auch stilvolle Flamencoaufführungen (15 €).
Viele Einheimische ▶ Casa Anselma 7: Calle Pagés del Corro 49. Urige Bar im Triana-Viertel, wo der Flamenco noch authentisch ›rüberkommt‹. Erst ab 23.30 Uhr. Wird dann aber schnell voll. Eintritt frei.

Aktiv

Flussschifffahrt ▶ Cruceros Torre del Oro 1: s. Aktiv unterwegs S. 270. Außer der ganzjährig angebotenen Ruta por Sevilla Monumental ist von Mai bis September an Wochenenden auch die Ruta a Sanlúcar de Barrameda im Programm. Die ganztägige Fahrt führt am Parque Nacional de Doñana vorbei bis zur Mündung des Guadalquivir in den Atlantik.
Radfahren ▶ Quiquecicle 2: Av. Menéndez Pelayo 11 (nördlich der Jardines del Alcázar), Tel. 954 53 60 17, www.quiquecicle.com, pro Tag 15 € (Verleihstation auch im Parque María Luisa beim Pabellón Mudejar).
bici4city 3: s. Aktiv unterwegs rechts.

Termine

Feria de Abril: zwei Wochen nach Ostern. Ursprünglich waren *ferias* Viehmärkte. Bei der Feria de Abril feiert die ganze Stadt, täglich finden Stierkämpfe statt. Das Alltagsleben ist während der Festwoche weitgehend lahmgelegt. Die Feria wird nicht für Touristen inszeniert. Fremde bleiben in der Regel ausgeschlossen. Das große Festgelände liegt südlich des Stadtteils Los Remedios. Die meisten Festhäuser *(casetas)* sind privat. Für alle zugänglich sind meist nur die der politischen Parteien.
Bienal de Flamenco: meist alle zwei Jahre im September (nächster Termin 2010). Großes Flamencofestival in den verschiedenen Stadttheatern, www.bienal-flamenco.org.
Maria Himmelfahrt: 15. August. Fällt mit dem Fest der Stadtpatronin Virgen de los Reyes zusammen; wichtiges religiöses Ereignis.

Verkehr

Flüge: Aeropuerto de Sevilla, 12 km östlich der Stadt an der A-4 nach Córdoba, Info-Tel. 954 44 90 00, www.aena.es (Spanisch, Englisch). Wenige Charterflüge von und nach Deutschland, bisher nicht in die Schweiz und nach Österreich. Linienflüge weltweit (oft mit Umsteigen z. B. in Madrid oder Barcelona). **Taxi ins Stadtzentrum** ca. 20 €, **Stadtbusanschluss** ungefähr im 30-Minuten-Takt (2,30 €).
Zug: Estación de Santa Justa, Av. Kansas City (östl. des Zentrums, s. S. 73). Gute Verbindungen in alle größeren Städte. Gepäckaufbewahrungsstelle. Zu Fuß ca. 20 Min. in die Innenstadt, Taxi um 6 €.
Bus: Estación Plaza de Armas (Tel. 954 90 80 40) für Busse in die Provinz Huelva und die Sierra Norte de Sevilla sowie für Fernziele außerhalb Andalusiens (s. S. 72 f.); **Estación Prado de San Sebastian** (Tel. 954 41 71 11) für häufige Verbindungen (mehrmals tgl.) in alle größeren Städte Andalusiens.
Metro/Straßenbahn: Metro Linie 1 verkehrt von der Innenstadt zum ehemaligen Expo-Gelände sowie nach Dos Hermanas im Südosten Sevillas. Weitere drei Linien sind im Bau (Metro de Sevilla, Tel. 902 36 49 85, www.metrodesevilla.org, einfache Fahrt 1,30 €). Die Trambahn T 1 fährt ab Metrostation Prado de San Sebastián durch die Altstadt.
Stadtbusse: Die Stadtbusse der **Tussam** (www.tussam.es) verkehren von 9–23.30 Uhr recht häufig. Zentrale Haltestellen liegen z. B. an der Plaza de la Encarnación und der Puerta de la Barqueta, aber auch entlang der Avenidas, die das Innenstadtgebiet umgeben. Einzelfahrt 1,20 (beim Fahrer), Touristentageskarte 4,50, 3-Tage-Ticket 8,50 € (nur am Kiosk).
Busrundfahrten: Zwei Gesellschaften bieten von der Torre del Oro aus Stadtrundfahrten in Doppeldeckerbussen an, je 15 €: **Sevilla Tour** (www.sevillatour.com) und **Sevirama** (www.busturistico.com). An vielen Haltestellen unterwegs kann innerhalb von 24 Std. beliebig aus- und eingestiegen werden. Per Kopfhörer gibt es Erklärungen (ebenfalls auf Deutsch).
Mietwagen: Am **Flughafen** und am **Bahnhof Santa Justa** Büros internationaler und lokaler Autovermieter.

aktiv unterwegs

Radtour durch Sevilla

Tour-Infos
Start: Parque de María Luisa, Südseite
Länge: 20 km
Dauer: 1,5 Std. Fahrzeit, mit Abstechern und Pausen ein halber Tag
Wichtige Hinweise: Verleih u.a.: **bici4city** [3]: Calle General Castaños 33, Tel. 954 22 98 83, www.bici4city.com, 16 €/Tag; Rent a Bike Sevilla, Tel. 954 91 64 64, www.rentabikesevilla.com, Klappfahrräder, Buchung nur telefonisch oder per Internet, Übergabe am Hotel, 12 €/Tag, s. S. 278.
Karte: s. auch Cityplan S. 254/255

Die Stadt Sevilla verfügt seit 2007 über ein Radwegenetz von gut 76 km Länge. Einen Plan mit acht Routenvorschlägen gibt es in den Touristeninformationsstellen und unter www.sevillaenbici.com, wo man auch die einzelnen Routenpläne herunterladen kann. Am attraktivsten ist eine Kombination von **Route 2 (blau)** und **Route 3 (orange).**

Vom Ufer des Guadalquivir kommend passiert Route 2 den **Parque de María Luisa** entlang des breiten Paseo de las Delicias. Nach Verlassen des Parks Richtung Süden geht es rechts an der Avenida de Bonanza weiter, jetzt auf Route 3. Über den **Puente de las Delicias** gelangt man auf die andere Seite des Flusses, radelt am Gelände der **Feria de Abril** und dem Stadtviertel **Los Remedios** vorbei und gondelt dann durch das Traditionsviertel **Triana,** wo der eine oder andere Abstecher in die Seitenstraßen nach rechts lohnt.

Weiter nördlich passiert die Route das ehemalige **EXPO-Gelände** mit dem **Monasterio de Santa María de las Cuevas** [29] und der **Isla Mágica** [31]. Schließlich wird am Nordende der Isla de la Cartuja der **Parque del Alamillo** erreicht, ein naturnah gestaltetes, rund 50 ha großes Freizeitgelände, das wiederum einen Abstecher abseits der markierten Route lohnt. Breite Wege, die auch mit dem Fahrrad benutzt werden dürfen, führen durch den Park, in dem rund um zwei Vogelteiche mediterrane Macchie und Orangenbäume gedeihen. Anschließend geht es über den **Puente del Alamillo** zurück zum Ostufer des Guadalquivir, wo Route 3 die Route 2 kreuzt. In diese biegt man sogleich rechts ein und hält sich jetzt südwärts am Fluss entlang. Highlights auf diesem Streckenabschnitt sind die **Plaza de Toros de la Maestranza** [22] (Stierkampfarena) und die **Torre del Oro** [20], in deren Nähe sich gegen Ende der Tour die Einkehr in einem der romantischen Lokale am Guadalquivir anbietet, etwa im für Fisch und Meeresfrüchte berühmten **Kiosco de las Flores** [9] (s. S. 275). Anschließend ist es nicht mehr weit bis zum Ausgangspunkt im Parque de María Luisa.

Die Umgebung von Sevilla

Nordwestlich von Sevilla liegt das Ausgrabungsgelände von Itálica, der ältesten Römerstadt in Andalusien. In die Region der Campiña locken die historisch bedeutsamen Städte Osuna, Écija und Carmona, wo man nochmals den Spuren der Römer folgt. Schöne Wandermöglichkeiten bietet die Sierra Norte.

Itálica ▶ D 4

Kurz nachdem der römische Feldherr Publius Cornelius Scipio Africanus d. Ä. im Zweiten Punischen Krieg die Karthager 206 v. Chr. im nahe gelegenen Ilipa, dem heutigen Alcalá del Río, geschlagen hatte, gründete er Itálica. Der Name erinnert an die ersten Siedler, italische Veteranen, die mit einheimischen Frauen Familien gründeten, welche bald eine Vormachtstellung im Süden der Provinz Hispania inne hatten. Aus ihnen gingen auch die späteren römischen Kaiser Trajan und dessen Adoptivsohn und Nachfolger Hadrian hervor.

Itálica war während der gesamten Römerzeit eine bedeutende Stadt an der Kreuzung wichtiger Handelsstraßen, die sich ständig ausdehnte. Bislang ist nur ein kleiner Teil ausgegraben worden. Eindrucksvollstes Bauwerk ist das riesige **Amphitheater** (2. Jh.), das drittgrößte des Römischen Reiches. In dem Oval von 160 m Länge und 137 m Breite fanden 25 000 Zuschauer Platz. Die vorderste Sitzreihe war den Adeligen vorbehalten, deren Namen dort noch eingeritzt sind. Die Gewölbe unterhalb der Ränge dienten als Tierzwinger. Neben Tierhatzen fanden Gladiatorenkämpfe statt. Es müssen wohl sehr viele gewesen sein, denn im Archäologischen Museum von Madrid lässt sich auf einer Bronzetafel der schriftliche Erlass des römischen Kaisers Marc Aurel nachlesen, der für Itálica eine Beschränkung der Gladiatorenkämpfe forderte.

Vom Amphitheater aufwärts geht es in die von Kaiser Hadrian gegründete **Nova Urbs** (Neustadt). Deren Straßensystem ist gut erkennbar, vor allem die breite gepflasterte Hauptstraße *(cardo maximus)*, flankiert von Säulen, die früher Arkadengänge trugen. Auch Teile der unterirdischen Kanalisation, das Forum und die Sockel einiger Villen blieben er-

Tipp: Ergänzende Besichtigungen

Zwar verfügt auch die Ausgrabungsstätte über ein kleines Museum (im Eingangsbereich), aber die meisten Funde aus Itálica befinden sich im **Museo Arqueológico** von Sevilla (s. S. 266). Dessen Besuch lohnt ebenso im Anschluss an die Besichtigung der Römerstadt wie ein Abstecher zum **Palacio de Lebrija** (ebenfalls in Sevilla). Den Adelspalast aus dem 16. Jh. ließ ab 1914 die damalige Gräfin von Lebrija, Doña Regla Manjón Mergelina, die sich leidenschaftlich für die Archäologie begeisterte, im pseudorömischen Stil umbauen. Es gelang ihr, etliche Originalfundstücke aus Itálica in ihr Haus zu holen, darunter einige Fußbodenmosaiken (Calle de Cuna 8, www.palaciodelebrija.com, Sept.–Juni Mo– Fr 10.30–19.30, Sa 10–14, 16–18, So 10–14 Uhr, Juli/Aug. Mo–Fr 9–15, Sa 10–14 Uhr, EG mit Fußbodenmosaiken 4, gesamtes Haus 8 €.

Carmona

halten. Einige **Mosaikfußböden** bewahrten unter einer dünnen Erdschicht über zwei Jahrtausende hinweg eine erstaunliche Farbigkeit. Hervorzuheben sind das kreisförmige Mosaik in der **Casa del Planetario** mit sieben Medaillons der Gottheiten, welche die Planeten repräsentieren, sowie die besonders prächtigen Mosaiken mit Vogeldarstellungen in der **Casa de los Pájaros.** Ganz im Westen der Ausgrabungsstätte liegen die erst z. T. ausgegrabenen **Thermen** (Conjunto Arqueológico de Itálica, www.juntadeandalucia.es/cultura/italica, April–Sept. Di–Sa 8.30–20.30, So/Fei 9–15, Okt.–März Di–Sa 9–17.30, So/Fei 10–16 Uhr, 1.1., 6.1., 28.2., Karfreitag, 1.5., 15.8., 1.11. u. 25.12. geschl., Eintritt für EU-Bürger frei, sonst 1,50 €).

Santiponce

Im Mittelalter geriet Itálica fast völlig in Vergessenheit. Auf Teilen der Römerstadt, vermutlich über dem ursprünglichen Siedlungskern *(vetus urbs)*, entstand der heutige Ort **Santiponce.** Dessen Bewohner bedienten sich der römischen Ruinen, um Häuser zu bauen und Straßen zu pflastern, zuletzt im 17. Jh., als der Guadalquivir bei einer Überschwemmung schwere Schäden an der Bebauung angerichtet hatte. Naturgemäß waren in Santiponce bisher kaum Grabungen möglich. Allerdings konnte ab 1970 im Ort das **Teatro Romano** freigelegt und rekonstruiert werden. Dieses typische Stadttheater entstand während der Regierungszeit von Kaiser Augustus in den Jahren 30–37 n. Chr. (nur von außen einsehbar).

Am Südrand von Santiponce steht das **Monastério de San Isidoro del Campo.** 1301 gründete Alonso Pérez de Guzmán El Bueno das Wehrkloster als Grablege für seine Familie und siedelte hier Zisterziensermönche an. Später übernahmen Hieronymiten die Anlage und dekorierten im 15. Jh. die Kreuzgänge mit außergewöhnlichen Fresken, die zwischen geometrischen und floralen Mudéjarmotiven verschiedene Heilige darstellen. Der großartige Bildhauer Juan Martínez Montañés aus Sevilla schuf im 17. Jh. für die größere der beiden Klosterkirchen eines seiner Meisterwerke: einen Altaraufsatz, zu dessen beiden Seiten Guzmán und seine Frau vor ihren Grabstätten als kniende Figuren dargestellt sind (Tel. 955 99 80 28, Mi/Do 10–14, Fr/Sa 10–14, 17.30–20.30, Okt.–März 16–19, So/Fei 10–15 Uhr, 2 €).

Infos

Oficina de Turismo: Calle La Feria, 41 970 Santiponce, Tel. 955 99 80 28, Fax 955 99 64 00, www.santiponce.es. Beim römischen Theater.

Verkehr

Busse: Mit **Casal** ab Sevilla (Plaza de Armas) Mo–Sa alle 30 Min., So stdl.

Carmona ▶ E 4

Ein großer Reichtum an Sehenswürdigkeiten erwartet den Besucher in dem 28 000-Einwohner-Städtchen, den es seiner historisch bedeutsamen Rolle an mehreren wichtigen Verkehrswegen durch das Tal des Guadalquivir verdankt. Einlass in die auf einem Hügel gelegene Altstadt gewährt der **Alcázar Puerta de Sevilla.** Die Fundamente des eindrucksvollen, nach Sevilla ausgerichteten Stadttores bestehen noch aus römischem Mauerwerk. Im 9. Jh. bauten die Mauren eine Festung um das Tor herum, womit sie einen mit damaligen militärischen Mitteln praktisch nicht einnehmbaren Verteidigungskomplex schufen. Die mächtigen Quadersteine des Bergfrieds (Torre del Homenaje) stammen noch aus dieser Zeit. Von einem weiteren Turm, der **Torre del Oro,** bietet sich ein hübscher Panoramablick über Carmona. Außerdem sind verschiedene Säle sowie der **Patio de los Aljibes** (Zisternenhof) zu besichtigen (Plaza de Blas Infante, Mo–Sa 10–18, So/Fei 10–15 Uhr, 2 €, Mo gratis).

Vor dem Tor steht die **Iglesia de San Pedro,** ursprünglich ein gotischer Bau aus dem 15. Jh., der im 17. Jh. umgebaut und mit einem giraldaähnlichen Barockturm versehen wurde. Im ohnehin prächtig verzierten Inneren ist die Capilla del Sagrario (1760) beson-

Die Umgebung von Sevilla

Via Augusta – die alte Römerstraße

Thema

»Alle Straßen führen nach Rom« war schon im 3. Jh. v. Chr. ein geflügeltes Wort. Damals begann der Ausbau der Via Augusta, der wichtigsten Römerstraße auf der Iberischen Halbinsel. Als Via Domitia verlief sie von den Pyrenäen weiter in die römische Hauptstadt. Jetzt soll sie wieder benutzt werden – von Radfahrern und Wanderern auf Entdeckertour.

Zunächst als Heerstraßen gedacht, entwickelten sich die römischen Fernstraßen rasch zu wichtigen Handelswegen. Der Straßenbau war im alten Rom gesetzlich geregelt. Auf gerader Strecke musste die Fahrbahn acht Fuß (knapp 2,50 m) breit sein, in Kurven das Doppelte. Über einem soliden Fundament aus Bruchsteinen erfolgte die Befestigung durch Pflastersteine oder Flussschotter seitlich abfallend, damit Regenwasser in die Gräben rechts und links abfließen konnte. Als Transportmittel dienten Karren, die von Ochsen, Maultieren oder auch Lasteseln gezogen wurden. Schwere Güter beförderten die Händler wenn möglich auf dem Wasserweg, denn die Wagen waren recht klein, da man technisch noch nicht so weit war, die Zugkraft der Tiere voll auszunutzen. Wohlhabende reisten allerdings schon genauso komfortabel wie in neuzeitlichen Kutschen, während die weniger Begüterten auf dem Pferd oder Maultier oder auch zu Fuß unterwegs waren.

Meilensteine zeigten die Entfernung zur nächsten Stadt an. In Abständen von etwa 25 Meilen (knapp 40 km), die einer Tagesetappe entsprachen, fanden die Reisenden gut ausgestattete Raststätten *(mansiones)* vor, wo sie speisen und übernachten konnten. Kaiserliche Post wurde wesentlich schneller befördert. Rund 200 km am Tag legten die Kuriere dank häufiger Pferdewechsel zurück.

Die Meilensteine trugen den Namen des Kaisers, unter dessen Herrschaft der Straßenabschnitt entstanden war. Bei der Via Augusta war es Kaiser Augustus, der die Hauptausbauten zwischen 8 v. Chr. und 2 v. Chr. vornehmen ließ, auch wenn die Straße vorher schon existiert hatte. Ihr andalusischer Teil durchquerte die wirtschaftlichen Zentren des Landes. Sie begann in Gades (Cádiz) und verlief zunächst bis Hispalis (Sevilla), wo sie die ›Silberstraße‹ kreuzte. Dann ging es über Carmo (Carmona) nach Corduba (Córdoba) und Castulo (Linares), einer wichtigen Bergbausiedlung. Bei Valencia, also außerhalb des heutigen Andalusien, erreichte sie die Mittelmeerküste und folgte ihr nun Richtung Norden. Insgesamt war die Via Augusta bis zu den Pyrenäen 1500 km lang.

In maurischer Zeit blieb das römische Straßennetz erhalten und auch die Christen nutzten es in Andalusien noch bis ins 19. Jh. hinein und erneuerten es regelmäßig. Im 20. Jh. folgte man beim Bau der heutigen N IV Cádiz–Sevilla und ihrer inzwischen zur Autovía verbreiterten Fortsetzung, der A-4 Sevilla–Córdoba, im Wesentlichen der antiken Streckenführung. Jetzt hat die Regionalregierung die verbliebenen Reste der Via Augusta als Touristenattraktion ausgemacht. Ein Restaurierungsprogramm sieht die Wiederherstellung von Teilstrecken, die Begrünung mit Schatten spendenden Bäumen und ihre Ausweisung als Rad- und Wanderwege vor.

Carmona

ders üppig ausgestattet. Sie gilt als schönes Beispiel für den Churriguerastil (s. S. 51). Beachtung verdienen auch die grünen Keramiktaufbecken aus der Zeit um 1500 (Calle San Pedro, www.sanpedrocarmona.es, Do–Mo 11–14 Uhr, 1,20 €).

Zentrum der Altstadt

An der runden **Plaza San Fernando** im zentralen Teil der Altstadt erheben sich prächtige, vielfarbige Paläste im Stil des Mudéjar und Plateresco. Cafés und Tapabars stellen ihre Tische unter Palmen. Im Innenhof des **Ayuntamiento** (Rathaus) kann man ein kostbares römisches Mosaik bestaunen, das ein Medusenhaupt darstellt (Calle El Salvador, Mo–Fr 8–15, Di/Do 16–18 Uhr, Eintritt frei). Unweit südlich bietet sich in der Calle de la Haza vor allem am Vormittag ein Besuch der von Arkaden gesäumten **Plaza del Mercado** an, wenn die Markthändler hier ihr vielseitiges Sortiment anpreisen.

Weiter bergauf befindet sich die **Iglesia de Santa María** (15. Jh.). Der maurische *Patio de los Naranjos* (Orangenhof) mit Hufeisenbögen, Vorhof einer Moschee, die zuvor hier gestanden hatte, blieb erhalten. Eine seiner Säulen verrät sogar ihre Herkunft aus westgotischer Zeit durch das in sie eingravierte Kalendarium (6. Jh.) mit den Namenstagen verschiedener Heiliger. Es gilt als ältestes seiner Art in Spanien (Calle Martín López de Córdoba, Mo–Fr 9–14, 17.30–19, Sa 9–14 Uhr, Ende Aug.–Ende Sept. geschl., 3 €).

Tor und Burg im Osten

Der Weg im Osten aus der Stadt führt abrupt oberhalb einer Steilwand durch das zweite noch auf die Antike zurückgehende Tor, die **Puerta de Córdoba**. Seine mächtigen achteckigen Türme fußen auf römischen Steinquadern. Die Fassade ist klassizistisch (18. Jh.). Zwischen der Puerta de Córdoba und der Puerta de Sevilla verlief die römische Fernstraße Via Augusta (s. S. 282).

An der höchsten Stelle der Stadt erhebt sich der **Alcázar del Rey Don Pedro,** eine ehemalige Almohadenburg, die von König Pedro I. dem Grausamen im 14. Jh. erweitert wurde. Er hielt hier Leonór de Guzmán gefangen, die Mätresse seines Vaters. 1504 zerstörte ein Erdbeben den Alcázar. Zwischen den Ruinen steht heute der vielgerühmte **Parador** von Carmona (s. u.). Wer hier nicht nächtigt, sollte der Nobelherberge zumindest einen Besuch abstatten. Der Balkon des Cafés bietet den schönsten Blick über die Umgebung.

Necrópolis Romana

Am Stadtrand nahe der Ausfallstraße Richtung Sevilla liegt eine der bedeutends-ten Ausgrabungsstätten Spaniens: die antike **Nekropole** von Carmona mit etwa 1000 Gräbern. Im 1./2. Jh. n. Chr. verbrannten die Römer hier ihre Toten in Gesteinskammern, die manchmal zugleich als Urnen dienten. Meist kam die Asche aber in eine Familiengruft, die oft gewaltige Dimensionen hatte und von außen zugänglich war, damit die Angehörigen Opfer darbringen konnten.

Die **Tumba del Elefante** ist nach einer kleinen Elefantenskulptur benannt, die ein langes Leben symbolisieren mag. Bei der größten Grabanlage, der **Tumba de Servilia**, handelt es sich um ein halb in den Fels geschlagenes, zweistöckiges Gebäude mit arkadengesäumtem Innenhof. Fresken an den Wänden des Untergeschosses bilden u. a. eine Harfenspielerin ab.

Ein kleines Museum im Eingangsbereich der Nekropole informiert über die Bestattungsformen der Römer und zeigt Grabbeigaben (**Conjunto Arqueológico de Carmona:** Calle San Ildefonso 1, Tel. 954 14 08 11, 15. Juni–16. Sept. Di–Fr 8.30–14, Sa 10–14, sonst Di–Fr 9–18, Sa/So 9.30–14.30 Uhr, Fei z. T. geschl., Eintritt für EU-Bürger frei, sonst 1,50 €).

Gegenüber der Nekropole liegt die Ruine des römischen **Amphitheaters** (1. Jh. v. Chr.). Es ist nur von außen einzusehen.

Infos

Oficina de Turismo y Oficina de la ruta Bética romana: Alcázar de la Puerta de Sevilla, 41 410 Carmona, Tel. 954 19 09 55, Fax 954 19 00 80, www.turismo.carmona.org.

Die Umgebung von Sevilla

Übernachten

Elegant ▶ Parador de Carmona: Tel. 954 14 10 10, Fax 954 14 17 12, www.parador.es. In den Mauern des Alcázar del Rey Don Pedro (s. 283.), mit maurischem Patio und schönem Garten. Beliebtes Domizil auch für Sevillabesucher, die einen ruhigen Ausklang ihres Besichtigungstages schätzen. DZ 160–175 €.

Nostalgie pur ▶ El Rincón de las Descalzas: Calle Descalzas 1, Tel. 954 19 11 72, Fax 954 19 16 80, www.elrincondelasdescalzas.com. Zentral gelegen, beschaulich wie in vergangenen Tagen, aber dafür mit modernem Komfort. Individuell dekorierte Zimmer, blühende Patios. DZ 80–150 €.

Palastartiger Stil ▶ Alcázar de la Reina: Plaza de Lasso 2, Tel. 954 19 62 00, Fax 954 14 01 13, www.alcazar-reina.es. 4-Sterne-Hotel, aus einem ehemaligen Kloster entstanden. Pool im geräumigen Patio. Ab und zu Flamencodarbietungen, Restaurant mit Terrasse (Hauptgerichte ab 12 €). DZ über Veranstalter 70–130 €, laut Preisliste 60–135 €.

Gut gelegen ▶ Hostal Comercio: Torre del Oro 56, Tel. 954 14 00 18. Gasthof nahe Puerta de Sevilla, stimmungsvoll mit Patio. Ordentliches, preisgünstiges Restaurant (Tagesmenü um 10 €). DZ 45–60 €.

Essen & Trinken

À la français ▶ San Fernando: Calle Sacramento 3, Tel. 954 14 35 56, So abends, Mo u. Aug. geschl. Zentral gegenüber vom Rathaus. Feine andalusische Küche mit fran-

Auf den Spuren verschiedener Epochen: Die Kirche San Pedro in Carmona vereint Elemente aus Gotik, Barock und Churriguerastil

zösischem Esprit, saisonale Wildgerichte. Hauptgerichte 15–18 €.
Regionale Küche ▶ Mesón Molino de la Romera: Calle Sor Angela de la Cruz 8, Tel. 954 14 20 00, www.molinodelaromera.com, Mo geschl. Pittoreskes Gasthaus in einer Ölmühle (15. Jh.), die bis 1937 arbeitete. Regionale Küche. Hauptgerichte ab 10 €, Menü 17,50 €.
Malerisch ▶ Mesón La Almazara de Carmona: Calle Santa Ana 33, Tel. 954 19 00 76, tgl. geöffnet. An der Bar gute Tapas. Als Menü werden schmackhafte Fleischspeisen serviert, z. B. Ziege und Spanferkel. Viele einheimische Gäste schätzen das Lokal und seine Speisen. Hauptgerichte 9–16 €.

Termine

Romería de la Virgen de Gracia: erster Septembersonntag. Wallfahrt zur gleichnamigen Ermita an der Straße nach Córdoba. Reiter begleiten die farbenfroh geschmückten Umzugswagen.

Verkehr

Busse: Zentrale Haltestelle am Westrand der Altstadt (Plaza San Pedro). Mit *Casal* nach Sevilla (Prado de San Sebastián) ca. stündlich, mit *Alsina Graells* nach Écija 4 x tgl., Córdoba 2 x tgl.

Durch die Campiña ▶ F 4/5

Das flachwellige Land südöstlich von Sevilla, zwischen dem Guadalquivir und den südlich angrenzenden Gebirgszügen, ist als Campiña (Feld, Flur) bekannt. Diesen Namen verdankt das Gebiet seinen riesigen Getreidefeldern, die oft mehrere Hügel überziehen und im Frühjahr grün schimmern, bevor die sommerliche Trockenzeit einsetzt.

Écija ▶ F 4

Im Sommer werden in **Écija** besonders hohe Temperaturen erreicht, die in Extremfällen die 45-°C-Marke überschreiten. Deshalb nennen nicht nur die rund 40 000 Bewohner ihre Stadt scherzhaft »*el sartén de Andalucía*«

Tipp: Ruta Bética romana

Diese von den Tourismusbehörden geschaffene Route folgt den Spuren der Römer. Baetis hieß vom 3. Jh. v. Chr. bis zum 5. Jh. n. Chr. eine römische Provinz, die das Guadalquivirbecken und die angrenzenden Gebiete umfasste. Von hier wurden Wein, Olivenöl, Getreide und Erz nach Rom exportiert. Von Carmona aus sind u. a. La Luisiana, Écija, Córdoba, Osuna und Marchena zur östlichen Ruta Bética romana zusammengeschlossen. Das Tourismusbüro von Carmona (s. 286) ist zugleich Informationsstelle für die Route.
Weitere Infos: www.beticaromana.org.

(Bratpfanne Andalusiens). Aber auch die vielen mit Fliesenbildern und -ornamenten besonders aufwendig dekorierten Kirchtürme sind charakteristisch. Die meisten von ihnen entstanden, nachdem ein Großteil der Bebauung 1755 dem Erdbeben zum Opfer gefallen war, das auch Lissabon zerstörte.

Dreh- und Angelpunkt ist die zentrale **Plaza de España,** von der alle Sehenswürdigkeiten zu Fuß zu erreichen sind. Bei Bauarbeiten für eine Tiefgarage gab es dort kürzlich spektakuläre archäologische Entdeckungen. Sowohl römische Thermen als auch ein arabischer Friedhof kamen zutage. Die Ausgrabungen sind noch nicht abgeschlossen.

Ein weiterer Beweis dafür, dass Écija schon in römischer Zeit besiedelt und sogar eine der vier wichtigsten Städte der Provinz Bética war, findet sich im **Ayuntamiento** (Rathaus) in Form eines Bodenmosaiks aus dem 2. Jh. n. Chr. In der mythologischen Szene aus dem antiken Griechenland binden zwei junge Männer Dirke, die Gemahlin des Königs Lykos von Theben, auf den Rücken eines Stiers, um sie zu opfern. Die Jünglinge – Amphion und Zethos, Söhne der Antiope und des Zeus – sind die rechtmäßigen Erben des Throns von Theben, den Lykos ihnen nahm und sie als Kinder aussetzen ließ. Antiope wurde von Dirke wie eine Sklavin behandelt und traf erst nach Jahren ihre Söhne wieder, die nun Rache nahmen. Nach Dirkes

Die Umgebung von Sevilla

Tod erbarmten sich die Götter und ließen eine Quelle an ihrem Grab sprudeln (Plaza de España 1, Mo–Fr 9.30–15, Juli/Aug. bis 14, Sa/So/Fei 10.30–13.30 Uhr, Besichtigung in Begleitung eines Mitarbeiters der Oficina de Turismo, s. u.).

Nahebei im **Palacio de Benamejí** zeigt das **Museo Histórico Municipal** (Historisches Stadtmuseum) Funde aus der Römerzeit. Prunkstücke der Sammlung sind einige Skulpturen aus den Thermen der Plaza de España, die im 3. Jh. im dortigen Wasserbecken versteckt wurden, als frühe Christen begannen, die von ihnen als heidnisch angesehenen römischen Kunstwerke zu zerstören. Unter den erst 2002 geborgenen Plastiken ragt nicht nur wegen ihrer imposanten Größe von 2,11 m eine Marmoramazone heraus, die noch Spuren einer dekorativen Bemalung aufweist. Es handelt sich um eine von mehreren in Rom geschaffenen Kopien eines griechischen Originals (5. Jh. v. Chr.) aus dem Tempel der Artemis in Ephesus (Calle Cánovas del Castillo 4, Okt.–Mai, Di–Fr 10–13.30, 16.30–18.30, Sa 10–14, 17.30–20, So/Fei 10–15 Uhr. Juni–Sept., Di–Fr 10–14.30, Sa 10–14, 20–22, So/Fei. 10–15 Uhr., Eintritt frei).

Viele ortsansässige Adelsfamilien, durch Weizenanbau und Olivenölproduktion auf ihren Latifundien reich geworden, leisteten sich nach dem Erdbeben einen neuen, eleganten Palast im Barockstil. Der **Palacio de los Marqueses de Peñaflor** z. B. besitzt den angeblich längsten schmiedeeisernen Balkon Europas. Die Fassade des Palastes gefällt durch Freskenmalereien. Demnächst soll das Gebäude ein Hotel beherbergen.

Unter den barocken Kirchentürmen ist der – nicht weit vom Palast der Grafen Peñaflor entfernte – Glockenturm der **Iglesia San Juan** an der gleichnamigen Plaza einen genaueren Blick wert. Auffallend sind helle Ziegelsteine und blau-weiße Azulejos. Dieses Wahrzeichen von Écija wurde schon 1745 errichtet, überstand also das Erdbeben. Der lateinamerikanische Kolonialbarock scheint hier – wie auch bei anderen Türmen in der Stadt – Pate gestanden zu haben.

Von innen zu besichtigen ist die **Casa Palacio de los Palma** (16. Jh.). Der herrschaftliche Palast wurde eigentlich als Kloster errichtet. Aus dieser Zeit stammt die Mudéjar-Artesanadodecke in der Eingangshalle. Später gelangte das Gebäude in den Besitz der Familie De Palma. Die großzügigen Räumlichkeiten sind prunkvoll mit Originalmobiliar aus dem 18./19. Jh. eingerichtet. Hier werden die Wohnverhältnisse andalusischer Adelsfamilien früherer Jahrhunderte lebendig (Calle Espíritu Santo 10, tgl. 10–14 Uhr, 3 €).

Infos

Oficina de Turismo: Plaza de España 1 (Rathaus), 41 400 Écija, Tel./Fax 955 90 00 00, www.turismoecija.com.

Übernachten

Rund um zwei Patios ▶ **Casa Palacio de los Granados:** Calle Emilio Castelar 42, Tel. 955 90 53 44, www.palaciogranados.com. 4-Sterne-Luxus in einem Barockpalast. Antikes und modernes Mobiliar wurden geschickt kombiniert. DZ 145–220 €.

Hübsches Stadthotel ▶ **Hotel Platería:** Calle Platería 4-A, Tel. 955 90 27 54, Fax 955 90 45 83, www.hotelplateria.net. Nahe Plaza de España im ehemaligen Viertel der Silberschmiede. Modern ausgestattete Zimmer. Gutes Restaurant (Hauptgerichte 7–11 €). DZ 60–75 €.

Essen & Trinken

Bewährte Adresse ▶ **Pasareli:** Pasaje Virgen del Rocio 4, zentral in einer Seitengasse nahe der Plaza de España gelegen, Tel. 955 90 43 83, www.pasareli.com. Klassisches Restaurant mit Cafeteria und Bar. Hauptgerichte um 12 €.

Verkehr

Busse: Ab Av. Andalucía (beim Stadion, südl. der Plaza de España) mit *Linesur* bis zu 11 x tgl. nach Sevilla (Prado San Sebastián), mit *Alsina Graells* 3–4 x tgl. nach Córdoba und 2–3 x tgl. nach Carmona. Busbahnhof zur Zeit der Drucklegung in der Av. Genil (am südlichen Ortsrand) im Bau.

Durch die Campiña

Campiña heißt Feld: Extensiver Getreideanbau gab dem Gebiet seinen Namen

Osuna ▶ F 5

Unter den Herzögen von **Osuna,** einem der seinerzeit führenden Adelshäuser Spaniens, war die Stadt im 16.–19. Jh. ein wichtiges Zentrum von Kunst und Wissenschaft. Juan Téllez de Girón hatte 1548 eine **Universität** in Osuna gegründet. Miguel de Cervantes erwähnte sie in seinem »Don Quijote« und trug dadurch ihren Ruf weit über die Grenzen Spaniens hinaus. Das Lehrinstitut hatte sich insbesondere die Bekämpfung protestantischer Strömungen in Spanien zum Ziel gesetzt. 1824 war die Blütezeit des Feudalismus vorüber. Die Hochschule wurde in ein Gymnasium und später in eine Außenstelle der Universität Sevilla umgewandelt. Heute leben die knapp 18 000 Stadtbewohner vorwiegend von der Olivenölproduktion. An den Glanz früherer Zeiten erinnern zahlreiche Paläste und Kirchen.

Für eine Besichtigung des historischen Zentrums mit den weiß gestrichenen, herrschaftlichen Häusern kann der Rathausplatz Ausgangspunkt sein. Erstes Ziel ist das älteste Gebäude der Stadt, die **Torre del Agua** (12. Jh.). In dem maurischen Turm residiert das **Museo Arqueológico** mit einer Kopie des *Toro de Osuna,* einer Stierskulptur aus der Zeit der Iberer (Calle Arjona, Mai–Sept. Di–So 10–13.30, 16–19, Juli/Aug. Sa/So nachm. geschl., Okt.–April Di–So 10–13.30, 15.30–18.30 Uhr, 1,60 €).

Die Umgebung von Sevilla

aktiv unterwegs

Wanderung zur Ruinenstadt Munigua

Tour-Infos
Start: Villanueva del Río y Minas, 50 km nordöstlich von Sevilla
Länge: 16 km
Dauer: 4 Std., mit Besichtigung 5–6 Std.
Schwierigkeitsgrad: leicht bis mittel, ca. 300 Höhenmeter im Auf- und Abstieg
Anfahrt: Mit dem Pkw: Über die A 431, die Nebenstrecke nach Córdoba nördlich des Guadalquivir. Aus Richtung Sevilla die erste, aus Richtung Córdoba die zweite Abfahrt nach Villanueva nehmen. Am nördlichen Ortsrand führt eine Brücke über die Rivera de Huéznar (Schild: Conjunto Arqueológico de Munigua). Danach rechts auf eine hohe Eisenbahnbrücke zu, dort parken. Mit dem Zug: Ab Sevilla (Estación Santa Justa), 1 Std. Fahrzeit.
Wichtige Hinweise: Aktuelle Infos vom Deutschen Archäologischen Institut über den Forschungsstand in Munigua unter www.dainst.org. Interessierte Studenten können sich für Grabungskampagnen bewerben.

Nur zu Fuß ist die ehemalige Römerstadt Munigua zu erreichen, die sich im Hügelland nördlich des Guadalquivir versteckt. Wer die recht lange Wanderung nicht scheut, wird durch die besondere Atmosphäre einer touristisch unerschlossenen archäologischen Stätte belohnt.

Links vor der Eisenbahnbrücke wandert man die ansteigende Straße hinauf, die in einem Wohnviertel endet. In ihrer Verlängerung geht es auf einer Schotterpiste weiter. Nach 30 Min. werden die Bahngleise überschritten. Zunächst entfernt sich der Weg etwas von den Schienen, später verlaufen diese dann linker Hand. Man stößt auf die verlassene Bahnstation von **Arenillas** (1,5 Std.), bis zu

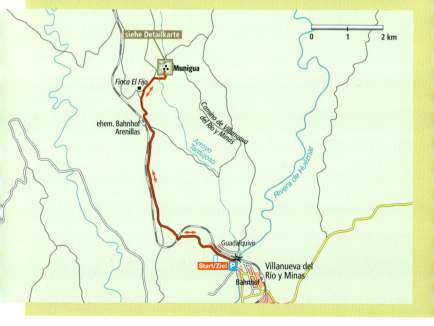

Durch die Campiña

der die Einheimischen noch mit dem Pkw fahren.

Dort folgt man dem rechts abbiegenden, beschilderten Fahrweg **El Cordel del Pedroso,** geht durch ein mit Steineichen bewachsenes Tal und quert das Gelände der **Finca El Fijo** (Fußgänger dürfen trotz des Verbotsschilds passieren). Der Weg wird nun immer schöner, quert locker mit Bäumen bewachsene Weiden, auf denen Pferde, Rinder und schwarze Schweine sich ihre Nahrung suchen. Bald hält man sich an einer deutlichen Weggabelung rechts und sogleich an der nächsten links. An einer weiteren Abzweigung weist ein Pfeil geradeaus.

Dann kommt eine gewaltige, üppig überwucherte Mauer in Sicht. Sie gehört zum monumentalen **Terrassenheiligtum** auf dem Stadthügel von Munigua. Wahrscheinlich diente es dem Kaiserkult. Vergleichbare Heiligtümer wurden ansonsten lediglich im italienischen Latium und außerdem eines in Frankreich gefunden. Diese Sonderstellung Muniguas gibt den Archäologen immer noch Rätsel auf. Das imposante Bauwerk wurde lange Zeit für eine arabische Festung gehalten, weshalb es oft als **Castillo de Mulva** auf Karten verzeichnet ist. Um das Ruinengelände zu erkunden, überquert man am Fuß des Hangs einen **Bach** (2 Std.), der meist nur wenig Wasser führt. Ein Zaun umgibt die von einem Aufseher überwachte Anlage, das Tor darf aber von Besuchern geöffnet werden.

Auf dem Hügel wurden bereits in vorrömischer Zeit Kupfer- und Eisenerz, vielleicht auch Gold, abgebaut. Eine ursprünglich hier existierende iberische Siedlung wurde ab etwa 70 n. Chr. vollständig abgerissen, um der Römerstadt Platz zu machen. Die Römer dehnten den Bergbau, dem Munigua offenbar trotz seiner geringen Größe einige Bedeutung verdankte, in die Umgebung aus. Weniger als 500 Menschen lebten in der

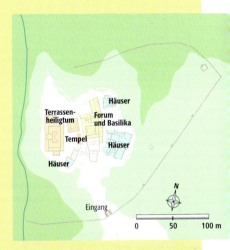

Stadt, dennoch besaß sie auffällig viele öffentliche Gebäude.

Ein Erdbeben richtete im 3. Jh. n. Chr. schwere Zerstörungen an, von denen sich Munigua nie mehr erholte, wohl auch weil die Metallvorkommen inzwischen erschöpft waren. In den folgenden Jahrhunderten verließen die Bewohner allmählich den Ort.

Seit 1956 führt die Abteilung Madrid des Deutschen Archäologischen Instituts kontinuierlich Grabungen in Munigua durch. An den Hängen des Stadthügels wurden mehrere Tempel, Forum und Therme freigelegt. Die wertvollsten Funde (zwei Bronzeplatten, eine Kopfskulptur) befinden sich im Museo Arqueológico von Sevilla (s. S. 266). Am Fuß des Hügels konnten die Altertumsforscher ein Dutzend Villen nachweisen. Inzwischen konzentrieren sie sich auf den Erzbergbau im Umland. Dort sind gewaltige Schlackenhalden, Stollen und Schächte erhalten.

Im Anschluss an die Besichtigung – vielleicht nach einer Rast unten am Bach – geht es auf derselben Route zurück nach **Villanueva del Río y Minas.**

Die Umgebung von Sevilla

Neben der alten Universität mit ihrem plateresken Innenhof die erhebt sich die Mitte des 16. Jh. errichtete, dreischiffige Renaissancekirche **Colegiata de Santa María.** Von außen wirkt sie schlicht, imponiert aber durch eine hohe, fast fensterlose Fassade und den seitlichen Glockenturm. Zu ihren Schätzen gehören vier Gemälde von José de Ribera in der Sakristei, die hierher gelangten, weil ein Herzog von Osuna Vizekönig von Neapel war, Hauptwirkungsstätte von El Españoleto alias Ribera. Die Bilder zeigen die Heiligen Hieronymus, Petrus, Sebastian und Bartholomäus. Ein weiteres Gemälde von Ribera stellt den Gekreuzigten dar. Durch den Patio del Capellán geht es zum Sepulcro Ducal, der Grabkapelle der Herzöge von Osuna und ihrer Familien, einem herrlichen Beispiel für den Platereskstil (Plaza de la Encarnación, Zeiten s. Museum, nur Führungen, 2 €).

Gegenüber befindet sich der **Convento de la Encarnación,** ein ehemaliges Hospital, das heute als Frauenkloster fungiert. Am schönsten ist der mit bunten Fliesenbildern aus dem 18. Jh. ausgekleidete Kreuzgang. Sie stellen die fünf Sinne, die Jahreszeiten und verschiedene biblische und weltliche Szenen dar. Außerdem wird in vier Sälen eine umfangreiche Kollektion sakraler Kunst gezeigt. Die Nonnen verkaufen Süßwaren aus eigener Herstellung (Plaza de la Encarnación, Zeiten s. Museum, 2 €).

Die Paläste der Stadt im Barockstil stammen vorwiegend aus dem 17. Jh. Sie säumen vor allem die Calle San Pedro und die Calle Sevilla. Im **Palacio Marqués de la Gomera** (Calle San Pedro 20) logiert heute ein Hotel (s. u.). Ein breites, von steinernen Säulen flankiertes Portal beherrscht seine geschwungene Fassade. Auf diesem thront ein repräsentativer Balkon, zu dem aus der Belle Etage ein kleineres Säulenportal führt. Die Fassade des **Palacio del Cabildo Colegial** (Calle San Pedro 16) zieren weiße Fliesen. Dem Portal setzte der Steinmetz eine verkleinerte Ausgabe der Giralda von Sevilla als Flachrelief auf. Ihr stehen die beiden sevillanischen Märtyrer Santa Justa und Santa Rufina zur Seite. Durch eine üppige Dekoration zeichnet sich der **Palacio de los Cepeda** (Calle de la Huerta, nahe Plaza Mayor) aus. Zwei Soldatenfiguren säumen über dem Portal das aufwendig gestaltete Familienwappen der Cepedas. Heute tagt in dem Palast ein Gericht.

Infos
Oficina de Turismo: Calle Carrera 82, 41 013 Osuna, Tel. 955 81 57 32, www.osuna.es, Di–Sa 9.30–13.30, 16–18, So 9–13.30 Uhr.

Übernachten
Altes Kastilien ▶ Palacio Marqués de la Gomera: Calle San Pedro 20, Tel. 954 81 22 23, Fax 954 81 02 00, www.hotelpalaciodelmarques.com. 4-Sterne-Hotel in einem barocken Adelspalast (s. o.), komfortable Zimmer und Suiten. Angeschlossen das Restaurant **La Casa del Marqués** mit edler kastilischer Küche (Hauptgerichte um 20 €). Parkgarage. DZ 96–140, Suiten bis 210 €.

In der ehemaligen Postkutschenstation ▶ Hostal El Caballo Blanco: Calle Granada 1, Tel./Fax 954 81 01 84. Hübsches und gut gelegenes, ruhiges Hostal mit Restaurant. DZ 50 €.

Essen & Trinken
Produkte der Region ▶ Doña Guadalupe: Plaza de Guadalupe 6, Tel. 954 81 05 58, Di u. erste Hälfte Aug. geschl. Eines der besten Restaurants der Stadt. Gemüse (u. a. Wildspargel) und Fleisch aus der Umgebung, frischer Fisch aus Malaga. Hervorragende Weinkarte. Hauptgerichte 11–16 €.

Zum Tapeo ▶ Casa Curro: Plazuela Salitre 5, Tel. 955 82 07 58. Eine lange Liste von *tapas* steht auf der Schiefertafel der Bar. Im Speiseraum serviert man hervorragende Fisch- und Fleischgerichte sowie hausgemachte Nachspeisen. Hauptgerichte 8–11 €.

Verkehr
Züge: Linie A 3a Sevilla–Málaga ca. 4 x tgl., Linie A 3b Sevilla–Granada ca. 1 x tgl. **Bahnhof** 15 Min. Fußweg südwestlich der Plaza Mayor.

Busse: Busbahnhof an der Av. Constitución,

Parque Natural de Sierra Norte de Sevilla

ca. 10 Gehmin. südöstlich der Plaza Mayor. Mit **Linesur** ca. 11 x tgl. ab Sevilla (Prado San Sebastián).

Parque Natural de Sierra Norte de Sevilla ▶ D/E 2/3

Abseits der üblichen touristischen Pfade führt ein Abstecher in die **Sierra Norte de Sevilla,** eine urwüchsige Mittelgebirgslandschaft an der Grenze zur Extremadura, die im Cerro de la Capitana (960 m) gipfelt. Charakteristisch für das Gebiet sind unzählige Wildbäche, die nach Süden zum Guadalquivir hin entwässern. Steineichen- und Korkeichenwälder bedecken die sanften Hänge. Große Teile der Sierra wurden zum mit 165 000 ha Fläche sehr ausgedehnten **Parque Natural Sierra Norte** ausgewiesen. Wildkatze und Luchs sind hier zu Hause, dazu verschiedene Adler- und Geierarten, der Schwarzstorch wie auch Hirsche und Wildschweine. Außerhalb der spanischen Sommerferien sind die Bewohner der alten Dörfer meist unter sich. Dabei ist die Sierra Norte de Sevilla gerade im Frühjahr besonders reizvoll, wenn sie sich in ein riesiges Blütenmeer verwandelt.

Verkehr

Zug: Eine Bahnstrecke, auf der mehrmals tgl. Nahverkehrszüge *(cercanías)* der Linie C-3 von/nach Sevilla verkehren, quert das Kerngebiet der Sierra Norte de Sevilla von Süd nach Nord. Sie halten in El Pedroso sowie an einer Station an der A-455, die 7 km von Cazalla de la Sierra und 12 km von Constantina entfernt ist (Mo–Fr z. T. Anschlussbusse der *Linesur,* (s. S. 73, vorher erkundigen!).
Bus: *Linesur* verkehrt ab Sevilla (Plaza de Armas) 3–6 x tgl. nach El Pedroso/Constantina sowie 2–6 x tgl. nach Cazalla de la Sierra.

El Pedroso

Der hübsche Ort am Südrand der Sierra ist ein gutes Standquartier für Wanderer, die von hier aus eine besonders reizvolle, problemlose Tour unternehmen können. Der 10 km lange, markierte **Sendero del Arroyo de las Cañas** führt durch das relativ flache Gebiet westlich von El Pedroso und empfiehlt sich vor allem im Frühjahr, wenn zahlreiche Wildblumen am Wegrand blühen.

Übernachten

Wellness ▶ **Montehuéznar Spa:** Av. de la Estación 15, Tel. 954 88 90 00, www.montehueznar.com. Zwölf liebevoll eingerichtete Zimmer säumen einen schönen Innenhof. Gutes hauseigenes Restaurant (nur Fr–So). Spa mit Pool, Sauna, schottischer Dusche, Duftöldusche und Massage (45 Min. 36 €). DZ mit Spa 85–95, ohne Spa 55–65 €, Junior Suite mit Spa 100–110, ohne 70–80 €.

Cazalla de la Sierra

Die attraktive Kleinstadt (5000 Einw.) ist Dreh- und Angelpunkt in der Sierra Norte de Sevilla. Schon die Mauren befestigten den Ort. Anfang des 18. Jh. unterhielt König Philipp V. hier eine Jagdresidenz. Die Bewohner kamen währenddessen mit der Produktion eines berühmten Anislikörs (s. u.), mit der sich bis zu 70 Destillerien im Ort beschäftigten, und dessen Ausfuhr nach Amerika zu Wohlstand. Herrschaftliche Stadthäuser säumen die Plaza Mayor. Die wehrhafte **Iglesia Nuestra Señora de la Consolación** (14.–18. Jh.) mit rotem Ziegelturm zeigt eine seltsame Stilmischung vom Mudéjar über Renaissance bis hin zum Barock. Nebenan steht noch ein maurisches Stadttor. Drei Klöster gab es früher in der Stadt, darunter den barocken **Convento San Francisco,** dessen Kreuzgang heute als Markthalle dient.

In eine liebliche Landschaft eingebettet liegt die **Cartuja de Cazalla.** Im 15. Jh. gründeten Hieronymiten hier ein Kloster, das später die Kartäuser übernahmen und im Barockstil großzügig ausbauten. Ordensmitglieder aus der Cartuja in Sevilla (s. S. 270 f.) verbrachten hier ihren Ruhestand und boten zugleich Reisenden geistigen Beistand, Unterkunft und Schutz. Im 19. Jh. wurde das Kloster verlassen und verfiel, bis die Ruine 1977 in den Besitz der spanischen Unternehmerin Carmen Ladrón de Guevara y Bra-

Die Umgebung von Sevilla

cho überging. Die Kunstmäzenin verwandelte die Klostergebäude in ein Begegnungszentrum für Künstler und richtete im ehemaligen Torhaus ein charmantes Landhotel ein (s. u.).
Anfahrt: A-455 ca. 3 km Richtung Constantina, dann der Beschilderung »La Cartuja« folgen (zu besichtigen tgl. 9–14, 16–20 Uhr, 3 €).

Infos
Oficina de Turismo: Plaza Mayor, 41 370 Cazalla de la Sierra, Tel. 954 88 35 62, www.cazalladelasierra.es.

Übernachten
Im ehemaligen Kartäuserkloster ▶ Hospedería La Cartuja: Ctra. A-455 km 2,5, Tel. 954 88 45 16, Fax 954 88 47 07, www.cartujadecazalla.com. Gemütliche, modern eingerichtete Zimmer, dekoriert mit Bildern von Malern, die im Begegnungszentrum tätig waren. Besonders schön die Suiten im Kreuzgang. Zwei Pools, Reitstall, ausgezeichnetes Abendessen inkl. Wein und Kaffee (ca. 30 €) verwöhnen den Gast. DZ 90 €, Suite 120 €.

Einkaufen
Mehrere **Brennereien** im Ort pflegen die Tradition der Herstellung von Anislikör *(anisado)* sowie einem Likör aus Wildkirschen *(guinda)*. Die hochprozentigen Spezialitäten werden z. B. bei **La Artesa** (Calle La Plazuela 1) und bei **La Destilería** (Calle Llana 1) verkauft.

Aktiv
Wandern ▶ Mehrere beschilderte und markierte Touren im Gelände. Die spanischsprachige Broschüre **Cuaderno de Senderos** enthält die Routenbeschreibungen. Sie wird gegen eine Schutzgebühr beim **Tourismusbüro von Cazalla** (s. o.) sowie in einem Informationszentrum des Naturparks in **El Roblado** (s. u.) verkauft.

Constantina
Constantina ist der zweite wichtige Ort der Sierra Norte de Sevilla. Vom **Castillo,** das den Westrand der Stadt beherrscht, bietet sich ein wunderbarer Ausblick. Aus der Altstadt ragt die Pfarrkirche **Santa María de la Encarnación** heraus. Ihr 1567 errichteter Glockenturm ähnelt nicht nur zufällig der Giralda von Sevilla, denn hier war der Baumeister Hernán Ruiz II. aus Córdoba tätig. Auch das prunkvolle dreibogige Platereskportal der ansonsten im Mudéjarstil errichteten Kirche ist bemerkenswert.

Infos
Centro de Visitantes del Parque Natural El Robledo: Ctra. A-452 Constantina – El Pedroso km 1, Tel. 955 88 15 97, www.sierrannortedesevilla.com. Ausstellung über Pflanzenwelt, Fauna und Geschichte des Naturparks, botanischer Garten mit andalusischer Flora.

Übernachten
Funktional ausgestattet ▶ San Blas: Calle Miraflores 4, Tel. 955 88 00 77, Fax 955 88 19 00, www.hotelsanblas.es. Modernes Haus im Ortszentrum, 19 Zimmer, Pool. DZ 48–72 €.

Essen & Trinken
Jägerhof ▶ Cambio de Tercio: Calle Virgen del Robledo 53, Tel. 955 88 10 80. Bekannt für Wild- und Pilzgerichte. Hier soll auch König Juan Carlos schon gesehen worden sein, der gern zur Jagd in die Sierra Norte de Sevilla kommt. Hauptgerichte um 15 €.

Einkaufen
Einer arabischen Tradition folgend ist Constantina ein Zentrum der Herstellung von **Backwerk ▶** Mandeltörtchen, *merengues* (Baiser), Marzipan. Am besten sollen sich die Nonnen aus dem **Monasterio de las Jerónimas** (Plaza de la Carretería 35) auf dieses Handwerk verstehen.

Aktiv
Wandern ▶ Am Nordende des **Paseo de la Alameda** beginnt der beschilderte **Sendero Los Castañares**, ein 7 km langer Rundweg (ca. 2 Std. Gehzeit) durch Kastanienwälder zu einem Aussichtspunkt auf einem Hügel oberhalb des Ortes.

Parque Natural de Sierra Norte de Sevilla

aktiv unterwegs

Wanderung zum Cerro del Hierro

Tour-Infos
Start: Casas de los Ingleses
Länge: 2,5 km, ca. 1 Std.
Schwierigkeitsgrad: mittel
Anfahrt: Straße SE-7102 von Constantina nach San Nicolás del Puerto, am Südrand von San Nicolás der stillgelegten Eisenbahntrasse Richtung Südosten folgen zur ehemaligen Bergarbeitersiedlung Cerro del Hierro und weiter zum Wanderparkplatz; s. o. Start.
Wichtige Hinweise: Im Winter können Tunnel aus Sicherheitsgründen gesperrt sein. Dann ist nur ein Teilstück bis zu einem Mirador begehbar. Aktuelle Infos bietet www.juntadeandalucia.es/medioambiente.

Der »Eisenberg« stellt ein Relikt des einst in der Sierra Norte sehr verbreiteten Bergbaus dar. Aus dem hier gewonnenen Metall wurde der Puente de Isabel II. in Sevilla konstruiert (s. S. 270). In den **Casas de los Ingleses** (Häuser der Engländer) lebten die Ingenieure der britischen Firma, die seit 1895 das Eisenvorkommen abbaute. Am dortigen Parkplatz beginnt der markierte **Sendero Cerro del Hierro.**

Der Weg erreicht nach geringfügigem Anstieg von etwa 60 Höhenmetern einen **Mirador** auf dem rund 700 m hohen Gipfelplateau des **Cerro del Hierro.** Geologisch betrachtet stellt der Berg ein uraltes Korallenriff dar, das durch tektonische Hebung in seine heutige Position gelangte. Durch Verwitterungsprozesse reicherten sich rötliche Eisenoxide darin an. Heute verbinden sich die Farben der ehemaligen Erz-Tagebaugrube mit den durch Karsterosion ausgewaschenen Kalkfelsen zu einer bizarren Landschaft, die seit dem Jahr 2003 als 121 ha großes **Monumento Natural Cerro del Hierro** unter Schutz steht – nicht zuletzt wegen des Pflanzen- und Tierreichtums. Der Weg dreht eine Runde über das Plateau, wobei Tunnel und Galerien durchschritten werden, die der Abfuhr des Eisenerzes dienten. Schließlich ist der schon bekannte Aufstiegsweg wieder erreicht, der zurück zu den Casas de los Ingleses führt. Beste Zeiten, um diese Wanderung durchzuführen, sind Frühjahr und Herbst.

11 Córdoba ▶ G 3

In der einstigen Hauptstadt des Kalifats ist natürlich die Mezquita eine Hauptsehenswürdigkeit. Ebenso zieht es die Besucher in die malerische Altstadt mit ihren blumengeschmückten Patios. Im eigentlichen Zentrum und in den Einkaufsstraßen lässt sich das moderne Córdoba authentisch erleben.

Cityplan: S. 296/297

Die heutige Provinzhauptstadt (325 000 Einw.) war im Zenit ihrer Blütezeit – vor 1000 Jahren – Sitz des westlichen Kalifats. Eindrucksvolle, im europäischen Raum einmalige Reste der vergangenen Pracht sind erhalten geblieben. So ist die Mezquita eine der bedeutendsten Sehenswürdigkeiten der Welt. Dennoch wirkt Córdoba ruhig und fast schon provinziell. Seine Altstadt gehört zu den größten und reizvollsten in Südspanien: mit dörflich anmutenden Gassen, verschwiegenen Plätzen, weiß gekalkten Hauswänden und Einblicken in schattige Innenhöfe.

Ein Blick in die Geschichte Córdobas

Schon vor ca. 3000 Jahren gab es am Guadalquivir eine iberische Siedlung. Die Karthager bauten sie zur Stadt aus. 201 v. Chr. vertrieben römische Truppen die Karthager endgültig von der Iberischen Halbinsel und errichteten vermutlich eine Garnison in der bereits existierenden Stadt Corduba. Die dort ansässigen Iberer dürften mit den Römern kooperiert haben. Um die Mitte des 2. Jh. v. Chr. erfolgte dann eine offizielle römische Stadtgründung. Aus dieser Zeit ist allerdings nur wenig bekannt. Erst wesentlich später, möglicherweise 25 v. Chr., wurde Corduba zur Colonia erhoben, in der sich Veteranen ansiedelten, und war von nun an Hauptstadt der römischen Provinz Baetica. Als das Römische Reich zerfiel, kamen im 5. Jh. die Westgoten, deren letzter König Roderich aus Córdoba stammte.

Die maurische Epoche begann 756. In Damaskus, damals Sitz des Kalifats, stürzten die Abbasiden die dort herrschenden Omajaden. Nur einem Prinzen gelang die Flucht nach Andalusien. Als Abd ar-Rahman I. gründete er mit Anhängern seiner Dynastie in Córdoba ein unabhängiges Emirat. Zum Höhepunkt der Macht gelangte dieses in der Regierungszeit von Abd ar-Rahman III., dem ersten Kalifen von Córdoba. Er ließ die Palaststadt Madinat al-Zahra (s. S. 310) erbauen. Es folgte der Kalif Al-Hakam II. Letzter Herrscher vor dem Zerfall des Kalifats war Hischam II. Er zog sich wie in einen goldenen Käfig in seine Palaststadt zurück. Die wirkliche Macht übte sein Schatzmeister und Feldherr Al-Mansur aus, der das Kalifenreich noch einmal bis in den Norden Spaniens ausdehnte. Er ging als legendäre Geißel der Christenheit in die Geschichte ein. Córdoba war damals eine Millionenstadt. Die Besiedlung erstreckte sich bis auf die Hänge des angrenzenden Gebirges. 600 Moscheen, 300 öffentliche Bäder, 80 Schulen und 17 Hochschulen, in der Regel Koranschulen *(medresen)* sowie zahlreiche Bibliotheken und Krankenhäuser zählte die Stadt.

Nach Al-Mansurs Tod übernahmen seine Söhne die führende Stellung. Aber auch ein Sohn des Kalifen beanspruchte die Macht. Es kam zu Unruhen und Bürgerkrieg. Der Aufstand der Berber innerhalb der Armee vervollständigte das Chaos. Diese stürmten 1010 Córdoba und zerstörten Madinat al-Zahra. Damit war nach nur rund 80 Jahren das Schicksal des westlichen Kalifats besiegelt. Das zentral regierte Reich zerfiel in verschiedene Teilkönigreiche. 1031 wurde Córdoba Hauptstadt eines der vielen *taifas*.

Für den Kampf gegen die Christen holten die andalusischen Mauren Berberstämme zu Hilfe, zunächst die Almoraviden, dann die Almohaden, die das Reich wieder einten, aber Sevilla zu ihrer Hauptstadt machten. 1236 schließlich eroberte Ferdinand III., der Heilige, Córdoba für das christliche Königreich Kastilien. An ihre einstige Bedeutung konnte die Stadt auch in der nun folgenden Zeit nicht mehr anknüpfen.

La Mezquita/Catedral [1]

Zweifellos ist **La Mezquita,** die ehemalige große Moschee von Córdoba mit der Kathedrale inmitten der Anlage, der Hauptanziehungspunkt für Besucher der Stadt. 1984 erklärte die UNESCO das Ensemble zum Welterbe. Von außen ist die Mezquita bis auf die verzierten Eingangstore eher unscheinbar. Im Inneren erwartet den Besucher schlichte Eleganz. Beeindruckend ist der Wald aus über 800 Säulen des 104 m langen Betsaales *(Haram)*. Seine 19 Schiffe verteilen sich darin auf 130 m Breite. Mit diesen Ausmaßen war La Mezquita die größte Moschee der mittelalterlichen islamischen Welt. Trotz mehrerer Bauphasen (785–990) zeigt sie ein mehr oder weniger einheitliches Bild, einmal abgesehen von der später hinzugefügten Kathedrale. Die einzelnen Bauabschnitte lassen sich bei einem Rundgang entgegen dem Uhrzeigersinn in einer chronologischen Abfolge besichtigen.

Vorhof und Glockenturm

Ein Eingang befindet sich an der Nordseite in der Calle de Cardenal de Herrera. Hinter der Puerta del Perdón liegt der **Patio de los Naranjos** (Orangenhof). In maurischer Zeit standen hier Zypressen, Oliven- und Lorbeerbäume. Die Gläubigen unterzogen sich an Brunnen der rituellen Waschung, bevor sie den Gebetsraum betraten. Der Vorhof gehörte zum ersten Bauabschnitt unter Abd ar-Rahman I., war damals allerdings kleiner. Erst später ließ Abd ar-Rahman III. den Hof nach Norden ausdehnen und 931 ein Minarett errichten. Erst in christlicher Zeit, im Jahre 1593, wurde der **Campanario** (Glockenturm), der sich über der Puerta del Perdón erhebt, um das Minarett gebaut, welches damit heute praktisch den Kern des Turms darstellt.

Erster Bauabschnitt

Durch die Puerta de las Palmas geht es in den relativ dunklen **Betsaal.** Erst wenn sich die Augen an die Lichtverhältnisse gewöhnt haben, erfasst man den schwindelerregenden Wald von Säulen. Sie werden von rot-weißen Bögen überspannt. Der Wechsel von weißgelbem Sandstein und roten Ziegeln diente nicht nur ästhetischen Zwecken, sondern sollte den Bau auch erdbebensicherer machen. Die unteren Säulen stützen Hufeisenbögen, die aufgesetzten Pfeiler tragen Rundbögen. Der Raum scheint sich durch die Doppelbögen nach oben zu strecken. Die niedrige Decke wirkt daher nicht drückend. In maurischer Zeit war der Betsaal zum Vorhof hin offen und das Licht unzähliger Öllämpchen verbreitete eine leichte und luftige Raumwirkung.

Die Säulen sind römischen und westgotischen Ursprungs mit unterschiedlicher Färbung und Oberflächenbearbeitung. Auch die Kapitele variieren zwischen korinthisch, westgotisch und byzantinisch. Um verschiedene Längen auszugleichen, erhielten einige Säulen einen Sockel, andere wurden in den Fußboden gesenkt.

An der Stelle der heutigen Mezquita-Kathedrale standen schon ein römischer Tempel und darauf folgend eine westgotische Kirche. Nach der islamischen Eroberung teilten sich Christen und Moslems den Raum. Eine Freitagsmoschee wurde jedoch immer dringender benötigt. Abd ar-Rahman I. kaufte den Christen im Jahre 785 ihren Teil ab, ließ die Kirche abreißen und begann mit dem Bau

Córdoba

Sehenswert
1. La Mezquita/Catedral
2. Palacio Episcopal (Diözesanmuseum)
3. Kongresspalast/ Hospital de San Sebastián
4. Puente Romano
5. Torre de la Calahorra/ Museo Vivo de Al-Andalus
6. Alcázar
7. Baños Califales
8. Museo Taurino
9. Zoco Municipal
10. Synagoge
11. Casa Andalusí
12. Puerta de Almodóvar
13. Calleja de las Flores
14. Museo Arqueológico
15. Posada de Potro
16. Museo Bellas Artes/ Museo Julio Romero de Torres
17. Rathaus (Ayuntamiento)
18. Iglesia de los Dolores
19. Palacio del Marqués de Viana

Übernachten
1. Eurostar Conquistador
2. Casa de los Azulejos
3. Hesperia Córdoba
4. Maestre
5. Hostal Maestre

Essen & Trinken
1. Bodegas Campos
2. El Caballo Rojo
3. Almudaina
4. Al Punto
5. Paseo de la Ribera
6. Taberna Casa Pepe de la Judería
7. Casa Rubio
8. Taberna Salinas
9. Taberna Jaular

Fortsetzung s. S. 298

Córdoba

Einkaufen
1. Plaza de las Tendillas
2. Sombrerería Herederos Rusi
3. Manuel Reyes Maldonado
4. Meryan

Abends & Nachts
1. El Cardenal
2. Amapola
3. Jazz Café
4. Café-Bar Soul

Aktiv
1. Hammam Baños Árabes
2. José Castillejo García
3. Academía Hispánica Córdoba

einer ersten Moschee. Sie hatte immerhin schon elf Schiffe und war nach zwei Jahren fertig. Die kurze Bauzeit erklärt sich dadurch, dass die Säulen schon vorhanden waren.

Erste Erweiterung

Mitte des 9. Jh. war wegen der gestiegenen Zahl der Gläubigen eine Erweiterung notwendig. Abd ar-Rahman II. verlängerte die Schiffe um acht Bögen nach Süden (833–848) bis zur heutigen **Capilla de Villaviciosa**. Sie diente den Mauren bis zur zweiten Erweiterung (s. u.) als Mihrab (Gebetsnische für den Vorbeter). Auffallend sind die aus dieser Zeit erhaltenen Säulendekorationen in der Capilla Villaviciosa. Eine Besonderheit ist die Konstruktion der Kuppel: Über vier Säulen erheben sich drei Vielpassbögen, über denen sich weitere Bögen verzahnen und schließlich von einem großen Bogen umschlossen werden. So konnte das Problem des Überkuppelns einer großen viereckigen Grundfläche gelöst werden, ohne dass die Kuppel durch ihr Eigengewicht einstürzte. Das Flechtwerk von gewölbten Rippen verkleinerte die Fläche. Als Abschluss reichte daher eine sogenannte Halborange oder Muschel aus – die eigentliche Kuppel erinnert an eine aufgeschnittene Orange oder eine umgedrehte Muschelschale. Möglicherweise ließen sich die Erfinder der Kreuzrippengewölbe in den französischen Kathedralen der Gotik 250 Jahre später davon inspirieren.

Zweite Erweiterung

In den 960er-Jahren erweiterte Al-Hakam II. die Moschee um weitere 12 Bögen auf ihre heutige Länge. In dieser Zeit entstand das Glanzstück der Moschee: der in der Quibla (nach Mekka orientierte Rückwand einer Moschee) eingelassene **Mihrab**, den byzantinische Künstler gestalteten, die im gesamten Mittelmeerraum als Spezialisten für kunstvolle Mosaiken galten. Hier gelang ihnen ein Meisterwerk der frühislamischen Kunst: Über dem Eingang zum Mihrab wiederholen sich die Grundformen der Moschee: Lebensbogen und ordnendes Viereck. Das kufische Schriftband mit den Namen Allahs schließt einen blumigen Farbenbogen ein. Höhepunkt der Handwerkskunst ist jedoch die Kuppel über insgesamt acht Bögen. Vor dem Mihrab öffnet sich die **Maqsura**. Dieser Raum war dem Herrscher zum Gebet vorbehalten und wird von drei Kuppeln in Art der Capilla de Villaviciosa (s. o.) überspannt.

Dritte Erweiterung

Al-Mansur ließ um 990 die Moschee um weitere acht Schiffe nach Osten erweitern. Der Vorhof musste dadurch nochmals vergrößert werden. Damit hatte die Moschee ihre heutige Ausdehnung erreicht. Der hinzugefügte Teil fiel vergleichsweise schlicht aus. Die Kapitelle zeigen einen einheitlichen Stil, die rot-weißen Bögen bestehen nicht mehr aus verschiedenen Materialien, sondern sind bemalt. Die steinernen Gewölbe wurden in christlicher Zeit eingebaut.

Capilla Real

Anfang des 16. Jh. beschloss die Katholische Kirche unter dem jungen Kaiser Karl V. den Bau einer **Kathedrale** inmitten der Moschee. Zuvor hatte die Capilla de Villaviciosa (s. o.) als christliche Kirche gedient. Direkt daneben war die **Capilla Real** ursprünglich als Grabkapelle für die Könige Ferdinand IV. und

Im Zauberwald der Mezquita wuchsen einst mehr als 1000 Säulen

La Mezquita: Bauphasen

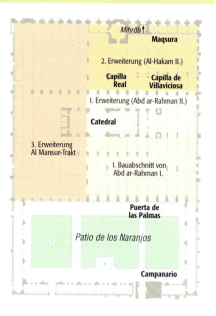

Alfons XI. gedacht, die islamische Künstler schon im 14. Jh. dekorierten. Die Kathedrale selbst zeigt ein Stilgemisch aus Gotik und Renaissance und überragt unübersehbar die Moschee. Für ihren Bau mussten ca. 70 Säulen weichen. Als Karl V. in fertigem Zustand sah, was er zuvor genehmigt hatte, soll er gesagt haben: »Ihr habt etwas gebaut, was man überall hätte bauen können, und etwas zerstört, was einmalig war.« Das Chorgestühl, im 18. Jh. aus Palisanderholz geschnitzt, ist allerdings eine großartige Arbeit (Offizielle Besichtigung: Mo–Sa 10–18, So/Fei 8.30–10.15, 14–18, im Winter jeweils bis ca. 17.30 Uhr, letzter Einlass 30 Min. vor Schließung, 8 €). Wer die Möglichkeit hat, sollte die Mezquita an Werktagen vor Beginn der offiziellen Besichtigungszeit, zwischen 8.30 und 10 Uhr besuchen. Dann ist der Eintritt (außer So) frei, der Andrang viel geringer.

Palacio Episcopal und Palacio de Congresos

Neben der Mezquita steht der **Palacio Episcopal** 2 (Erzbischöflicher Palast). Vom 9. Jh. bis zur Eroberung Córdobas durch die Christen befand sich hier der Stadtpalast des Kalifen. Erst im 16. Jh. wurde dieser abgerissen und ein Neubau in einer Stilmischung aus Renaissance und Barock errichtet. Er beherbergt heute das **Diözesanmuseum** (Calle Torrijos: Mo–Sa 9.30–15 Uhr, So/Fei geschl.; 1,50 €, zur Zeit wegen Restaurierung geschlossen).

Direkt daneben erhebt sich der **Kongresspalast** 3, das frühere Hospital de San Sebastián (Anfang 16. Jh.), mit schönem Innenhof. Hier werden Keramik und anderes Kunsthandwerk ausgestellt.

Am Guadalquivir

Puente Romano 4

Die Fundamente gehen auf die Zeit des römischen Kaisers Augustus zurück, doch von der damaligen Brücke blieb kaum etwas erhalten. Mehrfach wurde sie umgebaut und restauriert, zuletzt 2007. Die **Puerta del Puente** an der zum Stadtzentrum angrenzenden Seite stammt aus dem 16. Jh. Nebenan steht eine **Figur des Erzengels Raphael,** wie auch an vielen weiteren Plätzen der Stadt – der Schutzpatron von Córdoba soll die Stadt vor Seuchen bewahren.

Im Flussbett befinden sich einige Ruinen von Wassermühlen. Die Mühle **Noria de Albolafia** beispielsweise geht wahrscheinlich noch auf die Römer zurück. Abd ar-Rahman II. ließ ein großes Mühlrad für die Bewässerung seiner Palastgärten errichten. Die Legende erzählt, dass Königin Isabella die Katholische es abbauen ließ, da sie das Knarzen des Rades nicht ertragen konnte. Das heutige Rad ist ein Nachbau.

Die Brücke bildete lange den einzigen Zugang von Süden zur Stadt und wurde dementsprechend befestigt (s. u.). Heute führt u. a. der neue **Puente de Miraflores** vom zukünftigen Kongresszentrum aus ins Zentrum.

Torre de la Calahorra

Der Südzugang zum Puente Romano besaß seit jeher große strategische Bedeutung.

Schon in maurischer Zeit gab es hier eine Festung. König Heinrich II. von Trastámara, Halbbruder und Gegner Peters des Grausamen, ließ sie 1369 erweitern.

Heute ist in der Bastion das **Museo Vivo de Al-Andalus** 5 untergebracht. Es ging aus einer Stiftung des französischen Politikers und Schriftstellers Roger Garaudy mit Unterstützung der UNESCO hervor und stimmt auf ungewöhnliche Weise auf das maurische Spanien ein. Hauptanliegen ist es, das friedliche Zusammenleben von Christen, Moslems und Juden in der damaligen Zeit aufzuzeigen. Über ein infrarotgesteuertes Audiosystem (auch in Deutsch) begegnet der Besucher den bedeutenden Philosophen der Epoche sowie dem Kalifen Abd ar-Rahman III. Anhand von Modellen der Alhambra, der Mezquita und des Bewässerungssystems werden die grundlegenden arabischen Bauprinzipien erklärt.

Roger Garaudy (* 1913), der Gründer des Museo Vivo de Al-Andalus, ist ein Mensch mit sehr wechselhaften Meinungen. Zunächst war er Kommunist, setzte sich in den 1970er-Jahren für den friedlichen Dialog der Weltreligionen ein und trat dann 1982 zum Islam über. Ein französisches Gericht verurteilte ihn 1998 wegen Leugnung des Holocausts zu einer Geldstrafe. Der Europäische Gerichtshof für Menschenrechte bestätigte das Urteil im Jahre 2003.

Wer möchte, kann am Ende der Besichtigung noch eine 50-minütige Multivisionsschau ansehen (www.torrecalahorra.com, Okt.–April tgl. 10–18, Mai– Sept. tgl. 10–14, 16.30–20.30 Uhr, 4, mit Multivision 5,70 €).

Westlich der Mezquita

Hier befinden sich die meisten Sehenswürdigkeiten von Córdoba. Die ganze Altstadt gilt seit 1994 als UNESCO-Welterbe.

Alcázar und Baños Califales

Vom Erzbischöflichen Palast führt die Calle Amador de los Ríos am Campo Santo de los Mártires vorbei zum **Alcázar** 6. Er wurde im

Tipp: Öffnungszeiten

Die Öffnungszeiten der Sehenswürdigkeiten in Córdoba ändern sich sehr häufig. Aktuelle Zeiten bei den Informationsstellen der Stadt erfragen.

14. Jh. erbaut und diente den Katholischen Königen während des Krieges gegen das maurische Königreich Granada acht Jahre als Hauptwohnsitz. Später war das Gebäude Sitz der Inquisition bis zu deren Auflösung 1821 und anschließend Gefängnis. Der zugehörige Park mit Wasserspielen und Blumenbeeten im Stil der Renaissance ist zum Teil noch von der alten maurischen Stadtmauer umgeben. In den Innenräumen der Burg befinden sich römische Mosaiken und ein reich gestalteter Sarkophag aus dem 3. Jh. n. Chr. sowie die königlichen Bäder. Gegenüber vom Eingang zur Burg liegen die restaurierten **Baños Califales** 7 (Kalifenbäder) aus dem 10. Jh., die noch in der Zeit nach dem Zusammenbruch des Kalifats genutzt wurden (Alcázar und Baños Califales: Di–Sa 10–14, 16.30–18.30, Sommer bis 19.30, So 9.30–14.30 Uhr, 4 €).

Das alte Stadtviertel **San Basilio** westlich der Burg entstand zur gleichen Zeit. Im Mai lohnt ein Besuch wegen der schön geschmückten Innenhöfe (s. S. 303).

Judería

Das ehemalige Judenviertel mit seinen verwinkelten, malerischen Gassen erstreckt sich westlich und nordwestlich der Mezquita und ist ein weiterer Besuchermagnet. Von der Plaza Campo Santo de los Mártires führt die Calle Tomás Conde auf die Plaza Maimónides. Ein Adelspalast aus dem 16. Jh. beherbergt dort das **Museo Taurino** 8 (Stierkampfmuseum). Besonders der große Stierkämpfer Manuel Laureano Rodríguez Sánchez (Manolete) wird hier mit zahlreichen Ausstellungsstücken gewürdigt. Er starb 1947 im Alter von 30 Jahren durch einen Hornstoß. Auch Ausstellungsstücke rund um Manuel Benítez (El Cordobés) aus Palma del

Córdoba

Río, der für seinen Mut und seine artistischen Einlagen bekannt war, finden sich hier. Als Sohn eines mittellosen Landarbeiters gelang ihm eine beispiellose Karriere (Museo Taurino zur Zeit der Drucklegung wegen Renovierung geschl.).

Hinter dem Stierkampfmuseum liegt der **Zoco Municipal** 9, ein kleines Kunsthandwerkszentrum, in dem man wunderbaren hochwertigen Silberschmuck, Lederwaren und Keramik herstellt und verkauft. Die Werkstätten gruppieren sich malerisch um einige Innenhöfe.

In die Plaza Maimónides mündet die Calle Judíos, deren Beginn eine Figur des **Philosophen Maimonides** bewacht. Der jüdische Denker wurde 1135 in Córdoba geboren. Er verließ das Land während der Herrschaft der wenig toleranten Almohaden (s. S. 304).

In der Calle Judíos 20 befindet sich die einzige erhaltene mittelalterliche **Synagoge** 10 Andalusiens. Die Wände sind mit reichem Mudéjarschmuck bekleidet. Das Gebäude stammt aus dem Jahre 1315, also schon aus christlicher Zeit – so jedenfalls steht es auf dem hebräischen Schriftband, das die Nische für die Thorarolle in der Ostwand einfasst. Nach der Vertreibung der Juden 1492 diente es als Krankenhaus, später als Versammlungsraum für die Schuhmacherzunft. 1885 wurde die ehemalige Synagoge zum Nationaldenkmal erklärt. Im ersten Stock befindet sich die Galerie für die Frauen (Di–Sa 9.30–14, 15.30–17.30, So/Fei 9.30–13.30 Uhr, EU-Bürger frei, sonst 0,30 €).

Wenig weiter in der **Casa Andalusí** 11 bekommt der Besucher Einblick in das Leben im Córdoba des 12. Jh. Hier wird gezeigt wie damals Papier hergestellt wurde. Das restaurierte Stadthaus hat einen schönen Innenhof (tgl. 10.30–19.30 Uhr, 2,50 €).

Die **Puerta de Almodóvar** 12 am Ende der Calle Judíos begrenzte das ehemalige Judenviertel. Hinter dem Tor steht eine **Bronzefigur**, die **Seneca** (ca. 4 v. Chr.–65 n. Chr.), den berühmten, aus dem römischen Corduba stammenden Philosophen darstellt. Links abwärts kommt man an den besterhaltenen Resten der **maurischen Stadtmauer** und einer **Statue des Averoës** (Ibn Ruschd, 1126–98) vorbei, einer der großen muslimischen Philosophen. Seine Übersetzungen von Aristoteles schienen teilweise dem Koran zu widersprechen. Unter den Almohaden musste er daher das Land verlassen (s. S. 304).

Östlich der Mezquita

An der Nordostecke der Mezquita zweigt von der Calle Velázquez die schmale Sackgasse **Calleja de las Flores** 13 ab. Sie gehört quasi zum Pflichtprogramm in Córdoba. Vom Platz am Ende der Gasse ergibt sich rückblickend ein schönes Fotomotiv: In den freien Himmelsabschnitt zwischen den mit Blumen geschmückten weißen Fassaden der Häuser fügt sich der Glockenturm der Kathedrale ein.

Der **Renaissancepalast Páez de Castilleja** (16. Jh.) beherbergt das **Museo Arqueológico** 14. Es gilt als eines der am besten bestückten archäologischen Museen Spaniens. Zu seinen Exponaten gehören Alltagsgegenstände aus der Vorgeschichte, iberische Kunst aus den vorchristlichen Jahrhunderten sowie römische Skulpturen und Porträts. Mit Edelsteinen besetzte Goldkreuze aus westgotischer Zeit und die Tierfiguren aus der Kalifenstadt Madinat al-Zahra (s. S. 310) zählen zu den interessantesten Stücken (Plaza de Jerónimo Páez, Di 14.30–20.30, Mi–Sa 9–20.30, So/Fei 9–14.30 Uhr, EU-Bürger frei, sonst 1,50 €).

Um die Plaza de Potro

Der Brunnen auf der **Plaza de Potro,** eines der Wahrzeichen von Córdoba, stammt aus dem Jahr 1557. Namensgeber ist das Fohlen (span. *potro*) über der Brunnenschale. Am Platz liegt die ehemalige Herberge **Posada de Potro** 15 (15. Jh.), in der schon Miguel de Cervantes sein Haupt bettete. Er verewigte die Unterkunft literarisch in seinem »Don Quijote«. Für 2010 ist in den Räumen die Eröffnung des **Centro Flamenco Fosforito** mit der Sammlung des 1932 in Córdoba geborenen Flamencosängers Antonio Fernández Díaz geplant.

Östlich der Mezquita

aktiv unterwegs

Die Patios in Córdoba

Tour-Infos
Start: Infokiosk auf dem Campo Santo de los Mártires (nahe Alcázar)
Dauer: ein halber Tag
Wichtige Hinweise: Die Patios von Córdoba stehen nur Anfang Mai zwei Wochen lang für Besucher offen, wenn die Stadt den Wettbewerb Concurso Popular de Patios abhält. Dann sind sie Mo–Fr meist ab 19 Uhr zugänglich, am Wochenende schon ab Mittag. Städtische Infokioske verteilen Pläne mit den teilnehmenden Patios. Infos auch unter www.patiosdecordoba.net (nur Spanisch).
Karte: s. Cityplan S. 294/295

Córdoba wird für seine lauschigen Patios weithin gerühmt. Nur wenige von ihnen sind das ganze Jahr über zugänglich. Manche privaten Innenhöfe darf man aber jederzeit von außen durch ein Gittertor bestaunen, sodass der vorgeschlagene Spaziergang immer lohnt. Die schönsten Höfe werden alljährlich im Mai im Rahmen des **Concurso Popular de Patios** prämiert. Hausbesitzer, die an dem fiestaähnlichen Wettbewerb teilnehmen, schmücken Wände, Arkadengänge, Treppen und Fensterläden mit Blumentöpfen, teilweise auch mit Kunsthandwerk. Die Höfe verwandeln sich dadurch in malerische Stilleben. Auch einige öffentliche Einrichtungen, Hotels und Restaurants beteiligen sich.

Besonders rege nehmen die Bewohner des Stadtteils **San Basilio** westlich vom Campo Santo de los Mártires an der Prämierung teil. Dort konzentrieren sich die Patios in der Calle Martín Roa und der Calle San Basilio. In der angrenzenden **Judería** (s. S. 301) werden die Innenhöfe des **Zoco Municipal** 9 kunstvoll herausgeputzt. Anschließend sollte man die Schritte in Richtung nördliche Altstadt lenken, wo der **Palacio de los Marqueses de Viana** 19 oft bei dem Wettbewerb mitmischt. Auch im Nordosten, rund um die **Iglesia San Rafael** im Dreieck zwischen Plaza San Augustín, Plaza San Lorenzo und Plaza San Juan Letrán, wird fleißig geschmückt. Einen weiteren Abstecher ist die **Calle Barrionuevo** im äußersten Osten der Altstadt wert. Auf dem Weg zurück in die Umgebung der **Mezquita** 1 lohnen die Patios des Restaurants **Bodegas Campos** 1 und des **Museo Bellas Arte/Museo Julio Romero de Torres** 16 das ganze Jahr über einen Besuch.

Mein Hof ist mein Wohnzimmer: grün und luftig

Córdoba

Maimonides und Ibn Ruschd

Thema

Nach dem Ende der kulturellen Blüte unter dem Kalifat herrschten ab 1086 die Almoraviden, später die Almohaden über Andalusien. Als dogmatische Verfechter des Islam verfolgten sie Andersdenkende. Aber im erst 1148 durch die Almohaden eroberten Córdoba florierte das intellektuelle Leben weiter.

Muslime, Juden und Christen standen damals im Dialog miteinander. In dieser Zeit spielten zwei bemerkenswerte Philosophen eine Rolle, der eine jüdischen, der andere islamischen Glaubens: Maimonides und Ibn Ruschd (latinisiert: Averroes). Gegen die verbreiteten Traditionen des Wunderglaubens und einer ausschließlich im Glauben erfahrbaren Wahrheit setzten beide die Klarheit der Vernunft. Moses Maimonides (1138–1204) war zu Lebzeiten für die jüdische Gemeinde eine bedeutende Autorität. Er verfasste Schriften zu Recht und Moral sowie Lebensführung. Seine Werke wurden zu Klassikern, die im Zentrum der intellektuellen Diskussion zwischen jüdischer Religion und Philosophie standen. Aber auch die katholischen Kollegen in Paris, Köln und Bologna bedienten sich des ›Führers der Unschlüssigen‹, so der Titel seines Hauptwerks, für die Konstruktion ihrer scholastischen Lehren. Bedeutende jüdische Philosophen wie Baruch Spinoza und Moses Mendelssohn ließen sich in späteren Jahrhunderten von den Schriften des Maimonides inspirieren. Maimonides verließ mit seiner Familie 1148 Córdoba und entging dadurch der Verfolgung durch die Almohaden. Später ließ er sich Kairo nieder. Sein Bruder sorgte als Diamantenhändler für den Unterhalt der Familie. Als dieser bei einem Schiffsunglück starb, arbeitete Maimonides als Leibarzt am Hof des Sultan Saladin und war außerdem Vorsteher der jüdischen Gemeinde von Ägypten.

Auch der Philosoph Ibn Ruschd (1126–1198) war zugleich Arzt, nämlich am Hof des Kalifen Abu Jakub Jusuf in Marrakesch. 1171 ernannte ihn dieser zum Richter *(kadi)* im andalusischen Córdoba. In der Folgezeit lehrte Ibn Ruschd unter den Arkaden der Mezquita und zählte alle Gebildeten der Stadt zu seinen Freunden. Doch unter Abu Jakub Jusufs Nachfolger hetzten Strenggläubige den Pöbel auf, Ibn Ruschd vor dem Tor zum Vorhof der Moschee zu verspotten und zu bespucken. Schließlich wurde er 1195 nach Lucena verbannt und seine Schriften verboten. Ibn Ruschds Philosophie wirkte nicht in die islamische Welt hinein. Dafür wurde sie im christlichen Europa aufgegriffen. Weil er die Unsterblichkeit der Seele leugnete, ließ die katholische Kirche zwar heftig gegen dieses für das Christentum gefährliche Denken predigen. Jedoch lasen alle Gebildeten Europas seine ins Lateinische übersetzten Schriften, denn sie machten die seit Jahrhunderten verschollene Philosophie des Aristoteles bekannt, mit dem sich Ibn Ruschd kenntnisreich auseinandersetzte. Der Theologe und Philosoph Thomas von Aquin entwickelte Mitte des 13. Jh. auf dieser Grundlage seine Lehre.

Später griffen neuzeitliche Philosophen wie Leibniz, Voltaire, Kant und Hegel Anregungen von Ibn Ruschd wie von Maimonides auf. Heute knüpfen auch islamische Intellektuelle wieder an das Gedankengut von Ibn Ruschd an.

Am selben Platz lädt auch das **Museo Bellas Artes** 16 (Museum der Schönen Künste) zum Besuch ein. Das von den Katholischen Königen im 15. Jh. gestiftete Gebäude diente ehemals als Krankenhaus. In den schönen Räumlichkeiten sind vor allem Gemälde aus der Region der Stilrichtungen Gotik und Renaissance ausgestellt. Ein Raum bleibt modernen spanischen Künstlern vorbehalten (Di 14.30–20.30, Mi–Sa 9–20.30, So/Fei 9–14.30 Uhr, EU-Bürger frei, sonst 1,50 €).

Im selben Gebäudekomplex brachte man auch das **Museo Julio Romero de Torres** unter. Der Maler (1874–1930) ist gebürtiger Cordobeser. Seine künstlerische Begabung war in Fachkreisen jedoch umstritten. Dennoch gefielen die Bilder vor allem den Männern: Es posierten meist dunkelhaarige, glutäugige Frauen in schüchtern-erotischen Posen vor der Leinwand des Künstlers. Viele seiner Werke sind hier ausgestellt (Di–Sa 10–14, 16.30–18.30, So/Fei 9–14.30 Uhr, 4 €).

Centro und nördliche Stadtteile

Einkaufsstraßen und Boulevards

Eigentliches Zentrum der Stadt und Grenze zu den neueren Wohnvierteln ist die **Plaza de las Tendillas.** In der Mitte des Platzes erhebt sich ein **Reiterstandbild des Gran Capitán,** Heerführer der Katholischen Könige (s. S. 31). Rundum erholen sich die Einheimischen in schönen Straßencafés vom Einkaufsstress. Zwei wichtige Einkaufsstraßen gehen von dem Platz aus: die **Calle Claudio Marcelo** und die Fußgängerzone **Calle Conde de Gondomar** mit einigen Jugendstilhäusern. Letztere führt zur Flaniermeile von Córdoba, dem Bulevar oder **Paseo del Gran Capitán** (in Stadtplänen oft noch Avenida del Gran Capitán). Wegen fehlender Einkehrmöglichkeiten wirkt der von Banken und Bürogebäuden gesäumte Fußgängerbereich etwas steril. In der **Calle Ronda de los Tejares** reihen sich dann wieder Geschäfte, Boutiquen und Kaufhäuser.

Centro und nördliche Stadtteile

Ayuntamiento und Plaza de la Corredera

Vor dem modernen **Rathaus** 17 von Córdoba wurden einige Säulen aufgerichtet, die zu einem römischen Tempel aus dem 1. Jh. n. Chr. gehörten. Von dort führt die Calle R. Martín zur **Plaza de la Corredera.** Der vollständig von Häusern umschlossene Platz war einst Austragungsort für Stierkämpfe und Schauplatz von Hinrichtungen der Inquisition. Nach umfassender Renovierung geht es heute lebhaft auf der Plaza zu. In den Cafés, Bars und Antiquitätenläden trifft sich eine alternative Szene. An der Südseite gibt es im ehemaligen Gefängnis (16. Jh.) eine **Markthalle**.

Plaza de los Capuchinos

Am Nordrand des alten Stadtbereichs befindet sich die **Plaza de los Capuchinos** (auch **Plaza de los Dolores**), nicht zu verwechseln mit der etwas weiter südlich gelegenen Plaza Capuchinas. Der Front des Kapuzinerklosters gegenüber steht ein steinernes Kreuz, das acht schmiedeeiserne Laternen umgeben: der **Cristo de los Faroles** – ein weiteres Wahrzeichen der Stadt. Die **Iglesia de los Dolores** 18 an der Längsseite verwahrt die in Córdoba hoch verehrte, reich geschmückte »Jungfrau der Schmerzen« (Virgen de los Dolores), mit durchbrochenem Herzen dargestellt.

Palacio de los Marqueses de Viana 19

Der **Palacio del Marqués de Viana** ist der wohl prächtigste Adelspalast von ganz Córdoba. Zwölf blumengeschmückte Innenhöfe, ein Garten und über 100 Zimmer gehören zu dem Komplex. Neben Gemälden der Sevillaner Malerschule sind in den Räumen antike Möbel, Geschirr, Silberschmuck, Lederwaren und andere Produkte des heimischen Kunsthandwerks zu sehen (Mo–Sa 10–13, 16–18, Mai–Sept. nur vormittags, Sa 10–13 Uhr, So/Fei. geschl., 6, nur Innenhöfe 3 €).

Infos

Oficina de Turismo de la Junta de Andalucía: Calle Torrijos 10, 14 003 Córdoba, Tel.

Córdoba

Von den Ausgrabungen eines römischen Tempels geht der Blick hinüber zur Plaza de la Corredera, ehemals als Stierkampfarena genutzt

957 35 51 79/81, Fax 957 35 51 80, www.andalucia.org, Mo–Fr 9.30–18.30, Sa 10–14, 16–18, So/Fei 10–14 Uhr. Gut ausgestattetes Büro des Landes Andalusien.

Die Stadt Córdoba betreibt mehrere Infokioske (**Punto de Información**), die alle recht gut mit Material bestückt sind, z. B. am **Campo Santo de los Mártires,** tgl. 9.30–19 Uhr und auf der **Plaza de las Tendillas,** tgl. 10–14, 16.30–19.30 Uhr. Zentrale städtische Infonummer: 902 21 07 74, www.turismodecordoba.org.

Übernachten

Das Angebot an einfachen Pensionen und Hostales ist im Bereich der Mezquita zwar relativ groß, doch besonders im Mai zur Zeit der Hauptfeste (s. u.) dürfte in Córdoba schwer eine Unterkunft ohne Reservierung zu finden sein.

Neben der Mezquita ▶ **Eurostar Conquistador** 1 : Calle Magistral González Francés 15–17, Tel. 957 48 11 02, Fax 957 47 46 77, www.hotelconquistadorcordoba.com. Gehobenes Mittelklassehotel mit schönen Aufent-

Adressen

haltsräumen und Innenhof. Gästegarage. DZ ca. 65–180 €.

Im Kolonialstil ▶ **Casa de los Azulejos** 2: Calle Fernando Colón 5, Tel. 957 47 00 00, Fax 957 47 54 96, www.casadelosazulejos.com. Angenehmes, rustikal-trendiges Hotel nahe der Plaza de la Corredera. Alle Zimmer sind unterschiedlich. Reizvoller Innenhof. Das Restaurant **La Guadalupana Cantina** bietet gute mexikanische Küche. DZ 90–150 €.

Modernes Stadthotel ▶ **Hesperia Córdoba** 3: Av. Fray Albino 1, Tel. 957 42 10 42, Fax 957 29 99 97, www.hesperia.com. Modernes 4-Sterne-Großhotel an der Südseite des Flusses nahe Puente Romano. Pool im Innenhof. Schöne Panoramabar mit Blick auf die Mezquita (außer im Winter), eigene Garage. Oft Reisegruppen und Geschäftsleute. DZ 60–130 €.

Gediegen ▶ **Maestre** 4: Calle Romero Barros 4–6, Tel./ Fax 957 47 24 10, www.hotelmaestre.com. Sehr zentral nahe Plaza del Potro. Trotz der niedrigen offiziellen Einstufung stilvoll. Angenehme Zimmer, einige können etwas laut sein. Außerdem laden schöne Innenhöfe zum Verweilen ein. Parkmöglichkeit für Gäste. DZ 40–60 €.

Gemütlicher Innenhof ▶ **Hostal Maestre** 5: Calle Romero Barros 16, Tel./Fax 957 47 53 95, www.hotelmaestre.com. Etwas einfacher als das zugehörige Hotel, sehr unterschiedliche Zimmer. Schon seit 1974 eine Institution. Wenn Platz frei ist, können Gäste gegen Gebühr die Garage des Hotels benutzen. DZ 40–50 €.

Essen & Trinken

In Córdoba gibt es einige exzellente Restaurants der gehobenen Klasse. Im Bereich um die Mezquita sind viele Betreiber allerdings lediglich auf das schnelle Tagesgeschäft aus. Generell gilt: Je weiter man sich von dem touristischen Trubel entfernt, umso authentischer und solider werden die Lokale.

Sehr gute Weinauswahl ▶ **Bodegas Campos** 1: Calle Los Lineros 32, Tel. 957 49 75 00, www.bodegascampos.com, So abends geschl. Gediegenes Restaurant mit mehreren Speiseräumen. An der Bar eine große Auswahl an hochwertigen Tapas. Sehr beliebt bei zahlungskräftigen Einheimischen. Hauptgerichte um 35 €, 3-Gänge-Menü ca. 50 €.

Ein Klassiker ▶ **El Caballo Rojo** 2: Calle Cardenal Herrero 26, Tel. 957 47 53 75, www.elcaballorojo.com, tgl. geöffnet. Bekanntes Nobelrestaurant Andalusische und ›mozarabische‹ Küche. Im zweiten Stock schöne Terrasse. Hauptgerichte um 35 €, 3-Gänge-Menü ca. 50 €.

Kreative einheimische Küche ▶ **Almudaina** 3: Campo Santo de los Mártires 1, Tel. 957 47 43 42, www.restaurantealmudaina.com, im Sommer So geschl., sonst tgl. außer So abends. Herrschaftliche Einrichtung. Schöner, mit Glas überdachter Innenhof. Hauptgerichte um 30 €.

Zwangloses Cafeteria-Ambiente ▶ **Al Punto** 4: Av. Fray Albino 1 (im EG des Hotels Hesperia Córdoba, s. o.), tgl. geöffnet. Auch für externe Gäste ein lohnendes Ziel. Doch aus der Küche kommen gehobene einheimische und internationale Speisen. Unkomplizierter, schneller Service. Am schönsten sitzt man draußen mit Blick auf die Mezquita. Hauptgerichte 15–20 €.

Solide ▶ **Paseo de la Ribera** 5: Plaza de la Cruz del Rasto 3, Tel. 957 48 25 82. Einheimische Küche, schöne überdachte Sitzgelegenheiten an der kleinen Plaza. Besonders mittags beliebt bei Einheimischen. Hauptgerichte um 15 €.

Mit schönem Innenhof ▶ **Taberna Casa Pepe de la Judería** 6: Calle Romero 1, Tel. 957 20 07 44, www.casapepejuderia.com, tgl. geöffnet. Ein Klassiker unter den Bars in der Judería. Große Auswahl an hochwertigen Tapas ca. 2,50, *raciones* um 9, Hauptgerichte im Restaurant (1. Stock) ca. 30 €.

Authentisch ▶ **Casa Rubio** 7: Puerta Almodóvar 5, Tel. 957 42 08 53, So abends/Mo geschl. Typische Bar, kleiner Innenhof. Tapas ca. 2,50, *raciones* ca. 9 €.

Rustikal ▶ **Taberna Salinas** 8: Calle Tunidores 3, Tel. 957 48 01 35, So und Aug. geschl. Bar nahe Plaza de la Corredera, 1879 gegründet. Tapas ca. 2, *raciones* um 6 €.

Lebhafte Taverne ▶ **Taberna Jaular** 9: Corregidor Luis de la Cedra/Ecke Cardenal

Córdoba

Auch kulinarisch erobert die arabische Lebensart Teile Andalusiens zurück

Gonzales, Tel. 957 48 29 76. Nettes Lokal mit Sitzgelegenheiten auf dem Gehweg, große Auswahl an Tapas und Bocadillos. Tagesmenü ca. 7,50 €.

Einkaufen

Córdoba ist bekannt für seine Lederverarbeitung und für filigranen Silberschmuck. Zahlreiche kleine Geschäfte in der Judería verkaufen vorwiegend touristische Souvenirs. Mit etwas Glück finden sich aber auch hier schöne kunsthandwerkliche Produkte. Eine bewährte Adresse ist der **Zoco Municipal** 9 (s. S. 302). Die Einheimischen kaufen am liebsten um die **Plaza de las Tendillas** 1 ein.

Gut behütet ▶ **Sombrerería Herederos Rusi** 2: Calle Conde Cardenas 1, Tel. 957 47 79 53. Die berühmten *sombreros cordobeses,* steife Filzhüte mit breiter Krempe für Damen und Herren, sind aus der Flamenco-Mode nicht wegzudenken. Hier gibt es sie handgefertigt in großer Auswahl in der klassischen Farbe Schwarz, aber auch in rot, grün oder braun.

Edle Musikinstrumente ▶ **Manuel Reyes Maldonado** 3: Calle de las Armas 4, Tel. 957 47 91 16. Klassische spanische Gitarren, jede ein Einzelstück, fertigt der Meister selbst in seiner Werkstatt. Hier kaufen Musiker, die hohe Qualität suchen.

Alles aus Leder ▶ **Meryan** 4: Calleja de las Flores 2, www.meryancor.com. Handgefertigt nach maurischer Tradition, mit eingestanzten oder aufgemalten ornamentalen Mustern versehen, kommen hier die verschiedensten Lederwaren daher. Auch Keramik ist im Angebot. Vom berühmten Maler

Adressen

Ángel López-Obrero aus Córdoba schon 1952 gegründet und seither von seiner Familie geführt.

Abends & Nachts

Im Vergleich zu den anderen großen andalusischen Städten wie Sevilla oder Granada gestaltet sich das Nachtleben in Córdoba eher ruhig. Besonders die Judería wirkt außerhalb der Ladenöffnungszeiten ziemlich verlassen. Ein junges, studentisches Publikum trifft sich abends auf der **Plaza de la Corredera**. Ansonsten ist am ehesten noch in den Bars im eigentlichen Zentrum und um die **Plaza de las Tendillas** etwas los.

Flamenco ▶ **El Cardenal** 1: Calle Torrijos 10 (im Kongresspalast), Tel. 957 48 31 12, Fax 957 48 39 25, www.tablaocardenal.com, Mo–Sa ca. 22.30 Uhr. Ansprechende Flamencovorführungen.

Angesagt ▶ **Amapola** 2: Paseo de la Ribera 9, tgl. 12–3 Uhr. Szenige Cocktailbar, indisch dekoriert, zum Chillen und Plaudern. DJ-Musik aktueller Richtungen.

Intellektuell ▶ **Jazz Café** 4: Calle de la Espartería s/n, Tel. 957 47 19 28, www.myspace.com/jazzcafecordoba, tgl. von 8 Uhr bis mitten in die Nacht. Fast rund um die Uhr lädt das schummrige Café zum Jazzgenuss ein. Livemusik meist am Di/Mi ab 22.30 Uhr.

Künstlerisch ▶ **Café-Bar Soul** 4: Calle Alfonso XIII 3, Tel. 957 49 15 80, Mo–Fr 9–3, Sa 10-3 Uhr. Echte und Lebenskünstler geben sich hier ein Stelldichein. Gespielt wird nicht nur Soul, wie der Name suggeriert. Jüngere Semester können sich auf Funk und Rap freuen.

Aktiv

Maurisch baden ▶ **Hammam Baños Árabes** 1: Calle Corregidor Luis de Cerda 51, Tel. 957 48 47 46, Fax 957 47 99 17, www.hammamspain.com/cordoba. Verschiedene Becken mit unterschiedlichen Wassertemperaturen. Nur Bad 25 € (1,5 Std.); Bad, Massage und Aromatherapie 32 €.

Radfahren ▶ **José Castillejo García** 2: Calle Puerta de Plasencia 18, Tel. 957 25 72 56. Verleih von Stadträdern. Das Zentrum von Córdoba ist recht weitläufig, daher macht die Erkundung per Fahrrad durchaus Sinn.

Spanisch lernen ▶ **Academía Hispánica Córdoba** 3: Calle Rodríguez Sánchez 15, www.ih-cordoba.de. Spanisch lernen in zwei oder drei Wochen. Anfängerkurse beginnen in der Regel am ersten Montag im Monat, im Sommer Sprachkurse für Jugendliche. Auch Kombinationen Spanisch/Flamenco oder Spanisch und Kochen sind möglich. Unterkunftsvermittlung.

Termine

Semana Santa: Karwoche. Über die ganze Stadt verteilt mehr als 30 Prozessionen.

Las Cruzes de Mayo: Ende April/Anfang Mai. An vielen Plätzen der Stadt werden geschmückte Maikreuze aufgestellt.

Feria de Mayo/Feria de Córdoba: ca. eine Woche Ende Mai. Hauptfest der Stadt, ging wie die Feria in Sevilla aus einem Viehmarkt hervor. Das Festgelände liegt an der Ostseite des Guadalquivir (Recinto ferial del Arenal). In Festzelten von Vereinen und Parteien wird getanzt, es gibt Flamencoaufführungen und auch Wein fließt in Strömen. Einige der Zelte sind öffentlich. Im Rahmenprogramm finden viele Stierkämpfe statt. Die Sehenswürdigkeiten der Stadt öffnen während des Festes nur eingeschränkt.

Verkehr

Züge: Großer moderner Bahnhof mit Gepäckschließfächern in der Av. de América, Tel. 957 40 02 02 (s. S. 73). Stdl. nach Sevilla (z. T. per Schnellzug, ca. 40 Min.), mehrmals tgl. nach Cádiz und Málaga.

Busse: Großer Busbahnhof mit Gepäckschließfächern an der Plaza de las Tres Culturas, Tel. 957 40 40 40 (s. S. 72 f.). Mehrmals tgl. in alle größeren andalusischen Städte.

Stadtbusse: Die Altstadtgassen sind für Busse zu eng. Stadtbusse (pro Fahrt ca. 1 €) verkehren daher nur auf den breiten Straßen rings um die Altstadt und in die Außenbezirke. Linie 3 fährt vom Bahnhof/Busbahnhof in die Nähe der Mezquita.

Mietwagen: Internationale Autovermieter gibt es am Bahnhof.

Sierra de Córdoba und Sierras Subbéticas

Die ›grüne Lunge‹ von Córdoba ist die Sierra de Córdoba mit der alten Kalifenstadt Madinat al-Zahra und romantischen Einsiedeleien. Aus den Sierras Subbéticas stammt hervorragendes Olivenöl, die Natur präsentiert sich ungezähmt und die Barockstadt Priego de Córdoba lockt mit kulturellen Kleinoden.

Zur Sierra de Córdoba

Zwei interessante Sehenswürdigkeiten lassen sich zu einem halbtägigen Ausflug ab Córdoba miteinander verbinden. Die Route erschließt den Süd- und Osthang der Sierra de Córdoba, eines bis zu rund 600 m hohen Gebirgszugs, der als Teil der Sierra Morena unmittelbar hinter der Stadt aufragt.

Madinat al-Zahra ▶ G 3

Erstes Ziel ist 8 km westlich von Córdoba die einstige Kalifenstadt **Madinat al-Zahra** (auch Medina Azahara). Der erste Kalif von Córdoba – Abd ar-Rahman III. – ließ sie ab 936 als Residenz errichten und gab ihr den Namen seiner Lieblingsfrau al-Zahra (die Blume). Nach 25-jähriger Bauzeit waren die Arbeiten abgeschlossen. Etwa 20 000 Menschen lebten jetzt hinter den 5 m dicken Stadtmauern von Madinat al-Zahra, das sich schon bald zur Legende entwickelte. Der Kalif empfing hier mit denkbar größtem Prunk seine ausländischen Gäste und Botschafter, die in ihren Heimatländern von seiner 1500 m langen und 750 m breiten Palastanlage berichteten.

Als Berber Madinat al-Zahra im Jahre 1010 zerstörten, bedeutete das auch das Ende des mächtigen Kalifats. Die Stadt diente fortan quasi als Steinbruch. Säulen wanderten in den Königspalast von Sevilla oder an die Fensterbrüstungen der Giralda. Die erhalten gebliebenen Trinkgefäße, Schatullen und Truhen sind über die Museen der Welt verstreut. Jahrhundertelang geriet Madinat al-Zahra in Vergessenheit. Archäologen hielten die Ruinen für Reste einer römischen Patrizierkolonie, als sie 1910 mit den Ausgrabungen begannen. Bis heute sind die Restaurierungs- und Grabungsarbeiten nicht abgeschlossen. Doch kann sich der Besucher bereits wieder ein sehr anschauliches Bild von der einstigen Märchenstadt machen. Der am Eingang ausgegebene **Übersichtsplan** mit Erläuterungen (auch Deutsch) erleichtert die Orientierung auf dem ausgeschilderten Rundweg.

Vom Eingangsbereich ergibt sich ein umfassender Blick über die Anlage. Madinat al-Zahra breitet sich am Fuß der Sierra de Córdoba terrassenförmig in drei Stufen zur Ebene des Guadalquivir hin aus. Im oberen Teil residierte der Kalif. Sein **Palast** wurde teilweise wieder aufgebaut, wobei die Restauratoren nach Möglichkeit Originalfragmente verwendeten. Am eindrucksvollsten sind der Saal des Abd ar-Rahman III. und das Eingangsportal des **Haus des Wesirs** (Casa de Yafar).

Auf der mittleren Terrasse standen die repräsentativen Empfangssäle sowie Verwaltungsgebäude, vorwiegend für die vielen vom Kalifen beschäftigten Schreiber und Übersetzer. Im untersten Bezirk befanden sich Moschee, Tiergehege, Gärten und Kasernen (ab Córdoba gut ausgeschildert, Di–Sa 10–18.30, 1.5.–15.9. bis 20.30, So/Fei 10–14 Uhr, EU-Bürger frei, sonst 1,50 €).

Las Ermitas ▶ G 3

Im Sommer, wenn es in der Niederung des Guadalquivirtals drückend heiß ist, suchen die Cordobeser gern die nahen Ausläufer der Sierra Morena auf. Dort finden sie frische Luft und kühle Wälder. Schon sehr früh wussten Einsiedler diese Vorzüge zu schätzen. Erste Christen sollen sich hier um das Jahr 400 in Höhlen zur Meditation zurückgezogen haben. Das Konzil von Trient beschloss im 16. Jh., Eremiten hätten von nun an zur Sicherheit Klostergemeinschaften zu bilden. Also errichteten die frommen Männer der Sierra Morena das **Monasterio de San Jerónimo.** Es erhebt sich an prominenter Stelle oberhalb von Madinat al-Zahra an der CO-3314 nach Santa María de Trassierra. Zu besichtigen ist es nicht.

Um 1700 verließen die Mönche das Kloster und gründeten an einsamer Stelle auf einem Felsvorsprung hoch über Córdoba **Las Ermitas.** Um zu dieser idyllischen Gruppe von Einsiedeleien zu gelangen, folgt man der CO-3314 über eine Kreuzung hinweg weiter aufwärts. Im weiteren Verlauf kündigen 14 in dichter Folge aufgestellte Steinkreuze Las Ermitas an. 1957 starb das letzte Mitglied der Eremitengemeinschaft. Heute wird die Stätte von Unbeschuhten Karmelitern betreut, von denen einige stets hier wohnen. Besucher bekommen am Eingang ein Faltblatt (auch Deutsch) mit Erläuterungen zu der Anlage. Die 13 Mönchsunterkünfte (eben die *ermitas*) verteilen sich über ein weitläufiges Gelände. Zwei davon sind zu besichtigen – die **Ermita de Santiago** des Pförtnermönchs und die **Ermita de la Magdalena** an der Zypressenallee, die zur gemeinsamen Kirche führt. Die Einsiedler lebten in strenger Klausur. Jeder verfügte über zwei winzige, spartanisch eingerichtete Räume und einen Obst- und Gemüsegarten. Ein Raum diente als Küche, der andere zum Schlafen auf einer einfachen Pritsche und zum Beten vor einem Hausaltar, neben dem noch die Geißelinstrumente hängen, mit denen sich die Mönche selbst peinigten.

Die 1732 erbaute **Iglesia de Belén** ist demgegenüber sehr prunkvoll mit drei vergoldeten Altären dekoriert. Ihren Eingangsbereich zieren Ölgemälde der bedeutendsten Einsiedler von Las Ermitas. Am Zugang zur Kirche steht das **Cruz del Humilladero,** ein Wegkreuz mit einer Nische eingelassenem Totenschädel. Dieser soll den Betrachter veranlassen, über die Vergänglichkeit des Irdischen nachzudenken.

Eine Treppe führt durch parkartiges Gelände zur Aussichtsterrasse **El Balcón del Mundo** hinab. Dort ergibt sich ein großartiger Blick auf Córdoba. Ein Pflastermosaik zeigt die Stadt in stilisierter Form, mit Mühlrad, den Wellen des Flusses, Häusern der Altstadt, Palmen und dem Glockenturm der Mezquita. Über dem Balkon erhebt sich eine markante Christusfigur (**Las Ermitas:** Di–So 10–13.30, 17.30–19.30, Juli/Aug. nachm. 17.30–20.45 Uhr, Mo geschl. außer Fei, 1,50 €).

Jenseits von Las Ermitas führt die CO-3314 durch Korkeichenwald weiter und trifft beim Ausflugslokal Assuan auf die CO-3405 Córdoba – Villaviciosa. Dort lohnt ein kurzer Abstecher nach links, wo zwischen km 6 und km 7 die **Hacienda von Manuel Benitez** El Cordobés liegt. Der legendäre Matador der 1960er- und 1970er-Jahre residierte in einem repräsentativen weißes Landhaus mit Turm.

Durch die Sierras Subbéticas

Karte: S. 313

Auf dem Weg von Córdoba nach Granada oder Jaén bietet sich die Route durch die **Sierras Subbéticas** an. Olivenplantagen dominieren die landwirtschaftlich nutzbaren Teile der schroffen, wenn auch mit maximal 1570 m nicht besonders hohen Gebirgszüge. Verkarstungserscheinungen wie Dolinen, Poljen und Höhlen prägen die vorwiegend aus Kalkgestein aufgebaute Landschaft, die auf 31 600 ha Fläche zum **Parque Natural de las Sierras Subbéticas** erklärt wurde. Hier verlief vom 13. bis zum 15. Jh. die Grenze zwischen dem christlichen Teil Andalusiens und dem maurischen Königreich Granada. Über

Sierra de Córdoba und Sierras Subbéticas

Tipp: Castillo de Almodóvar

Die mit privaten Geldern restaurierte, auf die Mauren zurückgehende Burg am Guadalquivir präsentiert sich mit ihren Türmen und Zinnen so richtig schön mittelalterlich. Sie hatte eine wichtige strategische Bedeutung für die Verteidigung der 20 km östlich gelegenen Stadt Córdoba, denn der Fluss war früher für kleinere Schiffe bis dorthin befahrbar. Besucher dürfen sich frei bewegen und in aller Ruhe die großartige Aussicht genießen. Mit Café/Restaurant im schattigen Innenhof (Almodóvar del Río, Tel. 957 63 40 55, www.castillodealmodovar.com, April–Sept. Mo–Fr 11–14.30, 16–20, Sa/So/Fei 11–20 Uhr, Okt.–März jeweils nur bis 19 Uhr, 24.12., 31.12. u. 5.1. nur vorm., 25.12. u. 1.1. geschl., 5 €, Kinder 3 €.

vielen Ortschaften wachen dementsprechend gewaltige Burgen.

Montilla 1

Montilla (24 000 Einw.) liegt in den Nordausläufern der Sierras Subbéticas inmitten eines bedeutenden Weinbaugebiets, wo ein hervorragender Weißwein erzeugt wird. Dem Sherry ähnlich, unterliegt er einem langen Reifeprozess und wird in *fino, oloroso* und *amontillado* unterschieden, wobei letzterer – ein aromatischer, halbtrockener Aperitif – in Montilla erfunden wurde. Der Montilla wird nicht mit Alkohol ›aufgespritet‹. Ohne weiteres Zutun erreicht er dank der sommerlichen Hitze in diesem Gebiet bis zu 16 % Alkoholgehalt. Dominante Rebsorte ist Pedro Ximénez, von der es heißt, sie sei mit dem Riesling verwandt und im 16. Jh. durch den Deutschen Peter Siemens (dessen Name später hispanisiert wurde) eingeführt worden.

Infos

Oficina de Turismo: Calle Capitán Alonso de Vargas 3, 14 550 Montilla, Tel. 957 65 24 62. In der Casa del Inca, wo im 16. Jh. Garcilaso El Inca lebte. Der Sohn eines andalusischen Adeligen und einer Inkaprinzessin verfasste eine romanhaft ausgeschmückte Chronik der spanischen Eroberung von Peru, die »Comentarios Reales de los Incas«. Ein Museumsraum zeigt Zeugnisse jener Zeit.

Einkaufen

Wein und mehr ▶ **Bodegas Alvear:** Av. María Auxiliadora 1, Tel. 957 66 40 14, www.alvear.eu, Mo–Sa 10–14 Uhr. Älteste Weinkellerei von Montilla, 1729 gegründet. Verkauf auch von Brandy und hochwertigem Essig. Im Sommer um 12.30 Uhr Führungen mit Verkostung (4 €), z. T. auch deutschsprachig. Am Vortag telefonisch anmelden.

Baena 2

Baena (21 000 Einw.) ist ein wichtiges Zentrum der Olivenölproduktion. Das **Museo del Olivar y el Aceite** (Olivenmuseum) widmet sich in einer ehemaligen Ölmühle der Geschichte und Herstellung, auch in Videovorführungen (nur Spanisch). Man kann probieren und kaufen (Calle Cañada 7, Tel. 957 69 16 41, www.museoaceite.com, Di–Sa 11–14, 16–18, Sommer 18–20, So/Fei 11–14 Uhr, 1,50 €).

In der Altstadt mit den vielen weißen Häusern ist die maurische Vergangenheit noch lebendig. Das charakteristische Gassenlabyrinth mündet im oberen Teil in eine **Burg** aus dem 9. Jh., die später Fernández de Córdoba besetzte, um von hier aus im Auftrag der Katholischen Könige Córdoba zu erobern. Neben dem Castillo wurde die gotische **Iglesia Santa María La Mayor** im 14. Jh. auf den Resten einer Moschee errichtet.

Infos

Oficina de Turismo: Calle Virrey del Pino 5, 14 850 Baena, Tel. 957 67 17 57. Zwischen der zentralen Plaza de España und dem Stadtpark.

Übernachten

Gediegene Unterkunft ▶ **La Casa Grande:** Av. de Cervantes 35, Tel. 957 67 19 05, Fax 957 69 21 89, www.lacasagrande.es. In einem renovierten alten Herrenhaus an der

Sierras Subbéticas

Südseite des großzügigen Stadtparks. DZ 80–120 €.

Einkaufen

Olivenöl ▶ Fábrica de Aceite de Oliva Núñez de Prado: Av. Cervantes 5/6 (Nordseite des Stadtparks), Tel. 957 67 01 41, Mo–Fr 9.30–13, 16–18, Sa 9–12 Uhr, Juli/August nur vormittags. Hier wird das Olivenöl ökologisch hergestellt, das in ganz Andalusien für seine Reinheit und sein Aroma gerühmt wird. Besonders wertvoll ist das fruchtige, säurearme *flor de aceite* (Blume des Öls), das ohne Pressung nur durch das Gewicht des Olivenbreis abtropft. Aus 11 kg Oliven wird so 1 l Öl gewonnen.

Kuchen ▶ Convento Madre de Dios: beim Castillo, Mo–Fr 8–14.30, 16–19.30 Uhr. Die wenigen Dominikanerinnen, die noch in strenger Klausur leben, backen um Weihnachten und Ostern leckere Kuchen. Verkauf durch eine Drehtür am Seiteneingang.

Termine

Semana Santa: Karwoche. Mi–Karfreitag liefern sich *coliblancos* (Weißschweife) und *colinegros* (Schwarzschweife) mit Tausenden von Trommeln einen Wettbewerb. Die Gruppen machen durch entsprechenden Kopfputz auf sich aufmerksam und repräsentieren die weißen Großgrundbesitzer und schwarzen Landarbeiter früherer Zeiten. Die *judíos* (Juden) treten in Kleidung des 19. Jh. auf, die während der französischen Besatzungszeit getragen wurde.

Zuheros

Besonders besuchenswert ist **Zuheros** (800 Einw.). Das Dorf liegt am Rand des Natur-

Tipp: Linienbusse in den Sierras Subbéticas

Carrera und *El Bauti* fahren von Córdoba nach Montilla ca. stdl., Baena bis 11 x tgl., Zuheros 2–5 x tgl., Lucena alle 1–2 Std., Rute 5 x tgl. und Priego de Córdoba 5–12 x tgl. Teilweise bestehen Querverbindungen zwischen den Ortschaften. Von Priego de Córdoba bedient *Alsina Graells* 4 x tgl. die Strecke nach Granada.

Sierra de Córdoba und Sierras Subbéticas

parks in stark zerklüfteter Landschaft und eignet sich gut als Wanderstandort. Die zentrale **Plaza de la Paz** bietet eine schöne Aussicht auf die Ölbaumhaine der Umgebung. Am Westrand von Zuheros schaut man von drei Miradores tief hinab in den **Cañón del Río Bailón**.

Der auf einem Felssporn vorgeschobene **Castillo** wurde im 9. Jh. von den Mauren gegründet und nach der Reconquista – ab 1240 – von den Christen ausgebaut. Nebenan zeigt das **Museo Arqueológico** Funde aus der Cueva de los Murciélagos (s. u.). Burg und Museum sind gemeinsam zu besichtigen (Calle de la Paz, April–Sept. Mo–Fr 10–14, 17–19, Okt.–März 10–14, 16–18 Uhr, meist ein wechselnder Ruhetag, Sa/So/Fei nur im Rahmen von Führungen, die ca. stündlich beginnen, 2 €).

Cueva de los Murciélagos

Oberhalb von Zuheros führt die spektakuläre CO-6210, an der liebliche Mandelhaine mit bizarren Felsgruppen und steinübersäten Hängen abwechseln, zu einem 4 km entfernten Parkplatz. Dort beschäftigt sich das **Ecomuseo Cueva de los Murciélagos** eher spielerisch als wirklich informativ mit Fragen der Verkarstung, Höhlenbildung und Felsmalerei. Allerdings verfügt es über einen gut sortierten Buchshop, wo u. a. eine Sammlung von 24 Faltblättern mit **Wegbeschreibungen durch den Naturpark** (nur Spanisch) für 10 € verkauft wird (Tel. 957 01 59 23, tgl. ca. 10–14, Sa/So auch im Winter 16–19, im Sommer 18–20 Uhr, Nebensaison Mo/Di geschl., z. T. auch an anderen Tagen; Eintritt frei). Nahebei liegt der **Mirador de Zuheros** mit Weitblick über das nördliche Vorland der Sierra mit den Orten Baena und Zuheros.

Vom Parkplatz am Ecomuseo 200 m entfernt ist die **Cueva de los Murciélagos** 4 (Fledermaushöhle). In ihr nisten Dutzende Fledermäuse, vor allem an Sommernachmittagen. Die Karsthöhle birgt aber auch 18 000 Jahre alte steinzeitliche Ritzzeichnungen von Jagdwild sowie Felsmalereien aus der Zeit von 6000–3000 v. Chr. An Tropfsteinen sind vornehmlich von der Decke hängende Stalaktiten im Rahmen von einstündigen Führungen zu bewundern (pro Tag maximal 150 Personen). Die Temperatur im Inneren beträgt ganzjährig 9 °C, weshalb wärmende Kleidung anzuraten ist (Tel. 957 69 45 45, informacion @cuevadelosmurcielagos.com, www.cuevadelosmurcielagos.com, Führungen Mo–Fr 12.30 u. 16.30, April–Sept. 17.30 Uhr, Reservierung Pflicht; Sa/So/Fei April–Sept. 11, 12.30, 14, 17 und 18.30, Okt.–März 11, 12.30, 14, 16 und 17.30 Uhr, Reservierung empfohlen, 1.1. u. 25.12. geschl., 5 €).

Infos

Oficina de Turismo Zuheros: CO-6209 km 1, 14 870 Zuheros, Tel. 957 69 45 45, www.zuheros.es. An der Straße nach Baena in einem ehemaligen Bahnhof der Vía Verde La Subbética (s. o.). Informationen zu Wanderungen, Stadtplan.

Übernachten

Landgasthof ▶ **Zuhayra:** Calle Mirador 10, Tel. 957 69 46 93, Fax 957 69 47 02, www.zercahoteles.com. Im Ortszentrum, geräumige und komfortable Zimmer. Restaurant (Hauptgerichte 5–10 €). DZ 55–65 €.

Essen & Trinken

Eigentlich zwei Lokale ▶ **Mesón Los Palancos:** Plaza de la Paz 1, Tel. 957 69 45 38, www.asadorlospalancos.com. Rustikale Tapabar mit Außenterrasse am Hauptplatz und nebenan ein etwas feineres Restaurant. Regionale Kost. *Raciones* ab 3 €, Hauptgerichte um 13 €.

Einkaufen

Käsespezialitäten ▶ Bei **Zuheros** wird leckerer Käse aus Ziegen- und Schafsmilch produziert. Am Ortseingang aus Richtung Baena (Schild: Venta de Queso y Productos Ecológicos) ist er käuflich zu erwerben, es gibt auch mit Pfeffer oder Holzasche gereifte würzig-pikante Sorten. Außerdem ökologische Produkte, Schinken, Wein, Olivenöl und Honig aus der Region.

Im Parque Natural de las Sierras Subbéticas

aktiv unterwegs

Wandern und Birdwatching im Cañón del Río Bailón

Tour-Infos
Start: Área Recreativa Las Cruces an der CO-6210, oberer Ortsausgang von Zuheros
Länge: 4 km, Dauer ca. 2 Std.
Schwierigkeitsgrad: mittel, gut 200 Höhenmeter im Auf- und Abstieg
Wichtige Hinweise: Fernglas und Bestimmungsbuch sind von Nutzen, denn unterwegs gibt es eine reiche Vogelfauna zu beobachten.

Der markierte Wanderweg beginnt am Picknickplatz **Las Cruces,** der einen schönen Blick auf das Gassengewirr und die Burg von Zuheros bietet. Zunächst folgt die Route für eine Viertelstunde der Straße aufwärts. Bei km 1 zweigt am **Mirador de la Atalaya** ein Pfad ab, der zwischen Nuss- und Feigenbäumen den Hang hinabführt. Manchmal trifft man hier auf Wildschweine.

Unten am **Río Bailón** schwenkt der Weg bei der **Fuente de la Mora** (Quelle der Maurin) talabwärts. Er passiert mehrere durch die Erosionskraft des Flusses ins Gestein gegrabene Höhlen, darunter die auffallend große **Cueva del Fraile** (Höhle des Mönchs). Sie verdankt ihren Namen einem markanten Felsen im Eingangsbereich, der an einen mit Kutte bekleideten Mönch erinnert. In den Höhlen nisten verschiedene Greifvogelarten, etwa Turmfalke, Wanderfalke und Uhu.

Im folgenden Verlauf muss mehrfach das Flussbett gequert werden, was im Sommer meist kein Problem ist. Im Winter kann es aber recht nass werden. Zuletzt wird der Abstieg steiler, bis zur spektakulären Engstelle **Cañón del Charco hondo** unterhalb von Zuheros. Dort geht es über den **Puente de Bailón** hinweg und den Hang hinauf zum Ort, an dessen Südrand entlang der Ausgangspunkt, der Picknickplatz **Las Cruces,** bald wieder erreicht ist.

Im Parque Natural de las Sierras Subbéticas 5

Die Passstraße A-339 Cabra–Priego de Córdoba quert den **Parque Natural de las Sierras Subbéticas** (▶ H 4/5). Ihre höchste Stelle erreicht sie am **Puerto del Mojón** (792 m). Westlich vom Pass zweigt die knapp 7 km lange CP-115 zur **Ermita de la Virgen de la Sierra** ab. Die Wallfahrtskapelle erhebt sich genau im geografischen Mittelpunkt Andalusiens auf dem **Pichacho** (1217 m) und bietet einen hervorragenden Panoramablick (www.subbetica.com/subbetica).

Am Puerto del Mojón befindet sich neben einer Bar und einem Picknickplatz das **Centro de Visitantes Santa Rita,** das Besucher-

Sierra de Córdoba und Sierras Subbéticas

aktiv unterwegs

Radwandern auf der Vía Verde La Subbética

Tour-Infos
Start: Cabra, Centro de Interpretación del Tren del Aceite (A-340, km 57)
Länge: mit Rückweg ingesamt 60 km
Dauer: ein ganzer Tag
Anfahrt: Ab Córdoba Linienbusse von Carrera (Tel. 957 40 44 14) alle 1–2 Std.; Busbahnhof Cabra Tel. 957 52 13 02.
Wichtige Hinweise: Fahrräder verleiht das Centro de Interpretación del Tren del Aceite (Tel. 957 33 40 34, www.turismodecabra.es, Di–So 10–21 Uhr). Dort und in örtlichen Tourismusbüros (z. B. in Zuheros) gibt es auch einen Routenplan (Spanisch/Englisch) der Vía Verde de la Subbética. Infos im Internet unter www.viasverdes.com.

Eine stillgelegte Bahnstrecke am Nordrand der Sierras Subbéticas ist heute als 58 km lange **Vía Verde de la Subbética** ein idealer Radweg, den übrigens auch Wanderer benutzen können. Richtung Osten findet der Weg seine Fortsetzung in der Provinz Jaén mit der **Vía Verde del Aceite.** Beide Routen zusammen sind 112 km lang. Das hier vorgeschlagene Teilstück verbindet die Orte Cabra, Doña Mencía, Zuheros und Luque und endet an der Laguna del Conde.

Ende des 19. Jh. wurde die Strecke gebaut, um den Anschluss der Region an die Häfen von Málaga und Algeciras herzustellen. Zwischen 1893 und 1985 verkehrte hier der **Tren del Aceite,** beladen mit landwirtschaftlichen Produkten der Provinzen Jaén und Córdoba sowie mit Blei und Kupfer aus Linares. In Cabra ist im Centro de Interpretación del Tren del Aceite eine Ausstellung zur Geschichte des ›Olivenölzugs‹ zu besichtigen. Das Zentrum logiert im ehemaligen Bahnhof aus den 1920er-Jahren.

Von vier Viadukten eröffnen sich eindrucksvolle Schluchtenpanoramen. Der längste, der **Viaducto de la Sima** (132 m), wird nach ca. 6 km erreicht. Auch einen Tunnel gibt es auf der Strecke, den 139 m langen **Túnel del Plantío** 2 km östlich vom Viaducto de la Sima. Er ist zwar nicht künstlich beleuchtet, aber es dringt genügend Tageslicht hinein. Also gestaltet sich die Durchfahrt unproblematisch. Weitere schöne Aussichten ergeben sich vom **Viaducto de Zuheros** (104 m), an den man nach 15 km gelangt.

Ganz im Osten ist nach 30 km die **Laguna del Conde** (auch Laguna del Salobral) das Highlight der Tour. Der Salzsee bietet rund zwei Dutzend Wasservogelarten Brutplätze und Nahrung. Beste Beobachtungsstelle ist der Mirador de la Laguna. Ein **Centro de Interpretación** in einem alten Bahnwärterhaus informiert über die unter Naturschutz gestellte Lagune. Auf der Rückfahrt nach Cabra wird es Zeit für eine Einkehr. Dafür bieten sich die Restaurants in den ehemaligen Bahnhöfen von **Luque** (35 km) und **Doña Mencía** (45 km) an. Außerdem liegen fünf Picknickplätze an der Strecke.

Im Parque Natural de las Sierras Subbéticas

Handwerk mit Tradition: Mancherorts trifft man noch Korbflechter bei der Arbeit an

zentrum des Naturparks (Infos: Tel. 957 33 40 34). Links daneben beginnen zwei Wanderwege, deren Verlauf auf Tafeln beschrieben ist.

Ziel des **Sendero Sierra de la Cabrera** ist der Mirador de la Cabrera (1085 m) mit einem außergewöhnlichen Panorama (2 Std., mittel–schwer). Als Rundweg durch Steineichenwald und duftende Macchie gestaltet sich der **Sendero Botánico Dehesa de Vargas** (2 Std., mittel). Im Frühjahr blühen Rosmarin, wilder Jasmin und eine endemische Narzissenart *(Narcissus bugei)*. Ab und zu sind Wildschweine zu beobachten.

Infos
Internet: www.subbetica.com

Unterkunft
Praktikabel ▶ **Mitra:** Ctra. A-318 km 138,9, Tel. 957 52 96 00, Fax 957 52 91 46, www.ho telmitra.es. Modernes, komfortables Haus 2,5 km außerhalb von Cabra an der Straße Richtung Doña Mencía. Restaurant. DZ 54–61 €.

Einkaufen
Olivenöl der Spitzenklasse ▶ **Cooperativa Agrícola Virgen del Castillo:** A-339 km 16/17, Mo–Sa 9–14, So 10–14 Uhr. Direktverkauf von hervorragendem Olivenöl *(aceite de oliva)*. Das moderne Produktionszentrum, eines der innovativsten Andalusiens, steht gleich nebenan.

Termine
Romería de los Gitanos: Mitte Juni. Bunte Zigeunerwallfahrt zur Bergkapelle Virgen de la Sierra. Oben wird eine Flamencomesse gelesen und danach die Nacht durchgefeiert.

La Guerra de las Flores: 4. September. Am Nachmittag wird die Statue der Virgen de la Sierra aus ihrer Kapelle nach Cabra gebracht, wo sie eine lange Kutschenprozession durch

Sierra de Córdoba und Sierras Subbéticas

Aceitunas: das andalusische ›Gold‹

den Ort geleitet. Das Fest wird zum ›Blumenkrieg‹, der anschließend noch mehrere Tage mit Papierblumen ausgefochten wird.

Priego de Córdoba 6

Eine sehr angenehme Stadt mit gediegener Atmosphäre ist **Priego de Córdoba** (23 000 Einw.). Im 18. Jh. spielte hier die Textil- und insbesondere Seidenherstellung eine große Rolle. An diese Zeit erinnern prächtige Stadthäuser, in denen Produzenten und Händler residierten, ebenso wie einige Kirchen im besonders üppigen Stil des *barroco cordobés,* als dessen Hauptstadt sich Priego gern bezeichnet.

Unter Letzteren verdienen die **Iglesia de la Asunción** an der parkartigen Plaza Abad Palomino und die **Iglesia de San Francisco** in der Calle Buen Suceso besondere Beachtung. In beiden schuf der Barockkünstler Jerónimo Sanchez de Rueda eine überbordende Innendekoration. Die **Iglesia de la Aurora** wird von den *Hermanos de la Aurora* unterhalten. In Umhänge gehüllte Mitglieder der Bruderschaft ziehen jeden Samstag um Mitternacht durch die Straßen, preisen die Jungfrau in Lobliedern und sammeln Almosen (alle drei Kirchen ca. 11–13, 17.30–19.30 Uhr).

Stadtpaläste mit prunkvollen Portalen und schmiedeeisernen Balkonen häufen sich entlang der Carrera de Alvarez, der Calle Río und der Carrera de las Monjas. In einem besonders sehenswerten Exemplar ist das **Museo Histórico Municipal** mit steinzeitlichen Artefakten untergebracht. Aus der mittleren Steinzeit (9000–5000 v. Chr.) stammt das Glanzstück der Sammlung, eine steinerne Plakette, in die der Kopf eines Steinbocks graviert wurde. Dieser Fund ist einzigartig in Andalusien (Carrera de las Monjas, Di–Fr 10–13.30, 18–20.30, Sa 10–13.30, 17–19.30, So 10–13.30 Uhr, Eintritt frei).

Die **Casa Alcalá-Zamora,** in der heute die Tourismusinformation logiert, ist mit Originaleinrichtung aus dem 19. Jh. zu besichtigen. Hier wurde 1877 Niceto Alcalá Zamora y Torres geboren, ein späterer spanischer Staatspräsident (Calle Río 33, Di–Sa 10–13.30, 17–19.30, So/Fei 10–13.30 Uhr, Eintritt frei).

Priego de Córdoba

Brunnen

Charakteristisch für Priego de Córdoba sind die zahlreichen Brunnen. Ein beliebter Treffpunkt am Nachmittag ist die **Fuente del Rey** (ausgeschildert) mit 139 in Form von Köpfen gestalteten Wasserspeiern. An dieser Stelle soll sich das Zeltlager von König Alfonso XI. befunden haben, als er 1341 die Festung von Priego de Córdoba eroberte. Ihre heutige Form mit kleinen Fontänen und Kaskaden sowie einer zentralen Marmorfigurengruppe mit dem Meeresgott Poseidon und seiner Gattin Amphitrite erhielt die Kombination aus drei breiten Wasserbecken im 19. Jh. Wie der Volksmund wissen will, ist eine gute Ernte zu erwarten, wenn der Wasserstand Poseidons Gemächte übersteigt …

Die **Fuente Virgen de la Salud** mit ihrer portalartigen Fassade entstand um 1570, als der Stil des Manierismus – der eine auffällige Vorliebe für Brunnen zeigte – vorübergehend aktuell war. Ihr Baumeister Francisco del Castillo schuf zeitgleich auch die Fassade der **Carnicerías Reales** (Königlicher Fleischmarkt), in deren Innenhof heute oft Kunstausstellungen stattfinden (Calle Doctor Pedrajas, tgl. 10–13, 17–19 Uhr, Eintritt frei).

Barrio La Villa

Das auf die Zeit der Maurenherrschaft zurückgehende, herausgeputzte ehemalige Judenviertel **Barrio La Villa** (**Schild:** Conjunto Histórico-Turístico) besticht durch mittelalterlich anmutendes Flair. Dennoch sind die Bewohner noch weitgehend unter sich, halten sich häufig auf Straßen und Plätzen auf und pflegen einen familiären Umgangston. Alle Gassen des Viertels laufen irgendwie am **Balcón del Adarve** zusammen, einer Aussichtspromenade mit fantastischem Blick zu den Gipfeln La Tiñosa (1570 m) und Bermejo (1476 m), den höchsten Erhebungen der Sierras Subbéticas.

Infos

Oficina Municipal de Turismo: Plaza Ayuntamiento, 14 900 Priego de Córdoba, www.aytopriegodecordoba.es. Gegenüber vom Rathaus. Wer der Beschilderung »Conjunto Histórico-Turístico« folgt, fährt genau darauf zu.
Patronato de Turismo: Calle Río 33, Tel./Fax 957 70 06 25, www.turismodepriego.com. Nahe Fuente del Rey.

Übernachten

Im Stil eines Gutshofs ▶ **Huerta de las Palomas:** Ctr. Priego-Zagrilla km 3, Tel. 957 72 03 05, Fax 957 72 00 07, www.zercahoteles.com. 4-Sterne-Hotel außerhalb von Priego de Córdoba hübsch gelegen inmitten von Ölbaumplantagen. Sehr geschmackvoll und individuell eingerichtete Zimmer. Tennis, Reiten, Quad- und Jeeptouren möglich. DZ über Veranstalter 50–100 €, direkt 65–110 €.

Wie die Stadtbewohner ▶ **La Posada Real:** Calle Real 14, Tel. 957 54 19 10, Fax 957 54 09 93, www.laposadareal.com. Zimmer und Ferienwohnungen in zwei schönen Häusern im Barrio de la Villa. Wer hier wohnt, nimmt am Leben der Einheimischen teil. DZ 48 €, Apartment für max. 4 Pers. 80 €.

Essen & Trinken

Uriges Kellerrestaurant ▶ **El Aljibe:** Calle Abad Palomino 7, Tel. 957 70 18 56, www.restaurante-elaljibe.com. Gegenüber der Burg, benannt nach einer maurischen Zisterne *(aljibe)*, deren Ruine im Speiseraum zu besichtigen ist. Deftige Fleischgerichte. Den kleinen Hunger stillt die Tapabar im Erdgeschoss. *Raciones* 4–9, Tagesmenü um 7 €.

Termine

Domingos de Mayo: jeden Sonntag im Mai. Mit Umzügen, Musik und Feuerwerk bedanken sich die Einwohner von Priego dafür, dass sie einst von der Pest verschont blieben.
Feria Real: 1.–5. September. Ein Viehmarkt bietet den Rahmen für Stierkämpfe, Reiterparaden, Flamencoaufführungen und Olivenölverkostung.

Verkehr

Mit dem Pkw: Parkhaus ca. 200 m rechts von der Oficina Municipal de Turismo (s. o.); Parkplatz an der Plaza Santa Ana (beim Barrio La Villa).

Jaén und Umgebung

Ölbaumplantagen, soweit das Auge reicht, prägen die Landschaft bei Jaén. Nicht nur die Provinzhauptstadt, sondern noch viel mehr die beiden Renaissancestädte Baeza und Úbeda sind wegen ihrer kostbaren Baudenkmäler unbedingt einen Besuch wert. Die wohl grünste Region Andalusiens ist die zum Naturpark erklärte, wasser- und wildreiche Sierra de Cazorla.

Jaén ▶ J 3

Cityplan: S. 322/323

Die Provinzhauptstadt **Jaén** (116 000 Einw.) ist Mittelpunkt des größten Olivenanbaugebiets der Welt. Allein hier erzeugt Spanien mehr Oliven als alle anderen EU-Staaten zusammen. Zunehmend spielt auch die Produktion von Sonnenblumenöl eine Rolle. Touristen kommen kaum nach Jaén, obwohl die Stadt bei näherer Betrachtung durchaus ihre Reize hat. Zwar liegt außen ein Gürtel gesichtsloser Neubauten. Doch das alte Viertel **La Magdalena** mit seinen engen Gassen, Treppen und weißen Häusern ist noch recht ursprünglich. Beim Durchstreifen gibt es arabische Torbögen, schlichte gotische Kirchen und prunkvolle Renaissancepaläste zu entdecken.

Iberer, Karthager und Römer schürften in der Umgebung von Jaén Silber und gründeten eine erste Siedlung. Die Glanzzeit der Stadt fiel allerdings in die Jahrhunderte arabischer Herrschaft. Damals hieß sie *djaijan* (arab., am Karawanenweg), wovon sich der heutige Name ableitet. Nach dem Zerfall des Kalifats war Jaén im 11. Jh. Hauptstadt eines kleinen *taifa*-Reiches. 1245 eroberte Ferdinand III. von Kastilien die Stadt. Deren maurischer Herrscher Ibn al-Ahmar hatte sich schon acht Jahre zuvor nach Granada zurückgezogen, wo er die Nasridendynastie begründete. 1491 zogen die Katholischen Könige in Jaén ihre Truppen zusammen, um in den entscheidenden Kampf gegen das Königreich Granada zu ziehen.

Catedral de la Asunción de la Virgen [1]

Die **Kathedrale** von Jaén gilt als schönste Renaissancekirche Andalusiens und eine der bedeutendsten Spaniens. Ihre eleganten Türme überragen alle anderen Gebäude der Innenstadt. Eine erste, gotische Kathedrale musste Ende des 15. Jh. aus bautechnischen Gründen wieder abgerissen werden. Nach Plänen des bedeutenden einheimischen Architekten Andrés de Vandelvira, der auch in den Städten Baeza und Úbeda wirkte (s. S. 326 ff., 331 ff.), wurde dann 1540–1802 die heutige Kathedrale errichtet. Trotz der langen Bauzeit hielt man an der Grundkonzeption weitgehend fest und erzielte dadurch eine harmonische Gesamtwirkung. An der relativ strengen Hauptfassade schufen 1667 die Steinmetze Pedro und Julián Roldán aus Antequera barocken, aber dezenten Figurenschmuck. Im Zentrum nimmt Ferdinand III., Eroberer von Jaén, mit Schwert und Reichsapfel in den Händen die wichtigste Position ein.

Im Inneren ist die Vierungskuppel zwischen Hauptaltar und Chor eine architektonische Meisterleistung. Berühmt sind auch die Mudéjarschnitzereien des Chorgestühls (16. Jh.) mit Reliefs von Heiligen in der unte-

Jaén

ren und Szenen aus dem Alten und Neuen Testament in der oberen Sitzreihe.

Hinter dem Hauptaltar wird in einem wertvollen Schrein – einer Goldschmiedearbeit aus Córdoba – **El Santo Rostro** (das heilige Antlitz) verwahrt, ein angebliches Schweißtuch der hl. Veronika mit dem Gesichtsabdruck Christi. Der Bischof von Jaén brachte es 1376 als Geschenk von Papst Gregor XI. mit. Dem Tuch werden wundertätige Kräfte nachgesagt. Jeden Freitag wird es nach den Messen – etwa 11.30 und 17 Uhr – in einer eindrucksvollen Zeremonie den Gläubigen präsentiert, die es dann (hinter Glas) küssen dürfen (**Catedral Santa María:** Plaza de Santa María, Mo–Sa 8.30–13, 16–19, April–Sept. 17–20, So/Fei 9–13, 17–19 Uhr).

Ein prunkvolles Renaissancekellergewölbe wurde um 1550 als Gedächtnis- und Begräbnisstätte für die Stadtherren von Jaén konzipiert. Heute ist darin das **Museo Catedralicio** (Kathedralmuseum) untergebracht. Es verwahrt etwa 100 teilweise recht wertvolle Gemälde, darunter zwei Werke von Ribera, auf denen die Heiligen Matthäus und Jakobus abgebildet sind, sowie von Juan

Caldarium in den Arabischen Bädern: Sternförmige Öffnungen in der Kuppeldecke sorgten für den Abzug des Dampfs

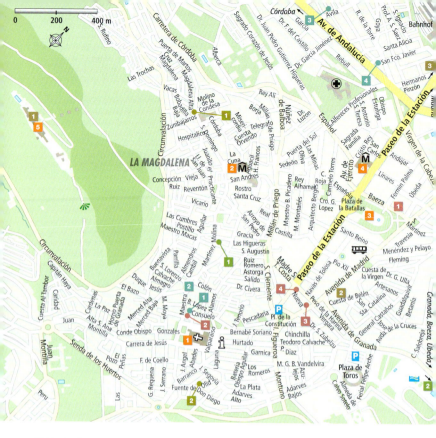

Valdez Leál ein »Haupt des Täufers« und eine Darstellung des Königs Ferdinand III. Außerdem werden fein gearbeitete *rejas* gezeigt, schmiedeeiserne Gitter des örtlichen Meisters Bartolomé (tgl. 10–13 Uhr, nachmittags Zeiten wie die Kathedrale, 3 €).

Palacio de Villardompardo

Den prunkvollen **Palacio de Villardompardo** ließ der Vizekönig von Peru, Graf Villardompardo, Ende des 16. Jh. errichten. Damals wurden die **Baños Árabes** aus dem 10./11. Jh. überbaut, die man erst 1913 wiederentdeckt hat. Mit fast 600 m^2 Fläche handelt es sich um die größten erhaltenen maurischen Bäder der Iberischen Halbinsel. Sie heißen auch Baños de Ali nach einem *taifa*-König, der einst über Jaén herrschte und der Legende nach von einem Rivalen in den Bädern ermordet wurde. Damals waren diese durch einen unterirdischen Gang mit dem angrenzenden Herrscherpalast verbunden, an dessen Stelle das Dominikanerkloster (heute Historisches Provinzialarchiv) entstand.

Ein Rundgang führt zunächst durch die arabischen Bäder (s. S. 308). Relativ schlecht erhalten blieb das Frigidarium *(sala fría)*. Dafür beeindruckt umso mehr das zentrale Tepidarium *(sala templada)* mit einer großen, von Säulen und Hufeisenbögen gestützten Kuppel. Das steinerne Wasserbecken in der Mitte scheint aus nacharabischer Zeit zu stammen, als die Bäder vorübergehend in eine Gerberei umgewandelt wurden. Im Caldarium *(sala caliente)* ist noch das System der Fußbodenheizung zu erkennen.

Im Palast selbst ist das schön gestaltete **Museo de Artes y Costumbres Populares**

Jaén

Sehenswert
1. Catedral de la Asunción de la Virgen/ Museo Catedralicio
2. Palacio de Villardompardo/Baños Árabes
3. Parque de la Victoria
4. Museo Provincial
5. Castillo de Santa Catalina

Übernachten
1. Parador Castillo de Santa Catalina
2. Husa Europa
3. Hostal Restaurante Estación Renfe

Essen & Trinken
1. Casa Antonio
2. Casa Vicente
3. La Gamba de Oro
4. Mesón Río Chico

Einkaufen
1. Museo del Olivo
2. Mercadillo de Jaén

Abends & Nachts
1. Taberna El Gorrión
2. Peña Flamenca de Jaén
3. Ábaco
4. Bundesbar

Aktiv
1. Plenarium
2. Gesme Acnatu

---

untergebracht. Es thematisiert sehr anschaulich verschiedenste Handwerksberufe sowie Volkskunst und Bräuche früherer Zeiten. Der Rundgang endet im **Museo Internacional de Arte Naïf**, dem einzigen Museum für naive Kunst in Spanien. Die Grundlage schuf der aus der Gegend von Jaén stammende Museumsgründer Manuel Moral mit seinen eigenen Werken und seiner Sammlung von Malereien und Plastiken aus dem 19./20. Jh. (**Palacio de Villardompardo mit Baños Árabes und Museen: Di–Fr 9–20, Winter bis 19, Sa/So 9.30–14.30 Uhr, Mo/Fei geschl., EU-Bürger gratis, sonst 1,50 €**).

Neustadt

In der Neustadt wird die breite Einkaufsstraße Paseo de la Estación unterbrochen durch die **Plaza de las Batallas** (Platz der Schlachten), an die sich der schöne Stadtpark **Parque de la Victoria** 3 (Park des Sieges) anschließt. Am Platz erinnert ein **Monument** an die beiden bedeutenden Schlachten, die auf dem Boden der Provinz Jaén ausgefochten wurden: 1212 schlugen die vereinigten christlichen Heere bei Navas de Tolosa in der Sierra Morena die Mauren und leiteten die Reconquista in Andalusien ein. 1809 besiegte ein spanisches Heer, von Napoleon verächtlich als »von Pfaffen geführter Bauernhaufen« bezeichnet, bei Bailén die Franzosen. Für Napoleon sollte sich diese erste bedeutende Niederlage als Anfang vom Ende erweisen.

In der Nähe lädt das **Museo Provincial** 4 zur Besichtigung interessanter Funde aus römischer und maurischer Zeit ein. Herausragende Exponate sind allerdings einige iberische Skulpturen (5. Jh. v. Chr.) aus hellem Kalksandstein, darunter die berühmte Stierkampfszene »Toro de Porcuna«. In ihrer Stilisierung und den fließenden Formen zeigen die Skulpturen deutlich einen griechischen Einfluss. In das Museumsgebäude wurden die Renaissanceportale des alten Getreidespeichers sowie der ehemaligen Iglesia de San Miguel einbezogen (Paseo de la Estación 27, Di 14.30–20.30, Mi–Sa 9– 20.30, So/Fei 9–14.30 Uhr, Mo u. an manchen Feiertagen geschl., EU-Bürger frei, sonst 1,50 €).

Castillo de Santa Catalina 5

Der **Castillo de Santa Catalina** erhebt sich im Westen hoch über der Stadt. Eine 5 km lange Serpentinenstraße führt den Burgberg hinauf. Schon wegen der grandiosen Aussicht lohnt ein Besuch. Von dem abgeflachten Burgberg *(cerro)* ließ sich die gesamte Umgebung kontrollieren. Der beste Blick auf die Stadt bietet sich vom südöstlichen Ende des Bergrückens an einem über dem Abgrund aufgerichteten Steinkreuz *(cruz del castillo)*. Ein Fußweg führt dorthin.

Der heutige Name des aus maurischer Zeit stammenden Kastells geht auf die Reconquista zurück. 1245 eroberte am 25. November, dem Tag der hl. Katharina, ein kastilisches Heer Jaén. In der Burg gibt es auf

Jaén und Umgebung

Wie funktionierten maurische Bäder?

Thema

Bäder genossen bei den Mauren einen hohen Stellenwert. Sie dienten nicht nur zur Reinigung, sondern waren Stätten des gesellschaftlichen Lebens. Männer und Frauen badeten getrennt. Während die Männer im Hamam politische und wirtschaftliche Entscheidungen trafen, kamen die Mütter zur Brautschau.

Die arabischen Bäder orientierten sich an römischen Vorbildern, wiesen jedoch einige Unterschiede auf. In den Thermen des antiken Roms gab es mehrere Wasserbecken, in einem Hamam nur ein zentrales. Es diente nicht als Bad, sondern als Wärme- und Dampfquelle oder zum Wasserschöpfen. Rituelle und auch reinigende Waschungen waren – so forderte es der Islam – unter fließendem Wasser zu vollziehen.

Zunächst betrat man den Ent- und Ankleideraum, der in einem Hamam zugleich als Ruheraum diente. Um einen zentralen Innenhof gruppierten sich mehrere Räume, in denen meist unterschiedliche Temperaturen herrschten. Überall gab es Wasserquellen, um sich zu übergießen. In einem Raum mit gemäßigter Temperatur und hoher Luftfeuchtigkeit bereitete man den Körper auf die Waschungen vor. Die Wasserbecken der Römer wurden dabei im Hamam durch geheizte Sitz- und Liegenischen ersetzt.

Der Raum mit dem zentralen Wasserbecken ist am ehesten mit einer heutigen Dampfsauna vergleichbar. Die Badenden übergossen sich immer wieder mit warmem Wasser und ruhten auf warmen Steinbänken, um die Poren zu öffnen und die Muskeln zu lockern. Nach dem Schwitzen begab man sich wieder in einen Raum mit gemäßigter Temperatur. Badegehilfen begannen hier mit einer leichten Massage, dann wurde der Badende mit einem rauen Waschlappen von oben bis unten abgerubbelt. Diese Aktion entfernte alle Verunreinigungen und Hautschuppen und förderte eine regelmäßige Durchblutung der Körperoberfläche. Nachdem der Gast gründlich abgespült worden war, seifte ihn der Bademeister mit einem großen weichen Pinsel von oben bis unten ein und wusch ihn ab. Danach war der Badende sozusagen porentief rein und bereit für eine speziellere Massage oder für eine Ruhepause mit Tee. Bei heißen Außentemperaturen sorgten kühle Güsse im Kältebad für eine wohltuende Erfrischung.

Im Hamam wurde streng nach Geschlechtern getrennt gebadet. In größeren Städten gab es separate Bäder. Andernfalls waren bestimmte Zeiten für Frauen und Männer festgelegt. Man zeigte sich auch vor dem eigenen Geschlecht nicht nackt, sondern schlang sich ein Tuch um den Körper.

Im Gegensatz zu römischen Bädern waren die Hamams nicht hell erleuchtet, sondern gedämpftes Licht trat nur durch Öffnungen in der Kuppeldecke ein. Beheizt wurden die Anlagen mit einer Art Fußboden- und Wandheizung. Kanäle mit heißem Wasser durchzogen Boden und Wände des gesamten Bades. Je nach Größe konnte es Stunden oder auch Tage dauern, bis ein ausgekühltes Hamam in allen Bereichen die richtige Temperatur aufwies.

Die modernen arabischen Bäder (z. B. in Córdoba oder Granada, s. S. 309 u. 367) versuchen an diese alte Badetradition anzuknüpfen.

Jaén

Spanisch audiovisuelle Erläuterungen und einen 3D-Film über die Geschichte von Jaén (Di–So 10–14, 15.30–19, April–Sept. 17–21 Uhr, 3,50 €).

Infos

Oficina de Turismo de la Junta de Andalucía: Calle Ramón y Cajal 4, Casa Almansa, östlich der Kathedrale, Tel. 953 31 32 81, Fax 953 31 32 83, www.aytojaen.es. Auch Informationen über Ausflüge in die Sierra de Cazorla (s. S. 336 ff.).

Übernachten

Beste Adresse in Jaén ▶ **Parador Castillo de Santa Catalina** 1: Tel. 953 23 00 00, Fax 953 23 09 30, www.parador.es. Großartiger Blick auf die Stadt und die Olivenplantagen der Umgebung, Terrasse mit Pool. Sehr gutes Restaurant in altem Gewölbesaal wie in einer Ritterburg (Menü 23 €). DZ 160 €.

Stadthotel ▶ **Husa Europa** 2: Plaza de Belén 1, Tel. 953 22 27 04, Fax 953 22 26 92, www.husa.es. Zentral und doch relativ ruhig, große Zimmer mit Mietsafe, Parkgarage. DZ ab 64 €.

Für Durchreisende ▶ **Hostal Restaurante Estación Renfe** 3: Plaza Jaén por la Paz, Tel. 953 27 47 04, Fax 953 27 46 14, www.hostalrenfejaen.com. Funktionale und praktische Unterkunft im Bahnhof. DZ 55 €.

Essen & Trinken

Spitzenlokal ▶ **Casa Antonio** 1: Calle Fermín Palma 3, Tel. 953 27 02 62, So u. Aug. geschl. Kreative Küche auf der Grundlage vieler traditioneller Rezepte. Wohl das derzeitige Spitzenrestaurant von Jaén. 3-Gänge-Menü um 45 €.

Regionale Küche ▶ **Casa Vicente** 2: Calle Francisco M. Mora 1, Tel. 953 23 22 22, So abends geschl. Lauschiger Innenhof. Gazpacho, Pilzgerichte, Lamm, Rebhuhn. 3-Gänge-Menü ab ca. 30 €.

Gut und günstig ▶ Viele preisgünstigere Esslokale säumen die Calle Nueva (in der Neustadt, nahe Südende des Paseo de la Estación), z. B. das auf Meeresfrüchte spezialisierte **La Gamba de Oro** 3 (Nr. 5) oder das sehr stilvolle **Mesón Río Chico** 4 (Nr.14) mit Tapabar im EG und Restaurant im ersten Stock (*raciones* jeweils 4–8 €).

Einkaufen

Alles mit Oliven ▶ **Museo del Olivo** 1: Calle Martínez Molina 6. Kein Museum, sondern ein Laden rund um die Olive. Hier gibt es angefangen bei Öl, eingelegte Oliven, Olivenholzschnitzereien über Kosmetika mit Olivenöl bis hin zu Ölkännchen aus Blech alles.

Bunter Markt ▶ **Mercadillo de Jaén** 2: Recinto Ferial Alcalde Alfonso Sánchez. Auf dem Messegelände der Stadt findet jeden Donnerstag der Wochenmarkt statt, auf dem außer Lebensmitteln auch so ziemlich alles gehandelt wird, was man sonst noch braucht: Kleidung, Schuhe, Hausrat und vieles mehr. Stadtbuslinien 1, 5, 7, 19.

Abends & Nachts

Urige, studentische **Tascas** – so die schon 1888 eröffnete **Taberna El Gorrión** 1 (www.tabernagorrion.es) – sind nahe der Kathedrale in den Calles Arco del Consuelo und Bernardo López zu finden. In den meisten kann man auch gut Tapas essen.

Flamencokneipe ▶ **Peña Flamenca de Jaén** 2: Calle de la Maestra 11, Tel. 953 23 17 10. Das einzige Flamencolokal von Jaén kann sich rühmen, die renommierte Zeitschrift El Candil mit Forschungsberichten über diese musikalische Kunstform herauszugeben. Häufig Livemusik, auch mit Nachwuchskünstlern.

Im Mittelpunkt ▶ **Ábaco** 3: Av. Muñoz Grandes 5, Tel. 953 27 68 71. Moderne Disco mit Musik für jeden Geschmack im Zentrum der nächtlichen marcha, des von Lokal zu Lokal wechselnden Nightlifes am Wochenende.

Eine Kuriosität ▶ **Bundesbar** 4: Calle Antonio Herrera Murillo 1, Tel. 691 43 03 81, www.bundesbar.es, Di–So 18.30–2 (Fr/Sa bis 3) Uhr. Fernab jeglicher Touristenzentren ahmt dieses Lokal den Stil bayrischer Biergärten für ein spanisches Publikum nach. Außer den bekannten deutschen Biersorten sind auch spanische, niederländische, englische und irische Marken gut vertreten. Dazu

Jaén und Umgebung

schmecken salchichas alemanas (deutsche Würstchen) und patatas Bundes (Pommes). Auf dem Flachbildschirm laufen die Spiele der großen spanischen Fußballclubs.

Aktiv

Wellness pur ▶ **Plenarium 1:** Calle Juanito Valderrama 2, Tel. 953 22 48 47, www.plenarium.es, Mo–Fr 7–23, Sa 9–21, So/Fei 9–14 Uhr. Wellnesscenter zum Baden und Wohlfühlen. Die angebotenen Anwendungen umfassen Massagen, asiatische Therapien, Schönheitspflege. Mit Fitnessbereich und Cafeteria.

Wandern, Klettern und Biken ▶ **Gesme Acnatu 2:** Calle Fuente de Don Diego 8, Tel. 695 71 03 06, gesme_acnatu@hotmail.com. Veranstalter für Klettertouren, Wanderungen und Montainbiking mit Abenteuercharakter in den Gebirgen der Provinz Jaén. Wechselndes Programm auf Anfrage.

Termine

Feria de San Lucas: eine Woche um den 18. Oktober. Aus einem Viehmarkt hervorgegangenes und turbulentes Stadtfest mit jeder Menge Musik und täglichen Stierkämpfen. Die spanischen Toreros, die zum Kampf antreten, absolvieren hier den Abschluss ihrer Saison.

Romería de Santa Catalina: 25. November. In Erinnerung an die Reconquista vormittags Wallfahrt zur Burgkapelle des Castillo de Santa Catalina. Anschließend wird ein großes Picknick veranstaltet.

Verkehr

Züge: Bahnhof am Nordende des Paseo de la Estación, Stadtbuslinie 1 ab Plaza de la Constitución, 1 €. Direktzüge nach Madrid 4 x tgl., Linie A nach Sevilla 1 x tgl. (in Mengibar Umsteigemöglichkeit nach Granada/Almería).

Busse: Busbahnhof an der Plaza Coca de la Piñera (die Verlegung in die Avenida de Granada, nahe der Stierkampfarena, steht bevor). Mit *Ureña* nach Córdoba 8 x tgl., mit *Alsina Graells* nach Granada ca. stdl., Úbeda/Baeza Mo–Sa 11 x tgl., Cazorla 3 x tgl.

Baeza ▶ K 3

Cityplan: S. 328/329

Die Städte Baeza und Úbeda liegen nur 8 km voneinander entfernt, haben eine gemeinsame Geschichte und wurden architektonisch ähnlich gestaltet. 2003 erkannte die Unesco beiden den Status eines Kulturerbes der Menschheit zu. Zahlreiche Adelspaläste, verschwiegene Plätze und dazu eine kleinstädtisch-geruhsame Atmosphäre machen einen Besuch sehr lohnend.

Baeza und Úbeda wurden im Jahr 1227 als erste christliche Bastionen in Andalusien von Ferdinand III. erobert. Insbesondere Baeza stellte fortan eine wichtige Grenzfeste gegenüber dem Königreich Granada dar. Nach der Einnahme Granadas setzten sich in beiden Städten die großen Adelsfamilien fest, die an der Reconquista mitgewirkt hatten. Baeza und Úbeda entwickelten sich zu bedeutenden Handelsplätzen auf dem Weg zwischen Kastilien und Andalusien und erlebten ihre Blütezeit im 16. Jh.

Paseo de la Constitución

Im etwas kleineren, auf einem Hügel gelegenen **Baeza** (16 000 Einw.) liegen alle Sehenswürdigkeiten nahe beieinander. Ausgangspunkt für eine Stadtbesichtigung ist der **Paseo de la Constitución,** eine weitläufige, von Arkaden gesäumte Anlage, die früher als Markt- und Festplatz diente. Bis heute ist sie Mittelpunkt der Stadt mit Cafés, Bars und Restaurants. An der Westseite erheben sich die **Casas Consistoriales Bajas 1,** das historische Ratsgebäude aus dem 17. Jh. mit einer Galerie, auf der sich die städtischen Würdenträger anlässlich von Feierlichkeiten zeigten.

Auf der anderen Seite der Plaza stehen **La Alhóndiga 2,** die einstige Getreidemarkthalle mit dreifacher Bogengalerie und dahinter der alte Kornspeicher *(pósito).* An der mit einigen Straßencafés recht einladenden Plaza de España blieb mit der **Torre de los Aliatares 3** ein Baudenkmal aus der maurischen Epoche erhalten. Heute fungiert sie als Uhrturm.

Baeza

Plaza del Pópulo

Der wohl schönste Platz von Baeza ist die **Plaza del Pópulo** (auch Plaza de los Leones) mit der zentralen **Fuente de los Leones** 4. Die vier Löwenstatuen des Brunnens stammen aus den Ruinen der karthagisch-römischen Stadt Cástulo bei Linares. Die iberisch-römische Frauenfigur stellt der örtlichen Überlieferung zufolge Himilke dar – die aus Cástulo stammende Ehefrau Hannibals.

Bei dem Renaissancebau mit Galerie im ersten Stock und dem gewaltigen Wappen Kaiser Karls V. an der Frontseite handelt es sich um die **Antigua Carnicería** 5 (Altes Schlachthaus, 16. Jh.). Aus heutiger Sicht war das Gebäude – wenn man seinen Zweck bedenkt – erstaunlich prächtig ausgestattet, ein Beleg für den damaligen Reichtum der Stadt.

Das Erdgeschoss der im Platereskstil mit Balustraden und Blendgiebeln über den Fenstern verzierten **Casa del Pópulo** 6 (1559) diente ehemals den Stadtschreibern – eine Art öffentliche Notare – als Kanzlei. Im ersten Stock tagte das Zivilgericht. Das zinnenbewehrte Stadttor **Puerta de Jaén** gehört zum alten Mauerbezirk. Daneben steht der Triumphbogen **Arco de Villalar** 7 von 1521. Er erinnert an die gleichnamige Schlacht, in der Karl V. das aufständische kastilische Bürgertum *(comuneros)* besiegte, das mehr Rechte forderte. Auf Seiten des Kaisers waren viele Adelige, auch aus Baeza, beteiligt, die um ihre Privilegien fürchteten.

Zona Monumental

Eine Treppe links neben der Casa del Pópulo führt ins Zentrum der Altstadt. Dort steht die 1538 gegründete **Antigua Universidad** 8, die bis ins 19. Jh. hinein als Universität funktionierte. Dann wurde sie in ein Gymnasium umgewandelt, an dem Antonio Machado y Ruiz 1912–1919 als Französischlehrer tätig war. Er gilt als führender Dichter der spanischen Generation von 1898 und starb 1939 gegen Ende des Spanischen Bürgerkriegs im französischen Exil. In seinen – nicht ins Deutsche übersetzten – Werken befasste er sich u. a. mit den gesellschaftlichen Missständen in Spanien. Ihn ehrt ein einfaches **Denkmal** im Innenhof (Calle del Beato Juan de Ávila, Do–Di 10–13, 16–18 Uhr, Eintritt frei).

Gleich um die Ecke erhebt sich an der Plaza Santa Cruz das spektakulärste Gebäude von Baeza: der wuchtige **Palacio del Marqués de Jabalquinto** 9 (15./16. Jh.) mit seiner verspielten Fassade im isabelinischen Stil. Die Linienführung wirkt noch gotisch, gepaart mit maurischer Ornamentik. Dem Stil der Renaissance gehören jedoch die Quadersteine an, die in Form sogenannter Diamantspitzen hervorspringen. Eingerahmt wird das Ensemble von zwei dicken Halbsäulen, die oben kleine Kanzeln tragen. Auch der Orangenhof im Inneren mit doppelstöckiger Galerie, Barocktreppe und Springbrunnen ist sehenswert (Do–Di 10–14, 16–18 Uhr, Eintritt frei).

Gegenüber steht die kleine **Iglesia de la Santa Cruz** 10 von 1227. Es handelt sich um eine der ersten nach der Reconquista in Andalusien erbauten Kirchen. Sie entstand noch im für das Land seltenen romanischen Stil und birgt sehenswerte Fresken (meist Mo–Sa 11–13.30, 16–18, So 12–14 Uhr, Eintritt frei).

Plaza de Santa María

Etwas weiter öffnet sich die großzügig angelegte **Plaza de Santa María.** Die säulenbestückte, dreigeschossige **Fuente de Santa María** 11 in der Mitte ist Brunnen und kleiner Triumphbogen zugleich. Wappen- und emblemgeschmückte Wände tragen gemeinsam mit Säulen und Figuren das Dach eines Tempels. Das Ensemble entstand während der Regierungszeit König Philipps II. Ende des 16. Jh.

Aus der ersten Bauphase der **Catedral Santa María** 12 (13. Jh.) blieb das gotisch-mudejare Westportal Puerta de la Luna erhalten. Die Kathedrale wurde teilweise auf den Mauern einer Moschee erbaut, woran einige mit Pflanzenornamenten und arabischen Inschriften versehene Bögen im Kreuzgang erinnern. Im 16. Jh. gestaltete Andrés de Vandelvira die Fassade im Renaissancestil neu, obwohl damals der Bischofssitz längst nach Jaén verlegt worden war. Im In-

neren beeindruckt vor allem die barocke Rückwand des Hauptaltars, eine aufwendige, mit Blattgold belegte Holzschnitzerei. Vier Bischöfe aus Baeza sind neben den Aposteln Paulus und Andreas an der schmiedeeisernen Kanzel (1580) zu sehen. Zwei kunstvolle Gitter (am alten Chor und an der Capilla del Sagrario) schuf Bartolomé de Jaén. Neben dem alten Chor gleitet auf Münzeinwurf ein Gemälde beiseite. Dahinter verbirgt sich der größte Schatz der Kathedrale: eine wertvolle Monstranz von 1714, die an Fronleichnam durch die Straßen getragen wird (tgl. 10.30–13, Okt.–März 16–18, April–Sept. 17–19 Uhr).

Durch enge Gassen gelangt man zum nahen **Paseo de las Murallas,** wo sich ein Blick auf das Tal des Guadalquivir bietet.

Paläste, Stadtpatronin und Rathaus

Allein in Baeza stehen etwa 50 Paläste, zumeist aus dem 16. Jh. Viele von ihnen säumen die **Calle San Pablo** und die **Calle San Francisco,** die beide von der Plaza de España ausgehen.

Ganz im Westen der Altstadt, in der **Iglesia de Santa María del Alcázar y San Andrés** 13, rief König Ferdinand III. eine militärische Bruderschaft von 200 Bogenschützen

Baeza

Sehenswert
1. Casas Consistoriales Bajas
2. La Alhóndiga
3. Torre de los Aliatares
4. Fuente de los Leones
5. Antigua Carnicería
6. Casa del Pópulo
7. Arco de Villalar
8. Antigua Universidad
9. Palacio del Marqués de Jabalquinto
10. Iglesia de la Santa Cruz
11. Fuente de Santa María
12. Catedral Santa María
13. Iglesia de Santa María del Alcázar y San Andrés
14. Ayuntamiento (Rathaus)

Übernachten
1. Puerta de la Luna
2. Fuentenueva
3. Palacio de los Salcedo

Essen & Trinken
1. Restaurante Vandelvira
2. Asador La Góndola
3. El Sali

Einkaufen
1. La Casa del Aceite
2. Mercadillo de Baeza
3. Casa Santos

Abends & Nachts
1. Peña Flamenca Baezana
2. Café Central Teatro
3. Taberna El Pájaro

Aktiv
1. Pópulo Servicios Turísticos
2. Academia de dibujo y pintura

ins Leben. Sie bestand aus den Adeligen Baezas, deren Waffentaten während der Reconquista legendär wurden. Den Altarraum der Kirche, in der die Stadtpatronin verehrt wird, schuf Andrés de Vandelvira. Es gilt, neun volkstümliche gotische Tafelbilder mit Szenen aus dem Neuen Testament zu betrachten. Vor der Rückkehr zum Alten Marktplatz sollte man noch das ehemalige Justiz- und Gefängnisgebäude von 1559 anschauen. Heute dient es der Stadt als **Ayuntamiento** 14 (Rathaus). Das linke Tor war ehemals der Eingang zum Kerker, das rechte ins Gericht. An der Platereskfassade sind zwischen den Balkonen die Wappen Philipps II., des damaligen Stadtrichters Juan de Borja und der Stadt selbst angebracht.

Infos

Oficina de Turismo: Plaza del Pópulo (Casa del Pópulo), 23440 Baeza, Tel./Fax 953 74 04 44, www.baeza.net, baezaturismo.es, tgl. 10–14 Uhr.

Übernachten

Charmanter Adelspalast ▶ **Puerta de la Luna** 1: Calle Canónigo Melgares Raya, Tel. 953 74 70 19, Fax 953 74 70 95, www.hotel puertadelaluna.es. Nicht weit von der Kathedrale gelegen. Das Frühstück wird im Mudéjarpatio serviert. Pool, Wellnessbereich, Restaurant und für abends Pacos Bar. Gästeparkplatz. DZ 105–120 €.

Stimmungsvoll ▶ **Fuentenueva** 2: Calle del Carmen 15, Tel. 953 74 31 00, Fax 953 74 32 00, www.fuentenueva.com. Haus mit einer wechselvollen Geschichte: erst Frauengefängnis, dann Stadtdomizil eines Richters, seit 1940 Herberge. Mit modernen Marmorbadezimmern, Pool, Patio und sehr gutem Restaurant. Hin und wieder Kunstausstellungen. DZ 80–120 €.

Adelspalais ▶ **Palacio de los Salcedo** 3: Calle San Pablo 18, Tel. 953 74 72 00, www.palaciodelossalcedo.com. Stilvolles Wohnen in einem Stadtpalast aus dem 16. Jh. mit herrlichem Innenhof. Die Zimmer bieten jedoch modernen Komfort. Gutes Restaurant im Haus. Das feine Restaurant Vandelvira (s. u.) gehört zum Hotel. DZ 75–140, übers Wochenende oft Sonderangebote.

Essen & Trinken

Allerfeinste Küche ▶ **Restaurante Vandelvira** 1: Calle San Francisco 14, Tel. 953 74 81 72, www.vandelvira.es, So abends und Mo geschl. Gehobene regionale Spezialitäten (Stockfisch, Rebhuhn, Artischocken). Im Renaissancekreuzgang eines 400 Jahre alten Klosterpalastes. Degustationsmenü 30 €, Hauptgerichte 10–20 €.

Authentische Atmosphäre ▶ **Asador La Góndola** 2: Portales de Carbonería 13, Tel. 953 74 29 84, www.asadorlagondola.com. In den Arkaden des Paseo de la Constitución. Gute Fleischgerichte vom Holzofengrill, *ba-*

Jaén und Umgebung

tatas baezanas (Bratkartoffeln mit Pilzen). Hauptgerichte 8–14 €.

Mit Blick auf das Rathaus ▶ **El Sali** 3: Pasaje del Cardenal Benavides 15, Tel. 953 74 13 65, Mi Ruhetag. Gemütliche Tische im Freien. Spezialität des Hauses ist *pipirrana* (Schinken mit Gemüse). Auch Tapas. Tagesmenü um 12 €.

Einkaufen

Vielfältige Olivenprodukte ▶ **La Casa del Aceite** 1: Paseo de la Constitución 9, Tel. 953 74 80 81, www.casadelaceite.com. Verschiedene Sorten und Qualitäten von Olivenöl, Olivenseife auch aus ökologischer Produktion, außerdem Schnitzereien aus Olivenholz und Keramik.

Frisch aus der Region ▶ **Mercadillo de Baeza** 2: Calle Diego de Hoces. Jeden Dienstag stellen hier Obst- und Gemüsehändler ihre Stände auf, um Produkte aus dem Umland zu verkaufen. Außerdem werden auf dem sehr authentischen Wochenmarkt Hausgerätschaften und Kleidung angeboten.

Feinkost kolonial ▶ **Casa Santos** 3: Calle San Pablo 10, Tel. 953 74 00 71. Der ›Kolonialwarenladen‹, ein schon 1925 eröffnetes Feinkostgeschäft, offeriert ein breites Sortiment an hochwertigen kulinarischen Produkten aus Andalusien: Wein, Öl, Wurstwaren, Süßigkeiten.

Abends & Nachts

Feiner Flamenco ▶ **Peña Flamenca Baezana** 1: Calle San Juan Ávila 7. Hier steigen ausgesuchte Flamenco-Events in unregelmäßigen Abständen. Am Freitag oft Talentwettbewerb, im Herbst kommen bekannte Künstler aus ganz Andalusien. Nachfragen im Touristeninformationsbüro lohnt sich.

Andalusien zum Mitnehmen: schlichte Keramik mit verspielten Mustern

Úbeda

Theatercafé ▶ Café Central Teatro 2 : Calle Narváez 19, Tel. 953 74 43 55, www.cafeteatrocentral.com. Gepflegter abendlicher Treffpunkt im ansonsten nicht sehr aufregenden Nachtleben von Baeza. Am Donnerstag treten meist wechselnde Popgruppen live auf (ab ca. 23.30 Uhr).

Bodegastil ▶ Taberna El Pájaro 3 : Paseo de Tundidores 5, Tel. 953 74 43 48, www.tabernaelpajaro.com. Gemütliche Weinstube im modern-rustikalen Stil, wo die Bewohner von Baeza gern mit Freunden zu einem Gespräch bei ein paar Tapas und ein, zwei Gläschen zusammenkommen.

Aktiv

Naturparkwandern ▶ Pópulo Servicios Turísticos 1 : Plaza del Pópulo 1, Tel. 953 74 43 70, www.populo.es. Tagesexkursionen in die Sierra de Cazorla mit Wanderungen unterschiedlicher Schwierigkeitsgrade, Termine auf Anfrage. Auch Stadtrundgänge und Ausflüge in die Umgebung von Baeza.

Malerei ▶ Academía de dibujo y pintura 2 : Calle Tres Fuentes 2, Tel. 953 74 44 45, www.marqueteriaamoreno.com. In kleinen Gruppen mit Teilnehmern jeden Alters Zeichnen und Malen lernen. Lehrmeister sind die bekannten Künstler Moreno, Vater und Sohn, aus Baeza. Die Kurse finden Mo–Fr am frühen Abend statt, Einstieg ist – verfügbare Plätze vorausgesetzt – jederzeit möglich.

Termine

Romería del Cristo de la Yedra: 7. Oktober. Wallfahrt der Bruderschaften, die auf Prunkkarren oder hoch zu Ross die Statue der Rosenkranzmadonna aus der Iglesia de San Pablo durch die Straßen der Stadt und zum Festgelände im 4 km entfernten Dorf La Yedra begleiten.

Verkehr

Züge: Bahnhof Linares–Baeza 14 km nordwestlich (Mo–Sa 2 x tgl. Busanschluss; Taxi 12 €). Linie A 6.1b nach Granada, Direktzüge nach Madrid.
Busse: Busbahnhof in der Avenida Alcalde Puche Pardo 1. Mit *Alsina Graells* nach Jaén 11 x tgl., Úbeda 15 x tgl., Granada 5 x tgl., Cazorla 2 x tgl.

Tipp: Ölmuseum

Auf der **Hacienda La Laguna**, einem südwestlich von Baeza gelegenen Landgut aus dem 17. Jh., zeigt das **Museo de la Cultura del Olivo** (Tel. 953 76 51 42, www.museodelaculturadelolivo.com, Di–So 10.30–13.30, 16–18.30, am Nachmittag im Sommer 17.30–20, Frühjahr/Herbst 16.30–19 Uhr, 3 €) alles Wissenswerte rund um den Olivenbaum: Geschichte und Gegenwart des Anbaus sowie Herstellung und Verwendung von Olivenöl (Erläuterungen nur auf Spanisch). Im Garten gedeihen verschiedene Ölbaumarten. Auch ein 3-Sterne-Hotel mit Restaurant, beide von einer Hotelfachschule betrieben, sowie ein Reitstall befinden sich auf der Hacienda (Tel. 953 77 10 05, Fax 953 76 50 12, www.ehlaguna.com, DZ 70–85 €). Anfahrt ab Baeza: A-316 Richtung Jaén, nach 8 km bei Puente del Obispo rechts (Schild: Complejo La Laguna), dann noch 2 km.

Úbeda ▶ K 3

Cityplan: S. 332/333

Die prächtigsten Renaissancebauten Andalusiens finden sich in **Úbeda** (34 000 Einw., zur Geschichte s. S. 326). Über 70 Stadtpaläste aus dem 16./17. Jh. blieben hier erhalten. Viele von ihnen entwarf Andrés de Vandelvira, der sich auch in Baeza und Jaén als Baumeister verdient machte. Ihn förderten die Adelsfamilien Molinas und Cobos, die Úbeda dank ihrer guten Beziehungen zum Königshof weitgehend beherrschten. Alle Sehenswürdigkeiten sind gut zu Fuß erreichbar, denn die **Zona Monumental** (Altstadt) ist überschaubar.

Plaza del Ayuntamiento

Hier erhebt sich der frei stehende, von Gartenanlagen umgebene **Palacio de las Cadenas** 1 , in dem heute das **Rathaus** untergebracht ist. Er diente Juan Vázquez de Molina,

Úbeda

Sehenswert
1. Palacio de las Cadenas
2. Sacra Capilla del Salvador
3. Palacio del Deán Ortega
4. Ayuntamiento Viejo
5. Iglesia de San Pablo
6. Denkmal Juan de la Cruz
7. Casa de los Salvajes
8. Casa Mudéjar/ Museo Arqueológico
9. Palacio Vela de los Cobos
10. Palacio de Medinilla
11. Casa de las Torres
12. Museo de Arte Andalusí

Übernachten
1. Parador Condestable Dávalos
2. Palacio de la Rambla
3. María de Molina
4. La Paz

Essen & Trinken
1. Barbacoa Museo Agrícola
2. El Gallo Rojo
3. Mesón Gabino

Einkaufen
1. Artesanía Blanco
2. Forja Santa María
3. Cuesta de la Merced
4. Calle Valencia

Abends & Nachts
1. Peña Flamenca Los Cerros de Úbeda
2. La Tetería
3. Bodega Pub Siglo XV

Aktiv
1. Atlante
2. Escuela de Idiomas

---

dem Staatssekretär König Philipps II., als Residenz und gilt als einer der schönsten Renaissancepaläste Spaniens. Selbstredend schuf ihn der namhafte Architekt Vandelvira. Die Fassade der drei breiten, ungleich hohen Stockwerke ist im unteren Teil durch korinthische Säulen, im mittleren durch ionische, im oberen Geschoss durch Säulenfiguren untergliedert.

Plaza de Vázquez de Molina

Repräsentativ, mit Rosengärten und einem Denkmal für Andrés de Vandelvira geschmückt, erstreckt sich die **Plaza de Vázquez de Molina**. Francisco de los Cobos y Molina, der Staatssekretär Kaiser Karls V., gründete die den Platz beherrschende **Sacra Capilla del Salvador** 2 . Sie diente seiner Familie als Privatkapelle. Molina war durch Gold aus den amerikanischen Kolonien zu Reichtum und Wohlstand gelangt und wegen seiner Habgier berüchtigt – sein Vermögen soll zeitweise sogar das des Kaisers übertroffen haben. Er selbst ließ sich in der Krypta der Sacra Capilla del Salvador beisetzen. Von seinem ehemaligen Palast nebenan, den ein Brand zerstörte, steht nur noch ein Teil der Fassade mit dem Portal. Neben Vandelvira arbeitete ein weiterer großer andalusischer Architekt des 16. Jh., Diego de Siloé, an der Capilla del Salvador. Der von zwei runden, niedrigen Türmen flankierte Bau beeindruckt durch die vielgestaltige Renaissancefassade, die durch Säulen gegliedert und plateresk verziert ist. Das Relief über dem Portal zeigt die Verklärung Christi. Heute gehört die Kapelle den Grafen von Medinaceli aus Sevilla, Nachkommen der Familie Cobos (Mo–Sa 10–14, 16.30–18/19, So 10.45–14, 16–18/19 Uhr, 3 €).

An der Längsseite des durchaus museal wirkenden Platzes steht mit dem **Palacio del Deán Ortega** 3 (16. Jh.) ein weiterer, durch ästhetische Strenge auffallender Renaissancebau. Auch diese Gebäude ließ Francisco de los Cobos y Molina, diesmal für seinen Privatkaplan, errichten. Heute ist hier ein **Parador** untergebracht (s.u.). Auch wer nicht darin wohnt, kann sich das Vergnügen gönnen, an den Bistrotischen im hübschen, mit Kübelpflanzen begrünten Patio einen Drink zu nehmen.

Nur wenige Schritte sind es bis zur **Redonda de Miradores.** Die Promenade folgt am südöstlichen Stadtrand den Resten der mittelalterlichen Stadtbefestigung. Von hier blickt man auf die von Olivenbäumen geometrisch gemusterte Hügellandschaft, unterbrochen von den großen Vierecken der Getreidefelder. Am Horizont ist die Sierra de Cazorla auszumachen (s. S. 336 ff.). Einige Cafés laden zur Rast ein.

Plaza 1° de Mayo

Am zentralen Platz der Altstadt, Plaza 1° de Mayo, wurden früher Märkte abgehalten, Stierkämpfe ausgetragen und vom Inqui-

sitionsgericht Verurteilte auf dem SCheiterhaufen verbrannt. Die Stadthonoratioren schauten von der prächtigen Renaissanceloggia des **Ayuntamiento Viejo** 4 (Altes Rathaus, 16. Jh.) zu. Heute treffen sich auf der Plaza die wenigen, meist älteren Leute, die noch in der Altstadt leben.

Die **Iglesia de San Pablo** 5, nach El Salvador der bedeutendste Kirchenbau der Stadt, erhebt sich an der Nordseite des Platzes. Teile stammen noch aus der Zeit nach der Reconquista, so die gotische Apsis von 1380. Das Hauptportal (1511) mit einer Figur des Apostels Paulus zeigt isabellinischen Stil. Links daneben verdient eine Nische Beachtung. Von hier aus ließen die Stadtherren ihre Dekrete und Verordnungen für das Volk verlesen, z. B. die aktuelle Kleiderordnung oder Reinigungsvorschriften für Straßen und Plätze (tgl. 19.20–20.30 Uhr, Eintritt frei).

In der Mitte der Plaza 1° de Mayo steht ein **Kreuzdenkmal** für den spanischen Mystiker **Juan de la Cruz** 6 (Johannes vom Kreuz), der 1591 in Úbeda starb. Unter dem Einfluss der hl. Teresa von Ávila hatte er die Unbeschuhten Karmeliten mitbegründet, eine strenge Form des Karmeliterordens. In seinen Schriften befasste er sich – nach mehrmaliger Gefangennahme und Folterung durch Gegner des Ordens – mit den Erfahrungen

Jaén und Umgebung

der Gottverlassenheit und der Vereinigung mit dem Göttlichen durch Meditation.

Ein sehenswerter Palast in der Südostecke des Platzes ist die **Casa de los Salvajes** 7 (Haus der Wilden). Er gehörte Francisco de Yago, dem Kammerherrn des Bischofs von Úbeda. Sein Wappen über dem Eingang stützen zwei in Stein gehauene, bärtige, mit Fellen bekleidete Gestalten – eben die Wilden. Ihre Bedeutung ist unbekannt.

Nördlich des Platzes befindet sich die **Casa Mudéjar** 8 (14. Jh.), das einzige noch erhaltene Haus aus der Zeit kurz nach der Reconquista. Heute bietet sie den Rahmen für das **Museo Arqueológico** (Calle Cervantes 6, Di 15–20, Mi–Sa 9–20, So 9–15 Uhr, Eintritt frei).

Paläste

Im westlichen Teil der Altstadt sind weitere sehenswerte Renaissancepaläste zu entdecken. In der Calle Juan Montilla steht der **Palacio Vela de los Cobos** 9 mit einer die Fassade umspannenden Arkadenreihe im Obergeschoss (Besuch eventuell möglich, in der Touristeninformation nachfragen). Der **Palacio de La Rambla** an der Plaza del Marqués beherbergt heute ein feines Hotel 2. In der Calle Jurado Gomez befinden sich der **Palacio de Medinilla** 10 und die **Casa de las Torres** 11 mit einem reich verzierten Portal im Platereskstil und einer schönen Balustrade.

In einem alten Stadthaus mit schönem, von Holzbalustraden gesäumtem Innenhof hat ein Privatmann das **Museo de Arte Andalusí** 12 eingerichtet. Es zeigt andalusische Antiquitäten aus dem 11.–16. Jh., die er über 35 Jahre hinweg zusammengetragen hat: maurische Architekturfragmente, Mudéjarkunsthandwerk, Mobiliar (Calle Narváez 11, tgl. Sommer, 11–14, 18–21, Winter 16.30–20.30 Uhr, am So und in der Nebensaison eingeschränkt, 1,50 €).

Infos

Oficina de Turismo: Calle Baja del Marqués 4, 23 400 Úbeda, Tel. 953 75 08 97, Fax 953 79 26 70, www.ubedainteresa.com, www.ubeda.es, tgl. 8–15 Uhr. Im Palacio Marqués del Contadero.

Übernachten

Vornehmer Stadtpalast ▶ Parador Condestable Dávalos 1**:** Plaza Vázquez de Molina 1, Tel. 953 75 03 45, Fax 953 75 12 59, www.parador.es. Großzügige, luxuriöse Innenräume, antik möblierte Zimmer. Restaurant mit regionaler Spezialitätenküche. Eigene Parkplätze. DZ 160–171 €.

Nobel ▶ Palacio de la Rambla 2**:** Plaza del Marqués 1, Tel. 953 75 01 96, Fax 956 75 02 67, www.palaciodelarambla.com. Renovierter Palast. Nur acht Zimmer, eingerichtet

Úbeda

mit Antiquitäten, Flechtarbeiten und Keramik aus der Region. Schöner offener Patio. Die Eigentümer wohnen im Haus. Parkgarage (10 €). DZ 120 €.

Angenehme Atmosphäre ▶ María de Molina 3: Plaza del Ayuntamiento, Tel. 953 79 53 56, Fax 953 79 36 94, www.hotel-maria-de-molina.com. In einem Renaissancepalast in Rathausnähe, ausgezeichnetes Restaurant. DZ 82–110 €.

Ordentliches Haus ▶ La Paz 4: Calle Andalucía 1, Tel. 953 75 21 40, www.hotel-lapaz.com. Im neueren Stadtbereich, Zimmer zur Straße relativ laut. Parkgarage (9 €). DZ 72 €.

Essen & Trinken

Spezialität ist Fleisch vom Grill ▶ Barbacoa Museo Agrícola 1: Calle San Cristóbal 17, Tel. 953 79 04 73. Mit ländlichem Gerät aus alten Zeiten dekoriert. Regionale Küche, Spezialität sind diverse Fleischgerichte vom Grill. Brot aus dem eigenen Holzofen. Tagesmenü um 15 €.

Sehr populär ▶ El Gallo Rojo 2: Calle Manuel Barraca 3, Tel. 953 75 20 38, tgl. durchgehend geöffnet, im Oktober 2 Wochen Betriebsferien. Eines der beliebtesten Lokale der Stadt, typisches Ambiente, große Auswahl. Auch draußen stehen Tische. Menü ab ca. 10 €, Hauptgerichte 9–12 €.

Im begrünten Innenhof des Parador sollten Sie sich eine Rast gönnen

Jaén und Umgebung

Originell ▶ **Mesón Gabino 3:** Calle Fuente Seca, Tel. 953 75 42 07. Kellerlokal, Tische aber auch im Freien. Regionale Küche, feine Tapas, gute Weinauswahl. Hauptgerichte 6–10 €.

Einkaufen

Flechtarbeiten ▶ **Artesanía Blanco 1:** Calle Real 47. Ein weiteres Traditionsprodukt der Stadt sind Matten und Körbe aus Espartogras mit eingewirkten bunten Mustern.

Metallarbeiten ▶ **Forja Santa María 2:** Calle Jurado Gómez 15. Im Betrieb der Familie Garrido wird Eisen wie in alten Zeiten im offenen Feuer geschmiedet: Treppen- und Balkongeländer, aber auch kleinere Teile für das Handgepäck.

Keramik ▶ Nördlich der Zona Monumental führt das Stadttor Puerta de Losal in Úbedas Töpferviertel **Barrio San Millán:** Dort stellen verschiedene Werkstätten noch dunkelgrün glasierte Keramik her – ein Erbe aus maurischer Zeit. Verkaufsstellen säumen die Straßen **Cuesta de la Merced 3** und **Calle Valencia 4**.

Abends & Nachts

Flamenco ▶ An den meisten Samstagen ab 22 Uhr im **Museo de Arte Andalusí 12**. Da unterschiedliche Künstler auftreten, variieren Eintrittspreise und Dauer der Veranstaltungen. **Peña Flamenca Los Cerros de Úbeda 1:** Calle de Victoria 17. Der Flamencoclub von Úbeda. Unregelmäßige Veranstaltungen, Infos im Tourismusbüro.

Ein Hauch des Orients ▶ **La Tetería 2:** Calle Cruz del Hierro 3, Tel. 953 75 70 08, www.myspace.com/lateteria. Alternatives Nachtleben auf andalusische Art: Statt Wein oder Cocktail werden hier die verschiedensten Teesorten ausgeschenkt. Oft gibt es Liveauftritte von Rockmusikern und Performancekünstlern.

Gediegen ▶ **Bodega Pub Siglo XV 3:** Calle Prior Blanca 7, Tel. 953 79 31 99. Piano- und Cocktailbar in der Altstadt, oft Liveauftritte von Musikern, Flamencokünstlern und Geschichtenerzählern.

Aktiv

Stadtführungen bei Nacht ▶ **Atlante 1:** Plaza Vázquez de Molina, Tel. 953 79 34 22, http://atlanteturismo.com. Einzigartig die historischen Nachtführungen in den Gassen von Úbeda durch eine Kostümgruppe, die authentische Persönichkeiten der Renaissance aufleben lässt. Jeden Samstag sowie an Vorabenden von Feiertagen, Dauer 2 Std., 12 €, Kinder 3 €, Reservierung erforderlich. Auch ›normale‹ Stadtführungen und Ausflüge in die Umgebung.

Sprachprofis ▶ **Escuela de Idiomas 2:** Pasaje del Águilar Catena 2, Tel. 953 79 07 33, www.euroidiomas.eu. Qualitativ hochwertiger Unterricht in Spanisch für Ausländer. Übungen im realen Leben (Einkauf auf dem Markt, einen Kaffee trinken, Kinobesuch) nehmen breiten Raum ein. Auch Flamencokurse.

Termine

Feria y Fiestas de San Miguel: eine Woche um den 29. September. Buntes Stadtfest um den Tag der Reconquista, der mit dem Michaelstag zusammenfällt. Umzüge von Riesenpuppen, Stierkämpfe, Flamencofestival, Feuerwerk.

Verkehr

Züge: Bahnhof Baeza–Linares (s. Baeza) 21 km entfernt; mehrmals tgl. Busanschluss.
Busse: Busbahnhof in der Calle San José 6 (nahe Hospital de Santiago). Mit *Alsina Graells* nach Baeza 15 x tgl., Jaén bis 12 x tgl., Granada 7 x tgl., Cazorla bis 10 x tgl.

Durch die Sierra de Cazorla ▶ L/M 1–3

Karte: S. 337

Die Sierra de Cazorla liegt abseits der Hauptreiserouten, gehört aber zu den Geheimtipps, die sich allmählich herumsprechen. Kiefernwälder, klare Gebirgsbäche, enge Schluchten und tiefblaue Seen prägen die reizvolle Landschaft. Mit 214 336 ha Fläche ist der **Parque Natural de las Sierras de Cazorla, Segura y Las Villas,** in den auch die östlich benach-

Sierra de Cozorla

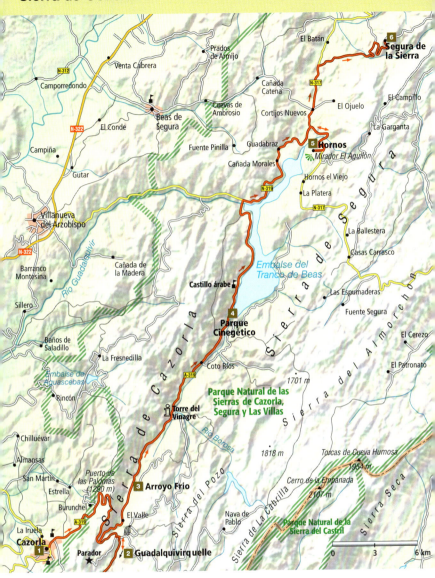

barte Sierra de Segura integriert ist, größter Naturpark Andalusiens.

1983 wurde er von der UNESCO zum Biosphärenreservat erhoben. Bisher suchen ihn vorwiegend einheimische Touristen im Sommer auf, um zu campen und zu wandern. Für Naturerkundungen sind allerdings Frühjahr und Herbst am besten geeignet. Im Winter liegt in den höheren Lagen oft Schnee.

Die Niederschläge in dem am **Cerro de la Empanada** bei 2107 m gipfelnden Gebirge sind mit rund 1200 mm im Jahr für andalusi-

Jaén und Umgebung

sche Verhältnisse recht beachtlich. Der Wasserreichtum und das Kalkgestein verantworten die große Pflanzenvielfalt des Gebiets. Mehr als 1100 Arten zählen die Botaniker, darunter 24 Endemiten, die nur hier vorkommen, wie das Cazorla-Veilchen und zwei Narzissenarten. Von März bis Mai blühen außergewöhnlich viele Orchideen.

Auch die Tierwelt ist reichhaltiger als irgendwo sonst in Andalusien. Mit etwas Glück lassen sich – vor allem in der Morgen- und Abenddämmerung – Hirsche, Steinböcke und Wildschweine beobachten. Einfacher ist es, die über den Tälern schwebenden Greifvögel zu entdecken: Adler, Milane, Sperber, Falken, Schmutz- und Gänsegeier.

Cazorla 1

Cazorla (8200 Einw.) ist das Tor zur gleichnamigen Sierra. Pittoresk liegt die lebendige Kleinstadt an deren Westabhang. Sie bietet sich als Standort für Unternehmungen im Naturpark an. Zentrale Anlaufstelle ist die Plaza de la Constitución. Durch die Calle Doctor Muñoz geht es von dort aus zum Rathaus und weiter (Schilder »Ruinas de Santa María«) zum **Balcón del Pintor Zabaleta** – einer Aussichtsterrasse mit Blick auf die Sierra und zum Castillo de la Yedra (s. u.).

Von der im Renaissancestil erbauten, von Andrés de Vandelvira entworfenen **Iglesia Santa María** blieben nur einige frei stehende Bögen erhalten. Die Kirche wurde von napoleonischen Truppen Anfang des 19. Jh. in Brand gesetzt. Die Plaza Santa María ziert die **Fuente de las Cadenas** – ein 400 Jahre alter, romantischer Brunnen. Nette Cafés im Schatten von Bäumen laden zu einer Verschnaufpause ein.

In Ortsnähe – von der Plaza de Santa María aus zu Fuß zu erreichen – ragt der **Castillo de la Yedra** empor, eine ehemals maurische, von den Christen im 14. Jh. erweiterte Festung. Mehrere Mauerringe liegen gestaffelt am Hang. Heute beherbergt die Burg das **Museo de Artes y Costumbres Populares del Alto Guadalquivir,** das sich mit volkskundlichen Aspekten der Region befasst. Es zeigt haus- und landwirtschaftliches Gerät

sowie eine Originalküche aus früheren Zeiten (Di 15–20, Mi–Sa 9–20, So/Fei 9–15 Uhr, EU-Bürger frei, sonst 1,50 €).

Eine zweite Burg, an der Straße zur Sierra de Cazorla spektakulär auf eine Felsnadel gesetzt, ist der **Castillo La Iruela.** Der Templerorden errichtete ihn nach dem 1248 erfolgten Reconquista, um die Ebene im westlichen Vorland der Sierra de Cazorla zu überwachen. Geblieben sind für den heutigen Besucher jedoch nur Ruinen.

Durch die Sierra de Cazorla

Canyoning in den Wasserfällen des Rio Guadalquivir in der Sierra de Cazorla: Outdoor-Abenteuer in wildromantischen Schluchten

Infos

Oficina Municipal de Turismo Cazorla: Paseo del Santo Cristo 17, 23 470 Cazorla, Tel. 953 71 01 02, Fax 953 72 00 60, www.cazorla.es, Okt.–März geschl. Nahe der Plaza de la Constitución in der Casa de Cultura beim Stadtpark. Verkauft Wanderkarten.

Übernachten

In den Olivenbaumplantagen ▶ **Hotel & Spa Sierra de Cazorla:** La Iruela, Tel. 953 72 00 15, Fax 953 72 00 17, www.hotelsierradecazorla.com. Etwas außerhalb, mit großartigem Blick auf die von Olivenbäumen übersäte Landschaft. Vier Sterne, die Zimmer sind nach verschiedenen Ländern und Regionen gestaltet, z. B. marokkanisch. Es gibt einen Außenpool und ein Restaurant. DZ 85–120, mit Jacuzzi 125–180 €.

Ordentlich ▶ **Guadalquivir:** Calle Nueva 6, Tel./Fax 953 72 02 68, www.hguadalquivir.com. Komfortables Haus. DZ 45–65 €.

Jaén und Umgebung

aktiv unterwegs

Wanderungen am Río Borosa

Tour-Infos

Start: Wanderparkplatz an der Piscifactoría (Forellenzucht), ab Centro de Interpretación Torre del Vinagre (s. S. 341) ca. 1,5 km, ausgeschildert mit »Central Eléctrica«
Dauer: längere Variante 7–8 Std., kürzere Variante 2,5 Std., jeweils mit Rückweg
Wichtige Hinweise: Bei der längeren Variante ist für zwei Tunnel eine Taschenlampe von Nutzen.

An der **Piscifactoría** beginnt ein spannender, markierter Wanderweg am Río Borosa aufwärts, zunächst auf einer für den Privatverkehr gesperrten Piste. In dem klaren Wasser des Flusses tummeln sich Regenbogenforellen, die aus der Aufzucht für Angelzwecke hier wie auch in anderen Gewässern der Sierra de Cazorla ausgesetzt werden. An einer Gabelung geht es nach 25 Min. links (Schild: Laguna de Valdeazores). Nachdem anschließend zweimal der Fluss auf Brücken überquert wurde, zweigt rechts der Pfad zur **Cerrada de Elías** ab (45 Min.), einer eindrucksvollen Klamm, in der schmale Brücken über Stromschnellen führen und die engste Stelle auf einem abenteuerlichen Holzsteg an der Felswand passiert wird.

Nach der Cerrada de Elías trifft die Route wieder auf die Piste (1,15 Std.). Sie hat die Klamm nördlich umgangen. Auf ihr können Wanderer, die die kürzere Variante bevorzugen, zur Fischzucht zurückkehren.

Wer eine längere Gehzeit und 600 m Höhenunterschied im Auf- und Abstieg nicht scheut, kann der Piste am Río Borosa entlang weiter flussaufwärts folgen. Sie geht nach 3 km an der **Central Eléctrica** (Wasserkraftwerk) in einen Wanderweg über (Schild: Lagunas 5 km). Im weiteren Verlauf läuft man am Wasserfall **Salto de los Órganos** vorbei und durch zwei Tunnel.

Nach ca. 3 Std. wird der malerische kleine Stausee **Laguna de Aguas Negras** und (über dessen Staumauer hinweg) eine halbe Stunde später die 1300 m hoch gelegene **Laguna de Valdeazores** erreicht. Letztere ist ein äußerst idyllischer, von Schilfrohr und schönen alten Schwarzkiefern gesäumter natürlicher See und in seiner Art einmalig in Andalusien.

Auf derselben Route geht es anschließend zum Ausgangspunkt an der **Piscifactoría** zurück.

Essen & Trinken

Von der Bergregion inspiriert ▶ **La Sarga:** Plaza del Mercado (nahe Plaza Constitución), Tel. 953 72 15 07, Di u. Sept. geschl. Das renommierteste Restaurant weit und breit. Auf Wild, Forellen und Pilzgerichte spezialisiert, es werden regionale Produkte verwendet, die Speisekarte variiert entsprechend mit den

Durch die Sierra de Cazorla

Jahreszeiten. Tagesmenü um 18, Hauptgerichte ca. 9–13 €.
Große Portionen ▶ **Juan Carlos:** Plaza Consuelo Mendieta 2, Tel. 953 72 12 01. Auch hier – in etwas schlichterem Rahmen – besonders gute Wildspezialitäten und Forellen. Tagesmenü um 12 €.

Termine
Santísimo Cristo del Consuelo: 17.–21. September. Das Hauptfest von Cazorla lockt mit Rummelplatz und Feuerwerk Besucher von weit her an. Am ersten Tag begleitet eine Prozession ein Christusbildnis aus dem 17. Jh. durch die Straßen.

Verkehr
Busse: Mit *Alsina Graells* nach Jaén 2 x tgl., Úbeda 5 x tgl., Granada 2 x tgl.
Mit dem Pkw: Parkplatz an der Plaza del Mercado (unterhalb Plaza Constitución).

Guadalquivirquelle 2
Die A-319 ab Cazorla führt als großartige Panoramastraße in Serpentinen zum Kamm der Sierra de Cazorla hinauf und über den Pass **Puerto de las Palomas** (mit windigem Mirador) hinweg in das langgestreckte Hochtal zwischen den Gebirgszügen Cazorla und Segura, wo in etwa 1300 m Höhe der Guadalquivir entspringt. Zu der Quelle geht es an der ersten Gabelung hinter dem Pass rechts (Schild: Parador, Vadillo Castril). Man fährt nicht zum Parador, sondern hält sich geradeaus und findet linker Hand – gegenüber der Abzweigung zur Waldarbeitersiedlung Vadillo Castril – den Einstieg in den markierten **Sendero de la Cerrada del Utrero,** einen halbstündigen, abwechslungsreichen Rundweg, der durch felsiges Gelände zum Wasserfall **Cascada de Linarejos** führt.

Zurück auf der Straße geht es 400 m weiter und dann rechts Richtung **Nacimiento del Guadalquivir,** wo man nach 3 km auf den **Puente de las Herrerías** trifft. Die Katholischen Könige ließen die schlichte Steinbrücke während der Reconquista angeblich innerhalb einer Nacht errichten, um den Guadalquivir überqueren zu können. Von der Brücke aus kann man bis zum Picknickplatz **Cañada de las Fuentes** fahren (14 km, großenteils Piste, nur für schmale Fahrzeuge, im Winter oft Schnee). Alternativ läuft man hin und zurück ca. 6 Std. Vom Picknickplatz ist die **Guadalquivirquelle** dann nur noch 300 m entfernt, die in jedem Fall zu Fuß zurückgelegt werden müssen.

Tipp: Touren in den Naturpark
TurisNat (Cazorla, Paseo del Santo Cristo 17, Tel. 953 72 13 51, Fax 953 71 01 02, www.turisnat.es) organisiert verschiedene geführte Touren mit Geländewagen in den Naturpark (halber Tag pro Person ca. 30–39, ganzer Tag 45–49 €). In der Hauptsaison mindestens zwei Wochen vorher anmelden. Reservierung im **Besucherzentrum Torre del Vinagre** (s. u.) oder über das **Tourismusbüro von Cazorla** (s. S. 339).

Parque Natural de las Sierras de Cazorla, Segura y Las Villas
Der A-319 weiter folgend kommt man durch **Arroyo Frío** 3, wo es mit ein paar Unterkünften, Restaurants und Geschäften eine gewisse touristische Infrastruktur gibt. Dann folgt etwa 35 km ab Cazorla das 700 m hoch gelegene **Centro de Interpretación Torre del Vinagre**. Das aus einer Jagdlodge hervorgegangene Besucherzentrum informiert über Wandermöglichkeiten (auch Kartenverkauf) und zeigt eine **naturkundliche Ausstellung.** Ein Film dokumentiert die Entstehung des Parks und seine Flora und Fauna. Im angeschlossenen **Botanischen Garten** gedeihen einheimische Pflanzenarten (A-319 km 18, Tel. 953 71 30 40, www.sierracazorla.com, Di–So 11–14, 16–18/19, Sommer 17–20 Uhr).

Nächstes Ziel an der A-319 ist nach dem Dorf Coto Ríos der **Parque Cinegético Collado del Almendral** 4, ein weitläufiger Wildpark auf einer Halbinsel im Stausee **Embalse del Tranco de Beas,** wo Hirsche, Steinböcke und Mufflons gehalten werden. Vom dortigen

Jaén und Umgebung

Parkplatz führt ein beschilderter Fußweg (1 km) zu drei Miradores auf einem Hügel. Von dort lassen sich die Tiere am besten zu den Fütterungen am frühen Morgen und gegen Sonnenuntergang beobachten. Außerdem bietet sich eine schöne Aussicht über den Stausee, den kurz darauf auch die A-319 erreicht. Baden ist erlaubt, wirklich ideale Badeplätze gibt es aber nicht. Einige Campingplätze und Picknickgelände verteilen sich entlang der Ufer. Bei der Staumauer befinden sich ein paar Restaurants und ein Bootsverleih. Hier biegt der Guadalquivir nach Westen ab und es besteht die Möglichkeit, über **Villanueva del Arzobispo** nach Cazorla zurückzufahren.

Im Norden des Parks

Oder aber es empfiehlt sich ein Abstecher in den weniger dicht bewaldeten, stärker landwirtschaftlich genutzten Nordteil des Naturparks. Das winzige Bergdorf **Hornos** 5 duckt sich unterhalb einer arabischen Burg an einen Felsen. Der Ausblick ist hervorragend, vor allem vom **Mirador El Aguilón**, der durch eine Gasse neben dem Rathaus (dort parken) zu erreichen ist.

Ähnlich malerisch liegt **Segura de la Sierra** 6 inmitten der schroffen Berglandschaft. Auch hier thront über den stillen, weißen Gassen ein **Kastell**. Im 12. Jh. residierte darin Ibn ben Hamusk, der Herrscher eines maurischen *taifa*-Reichs. Nach der Reconquista 1214 übernahm der Ritterorden von Santiago den Ort, der nun an der Grenze zu den noch islamischen Gebieten lag. An diese Zeit erinnern die Ritterkreuze an vielen Häusern. Die restaurierte Burg lohnt einen Besuch wegen der weiten Ausblicke ins Gebirge. Aus der Zeit um 1150 blieb der **Baño Moro** (Maurenbad) mit drei eleganten, mit Hufeisenbögen verzierten Räumen erhalten. Burg und Bad sind in der Regel frei zugänglich.

Infos

Oficina Municipal de Turismo Segura de la Sierra: Puerta Nueva, Tel. 953 12 60 53, 23 293 Segura de la Sierra. Neben einem der vier maurischen Stadttore.

Übernachten

Gutshofartig ▶ **Parador de Cazorla:** Tel. 953 72 70 75, Fax 953 72 70 77, www.parador.es, im Dezember. geschl. Einsam gelegenes Haus, 27 km von Cazorla entfernt inmitten der Sierra, rustikale Einrichtung, großer Garten mit Pool. Feines Restaurant mit regionaler Küche. DZ 104–130 €.

Campinganlage mit vielen Möglichkeiten
▶ **Complejo Turístico Puente de las Herrerías:** Tel./Fax 953 72 70 90, www.puentedelasherrerias.com. Ferienkomplex an der Straße zum Puente de las Herrerías (s. o.), mit Campingplatz, Pool und Restaurant. Jeeptouren und Ausritte zu Pferd. DZ im Hotel Refugio 54 €, Blockhäuser *(cabañas)* ab 52 €.

Durch die Sierra de Cazorla

Wachsames Eulenauge: Selbst wenn dem Wanderer keine Tiere begegnen, wird er wahrscheinlich stets beobachtet

Nahe Stausee ▶ **Hostal Mirasierra:** A-319 km 20, Tel./Fax 953 71 30 44, Anfang Jan.–Anfang Feb. geschl. Modernes kleines Hotel mit gutem Restaurant (Forelle probieren!) und Pool, nahe Stausee. DZ um 45 €.

Essen & Trinken

In der Altstadt ▶ **La Mesa Segureña:** Segura de la Sierra, Calle Postigo 2, Tel./Fax 958 48 21 01, www.lamesadesegura.com, So Abends und Mo geschl. Wirtin Ana María ist auch Künstlerin und vermietet Ferienwohnungen (für 2 Pers. Studio 55, Apartment ab 70 €). Hauptgerichte 8–17, Halbpension 15 €.
Kleine und große Gerichte ▶ **Café Arroyo Frío:** A-319, km 38 (bei Arroyo Frío), Tel. 958 72 70 07, Di abends und Mi meist geschl. Spezialität ist *ciervo* (Hirsch), meist in Form von Ragout. Hauptgerichte um 10 €.

Termine

La Virgen y San Roque: 15.–19. August. In Hornos werden Stiere durch den Ort getrieben, an denen junge Männer ihren Mut erproben. Ein nicht ganz ungefährliches Vergnügen, das der Rest der Bevölkerung hinter Barrikaden versteckt mit Spannung verfolgt.

Verkehr

Busse: Mit *Carcesa* ab Cazorla (Plaza Constitución) Mo–Sa 2 x tgl. über Torre del Vinagre nach Coto Ríos.

Granada: Blick auf den Albaicín

Kapitel 4
Granada, Almería und Küsten

Nach Granada zieht es Kulturtouristen wegen der Alhambra und der malerischen Gassen des Albaicín. Die Stadt wirkt jung, mit vielen Studenten, einer lebendigen Kunsthandwerkerszene und hervorragendem Flamenco. Ausflüge führen zu den Höhlenwohnungen von Guadix, zu Gedenkstätten für den Dichter Federico García Lorca oder ins benachbarte Hochgebirge, die Sierra Nevada.

An deren sonnigem Südrand, der urwüchsigen Alpujarra mit Mandelhainen und weißen Häusern, urlauben Wanderer und Reiter. Während Granada eher im Frühjahr oder Herbst besucht wird, empfiehlt sich für den Aufenthalt in den Bergen eher der Sommer.

Hinter der Costa Tropical dehnen sich Plantagen aus, in denen exotische Obstbäume gedeihen. Ähnlich zeigt sich die östliche Costa del Sol. Hier wie dort sind die Ferienorte überschaubar und die Strände meist dunkel und relativ grobsandig, aber zum Baden gut geeignet. Individualisten finden sogar noch völlig naturbelassene Strandbuchten.

Beliebte Ferienorte sind Nerja und Almuñécar – im Winter zum Genießen des milden Klimas, im Sommer zum Baden und für Wassersportaktivitäten. Wer es ruhiger mag, quartiert sich in den weißen Dörfern der Axarquía ein.

Der Osten Andalusiens ist rauer und wirkt ursprünglicher. Den Reiz der Hafenstadt Almería macht die nostalgische und doch lebendige Atmosphäre aus. An der Costa de Almería gibt es große Ferienstädte, aber auch natürliche Dünenstrände und zugvogelreiche Feuchtbiotope.

In die karge Vulkanlandschaft am Cabo de Gata zieht es Wanderer und Individualisten, eine phönizische Grabungsstätte und Western-Filmdörfer locken in die Wüste in Almerías Hinterland. In Sorbas wartet eine Gipskarsthöhle auf Entdecker. Wildnis pur ist die Sierra María.

Auf einen Blick

Granada, Almería und Küsten

Sehenswert

12 Granada: Die Alhambra in Granada – die Palaststadt des letzten maurischen Herrschers auf spanischem Boden – ist weltweit eine der meistbesuchten Sehenswürdigkeiten (s. S. 348).

13 Pico Veleta: Mit 3392 m ›nur‹ der zweithöchste Gipfel in der Sierra Nevada, aber auf einer Tageswanderung unschwer erreichbar (s. S. 374).

14 Guadix: Tausende von Menschen leben hier in Höhlenwohnungen, die ebenso komfortabel sind wie Häuser (s. S. 383).

Die Alcazaba von Almería: Weniger bekannt als die Alhambra, aber von der Anlage her durchaus vergleichbar (s. S. 408).

15 Cabo de Gata: Die größte Vulkanlandschaft der Iberischen Halbinsel ist reich an botanischen Schätzen (s. S. 418).

Schöne Routen

Auf den Spuren von Federico García Lorca: Spaniens berühmter Dichter lebte in der Vega de Granada (s. S. 369).

Durch die Alpujarra: Die Fahrt über schmale Bergstraßen berührt ursprüngliche Dörfer und großartige Aussichtspunkte (s. S. 374).

Durch die Axarquía: Kaum irgendwo in Andalusien scheint die maurische Vergangenheit greifbarer als in den kleinen Bauerndörfern der Axarquía (s. S. 395).

Parque Natural Cabo de Gata: Steppenlandschaften, Salzseen mit reicher Vogelwelt, Dünenstrände und karge Vulkanfelsen wechseln sich in rascher Folge ab (s. S. 417).

aktiv unterwegs

Exkusion auf der Ruta de los Cahorros: Die zuweilen aufregende Tour beginnt vor den Toren Granadas, wobei die Überquerung einer 63 m hohen Hängebrücke und die Durchquerung einer engen Klamm besondere Erlebnisse bietet (s. S. 371).

Besteigung des Pico Veleta: Die mehrstündige Wanderung auf den zweithöchsten Gipfel der Siierra Nevada verschafft eine Aussicht, die einfach traumhaft ist (s. S. 375).

Wandern in den Montes de Málaga: Wer hier wandert, kann seltene Tierarten wie Wildkatze und Königsuhu entdecken und die Stille der ausgedehnten Kiefernwälder unweit der Stadt genießen (s. S. 404).

Radtour ins Naturschutzgebiet Punta Entinas-Sabinar: Die Tour beginnt südwestlich von Roquetas de Mar und führt u. a. in früher teilweise als Salinen genutzte Feuchtgebiete. Das heutige Naturschutzgebietes **Paraje-Reserva Natural Punta Entinas–Sabinar** ist ein Paradies für Wasservögel – häufig kann man Flamingos beobachten (s. S. 413).

Höhlenerkundung in Sorbas: Die in ihrer Art ziemlich einmalige Karsthöhle in Gipsgestein blieb praktisch unerschlossen. Wie ein Höhlenforscher kann man sie mit Schutzhelm und Stirnlampe erkunden. Während die Ruta Básica auch für Kinder geeignet ist, verlangt die Ruta Técnica einige Höhlenerfahrung (s. S. 417).

Zu Fuß zu den Naturstränden bei San José: Auf der Wanderung durch die karge, mit Tausenden von Agaven überzogenen Landschaft werden drei reizvolle Strände erreicht, die von Dünen und Vulkanfelsen gesäumt sind (s. S. 421).

12 Granada und die Alhambra ▶K5

Granada ist ein Höhepunkt jeder Andalusienreise, schon wegen der Alhambra, einer Sehenswürdigkeit von Weltrang. Malerisch liegt die maurische Königsburg vor der Kulisse der Sierra Nevada. Attraktiv ist aber auch die Stadt selbst mit einer lebendigen Mischung aus Kulturangebot, Shoppingvergnügen und Nachtleben.

Das Zentrum von Granada (235 000 Einw.) liegt am Fuß zweier Bergrücken, die sich in die Stadt hineinschieben. Auf dem südlichen thront die Alhambra, auf dem nördlichen befinden sich der alte arabische Stadtteil Albaicín und der Sacromonte mit seinen Höhlenwohnungen. Der Río Darro teilt, zum Teil unterirdisch, die Stadt. Das Erscheinungsbild Granadas wird wesentlich durch den Tourismus und die drittgrößte Universität Spaniens geprägt. Jährlich werden in der Alhambra über 2 Mio. Besucher registriert. An der Universität sind (einschließlich der Sprachschüler) ca. 80 000 Studierende eingeschrieben. Die maurische Kultur wirkt nicht nur in Form der unvergleichlichen Alhambra nach, sondern zeigt auch ein aktuelles Gesicht (s. S. 361). Junge Leute treten zum Islam über, eine Moschee wurde gebaut, Teestuben und marokkanische Geschäfte verleihen Granada ein orientalisches Flair.

Ein Blick in die Geschichte Granadas

Über die Herkunft des Namens Granada gibt es verschiedene Meinungen. Einer Legende zufolge soll Granata, eine Tochter des griechischen Halbgottes Herkules, den Ort gegründet haben. Nach einer anderen Version gleicht die Lage der Stadt mit den beiden Bergrücken und dem Tal dazwischen einem aufgeplatzten Granatapfel. Wie dem auch sei:

Im 5. Jh. v. Chr. gab es hier jedenfalls nachweislich eine iberische Siedlung namens Eilbyrge. Es folgten die Römer und im 5. Jh. die Westgoten. Besondere Bedeutung hatte das heutige Granada damals allerdings nicht.

Erst als die Mauren 711 auf die Iberische Halbinsel kamen, begann der Aufstieg Granadas. Nach dem Zusammenbruch des Kalifats 1010 war Granada ein eigenständiges Taifa-Königreich. In dieser Zeit entstand die befestigte Siedlung Albayzín, das heutige ›arabische Viertel‹.

Mohammed ibn Ahmar aus dem Geschlecht der Beni Nasr begründete 1238 in Granada die Dynastie der Nasriden, die Andalusien die letzte Blüte maurischer Kultur bis 1492 bescherten. Mohammed ibn Ahmar stellte sich unter den Schutz der kastilischen Krone, machte sich also zum Vasallen. Bei der Reconquista von Sevilla 1248 musste er mit seinen besten Reitern Waffenhilfe leisten. Nach dem Fall Sevillas kehrte Mohammed ibn Ahmar nach Granada zurück, wo ihn seine Untertanen mit Jubel- und Siegrufen empfingen. Er allerdings antwortete wenig überzeugt: »Es gibt keinen Sieger außer Allah!« Diese Aussage wurde der Leitsatz der Nasriden. Er zieht sich hundertfach wiederholt über die Wände des Königspalastes.

Die Nasriden machten ihr Königreich zu einem hervorragend verwalteten Gemeinwesen. Sie förderten den Handel und legten ein ausgefeiltes Bewässerungssystem an. Landwirtschaftliche Erzeugnisse wie Zucker, Feigen, Mandeln und Orangen konnten exportiert werden. Bergwerke förderten Gold, Silber und Kupfer, die Seidenproduktion florierte. Maurische Flüchtlinge aus den von Christen eroberten Gebieten Andalusiens brachten ihr Vermögen nach Granada in Sicherheit und machten die Stadt reich. Rasch wuchs die Bevölkerung auf 400 000 Einwohner an. Hospitäler, Schulen und eine Universität wurden gegründet. Krankenfürsorge und Bildungsmöglichkeiten waren ausgezeichnet. Währenddessen ließen die Herrscher auch die Alhambra ausbauen.

Das Verhältnis zu den Christen gestaltete sich im Laufe der Zeit immer schwieriger. Auf mit Drohungen verbundene Tributforderungen Kastiliens reagierte der damalige König von Granada 1478 mit Ablehnung. So beschlossen die Katholischen Könige 1481, die maurische Herrschaft auf iberischem Boden endgültig zu beenden. Schon bald nahmen sie eine Stadt nach der anderen ein.

Boabdil (Mohammed XII.) war der letzte islamische Herrscher über Granada. Nach langer Belagerung übergab er kampflos die von Flüchtlingen überfüllte Stadt mit ihren hungernden Bewohnern. Am 2. Januar 1492 zogen die Christen feierlich in Granada ein. Der Bevölkerung wurde Glaubensfreiheit zugesichert und Boabdil verließ Granada. Überliefert sind seine Tränen durch die Bemerkung seiner ehrgeizigen Mutter: »Beweine nicht wie ein Weib, was du nicht wie ein Mann hast verteidigen können.«

Alhambra [1]

Cityplan: S. 356/357
Nach dem Vatikan ist die Alhambra – von der Unesco zum Weltkulturerbe erklärt – die meistbesuchte Sehenswürdigkeit in Europa. Wegen des großen Andrangs wurden die täglich zugelassenen Besucherzahlen beschränkt (s. S. 352).

Medina und Außenbezirke

Vom Haupteingang führt der Weg zunächst an den unscheinbaren Ruinen der Medina

Tipp: Bono Turístico

Wenn man länger in Granada bleibt und viele Sehenswürdigkeiten besuchen möchte, lohnt sich der Bono Turístico. Man erhält ihn für den selben Tag bei der Caja Granada, Plaza de Isabel la Católica 6, und bei der Caja Granada im Centro Comercial Neptuno, Arabial s/n. Drei Tage für 25 € (Kinder von 3–11 Jahren 9 €). Fünf Tage: 30 €. Der Bono Turístico kann auch für Tage im Voraus gekauft werden (3 Tage: 27 €, 5 Tage: 32,50 €, Kinder 9,75 €). Verkaufsstellen sind: Caja Granada (s. o.), Oficina de información Turística Municipal, Plaza del Carmen s/n, Audioguías This is: granada: Plaza Nueva s/n oder über das Internet: www.cajagranada.es.

Enthalten sind Eintritte (Alhambra, Kathedrale, Capilla Real, Monasterio de la Cartuja, Museo Arqueológico) ebenso wie neun Fahrten mit den Stadtbuslinien. Außerdem gewähren einige Restaurants und Hotels Rabatt bei Vorlage.

vorbei, einstmals einer regelrechten kleinen Stadt mit Moscheen, Bädern, Wohnhäusern für Handwerker und Stallgehilfen, Geschäften und eigener Verwaltung. Sie diente der praktischen Versorgung der gesamten Anlage. In den ersten Jahren der christlichen Herrschaft entstand gegenüber der Medina ein **Franziskanerkloster**. Heute ist in seinen Gemäuern das Hotel Parador de Granada untergebracht (s. S. 364). An der Stelle einer Moschee errichteten die Christen die Kirche **Santa María de la Alhambra**. Daneben liegen die sorgfältig restaurierten arabischen **Baños de la Mezquita Mayor**.

Der Turm südlich des Palastes Karls V. gehört zur **Puerta de la Justicia**. Zu dieser führt hinter der **Puerta del Vino**, westlich des Palastes, ein Weg hinunter. Das Gerichtstor, das aus zwei Hufeisenbögen gebildet wird, bot ursprünglich Zugang zur Alhambra. Hier fanden Gerichtsverhandlungen und Hinrichtungen statt. Das Symbol der Hand am Schlussstein des größeren Bogens steht für die fünf Gebote des Islam: Bekenntnis der Einzigar-

Granada und die Alhambra

tigkeit Gottes, tägliches Gebet, Verteilung von Almosen an die Armen, Enthaltsamkeit durch Fasten und die Pilgerfahrt nach Mekka. Andererseits dient die Hand als Zeichen der Prophetentochter Fatima auch zur Abwehr des bösen Blicks. Das Symbol des Schlüssels am zweiten Bogen steht für den Eingang ins Paradies. Wie für islamische Wehrportale typisch, knickt der Weg im Torbereich ab.

Palacio Carlos V.

Kaiser Karl V. gab im 16. Jh. einen Palast in Auftrag, der direkt an den maurischen grenzt und diesen zumindest von außen betrachtet dominiert. Der Architekt, Pedro Machuca aus Toledo – er lernte bei keinen Geringeren als dem berühmten italienischen Renaissancebaumeister Donato Bramante und bei Michelangelo – konstruierte ihn strikt nach den Prinzipien der Renaissance: Der Grundriss ist quadratisch, der Innenhof mit dorischen und ionischen Säulen in den beiden Stockwerken jedoch kreisrund. Obwohl der Bau damit an eine Stierkampfarena erinnert, diente wahrscheinlich die Villa des römischen Kaisers Hadrian als antikes Vorbild.

Im Erdgeschoss ist das **Museo de la Alhambra** untergebracht. In sieben Räumen werden Funde aus der Alhambra und dem arabischen Granada ausgestellt, neben Kunsthandwerk auch Gebrauchsgegenstände. Unter den Keramiken sticht der **Jarro de la Alhambra** hervor, eine 1,30 m hohe Vase von 1320 (Di–Sa 9–14 Uhr, Fei geschl.).

Im Obergeschoss des Palastes befindet sich das **Museo de Bellas Artes** (Museum der Schönen Künste) von Granada mit Skulpturen und Gemälden herausragender Meister vom 15. Jh. bis zur Avantgarde des 20. Jh. (Di–Fr 9–14 Uhr).

Palacios Nazaries

Höhepunkt eines Alhambrabesuchs sind die **Königspaläste**. Zwei nasridische Herrscher – Júsuf I. und Mohammed V. – ließen sie zwischen 1333 und 1391 erbauen. Von außen sind sie eher schlicht gehalten, im Inneren dafür umso prächtiger verziert. Die Anlage gliedert sich in drei Bereiche: die öffentliche Audienz- und Gerichtshalle (mexuar), den halböffentlichen eigentlichen Palast (serail) und den privaten Harem. Die Räume gruppieren sich jeweils um einen Innenhof.

Vom Eingang an der Nordwestecke des Palastes Karls V. geht es zunächst in den **Mexuar.** Aus arabischer Zeit stammen noch die Verzierungen an den Decken und Wänden sowie die Säulenkapitele. Karl V. ließ den Raum zu einer christlichen Kapelle verändern. Die Fliesen an den Wänden stammen

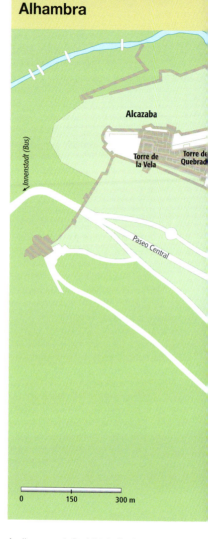

Alhambra

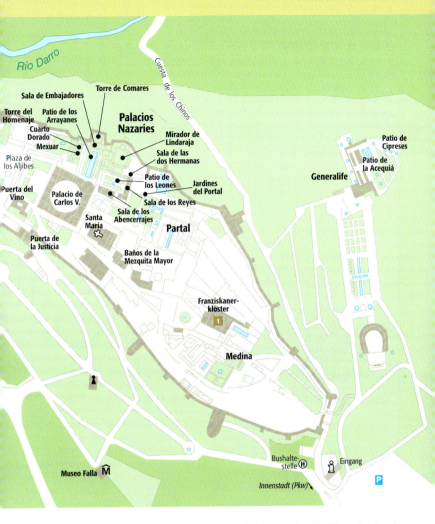

aus dem 16. Jh. Erst 1840 kam das zweite Stockwerk hinzu. Es schließt sich der Patio del Mexuar an, wegen seiner fein gestalteten, ockerfarben leuchtenden Fassade auch Goldener Hof genannt. Von hier geht es in das **Cuarto Dorado** (Goldenes Zimmer), dessen Holzdecke mit Gold verziert ist.

Das linke zweier rechteckiger Tore führt in den **Patio de los Arrayanes** (Myrtenhof). Er ist das Zentrum des halböffentlichen, eigentlichen Palastbereichs. Myrtensträucher säumen das langgestreckte Wasserbecken in seiner Mitte. Beachtung verdienen vor allem die Schmalseiten des Hofes. Die feine Gliederung ihrer Bögen, die durchbrochene Stuckdekoration, Fenster und Galerien sowie das Ziegelwerk des Daches spiegeln sich in dem Wasserbecken wider.

In nördlicher Richtung erhebt sich der mächtige Turm **Torre de Comares.** Zunächst geht es durch den Empfangsraum, die **Sala de la Barca.** Wenn auch die kunstvoll verzierte

Granada und die Alhambra

Tipp: Hinweise zum Besuch der Alhambra

Es gibt Karten für vormittags bis 14 und nachmittags ab 14 Uhr. Zudem ist auf den Karten ein Zeitfenster von einer halben Stunde für den Zugang in den Königspalast der Nasriden angegeben. Nur während dieser Spanne darf man den Palastbereich betreten – wer zu spät kommt hat Pech gehabt. Einmal im Inneren kann man sich dann allerdings beliebig lange aufhalten. Da die täglichen Besucherzahlen auf 6300 (Nov.–Feb.) bzw. 7700 (März–Okt.) beschränkt sind, ist es unbedingt ratsam, Karten zu reservieren. An der Kasse am Eingang gibt es nur Karten für den jeweiligen Tag, ein Vorverkauf findet hier nicht statt. Wenn das Kontingent für den jeweiligen Tag erschöpft ist, schließt die Kasse. Manchmal sind dann über den *Bono Turistico* (s. S. 349) noch Eintrittskarten zu bekommen.

Die Tickets sind auch über **www.servicaixa.com** zu beziehen (Englisch und Spanisch). Man kann sie selbst zu Hause ausdrucken und auch das Zeitfenster für die Besichtigung der Paläste bestimmen.

Holzdecke einem umgedrehten Bootsrumpf gleicht (span. *barca* = Barke), so geht doch der Name des Saales auf den arabischen Begriff *baraka* (Segen) zurück. Besucher des Königs erhielten hier ihren göttlichen Segen.

Dahinter öffnet sich mit die **Sala de Embajadores** einer der prächtigsten Räume des Palastbezirks. Hier empfing der König seine Gäste. Die 20 m hohen Wände sind bis an die Decke mit reichem Stuckwerk verziert. Eine Besonderheit ist die aus mehr als 8000 Teilen zusammengesetzte Holzkuppel. Sie symbolisiert die sieben Himmelskreise, wie sie der Koran beschreibt. Der siebte Himmel gilt als das größte Glück. Die Fenster an den drei Außenseiten des Turmes liegen in tiefen Nischen. So dringt nur schwaches Licht in den Raum. Zu Zeiten einer Audienz ließ der Herrscher sie meist verhängen. Sein Thron stand dem Eingang gegenüber. Besucher mussten sich also zunächst an das Dämmerlicht gewöhnen, während der wartende König seinen Gast bereits einschätzen konnte.

Nächste Station ist der private Haremsbereich mit dem berühmten **Patio de los Leones** (Löwenhof). Zwölf stilisierte Löwen tragen eine Brunnenschale, zu der von den vier Seiten des Hofes schmale Kanäle Wasser heranführen. Sie symbolisieren die vier Flüsse des islamischen Paradieses, während die Löwen für die zwölf Tierkreiszeichen stehen. Die Räume an den Schmalseiten scheinen in den Hof zu ragen. Ihre Giebel schweben über reich verzierten Säulenköpfen. Die feinen Marmorsäulen bilden eine Art Vorhang und wirken wie ein Schleier. Dennoch haben sie tragende Funktion. Zwischen Säulen und Kapitellen haben die maurischen Handwerker Bleiplatten eingelegt, um Materialveränderungen oder Schwankungen durch Erdbeben auszugleichen. Insgesamt 124 solcher Säulen umgeben den Hof. Sie symbolisieren einen Palmenwald des Paradieses.

An der südlichen Längsseite des Löwenhofs geht es in die **Sala de los Abencerrajes**. Deren Gewölbedecke hat die Form eines achtzackigen Sterns, ein achteckiger Brunnen verstärkt die Symmetrie und Raumwirkung. Einer Legende nach ließ der letzte Nasridenkönig Boabdil hier 36 Mitglieder der Adelsdynastie Abencerrajes enthaupten. Die roten Flecken im Brunnen sollen von ihrem Blut stammen. Wahrscheinlich handelt es sich aber schlichtweg um Rost. Washington Irving berichtet in seinen »Erzählungen von der Alhambra« davon, Chateaubriand hat diese Geschichte zu einem Roman verarbeitet.

In der **Sala de los Reyes** (Saal der Könige) sind in drei Alkoven Gemälde auf Leder an die Gewölbe geheftet. Sie zeigen maurische Jagdszenen und Ess- und Trinkgelage. Dabei verbietet der Islam eigentlich die figürliche Darstellung hoher Persönlichkeiten. Hier macht sich bereits der europäisch-christliche Einfluss bemerkbar. Wahrscheinlich waren die Maler sogar Christen.

Die **Sala de las Dos Hermanas** (Saal der zwei Schwestern) ähnelt der Sala de los Abencerrajes. Beide Räume beeindrucken

Alhambra

durch das Wabenwerk ihrer sternförmigen Stalaktitengewölbe *(muquarnas)*. Der Saal der zwei Schwestern trägt seinen Namen wegen der beiden großen Marmorplatten auf dem Fußboden. Von dort aus geht es in die **Sala de los Ajimeces,** den Saal der Zwillingsfenster, mit dem Aussichtspunkt **Mirador de Lindaraja.** In arabischer Zeit war der Blick auf Stadt und Berge noch frei. Heute schaut man auf den **Patio de Lindaraja** und einen weiteren Gebäudetrakt, den Karl V. für seine Privatgemächer errichten ließ – 1829 verbrachte der amerikanische Schriftsteller Washington Irving hier vier Monate. Von der folgenden Galerie ergibt sich ein schöner Ausblick auf den Stadtteil Albaicín. Dann geht es durch den Patio de Lindaraja in die verwinkelten Räume der königlichen Bäder. Anschließend verlässt man den Palastbereich. Hinter dem Ausgang liegen die **Jardines del Portal.**

Alcazaba

Ältester und wuchtigster Teil der Alhambra ist die Alcazaba. Die Burganlage war namenge-

Innenhöfe der Alhambra: Das Zusammenspiel von Architektur und Wasser machen den orientalischen Zauber des Palastes aus

Granada und die Alhambra

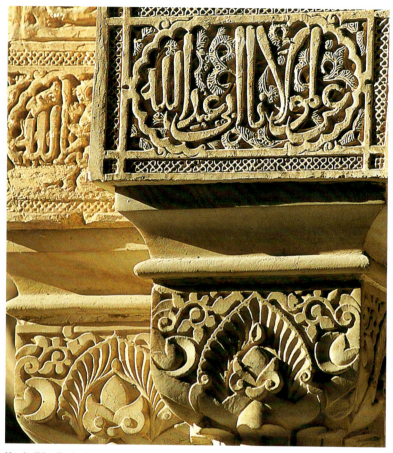

Kapitell im Patio de los Leones: arabische Kalligraphie und florale Ornamentik zu Ehren Allahs

bend für die gesamte Anlage, da das Mauerwerk in der Abendsonne rötlich leuchtet (arab. *al hamra* = die Rote). Westlich des Palastes Karls V. erstreckt sich zunächst die **Plaza de los Aljibes** (Zisternenplatz). Unter ihr befinden sich die Zisternen für die Wasserversorgung der Alhambra. Ein Kiosk verkauft hier *bocadillos* und Getränke. Westlich davon gelangt man hinter der Mauer mit den Türmen **Torre de Quebrada** und **Torre del Homenaje** in die Burg. Von den Kasernengebäuden blieben nur die Grundmauern erhalten. Auffällig sind runde Öffnungen im Boden. Darunter verbergen sich große Gewölbe, die als Gefängnis dienten. Der schönste Rundblick ergibt sich vom mächtigen Haupt- und Wachturm **Torre de la Vela.** Auf ihm wurde am 2. Januar 1492 nach der Übergabe Granadas an die Christen die Fahne der Katholischen Könige gehisst.

Generalife

Generalife bedeutet ›Garten des Architekten‹. Die maurischen Könige nutzten die Anlage am östlichen Hang oberhalb der Alhambra als Sommersitz. Durch schöne Gärten mit sorgfältig gestutzten Thuja-Hecken gelangt man in den **Palacio de Generalife.** Im Vergleich zum eigentlichen Palast der Nasriden wirkt er eher schlicht. Nach mehreren Innenhöfen öffnet sich der wasserrauschende **Patio de la Acequía** und weiter oben der wildromantische **Patio de Cipreses.** Von der großen Zypresse, die einst hier stand, existiert nur noch ein Stück vom Stamm.

Die Wirkung der Anlage, die einem Märchen aus Tausendundeiner Nacht entsprungen zu sein scheint, ergibt sich aus der Kombination von rauschenden Wasserspielen, Blüten und kunstvoll geschnittenen Hecken. Außerdem genießt man von hier einen schönen Blick auf die tiefer gelegenen Teile der Alhambra. Es empfiehlt sich, noch in die weiter oben gelegenen Gartenabschnitte zu steigen. Man trifft dort auf eine in ihrer Art einmalige Treppe, die von Blättern und Zweigen überdacht ist. Auf dem Geländer rechts und links fließt kühles Wasser, was besonders an heißen Tagen willkommen ist.

Verkehr

Anfahrt: Eingang und Tageskasse liegen auf der vom Zentrum Granadas abgewandten Seite der Alhambra. Autofahrer folgen der A-44, wechseln südlich von Granada auf die Umgehungsautobahn Ronda Sur (Schilder: Alhambra, Sierra Nevada) und folgen dieser bis zur Ausfahrt Alhambra. Am Eingang befindet sich ein großer gebührenpflichtiger Parkplatz. Vom Stadtzentrum (Plaza Nueva) fahren Kleinbusse von *Alhambrabus* zum Eingang (Linie 30, 1 €).

Fußweg: Von der Plaza Nueva folgt man zunächst der Cuesta de Gomérez, passiert die Puerta de Granada, den Brunnen Pilar de Carlos V. und die Puerta de la Justicia. Dann geht es an der gesamten Anlage vorbei bis zum Eingang. Für eine längere Variante hält man sich am Río Darro entlang bis zu einer Brücke. Dort links in die Cuesta del Rey Chico einbiegen. Diese geht in die Cuesta de Los Chinos über, die dann zum Eingang der Alhambra führt.

Öffnungszeiten und Preise: Nov.–Feb. tgl. 8.30–18, Fr/Sa auch 20–21.30, März–Okt. tgl. 8.30–20, Di–Sa auch 22–22.30 Uhr, 12 €, nur Gärten 6 €.

Centro

Die Innenstadt Granadas liegt in einer Bucht zwischen den beiden Bergrücken der Alhambra und des Albaicín. Am lebhaftesten geht es im Bereich um die Kathedrale mit den Hauptstraßen **Gran Via de Colón** und **Calle Reyes Católicos** bis zur **Plaza Nueva** zu.

Catedral Santa María de la Encarnación 2

Die **Kathedrale** sollte ein Wahrzeichen des Sieges der Christen über die Mauren sein. Der Platz war daher vorgegeben: Hier stand in nasridischer Zeit inmitten des geistigen und auch wirtschaftlichen Zentrums der Stadt die Große Moschee. Die vollen Ausmaße des Bauwerks kann man allein vor der Hauptfassade würdigen, da es nur hier möglich ist, ein paar Schritte zurückzutreten.

Ursprünglich sollte die Kathedrale in gotischem Stil errichtet werden. Aber 1528, fünf Jahre nach Baubeginn, entschieden sich die Bauherren – erstmals bei einer spanischen Kathedrale – für den aktuelleren Renaissancestil. Architekt war Diego de Siloé, der bei italienischen Baumeistern gelernt hatte. Sein Nachfolger im 17. Jh. wurde Alonso Cano. Als Maler, Bildhauer und Architekt zugleich gilt er als einer der vielseitigsten Künstler des *siglo de oro* (s. S. 51 f.). Von ihm stammt die Hauptfassade mit den imposanten Triumphbögen über den Eingängen.

Im Inneren ist noch die gotische Grundstruktur mit fünf Schiffen und einem Halbkreis um den Hauptaltar offensichtlich, trotz der palastartigen Ausführung im Stil der Renaissance mit römischen Säulen und korinthischen Kapitellen. Die **Capilla Mayor** (Hauptkapelle) war ursprünglich als Standort des königlichen Grabmals vorgesehen. Daher wirkt sie wie ein Tempel, der in die Kirche hineingebaut wurde. An den zwölf Säulen des

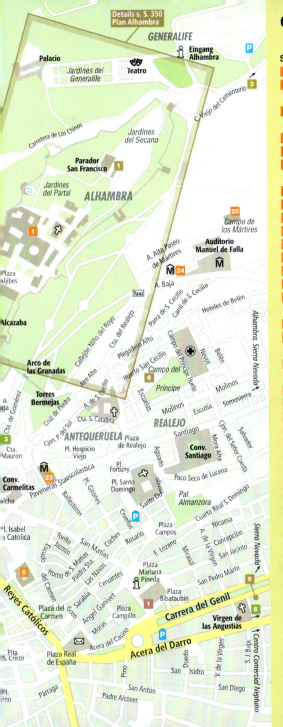

Granada

Sehenswert

1. Alhambra
2. Catedral Santa María de la Encarnación
3. Capilla Real (Königliche Kapelle)
4. Madraza
5. Alcaicería
6. Corral del Carbón (Karawanserei)
7. Real Chancillería
8. Iglesia Santa Ana
9. El Bañuelo
10. Santa Catalina de Zafra
11. Museo Arqueológico
12. Mirador de San Nicolás
13. Museo Max Moreau
14. Iglesia San Salvador
15. Kloster Santa Isabel la Real und Palacio de Dar al Horra
16. Calderería Nueva
17. Centro de Interpretación Sacromonte
18. Universidad Literario (heute juristische Fakultät)
19. Iglesia San Jerónimo
20. Hospital San Juan de Díos
21. Hospital Real
22. Monasterio de La Cartuja
23. Casa de los Tiros
24. Casa Museo Manuel de Falla
25. Carmen de los Mártires

Übernachten

1. Parador de Granada
2. Carmen Santa Inés
3. Palacio Santa Inés
4. Migueletes
5. Tryp Albayzin
6. Hostal La Ninfa
7. Hostal Austria/Hostal Viena
8. Pensión Hostal Meridiano

Essen & Trinken

1. Chikito
2. Carmen Mirador de Aixa

Fortsetzung s. S. 358

Granada

- [3] Mirador de Morayma
- [4] Cunini
- [5] Sevilla
- [6] La Gran Taberna
- [7] Samarkanda
- [8] Taberna Salinas
- [9] El Ladrillo II
- [10] Bar El Pañero
- [11] Bodegas Castañeda

Einkaufen
- [1] Cerámica Fajalauza
- [2] Artesanía Árabe Chambo
- [3] Cuesta de Gomérez
- [4] Mercado Municipal
- [5] Boutiquenviertel (Mode)
- [6] Centro Comercial Neptuno

Abends & Nachts
- [1] Bar Kiki San Nicolás
- [2] Granada 10
- [3] Venta El Gallo
- [4] Los Tarantos
- [5] Peña de la Platería

Aktiv & Kreativ
- [1] Baños Árabes Hammam
- [2] City Sightseeing Granada
- [3] Carmen de las Cuevas

unteren Teils stehen die Apostel. Die Gemälde in der Mitte stammen von Alonso Cano und thematisieren das Marienleben. Ein weiteres Beispiel für das Schaffen Canos ist eine winzige, aber ausdrucksstarke Marienplastik in der Sakristei. Sehenswert ist in einer Seitenkapelle daneben das Standbild eines Reiters mit Schwert. Unter den Hufen seines Pferdes krümmt sich ein geschundenes Opfer. Es ist der hl. Jakobus (span. San Tiago oder Santiago), im Volksmund auch *matamoros* (Maurentöter) genannt (Gran Via de Colón, Mo–Sa 10.45–13.30, 16–19 Uhr, 3,50 €).

Capilla Real [3]

Obwohl die **Königliche Kapelle** direkt an die Kathedrale anschließt, gibt es keinen direkten Zugang mehr. Königin Isabella von Kastilien und König Ferdinand von Aragón verfügten selbst den Bau ihrer Grabstätte. Dort, wo sie die letzten Mauren auf der spanischen Halbinsel besiegt hatten, wollten sie bestattet werden. Beide erlebten das Ende der Arbeiten nicht mehr. Isabella starb 1504, Ferdinand 1516. Bis 1521 wurden die königlichen Särge im Franziskanerkloster der Alhambra aufgebahrt. Erst dann konnten sie in die Capilla Real überführt werden.

Als Eingangsgebäude dient **La Lonja**, die ehemalige Seidenbörse. Dort hängt im Vorraum eine Kopie des Gemäldes »Übergabe von Granada«, auf dem zu sehen ist, wie der letzte Nasridenherrscher Boabdil König Ferdinand den Stadtschlüssel übergibt. Ein schmiedeeisernes, zum Teil vergoldetes Gitter im Renaissancestil aus dem Jahre 1520 teilt den Raum der eigentlichen Kapelle. Dieses Gitter des Meisters Bartolomé de Jaén (s. S. 328) gilt als eines der schönsten seiner Art in ganz Spanien. Es ist doppelt gegossen und zeigt daher von beiden Seiten eine Vielzahl plastischer Relieffiguren, fein ausgestalteter Szenen aus der Passion Christi. Hinter dem Gitter befindet sich rechts das Grabmal der Katholischen Könige, das der Italiener Fancelli 1517 schuf.

Er fertigte es in Carrara in der Toskana an, woher auch der Marmor stammt. An den Schrägseiten sind viele kunstvoll herausgearbeitete Figuren und Embleme zu sehen. Unten stehen in Nischen die zwölf Apostel. Aus den vier Ecken äugen jeweils ein Greif und über jedem Apostel wacht einer der Kirchenväter: Augustinus, Hieronymus, Ambrosius und Gregorius. Zwei Löwen symbolisieren das Königtum. Der aufgebrochene Granatapfel steht für das besiegte Granada. Die Figur des Ferdinand hält sein Schwert, die Hände von Königin Isabella sind zum Gebet gefaltet. Die Köpfe arbeitete der Bildhauer unterschiedlich tief in die marmornen Kissen. Isabellas Kopf drückt das Kissen stärker ein. Der spanische Volksmund hat eine Erklärung parat: Isabella war die klügere von beiden.

Auf der linken Seite, etwas erhöht, befindet sich das Mausoleum für Johanna die Wahnsinnige und ihren Mann, Philipp den Schönen. Ebenfalls aus Marmor, schuf es der spanische Bildhauer Ordóñez 1520, lange vor dem Tod Johannas. Hinter den Grabmälern führt eine Treppe zur Krypta. In schlichten Bleisärgen sind dort die sterblichen Überreste der Könige aufgebahrt.

Centro

Spaniens erste Renaissancekathedrale: architektonisches Erbe antiker Kulturen gepaart mit christlicher Spiritualität

Den **Hochaltar** schuf Philippe Vigarny aus Burgund 1520–1522. Er ist Johannes dem Evangelisten und Johannes dem Täufer gewidmet – den Schutzpatronen Isabellas und Ferdinands. Blutige Folterszenen und der in Öl siedende Apostel Johannes sind naturgetreu aus Holz geschnitzt. Rechts und links zeigen plastische Porträts Isabella und Ferdinand nicht als triumphierende Könige, sondern als Gläubige. Auf der unteren Seite sieht man links die Übernahme Granadas, rechts die Zwangstaufe der Mauren.

Die **Sakristei** der Capilla Real birgt Museum und Schatzkammer. Dort sind die silberne Krone, Zepter und Schatztruhe Isabellas sowie das Schwert Ferdinands ausgestellt. Bemerkenswert ist die kleine, aber hervorragende Gemäldesammlung aus dem Besitz der Königin. Eine Reihe flämischer Meisterwerke des 15. Jh. von Rogier van der Weyden, Dierk Bouts und Hans Memling sind zu sehen, außerdem Gemälde von Perugino und Botticelli (Calle Oficios, Mo–Sa 10.30–13, 16–19, So/Fei 11–13 Uhr, 3,50 €).

Granada und die Alhambra

Madraza [4]

Gegenüber der Capilla Real steht das alte Rathaus mit seiner Barockfassade (17. Jh.). Die Geschichte des Gebäudes geht allerdings bis zu den Nasriden zurück. Der maurische Herrscher Yusuf I. gründete hier 1349 die **Madraza**, eine Lehranstalt für Theologie und Rechtswissenschaften. Aus dieser Zeit blieb der Gebetsraum mit typischer Stalaktitenkuppel erhalten. Unter den Christen diente das Gebäude als Rathaus, gehört aber heute zur Universität von Granada.

Alcaicería [5]

In dem Gewirr schmaler Gassen zwischen Kathedrale und Calle des los Reyes Católicos spielte sich in maurischer Zeit die **Alcaicería** (arab., Markt) ab. Die Händler boten dort vorwiegend Seide und Goldschmuck an. Im 19. Jh. brannte die alte Bebauung ab. Das Viertel wurde aber wieder im arabischen Stil aufgebaut – immer noch liegt hier ein Geschäft neben dem anderen. Heute werden vorwiegend Kunsthandwerk, Schmuck und allerlei Souvenirs verkauft.

Südwestlich der Alcaicería öffnet sich die **Plaza Bip Rambla.** Einst befand sich hier ein arabisches Stadttor. Später hielten die Christen an dieser Stelle wichtige Versammlungen, Turniere und Stierkämpfe ab. Auch Hinrichtungen von sogenannten Ketzern wurden auf dem Platz vollzogen. Heute ist die Plaza dank zahlreicher Straßencafés und Blumenhändler sehr lebendig.

Corral del Carbón [6]

Gegenüber der Kathedrale, jenseits der Calle de los Reyes Católicos, steht die einzige komplett erhaltene **Karawanserei** Spaniens. Den Eingang überspannt ein maurischer Hufeisenbogen. Typisch ist auch das Zwillingsfenster mit einer Säule in der Mitte. Das Gebäude stammt aus dem Jahre 1330. Es war eine Art Großmarkt und bot Unterkunftsmöglichkeiten für die Handelsreisenden und ebenfalls Ställe für deren Tiere. Der Brunnen in der Mitte lieferte Trinkwasser für die Menschen und diente zugleich als Viehtränke.

Gegen Ende der Nasridenherrschaft waren berittene Soldaten in dem Gebäude stationiert. Nach der Reconquista zogen vorübergehend die Holzkohlenbrenner ein, hierauf geht der heutige Name **Corral del Carbón** (Kohlenhof) zurück. Im frei zugänglichen Patio befinden sich jetzt die Ateliers von Kunsthandwerkern.

Albaicín und Umgebung

Der wohl schönste Stadtteil von Granada ist der **Albaicín** (auch Albayzin). Die arabische Atmosphäre in den schmalen, steilen Gassen wirkt nicht museal, sondern ist im täglichen Leben verankert und spürbar. Der Name Albaicín geht auf die maurischen Bewohner von Baeza (s. S. 326 ff.) zurück, die nach der Eroberung ihrer Stadt durch die Christen 1277 nach Granada flohen und sich auf dem Hügel ansiedelten. Neben dem malerischen Erscheinungsbild sind die *carmenes* (arab. *karm* = Landhaus, Weinberg) eine Besonderheit des Albaicín. Wohlhabende maurische Händler errichteten regelrechte Landsitze mit von hohen Mauern umgebenen Gärten inmitten des engen Viertels. Viele dieser Häuser waren seit Jahrzehnten dem Verfall preisgegeben. Doch seit die UNESCO den Albaicín 1994 zum Welterbe erklärte, änderte sich die Entwicklung. Die Häuser werden restauriert und zu hohen Preisen verkauft oder vermietet.

Entlang dem Río Darro

Plaza Nueva und **Plaza Santa Ana** gehen praktisch ineinander über und liegen im geografischen Zentrum der Sehenswürdigkeiten Granadas. Zusätzlich sorgen Bars und Restaurants dafür, dass hier immer etwas los ist. Das auffälligste Gebäude an der Plaza Santa Ana ist die **Real Chancillería** [7] (Königlicher Gerichtshof). Im 16. Jh. diente das Gebäude auch als Gefängnis und auf der Plaza wurden oft die Verurteilten hingerichtet. Heute tagt hier der Oberste Gerichtshof der Region Andalusien. Die **Iglesia Santa Ana** [8] steht am oberen Ende des gleichnamigen Platzes. Obwohl mehrere Jahrzehnte nach der christlichen Eroberung errichtet, ist ihr Glockenturm noch einem Minarett nachempfunden.

Weiter flussaufwärts befindet sich **El Bañuelo** 9, eine kleine arabische Badeanlage aus dem 11. Jh. Sie wurde sorgfältig restauriert. Daher sind die Funktionen der einzelnen Räume leicht zu deuten (Ctra. del Darro 34, Di–Sa 10–14 Uhr, Eintritt frei). Wenig weiter liegt das Kloster **Santa Catalina de Zafra** 10 von 1520, ursprünglich ein maurischer Palast. Die Fassade der Kirche zeigt Renaissancestil, innen ist noch ein arabisches Gebäude aus dem 14. Jh. erhalten. Der Palast **Casa de Castril** nebenan beherbergt die Räume des **Museo Arqueológico** 11. Es zeigt phönizischen Schmuck, iberische Gebrauchsgegenstände, römische Amphoren und maurische Keramik (Di 15–20, Mi–Sa 9–20.30, So 9–14.30 Uhr, EU-Bürger frei, sonst 1,50 €). Danach endet die Uferstraße an der Promenade **Paseo de los Tristes** (auch Paseo del Padre Manjón) – ein schöner Ort, um zu Füßen der Alhambra eine Pause einzulegen.

Auf dem Albaicín

Ins eigentliche Albaicín-Viertel gelangt man z. B. durch die Calle Zafra beim gleichnamigen Kloster. Sie führt zunächst links und dann gleich wieder rechts an das Monastério de la Concepción. Von der Calle San Juan de los Reyes steigt man dann weiter hinauf und sucht sich den interessantesten Weg durch enge Gassen bis zum **Mirador de San Nicolás** 12. Der Vorplatz der gleichnamigen Kirche ist beliebter Treffpunkt von jungen Leuten, vor allem Studenten. Hier entstehen wohl die meisten Fotografien von der Alhambra. Besonders bei Sonnenuntergang posiert sie in leuchtendem Rot im Abendhimmel. Als Hintergrundkulisse ragt, manchmal schneebedeckt, die Sierra Nevada auf.

Nach einigen Auseinandersetzungen mit der Stadtverwaltung und der Bevölkerung konnte neben dem Aussichtspunkt 2003 die moderne **Mezquita Mayor** eröffnet werden. Die Moschee selbst ist nur Muslimen zugänglich, der Garten aber steht allen Besuchern offen (tgl. 11–14, 18–20 Uhr). Direkt unterhalb des Aussichtspunkts liegt das **Museo Max Moreau** 13. Es ist in einem *carmen* mit schönem Innenhof (s. o.) untergebracht. Der belgische Maler Moreau lebte hier bis 1992. Außer seinen Bildern sind manchmal auch Fotoausstellungen zu sehen (Di–Sa 10–13.30, 16–18, Sept/Okt. 18–20 Uhr, Eintritt frei). Weiter oben erhebt sich die **Iglesia San Salvador** 14. Der Innenhof mit den maurischen Hufeisenbögen stammt von einer Moschee aus dem 13. Jh.

Vom Mirador de San Nicolás führt der Callejón de San Cecilio zur **Puerta Nueva** (11. Jh.), die Teil der damaligen Stadtmauer *(Muralla árabe)* war. Hinter der Puerta Nueva liegt mit der belebten **Plaza Larga** das eigentliche Zentrum des Viertels. Von zahlreichen Cafés und Bars aus lässt sich das Treiben beobachten. Die Straße Cuesta de Alhacaba führt entlang der Außenseite der arabischen Stadtmauer abwärts. An der Innenseite steht das Kloster **Santa Isabel la Real**, das Königin Isabella 1501 gründete, und gleich nebenan der maurische Palast **Dar al Horra** 15. Hier soll Aixa, die Mutter des letzten Nasridenherrschers von Granada, Boabdil, gewohnt haben (Mo–Fr 10–14 Uhr).

Orientalisches Flair strahlt die Gasse **Calderería Nueva** 16 aus. Kleine Geschäfte verkaufen Teppiche, Seidentücher, marokkanische Keramik und Tee. Treffpunkte für Jung und Alt sind hier nicht wie sonst Bars, sondern maurisch eingerichtete Teestuben *(teterías)* mit einer großen Auswahl an unterschiedlichsten Sorten.

Sacromonte

Das traditionelle Wohnviertel der Gitanos von Granada, **Sacromonte**, wuchs im 16. Jh. Die Menschen leben hier vorwiegend in einfachen Höhlenwohnungen. Um zum Sacromonte zu gelangen, hält man sich von der Plaza Nueva am Río Darro entlang bis zum Ende seiner Uferstraße und dann links die Cuesta del Chápiz aufwärts. Vor der Abzweigung nach rechts in den **Camino del Sacromonte** erhebt sich die gewaltige **Casa del**

Chápiz (16. Jh.), wo die Schule für arabische Studien untergebracht ist.

Der Camino del Sacromonte führt hinauf ins gleichnamige Viertel. Dort liegt nach ca. 500 m links das **Centro de Interpretación Sacromonte** 17. In originalgetreuen Schauhöhlen, die Wohnräume, Küche, Werkstatt und Ställe zeigen, erfahren Besucher einiges über das frühere Leben auf dem Sacromonte. Angeschlossen ist ein Lehrpfad. Gelegentlich finden Veranstaltungen für Kultur und Musik statt (Calle Barranco de los Negros, www.sacromontegranada.com, Di–So 10–14, 16–19, Sommer 17–21 Uhr, komplett 5 €, Buslinie 34 ab Plaza Nueva).

Westliche Stadtteile

Das Lehren und Lernen blickt in Granada auf eine lange Tradition zurück. Schon zu Zeiten der Mauren gab es eine Lehranstalt. Die heutige Universität geht auf die Gründung Karls V. im Jahr 1531 zurück. Von der Kathedrale führt die Calle San Jerónimo ins Universitätsviertel, zur Plaza Universidad. In der historischen **Universidad Literario** 18 ist die juristische Fakultät der Universität von Granada untergebracht.

In der Calle Gran Capitán befindet sich die **Iglesia San Jerónimo** 19. Als Grabkirche für den großen Heerführer von Isabella La Católica – Gonzalo Fernández de Córdoba, der auch als El Gran Capitán bekannt ist – wurde sie Anfang bis Mitte des 16. Jh. zunächst im gotischen Stil erbaut. Diego de Siloé gestaltete sie, wie auch die Kathedrale, im Stil der Renaissance um.

Gleich nebenan dient das **Hospital San Juan de Díos** 20 seit 1552 als Krankenhaus. *Azulejos* und Wandgemälde, auf denen die Heilung von Kranken abgebildet ist, zieren die Bogengänge der Innenhöfe, die besichtigt werden können. Die zugehörige Barock-

Placeta San Gregorio im Albaicín:
im Bodenmosaik das allseits präsente
Stadtsymbol – der Granatapfel

Realejo und Antequeruela

kirche (17. Jh.) ist hingegen nur zu Messen zugänglich.

An der Plaza del Triunfo erhebt sich die **Puerta Elvira** mit eindrucksvollem Hufeisenbogen. Im 11. Jh. war sie das Haupttor zur Stadt. Nahebei steht das 1504 von Königin Isabella gestiftete **Hospital Real** 21 (Königliches Krankenhaus). Heute sind darin Rektorat und Bibliothek der Universität untergebracht.

1 km weiter gelangt man am bequemsten per Bus (Linie 8 oder Circular-Bus) ab Gran Via de Colón zum **Monasterio de La Cartuja** 22 (Kartäuserkloster), dessen Gründer kein Geringerer als El Gran Capitán war. Die Anhänger des hl. Bruno aus Köln lebten hier bis 1824 in strenger Klausur in Einzelzellen. Die Sakristei gilt als Paradebeispiel des spanischen Barock. 1727 begannen die Arbeiten und es dauerte 37 Jahre, bis der Marmoraltar, die Intarsienarbeiten der Schränke und der Wanddekor aus weißem Stuck vollendet waren. Die beiden kleinen Figuren auf dem Altar – Jungfrau und hl. Bruno – stammen von Alonso Cano.

Realejo und Antequeruela

Östlich des Zentrums, unterhalb des Alhambrahügels, dehnen sich zwei eher ruhige und noch sehr ursprünglich gebliebene Wohnviertel aus: Realejo war früher das Judenviertel. Antequeruela verdankt seinen Namen den Mauren aus Antequera, die nach der Eroberung der Stadt durch die Christen nach Granada flohen.

Von der Plaza de Isabel la Católica führt die Calle Paveneras zur **Casa de los Tiros** 23. Der Adelspalast aus dem 16. Jh. erinnert mit seinen zinnenbewehrten Mauern eher an eine Festung. Die Fassade zieren einige Figuren aus der griechischen Mythologie. Die Räume im Inneren beherbergen ein kleines Ethnologisches Museum (Mo–Fr 9–20 Uhr, Eintritt frei). Über die Plaza del Realejo und weiter durch die Calle Molinos gelangt man zum reizvollen **Campo del Príncipe**. Für die Bewohner des Stadtteils Realejo ist der Platz

Granada und die Alhambra

dank mehrerer Terrassencafés ein beliebter Treffpunkt.

Weiter in Richtung Alhambra liegt die **Casa Museo Manuel de Falla** 24 (1876–1946). In dem kleinen *carmen* lebte der berühmte andalusische Komponist. Hier entstanden seine Opern und Zarzuelas, eine zu seiner Zeit beliebte Form von Operetten (Di–Sa 10–13.30 Uhr). Im modernen Konzertsaal **Auditorio Manuel de Falla** in der Straße Antequeruela alta werden gelegentlich seine Werke aufgeführt.

In der Nähe beginnt die Parkanlage **Campo de los Mártires** (Märtyrerfeld). Während der Herrschaft der Nasriden sollen sich hier Kerker für Christen befunden haben. Im 19. Jh. wurde der **Carmen de los Mártires** 25 gebaut. Das Anwesen ist von einem ruhigen, schattigen Garten umgeben (Paseo de los Mártires, Mo–Fr 10–14, 16–18, April–Sept. 17–19, So/Fei 10–18, April–Sept. 10–19 Uhr, Aug. geschl.).

Infos

Oficina Provincial de Turismo: Plaza Mariana Pineda 10, 18 009 Granada, Tel. 958 24 71 28, Fax 958 24 71 27, www.turismodegranada.org, www.turgranada.es. Informationsbüro der Provinz Granada. Etwas abseits gelegen, weniger Andrang.

Oficina de la Junta de Andalucía: Calle Santa Ana 4, 18 009 Granada, Tel. 958 57 52 02, 958 57 52 04, Fax 958 57 52 03, www.andalucia.org, Winter Mo–Fr 9–19.30, Sa 10–19, So/Fei 10–14, Sommer Mo–Fr 9–20, Sa 10–19, So/Fei 10–14 Uhr. Gut ausgestattetes Büro der Region Andalusien. Zweigstelle am Ticketschalter der Alhambra (Tel. 958 22 61 51, Fax 958 22 82 01).

Übernachten

Die Auswahl ist groß. Stilvolle Hotels, meist in restaurierten historischen Häusern, gibt es im Stadtteil Albaicín. Einfachere bis mittlere Pensionen und Hotels konzentrieren sich im Bereich der Plaza Trinidad, entlang der Gran Vía de Colón und östlich des Rathauses. Viele bieten noch günstige Zimmer mit Etagenbad an.

Einmalige Lage ▶ **Parador de Granada** 1: Real de la Alhambra, s. Plan Alhambra S. 350/351, Tel. 958 22 14 40, Fax 958 22 22 64, www.parador.es. 4-Sterne-Parador innerhalb der Alhambra im ehemaligen Franziskanerkloster. Mit feinem Restaurant (tgl. geöffnet, Hauptgerichte 13–35 €). Edles Ambiente, rechtzeitig reservieren. DZ 315 €.

Etwas Besonderes ▶ **Carmen Santa Inés** 2: Placeta de Porras 7/Calle San Juan de los Reyes 15, Tel. 958 22 63 80, Fax 958 22 44 04, www.carmensantaines.com. Historisches *carmen* des Albaicín mit schönem Innenhof und lauschiger Terrasse. Stilvolle Einrichtung. Standardzimmer sind etwas klein, aber gut für eine Person geeignet. DZ Standard 95–115, zur Alleinbenutzung 75–95, größere DZ 105–230 €.

Stadtpalast ▶ **Palacio Santa Inés** 3: Cuesta de Santa Inés 9, Tel. 958 22 23 62, Fax 958 22 24 65, www.palaciosantaines.com. In einem schönen Stadtpalast (16. Jh.). Unterschiedlich große, individuell dekorierte Zimmer um zwei Mudéjarinnenhöfe. DZ 75–160 €.

Stilvolles Hotel ▶ **Migueletes** 4: Calle Benalúa 11, Tel. 958 21 07 00, Fax 958 21 97 02, www.roommatehotels.com. In einem Stadthaus aus dem 17. Jh. Alle Zimmer unterschiedlich, geschmackvoll eingerichtet. Gäste können zu günstigem Tarif im Parkhaus Puerta de Real parken. Die Taxikosten von dort übernimmt das Hotel. DZ 70–120, Suite 130–180 €.

Klassisches Großhotel ▶ **Tryp Albayzin** 5: Carrera del Genil 48, Tel. 958 22 00 02, Fax 958 22 01 81, www.solmelia.com. Gehobener Standard. Restaurant, Bar, Sauna. Garage in der Nähe. DZ laut Preisliste 70–140, über Veranstalter 92 €.

Rustikal ▶ **Hostal La Ninfa** 6: Cocheras de San Cecilio 9, Tel. 958 22 79 85, Fax 958 22 26 61, www.hostallaninfa.net. Liebevoll eingerichtete Unterkunft. Alle Zimmer mit Klimaanlage und Safe. Gemütliche Bar. DZ ca. 65 €.

Unter österreichisch-spanischer Leitung ▶ **Hostal Austria/Hostal Viena** 7: Cuesta de Gomérez 4/Calle Hospital de Santa Ana 2, Tel. 958 22 70 75, Fax 958 22 18 59,

Adressen

www.hostalaustria.com. Ordentliche Unterkunft in der lebendigen, engen Zufahrtsstraße zur Alhambra. Unterschiedlich große Zimmer (bis zu 5 Betten), alle mit Klimaanlage, Heizung und Safe. Einige Garagenplätze vorhanden. DZ ca. 45 €.

Freundliche Pension ▸ Pensión Hostal Meridiano 8: Calle Angulo 9, Tel./Fax 958 25 05 44, www.hostalmeridiano.com. Gepflegte Zimmer mit Heizung und Klimaanlage. Die Betreiber sprechen gut Deutsch. Parkmöglichkeit in der Nähe. DZ mit Privatbad ca. 40, mit Etagenbad ca. 30 €.

Essen & Trinken

Für Frühstück oder Mittagsimbiss sind die Terrassencafés und Tapabars an der zentralen **Plaza Nueva** und in deren Umgebung gute Anlaufstellen. Unzählige Tapabars reihen sich in der **Calle Las Navas,** die von der Plaza del Carmen wegführt, und in der **Calle Elvira** aneinander. Im Freien sitzt es sich schön am **Campo del Príncipe** (Stadtteil Realejo) und an der **Plaza Bip Rambla.** Rund um Kathedrale und Capilla Real haben sich zahlreiche Restaurants auf Tagesbesucher eingestellt.

Edles Traditionsrestaurant ▸ Chikito 1: Plaza del Campillo 9, Tel. 958 22 33 64, tgl. 12–17, 19.30–24 Uhr. Klassische andalusische Küche in ebensolchem Ambiente. Im Sommer kann man draußen speisen. Am Wochenende Reservierung ratsam. Hauptgerichte ca. 30 €.

Marktfrische Zutaten ▸ Carmen Mirador de Aixa 2: Carril de San Agustín 2, Tel. 958 22 36 16, www.miradordeaixa.com, Winter Di–Sa 13.30–15.30, 20.30–23, Sommer Di–Sa 20.30–00.30 Uhr. Von den stilvoll eingedeckten Tischen auf der Gartenterrasse fällt der Blick auf die Alhambra. Es gibt traditionelle granadinische Küche. Hauptgerichte um 30 €.

Mit Ausblick ▸ Mirador de Morayma 3: Calle Pianista García Carrillo 2, Tel. 958 22 82 90, www.miradordemorayma.com, So abends geschl. Besondere Atmosphäre eines *carmen*. In der romantischen Gartenlaube werden Gerichte aus der Alpujarra serviert, von wo auch der hauseigene Ökowein stammt. Hauptgerichte um 25 €.

Fischlokal ▸ Cunini 4: Plaza de Pescadería 14, Tel. 958 25 07 77, So abends und Mo geschl. Restaurant der gehobenen Klasse. Gute Fischgerichte und Meeresfrüchte. An der Bar kann man Tapas essen. Hauptgerichte ab 25 €.

Mit prominenter Gästeliste ▸ Sevilla 5: Calle Oficios 12, Tel. 958 22 12 23, www.restaurantesevilla.es. Traditionslokal seit 1930, großer Speisesaal und Straßenterrasse. Solide andalusische Küche, umfangreiche Karte mit Reis-, Fisch- und Fleischgerichten. Hauptgerichte 20–30 €.

Landestypisch ▸ La Gran Taberna 6: Plaza Nueva 12/Cuesta de Gomérez, Tel. 958 22 88 46. Unten in der Bar Tapas (2–3 €), oben im Restaurant gute einheimische Küche. Hauptgerichte um 20 €.

Libanese ▸ Samarkanda 7: Calderería Vieja 3, Tel. 958 21 00 04, tgl. 13–17, 19.30–24 Uhr. Bewährte orientalische Küche. Hauptgerichte um 20 €.

Oft voll besetzt ▸ Taberna Salinas 8: Calle Elvira 13, Tel. 958 22 65 51. Tapabar und Restaurant. Gute Auswahl an andalusischen Gerichten: Fisch, Fleisch, Wurstwaren. Auch Vegetarisches steht auf der Karte. Große Portionen. Hauptgerichte 10–20 €.

Spanische Küche ▸ El Ladrillo II 9: Calle Panaderos 13, Tel. 958 29 26 51. Große Auswahl an frittiertem Fisch, Grillgerichten, Paella. Große Portionen. Hauptgerichte um 10–15 €.

Gemütliche Tapabar ▸ Bar El Pañero 10: Plaza Aliatar. Sitzgelegenheiten im Freien. Gute Auswahl, große Portionen. Tapas um 3, *raciones* ca. 7 €.

Urige Weinstube ▸ Bodegas Castañeda 11: Calle Almirecero 1–3, Tel. 958 21 54 64, tgl. 11–16, 19–1 Uhr. Tapabar mit großer Auswahl, guter Qualität und meist flottem Service. Tapas 2–4 €.

Einkaufen

Kunsthandwerk/Souvenirs:

Keramik ▸ Cerámica Fajalauza 1: Calle Fajalauza 2 (nordwestlich des Albaicín).

Granada und die Alhambra

Lange Tradition hat in Granada die *fajalauza*-Keramik. Der Name stammt von einem ehemaligen Stadttor des Albaicín. Typische Farben sind grün und blau. Oft verziert ein stilisierter Granatapfel Teller, Vasen und Krüge.

Intarsien ▶ **Artesanía Árabe Chambo 2**: Cuesta de Chápiz 70, nur vormittags geöffnet. Hier gibt es eine weitere Besonderheit aus Granada: *La Taracea* (kunstvolle Intarsienarbeiten an Möbeln, Schatullen und anderen Ziergegenständen aus Holz).

Gitarren ▶ Berühmt sind auch die **Gitarren** aus Granada. Straße der Gitarrenbauer ist die **Cuesta de Gomérez 3**. In den dortigen kleinen Geschäften kann man aber auch andere Souvenirs erstehen, z. B. Intarsienarbeiten (s. o.).

Souvenirs ▶ Viele weitere Andenkenläden gibt es in der **Alcaicería 5** (s. S. 360), dem ehemaligen Seidenmarkt zwischen Kathedrale und Calle Reyes Católicos.

Markt ▶ **Mercado Municipal 4**: Plaza San Agustín (nahe Kathedrale). Hauptmarkt von Granada mit Riesenauswahl an Lebensmitteln und Blumen.

Mode ▶ Einkaufszone mit Shops der großen spanischen **Modemarken** (Zara, Mango usw.) und schicken **Boutiquen** ist der Bereich **südlich der Kathedrale 5**: Calle Reyes Católicos, Calle Los Mesones, Calle Albóndiga, Calle de Recogidas sowie deren Seitenstraßen.

Einkaufszentrum ▶ **Centro Comercial Neptuno 6**: Calle Arabial (südwestlicher Stadtrand). Großes, bei Einheimischen beliebtes Einkaufszentrum mit zahlreichen Geschäften, die Mode der bekannten spanischen Marken, Schmuck, Schuhe usw. verkaufen. Außerdem gibt es Bars, Restaurants und Cafés.

Abends & Nachts

Aufgrund der großen Zahl von Studenten ist vor allem während der Semester und am Wochenende einiges los. Bei gutem Wetter und angenehmen Temperaturen spielt sich viel auf der Straße vor den Kneipen ab.

Der **Mirador San Nicolás** mit der **Bar Kiki San Nicolás 1** (Plaza de San Nicolás 9) ist eher tagsüber und in den früheren Abendstunden beliebter Treff einer alternativen Studentenszene und von Romantikern, die bei Sonnenuntergang die Alhambra auf sich wirken lassen. Die **Plaza Nueva** ist auch nachts eine beliebte Ausgehzone für ein gemischtes Publikum. In der **Carrera del Darro** gibt es einige Bars, in der **Calle Elvira** außerdem auch Musikkneipen. Ebenso bevölkern sich der **Paseo de los Tristes** und die umliegenden Kneipen zu später Stunde. Dort findet sich in einigen Bars auch die Schwulen- und Lesbenszene der Stadt ein. Etwas ruhiger, aber alternativ und multikulturell zeigt sich die **Calderería Nueva** mit ihren orientalischen Teestuben. Die klassisch spanische Abendgestaltung mit Tapas und ein paar *copitas* (Gläschen) lässt sich am besten in der **Calle Las Navas** und am **Campo del Príncipe** erleben. Jüngere Studenten vertreiben sich die Nächte in der Nähe des Campus Universitario rund um die Plaza Albert Einstein.

Disco ▶ **Granada 10 2**: Carcel Baja 10, zwischen Kathedrale und Calderería Nueva, www.granada10.com, So–Do 0.30–6, Fr/Sa u. vor Fei 0.30–7 Uhr. Schicke Disco in altem Kino im Kabarettstil. Bevor der Tanzbetrieb (selten vor 1–2 Uhr) beginnt, werden aktuelle Filme gezeigt.

Flamenco ▶ Traditionell ist der **Sacromonte** das Viertel des Flamencos. In schummrigen Höhlenbars kann man dort mit etwas Glück authentischen, spontanen Flamenco erleben. Ansonsten gibt es organisierte Shows, für die Tickets in Reisebüros und Hotels verkauft werden: **Venta El Gallo 3**: Barranco de los Negros 5, Tel. 958 22 05 91, www.ventaelgallo.com. Show mit Abendessen um 21.30 und 23 Uhr. Hoteltransfer und kleine Führung durch das Viertel Sacromonte inklusive. Ca. 50 €. **Los Tarantos 4**: Camino de Sacromonte 9, Tel. 958 22 45 25, www.cuevaslostarantos.com. Enge Höhle mit Shows (21.30 und 23 Uhr), in die auch das Publikum einbezogen wird. Bei der späten Vorstellung weniger Touristen. Mit Hoteltransfer ca. 25 €. **Peña de la Platería 5**: Placeta de Toqueros 9 (im Albaicín, etwa in der Verlängerung der Calle Candil), Tel. 958 21 06 50, www.laplate

Adressen

Vor dem Portal von Santa Ana: Warten auf das Brautpaar

ria.org.es. Vorführungen meist Do und Sa. In dem Laien-Flamencoclub kommen auch viele junge Talente zum Zuge.

Aktiv

Maurisch baden ▶ **Baños Árabes Hammam** 1: Calle Santa Ana 6, Tel. 958 22 99 78, www.hammamspain.com/granada. Baden und Ausspannen wie in maurischen Zeiten. Nur Bad 21, Bad, Massage und Aromatherapie 30 €. Reservierung empfehlenswert.

Stadttour im Doppeldecker ▶ **City Sightseeing Granada** 2: Tel. 902 10 10 81, www.city-sightseeing.com. Von der Kathedrale aus

Granada und die Alhambra

geht es im offenen Doppeldeckerbus kreuz und quer durch die Stadt, zur Alhambra, dem Parque de las Ciencias (wissenschaftlich-technische Ausstellungen, Planetarium) und in die Umgebung von Albaicín und Sacromonte. Dauer 80 Min., Aussteigen an mehreren Haltestellen möglich, das Ticket gilt 48 Std.; 18 €, Kinder 9 €.

Vielseitiges Kursangebot ▶ Carmen de las Cuevas 3: Cuesta de los Chinos 15, Tel. 958 22 04 76, www.carmencuevas.com. Bewährt gute Kurse in Spanisch und Flamenco, aber auch Reiten und Kochen sind möglich. Intensivkurs Spanisch 1 Woche 212,50 €, Sommer-Wochenkurs Flamenco für Fortgeschrittene 180 € (9 Std.). Unterbringung wird auf Wunsch organisiert.

Termine

Das kulturelle Angebot in Granada ist zu jeder Jahreszeit groß und vielseitig. Die Touristenbüros geben aktuelle Informationen.

Día de la Toma: 2. Januar. Fest zum Gedenken an die Eroberung Granadas durch die Katholischen Könige. Mit Gottesdienst und Prozession.

Fiesta San Cecilio: erster Februarsonntag. Fest zu Ehren des Schutzpatrons der Stadt mit Blasmusik, Folkloredarbietungen und Prozession auf den Sacromonte.

Semana Santa: Karwoche. Nicht ganz so spektakulär wie in Sevilla, aber dennoch mit großem Enthusiasmus gefeiert. Prozessionen im Bereich der Kathedrale. Oft treten auch Musikgruppen von Studentenvereinigungen *(tunas)* auf.

Cruces de Mayo: 3. Mai. Auf vielen Plätzen in der Stadt werden Kreuze geschmückt. Anschließend ist dort bis in die späte Nacht Fiesta.

Corpus Christi: Fronleichnam. Großes einwöchiges Fest. Gottesdienste, Prozessionen, zahlreiche Stierkämpfe, Flamencoaufführungen. Die meisten Feierlichkeiten spielen sich auf dem großen Festgelände Recinto Ferial am südlichen Stadtrand ab.

Festival Internacional de Música y Danza: Mitte Juni–Anfang Juli. Viele stilvolle Musik- und Tanzdarbietungen, auch auf Freilichtbühnen. Besonders eindrucksvoll ist die Bühne im Generalife. Karten in den Touristen-Informationsstellen. Info unter www.granadafestival.org (Spanisch/Englisch).

San Miguel: letztes Septemberwochenende. Fest des Albaicín mit Prozession und Flamencoaufführungen.

Verkehr

Flüge: Flughafen ca. 15 km westl. Richtung Málaga, Tel. 958 24 52 00/23, 902 400 500. Nur Inlandsflüge. Busanschluss mit der Gesellschaft Gonzalez ab Bahnhof und Busbahnhof. Taxi ca. 20 €.

Züge: RENFE-Bahnhof, Av. Andaluces (westl.), Tel. 902 27 12 72. Tägliche, aber nur wenige Verbindungen nach Algeciras, Almería, Guadix, Ronda, Sevilla.

Busse: Ctra. de Jaén (nordwestl.), Tel. 958 18 54 80, 958 25 13 58. Stadtbusanschluss mit Linien 3, 33. Mit *Alsina Graells Sur* tgl. in alle größeren Städte Andalusiens, mit *Bonal* 1 x tgl. in die Sierra Nevada (9 Uhr hin, ca. 16.30 Uhr zurück).

Stadtbusse: Die engen und teils sehr steilen Gassen sind ausschließlich für Kleinbusse geeignet, die entsprechend häufig verkehren. Ab Plaza Nueva mit Linie 30 zur Alhambra, Linie 31 in den Albaicín, Linie 34 zum Sacromonte.

Mit dem Pkw: Im Bereich der Innenstadt ist Parken nur sehr eingeschränkt möglich. Schmale Seitenstraßen meidet man besser, denn sie werden gelegentlich von zuvor versenkten Pilonen abgesperrt. Relativ gut erreichbare **Parkhäuser** gibt es an der **Kathedrale** (Gran Vía de Colón) und der südlich gelegen **Puerta Real.** Für einen **Tagesausflug** bietet sich aber vor allem der große **Parkplatz an der Alhambra** an (von dort per Stadtbus in die Innenstadt). Wer mehrere Tage bleibt, sollte sich ein zentral gelegenes Hotel mit Garage suchen. Die Innenstadt kann gut zu Fuß erkundet werden.

Mietwagen: Büros internationaler Autovermieter befinden sich am Bahnhof und in dessen Umgebung in der Avenida Andaluces. Oft können auch über die Hotelrezeption Autos gemietet werden.

Die Umgebung von Granada

Rund um Granada lohnt es sich, die Lebensstationen des großen spanischen Dichters García Lorca nachzuvollziehen. Die Sierra Nevada ist nicht nur für Skifahrer im Winter interessant, sondern auch für Wanderer im Sommer. Letztere quartieren sich gern am Südrand des Gebirges in den ursprünglichen Dörfern der Alpujarra ein.

Vega de Granada ▶ K 5

Nordwestlich von Granada, im fruchtbaren Tal des Río Genil, bewegt man sich auf den Spuren von Federico García Lorca (1898–1936), einem der bedeutendsten spanischen Dichter und Lyriker. Durch seine Gedichte »Romancero Gitano« (Zigeunerromanzen) machte er sich 1928 einer breiten Leserschaft zugänglich. Die meisten seiner Werke handeln von dramatischer Liebe und Tod in seiner andalusischen, teilweise damals noch ursprünglichen Heimat. Neben den »Zigeunerromanzen« dürften im deutschsprachigen Raum vor allem »Bluthochzeit« (Bodas de sangre, s. S. 53) und »Yerma« bekannt sein. Beide Tragödien liegen in deutscher Übersetzung vor und werden oft in modernen Theatern gezeigt. 1981 verfilmte der bekannte spanische Regisseur Carlos Saura »Bluthochzeit«.

Geburtshaus

Am 5. Juni 1898 wurde Federico García Lorca in **Fuente Vaqueros,** 15 km westlich von Granada, geboren. Hier verbrachte er auch seine ersten Lebensjahre. In der Nähe des Hauptplatzes ist in seinem Geburtshaus heute die **Casa Museo García Lorca** untergebracht. Ausgestellt werden Gegenstände aus seinem persönlichen Besitz, Fotos und Manuskriptseiten (Calle Poeta Federico García Lorca 4, Tel. 958 51 64 53, www.museogarcialorca.org, April–Juni/Sept. Di–So 10–13, 17–19, Juli/Aug. Di–So 10–14, Okt.–März Di–So 10–13, 16–18 Uhr, 1,50 €).

Valderrubio

Von 1907 an verbrachte der junge García Lorca zwei Jahre in dem wenige Kilometer von Fuente Vaqueros entfernten Dorf **Valderrubio,** bevor die Familie 1909 nach Granada zog. Bis 1925 blieb das Haus in Valderrubio Sommersitz der Familie und auch García Lorca logierte immer wieder einige Monate dort. Ab 1919 studierte er jedoch in Madrid. In dem Landhaus ist Originalmobiliar zu sehen (**Casa Federico García Lorca:** Calle Iglesias 20, Tel. 958 45 44 66, Mi–So 10–13.30 Uhr, 1,80 €).

Letzte Stationen

1925 zog die Familie endgültig nach Granada, wo García Lorcas Vater am Südwestrand der Stadt die **Huerta de San Vicente** kaufte. Das Anwesen beherbergt heute die **Casa-Museo Federico García Lorca** der Stadt Granada mit einer umfassenden Ausstellung über den Dichter (Calle Virgen Blanca/nahe Calle Arabial, Tel. 958 25 84 66, www.huertadesanvicente.com, Juli/Aug. Di–So 10–14.30, Sept.–Juni Di–So 10–12.30, Okt.–März 16–18.30, April–Juni/Sept. 17–19.30 Uhr, 3 €).

Federico García Lorca jedoch bereiste die Welt. 1929 verbrachte er knapp ein Jahr in New York an der Columbia-Universität und reiste dann über Kuba wieder zurück nach

Die Umgebung von Granada

Spanien. Dort beauftragte ihn 1931 das Kultusministerium der Zweiten Republik mit der Leitung der Wanderbühne La Barraca. Mit Studenten als Darstellern versuchte er der einfachen Landbevölkerung die Klassiker des spanischen Theaters nahezubringen. In der Zeit danach entstanden seine bekanntesten Dramen. Er selbst sah sich als unpolitisch. Mit den ihm verfügbaren Mitteln stellte er sich gegen die Falangisten Francos, hatte allerdings in Granada auch Freunde unter ihnen.

Seinen letzten Sommer, 1936, verbrachte er teilweise in der Huerta de San Vicente. Damals spitzte sich der Machtkampf in Spanien immer mehr zu. Im Juli 1936 übernahmen die Anhänger Francos in Granada die Macht. Als Intellektueller und Homosexueller war García Lorca nun in Gefahr. Er flüchtete zu seinen Freunden unter den Falangisten, was ihn jedoch nicht retten konnte.

Experten vermuteten lange, er sei am 18. August desselben Jahres nach wenigen Tagen Haft an der Schlucht von **Viznar** bei Alfacar erschossen und gemeinsam mit anderen Opfern verscharrt worden. In Gedenken an den Dichter wurde dort der **Parque de Federico García Lorca** angelegt. Bei amtlichen Grabungen Ende 2009 konnten dort allerdings keine Leichenteile gefunden werden. So ist der Verbleib von García Lorcas sterblichen Überresten, die exhumiert und identifiziert werden sollten, nun ungewiss.

Im Sommer 2010 wird in Granada an der Plaza de la Romanilla das bisher in Madrid untergebrachte Archiv der García-Lorca-Stiftung in das neue, 4000 m2 große **Centro Federico García Lorca** einziehen, das zugleich kulturellen Zwecken dienen soll. Aktuelle Infos: www.garcia-lorca.org.

Alhama de Granada ▶ J 6

In 850 m Höhe liegt südwestlich von Granada abseits der großen Verkehrsströme **Alhama de Granada** (6000 Einw.). Der ehemalige maurische Kurort, erst 1482 von den Christen erobert, ist berühmt wegen seiner 47 °C warmen Heilquelle. Sie gab der Stadt ihren Namen (arab. *al-hammam* = heißes Bad). Bis heute sprudelt sie aus einer arabischen Zisterne mit Kuppeldach, unter der sogar römisches Mauerwerk nachgewiesen wurde. Empfohlen wird das Wasser bei Rheuma, Ischiasbeschwerden und Nervenleiden.

Die Quelle befindet sich auf dem Gelände des idyllisch im schattigen Tal des Río Alhama gelegenen **Hotel Balneario** (Infos: Tel. 958 35 00 11, 958 35 03 66, www.balneario alhamadegranada.com). Noch mit Badewannentemperatur fließt das Wasser in den Fluss, wo Einheimische gern in kleinen Tümpeln baden (von der A-402 Richtung Granada 500 m nördlich von Alhama bei einer Brücke über den Río Alhama abzweigen (Schild: Balneario), dann noch ca. 1 km durch die vom Fluss ausgewaschene Schlucht).

Altstadt

Der charmante Ort bietet noch mehr. Zwar zerstörte ein Erdbeben 1884 die Altstadt fast völlig. Doch König Alfonso XII. bewilligte sofort Mittel, um alles originalgetreu wieder aufzubauen. Dieser Tatsache und einigen jüngeren Restaurierungsarbeiten verdankt Alhama de Granada sein harmonisches Stadtbild.

An ein düsteres Kapitel der Vergangenheit erinnern die **Casa de la Inquisición** mit ihrer isabellinischen Fassade sowie an der zentralen Plaza de los Presos das frühere **Gefängnis** aus dem 17. Jh. Noch ein Jahrhundert älter ist der dortige **Getreidespeicher** *(pósito)*, der die für Dürrezeiten bestimmten Kornvorräte des Ortes aufnahm. Die spätgotische **Iglesia de la Encarnación** (15./16. Jh.) geht auf eine Stiftung der Katholischen Könige zurück. Einer ihrer Architekten war Diego de Siloé (s. S. 340, 362, 385). Mit dem breiten, wehrhaften Turm beherrscht der fast fensterlose Bau den Ort. Im **Hospital de la Reina,** einem königlichen Spital aus dem 15. Jh. (heute Tourismusbüro, s. u.), ist die holzgeschnitzte Kassettendecke bemerkenswert. Der **Caño de Wamba,** ein Brunnen mit den Wappen der Katholischen Könige und Kaiser

Alhama de Granada

aktiv unterwegs

Exkursion auf der Ruta de los Cahorros

Tour-Infos
Start: Nahe El Purche s. Anfahrt
Länge: 6 km, Dauer ca. 2 Std.
Schwierigkeitsgrad: mittel, aber Überquerung einer 63 m langen Hängebrücke
Anfahrt: Am östlichen Ortsrand von Monachil den gleichnamigen Fluss überqueren, dann rechts ca. 1 km Richtung El Purche. An einem Mirador mit Kiosk parken.
Wichtige Hinweise: Bei Starkregen und nach der Schneeschmelze kann der Wasserstand des Río Monachil plötzlich ansteigen; Achtung Steinschlaggefahr.

Gleich vor den Toren von Granada, bei dem 8 km östlich gelegenen Ort **Monachil**, wartet eine spektakuläre Landschaft auf abenteuerlustige Besucher. Höhepunkt der Tour ist die Durchquerung der **Cahorros de Monachil**, einer engen Klamm, die der **Río Monachil** in den Nordrand der Sierra Nevada geschnitten hat, begrenzt von schroffen Felswänden mit Höhlen und Wasserfällen.

Etwa 100 m entlang der Straße zurück Richtung Monachil zweigt links eine mit »Cahorros Bajos« beschilderte Piste ab, die nach 10 Min. bei einem Haus endet. Man folgt der Mauer zur Rechten bis zu einer Informationstafel und steigt dort links neben der Schlucht des Río Monachil eine Steintreppe hinauf. Dann senkt sich die Route zur berühmten **Puente Colgante de Los Cahorros** (20 Min.) ab, einer Hängebrücke, die schon seit rund 100 Jahren die Klamm zugänglich macht. Seither wurde sie mehrfach modernisiert und gilt heute als so sicher wie nie zuvor. Nicht mehr als vier Personen dürfen allerdings gleichzeitig hinübergehen, und die Brücke darf keinesfalls ins Schwanken kommen.

Weiter läuft man auf einem schmalen, aber gut ausgebauten Weg am Flussufer entlang, den **Túnel de las Palomas** passierend, wo gigantische Felsbrocken in der Schlucht eingeklemmt sind. Dann führt der Weg durch ein stilles Hochtal und quert den Fluss.

An einer **Kreuzung** geht es geradeaus, an einer weiteren links hinab. Der nun mit »Monachil« beschilderte Weg erreicht durch Oliven- und Mandelhaine den Ausgangspunkt (2 Std.).

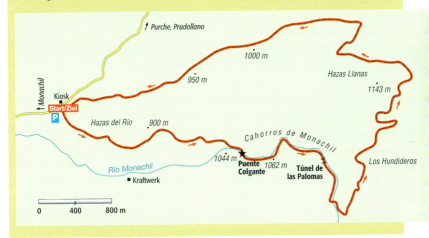

Die Umgebung von Granada

Karls I., stellte lange Zeit die Wasserversorgung von Alhama sicher.

Presa del Río und Tajos de Alhama

Rund 3 km südlich der Stadt liegt an der A-4105 Richtung Játar die **Presa del Río,** ein hübscher kleiner Stausee, der sich am Wochenende bei den Granadinern als Ausflugsziel großer Beliebtheit erfreut. Vor der Staumauer befindet sich rechter Hand ein **Observatorio** (Beobachtungsstand) für Wasservögel. Eine Piste führt am Westufer entlang ca. 500 m weit bis zu einem Picknickplatz am Südende des Sees.

Ein Wanderweg, dessen Verlauf eine Tafel gegenüber der **Hospedería El Ventorro** (s. u.) wiedergibt, erschließt die **Tajos de Alhama.** Diese spektakulären Steilwände, die die enge Schlucht des Río Alhama Richtung Norden begrenzen, stehen unter Naturschutz. Adler, Bussarde und Falken fühlen sich hier wohl, ebenso die wilde Bergziege, die jetzt wieder eine stabile Population bildet. Vom Staudamm der Presa del Río aus geht es am linken Ufer zunächst durch den Talgrund flussabwärts und später steil die Felsen hinauf. Am Wegrand wird in der **Ermita de los Ángeles** eine Madonna verehrt, die der Legende nach vor langer Zeit einem Ritter das Leben rettete, der von den Tajos herab ins Tal gestürzt war. Bei der **Iglesia del Carmen** mündet der Weg schließlich in die Altstadt von Alhama, die unmittelbar an die obere Kante der Tajos grenzt (hin und zurück ca. 1,5 Std.).

Infos

Información Turística: Carrera de Francisco de Toledo 6, 18 120 Alhama de Granada, Tel. 958 36 06 86.

Übernachten & Essen

Schön gelegen ▶ **Hospedería Rural El Ventorro:** Ctra. de Játar km 2, Tel. 958 35 04 38, Fax 958 36 01 61, www.elventorro.net. Am idyllischen Ostufer der Presa del Río. Mit einem für Traditionsgerichte (z. B. *torreznos,* geröstete Speckscheiben und Pilzspezialitäten) bekannten Restaurant (Mo Ruhetag). Der

Komplex ging aus einer Schenke hervor, die seit dem 17. Jh. Raststelle für Maultiertreiber war, die Espartogras für die Korbflechter aus den Bergen brachten. DZ 60 €.

In die Sierra Nevada
▶ K – M 5/6

Sierra Nevada bedeutet »Schneebedecktes Gebirge«. Tatsächlich tragen die höchsten Gipfel in manchen Jahren von Oktober bis Juli eine Schneehaube. 3482 m erreicht der Mulhacén und ist damit höchster Berg des Iberischen Festlandes. Mit 3392 m steht der Pico Veleta dem Mulhacén kaum nach. Die Passstraße A-395 führt quasi über den Gipfel des Pico Veleta hinweg nach Süden, in die

In die Sierra Nevada

Überwältigende Aussicht und verdiente Rast: auf dem Gipfel des Veleta

Alpujarra. Sie schmückt sich mit dem Titel »La carretera más alta de Europa« (die höchste Straße Europas), auch wenn sie nicht durchgehend asphaltiert ist. Allerdings dürfen zwischen Hoya de la Mora (2455 m) im Norden und Hoya del Portillo (2150 m) im Süden Privatfahrzeuge nicht passieren.

Eine Fläche von 860 km² im zentralen Teil des Gebirges wurde 1999 zum **Parque Nacional Sierra Nevada** erklärt, dem größten von zwölf spanischen Nationalparks. Der Iberische Steinbock hat hier mit ca. 5000 Exemplaren seinen größten Bestand im ganzen Land. Außerdem ist das Gebiet für seinen Reichtum an Schmetterlingen bekannt. In der Hochgebirgsflora finden sich allein 60 Endemiten, dazu weitere rund 2000 Arten. Enzian, Krokusse und Narzissen sind ebenso vertreten wie etwa das einzigartige, gelblich-violett blühende Sierra-Nevada-Veilchen. Andererseits ist der Baumbestand gering, weshalb das Gebirge an vielen Stellen kahl wirkt. Die Gipfel sind von grobem Gesteinsschutt bedeckt.

Tipp: Proviant einkaufen

Wer sich für die Weiterfahrt verproviantieren möchte, kann dies im **Mercado Municipal** von **Lanjarón** oberhalb der Kirche tun. Am oberen Ortsrand von **Capileira** und bei **Pórtugos** (s. S. 380) gibt es idyllische kleine Picknickplätze und am Westrand von **Yegen** speist man auf einem zur Aussichtsterrasse umfunktionierten Dreschplatz.

Die Umgebung von Granada

Tipp: Orientierungshilfen

Es gibt zwei empfehlenswerte **Wanderkarten** von der **Sierra Nevada:** Editorial Penibética, Parque Nacional Sierra Nevada/La Alpujarra, 1:50 000 (mit Begleitheft auf Deutsch) und Editorial Alpina, Sierra Nevada/La Alpujarra, 1:40 000 (mit Begleitheft auf Englisch). Beide im örtlichen Handel und im **Centro de Visitantes** (s. u.).

Skistation Sierra Nevada

Drei zwar nicht unbedingt schöne, aber funktionale Retortenhotelsiedlungen bilden gemeinsam die **Estación de Esquí Sierra Nevada.** Diese südlichste Skistation Europas erfreut sich einer recht langen Saison (meist Dez.–März/April), in der überdies häufiger mit Sonne als mit Schneefall zu rechnen ist. Mehr als 20 Bergbahnen und Schlepplifte führen zwischen 2100 und 3300 m Höhe die Flanke des Pico Veleta hinauf, 70 km Pisten wieder hinunter. Auch Après-Ski wird großgeschrieben.

13 Pico Veleta ▶ K 5

Zweithöchster Berg der Sierra Nevada nach dem Mulhacén (3482 m, s. o.) ist mit 3392 m der Pico Veleta (»Gipfel der Wetterfahne«, s. Aktiv unterwegs rechts). Von Granada aus ist er in voller Schönheit zu sehen und daher vor allem im Winter, wenn er sich schneebedeckt zeigt, ein begehrtes Fotomotiv. Im Sommer präsentiert er sich je nach Lust und Laune wolkenfrei oder auch in Nebel gehüllt. Von oben blickt man bei klarer Sicht Richtung Süden aus der Vogelperspektive auf die nur 30 km entfernte Costa Tropical hinab.

Infos

Centro de Visitantes El Dornajo: Ctra. A-395 bei km 23, an der Abzweigung nach Pinos Genil, Tel./Fax 958 34 06 25, 1. Sept.–31. März tgl. 10–14, 16–18, 1. April– 30. Sept. 10–14, 18–20 Uhr. Besucherzentrum des Nationalparks Sierra Nevada. Infos über Berghütten, Gratiskarte mit Wander- und Mountainbikerouten, Verkauf von Büchern und Landkarten. Mit **Museo de la Montaña** (tgl. 10.30–13.30 Uhr, im Winter nur Sa/So/Fei, Eintritt frei), von Reinhold Messner 2002 eröffnet, das sich zur Pilgerstätte für Bergsportler entwickelt hat. Es beschäftigt sich mit dem Bergsteigen im Allgemeinen und speziell in der Sierra Nevada.

Übernachten

Berghütte ▶ **Albergue Universitario:** Ctra. A-395, km 36, Tel. 958 48 01 22, Fax 958 76 33 01. In der Skisaison immer voll belegte Unterkunft, im Sommerhalbjahr gibt es aber meist Platz. Schlafplatz 12, mit Halbpension 22 €.

Aktiv

Skifahren ▶ Über die **Central de Reservas Sierra Nevada** (Tel. 902 70 80 90, Fax 958 24 91 46, www.sierranevadaski.com) können sämtliche Hotels und Apartments der Skistation einschließlich Skipässen, Kursen und Ausrüstung günstiger als direkt vor Ort gebucht werden.

Verkehr

Busse: Mit *Bonal* in der Skisaison 3–4 x tgl., sonst nur 1 x tgl. von Granada bis zum Albergue Universitario.

Durch die Alpujarra

Karte: S. 376

Ein Ausflug in die Alpujarra beansprucht mindestens einen Tag. Angesichts der kurvenreichen Straßen empfiehlt es sich allerdings eine Übernachtung einzuplanen. Bei der **Alpujarra** handelt es sich um das **Hochtal des Río Guadalfeo,** dessen Seitentäler im Norden in die Flanken der Sierra Nevada hineingreifen. Die Landschaft ist wild und großartig. In den letzten Winterwochen beeindrucken die Mandelblüte und in höheren Lagen die Ginsterblüte, im Frühjahr blühen zahlreiche Wildblumen.

In dem abgelegenen Gebiet der Alpujarra brachte sich Boabdil, der letzte Herrscher

Durch die Alpujarra

aktiv unterwegs

Besteigung des Pico Veleta

Tour-Infos
Start: Hoya de la Mora (Albergue Universitario, s. S. 374)
Dauer: 6 Std. (mit Rückweg)
Schwierigkeitsgrad: anspruchsvoll, ca. 900 Höhenmeter im Auf- und Abstieg, zu bedenken ist auch die Höhenlage
Anfahrt: A-395, an der Abzweigung zur Estación de Esquí Sierra Nevada vorbei bis zur Albergue Universitario, dort parken
Wichtige Hinweise: An der Hoya de la Mora starten etwa Anfang Juni bis Ende September/Anfang Oktober (abhängig von der Wetterlage, außerhalb der Ferien z.T. nur am Wochenende) Kleinbusse, um Wanderer bis Las Posiciones del Veleta (3020 m) zu bringen. Man spart dadurch ca. 3 Std. Gehzeit. Die Busse fahren häufig, der Zeitpunkt der Rückfahrt muss allerdings beim Kauf des Tickets (Fahrpreis hin/zurück ca. 6 €) verbindlich festgelegt werden (Infos und Reservierung: Tel. 630 95 97 39).

Oben kann man manchmal noch im Juli Schneeballschlachten veranstalten. Von August bis Ende September ist der Pico Veleta in der Regel schneefrei, aber es weht hier meist ein kräftiger Wind. Jetzt bewährt es sich, an wärmende Kleidung, aber auch an Sonnenschutz gedacht zu haben, denn oft wechseln Sonne und Nebel in rascher Folge. Wenn klare Sicht herrscht, bietet sich ein unvergleichliches Panorama. Dann ist auch das 2850 m hoch gelegene 30-Meter-Radioteleskop an der Nordflanke des Berges zu sehen, das Deutschland und Frankreich gemeinsam betreiben. Auf demselben Weg geht es anschließend zurück.

Ab der **Hoya de la Mora** (2475 m) ist die A-395 für Privatfahrzeuge gesperrt. An der Albergue Universitario beginnt der Wanderweg zum Pico Veleta, der in direkter Linie auf den weithin sichtbaren Gipfel zuhält, einem kahlen, steinigen Bergrücken folgend. Unterwegs ist keine erfrischende Quelle zu erwarten, weshalb reichlich Trinkwasser nicht im Gepäck fehlen sollte. Der Weg passiert die Statue der **Virgen de las Nieves,** die auf einem Steinbogen thront. Dann wird immer wieder die Straße gequert. Bis zu **Las Posiciones del Veleta** (2 Std.), Ruinen aus dem Spanischen Bürgerkrieg, verläuft die Tour recht bequem. Danach folgt man vorübergehend der ehemaligen Straße, um etwa 30 Min. später linker Hand einen Serpentinenweg zum 3392 m hohen Gipfel des **Pico Veleta** (3,30 Std.) einzuschlagen.

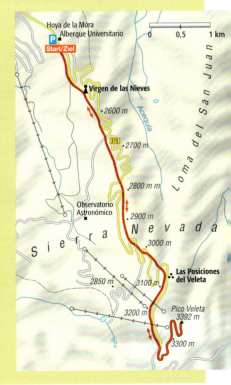

Alpujarra

von Granada, nach dem Fall der Stadt 1492 in Sicherheit. Mit ihm flüchteten Tausende von Mauren. Allerdings wurden sie bald gezwungen, sich der Lebensweise der neuen christlichen Herren anzupassen. Nach einer ersten Welle der Rebellion zu Beginn des 16. Jh. flackerten vor allem 1568–1572 die Moriskenaufstände auf, die von den Truppen Philipps II. blutig niedergeschlagen wurden. 1609, als die Ausweisung der islamischen Restbevölkerung befohlen wurde, verließen die meisten Mauren auch die Alpujarra. Nur zwei Familien pro Dorf durften bleiben, um den neu angeworbenen christlichen Siedlern das arabische Bewässerungssystem und die Seidenherstellung, die noch lange in der Alpujarra gepflegt wurde, zu erklären.

Bis vor wenigen Jahrzehnten galt die Gegend als vergessenes Land. Inzwischen hat sich die Alpujarra gegenüber der Außenwelt geöffnet. Aussteiger und Traveller aus Mittel- und Nordeuropa spielten Mitte der 1990er-Jahre eine Vorreiterrolle. Heute gilt es bei jungen Spaniern als chic, zum Wandern, Reiten oder Mountainbiking in die Alpujarra zu reisen. Als arabisches Erbe blieben die Terrassenfelder, denen die Bauern der Alpujarra immer noch Weintrauben, Zitronen, Orangen und Feigen abgewinnen. Honig und Mandelgebäck, Wein, Käse sowie der hervorragende luftgetrocknete Schinken der Region sind weithin gerühmte Spezialitäten.

Lanjarón 1

Das im Westen nahe der A-44 Granada-Motril gelegene **Lanjarón** nennt sich *Pórtico de la Alpujarra* (Eingang zur Alpujarra). Von hier stammt ein bekanntes Mineralwasser, das in ganz Andalusien getrunken wird. Auch für Trinkkuren, Wannenbäder und Massagen wird das Wasser aus den vier örtlichen Quellen geschätzt. So entwickelte sich Lanjarón Anfang des 20. Jh. zu einem beliebten Kurort. Aus dieser Zeit sind am Westrand der Stadt der **Park** und das im verspielten Stil des Neomudéjar errichtete **Heilbad** *(balnea-*

Durch die Alpujarra

rio) geblieben. Ein eher betagtes Publikum fühlt sich von der nostalgischen Atmosphäre angezogen. Etliche preisgünstige Hostales und kleinere Hotels säumen die Straße zwischen Balneario und Stadtzentrum. Die Altstadt wirkt sehr authentisch mit mediterranem Flair und gibt sich von dem Kurbetrieb weitgehend unbeeindruckt.

Termine

Fiesta de San Juan: mehrere Tage um den 24. Juni. In der **Johannisnacht** (23./24. Juni) veranstalten die Bewohner um Mitternacht eine gewaltige Wasserschlacht. Jeder, der sich nicht mit dem Regenschirm vorsieht oder ohnehin vorsorglich in Badekleidung unterwegs ist, wird gnadenlos nassgespritzt. Am Samstag davor oder danach zieht ein karnevalistischer Umzug durch die Straßen.

Órgiva [2]

Nächstes Ziel auf der Tour ist das 725 m hoch am Ufer des Río Chico gelegene, in Zitrusplantagen und Ölbaumhaine eingebettete **Órgiva**, für die Bewohner *der* zentrale Ort der westlichen Alpujarra. Die zwei gefliesten Türme der **Iglesia Nuestra Señora de la Expectación** (16. Jh.) gelten als Wahrzeichen von Órgiva. Nahebei steht der **Palast** der Grafen von Sástago, die früher den Ort beherrschten.

Ein Besuch lohnt vor allem am Donnerstag. Dann findet vormittags ein bunter **Wochenmarkt** in den Straßen des *barrio alto* (oberer Ortsteil) statt. Zahlreiche in der Umgebung ansässige oder urlaubende ›Hippies‹, wie junge spanische Alternative genannt werden, zieht es aus diesem Anlass hierher. Einige verkaufen selbst gefertigtes Kunsthandwerk.

Übernachten

Zwei in einem ▶ **Mirasol:** Av. González Robles 5 (an der westlichen Ortseinfahrt), 18 420 Órgiva, Tel. 958 78 51 08. Zimmer mit gewissem Komfort, manche besitzen eine Terrasse. Angeschlossen ist die gleichnamige Pension mit einfacherer Ausstattung. DZ ca. 65, in der Pension ca. 40 €.

Tipp: Rundweg um die Sierra Nevada

Erst 2006 eingeweiht wurde der 360 km lange Fernwanderweg **Sendero Sulayr,** benannt nach dem arabischen Wort für Sierra Nevada. Er umrundet das Gebirge komplett. Drei Wochen müssen für die gesamte Strecke kalkuliert werden. Nicht alle der 19 Etappen enden in Orten mit Unterkunftsgelegenheiten. Daher empfiehlt sich die Mitnahme eines Zeltes. Der schönste Abschnitt führt durch die Alpujarra, von Capileira über Trevélez nach Bérchules. Informationen unter www.sulayr.net (mit Routenbeschreibungen, Anreise- und Übernachtungstipps).

Verkehr

Busse: Haltestelle in der Av. González Robles 67 (ca. 300 m unterhalb der Kirche). Mit *Alsina Graells* bis zu 9 x tgl. über Lanjarón nach Granada, 2 x tgl. nach Capileira/Bérchules, 2 x tgl. nach Cádiar/Ugíjar, 1 x tgl. nach Málaga.

Valle del Poqueira

Der **Río Poqueira,** ein Zufluss des Río Guadalfeo, hat eine tiefe Schlucht in ein Hochtal gegraben. An deren oberem Rand liegen übereinander gestaffelt drei weiße Dörfer, die als die hübschesten der Alpujarra gelten. Ihre Architektur erinnert an Berbersiedlungen in Nordafrika. Die Flachdächer der Häuser sind mit Tonscherben, Gras und wasserundurchlässigem grauem Lehm *(launa)* sowie einer Schicht Gesteinsgrus abgedeckt. Charakteristisch sind auch die Schornsteine mit hut- oder pilzkopfförmiger Abdeckung, oft mehrere auf einem Dach.

Die wildromantische Landschaft eignet sich in idealer Weise für **Wandertouren.** Auf Terrassenfeldern bauen die Bewohner Obst an, aus dem sie leckere Marmeladen und Feigenbrot zaubern. Viele halten Schafe und leben von der Wollweberei, die in jüngster Zeit einen Aufschwung verzeichnen kann. Überall werden handwerklich gefertigte bunte Flickenteppiche *(jarapas)* verkauft, die auf eine arabische Tradition zurückgehen.

Die Umgebung von Granada

Pampaneira 3

Durch viele Kurven aufwärts wird zunächst das in 1058 m Höhe gelegene **Pampaneira** erreicht. Erstaunlicherweise hat der beliebte Ausflugsort die Grenzen seines alten Dorfkerns nie gesprengt. An der zentralen Plaza de la Libertad sind neben der **Mudéjarortskirche** (16. Jh.) mehrere Restaurants angesiedelt (s. u.). Ihre traditionellen Spezialitäten sind Schweinefleisch, Schinken und Blutwurst. Pampaneira ist autofrei. An der Avenida de la Alpujarra, die unten am Ort vorbeiführt, gibt es Parkplätze.

Bubión 4

In maurischer Zeit war **Bubión** Hauptort des Valle del Poqueira. Vom großen Parkplatz an der Hauptstraße führen malerische Gassen und Treppengänge hinab ins *barrio bajo,* wo die **Iglesia de San Sebastián** (16. Jh.) auf einem arabischen Wachturm fußt. Rechts neben der Kirche ist die **Casa Alpujarreña (Museo Municipal)** zu besichtigen, ein typisches Wohnhaus, das im ortsüblichen Stil der 1950er-Jahre eingerichtet ist (Calle Real, Mi–Mo 11–14, Fr/Sa auch 17–19 Uhr, Einlass jede halbe Stunde, 2 €).

Durch Weideland, vorbei an Edelkastanien und Walnussbäumen, führt von Bubión ein historischer **Camino Real** (Königsweg) als Teil des Fernwanderwegs GR-7 in 30 Min. nach Pampaneira. Er beginnt links neben der Kirche (ausgeschildert). Schon im 14. Jh. wurde er nachweislich als Verbindungsweg genutzt. Maulbeerbäume am Wegrand erinnern an die einstige Seidenherstellung in der Alpujarra. Ihre Blätter dienten den Seidenraupen als Nahrung.

Capileira 5

Das mit 1436 m höchstgelegene Dorf des Valle del Poqueira, **Capileira**, zieht die meisten Besucher an. Der Tourismus hat hier wie auch in Bubión ein alternatives Gepräge. Auf den Speisekarten der Restaurants stehen vegetarische Gerichte, die Geschäfte führen esoterische oder fernöstlich angehauchte Sortimente, junge Leute trinken Tee in orientalisch dekorierten Lokalen.

Am Rand des pittoresken alten Ortskerns zeigt die **Casa Museo de Pedro Antonio de Alarcón** eine Ausstellung alter Trachten und Gebrauchsgegenstände (Calle Mentideros, Di–Fr/So 11.30–14.30, Sa 11.30–14.40, 17–20 Uhr, 1 €). Benannt ist das kleine Volkskundemuseum nach einem andalusischen Schriftsteller, der im 19. Jh. als früher Aussteiger einige Zeit in der Alpujarra verbrachte.

Capileira ist Ausgangspunkt für Touren in die Sierra Nevada. Eine Straße (später Piste) führt 12 km talaufwärts bis **Hoya del Portillo** (2150 m). Ab der dortigen Kontroll- und Informationsstelle der Nationalparkverwaltung ist die Weiterfahrt für Privatfahrzeuge gesperrt (s. u.).

Infos

Centro de Información Parque Natural de Sierra Nevada: Plaza de la Libertad, 18 411 Pampaneira, Tel. 958 76 31 27, Fax 958 76 33 05. Auskunftsbüro des Naturparks Sierra Nevada, einer Peripheriezone des Nationalparks. Informiert über Wanderungen, ländliche Unterkünfte und Aktivitäten.

Servicio de Interpretación Ambiental de Altas Cumbres: bei der Bushaltestelle, 18 413 Capileira, Tel. 958 76 34 86, capileira@oapn.mma.es. Umweltdienst des Nationalparks Sierra Nevada, informiert über Wanderungen. In den Sommermonaten tgl. geöffnet, sonst nach Bedarf. Platzreservierung für offizielle Kleinbusse, die (abhängig von der Schneelage) von Capileira Mitte Juni–Mitte Okt. an Wochenenden (im Hochsommer tgl.) zum Mirador de Trevélez (2700 m) starten (1 Std. Fahrzeit, Fahrpreis hin/zurück 8 €). Von dort ist der Mulhacén (3482 m) gut zu Fuß zu erreichen (mit Rückweg 5–6 Std.). Der Weg ist relativ einfach zu finden, Bergerfahrung und Trekkingausrüstung sind aber unabdingbar.

Übernachten

Landhotel ▶ **Finca Los Llanos:** Ctra. de la Sierra, Capileira, Tel. 958 76 30 71, Fax 958 76 32 06, www.hotelfincaloslanos.com, ganzjährig. Ruhige Lage oberhalb des Ortes, Zimmer im regionalen Stil, mit Terrasse und z. T.

Durch die Alpujarra

Kamin, Pool. DZ mit Halbpension ca. 85 €, am Wochenende Mindestaufenthalt 2 Tage.

Essen & Trinken

Gebirgsküche ▶ **Casa Diego:** Plaza de la Libertad 15, Pampaneira, Tel. 958 76 30 15. Schöne Terrasse im ersten Stock, typische Vorspeisen der Alpujarra, Forelle mit Schinken. Hauptgerichte 7–11,50, Hausmenü 9 € (nur Mo–Sa).

Typische Speisen der Region ▶ **Mesón Bellezmín:** Plaza de la Libertad/Calle Cerrillo 17, Pampaneira, Tel. 958 76 31 02. Die Tische, die auf dem Platz stehen, sind bei spanischen Ausflüglern sehr begehrt. Hauptgerichte ca. 7–10 €.

Aktiv

Wandern ▶ Acht Routen sind im **Valle del Poqueira** verschiedenfarbig markiert. Die Touren dauern 2–8 Std. Beschrieben sind sie auf Englisch und Spanisch im Beiheft der Karte Sierra Nevada, La Alpujarra (1:40 000) von Editorial Alpina (im örtlichen Handel). So führt z. B. der ›rote‹ Weg von Capileira talaufwärts zum **Weiler La Cebadilla** (mit Rückweg ca. 2,5 Std.). Etwas weiter (mit Rückweg 6 Std.) ist es bis zum **Refugio Poqueira** (2550 m), einer ganzjährig bewirtschafteten Berghütte (Tel. 958 34 33 49, Schlafplatz pro Person 8,20 €, www.fedamon.com), die guter Ausgangspunkt für Gebirgswanderungen ist. Besteigung des Mulhacén: s. unter Information.

Termine

Cruz de Mayo: erstes Maiwochenende. Anlässlich des Tages der Auffindung des angeblich einzig wahren Kreuzes Christi (3. Mai) schmücken die Bewohner von **Pampaneira**

Trevélez: Der Metzger prüft die Reife des luftgetrockneten Schinkens

Die Umgebung von Granada

die Wegkreuze im Ort. Rituelle »Beerdigung der Füchsin«.
Romería Virgen de las Nieves: 4./5. August. Wallfahrt per Eselskarren oder (immer öfter) per Jeep auf den Mulhacén zur dort in einer Gipfelkapelle verehrten Schneejungfrau.
Fiesta de San Sebastián: vorletzter Augustsonntag. In **Bubión** feiert man den Ortspatron mit einer Aufführung der »Moros y Cristianos«, eines in der Alpujarra verbreiteten Kostümspiels, das die Ereignisse während der Reconquista nachstellt.

Verkehr

Busse: Mit *Alsina Graells* 3 x tgl. von allen drei Orten des Valle del Poqueira nach Lanjarón/Granada sowie nach Trevélez.
Tankstellen: In den höheren Teilen der Alpujarra sind Tankstellen **selten!** Eine gibt es aber bei Pampaneira an der Abzweigung nach Bubión, eine weitere in Pórtugos.

Pórtugos 6

Der kleine Ort hat seine engen Gassen mit Blumenschmuck herausgeputzt. Als Rundgang ist eine *Ruta Mediaval* (Mittelalterroute) ausgeschildert. Am Ostrand von Pórtugos steht die weiße **Ermita de la Virgen de las Angustias.** Nebenan sprudelt in einer lauschigen Nische im Schatten von Zypressen die **Fuente Agria.** Sie speist sich aus einem Stollen im Fels und führt rötliches, stark eisenhaltiges Wasser. Trotz seines relativ unangenehmen Geschmacks schätzen es die Einheimischen, denn es soll heilkräftige Wirkungen haben. Der Quelle entspringt ein schmaler Bach, an dessen Ufer der nette Picknickplatz **Fuente Chorrerón** zur Rast einlädt. Ein Kiosk serviert Getränke.

Trevélez 7

Weiter östlich liegt in 1476 m Höhe **Trevélez** in einem abermals beeindruckenden Seitental des Río Guadalfeo. Laut Eigenwerbung handelt es sich um den höchstgelegenen Ort der Iberischen Halbinsel. Allerdings trifft dies wohl nur deshalb zu, weil der Gipfel des Mulhacén zum Gemeindegebiet gehört. In ganz Spanien ist Trevélez Feinschmeckern ein Begriff. Von hier stammt nämlich ein delikater luftgetrockneter Schinken *(jamón serrano)*. Schweine werden in Trevélez allerdings nicht mehr gehalten. Die Schinken kommen inzwischen von weit her, um in der kühlen Bergluft zu reifen, die der bestimmende Faktor für die Qualität ist. Der untere Ortsteil ist durch modernere Bebauung mit Geschäften, Cafés und Pensionen geprägt. An der Hauptstraße reihen sich die luftigen *Saladeros* und *Secaderos* (Einsalzungs- und Trockenräume) mehrerer Betriebe aneinander, in denen Tausende von Schinken hängen. Natürlich kann die Spezialität im Ort auch probiert und gekauft werden. Hübsch anzusehen sind die beiden traditionelleren Viertel *barrio medio* (mittlerer Ort) und *barrio alto* (oberer Ort) mit ihrem Labyrinth schmaler Gassen.

Bei spanischen Bergwanderern ist Trevélez als Ausgangspunkt für Unternehmungen in der Sierra Nevada sehr beliebt. Eine lange, anspruchsvolle Tour (hin/zurück 8 Std.) führt zur **Cañada de Siete Lagunas** (2850 m) an der **Südostflanke des Mulhacén,** einer wildromantischen Gruppe von Karseen – Relikten der letzten Eiszeit –, wo häufig Steinböcke zu beobachten sind. Am 4./5. August rasten hier Wallfahrer auf dem Weg zur **Kapelle der Virgen de las Nieves** auf dem Mulhacén (s. S. 379). Die Lagunen sind auch vom **Mirador de Trevélez** (s. o.) zu erreichen (hin/zurück 3–4 Std.).

Übernachten

Wie ein ganzes Dorf ▶ **Hotel-Apartamentos La Alcazaba de Busquistar:** Ctra. de Cádiar km 37, 18 417 Trevélez, Tel. 958 85 86 87, Fax 958 85 86 93, www.alcazabadebusquistar.es. 4 km außerhalb mit schönem Bergblick. Einem ›weißen Dorf mit Kirche‹ nachempfundene Anlage. Studios und Apartments, z. T. mit Kamin und Terrasse. Der Außenpool ›schwebt‹ über dem Tal. Spa-Bereich mit Hallenbad, Sauna, diversen Anwendungen. Rustikale Lobby, gediegenes Restaurant (Hauptgerichte 9–13 €, z. B. Wildforelle). DZ 85–132 €.

Viele Wanderer ▶ **La Fragua:** Calle San Antonio 4, Tel. 958 85 86 26, Fax 958 85 86 14,

Durch die Alpujarra

www.hotellafragua. com. Zwei zentral gelegene, komfortable Häuser, dazu ein paar Türen weiter das gute gleichnamige Restaurant. DZ ab 40 €.

Essen & Trinken

Regionale Küche ▶ González: Plaza Francisco Abellán, Tel. 958 85 85 33, tgl. geöffnet. Am unteren Hauptplatz, *comedor* (Speisesaal) im ersten Stock, Forelle oder Kaninchen vom Grill, Schinken (200 g ca. 9,50 €) und Würste. Hauptgerichte ca. 7–11 €.

Schinken & Co. ▶ Mesón del Jamón: Calle Cárcel, Barrio Medio, Tel. 958 85 86 79, http://restmesondeljamon.restaurantesok.com, tgl. geöffnet. Trevélez-Schinken nicht nur pur, sondern auch im *plato alpujareño* (Kartoffelpfanne mit Schinken, Dauerwurst, Ei, Paprika, Zwiebeln). Hauptgerichte 6–12 €.

Zum Mittagessen sehr beliebt ▶ Mesón Joaquín: Ctra. de Órgiva 22, Tel. 958 85 85 60, tgl. geöffnet. Am westlichen Ortsrand mit großer, Terrasse. Innen hängen die Schinken von der Decke. Tagesmenü (3 Gänge) ca. 8 €.

Termine

Fiesta de Moros y Cristianos: 13. Juni. In Erinnerung an die Moriskenaufstände des 16. Jh. spielen die Dorfbewohner eine Schlacht zwischen ›Mauren und Christen‹ nach. Berühmtestes Fest dieser Art in der Alpujarra. Eine ähnlich spektakuläre Aufführung ist am 14./15. September im weiter östlich gelegenen Válor zu sehen.

Verkehr

Busse: vgl. Valle del Poqueira, S. 380.

Yegen 8

Sofern man nicht von Trevélez schon Richtung Cádiar (s. u.) abbiegt, ist nächste Station in Richtung Osten das wesentlich weniger besuchte **Yegen**, an einem Hang zwischen Terrassenfeldern und Mandelhainen malerisch gelegen.

Der englische Schriftsteller und Hispanist Gerald Brenan verewigte den Ort und seine Bewohner in seinem Buch »Südlich von Granada«. Er kam 1920 per Maultier hier an. Von Órgiva benötigte er drei Tage. Der frühe Aussteiger mietete ein Haus für 120 Peseten pro Jahr und blieb bis 1934. Kollegen aus London, die ihn besuchten, darunter Virginia Woolf, sollen sich schockiert über seine ›primitiven‹ Wohnverhältnisse geäußert haben. Heute weist eine Tafel mit der Aufschrift »La Casa del Inglés« auf Brenans damalige Unterkunft hin.

Auch ein Spazierweg namens **Ruta de Gerald Brenan** wurde beschildert. Die 2 km lange Tour durch die nähere Umgebung beginnt im Ortszentrum unterhalb der Hauptstraße, an einer Plaza mit der verkleinerten Ausgabe des Alhambra-Löwenbrunnens.

Übernachten

Ländliches Quartier ▶ El Rincón de Yegen: Camino de las Ersas, 18 460 Yegen, Tel./Fax 958 85 12 70, ganzjährig. Am östlichen Ortsrand mit Zimmern und kleinen Häusern, gute Ausstattung. Restaurant mit modern-regionaler Küche, z. B. Lammgerichte (Tagesmenü um 11 €). DZ ca. 45 €.

Verkehr

Busse: Mit *Alsina Graells* je ca. 2 x tgl. nach Ugíjar und Cádiar/Órgiva.

Alpujarra Baja

Hinter Válor geht es steil abwärts in einen Talkessel, wo mit dem nur noch 560 m hoch gelegenen Marktzentrum **Ugíjar** 9 (2500 Einw.) die flachere Alpujarra Baja erreicht ist. Der fast schon urban wirkende Ort trägt den Beinamen »Ciudad de las Torres« (Stadt der Türme) wegen seiner Adelspaläste, die mit Wach- und Aussichtstürmen ausgestattet sind.

In der Hauptkirche **Santuario de la Virgen del Martirio** wird die Jungfrau vom Martyrium verehrt – die Schutzheilige der Alpujarra. Sie steht oberhalb einer Plaza mit Springbrunnen, Bänken, Palmen und Blumenbeeten. In der angrenzenden Hauptstraße finden sich einige Geschäfte.

Richtung Westen geht es von hier aus nach **Cádiar.** Der Ort liegt in einem weiten Hochtal und bietet wenig Spektakuläres au-

Die Umgebung von Granada

ßer einer ganz besonderen Unterkunft (s. u.). Schließlich fährt man auf landschaftlich besonders reizvoller Strecke über Torviscón nach Órgiva, wo die Rundfahrt endet.

Übernachten

Wunderschöne Ferienanlage ▶ Hotel Apartamentos Alquería de Morayma: Ctra. de Torvizcón km 1,5, 18 440 Cádiar, Tel./Fax 958 34 32 21, www.alqueriamorayma.com. Eine schon halb verfallene *alquería* (Gutshof) wurde wieder aufgebaut. Eines der Zimmer befindet sich in der ehemaligen Hauskapelle, andere wiederum verfügen über eigene Patios. Landschaftlich reizvoll gelegen. Das Restaurant verwendet Produkte aus eigener Landwirtschaft (Tagesmenü 12 €). Reitgelegenheit, Pool. Drei markierte Wanderwege passieren das große Gelände. DZ 65–70 €.

Termine

Fiestas del Santo Cristo y la Virgen de la Esperanza: ca. 5.–9. Oktober. **Cádiar** feiert sein wichtigstes Kirchenfest mit einem Jungbullentreiben durch die Straßen, Viehmesse und archaisch anmutenden Tänzen. Der Höhepunkt ist am letzten Tag erreicht, wenn aus dem Brunnen an der zentralen Plaza Wein statt Wasser fließt.

Leben im Berg in Guadix: Hinter den ›an die Felsen geklebten Fassaden‹ verbergen sich an die 1300 Höhlenwohnungen

Guadix

Fiesta de la Virgen del Martirio: 9.–14. Oktober. Zum Fest ihrer Schutzheiligen pilgern Gläubige seit 1606 aus allen Alpujarradörfern nach **Ugíjar**, in Erinnerung an das Martyrium der Jungfrau, das sich 1568 während des Moriskenaufstands abgespielt haben soll. Die Mauren versuchten angeblich, die Statue auf verschiedenste Art und Weise zu zerstören, sie blieb jedoch unbeschadet. Rahmenprogramm: Jahrmarkt, Stierkämpfe und Tontaubenschießen.

Verkehr

Busse: *Alsina Graells* fährt ca. 2 x tgl. von Granada über Órgiva, Torviscón und Cádiar nach Ugíjar. Von Ugíjar besteht 2 x tgl. eine Verbindung nach Almería (über Berja).

14 Guadix ▶ L 5

Auf einer fast wüstenhaften Hochebene liegt in knapp 1000 m Höhe **Guadix,** das für seine Höhlenwohnungen bekannt ist. Mitsamt Ställen und Lagerräumen wurden sie in weiches, ockerfarbenes Sedimentgestein gegraben, manche schon in prähistorischer Zeit oder zumindest in der Antike. Als sicher gilt, dass Mauren darin wohnten, als Guadix 1489 von christlichen Truppen erobert wurde. Heute leben in den Höhlenvierteln **Barrio de las Cuevas** (eigentlich Barrio Santiago) und **Barrio Ermita Nueva** etwa 5000 Menschen, ein Viertel der Gesamteinwohnerschaft von Guadix.

Im Winter speichert das Gestein die Wärme, im Sommer hält es die Räume angenehm kühl. Die Höhlen sind mittlerweile auch recht komfortabel eingerichtet und verfügen über Wasser- und Stromanschluss. Der Eingangsbereich ist meist wie die Fassade eines Hauses gestaltet. Verbrauchte Luft zieht durch kleine weiße Schornsteine ab. Nicht weit von der **Höhlenkapelle Ermita Nueva** vermittelt das **Cueva-Museo** mit traditionellen Möbeln und Einrichtungsgegenständen ein anschauliches Bild vom früheren Leben in einer Höhlenwohnung (Plaza de la Ermita Nueva, Mo–Sa 10–14, 18–20, Winter 16–18, So/Fei 10–14 Uhr, 1,35 €). Bei Spaziergängen durch die Höhlenviertel wird man als Tourist manchmal eingeladen, ein Privathaus zu besichtigen. Die Bewohner erwarten dafür allerdings ein großzügiges Trinkgeld.

Centro

Von der Reconquista bis zum 18. Jh. galt Guadix als Verkehrsknotenpunkt. Das Stadtzentrum bewahrt Baudenkmäler aus dieser Blütezeit, so z. B. die **Kathedrale.** Mit ihrer reich verzierten rötlichen Hauptfassade (16.–18. Jh.) ist sie ein Schmuckstück des Plateresksstils. Im Inneren verdient das Chorgestühl im Churrigueratstil Beachtung. Chorumgang

Die Umgebung von Granada

und Sakristei entwarf Diego de Siloé (Plaza de la Catedral, Mo–Sa 10.30–13, 16–19 Uhr, 3 €).

Die elegante, arkadengesäumte **Plaza Mayor** hinter der Kathedrale stammt aus der Renaissance. Sie wurde unter König Philipp II. angelegt und nach Zerstörungen während des Spanischen Bürgerkriegs wieder aufgebaut. Rundum in den Altstadtgassen gibt es prächtige Adelspaläste zu bewundern.

Auf einem Hügel thront die ursprünglich aus dem 9. Jh. stammende, 200 Jahre später in Ziegelbauweise erweiterte **Alcazaba**. Von den zinnenbewehrten Türmen eröffnet sich eine weite Aussicht bis zur Sierra Nevada. Auch die Höhlenviertel von Guadix sind gut zu überblicken (zur Zeit geschlossen).

Infos
Oficina de Turismo: Av. Mariana Pineda (Landstraße Richtung Granada), 18 500 Guadix, Tel. 958 66 26 65, Fax 958 66 53 38.

Übernachten
Wohnen in Höhlen ▶ **Aparthotel Cuevas Pedro Antonio de Alarcón:** Barriada San Torcuato, Tel. 958 66 49 86, Fax 958 66 17 21, www.cuevaspedroantonio.es. Komfortable Höhlen für bis zu 5 Personen, eine davon mit Jacuzzi. Pool, Restaurant. 2 km außerhalb an der Straße nach Murcia (Schild: Alojamiento en Cuevas). DZ 65–85 €.

Einkaufen
Keramik ▶ **Juan Manuel Gabarrón:** Calle San Miguel 46, Tel. 958 73 92 76. Handgefertigte Tonwaren direkt ab Werkstatt. Der Besitzer hat nebenan in einer früheren Höhlenwohnung das **Museo de Alfarería Cueva La Alcazaba** eingerichtet. Es zeigt 750 regionale Keramikarbeiten aus mehreren Jahrtausenden. Typisch für Guadix ist die *jarra accitana,* ein reich verzierter Tonpokal, in den früher bei Hochzeiten die Gäste Geldgeschenke einwerfen konnten (Mo–Fr 10–13.30, 17–20.30, Winter 16–20, Sa/So 11–14 Uhr, 2 €).

Auch der westlich von Guadix gelegene Ort **Purullena,** der praktisch gänzlich aus Höhlenwohnungen besteht, ist für **Keramik**

> ### Tipp: Cascamorras
>
> Mit den Bewohnern der etwa gleich großen, 40 km entfernten Stadt Baza verbindet die Bürger von Guadix seit jeher eine gewisse Rivalität. Jedes Jahr am 6. September entlädt sich dieser Zwist in einem seltsamen Fest. Der *cascamorras,* ein Mann aus Guadix, muss sauber und ohne Flecken an der Kleidung bis Baza gelangen. Sollte es ihm jemals gelingen, dann müsste Baza die dort verehrte Figur der Virgen de la Piedad an Guadix abtreten, das diese für sich beansprucht. Doch bisher haben die Einwohner von Baza den Cascamorras und sein Gefolge vor Erreichen des Ziels stets so reichlich mit Dreck beworfen, dass er seine Mission nie erfüllen konnte.

bekannt. Entlang der Landstraße reihen sich die Souvenirläden, in denen allerdings auch viel Industrieware angeboten wird.

Verkehr
Züge: Bahnhof 1,5 km außerhalb der Stadt Richtung Murcia. Linie A 6.1a nach Granada 4 x tgl., nach Almería 6–7 x tgl.
Busse: Busbahnhof an der Avenida Medina Olmos (Straße nach Almería), 700 m vom Zentrum. Mit *Autedia, Maestra oder Alsina Graells* ca. stdl. nach Granada, 3 x tgl. nach Almería, 7 x tgl. nach Baza.

Von Guadix zur Küste

La Calahorra ▶ L5
Es lohnt sich, von der A-92 Guadix–Almería bei **La Calahorra** abzufahren. Das in Mandelhaine eingebettete Dorf glänzt durch den gleichnamigen **Castillo** eindrucksvoll vor der Kulisse der Sierra Nevada. Das Renaissancebauwerk mit runden Ecktürmen entstand Anfang des 16. Jh., stark beeinflusst von der damals in Italien aktuellen Architektur. Der Innenhof ist im eleganten florentinischen Stil gehalten, mit Galerie und Arkadenbögen. Eine Treppe aus Carraramarmor führt in die

Von Guadix zur Küste

Belle Etage hinauf. Erbauer der Burg war Don Rodrigo de Mendoza, illegitimer Sohn des gleichnamigen Kardinals und Großkanzlers, dem die Katholischen Könige nach der Reconquista die Hochebene zwischen Guadix und der Sierra Nevada als Lehen anvertraut hatten.

Don Rodrigo führte ein unstetes Leben, verbrachte auch einige Zeit in Italien, wo er vergeblich um die Papsttochter Lucrezia Borgia warb. Von dort brachte er die Baupläne für sein Schloss mit. Seine spätere Frau, eine Grafentochter, entführte Mendoza als 16-Jährige aus einem Kloster und heiratete sie ohne königliche Zustimmung. Heute befindet sich der Castillo im Besitz der Grafen von Infantado (Mi 10–13, 16–18 Uhr oder nach Voranmeldung bei Antonio Trivaldo unter Tel. 958 67 70 98, 3 €).

Laujar de Andarax ▶ L 6

Die aussichtsreiche C-337 führt über die Sierra Nevada nach Süden. Auf rund 2000 m Höhe ist der Pass **Puerto de La Ragua** erreicht. Dort gibt es einen Picknickplatz und einen Informationspunkt des Nationalparks Sierra Nevada (Tel. 950 52 40 20), an dem mehrere markierte Wanderrouten starten.

Jetzt besteht die Möglichkeit, Richtung Almería über **Laujar de Andarax** zu fahren. In dem hübschen Ort, dem Zentrum der zur Provinz Almería gehörigen, flacheren Alpujarra, hatte sich Boabdil, der letzte Herrscher von Granada, nach seiner Flucht vor den christlichen Truppen niedergelassen. Auch Aben Humeya, ein Anführer der Moriskenaufstände, schlug hier ab 1568 sein Hauptquartier auf, bevor er zwei Jahre später von seinem Cousin ermordet wurde. Heute ist Laujar vor allem für seinen **Wein** bekannt, der als bester der Provinz Almería gilt.

El Nacimiento ▶ L 6

Rund 1 km nördlich von Laujar liegt das bei Einheimischen beliebte Ausflugsziel **El Nacimiento** mit Restaurants und Picknickplätzen (hinter dem Rathausplatz von Laujar ausgeschildert). Dort beginnt der **Sendero de Monterrey,** ein markierter Rundweg (4 Std., leicht–mittel). Auf seinem ersten Abschnitt, am Westhang des **Valle del Andarax** allmählich ansteigend, bietet er eindrucksvolle Ausblicke.

Nach 350 Höhenmetern ist am **Vivero de Monterrey** der höchste Punkt der Tour erreicht. Den Platz einer ehemaligen Baumschule für Kiefern, mit denen die umliegenden Hänge aufgeforstet wurden, belegt heute ein kleiner botanischer Garten mit einheimischen Pflanzen. Weiter geht es abwärts zum **Río Andarax,** an dessen Ufern ein außergewöhnlich gut erhaltener natürlicher Galeriewald gedeiht. Stromschnellen und Gumpen (kleine Tümpel) wechseln miteinander ab – in letzteren suhlen sich gerne Wildschweine. Im Talgrund läuft man zurück zum Ausgangspunkt.

Infos

Centro de Visitantes Laujar de Andarax: Ctra. A-348 a (500 m westlich), 04 470 Laujar de Andarax, Tel. 950 51 35 48, Fax 950 51 41 63, cvlaujardeandarax@eg masa.es, Do–So 10–14 Uhr, Aug. tgl., an und vor Fei auch nachmittags. Besucherzentrum des Nationalparks Sierra Nevada. Verteilt Pläne mit Wanderbeschreibungen (Spanisch), z. B. vom Sendero de Monterrey (s. o.). Mit Ausstellung über die Alpujarra.

Übernachten

Nett ▶ **Hostal Fernández:** Calle General Mola 4, Tel. 950 51 31 28. Neben dem Rathaus von Laujar mit gutem Restaurant (Hauptgerichte um 9 €). DZ 31 €.

Einkaufen

Wein ▶ **Bodegas Valle de Laujar:** Ctra. A-348a, www.bodegasvallelaujar.es. Tienda der lokalen Weinkooperative mit Gelegenheit zur Probe. Mo–Sa 8.30–12, 15.30–19.30 Uhr. Außerdem bieten mehrere Betriebe, ebenfalls an der **Straße nach Berja,** Direktverkauf von *embutidos* (Wurstwaren), Olivenöl und *dulces* (süße Backwaren) aus örtlicher Produktion an.

Verkehr

Busse: Mit *Alsa* nach Almería 1 x tgl. (außer Sa).

Costa Tropical und die Axarquía

An der Costa Tropical und dem westlich angrenzenden Teil der Costa del Sol ist die legendäre Schönheit der andalusischen Mittelmeerküste noch lebendig. Zwischen sandigen oder felsigen Landzungen liegen einladende Strände. Dahinter ziehen sich grüne Täler mit tropischen Obstplantagen landeinwärts in die Axarquía, eine Hügellandschaft mit kleinen weißen Dörfern.

Zwischen Adra und Motril
▶ K/L 6

Die Küste zwischen den Hafen- und Industriestädten Adra und Motril wird in ihrem östlichen Teil durch eine Reihe von Fischerorten geprägt, in denen in jüngerer Zeit eine rege Bautätigkeit eingesetzt hat. An den Ortsrändern entstehen Ferienapartments und -bungalows. Eine Ausnahme stellt das kleine, noch sehr ursprüngliche Fischerdorf **Melicena** dar. Es hat eine hübsche, wenn auch eher kiesige Playa, die sich zu beiden Seiten des Ortes als Naturstrand fortsetzt. Am Ostrand von Melicena ermöglicht ein kleiner Parkplatz an der A-340 mit Picknicktisch und Aussichtsterrasse den Zugang zum Strand.

Castell de Ferro dehnt sich in einer buchtartig erweiterten, durch Plantagenwirtschaft geprägten Flussmündung aus. Die Atmosphäre im direkt am Meer liegenden Ortskern ist noch recht authentisch, ein paar Lokale stellen Tische vor die Tür. Weiter westlich folgt eine zerklüftete Steilküste. Zwischen km 348 und km 349 lädt dort in einer von Felsen gerahmten Bucht ein ausgesprochen schöner **Naturstrand** zum Baden ein (mit dem Pkw anfahrbar). Viele Aussichtspunkte an diesem Küstenabschnitt sind außerdem mit Picknicktischen möbliert, von denen aus man bizarre Ausblicke genießen kann.

Der alte Kern von **Calahonda** duckt sich unter einen Vorsprung der Steilküste, in deren Schutz kleine Fischerboote liegen. Jenseits der kurzen Meerespromenade reihen sich auf der Landstraße ein paar einfache Hostales. Der Tourismus in Calahonda spielt sich fast ausschließlich in den spanischen Sommerferien ab. Ferienwohnungsblöcke säumen kilometerweit die Küste Richtung Westen. Am Strand öffnen in der Saison einige empfehlenswerte *chiringuitos*.

Salobreña ▶ K 6

Salobreña eignet sich als Standort für Individualreisende, die baden und die Umgebung erkunden wollen. Die weißen, verschachtelten Häuser schmiegen sich dicht an den Osthang eines isoliert aufragenden Felsklotzes. Ganz oben thront der mittelalterliche **Castillo Árabe**, Sommerresidenz der Emire von Granada.

Der Legende zufolge quartierte Emir Mohammed IX. seine drei Töchter – Zayda, Zorayda und Zorahayda – hier ein, völlig abgeschottet von der Außenwelt. Der etwas anstrengende Aufstieg (ca. 30 Min.) lohnt wegen der ausgezeichneten Aussicht bis zur Sierra Nevada und dem parkähnlich gestalteten Innenbereich (tgl. 10–13, 16–19, im Sommer bis 21 Uhr, 2,55 €). Ein schöner Mirador befindet sich auch schon unterhalb der Burg, bei der maurisch anmutenden Gartenanlage **Paseo de las Flores**.

Viele Bewohner von Granada besitzen eine Ferienwohnung in den Apartmentblocks hinter der gepflegten, sandigen **Playa de la Charca**. Die westlich der Felsspitze **El Peñón** angrenzende **Playa de la Guardia** ist kiesig und praktisch naturbelassen. Dahinter dehnen sich Felder mit Gemüse und Zuckerrohr aus. Letzteres wird in einer Zuckermühle (*ingenio*) zerquetscht und der entstandene Saft weiter in die Sirupfabrik von Frigiliana gebracht.

Infos

Oficina de Turismo: Plaza de Goya, 18 680 Salobreña Tel./Fax 958 61 03 14, www.aytosalobrena.org. Am unteren Rand der Altstadt nahe Rathaus.

Übernachten

Bewährte Kette ▶ **Best Western Salobreña:** A-340 km 323, Tel. 958 61 02 61, Fax 958 61 01 01, www.bestwestern.com, ganzjährig. 3,5 km westlich hoch über der Küste gelegen, mit Pool und Tennisplatz. DZ 50–100 €.

Adrett ▶ **Hostal Jayma:** Calle Cristo 24, Tel. 958 61 02 31, Fax 958 61 28 66, www.hostaljayma.com. Familiär geführte Pension mit ordentlichen Zimmern. Nicht weit vom Rathaus. DZ 50–60 €.

Essen & Trinken

Strandrestaurant ▶ **El Peñón:** Playa del Peñón, Tel. 958 61 05 38, www.elpenon.es, Mo geschl. Auf der gleichnamigen Felsspitze, wo man praktisch über den Wellen sitzt. Spezialitäten: Fisch in Salzkruste und Paella. Hauptgerichte 12–15 €.

Verkehr

Busse: Mit *Alsina Graells* nach Almuñécar und Motril ca. stdl., Granada 9–10 x tgl., Málaga 7 x tgl., Almería 4 x tgl. Stadtbus Mo–Sa ca. stündlich durch den Ort und zum Strand. Haltestelle bei der Touristeninformation (s. o.). **Mit dem Pkw:** An der Einfahrt zur Altstadt Parkhaus im Mercadona-Supermarkt (kostenpflichtig). An der Playa de la Charca Parkbuchten entlang der Promenade.

Almuñécar ▶ J 6

Almuñécar ist eine Ortschaft mit Atmosphäre, obwohl es sich um den meistbesuchten Ferienort der Costa Tropical handelt, den zunehmend auch ein mitteleuropäisches Publikum zu schätzen weiß. Entsprechend dicht sind die beiden kiesigen, z. T. grausandigen Strände mit (kleineren) Hotels und Apartmentblocks bebaut. Dahinter erstreckt sich eine erlebenswerte Altstadt, in der die 23 000 Einwohner noch das Straßenbild beherrschen. Zwischen den weißen Häusern öffnen sich hübsche Plätze und romantische Innenhöfe. In vielen sind Bars untergebracht, die zum abendlichen *tapeo* einladen.

Der gewaltige mittelalterliche **Castillo de San Miguel** mit drei Festungsringen und elf Türmen dominiert noch immer die Stadt. Auf einer Felsnase ist es weit ins Meer vorgeschoben. Innen sind Reste des Vergnügungspalastes der Nasridenherrscher mit den dazugehörigen Bädern zu sehen. In den Felsenkerkern *(mazmorras)* mussten in Ungnade gefallene Minister und zu mächtig gewordene Heerführer schmachten (Di–Sa 10.30–13.30, 17–19.30, So 10.30–13.30 Uhr, 2,20 €).

Unterhalb der Burg erstreckt sich in der Avenida de Europa der **Parque Botánico-Arqueológico El Majuelo** mit 182 Pflanzenarten aus Lateinamerika, Afrika, Asien und Neuseeland, die dank des milden Klimas an der Costa Tropical gedeihen (tgl. 9–20 Uhr, Eintritt frei). Im Park sind Tröge zu besichtigen, in denen die Römer vom 4. Jh. v. Chr. bis zum 2. Jh. n. Chr. eine im gesamten Reich begehrte Fischsauce (*garum*) produzierten.

Das **Museo Arqueológico** in der **Cueva de Siete Palacios,** einem römischen Gewölbe, das vielleicht zu einem Tempel gehörte, thematisiert die weit in die Antike zurückreichende Geschichte von Almuñécar. Bedeutendstes Exponat ist eine ägyptische Urne aus dem 17. oder 16. Jh. v. Chr. (Calle de los Siete Palacios, Tel. 958 63 12 52, Di–Sa 10.30–13.30, 18.30–21, So 10.30–13.30 Uhr).

An der Plaza de Kuwait lockt das **Aquarium Almuñécar,** die größte und modernste

Costa Tropical und die Axarquía

Tropisches Obst — Thema

Die Costa Tropical trägt ihren Namen nicht ohne Grund. Hier wie auch im angrenzenden Abschnitt der Costa del Sol, also etwa zwischen Motril und Málaga, gedeihen in den windgeschützten Tälern tropische Früchte, die auf dem übrigen europäischen Kontinent praktisch unbekannt sind.

Milde Winter, schwülwarme Sommer und ganzjährige Bewässerung dank riesiger Stauseen im Hinterland machen es möglich. Ein Großteil der Produktion ist für den Export bestimmt und findet sich in mitteleuropäischen Feinkostläden wieder. Doch reif geerntet und frisch auf einem der Märkte im Anbaugebiet erstanden, schmecken die empfindlichen Obstsorten gleich doppelt so gut. Hier ein paar Tipps zu Kauf und Verzehr:

Cherimoya (span. *chirimoya*): Die ursprünglich aus Südamerika stammende Frucht sieht einem rundlichen Tannenzapfen ähnlich. In reifem Zustand verwandelt sich ihre grüne Färbung manchmal in ein bräunliches Violett. Ist sie beim Kauf noch hart, lässt man sie einen oder mehrere Tage liegen. Erst wenn man ihre Schale mit dem Finger leicht eindrücken kann, wird sie gegessen. Allzu lange sollte man dann nicht mehr warten, sonst wird sie zu weich. Das Fruchtfleisch, das etwa die Konsistenz und den Geschmack einer Birne hat, wird ausgelöffelt. Die Schale und die großen braunen Kerne isst man nicht mit. Am besten schmeckt die Cherimoya im Winter (Dez.–April).

Japanische Mispel (span. *nispero*): Unter dem Namen Loquat wird diese Frucht bei uns schon seit Jahrzehnten in Konservendosen aus China eingeführt. Frisch ist sie wegen ihrer leichten Verderblichkeit außerhalb der Anbaugebiete kaum zu bekommen. Sie ist eiförmig wie eine Pflaume, aber etwas größer und kräftig orange gefärbt. Ihre dünne Schale isst man mit, nicht jedoch das zentrale Kerngehäuse. Der Geschmack ist angenehm süßsäuerlich. Geerntet wird im Frühjahr (Feb.–Mai).

Mango: Die Mango stammt ursprünglich aus Indien, wo sie schon seit etwa 2000 v. Chr. kultiviert wird. Die sehr druckempfindlichen Früchte müssen für den Export unreif geerntet werden. Vor Ort hingegen werden sie reif angeboten und sind dank ihres hohen Vitamingehalts auch ungemein gesund. Die neueren Sorten sind faserfrei, sodass sich der Kern leicht vom Fruchtfleisch lösen lässt, das in Spalten geschnitten genossen wird (ohne die Schale). Saison ist in Andalusien im Herbst.

Guave (span. *guayaba*): Beheimatet ist die Guave im tropischen Amerika. Schon im 16. Jh. gelangte sie nach Europa. Die rundliche, gelblichgrüne Frucht hat die Größe eines Tischtennisballs. Ihr rosarotes Fleisch schmeckt leicht säuerlich, ähnlich wie bei der Quitte. Man isst die ganze Frucht, mit Schale und Kernen. Die Andalusier verarbeiten Guaven zu Marmelade. Geerntet wird im Winter.

Papaya: Die recht großen Früchte sollten beim Kauf gelblichorange sein und intensiv duften. Man schneidet sie auf, kratzt die an Pfefferkörner erinnernden Kerne aus dem Inneren heraus (sie werden nicht gegessen) und teilt das Fruchtfleisch in Spalten. Es wird ohne die Schale verzehrt. Zucker und Zitronensaft heben den ansonsten eher neutralen Geschmack. Erntezeit ist im Sommer.

Anlage dieser Art in Andalusien. Es zeigt Meeresfauna, speziell die der Costa Tropical.

Infos

Oficina de Turismo: Av. de Europa, 18 690 Almuñécar, Tel. 958 63 11 25, Fax 958 63 50 07, www.almunecar.info. Im Palacete de la Najarra, einem Palast aus dem 19. Jh. Außerdem Kiosk an der A-340 beim ›Triumphbogen‹ nahe McDonalds.

Übernachten

Maurisch inspiriert ▶ **Casablanca:** Plaza San Cristóbal 4, Tel. 958 63 55 75, ganzjährig. Nahe Stadtstrand Playa de San Cristóbal unterhalb vom Castillo. Das **Restaurant Emiliano** mit Tischen im Freien serviert Fisch und Fleisch vom Grill und Paella. Ansprechende Architektur, Zimmer recht komfortabel, Parkgarage. DZ 50–65 €.

Abends & Nachts

Flamenco ▶ **Taberna Flamenca – Ricardo de la Juana:** Calle Manila 4, Tel. 958 63 51 98, Di–So ab 19 Uhr. Flamenco oft live, außerdem jeden Mi Jazz, Eintritt frei.

Ansonsten spielt sich das nächtliche Geschehen im Sommer vorwiegend in den *chiringuitos* an der **Playa Puerta del Mar** und rund um die **Plaza Kelibia** ab.

Termine

Jazz en la Costa: 2 Wochen Anfang–Mitte Juli. Freejazz-Festival im Parque Majuelo mit Konzerten (nachts) und großen Namen. Infos: Tel. 958 63 11 25, www.jazzgranada.com.

Verkehr

Busse: Busbahnhof an der Av. Juan Carlos I. Häufig mit *Alsina Graells* nach Granada. Innerhalb der Stadt verkehrt ein ›Minizug‹ auf einem Rundkurs.

La Herradura ▶ J 6

Ein kleinerer Ferienort ist **La Herradura**, wo besonders gerne Taucher ihr Quartier aufschlagen. Sie finden an den angrenzenden Felsküsten sehr gute Sichtverhältnisse unter Wasser vor. Auch für Windsurfer und Segler sind die Bedingungen hervorragend. Im Ort und am Hafen gibt es mehrere spanischsprachige Anbieter für diese Sportarten. Der lange, geschützte Strand ist etwas kiesig, eignet sich aber gut zum Baden. Abends trifft man sich dort in strohgedeckten *chiringuitos* zum Fischessen.

Marina del Este

Zwischen Almuñécar und La Herradura liegt an der Punta de la Mona der Jachthafen **Marina del Este**. Harmonisch ist er in eine größere Ferienhaussiedlung einbezogen, in der die Gartengestaltung sichtlich einen besonderen Stellenwert genießt. Öffentlich zugänglich ist der tropische Park auf einer kleinen Felseninsel, die beim Bau des Hafens in die äußere Mole einbezogen wurde. Im Sommer erfreuen sich die Openair-Lokale an der Marina großer Beliebtheit.

Übernachten

Ferienhotel ▶ **Sol Los Fenicios:** Paseo Andrés Segovia, Tel. 958 82 79 00, Fax 958 82 79 10, www.solmelia.com, im Winter geschl. Am Ostrand des Strandes im andalusischen Stil errichtetes 4-Sterne-Hotel mit 42 Zimmern, fast alle mit Balkon. DZ 60–135 €.

Verkehr

Busse: Mit *Alsina Graells* ca. stdl. nach Almuñécar, 10 x tgl. nach Nerja, Fernverbindungen siehe Almuñécar.

Nerja ▶ J 6

Der landschaftlich besonders schön über der Felsküste gelegene Ferienort **Nerja** hat ganzjährig Saison. Am Ostrand ist das Ferienviertel **Pueblo Andaluz** vorwiegend von Briten, daneben auch von Deutschen geprägt, die hier in Privathäusern oder kleinen Hotels urlauben. Die Altstadt zeigt sich jedoch vor allem außerhalb der Sommermonate recht ursprünglich.

Costa Tropical und die Axarquía

Dreh- und Angelpunkt ist dort der Kirchplatz mit der schlichten **Iglesia de Santiago** (17. Jh.). Davor schiebt sich auf einem kleinen Kap der **Balcón de Europa** ins Meer hinaus. Einst hielt auf der Terrasse ein Wachposten nach Piraten Ausschau; heute flaniert man unter Palmen. Beiderseits davon liegen kleinere Badebuchten, in denen sich alte Fischerkaten unter die Steilwand ducken, z. B. die **Playa de Calahonda**. Schönster und größter Strand von Nerja ist weiter östlich die 700 m lange **Playa de Burriana**.

Am Nordrand der Altstadt birgt die barocke **Ermita de las Angustias** (17. Jh.) eine Statue der Stadtpatronin und dazu in der Kuppel wertvolle Fresken mit der Muttergottes im Mittelpunkt, die 1705–1720 von einem unbekannten Maler der Schule von Granada geschaffen wurden (Plaza de la Ermita, tagsüber meist geöffnet).

Maro

Ruhiger geht es im östlich von Nerja gelegenen **Maro** zu. Die Bauern des kleinen Ortes betreiben noch Gemüseanbau auf Terrassenfeldern. Ruinen mehrerer Zuckermühlen zeugen davon, dass hier früher Zuckerrohr verarbeitet wurde. Eine hübsche Promenade mit Straßencafés und Restaurants verläuft am südlichen Ortsrand oberhalb der Felsküste. Von hier aus steigt man steil abwärts zu einer Badebucht.

Die vier Stockwerke des viel fotografierten **Acueducto del Águila** (Adler-Aquädukt) überspannen eine Schlucht nahe der A-340 zwischen Nerja und Maro. Diese spektakuläre Wasserleitung wurde im 19. Jh. erbaut, um die damalige Zuckerfabrik von Maro mit Wasser zu versorgen.

Cueva de Nerja

Berühmt ist die **Cueva de Nerja** außerhalb der Stadt. Besucher dürfen den 1400 m langen Rundweg durch die bizarre Tropfsteinhöhle ohne offizielle Begleitung unternehmen. Besondere Beachtung verdient die **Sala del Cataclismo** (Saal des Erdrutsches). Hier löste sich vor Jahrtausenden ein zu schwer gewordener Stalaktit von der Decke und zerbrach am Boden in tausend Stücke. Außerdem birgt der Saal eine 32 m hohe Säule, die aus einem Stalaktiten und einem Stalagmiten zusammengewachsen ist. Aus Knochen- und Werkzeugfunden, die in dem kleinen Museum am Eingang ausgestellt sind, schließen die Wissenschaftler, dass sich erstmals vor rund 25 000 Jahren Steinzeitmenschen in der Höhle niederließen. Bis etwa 500 v. Chr. war die Höhle kontinuierlich bewohnt. Das Grab einer Frau (ca. 6300 v. Chr.) ist in der **Sala del Belén** zu besichtigen.

In fast allen Sälen wurden prähistorische Felszeichnungen entdeckt. Bei den älteren handelt es sich um Darstellungen von Pferden, Rindern, Ziegen oder Fischen. Sie werden als ›Jagdzauber‹ interpretiert. Dem Ende der Steinzeit (in Südspanien ca. 6000–4000 v. Chr.) sind stilisierte Zeichnungen menschlicher Figuren in roter Farbe zuzuordnen.

Anfahrt: A-340 bis Maro, dann der Beschilderung noch 2 km bis zur Höhle folgen, Tel. 952 52 95 20, www.cuevadenerja.es, tgl. 10–14, 16–18.30, Juli/Aug. 10–19.30 Uhr, Museum (Centro de Interpretación) ganzjährig 10–14, 16–18.30 Uhr, 1.1. u. 15.5. geschl., 8,50 €).

Infos

Oficina de Turismo: C./Carmen 1, 29 780 Nerja, Tel. 952 52 15 31, Fax 952 52 62 87, www.nerja.es. Beim Balcón de Europa.

Tipp: Markttermine

Wochenmärkte mit buntem Angebot, auch an Souvenirs, finden an der östlichen **Costa del Sol** und der **Costa Tropical** an folgenden Tagen statt (jeweils ca. 9–14 Uhr):
Montag: Torrox Costa (Urb. Costa de Oro)
Dienstag: Nerja (Calle Antonio Ferrandis), Salobreña (Mercado Municipal)
Donnerstag: Torre del Mar (Calle del Duque)
In Nerja wird außerdem an jedem Sonntag ein Flohmarkt veranstaltet (Calle Antonio Ferrandis).

Tipp: Strände an den Acantilados de Maro

Östlich von Nerja ist die Felsküste zwischen Maro und La Herradura der wohl reizvollste Abschnitt der Costa del Sol. Mit ihrer Abfolge von Naturstränden und steilen Küstenvorsprüngen, auf denen Piratenwachtürme aus dem 16./17. Jh. noch eine geschlossene Reihe mit Sichtkontakt untereinander bilden, steht sie als **Parque Natural Acantilados de Maro – Cerro Gordo** unter Schutz und darf nicht bebaut werden. In den Felsen klettert noch die ansonsten in Andalusien rare wilde Bergziege. Reizvoll ist die karge Küstenvegetation mit seltenen Arten wie dem Malaga-Strandflieder oder dem Weißen Rosmarin. Schnorchler können unter Wasser Korallen entdecken, und auch die Karettschildkröte wird immer wieder gesichtet.

Von der A-340 zweigen Pisten oder Fußwege zu vier Stränden ab. Ganz im Westen liegt die völlig unerschlossene **Playa de las Alberquillas** (Parkplatz zwischen km 299 und km 300, ab dort auf kurzer Piste zu Fuß). Bei km 300 folgt die besonders idyllische **Cala del Pino**. Ein steiler Pfad führt zu dem einsamen, unberührten Kiesstrand hinab.

Die 400 m lange, kiesige **Playa del Cañuelo** (ausgeschildert zwischen km 302 und km 303) wird gepflegt. Sie ist auf einer 1,5 km langen, für den Privatverkehr gesperrten Piste zu Fuß zu erreichen. Im Juli/August wird ein Jeeptransfer vom Parkplatz an der A-340 angeboten (nur Do–So). Das Strandlokal Puente Playa serviert fangfrischen Fisch und Paella (Juni–Sept. tgl., sonst nur am Wochenende).

Schon zur Costa Tropical gehört die 300 m lange, traumhafte, von Pinien gesäumte **Playa de Cantarriján**, ein offizieller FKK-Strand. An der A-340 zwischen km 304 und 305 beginnt die 1,4 km lange, steile Zufahrtsstraße. Wer lieber hinunterläuft, benötigt ca. 30 Min. Von Mai bis Oktober öffnen ein Verleih für Liegen und Sonnenschirme sowie das Strandlokal La Barraca (Tel. 958 34 92 87), das mit frischem Fisch und Meeresfrüchten sowie Paella aufwartet.

Übernachten

Gediegene Atmosphäre ▶ Balcón de Europa: Paseo Balcón de Europa 1, Tel. 952 52 08 00, Fax 952 52 44 90, www.hotelbalconeuropa.com. 4-Sterne-Hotel, wunderbar sind die Zimmer mit Meerblick an der Steilküste über dem Strand. Zum Land hin ist es in der Saison umtriebiger. Öffentliche Parkgarage nahebei. Hauseigenes Straßencafé. DZ 98–190 €.

Villenstil ▶ Romántico Casa Maro: Maro, Calle Carmen 2, Tel. 627 95 84 56, Fax 952 52 96 90, www.hotel-casa-maro.com. Alle Zimmer mit Meerblick. DZ März–Okt. 94 € (mit Frühstück), Nov.–Feb. 60 € (ohne Frühstück).

Essen & Trinken

Innovative Küche ▶ Udo Heimer: Calle Andalucía 24/27, Pueblo Andaluz, Tel. 952 52 00 32, www.udoheimer.net, Do–Di 19–23.30 Uhr, Mi Ruhetag, Jan. geschl. Eines der renommiertesten Restaurants der Costa del Sol. Klein, aber fein. Vorspeisen 11–14, Hauptgerichte 19–23, Degustationsmenü 47,90 €.

Alteingesessen ▶ Casa Luque: Plaza Cavana 2, Tel. 952 52 10 04, www.casaluque.com, Do–Di 19.30–23 Uhr. Am Platz hinter der Kirche. Gehobene mediterrane Küche, regional inspiriert, Aussichtsterrasse. Hauptgerichte ab 10, 3-Gänge-Menü ab 30 €.

Aktiv

Baden & Beachen ▶ Ein auch im Sommer relativ wenig frequentierter Strand ist westlich von Nerja die kaum bebaute, grobsandige, ca. 2 km lange **Playa Playazo**. Von Maro aus ist in östlicher Richtung die **Playa de las Alberquillas** (s. S. 371) in 10 Min. zu Fuß zu erreichen.

Termine

Festival Cueva de Nerja: Ende Juli. Im größten Saal der Cueva de Nerja herrschen optimale akustische Bedingungen. Seit Eröff-

Costa Tropical und die Axarquía

Balcón de Europa: Ehemals wachte hier eine Festung über die Küste bei Nerja

nung der Höhle 1960 findet das schon fast legendäre Festival alljährlich statt. An mehreren Tagen in Folge werden klassische Konzerte gegeben, Ballett und Flamenco aufgeführt. Montserrat Caballé, José Carreras und Joaquín Cortés sind schon hier aufgetreten. Programme im Touristenbüro von Nerja. Infos: Tel. 952 52 95 20.

Verkehr

Busse: Zentrale Haltestelle an der Avenida de Pescia nahe Plaza Cantadero. Mit *Alsina Graells* nah Málaga, Maro (nur Mo–Fr) und Cuevas de Nerja je ca. stdl., Flughafen Málaga halbstdl., Frigiliana 7–8 x tgl. (nur Mo–Sa), Granada 6 x tgl.

Frigiliana ▶ J 6

Das schmucke Bergdorf **Frigiliana** schmiegt sich an den Südabhang der Sierra de Almijara. Ein intaktes Ortsbild mit arabisch anmutendem Flair, blumengeschmückten Häusern und Straßencafés lockt viele Tagesausflügler an. Der ländliche Tourismus ist hier im Kommen! Die Gemeinde ließ alte Verbindungswege zu benachbarten Weilern restaurieren, um das Gebiet für Wanderer interessant zu machen.

Der **Casco Histórico** besteht sozusagen aus zwei Flügeln, dessen westlicher, älterer Teil *(barrio morisco)* wegen der Enge der Gassen zwangsläufig autofrei ist. Aus ihrer Mitte ragt im ehemaligen **Palast der Grafen Man-**

Frigiliana

(s. S. 395). Schauplatz der endgültigen Niederlage war der **Peñón** (Felshügel) oberhalb von Frigiliana.

Übernachten

Komfortabel ▶ **Villa Frigiliana:** Calle San Sebastián, 29 003 Frigiliana, Tel. 952 53 33 93, Fax 952 53 33 08, www.ihmhotels.com. Landhotel im modernen andalusischen Stil mit 35 Zimmern. Zentrumsnah mit schönem Ausblick über die Landschaft. Rustikales Restaurant (Hauptgerichte 8,50–18,50 €), Cafeteria. DZ über Veranstalter 50–70 €.

Einkaufen

Kunsthandwerk ▶ **Artesanía Frigiliana:** Plaza del Ingenio 4. In der ehemaligen Kapelle des Grafenpalastes (heute Zuckerfabrik, s. o.). Der originelle Souvenirladen hält Zuckersirup, Málagawein und Olivenöl, Keramik und Flechtarbeiten bereit.

Aktiv

Wandern ▶ Zunächst auf altem Pilgerweg, dann durch das Flussbett wird entlang dem Río Higuerón die oberhalb des Dorfes gelegene **Ruine des Gutshofs Cortijo de Roma** erreicht (hin und zurück 3– 4 Std.). Eine dreistündige Rundwanderung erschließt den Bergrücken **Cuesta de Chillar** östlich von Frigiliana mit herrlichen Ausblicken. Der örtliche Handel verkauft Kartenmaterial.

Termine

Semana Santa: Höhepunkt ist am Karfreitag die nächtliche Prozession zu Ehren der Virgen de la Soledad (Jungfrau der Einsamkeit). Nur Frauen in Trauerkleidung und mit Kerzen in der Hand nehmen teil.

Cruces de Mayo: 3. Mai. Anlass für das Fest ist die Auffindung des angeblich wahren Kreuzes Christi in Jerusalem im Jahr 326. Am Vorabend hüllen die Dorfbewohner Wegkreuze in Stoff oder Papier und verzieren sie mit Blumen und Kerzen. Am Festtag begrüßen sie das Sommerhalbjahr mit Krachern und Böllerschüssen.

Fiesta de San Antonio: 13. Juni. Kirmes zu Ehren des Ortspatrons Antonius von Padua.

rique de Lara (16. Jh.) – Lehnsherren von Frigiliana – mit dem **Ingenio Nuestra Señora del Carmen** die einzige Fabrik für Zuckersirup (*miel de caña* = wörtl. Zuckerrohrhonig) auf dem europäischen Festland empor. Dieser wird in Frigiliana seit über 400 Jahren aus dem in der Nähe angebauten Zuckerrohr gewonnen. *Miel de caña* findet für allerlei Süßwaren Verwendung, z. B. für die überall in Andalusien erhältlichen *yemas* (Eidotter, die in den kochenden Sirup gegossen werden).

In romantisierender Form stellen in den Altstadtgassen **Fliesenbilder** Szenen aus der Ortsgeschichte dar, z. B. den vergeblichen Aufstand der Morisken in der Axarquía, der am 11. Juni 1569 ein verlustreiches Ende fand

Costa Tropical und die Axarquía

Wallfahrer transportieren die Figur des Heiligen auf einem Ochsenkarren zum *pozo viejo* (alter Brunnen) am Río Higuerón, wo sie den ganzen Tag im schattigen Kiefernwald mit Tanz und Musik verbringen.

Verkehr
Busse: Mit *Alsina Graells* von Nerja 7–8 x tgl. (nur Mo–Sa).
Mit dem Pkw: Zentraler Parkplatz zwischen den beiden Altstadtflügeln unterhalb der Zuckermühle.

Torrox ▶ J 6

Die 1,5 km lange Promenade Paseo Marítimo de Ferrara säumt den breiten Sandstrand von **Torrox Costa** (12 000 Einw.). Der Ort rühmt sich, das »beste Klima Europas« zu haben – besonders mild und ausgeglichen. Neben den üblichen Apartmenthäusern mit Ferienwohnungen im Privatbesitz gibt es auch Hotels der gehobenen Mittelklasse, die in den Katalogen deutschsprachiger Reiseveranstalter zu finden sind. Einige werden auch in den Wintermonaten angeboten, in Torrox Costa ist also ganzjährig etwas los.

Torrox Pueblo
Knapp 150 m über dem Meer und 4 km landeinwärts liegt **Torrox Pueblo,** das inzwischen fast mit der Küstenurbanisation zusammengewachsen ist. Der frisch renovierte, aber authentische Dorfkern mit steilen Gassen und hübschen Plätzen ist eine maurische Gründung aus dem 12. Jh. Dort wurde im 16. Jh. die **Ermita Nuestra Señora de las Nieves** im Mudéjarstil errichtet. Die ehemalige Klosterkirche gefällt durch ihre *artesanado*-Holzdecke. Weithin sichtbar ist der prächtige Turm der **Iglesia de la Encarnación,** einer üppigen Barockkirche aus dem 17. Jh.

Infos
Oficina de Turismo: Centro Internacional, Bloque 79 Bajo, 29 793 Torrox Costa, Tel./Fax 952 53 02 25, www.turismotorrox.com. Filiale in Torrox Pueblo, Calle Baja, in einem alten Stadtmauerturm.

Übernachten
4-Sterne-Hotel ▶ **Riu Ferrara:** Paseo Marítimo de Ferrara, Tel. 952 52 75 94, Fax 952 53 45 26, www.riu.com. Komfortable Zimmer, Suiten und Apartments in mehreren Gebäuden im maurischen Stil, großzügige Garten- und Poolanlage an der Meerespromenade, Animations- und Kinderprogramm, Abendunterhaltung. DZ mit Halbpension 107–191 €, in der Nebensaison und pauschal auch günstiger.

Aktiv
Im Sommer bietet das Tourismusbüro von Torrox kostenlose geführte **Besichtigungstouren** auf den **Spuren der Araber** (Torrox Pueblo) und der **Römer** (Torrox Costa) an. Die **Ruta Romana** (Römerroute) führt zu den Resten einer Villa am Meer (im Leuchtturmgelände), zu einer Nekropole unterhalb des Balcón Mirador, zu einem Keramikbrennofen am Paseo Marítimo und zu den Ruinen römischer Thermen in der Avenida del Faro.

Termine
Virgen de Agosto: 15. August. Zu Maria Himmelfahrt befährt eine bunt geschmückte Bootsprozession das Meer vor dem kleinen Fischerhafen El Morche (am Westrand von Torrox Costa).
Fiesta de las Migas: 4. Advent. Einer Tradition folgend werden in Torrox Pueblo *migas* (in der Pfanne mit Olivenöl und etwas Schinken geröstete Brotkrümel) und *ensaladilla arriera* (»Maultiertreibersalat«) gegessen, ehemals die Speisen der Armen. Dazu fließt reichlich Wein. Beginn der Veranstaltung, an der regelmäßig mehr als 30 000 Menschen aus ganz Andalusien teilnehmen, ist gegen 13.30 Uhr.

Verkehr
Busse: Mit *Alsina Graells* bestehen häufige Verbindungen zwischen Torrox Costa und Torrox Pueblo sowie in die Städte Nerja und Málaga.

Durch die Axarquía

Schafzucht: früher einer der wichtigsten Wirtschaftszweige Spaniens

Durch die Axarquía

Karte: S. 397

Die trotz der Nähe zur Costa del Sol noch sehr ursprüngliche **Axarquía** ist ein schönes Ziel für Tagesausflüge, lohnt aber auch einen mehrtägigen Aufenthalt. Mehrere Gebirgszüge schirmen die Axarquía vor kalten Winden aus dem Landesinneren ab. In dem daher besonders milden Klima gedeihen in den Tälern exotisches Obst, Zuckerrohr und Südwein, an den höher gelegenen Hängen Mandeln – die Ende Februar in Blüte stehen – und Oliven. Der Name der Gegend geht auf die Mauren zurück (arab. *as-shark* = östlich) und bezieht sich wohl auf die geografische Lage im Vergleich zu Málaga.

Tief eingeschnittene Täler durchziehen das Hügelland der Axarquía. Um deren Hänge bepflanzen zu können, legten geschickte maurische Ingenieure Terrassenfelder an und bauten Bewässerungskanäle. Bis heute werden Ackerterrassen und Wasserrinnen genutzt. Die Mauren mussten die Gegend allerdings 1571 nach vergeblichen Aufständen gegen die christliche Obrigkeit verlassen. Mit Christen aus Kastilien wurde die Axarquía neu besiedelt. Dennoch bestimmt nordafrikanisches Flair mit weißen, kubischen Häusern und verwinkelten Gassen das Gesicht vieler Orte.

Cómpeta 1

Am Fuß der Sierra de Tejeda kann man **Cómpeta** (3500 Einw.) als empfehlenswerten Standort wählen. Der ockerfarbene Mudéjarkirchturm steht in Kontrast zu den weißen, würfelförmigen Häusern mit ihren blauen Git-

Costa Tropical und die Axarquía

terfenstern. Cómpeta ist außerdem eine gute Adresse für den Einkauf von Likörwein. Schon die Römer betrieben in dieser Gegend Weinbau.

Heute säumen Bodegas die engen Gassen, die zu Weinprobe und Kauf einladen. Auch im Museo del Vino (Avenida de la Constitución) besteht die Möglichkeit zur Verkostung der im Ort aus der Moscatel-Traube hergestellten lieblichen oder herben Tropfen. Dazu kann man Teller mit Serranoschinken oder Käse bestellen (je 6 €).

Infos
Oficina de Turismo: Avenida de la Constitución, 29 754 Cómpeta, Tel. 952 55 36 85, Mo–Sa 10–15 Uhr, So 10–14 Uhr.

Übernachten
Großzügig und modern ▶ **Balcón de Cómpeta:** Calle San Antonio 75, Tel. 952 55 35 35, Fax 952 55 35 10, www.hotel-competa.com. Zimmer mit Balkon, im Garten Liegeflächen, Pool, Tennisplatz. Besonders hübsch die Bungalows mit eigener Küche. Die spanisch-britische Leitung bemüht sich, den Gästen den Aufenthalt so angenehm wie möglich zu machen. DZ/Bungalow für 2 Pers. 79, Halbpension ca. 16 € pro Person.

Tipp: Wandertouren

Die Sierra de Tejeda war lange Zeit als Schlupfloch für *bandoleros* berüchtigt, die bis Anfang des 20. Jh. die Verkehrswege durch Südandalusien unsicher machten (s. S. 399). Heute steht sie gemeinsam mit zwei angrenzenden, höheren Gebirgszügen als **Parque Natural de las Sierras de Tejeda, Almijara y Alhama** unter Schutz. Das Infobüro von Cómpeta verteilt eine Broschüre mit Wanderbeschreibungen im Naturpark. Topografische Karten 1 : 25 000 hält Marco Polo (Cómpeta, Calle José Antonio 3) bereit.

Eine sehr lange und anstrengende Tour führt z. B. von Cómpeta zum **Pico del Lucero** (1779 m) in der Sierra de Almijara (mit Rückweg 9–10 Std.).

Zentral gelegenes Gästehaus ▶ **Las Tres Abejas:** Calle Panaderos 43/45, Tel. 952 55 33 75, www.lastresabejas.com. Einfach, aber nett eingerichtet. Nur 4 Zimmer, dafür mehrere Terrassen und ein kleiner Pool. DZ 45 €.

Essen & Trinken
Klassisch spanisch ▶ **Cortijo Paco:** Avenida Canillas 6, Tel. 952 55 36 47, www.cortijopaco.es, Mo außer Fei geschl. Hervorgende Küche, dazu von der Terrasse wunderbarer Fernblick bis zum Meer hin. Hauptgerichte 9–15 €.

Termine
Noche del Vino: 15. August. Die ›Nacht des Weins‹ beginnt bereits am Vormittag und dauert bis weit in die Morgenstunden. Festprogramm mit Flamenco und sevillianischen Rhythmen auf der zentralen Plaza Almijara.

Verkehr
Busse: 3 x tgl. von/nach Málaga über Torre del Mar.

Archez und Sedella
Noch sehr ursprünglich sind die Bergdörfer Archez und Sedella. In der lieblichen Umgebung gedeihen Ölbäume und Weinreben. Dazwischen verteilen sich scheinbar nach dem Zufallsprinzip weiße Fincas.

Das etwas kleinere **Archez** 2 (440 Einwohner) punktet mit einem wertvollen Architekturrest aus der Zeit der maurischen Nasridendynastie. Das aus Ziegelsteinen erbaute, mit *azulejos* dekorierte Minarett dient heute der Pfarrkirche als Glockenturm.

Unter den rund 700 Einwohnern von **Sedella** 3 befinden sich einige britische und niederländische Residenten, die das hier noch lebendige ›alte Spanien‹ schätzen. Am Hauptplatz vor der kleinen Kirche San Andrés (16. Jh.) stellen typische kleine Cafés Tische ins Freie. Die Bars des Ortes sind für ihre Tapas bekannt. Wichtigste Sehenswürdigkeit ist die Casa del Torreón, ein Herrenhaus aus dem 16. Jh. im Mudéjarstil. Den *torreón* (span., Wehrturm) zieren Renaissancefenster mit Zwillingsbögen.

Axarquia

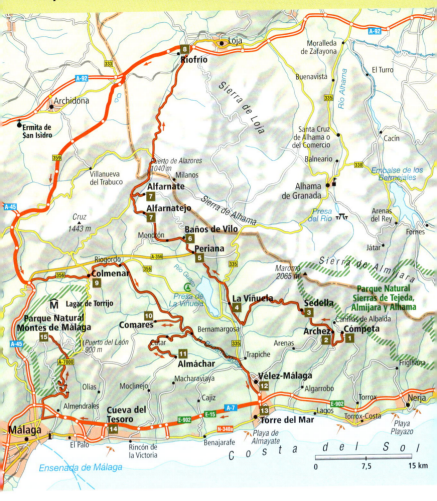

Übernachten

Romantisch ▶ **La Posada Mesón Mudéjar:** Archez, Calle Álamo 6, Tel. 952 55 31 06, www.posadamesonmudejar.com. Mit der stilechten Renovierung des Stadthauses (18. Jh.) mit Sinn für jedes noch so kleine Detail erfüllten sich Loli und Serafin López einen Traum. Sie dekorierten Zimmer und Restaurant *(Mesón)* liebevoll mit ausgewählten südspanischen Antiquitäten. Gekocht wird mit einheimischen Produkten nach Rezepten der Großmutter. DZ ca. 50 €.

Termine

Fiesta San Antón: 17. Januar. Das populärste Fest von Sedella ist dem Patron der Tiere (Antonius Eremita) gewidmet. Einer Tradition folgend segnet der Pfarrer nach der Messe die Reittiere, die den Heiligen bei der Prozession begleitet haben.

La Viñuela 4

Eine schmale, kurvenreiche Straße führt von Sedella in das Tal des Rio de Vélez hinab. Dort erstreckt sich **La Viñuela,** dessen Name

Costa Tropical und die Axarquía

sich auf die zahlreichen kleinen Weinberge (span. viña) bezieht, die bis vor wenigen Jahren noch die Hänge rund um den Ort bedeckten. Inzwischen wurden die Rebstöcke weitgehend durch Avocado- und Orangenbäume ersetzt. La Viñuela lag früher an der Pflasterstraße, die Vélez-Málaga mit Granada verband und die sich in der heutigen schmalen Dorfstraße widerspiegelt. Dort steht neben der Pfarrkirche noch die Venta de Viña, Wirtshaus und Herberge für die Reisenden im 18. Jh. Geblieben ist eine kleine Bar, die sich bei den älteren Männern des Ortes großer Beliebtheit erfreut.

Westlich des Ortes staut sich mit der **Presa de La Viñuela** eine der größten Talsperren Spaniens. Das Wasser des Río Guaro und einiger seiner Zuflüsse wird hier zur Trinkwasserversorgung und Bewässerung der östlichen Costa del Sol gesammelt. Vielen Einheimischen ist der See im Sommer als ruhigere Alternative zu den stark frequentierten Stränden am Meer willkommen. Motorisierter Wassersport ist verboten, Segeln ohne Motor, Surfen und Kanufahren hingegen erlaubt. Am Westufer gibt es einen Campingplatz und zwei beliebte Ausflugsrestaurants.

Übernachten

1001 Nacht ▶ **Rural La Viñuela:** A-335 Vélez-Málaga – Alhama, Tel. 952 51 91 93, Fax 952 51 92 82, www.hotelvinuela.com. 4 Sterne, hübsch am Ostufer des Stausees gelegen. Die verspielte Architektur erinnert an arabische Paläste. 37 elegante Zimmer, drei Restaurants, weitläufiger Garten, Spa-Bereich. Bei Golfern beliebt, die von hier aus mehrere Plätze bequem per Auto erreichen können. DZ 94–118, Junior-Suite 114–128, Halbpension 25 € pro Person.

Periana 5

Weiter flussaufwärts gilt das von weitläufigen Ölbaumplantagen umgebene **Periana** als wichtiges Zentrum der Olivenölproduktion. 1884 wurde der Ort durch ein starkes Erdbeben völlig zerstört. Die heutige Bebauung ist also relativ jungen Datums. Ende des 19. Jh. wurde die sehenswerte Pfarrkirche San Isidro Labrador im Neomudéjarstil erbaut, einer seinerzeit in Spanien sehr populären Bauweise, die an maurische Vorbilder anknüpfte. Aus dieser Zeit stammen auch einige elegante Wohnhäuser im Zentrum.

Etwa 2,5 km nördlich von Periana liegt der Weiler **Baños de Vilo** 6. Über den Terrassen der hübschen, in Reihen angeordneten Häuser ranken Wein und Jasmin. Seine Heilquelle, die in ein bereits in maurischer Zeit angelegtes Badebecken sprudelt, machte den kleinen Ort berühmt. Das mineralreiche Wasser ist angenehme 21 °C warm und speziell gegen Hautkrankheiten angezeigt. Im 18. und 19. Jh. avancierte Baños de Vilo zu einem der bedeutendsten Badeorte Andalusiens. 1828 eröffnete ein Kurhaus mit Gästezimmern, das allerdings 1907 durch einen Erdrutsch zerstört wurde. Derzeit lässt die Gemeinde die Badeanlage restaurieren.

Übernachten

Persönlich ▶ **Casa Aguadero:** Tel./Fax 952 11 50 83, 29 710 Periana, www.aguadero. com. Familiär geführt von dem Schweizer André Müller und seiner Frau Verena. Leckere Küche, persönliche Tipps, geführte Wandertouren. Hoch über Periana inmitten von Mandelplantagen. Gartenterrassen mit wunderschönem Ausblick zum Mittelmeer, Biopool mit klarem Quellwasser. DZ 70 €. Auf Wunsch wird das ganze Haus vermietet (bis 10 Personen, eine Woche 890 €).

Rustikal gestaltet ▶ **Casas Rurales Cantueso:** 29 710 Periana, Tel. 699 94 62 13, www.cantueso.net, Nov. geschl. Zehn Ferienhäuser mit Kamin für bis zu 5 Personen gruppieren sich zu einer Art Finca. Pool, Fahrradverleih, kleiner Laden. Im angeschlossenen Restaurant regionale Hausmannskost. Haus für 2 Personen 55–80 € je nach Aufenthaltsdauer. Hunde können auf Anfrage mitgebracht werden (5 € pro Nacht).

Einkaufen

Olivenöl ▶ **S.C.A. Olivarera y Frutera San Isidro:** Calle Carrascal 5 (nahe der Kirche), Tel. 952 53 60 20, www.aceiteverdialperiana. es. Hervorragende Adresse für *aceite de oliva*

Durch die Axarquía

virgen extra (Olivenöl aus erster Pressung; 1 l ca. 3,20 €). Das Öl aus Periana ist milder im Geschmack als andernorts.

Termine
Fiesta San Isidro Labrador: 15. Mai. Während die Statue des Ortspatrons durch die Straßen von Periana getragen wird, werfen die Umstehenden Blumen und Weizenkörner auf die Prozession.

Alfarnatejo und Alfarnate
Bei den beiden von wildromantischer Berglandschaft umgebenen Orten **Alfarnatejo** und **Alfarnate** (beide 7) handelt es sich mit 858 bzw. 925 m um die höchstgelegenen Dörfer der Axarquía. In Alfarnate gibt es eine der ältesten Gaststätten Andalusiens.

Essen & Trinken
Urige Schänke ▶ **Antigua Venta de Alfarnate:** Ctra. Alfarnate–Loja, Tel. 952 75 93 88, Di–So 10–18 Uhr. An der Straße zum Alazorespass, seit 1690 wichtige Raststation für Reisende. Nicht selten sollen sich früher auch die *bandoleros* (s. S. 396) hier sehen gelassen haben. Vielleicht speisten schon sie das Traditionsgericht *huevos a la bestia* (gemischtes Grillgericht mit Eiern nach ›Lasttierart‹, 9 €).

Riofrío 8
Wer von Alfarnate die kurvenreiche Fahrt über den 1040 m hohen **Puerto de Alazores** nicht scheut, gelangt durch reizvolle Berglandschaft nach **Riofrío**. Der Name des kleinen Ortes (kalter Fluss) deutet schon an, dass

Arabische Einflüsse – bis ins Detail

Costa Tropical und die Axarquía

hier ideale Lebensbedingungen für Forellen herrschen. Elf (!) Restaurants, die sich am Wochenende mit einheimischen Ausflüglern füllen, bieten sie in verschiedensten Zubereitungsformen an. Auch Stör *(esturión)* kommt aus der hiesigen Fischzucht. Ein ausgeschilderter Spazierweg führt zur Quelle *(nacimiento)* des Riofrío.

Der **Centro de Interpretación Medioambiental** zeigt in der nostalgischen Villa Carmen eine Ausstellung zur örtlichen Umwelt und dient als touristisches Informationsbüro (Plaza de San Isidro, 18313 Riofrío, Tel. 958 32 11 56, Winter Di–Fr 12–14, 16–18, Sa/So/Fei 11–14, 15–17, Sommer Di–Fr 12–14, 18–20, Sa/So/Fei 12–14, 18–21 Uhr, Ausstellung 1 €).

Einkaufen

Räucherfisch ▶ **Piscifactoría Riofrío:** Camino de la Piscifactoría 2, Tel. 958 32 26 21. Kaviar und Räucherfilet vom Stör, geräucherte Forellen, ökologisch produzierte Fischpasten und Pasteten.

Abstecher nach Almáchar und Comares

Zwei Dörfer in den Bergen oberhalb von Vélez-Málaga, die zur historischen Landschaft der Axarquía gehören, lohnen einen Besuch.

Tipp: Kulinarisches aus Colmenar

Wer von Periana Richtung Westen zur Autovía A-15 fährt, kann einen Einkaufsstopp in **Colmenar** [9] einlegen. Am Zubringer zur nördlichen Umgehungsstraße A-356 befindet sich dort eine große Verkaufsstelle für die Produkte der Axarquía: Olivenöl, Wein, Rosinen, Mandelgebäck. Aus Colmenar selbst kommen fantastische *embutidos* (Wurstwaren) und Bienenhonig, dessen Gewinnung hier auf eine jahrhundertelange Tradition zurückblickt. Folgerichtig bedeutet Colmenar auch so viel wie Bienenstock.

Comares [10]

Überragt wird die weithin sichtbare, spektakulär auf einem Felsplateau sitzende Ansiedlung **Comares** von der Ruine des **Castillo** auf dem 720 m hohen Gipfel des Berges. In maurischer Zeit hatte es die Funktion eines Wachturms, wovon auch der Name zeugt (arab. *qumaris* = Bergfestung). Die Straße endet an der **Plaza Balcón de la Axarquía.** Vom dortigen Mirador schweift der Blick in die Ferne bis zur Sierra de Tejeda und zum Mittelmeer. Die Bewohner von Comares erinnern gern an die arabische Vergangenheit, die im Ort in vielerlei Hinsicht noch lebendig ist.

In dem engen Gassenlabyrinth verdienen die ornamentalen Bodenmosaiken Beachtung. Fußstapfen sind in Form von glasierten Fliesen in den Gehweg eingelassen. Sie markieren eine interessante Runde, die zunächst durch die **Calle del Perdón** (Straße der Gnade) führt, wo nach der Reconquista 30 maurische Familien getauft wurden, die daraufhin im Ort verbleiben durften.

Weitere Stationen sind die auf einer Moschee errichtete Mudéjarkirche **Nuestra Señora de la Encarnación** (1505), die hübsche **Plaza de los Verdiales,** auf der Dorffeste abgehalten werden, und die **Calle de los Arcos** mit zwei für die maurische Architektur typischen, aus Ziegelsteinen gemauerten Stützbögen.

Die in Comares ansässigen Bauern bewirtschaften ihre Ölbaum- und Mandelplantagen oft noch traditionell mit Esel oder Maultier. Ihre Freizeit verbringen sie gern in den typischen Bars, eingekauft wird in winzigen Tante-Emma-Läden *(tiendas).*

Infos

Oficina de Turismo: nahe Plaza Balcón de la Axarquía, 29195 Comares, Tel. 952 50 92 33.

Übernachten

An der Ölquelle ▶ **Molino de los Abuelos:** Plaza Balcón de la Axarquía 2, Tel. 952 50 93 09, Fax 952 21 42 20, www.hotelmolinodelosabuelos.com. Winziges Hotel in 100-jähriger, liebevoll restaurierter Ölmühle. Verkauf des Olivenöls **Torre de Comares,** von der Besitzerfamilie Díaz Hermoso abgefüllt. ›Müllerfrühstück‹ aus Toast mit Olivenöl, Orangensaft und Kaffee. DZ 45–85 €.

Aktiv

Wandern ▶ In der Umgebung von Comares sind mehrere Wanderwege ausgewiesen und markiert, z. B. die **Ruta Fuente Gorda** oder die **Ruta de Buenavista.** Infos im Tourismusbüro (s. o.).

Verkehr

Busse: 1 x tgl. von/nach Málaga.

Almáchar 11

Umflossen von zwei Bächen liegt der Ort **Almáchar** in einem feuchten Wiesental, in dem Gemüse und Obst gedeihen. Vor allem aber ist er ein wichtiges Zentrum der Rosinenerzeugung, von der 90 % der Bewohner direkt oder indirekt leben. Charakteristisch sind die *paseros,* Flächen, auf denen die Trauben nach der Ernte im August etwa drei Wochen zum Trocknen ausgebreitet werden. Über den Herstellungsprozess informiert anschaulich das in einem Bauernhaus untergebrachte **Museo de la Pasa** (Rosinenmuseum) an der Plaza Santo Cristo (Sa/So 9–14, 17–20 Uhr, Mo–Fr nur nach Anmeldung unter Tel. 952 51 20 02, Eintritt frei).

Die arabische Vergangenheit scheint vor allem im **Barrio de las Cabras** (Ziegenviertel) lebendig, dem verwinkelten ältesten Teil von Almáchar. In typisch andalusischer Manier sind die weißen, kubischen Häuser mit Blumen geschmückt. Die spätgotische **Iglesia San Mateo** (16. Jh.) wurde mit Renaissanceelementen versehen. Den Hochaltar ziert der »Cristo de la Banda Verde«, eine von den Dorfbewohnern hoch verehrte Christusfigur. Ein Panoramablick nach Süden bietet sich von der restaurierten Gartenlandschaft **Jardines de El Forfe.**

Am Río Almáchar liegt der Eingang zur **Cueva del Moro** (Maurenhöhle). Um sie rankt sich eine Legende: Die Mauren sollen 1497 auf der Flucht vor den christlichen Eroberern einen reichen Schatz aus Gold und Juwelen in der Höhle zurückgelassen haben, der nie gefunden wurde. Die genaue Lage des Verstecks war längst in Vergessenheit geraten, als sich 1537 christliche Siedler in Almáchar niederließen, in dem Jahr, für das die erste Taufe im Ort schriftlich bezeugt ist.

Vélez-Málaga 12

Durch das tropisch anmutende Tal des Río Benamargosa geht es gen Meer, vorbei an Plantagen mit allerlei exotischen Obstkulturen. Die Landwirte ernten hier Avocados, aber auch Cherimoyas, Mangos, Loquats und Zitrusfrüchte.

Etwas abseits vom trubeligen Küstenleben bewahrte sich die gepflegte ›weiße Stadt‹ **Vélez-Málaga** eine lebendige Ursprünglichkeit. Viele nette Geschäfte und Boutiquen verstecken sich im arabisch anmutenden Gassengewirr der Altstadt *(Barrio de la Villa).* Die Hauptkirche **Santa María la Mayor** (16. Jh.) glänzt mit Elementen des Mudéjarstils. Nahe der Stadtmauer birgt die **Iglesia de San Juan** (ebenfalls 16. Jh.) in ihrem Inneren Holzskulpturen von Pedro de Mena aus dem 17. Jh. Die restaurierte Ruine einer **arabischen Burg** erhebt sich auf dem bewaldeten Hügel über der Altstadt.

Palacio de Beniel

Wichtigster Profanbau der Stadt ist der (ausgeschilderte) **Palacio de Beniel,** ein eleganter Renaissancepalast. Alonso de Molina y Medrano, einflussreicher Berater König Philipps II., gab ihn Anfang des 17. Jh. in Auftrag, erlebte aber die Fertigstellung nicht mehr. Seine Erben, die Grafen Beniel de Murcia, nutzten den Palast nie selbst, sondern stellten ihn den Generalkapitänen der Costa de Granada zur Verfügung. Heute ist er Sitz der **Fundación María Zambrano.** Die Stiftung veranstaltet im Innenhof regelmäßig Kunstausstellungen und Konzerte.

Ermita de los Remedios

An den Palacio de Beniel grenzt die beliebte **Plaza de la Gloria.** Von hier kann man zum

Costa Tropical und die Axarquía

Cerro de San Cristóbal hinaufsteigen. Auf dem Hügel thront die **Ermita de los Remedios** (17. Jh.), in der ein hoch verehrtes Marienbildnis aus Granada (16. Jh.) aufbewahrt wird. Der einheimische Künstler Evaristo Guerra (geb. 1942) verzierte in elfjähriger Arbeit ihre Wände und Decken mit wunderschönen naiven Fresken, ein Werk, das 2006 vollendet wurde.

Die bemalte Fläche ist mit 1150 m^2 um 300 m^2 größer als die der Sixtinischen Kapelle in Rom mit den berühmten Fresken von Michelangelo. In leuchtenden Farben ist die Landschaft rund um Vélez–Málaga dargestellt, wie Guerra sie noch aus seiner Kindheit in Erinnerung hatte. Traditionelle Figuren wie Töpfer, Korbflechter, Olivenpflanzer, Bäcker, Zuckerrohr-Erntearbeiter bevölkern die Bilder. Den krönenden Abschluss stellen Szenen aus dem Marienleben dar.

Infos
Internet: www.ayto-velezmalaga.es

Übernachten
Zentrale Lage ▶ **Dila:** Av. Vivar Téllez 3/Plaza de San Roque, 29 700 Vélez-Málaga, Tel. 952 503 900, www.hoteldila.com. Modernes Hotel, Zimmer schlicht, aber praktisch eingerichtet. DZ 50–66 €.

Termine
Real Feria de San Miguel: um den 29. September. Hervorgegangen aus einer Viehmesse, die 1842 erstmals abgehalten wurde. Mehrtägiges Programm mit Prozession, Feuerwerk, Stierkampf, Sportwettbewerben und Auftritten von Verdialesgruppen in ländlichen Trachten. *Verdiales* ist ein arabisch anmutender Gesang zum Tanz, älter als der Flamenco, begleitet durch zahlreiche Saiteninstrumente und Trommeln.

Verkehr
Straßenbahn: Verkehr häufig zwischen Vélez-Málaga und Torre del Mar.
Busse: Busbahnhof an der Straße Richtung Torre del Mar. Alle 30 Minuten von bzw. nach Málaga.

Torre del Mar 13

Torre del Mar ist eine recht große Feriensiedlung. Hotels gibt es kaum, dafür viele Hochhäuser mit Zweitwohnungen, die meisten im Besitz wohlhabender Spanier. Das Niveau der Lokale und Geschäfte ist gehoben. Dies gilt auch für das große Einkaufszentrum El Ingenio an der Straße nach Vélez-Málaga. Weiter westlich liegt der Strand von **Benajarafe**. Die niedrige Bebauung hinter der Promenade besteht dort aus einfachen Apartmenthäusern und Hostales.

Zwischen Torre del Mar und Benajarafe, im Mündungsbereich des Rio Vélez, blieb die **Playa de Almayate** erstaunlich unberührt. Gemüse- und Zuckerrohrfelder grenzen an diesen Strand, den gern Individualisten aufsuchen. In dieser Zone erforschen Wissenschaftler die phönizische Kolonisation ab dem 8. Jh. v. Chr. Die Grabungen sind bereits recht weit fortgeschritten, und die Gemeinde Vélez-Málaga plant die Einrichtung eines Archäologischen Parks.

Infos
Oficina de Turismo: Av. de Andalucía, 29 740 Torre del Mar, Tel. 952 54 11 04.

Übernachten
Größtenteils Meerblick ▶ **Pensión Esperanza:** Benajarafe, Ctra. A-340 km 261, Tel. 952 51 31 23, www.hostalesperanza.es. Nette Zimmer mit Balkon, es gibt auch einen Pool. DZ 40–70 €.

Cueva del Tesoro 14

Einmalig in ihrer Art in Europa ist die **Cueva del Tesoro** (Schatzhöhle) bei **Rincón de la Victoria,** auch unter dem Namen Cueva del Higuerón bekannt. Die Karsthöhle entstand unter Wasser und hob sich später durch tektonische Kräfte über den Meeresspiegel. Strömungen und Brandung frästen mehrere Kammern ins Kalkgestein. Harte Gesteinspartien, die das Salzwasser nicht auflösen konnte, blieben als Säulen und Mauern stehen. Als dann Süßwasser eindrang, bildeten sich zusätzlich die aus Tropfsteinhöhlen bekannten Stalaktiten und Stalagmiten.

Um die Cueva del Tesoro ranken sich mehrere Legenden. So soll sie in der Antike eine Opferstätte für die Mondgöttin Noctiluca (Leuchterin der Nacht) gewesen sein. 86 v. Chr. hielt sich angeblich der römische Politiker Marcus Crassus acht Monate lang in der Höhle versteckt, nachdem er vor den Konsuln Marius und Cinna nach Spanien flüchten musste. Umstrittene Immobiliengeschäfte machten Crassus später zum reichsten Mann Roms.

Vor allem aber wird die Cueva del Tesoro mit einem Schatz in Verbindung gebracht, den möglicherweise der Almoravidenherrscher Tasufin ibn Ali im 12. Jh. hier verstecken ließ. Im 17. Jh. tauchte dieses Gerücht erstmals in schriftlicher Form auf. Seither versuchten immer wieder Schatzsucher ihr Glück. Ein Schweizer kam 1847 bei dem Versuch, zugemauerte Teile der Höhle aufzusprengen, ums Leben. Außer sechs Münzen aus almoravidischer Zeit und einigen arabischen Keramikscherben wurde allerdings nie etwas gefunden (El Cantal, westlich Rincón de la Victoria, Tel. 952 40 61 62, www.cuevadeltesoro.com, nur geführte Besichtigungen, vormittags ganzjährig 10.45, 11.30, 12.15, 13, nachmittags 15. Juni–15. Sept. 16.45, 17.30, 18.15, 19, 16. Sept.–14. Juni 15.45, 16.30, 17.15 Uhr, 4,65 €.

Montes de Málaga 15

Kiefernwälder bedecken den Westteil des Gebirgszugs **Montes de Málaga** (s. a. Aktiv unterwegs, S. 404), der zum Naturpark erklärt wurde. Unmittelbar vor den Toren der Stadt Málaga leben hier einige seltene Tierarten (Wildkatze, Königsuhu, verschiedene Adlerarten u. a.). Auch das Gemeine Chamäleon ist anzutreffen, die einzige europäische Chamäleonart, die außer in Südspanien noch in Nordafrika und Vorderasien heimisch ist. Im Gebiet gibt es Picknickplätze und fünf ausgewiesene Wanderrouten, die am Wochenende stark von einheimischen Ausflüglern frequentiert werden. An Werktagen ist es im Parque Natural Montes de Málaga erstaunlich einsam.

Die landschaftlich reizvolle Passstraße A-7000 (C-345) führt von Málaga am Ostrand des Naturparks entlang über den **Puerto del León** (900 m) nach Colmenar. Ihr Beginn ist in Málaga nicht ganz einfach zu finden. Am besten folgt man von der Autovía-Ausfahrt 244 (Limoner) den Schildern Richtung »Hotel Humaina« und fragt im Zweifelsfall nach dem »Camino Colmenar«.

Die genügsamen Aleppokiefern der Montes de Málaga wurden erst in den 1930er-Jahren gepflanzt. Sie halten das winterliche Regenwasser fest, das zuvor ungehindert die Hänge hinabgeschossen war und immer wieder Hochfluten des Río Guadalmedina mit zerstörerischen Folgen in Málaga verursacht hatte. Dieses Problem bestand seit der Reconquista, als die natürlichen Wälder der Montes de Málaga abgeholzt wurden, um Platz für den Anbau von Wein und Ölbäumen zu schaffen.

Der Befall der Weinberge durch die Reblaus zwang nach 1877 viele Winzer zur Aufgabe ihres Betriebs und machte den Weg für die Aufforstung frei. Heute bemüht sich die Naturparkverwaltung, die eigentlich heimischen Baumarten (Steineiche, Korkeiche, Erdbeerbaum) wieder anzusiedeln.

Von den *lagares* – den Häusern der Winzer, in denen sie lebten und auch ihren Wein produzierten und verkauften – blieben nur wenige in gutem Zustand erhalten. Schönstes Beispiel ist der idyllisch in einem bewaldeten Tal jenseits des Puerto del León gelegene **Lagar de Torrijos** von 1843.

Essen & Trinken

Einfach und gut ▶ **Fuente La Reina:** A-7000, km 15. Beim gleichnamigen, üppig dekorierten Brunnen mit Tischen vor dem Haus. Man serviert kleine Gerichte, z. B. *bocadillos* mit *embutidos* (Schinken- und Wurstwaren) aus Colmenar oder mit Manchegokäse und Wunsch mit traditionell gewonnenem Olivenöl aus der Region beträufelt (je ca. 2 €).

Costa Tropical und die Axarquía

aktiv unterwegs

Wandern in den Montes de Málaga

Tour-Infos
Start: Lagar-Museo Etnológico Torrijos
Länge: 5 km, Dauer ca. 1,5 Std.
Schwierigkeitsgrad: leicht, etwa 100 Höhenmeter Ab- und Wiederaufstieg
Anfahrt: A-7000 (C-345) Málaga–Colmenar; zwischen km 14 und 13 in eine ausgeschilderte, 1,7 km lange Stichstraße einbiegen
Wichtige Hinweise: Museum: Do–So 10–16 Uhr, Mo–Mi und z. T. im Winter geschl.

Vor Beginn der Wanderung lohnt ein Blick in den Lagar de Torrijos, ein in 730 m Höhe gelegenes ehemaliges Winzerhaus aus dem 19. Jh. Heute ist in dem strahlend weißen Gebäude ein volkskundliches Museum untergebracht, das zugleich als Informationszentrum des **Parque Natural Montes de Málaga** dient. Jeden letzten Samstag im September wird hier nach der Weinlese mit einer traditionellen Weinpresse demonstriert, wie früher der Most gewonnen wurde. Das Gebäude besitzt auch eine alte Ölmühle und zwei Öfen, in denen das *pan cateto* (Bauernbrot) gebacken wurde. Da Mehl früher knapp und teuer war, wurden ihm ganze Weizenkörner beigemischt. Um trotzdem eine lockere Struktur zu erhalten, musste der Teig vor dem Backen einen vollen Tag lang treiben.

Am Museum startet mit dem **Sendero Torrijos** der wohl attraktivste Wanderweg des Naturparks (Infotafel). Es geht zunächst einem Wegweiser folgend (weißer Pfeil) an einem lauschigen Bach mit bemerkenswert üppiger Ufervegetation entlang. Diesen überquert der Pfad nach 10 Min. auf einer Holzbrücke. Dahinter folgt man einem breiten, bequemen Weg nach rechts. Dieser führt durch prächtigen Kiefernwald, in dessen Unterwuchs Sträucher und Blütenpflanzen gedeihen.

An der Ruine eines weiteren Winzerhauses vorbei gelangt man zu einer Abzweigung (30 Min.), wo links ein Schild zum **Mirador Martínez Falero** weist. Der gemauerte, von hohen Bäumen gerahmte Aussichtspunkt (45 Min.) ist nach dem Ingenieur benannt, der in den 1930er-Jahren die Aufforstung der Montes de Málaga durchführte. Hier öffnet sich ein Panoramablick über die umgebende Berglandschaft.

Man läuft zur Abzweigung zurück und kehrt auf derselben Route zurück zum Ausgangspunkt.

Wer Lust hat, eine weitere Kurzwanderung zu unternehmen, fährt ab Fuente de la Reina (A-7000, km 15) Richtung Hotel Humaina. Dort liegt der schöne Picknickplatz El Cerrado. Nebenan startet der **Sendero El Cerrado,** ein knapp 3 km langer Rundweg (ca. 1 Std., mittelschwer) über den **Mirador del Cochino** mit schönem Blick auf Málaga. Eine Tafel zeigt den Wegverlauf.

Almería und Umgebung

Rau, aber keinesfalls abweisend empfängt der Osten Andalusiens seine Besucher. Die Hafenstadt Almería wirkt wie eine Oase inmitten der sie umgebenden Wüstenlandschaft. Lange Dünenstrände sind oft völlig naturbelassen, vor allem am Cabo de Gata, der größten Vulkanlandschaft Festlandspaniens. Ein Paradies für Wanderer ist die wenig besuchte Sierra María.

Almería ▶ M 6

Cityplan: S. 406/407

In der Provinzhauptstadt (188 000 Einw.) ist das Spanien vergangener Jahrzehnte noch lebendig. Sie bietet zwar verhältnismäßig wenige Attraktionen und wird dementsprechend selten von Touristen besucht, wirkt aber authentisch. Schon in der Bronzezeit gab es hier dank der Zinnvorkommen im Hinterland einen bedeutenden Hafen. Phönizier und Griechen nutzten ihn, die Römer bauten ihn zum *Portus Magnus* (Großer Hafen) aus.

Unter dem ersten Kalifen des Westens, Abd ar-Rahman III., erreichte der zwischenzeitlich in Vergessenheit geratene Ort im 10. Jh. neuen Glanz und hieß nun *Al Mariya* (Spiegel des Meeres). Arabische Händler verschifften von hier Rosinen und Seide ins östliche Mittelmeer. Im 11. Jh. war Almería Sitz eines *taifa*-Reiches, das von Valencia bis Córdoba reichte. 1091 jedoch eroberten die Almoraviden die Stadt und vernachlässigten sie in der Folgezeit. Almería diente fortan als Rückzugspunkt für Seeräuber. Später gehörte der Ort zum Nasridenreich, 1489 übernahmen die Katholischen Könige das Kommando.

Im 19. Jh. stieg Almería zum Ausfuhrhafen für Eisenerz auf, das bis heute – allerdings nur noch in geringen Mengen – im Hinterland abgebaut wird. Seit den 1980er-Jahren gilt Almería vor allem als Umschlagplatz für Obst und Gemüse.

Catedral Fortaleza 1

Ein Erdbeben zerstörte 1522 weite Teile der Stadt. Ihm fiel auch die arabische Freitagsmoschee mit ihren 800 Säulen zum Opfer. An deren Stelle begannen die neuen christlichen Bewohner von Almería zusammen mit dem Architekten Diego de Siloé zwei Jahre später mit dem Bau ihrer gewaltigen **Festungskathedrale**. Das gotische Kreuzrippengewölbe stammt aus dieser Zeit. Da der Bau vor den Überfällen maurischer Piraten Schutz bieten sollte, erhielt er Festungscharakter. Den südlich angrenzenden, dem Meer zugewandten Kreuzgang umschließen fensterlose Mauern. Die fünf runden Wehrtürme waren früher mit Kanonen bestückt.

Schmuckreichen Renaissancestil zeigen das Hauptportal im Norden und das Westportal Puerta de los Perdones, durch das man die Kirche betritt – beide von Juan de Orea. Er setzte ab Mitte des 16. Jh. die Bauarbeiten fort. Sehenswert ist auch das von ihm geschnitzte Chorgestühl von 1558 aus Nussbaumholz mit kuriosen Figurenreliefs, die neben Heiligen, Königen und kirchlichen Würdenträgern auch Menschen aus der einfachen Bevölkerung abbilden (Plaza de la Catedral, Tel. 697 56 24 28, Mo–Fr 10–16.30, Sa 10–13 Uhr, So/Fei keine Besichtigung, 2 €).

La Medina

Westlich der Calle de la Reina dehnt sich das Viertel **La Medina** (auch Almedina) aus, der

405

Almería

Sehenswert

1 Catedral Fortaleza
2 Alcazaba
3 Iglesia de San Juan
4 Museo del Aceite de Oliva
5 Aljibes Árabes
6 Mercado Central
7 Museo Arqueológico
8 Centro de Arte
9 Cable Inglés

Übernachten

1 AC Almeria
2 Torreluz II und Torreluz II

Essen & Trinken

1 Mediterráneo
2 Casa Puga

Einkaufen
1. Mercadillo de Almería
2. gourmetdealmeria.com

Abends & Nachts
1. Georgia Café Bar
2. Amarga Sound Café
3. Tetería Almedina

Aktiv
1. Almería Bike Tours
2. Eolo

Almería und Umgebung

Tipp: Die Alcazaba von Almería

Die **Alcazaba** 2 von Almería ist die größte und eine der eindrucksvollsten maurischen Burgen in Andalusien. Vom ersten Kalifen Abd ar-Rahman III. schon im 10. Jh. gegründet, soll sie ebenso prächtig wie die Alhambra in Granada gewesen sein. Seit dem 19. Jh. verfiel sie jedoch. Ihr heutiges Aussehen verdankt sie jüngeren Restaurierungsarbeiten. Der gewaltige Komplex nimmt auf einem 90 m hohen Hügel am Westrand der Altstadt eine Fläche von rund 35 000 m² ein. Im Angriffsfall fanden 20 000 Bewaffnete und Schutzsuchende in ihren Mauern Platz. Auch in christlicher Zeit trat die Alcazaba noch mehrfach in Funktion. So rannten 1567 die aufständischen *moriscos* aus der Alpujarra vergeblich gegen sie an.

Die Festung besteht aus einem dreifachen Mauerring, der mit Wehrtürmen bestückt ist. Hinter dem unteren Ring befinden sich heute attraktive Grünanlagen. Am Ostrand bauten die Christen den **Baluarte de Saliente** an. Von dem Bollwerk bietet sich ein schöner Blick über die Stadt. Die Glocke der **Torre de la Vela** (17. Jh.) schlug im Angriffsfall Alarm, verkündete aber auch Beginn und Ende der Nachtruhe und die Bewässerungszeiten. Innerhalb des zweiten Mauerrings lagen die maurischen Palastbauten. Geblieben sind fast nur Ruinen, darunter diejenigen zweier Badeanlagen. Daneben erhebt sich die Mudéjarkapelle **Ermita de San Juan**.

Die **Ventana de la Odalisca** (Fenster der Haremsdame) soll Schauplatz einer tragischen Liebesgeschichte gewesen sein: Angeblich hatte sich Galiana, eine Konkubine des Maurenherrschers, in einen auf der Burg gefangen gehaltenen Christen verliebt. Als sie mit ihm fliehen wollte, wurden die beiden beim Abseilen aus dem Fenster gestellt. Galiana zog man wieder hinauf, ihr Geliebter stürzte sich in den Tod. Doch wenige Tage später starb auch sie – wohl an gebrochenem Herzen.

Der oberste Bezirk, ein umfriedeter **Waffenhof**, geht auf die Katholischen Könige zurück, deren Wappen an der viereckigen **Torre del Homenaje** prangt. Ein runder Turm, **Torre de la Noria**, trug einst ein Windrad. Es trieb ein Schöpfrad (*noria*) an, das Wasser aus einem 70 m tiefen Brunnen förderte. Am Westrand der Burg steht die **Torre de la Pólvora** (Pulverturm). Von ihr bietet sich ein hervorragender Ausblick (Calle Almanzor, Okt.–April Di–So 9.30–18.30, Mai–Sept. Di–So 9.30–20.30 Uhr, 25. Dez. u. 1. Jan. geschl., EU-Bürger gratis, sonst 1,50 €).

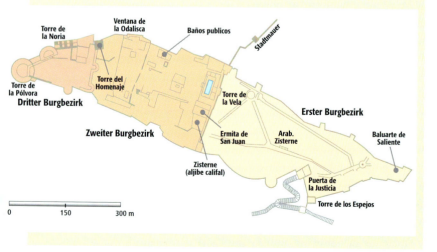

Almería

Alcazaba von Almería: Hohe Burgmauern hüten ihre 1000-jährige Geschichte

älteste Teil der Stadt. Der Verlauf der Straßenzüge entspricht noch dem arabischen Almería. Dessen Hauptstraße war die Calle de la Almedina, heute gesäumt von barocken Stadtpalästen, von denen viele auf ihre Renovierung warten.

Sie führt Richtung Westen zur **Iglesia de San Juan** 3 (17. Jh.). Hier hatte bis zum Erdbeben von 1522 die maurische Hauptmoschee aus dem 10./11. Jh. gestanden. Vor einigen Jahren wurden Reste von ihr an der inneren Südwand der Kirche entdeckt: Teile der Quiblawand, welche die Gebetsrichtung nach Mekka vorgab, mit dem Mihrab. Dessen mit Stuck verzierter Hufeisenbogen zeigt pflanzliche Motive (Plaza del Cristo de la Buena Muerte, Tel. 950 23 30 07, tgl. 18.15–19.30 Uhr, Eintritt frei).

Centro

Die architektonisch schöne, von Arkadengängen gesäumte **Plaza de la Constitución** (auch Plaza Vieja) ist der älteste Platz der Stadt. An seiner Ostseite erhebt sich das eklektizische Rathaus von 1899. Die Mauren hielten hier ihren städtischen Markt ab. In christlicher Zeit fanden hier Prozessionen, Stierkämpfe und Feste statt. Heute erhebt sich in der Mitte des Platzes ein Denkmal für die *coloráos*, die sich Anfang des 19. Jh. gegen die französischen Besatzer erhoben und dafür 1828 hingerichtet wurden. Ihren Namen – die Farbigen – verdankten sie ihrer roten Kleidung.

Gleich nebenan verläuft die wohl älteste Einkaufsstraße Almerías, **Calle de las Tiendas** (Straße der Läden), mit klassischen alt-

Almería und Umgebung

eingesessenen Geschäften. Einen Abstecher in die Calle Real lohnt das **Museo del Aceite de Oliva** 4 der Firma Castillo de Tabernas, das anhand von Originalgerätschaften und eines Videos (u. a. auf Deutsch) umfassend über die Olivenölproduktion informiert, zu einer Probe einlädt und hochwertige Öle zum Kauf anbietet (Calle Real 15, Tel. 950 62 00 02, www.castillodetabernas.com, Mo–Fr 10–14, 17–20.30, Sa 10–14 Uhr, Einlass jeweils zur halben und vollen Stunde, Eintritt frei). Die Calle Tenor Iribarne machen die sehr gut erhaltenen **Aljibes Árabes** 5 (arabische Zisternen) attraktiv. Der *taifa*-König Jairán ließ sie im 11. Jh. an der damaligen Stadtmauer anlegen, um die Wasserversorgung der Bewohner sicherzustellen (Tel. 950 27 30 39, Di–Fr 11–13 und 18–20 Uhr, Eintritt frei).

Die Calle de las Tiendas mündet in den Verkehrsknotenpunkt **Puerta de Purchena.** Der Name erinnert an ein ehemaliges Stadttor, an dem El Zagal, der letzte maurische Herrscher, Almería 1489 den Christen übergab. Von hier führt der **Paseo de Almería** als Geschäfts- und Flaniermeile diagonal durch den älteren Teil der Stadt bis zum Hafen. Zurechtgestutzte Birkenfeigen *(ficus)* spenden den beliebten Straßencafés Schatten. Nicht versäumen sollte man unterwegs einen kurzen Abstecher zum **Mercado Central** 6, der Markthalle aus dem 19. Jh. (Rambla del Obispo Orbera/Calle Mercado, Mo–Sa 8–14 Uhr). Die Umgebung der Markthalle bietet sich dank einer Reihe kleiner, preiswerter Lokale für eine Mittagspause an.

Boulevards

Der **Rambla de Belén,** einer breiten, mit Palmen bepflanzten, von Wasserbecken durchzogenen und mit Skulpturen ausstaffierten Allee, fehlt es trotz des erkennbar guten Willens der Stadtväter ein wenig an Flair. Sie folgt einem heute ausgetrockneten Flussarm des Río Andarax und begrenzt die eigentliche Innenstadt nach Osten. Jenseits davon liegen neuere Viertel. Dorthin bietet sich ein Abstecher zu dem 2006 in Bahnhofsnähe eröffneten und sogleich mit einem Architekturpreis ausgezeichneten **Museo Arqueológico** 7 an. Es zeigt Funde aus der prähistorischen Siedlung Los Millares (s. S. 393 f.) und aus der römischen Epoche (Carretera de Ronda 91, Di 14.30–20.30, Mi–Sa 9–20.30, So 9–14.30 Uhr, EU-Bürger gratis, sonst 1,50 €).

Unmittelbar gegenüber dem hübschen, 1893 im neomaurischen Stil errichteten alten Bahnhof lockt das **Centro de Arte** 8 Kunstinteressierte mit wechselnden Ausstellungen an (Plaza de la Estación, Tel. 950 26 61 12, nur zu Ausstellungszeiten: Mo 18–21, Di–Sa 11–14, 18–21, So 11–14 Uhr, Eintritt meist frei).

Zum Hafen hin geht die Rambla de Belén in die kurze Avenida Reina Regente über, die sogleich in den **Parque de Nicolás Salmerón** mündet. Diese parkartig gestaltete Meerespromenade erstreckt sich westwärts am Handelshafen entlang. In östlicher Richtung hingegen trifft man auf den ins Meer ragenden **Cable Inglés** 9, eine Anfang des 20. Jh. von einer englischen Firma gebaute Eisenbahnbrücke, die zum Verschiffen von Eisenerz diente. 1970 außer Betrieb gesetzt, hat sich die schwebende Eisenkonstruktion zum Wahrzeichen von Almería gemausert.

Infos

Oficina de Turismo de la Junta de Andalucía: Parque Nicolás Salmerón 11, 04 002 Almería, Tel. 950 17 52 20, Fax 950 17 52 21, www.andalucia.org.

Oficina Municipal de Turismo: Plaza de la Constitución s/n, 04003 Almería, Tel. 950 28 07 48.

Übernachten

Klassische Eleganz ▶ **AC Almeria** 1: Plaza Flores 5, Tel. 950 23 49 99, Fax 950 23 47 09, www.ac-hotels.com. An einem hübschen kleinen Platz ruhig und doch zentral gelegen. 4-Sterne-Ambiente mit komfortabler Ausstattung, Terrasse mit Pool. Parkgarage. DZ 60–280 €.

Praktikabel ▶ **Torreluz II** und **Torreluz III** 2: Plaza de las Flores 2–3, Tel. 950 23 49 99, Fax 950 28 14 28, www.torreluz.com. Am selben Platz die preisgünstigere Wahl. Parkgarage in der Calle Real, also nicht direkt am Haus. DZ 42–95 €.

Almería

Essen & Trinken

Der Name ist Programm ▶ Mediterráneo
2: Plaza de las Flores 1, Tel. 950 28 14 25, www.torreluz.com. Das sehr geschmackvoll dekorierte Restaurant bietet feine, kreative Küche. Drei anspruchsvolle Menüs. Reservierung ist obligatorisch. Menü (3 Gänge, Aperitiv, Getränkeauswahl) 38–45 €.

Traditionslokal von 1870 ▶ Casa Puga
2: Calle Jovellanos 7, Tel. 950 23 15 30, www.barcasapuga.es, Mo–Sa 12–16, 20–24 Uhr, So/Fei u. Ende Aug.–Mitte Sept. geschl. Mehr als 70 Tapas-Variationen stehen auf der Speisekarte, dazu viele gute Wein- und Sherrysorten. In einem nostalgischen Stadthaus. Tapas 1 €, Ración 7,50 €.

Einkaufen

Frisch und bunt ▶ Mercadillo de Almería
1: Av. del Mediterráneo. Jeden Dienstag stehen vormittags Marktstände mit Obst und Gemüse, Kleidung, Schuhen und anderen Dingen des täglichen Bedarfs auf dem breiten Boulevard.

Witzig präsentiert ▶ gourmetdealmeria.com 2: Paseo de Almería. Ein Kiosk auf der Flaniermeile der Stadt verkauft keine Zeitungen, sondern Delikatessen aus der Provinz Almería: Wein, Likör, Olivenöl, eingelegte Kapern, Honig. Wechselnde Präsentationen und Kostproben. Ableger des gleichnamigen Internetshops.

Abends & Nachts

Flamenco ▶ Peña El Taranto 5: Calle Tenor Iribarne 20, Tel. 950 23 50 57, www.eltaranto.net, Mo–Sa 20–2 Uhr. Almerías führender Flamencoclub, in den Aljibes Árabes (s. o.). Fr/Sa oft Live-Vorführungen (20 €). Infos in den Touristenbüros.

Für Jazzfans ▶ Georgia Café Bar 1: Calle Padre Luque 17, Tel. 950 25 25 70, tgl. ab 20 Uhr. Jazz vom Feinsten, manchmal auch live. Ein unverwüstlicher Klassiker in Almería, wunderschön dekoriert.

Trendig ▶ Amarga Sound Café 2: Plaza Marqués de Heredia 8, Tel. 950 08 39 59. Weinstube im Stil des Zeitgeists. Wer sich hier sehen lässt, gilt als hip.

Marokko lässt grüßen ▶ Tetería Almedina 3: Calle de la Paz 2, Tel. 629 27 78 27, www.restauranteteteriaalmedina.com, tgl. 13–23 Uhr. Schummrige Teestube im ehemals maurischen Teil Almerías. Zum Minztee schmecken cuscus oder typische arabische Süßigkeiten.

Aktiv

Radfahren ▶ Almería Bike Tours 1: Calle Conde Villamonte 36, Tel./Fax 950 31 73 00, www.almeria-bike-tours.de. Deutschsprachige Agentur in einer Finca am Stadtrand, die Mountainbikes verleiht, Tourenvorschläge unterbreitet sowie Individualtouren mit Gepäcktransport organisiert. Auch Kletterkurse und Ausflüge in die Berge. Vermietung des Ferienbungalows El Olivo für 2–4 Personen (300 € pro Woche).

Wind- und Kitesurfing, Seekajaktouren ▶ Eolo 2: Av. Cabo de Gata 187, Tel. 950 26 17 35, www.eolo-wind.com. Outdoraktivitäten entlang der Küste des Naturparks Cabo de Gata, Ausrüstungsverleih. Teilweise englischsprachig.

Termine

Feria y Fiestas de la Virgen del Mar: vorletzter Fr–letzter So im August. Großes Fest mit Konzerten, Reiterumzügen und Stierkämpfen zu Ehren der Meerjungfrau (Stadtpatronin), deren Figur angeblich 1502 am Strand östlich von Almería gefunden wurde und seither in der Basílica an der Plaza Virgen del Mar verehrt wird. Eigentlich zwei Feiern: tagsüber die **Feria de Mediodía** im Stadtzentrum (Paseo de Almería und westlich angrenzendes Ausgehviertel); nachts die **Feria de la Noche** auf einem Festgelände am östlichen Stadtrand mit den typischen Kirmesvergnügungen und den von Gruppen und Vereinen jedes Jahr neu errichteten Backsteinhäusern, in denen Sherry und *bocadillos* verkauft werden. In der Alcazaba an drei Tagen (etwa Mitte der Festwoche) Flamenco.

Verkehr

Flüge: Aeropuerto de Almería, 9 km östlich der Stadt an der Straße Richtung Murcia, Tel.

Almería und Umgebung

950 21 37 00. Linienflüge ab Madrid und Barcelona mit Iberia. Busanschluss zum Bahnhof von Almería; Taxi ins Zentrum ca. 11 €, zwischen 22 und 6 Uhr ca. 13 €.
Züge: Estación Intermodal, Plaza de la Estación, 15 Gehminuten östlich der Rambla de Belén). Linie A6.1a/6.2 nach Granada ca. 4 x tgl., auch Direktzüge nach Sevilla, Madrid, Barcelona.
Busse: Estación Intermodal. Mit *Alsina Graells* 6 x tgl. Direktbus nach Granada, 8 x tgl. nach Málaga; mit *Tomás Marín Amar* ca. stdl. nach Roquetas de Mar, ca. 3 x tgl. nach Almerimar; mit *Alsa* 4–5 x tgl. nach Mojácar. Zum Naturpark Cabo de Gata s. S. 397.
Stadtbusse der Firma *Surbus*.
Mit dem Pkw: Im engen Stadtzentrum ist die Parkplatzsuche ziemlich aussichtslos. Stattdessen empfiehlt sich das **Parkhaus Oliveros** in Hafennähe beim Cable Inglés.
Fähren: Mit *Acciona Trasmediterránea* (Tel. 950 23 61 55, www.trasmediterranea.es) nach Melilla (spanische Exklave an der nordafrikanischen Küste) Juni–Sept. 2–3 x tgl., Okt.–Mai 1 x tgl., Überfahrt 8 Std., Ticket oneway ab 29 €. Mit den marokkanischen Linien *Ferrimaroc* (Tel. 950 27 48 00), *Comarit* (Tel. 950 62 03 03) und *Limadet* (Tel. 950 23 69 56) nach Nador (nahe Melilla). Außerdem Verbindungen nach Algerien.

Aguadulce ▶ M 6

Die Feriensiedlung **Aguadulce** signalisierte Mitte der 1960er-Jahre den touristischen Aufbruch der Region Almería. Aus der Ferne wirken die regelmäßig angeordneten Wohntürme mit privaten Urlaubsapartments eher abschreckend. Doch bei näherer Betrachtung durchziehen Aguadulce gepflegte, von Palmen gesäumte Grünzonen. Es gibt nur wenige Hotels, die sich hinter dem Strand und der angrenzenden Uferpromenade konzentrieren. Einige finden sich in den Katalogen deutscher Reiseveranstalter. Im Winter gibt es günstige Langzeitangebote. Der Ortsname (süßes Wasser) geht auf Erzählungen einheimischer Fischer zurück, wonach am Meeresgrund vor der Küste Süßwasser aus einer Quelle sprudeln soll.

Abends & Nachts
Der elegante Jachthafen von Aguadulce ist bei der Szene von Almería *in*, auch wenn die witzigen Bars und Pubs häufig ihre Besitzer wechseln. Eine feste Größe bleibt die Diskothek **El Bribón de la Habana** (www.grupobribones.com) beim Hafenbüro mit kolonialem Flair und Tanzfläche unter freiem Himmel.

Verkehr
Busse: 7–20 Uhr ca. stdl. von Almería über Aguadulce nach Roquetas de Mar.

Roquetas de Mar ▶ M 6

Ebenfalls in den Katalogen vieler Pauschalreiseveranstalter vertreten ist **Roquetas de Mar** (83 000 Einw.), der größte Ort an der Costa de Almería. An dem rund 20 km langen Sandstrand stehen etliche Großhotels, Restaurants, Boutiquen, Golfplatz, Jachthafen und andere Sport- und Freizeitangebote: Windsurfing, Seekajak, Jetski, Bootsausflüge, Wasserpark. Viele deutsche, niederländische und belgische Senioren verbringen in der kalten Jahreszeit einige Wochen in Roquetas de Mar. Im Sommer urlauben hier vor allem Familien. Dass Roquetas de Mar eine Tradition als Fischerort hat, wird natürlich am Fischerhafen **Puerto de Roquetas** besonders deutlich. Wie eh und je laufen die kleinen weißen Holzboote ein und aus. Die Fischer versteigern ihren Fang in der *lonja* (Fischmarkthalle) und flicken anschließend ihre Netze. An der südlich angrenzenden Promenade bereiten zahlreiche *freidurías* frischen Fisch und Meeresfrüchte zu und locken damit am Wochenende auch viele Einheimische an.

Die Ebene hinter Roquetas de Mar dominieren Plastikplanen, unter denen Gurken, Tomaten, Zucchini und Paprika gedeihen. Von weitem wirkt die Landschaft durch die Plastikdächer wie ein riesiger See, weshalb böse Zungen auch von der *Costa del Plástico*

Roquetas de Mar

aktiv unterwegs

Radtour ins Naturschutzgebiet Punta Entinas-Sabinar

Tour-Infos
Start: Roquetas de Mar
Länge: 44 km, Dauer ca. 3 Std.
Wichtige Hinweise: In Roquetas de Mar gibt es an der Avenida Playa Sirena mehrere Fahrradverleihfirmen, ein Mountainbike ist von Vorteil. Zur Sicherheit Mückenschutzmittel auftragen.

Südwestlich von Roquetas de Mar ragen zwei Landzungen ins Meer, Punta del Sabinar und Punta Entinas. Hinter den dortigen Naturstränden und Dünen (FKK üblich) erstrecken sich Feuchtgebiete, die früher teilweise als Salinen genutzt wurden. Heute stehen sie als **Paraje-Reserva Natural Punta Entinas-Sabinar** unter Naturschutz und sind ein Paradies für Wasservögel. Häufig sind Flamingos zu beobachten. Beste Zeit für einen Besuch ist das Sommerhalbjahr (April–Okt.). Das 1960 ha große Gebiet ist nur zu Fuß oder per Fahrrad zugänglich.

Ab **Roquetas de Mar** fährt man auf der Avenida Playa Sirena bis zu ihrem südlichen Ende und weiter parallel zum Strand auf sandigem Untergrund, nun auf dem ausgeschilderten Fernwanderweg **GR-92**. Dieser passiert ein Marmorkreuz, das an zwei hier abgestürzte Militärpiloten erinnert. Weiter geht es zur **Torre de Cerrilos,** der Ruine eines maurischen Wachturms. Dann kommen die ersten Salztümpel in Sicht, denen stillgelegte Salinenbecken folgen, ideal zum Birdwatching. Um jetzt zum Leuchtturm an der **Punta del Sabinar** zu gelangen, wird es wegen des weichen Sanduntergrunds nötig sein, abzusteigen und das Rad etwa 1 km lang zu schieben.

Vom Leuchtturm fährt man auf dessen Zufahrtspiste landeinwärts zur parallel zum Naturschutzgebiet verlaufenden, wenig befahrenen Straße. Auf dieser geht es ein kurzes Stück nach links und dort, wo sie einen Rechtsknick beschreibt, geradeaus weiter auf dem GR-92.

Am landwärtigen Rand des Naturschutzgebiets verläuft die Route – nun etwas weiter vom Meer entfernt – durch Marschland hinter dem Dünenstrand **Playa de Poniente** bis zum östlichen Ortsrand von **Almerimar.** Dort bietet sich eine Rast in einem der Lokale am Jachthafen an, bevor es auf der Straße zurück nach **Roquetas de Mar** geht.

Almería und Umgebung

sprechen. Durch den Export nach Mitteleuropa sind die Landwirte wohlhabend geworden. Die schwere Arbeit in den schwülwarmen Treibhäusern lassen sie von marokkanischen Einwanderern verrichten.

Infos
Oficina de Turismo: Av. del Mediterráneo 2, 04 740 Roquetas de Mar, Tel. 950 33 32 03, Fax 950 32 15 14, http://turismo.aytoroquetas.org.

Verkehr
Busse: vgl. Aguadulce, S. 412.

Almerimar ▶ M 6

In dem künstlich geschaffenen Ferienort **Almerimar** dreht sich alles um den riesigen Jachthafen und den 18-Loch-Golfplatz. Das komfortable Großhotel AR Almerimar befindet sich im Angebot von Reiseveranstaltern. Ansonsten besteht Almerimar vorwiegend aus privaten Ferienanlagen, in die sich eine eher zahlungskräftige, großenteils spanische Klientel eingekauft hat. Der durch viel Grün aufgelockerte Ort liegt abgeschieden auf einer Küstenebene unterhalb einer Felswand. Die beiden insgesamt 7 km langen Sandstrände **Playa de Levante** und **Playa de Poniente,** durch den Hafen getrennt, eignen sich hervorragend zum Baden. Windsurfer finden hier die angeblich besten Bedingungen an der gesamten andalusischen Mittelmeerküste.

Essen & Trinken
Paella & Co. ▶ **El Arroz:** Plaza Batel s/n, Tel. 950 60 77 23, www.elarroz.net, Di–Sa 12.30–16, 20–23, So 12.30–16 Uhr, Mo und Mitte Dez.–Ende Jan. geschl. Bewährtes Terrassenlokal am Jachthafen mit großer Auswahl an Reisgerichten mit Fisch und Meeresfrüchten sowie mit dem bekannt guten Fleisch aus der Sierra de Guadix.

Verkehr
Busse: ca. 3 x tgl. ab Almería.

Los Millares ▶ M 6

Die prähistorische Siedlung **Los Millares** ist eine der bedeutendsten Ausgrabungsstätten Andalusiens. Sie liegt rund 20 km landeinwärts von Almería auf einem Bergsporn oberhalb des Río Andarax. Von der Kupfer- bis in die Bronzezeit (etwa 2700–1800 v. Chr.) lebten hier bis zu 2000 Menschen, die sich die reichen Erzvorkommen der Umgebung zunutze machten. Sie waren die ersten im westlichen Mittelmeerraum, denen es gelang, Metall zu verarbeiten. In der Bronzezeit hatten die Handwerker von Los Millares bereits einen sehr hohen Standard bei der Herstellung von Schmuck erreicht, den sie in weit entfernte Gebiete des Mittelmeers exportierten. Wahrscheinlich konnten die damaligen Handelsschiffe den Río Andarax befahren und die Ware direkt vor Ort in Empfang nehmen.

Die restaurierte **Venta de Los Millares,** ein ehemaliges Landgasthaus, dient der archäologischen Stätte als Empfangsgebäude. Von hier aus werden die Reste der Ansiedlung be-

sichtigt: runde und rechteckige Häuserfundamente mit Steinsockeln. Um sich gegen mögliche Angriffe abzusichern, riegelten die Bewohner den Bergsporn durch eine 275 m lange Wehrmauer ab. Außerhalb lag die weitläufige **Nekropole** mit über 100 Kollektivgräbern in Megalithbauweise. Die Grabkammern konnten Dutzende von Toten aufnehmen. Ursprünglich waren sie von künstlich aufgeschichteten Erdhügeln bedeckt. Einen davon haben die Archäologen rekonstruiert.

Grabbeigaben waren in der Kupferzeit sogenannte Glockenbecher aus Ton mit feiner Stempelverzierung, von denen man besonders schöne Exemplare in Los Millares fand. Sie sind, ebenso wie weitere wertvolle Funde, im Archäologischen Museum von Almería ausgestellt (s. S. 410). Der Verteidigung diente zusätzlich eine Kette von Außenforts an den angrenzenden Hängen. An der Venta de Los Millares beginnt ein etwa zweistündiger Wanderweg (festes Schuhwerk!) entlang dieser **Línea de fortines** (Festungslinie). Zwei der Bollwerke wurden restauriert.

Desierto de Tabernas

Verkehr

Yacimiento Arqueológico de Los Millares: Anfahrt über die A-348 Richtung Alhama de Almería, von dieser rechts Richtung Santa Fé abbiegen und ab da Schildern »Los Millares« folgen, Mi–So 10–14 Uhr, Mo/Di u. Fei geschl., Anmeldung unter Tel. 677 90 34 04 empfiehlt sich, Eintritt frei).

Desierto de Tabernas
▶ M/N 5

Wer den Wilden Westen erleben möchte, braucht nicht nach Amerika zu reisen. Im Hinterland von Almería liegt – eingerahmt von mehreren kargen Höhenzügen – mit dem **Desierto de Tabernas** Europas einzige Wüste mit Jahresniederschlagsmengen unter 130 mm. Das praktisch menschenleere Gebiet ist stark durch Erosion gezeichnet. Während der Fahrt auf der A-92 von Almería nordwärts erblickt man Landschaftsformen, wie man sie eher in Arizona oder New Mexico

Die Wüste lebt: Wild-West-Show in Mini-Hollywood

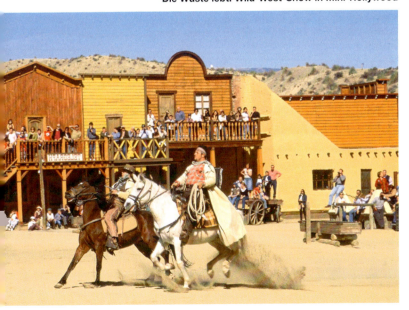

Almería und Umgebung

erwarten würde. Vor dieser wilden Bergkulisse liegen drei echte **Filmdörfer**. Sie entstanden in den 1960er-Jahren, um hier europäische Western zu produzieren. Aber auch US-Filmgesellschaften kamen in das seinerzeit vergleichsweise kostengünstige Spanien. Für über 500 Filme wurden hier Szenen gedreht, darunter »Spiel mir das Lied vom Tod«, »Zwei glorreiche Halunken«, »Lawrence von Arabien« und »Der junge Indiana Jones«.

Die Zeit der Filmproduktionen ist inzwischen weitgehend vorbei. Nur selten dienen die Kulissendörfer noch ihrem ursprünglichen Zweck. Dafür lassen hier Stuntmen für zahlende Besucher Kino zur Realität werden. Die professionellste Show bietet **OASYS-Parque Temático del Desierto de Tabernas/Mini-Hollywood.** Mehrmals täglich inszenieren dort Cowboys, Bösewichte und Indianer einen Banküberfall wie im Wilden Westen. Im geräumigen Saloon tanzen die Ladies einen flotten Cancan.

Wer sich selbst wie ein Westernheld fühlen möchte, kann (übrigens sehr geduldige) Pferde mieten und durch die staubigen Straßen reiten. Vor allem größere Kinder werden begeistert sein. Restaurants und Bars sorgen für das leibliche Wohl. Auch die **Reserva Zoológica**, ein Safaripark mit 700 exotischen Tieren, zählt zu der geräumigen Anlage (Desierto de Tabernas, A-92 Almeria-Guadix nahe Anschlussstelle Tabernas, Tel. 950 36 52 36, Ostern–31.Okt. tgl. 10–21, Nov.–Ostern Sa/So/Fei 10–19 Uhr, Westernshow tgl. um 12 und 17, Juni–Sept. auch 20 Uhr, Cancan-Tanz tgl. 13 und 16, Juni–Sept. auch 19 Uhr, Eintritt 17, Kinder 9 €).

Zwei weitere, kleinere Westerndörfer sind Fort Bravo an der N-340 a zwischen Mini-Hollywood und Tabernas (Tel. 950 06 60 14, www.fort-bravo.com, Winter tgl. 12–16, Sommer tgl. 10–20.30 Uhr, 10,50, Kinder 6,50 €) sowie **Western Leone** an der A-92 ab Anschlussstelle Tabernas ca. 1 km Richtung Guadix (April–Sept. 9 Uhr bis Sonnenuntergang, sonst nur Sa/So 9.30–Sonnenuntergang, 9 €). Sie wirken authentischer als Mini-Hollywood, bieten aber weniger Attraktionen.

Sorbas ▶ N 5

Schon wegen seiner aufregenden Lage auf einer Felsklippe über der Schlucht des Río Aguas lohnt der kleine Ort **Sorbas** einen Abstecher. Akazien spenden der hübschen zentralen Plaza Schatten, an der ein Café und ein Restaurant zur Rast einladen. Einige Töpfer erzeugen in ihren Werkstätten charakteristische rote Keramik.

Infos
Oficina de Turismo de Sorbas: Calle Terraplén 9, 04 270 Sorbas, Tel. 950 36 44 76, Fax 950 36 40 01, turismo@sorbas.es.
Centro de Visitantes Los Yesares: Calle Terraplén, Tel. 950 36 44 81. Besucherzentrum des Landschaftsparks rund um die Cuevas de Sorbas.

Übernachten
Motelstil ▶ **Hostal Sorbas:** am Ortseingang, Tel. 950 36 41 60. Einzige Unterkunft im Ort. DZ 40 €.

Níjar ▶ N 6

Am Südostabhang der Sierra de Alhamilla liegt in 356 m Höhe das hübsche weiße Dorf **Níjar** (26 000 Einw.). Tonvorkommen in der Umgebung liefern seit Jahrhunderten das Material für die rustikalen Keramikarbeiten, die in zahlreichen Läden an der Hauptstraße Calle García Lorca verkauft werden. Typischerweise sind sie einfarbig glasiert. Ein weiteres traditionelles Produkt von Níjar sind bunt gestreifte Teppiche *(jarapas)*. Sie werden nach wie vor auf hölzernen Webstühlen gefertigt. Die Werkstätten von Töpfern und Webern, aber auch Tischlern und Korbflechtern befinden sich im westlich an die Hauptstraße grenzenden **Barrio Artesano** (Kunsthandwerkerviertel).

Am oberen Ende mündet die Calle García Lorca in die **Glorieta,** den gefälligen Rathausplatz mit Restaurants, Straßencafés und Touristeninformation. Dort beginnen die verwinkelten Gassen des schon von den Mau-

Parque Natural Cabo de Gata-Níjar

aktiv unterwegs

Höhlenerkundung in Sorbas

Tour-Infos
Start: Cuevas de Sorbas, Paraje Barranco del Infierno (A-1102 Sorbas-Río Aguas)
Dauer: 1,5 bis 2 Std. *(Ruta Básica)*
Wichtige Hinweise: Natur Sport Sorbas: Tel. 950 36 47 04 (Bürozeiten Mo–Fr 10–14, 16–18 Uhr), www.cuevasdesorbas.com; *Ruta Básica* im Sommer etwa zu jeder vollen Stunde, im Winter ca. 4 x tgl., Erwachsene 13 €, Kinder 9 €, Anmeldung per Telefon oder Internet spätestens zwei Tage vorher.

Hauptattraktion von Sorbas sind die 2 km östlich des Ortes gelegenen **Cuevas de Sorbas,** die auch unter dem Namen **Karst en Yesos de Sorbas** bekannt sind. Das ausgedehnte Karsthöhlensystem in Gipsgestein (*yeso* = span. Gips) ist das größte seiner Art in Europa. **Hunderte von Einzelhöhlen,** in denen teilweise unterirdische Wasserläufe zirkulieren, gehen ineinander über. Die Cuevas de Sorbas wurden nicht für den Massentourismus erschlossen, ihre Erkundung ist noch ein echtes Abenteuer.

Wer sich eine Basisführung *(Ruta Básica)* von Natur Sport Sorbas anschließt, wird mit Schutzhelm und Stirnlampe ausgerüstet und kann sich auch ohne einschlägige Erfahrung sogleich wie ein Höhlenforscher fühlen. Kinder können problemlos teilnehmen, geklettert werden muss nur hin und wieder ein wenig. Bei ausreichender Teilnehmerzahl wird die Führung auf Deutsch oder Englisch kommentiert.

Auch längere, anspruchsvollere Routen stehen auf dem Programm, etwa die *Ruta Técnica* (4,5 Std., 45 €), die Wanderern allerdings etwas mehr an Höhlenerfahrung abverlangt.

---

ren gegründeten **Barrio de la Atalaya** mit der Ruine einer Alcazaba.

Durch den Parque Natural Cabo de Gata-Níjar

Karte: S. 419
Östlich von Almería liegt mit **El Toyo** ein neuer, sehr großzügig konzipierter Ferienort mit Hotels, die über Veranstalter gebucht werden können. Dann folgt ein 60 km langer Küstenstreifen, der nicht bebaut werden darf, da er 1987 als **Parque Natural Cabo de Gata-Níjar** einschließlich einer 2 km breiten Unterwasserzone unter Schutz gestellt und inzwischen von der Unesco zum **Biosphärenreservat** erklärt wurde.

Die bis knapp 500 m hohe **Sierra del Cabo de Gata** verläuft parallel zur Küste und streicht nach Südwesten im gleichnamigen Kap aus. Sie ist das größte Vulkangebiet des spanischen Festlands. Die letzten Eruptionen fanden vor etwa 8 Mio. Jahren statt. Von bizarren Felsformationen eingerahmt, finden sich hier mit die schönsten Strände Andalusiens. Im Hinterland gedeihen in kleinen Oasen ein paar Dattelpalmen, ansonsten ist die Vegetation karg und im zeitigen Frühjahr blütenreich. Pflanzliches Symbol des Naturparks ist die Zwergpalme, Europas einzige originäre Palmenart. Der bescheidene Tourismus wird umweltverträglich gestaltet.

Erste Station ist – von Almería auf der AL-3115 kommend – das 600 m rechts der Straße gelegene **Centro de Visitantes Las Amoladeras.** Dort beginnt der 5 km lange Rundweg **Sendero Las Amoladeras** (Infotafel). Er führt durch die Küstensteppe und ist vor allem wegen seiner Vogelwelt interessant. In diesem Gebiet wurden früher Steine abgebaut, die als Mühlsteine verwendet wurden.

Almería und Umgebung

Tipp: Verkehrsverbindungen zum/vom Naturpark Cabo de Gata

Nur **ab Almería** verkehren Busse in die Orte im Naturpark, Querverbindungen gibt es nicht: z. B. nach San Miguel de Cabo de Gata 6 x tgl., San José 1–4 x tgl. außer So; *La Isleta* 2 x wöchentl.; *Rodalquilar/Las Negras* 1 x tgl.; *Agua Amarga* Mo–Sa 1 x tgl. In der Sommersaison jeweils häufiger. Aktuelle Infos erhält man im Busbahnhof von Almería (s. S. 73 und 392).

San Miguel de Cabo de Gata 1

Am Südrand des Fischerdorfs **San Miguel de Cabo de Gata**, neben dem Strandparkplatz, liegen bunte Holzboote. Nachts laufen sie zum Fang aus, tagsüber flicken die Fischer ihre Netze. Die Meerespromenade füllt sich an Wochenenden mit Tagesausflüglern aus Almería. Der Ort selbst besteht aus quadratisch-praktischen Fischer- und Sommerhäusern. Es gibt auch ein paar verhältnismäßig einfache, dafür preiswerte Unterkünfte.

Der 6 km lange, beschilderte **Sendero El Pocico-Las Marinas** führt von San Miguel de Cabo de Gata Richtung Nordwesten an der Küste entlang bis El Toyo. Unterwegs wechselt eine charakteristische, aus Sträuchern zusammengesetzte Dünenflora mit Sisalagavenpflanzungen, die in den 1950er-Jahren angelegt wurden. Der Weg berührt den alten Küstenwachturm **Torre García,** neben dem die Ruinen einer römischen Fischfabrik zu erkennen sind, und die **Ermita de Torre García.** Letztere ist jedes Jahr Ende August Ziel einer populären Wallfahrt zu Ehren der Virgen del Mar, der Stadtpatronin von Almería (s. S. 411).

15 Cabo de Gata ▶ N 6

Die **Playa del Cabo de Gata** setzt sich nach Süden als naturbelassener Dünenstrand fort, der in der Nebensaison viel freien Raum für jegliche Strandaktivitäten bietet. Dahinter ist das Land flach und von aufgelassenen Salinenbecken durchsetzt. Hier finden 170 gezählte Vogelarten Nahrung und Brutplätze. Regelmäßig sind auch Flamingos zu beobachten. Betreten werden darf das Feuchtgebiet nur auf einem ausgeschilderten **Lehrpfad** an der Straße zum Cabo de Gata, kurz vor dem Weiler La Almadraba de Monteleva. In der Saison öffnet dort ein kleiner Infoposten (Schild: Observatorio).

Bei **La Almadraba de Monteleva** 2 ist noch eine Salzfabrik in Betrieb. Im Sommer leuchten zum Trocknen aufgeschichtete Kegel aus ›weißem Gold‹ zwischen den Salzpfannen. Pro Jahr werden hier 25 000 t Salz produziert, Abnehmer sind vor allem die andalusischen Schinkenhersteller. Die ungewöhnliche **Iglesia de las Salinas de Cabo de Gata** mit auffällig spitzem Turm bewacht die Salinen. 1907 – zur Gründung von Ort und Fabrik – wurde sie im sogenannten eklektizistischen Stil errichtet. Jetzt ist sie baufällig und soll restauriert werden.

Nächstes Ziel ist der Leuchtturm (19. Jh.) auf der ins Meer ragenden, nur 30 m hohen Landspitze **Cabo de Gata,** auf der lediglich karger *matorral* (niedriges Dorngebüsch) wächst. Ringsum laden naturbelassene Sandbuchten zum Baden ein. Im Wasser liegt unter dem Leuchtturm das Felsriff **Arrecifes de las Sirenas.** Sirenas nannten die Seefahrer die Mittelmeer-Mönchsrobben, die einst in den Höhlen der Küstenfelsen Schutz fanden, weil sie ihre Rufe für Sirenengesänge hielten. 1974 wurden diese scheuen, vom Aussterben bedrohten Tiere letztmals am Cabo de Gata gesichtet. Jetzt sollen sie im Rahmen eines Projekts wieder angesiedelt werden.

Vom Leuchtturm kann man noch ca. 2 km bis zum Aussichtshügel **Cerro de la Vela Blanca** mit altem Wachturm weiterfahren (Beschilderung Aula del Mar folgen). Ihm ist im Meer ein spitzer Felsen vorgelagert, der inoffiziell »Neptuns Finger« heißt – ein von der Erosion verschonter Kern eines ehemaligen Vulkanschlots. Auf diese Weise haben sich auch die Arrecifes de las Sirenas gebildet. Der wilde und unbewohnte Küstenabschnitt jenseits des Cerro de la Vela Blanca lässt sich auf knapp 2 km Länge nur zu Fuß oder per

Cabo de Gata

Mountainbike auf einer für den Autoverkehr gesperrten Piste erkunden (s. S. 421).

Infos

Oficina de Información: Av. Miramar 88, 04150 San Miguel de Cabo de Gata, Tel. 950 38 00 04. Fahrräder zur Erkundung der flachen Umgebung, 13 € pro Tag, 4 € für 2 Std.
Punto de Información Las Sirenas: Infokiosk am Kap. Mai–Sept. 10–14, 16.30–20.30, Okt.–April 10–15 Uhr, in der Nebensaison aber oft geschl.

Übernachten

An den Salinen ▶ Las Salinas de Cabo de Gata: Almadraba de Monteleva 20, Tel. 950 37 01 03, Fax 950 37 12 39, www.lasalinas cabodegata.com, ganzjährig. Nur die wenig befahrene Küstenstraße trennt das Haus vom Strand. Komfortable Zimmer, teilweise mit Meerblick. Das angeschlossene Restaurant Morales serviert regionale Spezialitätenküche. Gemütliche Speise- und Kaffeeterrasse. DZ 60–100 €.

Essen & Trinken

Mehrere Fischrestaurants mit Terrassen an der Strandpromenade von San Miguel servieren frischen Fisch. wobei **La Goleta** etwas feiner ist (Hauptgerichte 13–18, Pizza um 8 €). Nebenan die einfachere **Bar Playa,** Tapas (1 €) und *raciones* (ca. 7,50 €).

Aktiv

Bootsausflüge ▶ Rutas en Barco: Tel. 637 44 91 70, www.elcaboafondo.com. 1,5-stün-

Almería und Umgebung

dige Ausfahrten an der Küste Richtung Nordosten mit Bade- und Schnorchelpause. Nur Juni–Sept., 4–5 x tgl., 20 €. Ticketschalter neben dem Infokiosk am Leuchtturm.

San José ▶ N 6

Autofahrer kehren vom Kap zurück nach San Miguel de Cabo de Gata und müssen jetzt einen Bogen durch das Hinterland schlagen. An der Zufahrt nach San José liegt das Dorf **El Pozo de los Frailes** (Mönchsbrunnen). Mönche des Dominikanerklosters in Almería förderten hier seit dem 18. Jh. die Landwirtschaft, um das zuvor Piratenüberfällen recht schutzlos ausgelieferte Gebiet dichter zu besiedeln. Den gleichnamigen Brunnen gibt es tatsächlich. Auf ihm sitzt seit Beginn des 20. Jh. eine *noria,* ein Schöpfrad aus Holz mit Keramikwassergefäßen, das ein Privatmann auf eigene Kosten baute. Die Konstruktion wurde von einem im Kreis gehenden Esel angetrieben. Das Wasser speiste ein Becken, aus dem es auf die angrenzenden Felder geleitet wurde. Die *noria* war bis 1983 in Betrieb. Heute befindet sich hier ein **Informationspunkt** des Naturparks (im Winter geschl.).

San José 3 liegt in einer schönen Bucht mit mehreren sandigen Strandabschnitten und ist die größte und dennoch sehr übersichtliche Feriensiedlung im Gebiet. Insgesamt handelt es sich um eine etwas feinere Adresse, sogar mit kleinem Jachthafen, an dem Terrassenrestaurants zum Fischessen verlocken. Selbst in der Nebensaison sind nicht alle Bürgersteige hochgeklappt, weshalb sich der Ort vor allem im Frühjahr und Herbst Herbst als Ausgangspunkt für Unternehmungen im Naturpark eignet.

Infos

Oficina de Información: Calle Correo, 04 118 San José-Cabo de Gata, Tel. 950 38 02 99, Fax 950 61 10 55, www.cabodegatanijar.com. Halb privates Büro der Grupo J.126 an der Hauptstraße. Verkauf von Büchern, Karten und regionalen Produkten, Internetpoint. Veranstaltet saisonabhängig Wanderungen und Jeepausflüge in den Naturpark. Mountainbikeverleih.

Übernachten

Wunderschön gelegen ▶ **Husa Doña Pakyta:** Correo 51, Tel. 950 61 11 75, Fax 950 61 11 05, www.cortijoelsotillo.com. Mit einem direkten Zugang zum Strand, hervorragender Service und edle Küche, 13 geschmackvoll eingerichtete Zimmer und Suiten. DZ ab 149 €.

Ehemaliger Gutshof ▶ **Husa Cortijo El Sotillo:** Ctra. entrada a San José, Tel. 950 61 11 00, Fax 950 61 11 05, www.cortijoelsotillo.com. Am landwärtigen Ortsrand gelegen. Rustikales Ambiente, Restaurant mit traditioneller mediterraner Küche, Pool. DZ ab 139 €.

Aktiv

Tauchen ▶ **ISub:** Calle Babor 3, Tel. 950 38 00 04, www.isubsanjose.com. Kurse und Tauchausfahrten, Ausrüstungsverleih.

Kajakfahren ▶ **Happy Kayak:** Playa de San José, Tel. 609 64 47 22, www.happykayak.com. Verleih (Einzelkajak: 30 €/Tag, Zweisitzer: 60 €/Tag) sowie geführte Touren ab 38 €.

Bootsausflüge ▶ **Ocioymar:** Puerto Deportivo, Tel. 908 05 64 77. In der Saison bis zu 4 x tgl. Ausfahrten zum Cabo de Gata oder entlang der Küste nordöstlich von San José. Erwachsene 15, Kinder 9 €.

Wandern ▶ Ende Feb.–Frühjahr oder auch im Herbst empfiehlt sich der **Naturpark Cabo de Gata** als Paradies für Wanderer. Die schönsten Wege führen an einsamen Küstenabschnitten entlang, die nicht per Auto zu erreichen sind. Das Faltblatt »Parque Natural Cabo de Gata – Níjar«, das die Informationsbüros der Junta de Andalucía verteilen (z. B. in Almería, s. S. 410), zeigt acht auch im Gelände **markierte Wanderrouten** mit Beschreibungen (Spanisch).

Los Escullos und La Isleta
▶ N 6

Nördlich von San José ist die Küste nochmals an einigen Stellen per Auto anfahrbar. An steppenhaft kargen Hügeln und einer restaurierten Windmühle vorbei geht es nach **Los Escullos** 4, einer winzigen Siedlung, die nur

Durch den Parque Natural Cabo de Gata-Níjar

aktiv unterwegs

Zu Fuß zu den Naturstränden von San José

Tour-Infos
Start: San José
Länge: 16 km, 3,5 Std., jeweils mit Rückweg
Schwierigkeitsgrad: leicht
Wichtige Hinweise: Auf einer Wellblechpiste sind die Playa de los Genoveses und die Playa Mónsul auch per Auto zu erreichen. Im Sommer wird die Piste wegen des großen Andrangs oft gesperrt. Dann ab Boca de los Frailes (Abzweigung nach San José und Los Escullos) Gratistransfer.

Drei außerordentlich attraktive Naturstrände liegen südlich von San José. Um sie zu erreichen, folgt man zunächst der ausgeschilderten Wellblechpiste Richtung **Playa de Los Genoveses**. Von dieser zweigt nach etwa 200 m links bei einer alten Getreidemühle und einer Infotafel der **Sendero 7 Los Genoveses** ab, einer der offiziellen Wanderwege im **Naturpark Cabo de Gata-Níjar** (s. S. 418).

Durch karge, mit Agaven bestandene Landschaft ist nach 30 Min. die 1 km lange, helle und feinsandige **Playa de Los Genoveses** erreicht. Ein kleiner Wald bietet den Badegästen Schatten, deren Zahl sich in der Nebensaison durchaus in Grenzen hält. Die vorgelagerte Bucht diente zur Zeit der großen Segelschiffe Kauffahrern als Ankergrund, um günstige Winde zur Rundung des Cabo de Gata abzuwarten. Im Jahre 1121 gingen hier Streitkräfte aus Genua und Katalonien vor Anker, um Almería zu erobern und damit das Monopol der Mauren auf den Seidenhandel zu beenden, allerdings ohne Erfolg. Im Süden begrenzt der 69 m hoch aufragende, steil ins Meer abfallende Felsen **Morrón de Los Genoveses** den Strand. Wer mag, kann ihn auf der Fortsetzung des Wanderwegs Nr. 7 erklimmen (hin und zurück zusätzlich 45 Min.).

Ansonsten läuft man jedoch von der Playa de Los Genoveses landeinwärts, um dort auf die zuvor verlassene Zufahrtspiste für die Strände zu treffen. Ihr folgt man nach links zum Parkplatz für die **Playa Mónsul** (1 Std.), zu der man einen kurzen Abstecher machen kann. Sie ist rund 350 m lang, dunkelsandig und ein Refugium für FKK-Anhänger. Dahinter ragt eine Riesendüne auf, die unter Schutz steht und nicht betreten werden darf. Mehrfach diente sie bereits als Kulisse bei Filmaufnahmen. Ähnlichen Charakter besitzt die nahegelegene, etwas kleinere **Playa de Media Luna**. Zu ihr zweigt von der Piste etwa 400 m weiter ein Weg ab.

Man bleibt nun auf der Piste, die von einem nach 1.30 Std. erreichten Tor an für den Privatverkehr gesperrt und als **Sendero 8 Vela Blanca** für Wanderer ausgewiesen ist. Sie führt nun durch wilde, menschenleere Felslandschaft sanft aufwärts zum 190 m hohen **Cerro de la Vela Blanca** (2 Std.), einem ins Meer ragenden Felskamm mit altem Wachturm und hervorragendem Weitblick (s. S. 418), wo Anschluss an eine öffentliche Straße gewonnen wird. Hier empfiehlt sich die Umkehr, falls man sich nicht abholen lässt. Man kann jetzt zügig auf der Piste nach **San José** zurücklaufen (3,30 Std.) oder unterwegs an einem der Strände eine Badepause einlegen.

Almería und Umgebung

Cabo de Gata: Der vulkanische Ursprung der Landschaft ist noch deutlich zu erkennen

aus einem Hotel, einem Hostal und zwei oder drei Häusern besteht. Die Ruine des Castillo San Felipe (18. Jh.) bewacht das Ensemble. Mehrere sandige Badebuchten sowie eine beliebte Diskothek laden zum Aufenthalt ein. In der Disco treffen sich an Sommerwochenenden junge Leute aus der Umgebung, die auch schon einmal am Strand weiterfeiern.

Der nächste Abzweig führt zu der reizvollen Fischersiedlung **Isleta del Moro** 5. Malerisch liegt sie auf einer ins Meer ragenden, hügeligen Felszunge mit vorgelagerter kleiner Insel. Isleta verdankt seinen Beinamen anscheinend dem Sarazenenpiraten Mohammed Arraez, der immer wieder hier ankerte. Einheimische Taucher geben sich in dem winzigen Ort gern ein Stelldichein. Unmittelbar nördlich grenzt die über eine Treppe zugängliche, ausgesprochen schöne **Playa del Peñón Blanco** an. Was die Fischer mit ihren kleinen Booten anlanden, wird sofort im Restaurant des hiesigen Hostals (s. u.) serviert. Treffpunkt der Frauen ist wie in alten Zeiten der öffentliche Waschplatz, der andernorts längst nicht mehr genutzt wird.

Übernachten

Familiär ▶ Hostal La Isleta del Moro: Calle del Paraiso, 04118 Isleta del Moro (San José), Tel. 950 38 97 13, Fax 950 38 97 64, ganzjährig. Modernes Haus, Restaurant mit beliebter Terrasse am Wasser (Hauptgerichte 6,50–12, Tagesmenü 12, Fischplatte Cuajadera 14,50 €). DZ ca. 50 €.

Parque Natural Cabo de Gata-Níjar

38 98 20, Juni–Sept. tgl. 10–14, 18–20 Uhr, sonst nur Fr–So).

Im angeschlossenen **Jardín Botánico El Abardinal** gedeiht die natürliche Flora der ostandalusischen Halbwüste, die eine Brücke nach Nordafrika schlägt. Auch Kulturpflanzen aus den verschiedensten Weltgegenden sind zu sehen (Tel. 950 38 97 42; Winter Mo–Fr 10–15, Sa/So/Fei 11–14, Sommer Mo/Di 10–12.30, Mi–So 10–12.30, 18–21 Uhr, Eintritt frei).

Ein Abstecher landeinwärts kann zum etwas nördlich der Straße nach Albaricoques gelegenen Gutshof **Cortijo del Fraile** führen. Dem Gebäudekomplex sieht man nicht mehr an, dass sich hier 1928 eine tragische Geschichte ereignete, die Federico García Lorca zu seinem berühmten Bühnenwerk »Bluthochzeit« inspirierte. Das Mädchen Francisca sollte eine von der Familie arrangierte Ehe mit dem Schwager ihrer Schwester eingehen. Doch sie liebte einen Cousin und entschloss sich am Vorabend der Hochzeit gemeinsam mit ihm zur Flucht. Schwester und Schwager verfolgten die beiden, um sie zu töten und so die Familienehre zu retten. Francisca überlebte den Anschlag, im Gegensatz zu ihrem Geliebten. Sie führte fortan ein zurückgezogenes Dasein und hat nie geheiratet. Die Mörder kamen mit geringfügigen Strafen davon.

An der Hofkapelle beginnt der knapp 8 km lange, markierte Wanderweg **Sendero Cortijo del Fraile-Montano-Hornillo,** der zwei weitere, ähnliche Landgüter mit weniger aufregender Vergangenheit berührt.

El Playazo und Las Negras
▶ N 6

Nordöstlich von Rodalquilar führt eine 2 km lange, einigermaßen gut befahrbare Piste zum traumhaften Naturstrand **Playa del Playazo** 7. Hohe Felskliffs rahmen die feinsandige, 400 m lange und recht breite Playa ein. Auch hier wacht eine heute als Privathaus genutzte Festung, die Batería de San Ramón (18. Jh.). In der Ferienzeit sorgt eine Strandbar für das leibliche Wohl.

Der winzige, sehr ursprüngliche Fischerort **Las Negras** 8 liegt an einem 300 m langen

Rodalquilar 6

Hinter Isleta del Moro windet sich die Straße zum **Mirador de la Amatista,** einem geradezu über der Küste schwebenden Aussichtsbalkon, hinauf. Das etwas abseits vom Meer in einem weiten Tal gelegene **Rodalquilar** gründete in den 1920er-Jahren eine britische Gesellschaft als Goldgräbersiedlung. 1966 war die Mine erschöpft, die rund 1000 Bewohner verließen den Ort. Ihre Häuser sind dem Verfall preisgegeben, während nebenan eine Neubausiedlung entstand. Eine restaurierte Häusergruppe bei der Kirche beherbergt Einrichtungen des **Parque Natural:** eine **Informationsstelle** sowie eine **Ausstellung** über den Goldbergbau und die Geologie des Naturparks (Calle Fundición, Tel. 950

Almería und Umgebung

Vom Wasser ins Feuer: *espetos de sardinas*

Kiesstrand. In Wanderentfernung (mit Rückweg 2,5 Std.) liegt weiter nördlich die Cala de San Pedro. Hier sprudeln Süßwasserquellen. Die Bucht zieht daher vor allem im Sommer junge Leute an, die ein Hippieleben unter einfachsten Bedingungen führen. Obwohl wildes Campieren im Naturpark verboten ist, hält sich die Kolonie trotz gelegentlicher Räumungsaktionen durch die Polizei recht hartnäckig.

Übernachten

Badeurlaub ▶ Cala Chica: Calle Hélice s/n, 04116 Las Negras (San José), Tel. 950 38 81 81, Fax 950 38 81 73, www.calachica.com, ca. 8. Jan.–20. Feb. geschl. Recht neues, ordentliches, aber nicht luxuriöses Hotel mit Pool. 150 m zum Strand. DZ 75–140 €.

Essen & Trinken

Alteingesessen ▶ La Palma: Las Negras, Calle Bahía de las Negras, Tel. 950 38 80 42, www.degata.com/lapalma, im Sommer und Ostern tgl. geöffnet, sonst nur Fr–So. Fischlokal mit Terrasse direkt am Meer. Hauptgerichte 9–25 €.

Agua Amarga 9

Für einige ruhige Ferientage eignet sich die recht flippige, bei Surfern beliebte Siedlung **Agua Amarga**. Um sie zu erreichen, biegt man bei dem Weiler Fernán Pérez rechts in eine frisch asphaltierte Straße ein (auf Karten oft noch als Piste verzeichnet). In Agua Amarga werden Apartments und Privatzimmer vermietet. Man kann sich aber auch in ein paar kleineren, teilweise recht schicken Hotels einquartieren. Die Atmosphäre ist familiär – fast wie in einem ›richtigen‹ Dorf.

Wem es an dem feinsandigen, 500 m langen Strand zu voll wird, der kann Richtung Süden auf die kleinen Buchten **Cala de Enmedio** (in der Nebensaison FKK üblich) und **Cala del Plomo** (30 bzw. 90 Min. Fußweg)

Mojácar

ausweichen. Letztere ist auch mit dem Wagen auf einer holprigen Piste erreichbar. Die felsigen Küstenabschnitte dazwischen bieten sich zum Schnorcheln an.

Übernachten

Viel Liebe zum Detail ▶ Hostal miKasa Suites & Spa: Ctra. Carboneras, 04 149 Agua Amarga, Tel. 950 13 80 73, Fax 950 13 81 29, www.mikasasuites.com, Mitte Jan.–Mitte Feb. geschl. Die offizielle Einstufung mit lediglich 2 Sternen ist offenkundig ein Understatement. Romantisch gestaltetes Haus, sehr komfortabel. Zwei Pools, Jacuzzi, kleines Spa, Tennisplätze. Gourmetfrühstück im Garten. Nebenan in einer alten Villa das hauseigene Restaurant mit kreativer Mittelmeerküche. Beliebt bei zahlungskräftigen Wochenendausflüglern aus Madrid. DZ 119–189, Suiten 149–239 €.

Unter französischer Leitung ▶ Hostal El Family: Agua Amarga, Calle La Lomilla, Tel. 950 13 80 14, Fax 950 13 80 70, www.hotelfamily.es. Kleine Pension am Ortsrand mit hübschem Garten, Pool und Patio. Zimmer teilweise mit Meerblick. Renommiertes Restaurant (viergängiges Menü 16 €). Für den Hochsommer sehr frühzeitig reservieren. DZ 65–120 €.

Mojácar ▶ O 5

Das malerische **Mojácar** (7500 Einw.) war seit den 1960er-Jahren ein Geheimtipp als Rückzugsort für Mittel- und Nordeuropäer. Inzwischen hat es sich zum größten Ferienort an der östlichen Costa de Almería entwickelt. Früher urlaubten hier vorwiegend Briten, neuerdings führen auch deutsche Veranstalter Mojácar im Programm. Unten am Meer, in **Mojácar-Playa,** säumen Hotels, Apartmenthäuser, Restaurants und Einkaufszentren den auf 7 km Länge parallel zum Strand verlaufenden **Paseo del Mediterráneo.**

2 km landeinwärts an einem Hügel klebt förmlich Mojácar-Pueblo, ein weißes Dorf mit andalusischem Flair, das in den Sommermonaten viele Besucher anzieht. Etliche Aussteiger vorwiegend britischer Herkunft haben Häuser in den verwinkelten Gassen renoviert. Kunsthandwerksläden, Cafés und Pubs schossen wie Pilze aus dem Boden. Weite Ausblicke genießt man vom Mirador an der **Plaza Nueva** oder – bei der maurischen Burgruine – vom **Mirador del Castillo** mit Terrassencafé.

An der **Fuente Mora** (Maurenquelle), einem Brunnen mit zwölf Wasserspeiern, übergaben die arabischen Statthalter Mojácar angeblich an die Christen. Während der Moriskenaufstände des 16. Jh. verhielt sich die Stadt königstreu. Daraufhin durfte sie 1574 das Wappen der Habsburger mit dem Doppeladler an der **Puerta de la Ciudad,** dem alten Stadttor, anbringen. Es garantierte den Bewohnern Religionsfreiheit. So wurden der ansonsten landesweiten Inquisition zum Trotz in Mojácar Muslime und Juden bis ins 18. Jh. hinein geduldet.

Infos

Oficina de Información Turística: 04 638 Mojácar-Pueblo, Glorieta 1, Tel. 902 57 51 30, Fax 950 61 51 63, www.mojacar.es. Mit Filiale am Paseo del Mediterráneo (nahe Parque Comercial).

Tipp: Fischlokale in Garrucha

Etwa 5 km nördlich von Mojácar liegt der große Fischereihafen Garrucha. Der Ort selbst macht einen eher verschlafenen Eindruck, trotz der gepflegten, von Palmen gesäumten Strandpromenade. Aber einige Restaurants an der Explanada del Puerto hinter dem Hafen gelten weit und breit als die besten Adressen für Fisch und Meeresfrüchte. Es empfehlen sich El Almejero (Tel. 950 46 04 05, http//restauranteelalmejero.com), Escánez (Tel. 950 46 02 78, www.restauranteescanez.com) und Rincón del Puerto (Tel. 950 13 39 42). Spezialitäten des Ortes sind Muscheln und weiße Garnelen. Bezahlt wird meist nach Gewicht, ganz billig kommt ein komplettes Essen nicht (ca. 15–25 €).

Almería und Umgebung

Von Adlern und Geiern – Andalusiens Greifvögel — Thema

In der wilden Landschaft Andalusiens leben noch Greifvögel in großer Zahl, die andernorts schon selten oder gar ausgestorben sind. Am eindrucksvollsten sind die verschiedenen Adler- und Geierarten. Auch Laien können die Vögel am Flug und ihrer Größe relativ problemlos erkennen.

Majestätisch zeigt sich der **Steinadler** mit einer Spannweite von über zwei Metern. Seine Schwingenenden sind fingerförmig gespreizt, die Vorderseiten fast schwarz. Er ist ein sehr guter Gleiter; während des Flugs sind kaum Flügelbewegungen auszumachen. In schroffen Gebirgen steigt er plötzlich hinter Graten auf oder zieht weit oben seine Kreise. Etwas plumper, gedrungener, aber dennoch beeindruckend wirkt der **Iberische Kaiseradler** mit einer Flügelspannweite um zwei Meter. Er ist mit dem Steinadler kaum zu verwechseln, da er offene Landschaften und Sumpfgebiete bevorzugt. Zudem sind seine Schwingenvorderseiten (Flügelbug) sehr hell.

Schlanker, mit hellem Bauch- und Kopfbereich sowie Flügelbug, ist der **Fischadler** (Spannweite ca. 1,5 m). Aus großer Höhe stürzt er sich auf seine Beute im Meer und taucht ganz unter. Ehe er an Land frisst, entfernt er ›fachmännisch‹ Kiemen, Flossen und Innereien. Er ist an naturbelassenen Küstenabschnitten des Mittelmeers zu sehen.

Bevorzugte Beutetiere des **Schlangenadlers** sind Schlangen und andere Reptilien. Säugetiere und Vögel verschmäht er. Er ist etwas größer als der Fischadler, sein unterseitiges Gefieder ist hellbraun und mit schwarzen Streifen und Punkten gemustert. Oft segelt er wie der Steinadler, jedoch in geringeren Höhen. Auch vermag er wie ein Falke in der Luft zu stehen. Er bevorzugt feuchte Ebenen wie den Nationalpark Coto de Doñana, kommt aber auch in Mittelgebirgen vor, z. B. recht häufig im Naturpark Grazalema. In allen Regionen ist der Zwergadler verbreitet. Auf den ersten Blick ähnelt er dem Mäusebussard. Im Gegensatz zu diesem ist die Unterseite der Flügel im vorderen Bereich sehr hell, Rückseite und Finger dunkelbraun bis schwarz. Sein Schwanz ist länger und schlanker.

Größter Greifvogel Andalusiens ist der sehr seltene, nur in einsamen Bergregionen anzutreffende **Mönchsgeier** (Spannweite bis 2,70 m). Im Flug erscheint er von unten düster dunkelbraun. Seine braune Halskrause ist dann kaum zu erkennen. Viel häufiger und kaum kleiner (Spannweite bis 2,60 m) ist der **Gänsegeier**. Oft sieht man ganze Schwärme. Im Flug wirkt er nicht ganz so dunkel wie der Mönchsgeier, man erkennt helle Schattierungen an der Flügelunterseite. Die Schwingen sind weit, die Finger an den Enden auffällig gespreizt und der Schwanz dunkler. Sein Gefieder ist sandfarben und seine Halskrause hellbraun bis weiß, der Hals stärker gebogen. Besonders häufig ist er in den Sierras von Grazalema und Cazorla. Etwas struppig und im Flug schwarz-weiß zeigt sich der viel kleinere **Schmutzgeier**. Er fühlt sich auch in der Nähe von Siedlungen wohl.

In ruhigen, bewaldeten Mittelgebirgsregionen kann man in der Morgen- oder Abenddämmerung den in Mitteleuropa inzwischen sehr seltenen **Uhu** bei der Jagd beobachten, wie er lautlos, fast geisterhaft, nahe über dem Boden schwebt.

Sierra María

Übernachten

Wunderschön am Altstadtrand ▶ Mamabel's: Mojácar-Pueblo, Calle Embajadores 5, Tel./Fax 950 47 24 48, www.mamabels.com, ganzjährig. individuell mit Kunstgegenständen eingerichtete 9 Zimmer, 4 mit privater Aussichtsterrasse. Bewährtes Restaurant, nur abends (Menü 19 €). DZ 65–90 €.

Nett dekoriert ▶ Hostal El Torreón: Mojácar-Pueblo, Calle Jazmín 4–6, Tel./Fax 950 47 52 59. Pension in einer Altstadtgasse. Die nur 5 Zimmer (ohne eigenes Bad!) gefallen durch ihre Jugendstileinrichtung. Frühstücksterrasse mit weitem Meerblick. DZ 46–58 €.

Abends & Nachts

Im Sommer spielt sich alles in den *chiringuitos* am Strand ab, zu späterer Stunde auch in mehreren Openair-Discos im Hotelviertel, deren Namen und Besitzer häufig wechseln.

American Style ▶ Mandala Beach: Playa El Cantal, www.grupobribones.com, tgl. 12-6 Uhr. Clubbing am Strand wie in Miami. Bis ca. 17 Uhr wird relaxt, danach zu House-Rhythmen abgetanzt.

Termine

Moros y Cristianos: Wochenende vor oder nach dem 10. Juni. Die Bewohner von Mojácar spielen die Eroberung des vormals maurischen Ortes durch die Christen Ende des 15. Jh. nach. Das bunte Spektakel wird von vielen Prozessionen und Tänzen begleitet.

Aktiv

Baden & Beachen ▶ Unmittelbar beim Ort ist der Strand dicht bebaut. Aber die Strandzone von Mojácar ist 17 km lang und bietet auch recht einsame Abschnitte. 5 km südlich des Ortes führt beim **Castillo de Macenas** eine Piste zur naturbelassenen **Playa de Macenas** (im Sommer mit Strandlokal). Angrenzend findet man weitere, recht abgeschiedene Badebuchten (FKK möglich) an der hier felsigeren Küste.

Verkehr

Busse: Mit *Alsa Enatcar* 2 x tgl. nach Almería, 4 x tgl. nach Murcia, Abfahrt an der Calle

Tipp: Hüllenlos

Hochburg des FKK in Andalusien ist El Playazo de Vera. Unterkünfte, in der Regel Apartments, können über www.venavera.com gebucht werden. Wer hier urlaubt, sollte auf keinen Fall den Besuch der alten Festungsstadt Vera mit ihren Wehrtürmen und der wuchtigen Kirche versäumen, die 8 km landeinwärts auf einem schroffen Bergrücken thront.

Glorieta (unterhalb Plaza Nueva). In der Saison fährt *Baraza* ca. 10 x tgl. nach Garrucha, Abfahrt vom Hotel Indalo (Mojácar-Playa). Ein Stadtbus (0,75 €) pendelt halbstündlich bis stündlich zwischen Mojácar-Playa und Mojácar-Pueblo.

Mit dem Pkw: Am Beginn der Altstadt Parklücken auf der **Plaza Nueva**. Wenn alles besetzt ist, parkt man an der Zufahrtsstraße oder weicht auf die **ausgeschilderten** *aparcamientos* aus, die aber etwas abseits liegen.

Sierra María ▶ N 3/4

Der Nordzipfel der Provinz Almería, die **Sierra María,** lohnt einen Abstecher. Der schroffe, felsige Bergzug gipfelt im María (2045 m) und ist Rückzugsgebiet für mehrere Adler- und Geierarten sowie für Uhus. Seit 1990 verbindet eine Partnerschaft den 22 670 ha großen **Parque Natural Sierra María–Los Vélez** mit dem Naturpark Altmühltal in Bayern.

Vélez Blanco

Die angenehme Kleinstadt **Vélez Blanco** – Eingangstor zur Sierra María – zeichnet sich durch gepflegte Gassen, schmiedeeiserne Balkone, rote Ziegeldächer und blumengeschmückte weiße Häuser aus. Sie liegt inmitten einer fruchtbaren, mit Mandel- und Ölbaumhainen bepflanzten Niederung.

An die Zeit der Mauren, die in Vélez Blanco 1488 zu Ende ging, erinnert das Stadtviertel **Morería**. Es wird von der zweiten großartigen Renaissanceburg Andalusiens (neben La Ca-

Almería und Umgebung

lahorra, s. S. 384) dominiert. Der **Castillo de Los Vélez** (auch Castillo de Fajardo) wurde 1506 vom ersten christlichen Lehnsherrn Marqués de Los Vélez in Auftrag gegeben und vom italienischen Architekten Florentini entworfen. Eine Rampe verbindet die Burg mit dem Bergfried, der zu einer älteren maurischen Festung gehörte. In seiner verspielten mehreckigen Form wirkt der Castillo sehr filigran. Von den Türmen bietet sich ein schöner Blick auf die Umgebung.

Im Inneren allerdings herrscht gähnende Leere. Anfang des 20. Jh. verkaufte der damalige, in finanzielle Not geratene Besitzer alles, was zu Geld zu machen war. Das prächtige Bronzeportal ziert heute eine Privatsammlung in Paris. Die hölzernen Kassettendecken sowie die marmornen Säulen, Treppen und Geländer des Innenhofs erwarb ein New Yorker Millionär für sein Privathaus und vermachte sie später dem Metropolitan Museum of Art (Tel. 950 41 50 01, Sommer Do–Di 11–14, 17–20, Winter Sa/So/Fei 11–14, 16–18 Uhr sowie Mo/Di u. Do/Fr nach telefonischer Vereinbarung, 1 €).

Cueva de los Letreros

Südlich von Vélez-Blanco liegt am Rand des Naturparks die **Cueva de los Letreros,** ein UNESCO-Welterbe der Menschheit. Es handelt sich dabei genau genommen nicht um eine Höhle, sondern um einen Felsüberhang – wohl den Kultplatz einer prähistorischen Jägergemeinschaft. Insgesamt 86 abstrakte Felszeichnungen aus der Zeit um 5000 v. Chr. blieben erstaunlich gut erhalten. Als Farben dominieren Rot und Schwarz. Die Bilder, deren Größe stark variiert, gehören dem Levantestil an, einer in Ostspanien verbreiteten Darstellungsform, die zeitlich und kulturell zwischen Jungsteinzeit und Bronzezeit anzusiedeln ist.

Früher vermuteten die Vorgeschichtsforscher, es handele sich um Schriftzeichen (span. *letreros*). Einige Zeichnungen bilden hingegen – wohl im Rahmen eines Jagdzaubers – Wildtiere und Menschenfiguren ab, darunter den Indalo, eine stilisierte, springende Figur, die mit ausgestreckten Armen einen Bogen hält. Vermutlich handelte es sich um eine mit magischen Kräften ausgestattete Gottheit. Berühmt wurde er als modernes Maskottchen der Provinz Almería (ab der Tankstelle an der A-317 am Südrand von Vélez Blanco 500 m auf befahrbarer Forstpiste, dann 10 Min. zu Fuß; geführte Gratis-Besichtigungen ab dem Informationskiosk am Picknickplatz Pinar del Rey, tgl. 12–18, im Winter 12–16 Uhr).

María

Über die Passhöhe **Puerto de María** (1200 m) gelangt man zur dicht mit Kiefern bewaldeten Nordseite des Gebirges. Hier ist **María** ein günstiger Ausgangspunkt für Wanderungen. Ausgedehnte Mandelplantagen umgeben den Ort. Im Februar hüllen sie sich in ein wunderschönes weißes und rosafarbenes Blütenkleid.

3 km südwestlich erhebt sich am Fuß der Sierra die **Ermita de la Virgen de la Cabeza,** eine der Schutzheiligen von María geweihten Wallfahrtskapelle. Nahebei lädt der **Jardín Botánico Umbría de la Virgen** zum Kennenlernen der regionalen Flora ein (Sommer tgl. 10–14, 16–21, Winter Mi–Fr 10–15, Sa/Fei 10–17 Uhr, Eintritt frei).

Eine knapp dreistündige Wanderung führt durch den **Pinar de la Alfahuara,** einen der besterhaltenen Wälder weit und breit. Die Grafen von Los Vélez unterhielten hier ein Jagdgebiet, das aufgrund eines königlichen Erlasses seit 1591 unter speziellem Schutz stand. Der Wildreichtum des Pinar de la Alfahuara gilt noch heute als außergewöhnlich. Den beschilderten Einstieg in die Route findet man an der A-317, 3 km westlich von María, bei der Ruine eines Zollhauses.

Infos

Centro de Visitantes Almacén de Trigo: Av. Marqués de los Vélez, 04830 Vélez Blanco, Tel./Fax 950 41 53 54. Am Nordausgang der Stadt in einem ehemaligen Getreidespeicher. Infos zu Wanderungen und Berghütten in der Sierra María, Verkauf von Büchern und Karten, Ausstellung zum Naturpark.

Sierra María

Centro de Visitantes Mirador de la Umbría de María: A-317 María–Orce km 2,7, Tel./Fax 950 52 70 05. Mit einer Ausstellung zur Region.

Übernachten

Individuell ▶ **Casa de los Arcos:** Vélez Blanco, Calle San Francisco 2, Tel. 950 61 48 05, Fax 950 61 49 47, www.casadelosarcos.net. Landhotel im historischen Zentrum, in renoviertem Herrenhaus (18. Jh.) mit Arkadengang, von dem sich eine großartige Aussicht bietet. 14 mit selbst geschreinerten Möbeln eingerichtete Zimmer, vier Salons, nettes Restaurant. Deutsche Leitung. DZ um 65 €.

Wunderbare Ausblicke ▶ **Sierramaría:** María, Paraje la Moratilla, Tel. 950 41 71 26, Fax 950 41 71 28. Modernes Haus mit 17 Zimmern in ruhiger Lage am Fuß der Sierra. Restaurant mit regionaler Küche, z. B. Spanferkel. DZ um 60 €.

Recht komfortabel ▶ **Hostal La Sociedad:** Vélez Blanco, Calle Corredera 5, Tel. 950 41 50 27. Zentral gelegen,. Zimmer mit Privatbädern. Gegenüber die gleichnamige, beliebte Tapabar (Tagesmenü 9 €). DZ 30 €.

Essen & Trinken

In ehemaliger Wassermühle ▶ **El Molino Casa Porchas:** Vélez Blanco, Calle Curtidores 1, Tel. 950 41 50 70, Do abends geschl. Uriges Lokal, im Innenhof fließt noch der Mühlkanal. Deftige Fleischgerichte vom Grill, z. B. Wildgeflügel (Rebhuhn oder Ente). Hauptgerichte 12–15 €.

Aktiv

Wandern ▶ Das Faltblatt »Parque Natural Sierra María – Los Vélez«, das die Informationsstellen verteilen, zeigt sechs Wanderrouten mit Beschreibungen auf Spanisch.

Verkehr

Busse: Mit *Enatcar* von Almería 1 x tgl. nach Vélez Blanco/María, mit *Giménez García* von Lorca 2 x tgl. nach Vélez Blanco/María.

Mandelblüte hautnah: Eseltrekking durch die Provinz Almería

Register

Abd ar-Rahman I. 294, 295
Abd ar-Rahman II. 298
Abd ar-Rahman III. 294, 295, 301, 310, 405, 408
Acantilados de Maro 391
Acueducto del Águila 390
Adra 386
Agua Amarga 424 f.
Aguadulce 412
Aixa 361
Aktivurlaub 77 ff.
Al-Andalus Expreso 72
Al-Hakam II. 294, 298
Al-Mansur 294, 298
Alájar 243 f.
Alcalá de los Gazules 185
Aleixandre, Vicente 53
Alfarnate 399
Alfarnatejo 399
Alfons XI. 300
Algeciras 135 f.
Algodonales 157 ff.
Alhama de Granada 370 ff.
Aljibe 186
Almáchar 400, **401**
Almería 12, 344 f., **405 ff.**
– Alcazaba 346, **408**
– Aljibes Árabes 410
– Cable Inglés 410
– Calle de las Tiendas 409
– Catedral Fortaleza 405
– Centro 409 f.
– Centro de Arte 310
– Iglesia de San Juan 409
– La Medina 405 f.
– Mercado Central 410
– Museo Arqueológico 410
– Museo del Aceite de Oliva 410
– Parque de Nicolás Salmerón 410
– Paseo de Almería 410
– Plaza de la Constitución 409
– Rambla de Belén 410

Almerimar 414
Almohaden 208, 235, 252, 258, 260, 265, 266, 283, 295, 302
Almonaster la Real 244 f.
Almonte 232
Almoraviden 295, 304, 403, 405
Almuñécar 345, **387 f.**
Alpujarra 345, 346, 369, 374 ff.
Alpujarra Baja 381 f.
Anreise 69 ff.
Antequera 93, 94, 95 **137 ff.**
Antigua Casa del Cabildo 208
Apotheken 86
Aracena 169, 170, 171, 221, 213, **242 f.**
Archez 396
Archidona 141 f.
Architektur 48 ff.
Arcos de la Frontera 94, **166 f.**
Arroyo Frío 341
Ärzte 86
Atlantikküste 168 ff.
Ausgehen 82
Axarquía 345, 346, 386, 393, **395 ff.**
Ayamonte 237 ff.

Baelo Claudia 29, 170, **176 ff.**, 195
Baena 249, **312**
Baetica 29 f.
Baeza 12, **336 ff.**
– Antigua Carnicería 327
– Antigua Universidad 327
– Arco de Villalar 327
– Casa del Pópulo 327
– Casas Consistoriales Bajas 326
– Catedral Santa María 327 ff.
– Fuente de los Leones 327
– Fuente de Santa María 327
– Hacienda La Laguna 331
– Iglesia de la Santa Cruz 327
– Iglesia de Santa María del Alcázar y San Andrés 328 f.
– La Alhóndiga 326
– Palacio del Marqués de Jabalquinto 327
– Paseo de la Constitución 326.
– Plaza de Santa María 327
– Plaza del Pópulo 327
– Rathaus 329
– Torre de los Aliatares 326
– Zona Monumental 327
bandoleros 150
Baños Árabes 322
Baños de Hedionda 124 f.
Baños de Vilo 398
Barbate 171, **178 f.**
Basílica Paleocristiana de Vega del Mar 116
Baza 384
Benahavís 118
Benajarafe 402
Benalmádena 109 ff.
Benalup-Casas Viejas 184 f.
Benaocaz 163 f.
Bérchules 377
Berlanga, Luis García 53
Boabdil 349, 352, 358, 374, 385
Bobastro 143
Boca de los Frailes 421
Bollullos Par del Condado 232
Bolonia 176 ff.
Bonanza 215 f.
Bornos 166

Der Haupteintrag ist **fett** hervorgehoben.

Bourbonen 32, 37
Bubión 378

Cabo de Gata 345, 346, 405418 ff.
Cabo de Trafalgar 181 f.
Cabo Roche 189 f.
Cádiar 381
Cádiz 12, 14, 97, 142, 168, 170, 171, 176, **194 ff.**
– Balneario de la Palma y de Real 199
– Baluarte de la Candelaria 199
– Barrio de la Viña 199
– Casa del Obispo 200
– Castillo de San Sebastián 199
– Castillo Santa Catalina 199
– Catedral Nueva 199
– Iglesia de Santa Cruz 200
– Mercado Central 199
– Museo Catedralicio 200
– Museo de Cádiz 176, **195**
– Museo de las Cortes de Cádiz 198 f.
– Oratorio de San Felipe Neri 198
– Parque Genovés 199
– Playa de la Caleta 199
– Plaza de España 195
– Plaza de las Flores 199
– Plaza de Mina 198
– Plaza de San Antonio 198
– Plaza San Francisco 198
– Plaza San Juan de Dios 195
– Teatro Romano 200
– Torre Tavira **199**
Cala de Enmedio 424
Cala del Pino 391
Cala del Plomo 424
Calahonda 386
Caminito del Rey 143

Camino Real 378
Campiña 249, 280, **285 ff.**
Camping 76
Cañada de Siete Lagunas 380
Cano, Alonso 51, 355
Cañón del Río Bailón 251, 314, **315**
Caños de Meca 181 f.
Canyoning 77
Capileira 378 f.
Carlos I. siehe Karl V.
Carmona 280, 281 ff.
Casares 125
Cascamorras 384
Castell de Ferro 386
Castellar de la Frontera 128 ff.
Castro Marim 240
Cazalla de la Sierra 291 ff.
Cazorla 338 f.
Cerro de la Empanada 337 f.
Cerro de la Vela Blanca 418
Cerro del Hierro siehe Monumento Natural Cerro del Hierro 293
Ceuta 35, 134
Chiclana de la Frontera 191 f.
Chipiona 219 f.
Christen 252, 253, 282, 286, 294, 29, 300, 301, 303, 311, 314, 338, 349, 352, 354, 355, 360
Churriguerastil 51
Colmenar **400,** 403
Comares 400
Cómpeta 396
Conil de la Frontera 188 ff.
Constantina 292
Córdoba 12, 30, 36, 249, 250, **294 ff.**
– Alcázar 301
– Baños Califales 301

– Calleja de las Flores 302
– Casa Andalusí 302
– Centro Flamenco Fosorito 302
– Catedral siehe Mezquita
– Diözesanmuseum siehe Palacio Episcopal
– Iglesia de los Dolores 305
– Judería 301 f.
– La Mezquita 295 ff.
– Markthalle 305
– Museo Arqueológico 302
– Museo Bellas Artes 305
– Museo Julio Romero de Torres 305
– Museo Taurino 301
– Museo Vivo de Al-Andalus 301
– Páez de Castilleja siehe Museo Arqueológico
– Palacio de Congresos 300
– Palacio del Marqués de Viana 305
– Palacio Episcopal 300
– Patios 303
– Plaza de los Capuchinos 305
– Plaza de Potro 302
– Posada de Potro 302
– Puente Romano 300
– Puerta de Almodóvar 302
– Rathaus 305
– Synagoge 302
– Torre de la Calahorra 300
– Zentrum 305
– Zoco Municipal 302
Cortegana 246
Cortijo del Fraile 423
Costa de Almería 13, 411, 425
Costa de la Luz 13, 169, 170, 171, 179, 182 ff., 221 ff.

Register

Costa del Sol 13, 93, 94, **95 ff.**, 345, 386, 388, 391, 395, 398
Costa Tropical 13, 345, 374, **386 ff.**, 388
Cuesta de Maneli 228
Cueva de la Pileta 156
Cueva de los Letreros 428
Cueva de los Murciélagos 250, **314**
Cueva de Nerja 390 f.
Cueva del Higuerón siehe Cueva del Tesoro
Cueva del Moro 401
Cueva del Tesoro 402 f.
Cuevas de Sorbas 347, **417**
Cumbres Mayores 246

Dehesa de Roche 189
Desierto de Tabernas 415 f.
Díaz, Daniel Vázquez 53, 223
Diplomatische Vertretungen 62
Dolmen de Alberite 166
Dólmenes de Menga, Viera y Romeral 94, **139 f.**
Drake, Sir Francis 216

Écija 280, **285 f.**
Einkaufen 81
Einreisebestimmungen 69
El Bosque 164 f.
El Chorro 143
El Nacimiento 385
El Palmar 181
El Pedroso 291
El Playazo de Vera 423, **427**
El Pozo de los Frailes 420
El Puerto de Santa María 169, 194, **205 ff.**
El Rocío 232 ff.

El Rompido 234 f.
El Terrón 236
Elektrizität 85
Embalse de Guadalteba-Guadalhorce 142
Embalse del Conde de Guadalhorce 142
Embalse del Tranco de Beas 341 f.
Embalse Gaitanejo 142
Ermita de la Virgen de la Cabeza 428
Ermita de los Ángeles 372
Ermita de los Remedios 401 f.
Ermita de los Santos Mártires 188
Ermita de Torre García 418
Ermita Virgen de los Ángeles 243
Espera 166
Estación de Esquí Sierra Nevada 374
Estepona 93, **120 ff.**

Falla, Manuel de 45, **53**, 195
Ferdinand II. **31**, 36, 37
Ferdinand III. 295
Ferdinand IV. 298
Ferdinand VII. 195
Feria 44
Ferienhäuser 75
Ferienwohnungen 75
Fernsehen 87
Feste 43 ff.
Fischerei 28
Flamenco 45, 82, 101, 105, 109, 117, 130, 155, 167, 169, 203, 205, 213, 261, 263, 264, 269, 271, 277, 302, 330, 336, 345, 366, 368, 389, 32, 396, 402, 411
Fort Bravo 416

Franco, General 15, 34, 37, 101, 130, 179, 182, 185
Frauen 83
Freilichtmuseum Montenmedio 184
Frigiliana 392 ff.
Fuengirola 111 f.
Fuente de Piedra 95, 144 ff.
Fuente Vaqueros 369
Fuenteheridos 247

Garganta de Las Buitreras 126
Garganta de Puerto Oscuro 186
Garganta del Chorro 95, **142 ff.**
Garrucha 425
Gärten 50
Garucha
garum 30, **177**
Gaucín 126
Geld 84
Genalguacil 126 f.
Geschichte 29 ff.
Gesundheit 86
Gibraltar 35, 93, **130 ff.**
gitanos **39**, 45
Golf 77
Granada 12, 32, 36, 345, 346, **348 ff.**
– Albaicín 360 ff.
– Alcaicería 360
– Alcazaba 353
– Alhambra 261, 301, 345, 346, **349 ff.**
– Antequeruela 363 f.
– Auditorio Manuel de Falla 364
– Bono Turístico 349
– Campo de los Mártires 364
– Campo del Príncipe 363
– Capilla Real 358 ff.

Der Haupteintrag ist **fett** hervorgehoben.

- Casa Museo Manuel de Falla 364
- Casa de Castril siehe Museo Arqueológico
- Casa del Chápiz 363
- Carmen de los Mártires 364
- Casa de los Tiros 363
- Catedral Santa María de la Encarnación 355 f.
- Centro 355 ff.
- Centro de Interpretación Sacromonte **363**
- Corral del Carbón 360
- Dar al Horra 361
- El Bañuelo 361
- Generalife 354 f.
- Hospital Real 363
- Hospital San Juan de Díos 363
- Iglesia San Jerónimo 363
- Iglesia San Salvador 361
- Iglesia Santa Ana 360 f.
- Karawanserei siehe Corral del Carbón
- Madraza 360
- Mezquita Mayor 361
- Mirador de San Nicolás 361
- Monasterio de La Cartuja 363
- Museo Arqueológico 361
- Museo Max Moreau 361
- Paseo de los Tristes 361
- Palacio Carlos V. 350 f.
- Plaza Larga 361
- Plaza Nueva 361
- Plaza Santa Ana 361
- Puerta Elvira 363
- Puerta Nueva 361
- Real Chancillería 360
- Realejo 363 f.
- Sacromonte 348, **361 f.**
- Santa Catalina de Zafra 361
- Santa Isabel la Real 361
- Universidad Literario 363

Grazalema 94, 95, 160 ff.
Greifvögel 426
Gruta de las Maravillas 242
Guadalquivir 14, 169, 194, 214, 229, **249 ff.**
Guadalquivirquelle 403
Guadix 345, 346, **383 f.**
Guerra, Evaristo 53, 402
Guzmán, Alonso Pérez de 281

Habsburger 32, 37
Hacienda La Laguna 331
Hamam 324
Herrera, Fernando 53
Hornos 342
Hoya del Portillo 373
Huelva 170, **221 f.**

Ibn al-Ahmar 320
Ibn Ruschd (Averoës) 302
Iglesia de las Salinas de Cabo de Gata 418
Iglesia del Carmen 372
Industrie 25
Internet 62, 87
Isabella I. 31, 32, 36, 114, 223, 224 f., 363
Isabellinischer Stil 51
Isla Canela 238
Isla Cristina 226, **236 f.**
Isla Tarifa 172
Islam 41 f.
Islantilla 236
Isleta del Moro 422 f.
Itálica 29, 250, **280 f.**

Jabugo 171, **246**
Jachtsport 79
Jaén 249, **320 ff.**

- Baños Árabes 322, 324
- Castillo de Santa Catalina 323 f.
- Catedral de la Asunción de la Virgen 320 f.
- La Magdalena 320
- Museo Catedralicio 321 f.
- Museo de Artes y Costumbres Populares siehe Palacio de Villardompardo
- Museo Internacional de Arte Naïf siehe Palacio de Villardompardo
- Museo Provincial 323
- Neustadt 323
- Palacio de Villardompardo 322 f.
- Parque de la Victoria 323

Jardín Botánico El Abardinal 423
Jardín Botánico Molino de Inca 108
Jardín Botánico Umbría de la Virgen 428
Jardín de la Concepción 95, **106**
Jerez de la Frontera 12, 169, 170, **208 ff.**
- Antigua Casa del Cabildo 208
- Alcázar 208
- Catedral La Colegiata de Santa María la Mayor 208
- Centro Andaluz de Flamenco 208 f.
- Museo Arqueológico 208
- Museo del Arte Ecuestre 210
- Museo del Enganche 210
- Museos de la Atalaya 209
- Real Escuela Andaluza del Arte Ecuestre 210
- Zoobotánico Jerez 209

Jimena de la Frontera 127 f.

Register

Jiménez, Juan Ramón **53**, 227
Johanna die Wahnsinnige 31, 32, 358
Juan Carlos I. 34, 37
Jugendherbergen 76

Kajak 79
Kanu 79
Karl V. 15, 31, 32, 36, 42, 260, 262, 263, 328, 332, 349, 350, 353, 354, 363
Karst en Yesos de Sorbas siehe Cuevas de Sorbas
Karten 63
Katholische Könige **31**, 262, 301, 305, 312, 320, 341, 349, 354, 358, 368, 370, 385, 405, 408
Klettern 77
Klima 85
Kolumbusroute 170, 221 ff.
Kolumbus, Christoph 32, 36, 169, 170, 205, 206, 215, 222 f, **224 f.**, 226 f.
Krankenversicherungsschutz 86
Kulinarische Spezialitäten 81
Kunst 48 ff.
Kunsthandwerk 81

La Almadraba de Monteleva 418
La Antilla 236
La Barrosa 191
La Calahorra 384 f.
La Cartuja 210
La Herradura 389
la Isla, Camarón de 205
La Isleta siehe Isleta del Moro
La Sauceda 127, 185, 187
La Viñuela 397 f.
Lagar de Torrijos 403

Laguna de Fuente de Piedra siehe Fuente de Piedra
Landwirtschaft 26
Lanjarón 376 f.
Las Bóvedas 116
Las Ermitas 249, **311**
Las Negras 423 f.
Laujar de Andarax **385**
Leal, Juan Valdés 52, 258, 268
Lepe 235 f.
Lesetipps 63
Linares de la Sierra 243
Lorca, Federico García 45, 53, 335, 346, **369 f.**, 423
Los Acantilados 181
Los Alcornocales 94, **122 f.**, 169
Los Escullos 421
Los Millares 410, **414 f.**

Madinat al-Zahra 294, **310**
Maimonides, Moses 302, **304**
Málaga 12, 93, **96 ff.**
– Alcazaba 100
– Bischofspalast 97
– Casas de Campos 100
– Castillo de Gibralfaro 102
– Catedral 97
– Centro de Arte Contemporáneo 96
– El Palo 104
– Fundación Picasso 100
– Iglésia de Santiago 100
– La Malagueta 102
– Mercado de Atarazanas 96
– Museo de Artes y Costumbres Populares 96
– Museo del Vino Málaga 97
– Museo Vasa Natal 100
– Museo Picasso Málaga 97 f.
– Parador del Gibralfaro 103
– Paseo del Parque 96
– Pedragalejo 104
– Picasso-Haus siehe Museo Casa Natal
– Picasso-Museum siehe Museo Picasso Málaga
– Playa de la Malagueta 102
– Plaza de la Constitución 97
– Plaza de la Merced 100
– Plaza de Toros La Malagueta 102
– Rathaus 96
– Römisches Theater 100 ff.
– Stierkampfarena siehe Plaza de Toros 102
– Stierkampfmuseum siehe Plaza de Toros
– Zentrum für Zeitgenössische Kunst 96
Manilva 122 f.
Marbella 93, 94, **114 ff.**
María 427
Marina del Este 389
Marismas 179 f.
Maro **390 f.**
Marokko 132, 134, 136, 171, **174**
Matalascañas 227 f., **228**
Mauren 30, 48 f., 100, 100, 111, 114, 130, 137, 151, 172, 282, 298, 312, 323, 324, 348, 376, 383, 427
Mazagón 227
Medina Sidonia 170, 172, 182, **187 f.**
Melicena 386
Melilla 35
Mendoza, Don Rodrigo de 385

Der Haupteintrag ist **fett** hervorgehoben.

Mesa, Juan de 51
Mijas **112 f.**
Minas de Riotinto **239 f.**
Mini-Hollywood 415 f.
Mirador Cerro Colorado 241
Mirador de la Amatista 423
Mirador de San Cristóbal 244
Mirador del Estrecho 173
Mittelmeerflora 17 ff.
Moguer 227
Mohammed ibn Ahmar 348
Mohammed XII. siehe Boabdil
Mojácar **425**, 427
Molina y Medrano, Alonso de 401
Monastério de San Isidoro del Campo 281
Monda 119
Moniz, Felipa 224
Montáñez, Martínez 51
Montano, Benito Arias 244
Montes de Málaga siehe Parque Natural Montes de Málaga
Montilla 312
Monumento a Cristóbal Colón 221 f.
Monumento Natural Cerro del Hierro 251, **293**
Motril 376, 386
Mudéjar 49
Muelle de las Carabelas 226
Mulhacén 14, 372
Munigua 251, **288 f.**
Murillo, Bartolomé Esteban **52,** 268

Nasriden 320, 348, 352, 358, 360, 361, 364
Nationalparks 23 f.
Natur 16 ff.
Naturpark Montes de Málaga siehe Parque Natural Montes de Málaga
Naturpark Sierra María siehe Parque Natural Sierra María–Los Vélez
Naturparks Breña y Marismas del Barbate siehe Parque Natural Breña y Marismas del Barbate
Naturschutz 23 f.
Naturschutzgebiet Punta Entinas–Sabinar siehe Paraje-Reserva Natural Punta Entinas–Sabinar
Nelson, Admiral 131
Nerja 345, **389 ff.**
Niebla 235
Nijar/Níjar **416 f.**
Notruf 86
Novo Sancti Petri 189, **191 ff.**

Ocuri 29, 164
Ojén 118
Olivenöl 27
Olvera 157
Orchideen 19
Órgiva 377
Osuna 280, **287,** 290

Pacheco, Francisco Pérez 51
Palos de la Frontera 170, 225, **226 f.**
Pampaneira 378
Paradores 74
Paraje Natural El Torcal de Antequera 24, 95, **138**
– Ruta Amarilla 139
– Ruta Verde 138
– Mirador La Ventanillas 139

Paraje Natural Marismas del Odiel 221
Paraje-Reserva Natural Punta Entinas–Sabinar 24, **413**
Parque Botánico José Celestino Mutis 226
Parque Cinegético Collado del Almendral 341
Parque Dunar **228 f.**
Parque Minero de Riotinto **240 f.**
Parque Nacional de Doñana 24, 169, 215, 218, **229 ff.**
Parque Nacional Sierra Nevada 24, 373
Parque Natural Acantilados de Maro–Cerro Gordo 391
Parque Natural Bahía de Cádiz 192
Parque Natural Breña y Marismas del Barbate 24, **179 f.**
Parque Natural Cabo de Gata–Níjar 24, **417 ff.**
Parque Natural de la Bahía de Cádiz 24
Parque Natural de las Sierras de Cazorla, Segura y Las Villas 24, 336, **341 ff.**
Parque Natural de las Sierras de Tejeda, Almijara y Alhama 24, 396
Parque Natural de las Sierras Subbéticas 24, **311 ff.**
Parque Natural de Los Alcornocales 24, 122, 127, 182, **185 ff.**
Parque Natural del Estrecho 24, 176

435

Register

Parque Natural Marismas de Isla Cristina 24, **236 f.**
Parque Natural Montes de Málaga 24, **403 f.**
Parque Natural Sierra de Aracena y Picos de Aroche 24, 242
Parque Natural Sierra de Grazalema 24, 93, 137, 155, **158,** 159, 160, 426
– Sendero El Pinsapar 158
– Sendero Gargante Verde 158
Parque Natural Sierra María
– Los Vélez 24, 427
Parque Natural Sierra Norte 24, **291 f.**
Parque Natural de las Sierras Subbéticas 249, **311 ff.**
Pedro el Cruel 260
Peña de Arias Montano 243
Periana 398
Peter I. siehe Pedro el Cruel
Philipp I., der Schöne 31, 32, 200
Philipp II. 32, 37, 218, 244
Phönizier 102, 111, 127, 142, 194 f.
Picacho 186, 187
Picasso, Pablo 53, **101**
Pico del Lucero 396
Pico Veleta 346, 347, 372, **374 f.**
Pimentel, Jaime 53
Pinar de la Alfahuara 428
Pinar de la Breña **180**
Platereskstil 49 f.
Playa Camarón 220
Playa de Almayate 402
Playa de Burriana 390
Playa de Calahonda 390
Playa de Cantarriján 391
Playa de Casablanca 118
Playa de Hierbabuena 180, 181
Playa de Media Luna 421
Playa de la Barrosa 191
Playa de la Caleta 199
Playa de la Cortadura 203
Playa de la Costilla 220
Playa de la Puntilla 207
Playa de la Victoria 202
Playa de las Alberquillas 391
Playa de Levante 414
Playa de los Bateles 188
Playa de los Genoveses 421
Playa de los Lances 176
Playa de Macenas 427
Playa de Media Luna 421
Playa de Nueva Umbria 235
Playa de Poniente 413
Playa de Regla 220
Playa de Sancti Petri 193
Playa de Valdevaqueros 176
Playa del Cabo de Gata 418
Playa del Cañuelo 391
Playa del Peñón Blanco 422
Playa Fontanilla 114, 188
Playa Los Monteros 118
Playa Mónsul 421
Playa Redondela 236
Playa Tres Piedras 220
Portugal 171
Pórtugos 373, **380**
Post 87
Pozo del Camino 237
Preisniveau 84
Presa de La Viñuela 398
Presa del Río 372
Priego de Córdoba 310, **318 f.**
pueblos blancos siehe weiße Dörfer
Puerto de Alazores 341
Puerto de la Duquesa 124
Puerto de las Palomas 341
Puerto de María 428
Puerto del León 403
Puerto del Mojón 315
Punta del Moral 238 f.
Punta del Sabinar 413
Punta del Sebo 222
Purullena 384

Radfahren 77
Reconquista 31, 39, 49, 113 f., 131, 135, 137, 142 f., 147, 177, 159, 206, 385
Reiseausrüstung 85
Reisekasse 84
Reisezeit 85
Reiten 77 f.
Religion 40 ff.
Reserva Natural Laguna de Fuente Piedra 24, **144 f.**
– Ruta del Entorno de la Laguna 144
Rincón de la Victoria 402
Río Andarax 410, 414
Río Bailón 251, 314, 315
Río Barbate 179
Río Borosa 251, **340**
Río Darro 348, 355, **360 f.**
Río Piedras 235
Río Guadalevín 146
Río Guadalfeo 374
Río Guadiana 237 f. 238, 240
Río Odiel 221
Río Poqueira 377
Río Tinto 169
Riofrío 399 f.
Rivera, General Primo de 34, 37
Rociana del Condado 232
Rodríguez, Alberto 53

Der Haupteintrag ist **fett** hervorgehoben.

Römer **48,** 124 146, 164, 177, 195, 280, 282, 284, 286, 288 f., 324, 348, 387, 384, 396, 405
Romería 44 ff.
Ronda 12, 93, 94, 118, 137, **146 ff.**
– Alminar 149
– Alameda del Tajo 151
– arabische Bäder 147
– Ayuntamiento 149
– Bandolero-Museum siehe Museo del Bandolero
– Casa del Gigante 147 f.
– Casa del Marqués de Montezuma 148
– Casa del Rey Moro 147
– Casa Don Bosco 148
– El Mercadillo 151
– Hotel Reina Victoria 151
– Iglesia Espíritu Santo 151
– Jardines Ciudad de Cuenca 147
– Kathedrale siehe Santa María la Mayor
– La Ciudad 146
– Minarett 149
– Museo de Lara 148
– Museo de Ronda 148
– Palacio del Marqués de Salvatierra 147
– Palacio Mondragón 148
– Plaza de Toros 151
– Puente Árabe 147
– Puente Nuevo 146 f.
– Puente Viejo 147
– Puerta de Almocáber 151
– Rathaus siehe Ayuntamiento
– Santa María la Mayor 149 f.
– Museo del Bandolero 149
– Museo Peinado 148
Ronda la Vieja 156 f.

Roquetas de Mar 412 f.
Rota 203, **219**
Routenplanung 64
Rundreisen 66 ff.
Ruta Bética romana 285
Ruta de los Cahorros 347, **371**

Sabinillas 124
Salobreña **386 f.**
San Fernando **204 f.**
San José **420 f.**
San Luis de Sabinillas siehe Sabinillas
San Miguel de Cabo de Gata 418
Sancho IV. 172
Sancti Petri **193**
Sanlúcar de Barrameda 169, 194, **214 ff.**
Santiponce **281**
Santuario de Nuestra Señora de la Cinta **221**
Saura, Carlos 53
Sedella **397 f.**
Segura de la Sierra 342
Selwo Aventura **121 f.**
Semana Santa **46,** 269
Seneca 302
Setenil **157**
Sevilla 12, 14, 32, 35, 249, 250, **252 ff.**
– Alameda de Hércules 268 f.
– Antigua Fábrica de Tabacos 265
– Archivo General de Indias 262
– Barrio de Santa Cruz 264 f., 274
– Basílica de la Macarena 269
– Calle Sierpes 263
– Capilla de los Marineros 269

– Capilla Real 258 ff.
– Casa de Pilatos 264
– Catedral Santa Maria 253 ff.
– Centro 262 ff.
– Centro Andaluz de Arte Contemporáneo siehe Monasterio de Santa Maria de las Cuevas
– El Arenal 265 ff.
– Confitería La Campana 264
– Flamencomuseum 263
– Gelände der Ibero-Amerikanischen Ausstellung 1929 265 f.
– Giralda 258
– Guadalquivirufer 266
– Hospital de la Caridad 268
– Hospital de las Cinco Llagas 269
– Hospital de los Venerables Sacerdotes 264 f.
– Hotel Alfonso XIII. 265
– Iglesia Colegial del Salvador 263
– Iglesia Santa Ana 270
– Iglesia Santa María la Blanca 265
– Isla de la Cartuja 270 f.
– Isla Mágica 271 f., 279
– Jardines de Murillo 265
– Jardines del Alcázar 262
– La Macarena 268 ff.
– Monasterio de Santa María de las Cuevas 270 f., 279
– Museo Arqueológico 266
– Museo Artes y Costumbres 266 ff.
– Museo de Bellas Artes 268
– Museo del baile flamenco 263

Register

- Museum der schönen Künste 268
- Orangenhof (Patio de los Naranjos 258
- Pabellón de España 266
- Pabellón Mudéjar siehe Museo de Artes y Costumbres
- Pabellón Real 266
- Pabellón Renacimiento siehe Museo Arqueológico
- Palacio Arzobispal 262
- Palácio de Lebrija 280
- Palacio de San Telmo 265
- Parque de María Luisa 265 f., 279
- Plaza de Toros de la Maestranza 268
- Puente de Isabel II. 270
- Puente de la Barqueta 270
- Puente de las Delicias 270, 279
- Puente de los Remedios 270
- Puente de San Telmo 270
- Puente del Almillo 270, 279
- Puente del Cachorro 2760
- Puente del V Centenario 270
- Rathaus (Ayuntamiento) 263
- Real Alcázar 260 ff., 277
- spanische Militärmuseum siehe Pabellón de España
- Semana Santa 259
- Stierkampfarena 268
- Tapabars 274
- Teatro Central 271
- Teatro de la Maestranza 268, 279
- Teatro Lope de Vega 265
- Torre del Oro 266, 279
- Triana 269 f., 279
- Universität 265

Sherry 57, 208, 209, 218
Sherrydreieck 169, **219 f.**
Sicherheit 86
Sierra de Grazalema 137, 157, **158**, 159, 162, 164
Sierra Blanca 114, , **118 f.**
Sierra de Aracena 169, **242 f.**
Sierra de Cazorla 13, 325, 331, **336 ff.**
Sierra de Córdoba 249, 241, **310 ff.**
Sierra de Grazalema 13
Sierra de las Nieves 94, **118 ff.**
Sierra del Cabo de Gata 417
Sierra María **427 f.**
Sierra Morena 14, 16
Sierra Nevada 12, 14, 345, 348, **372 ff.**
Sierras Subbéticas siehe Parque Natural de las Sierras Subbéticas
Siesta 83
Siloé, Diego de 332, 355
Sorbas 347, **416**
Sotogrande 124
Sport 77 ff.
Sprachführer 88 f.
Sprachurlaub 66
Stierkampf 42, 146
Stiertreiben 44
Strände 78
Straße von Gibraltar 172
Surfen 79

Tajo de las Figuras **185**
Tajos de Alhama 372
Tanger 173 ff.
- Grand Socco 174
- Place du 9 Avril 1947 174
- Bab Fahs 175
- Medina 175
- Musée des Antiquites 175

Tapas 55
Tapeo 82
Tarif ibn Mâlik 172
Tarifa **172 ff.**
Tasufin ibn Ali 403
Tauchen 79 f.
Telefonieren 87
Tennis 79
Tierwelt 22
Tolox 119
Torcal Alto siehe Paraje Natural El Torcal de Antequera
Tómbolo de Trafalgar 181
Torre de Cerrilos 413
Torre del Mar 390, **402**
Torre del Tajo 180
Torremolinos 93, 107, **108 f.**
Torres, Julio Romero de 53, 305
Torrox **394**
Tourismus 25
Touristeninformation 62
Trevélez **380 f.**
Trinkgeld 84

Úbeda 12, **331 ff.**
- Ayuntamiento Viejo 333
- Casa de las Torres 334
- Casa de los Salvajes 334
- Casa Mudéjar 334
- Iglesia de San Pablo 333
- Juan de la Cruz 333
- Museo de Arte Andalusí 334
- Palacio de La Rambla 334
- Palacio de las Cadenas 331
- Palacio de Medinilla 334
- Palacio del Deán Ortega 332

Der Haupteintrag ist **fett** hervorgehoben.

- Palacio Vela de los Cobos 334
- Plaza 1° de Mayo 332 f.
- Plaza de Vázquez de Molina 332
- Plaza del Ayuntamiento 331 f.
- Redonda de Miradores 332
- Sacra Capilla del Salvador 332

Ubrique 164
Ugíjar 381
Umgangsformen 83
Unterkunft 74 ff.

Valderrubio 369 f.
Valle del Andarax 385
Valle del Poqueira 377
Vega de Granada 346, **369 f.**
- Casa Museo Federico García Lorca 369 f.

Vejer de la Frontera 165, 170, **182 ff.**
Velázquez, Diego 51
Vélez Blanco 427 f.
Vélez-Málaga 401 f.
Verkehr 69 ff.
Via Augusta 282
Vía Verde La Subbética 251, **316**
Viehzucht 28
Vila Real de Santo António 240
Villa Onuba 247
Villa Romana de Río Verde 116
Villaluenga del Rosario 162 f.
Villamartín 166
Virgen de la Cabeza 155
Virgen de las Nieves 167, 379
Vivero de Monterrey 385
Viznar 370

Wandern 79
Wasser 26 f.
Wassersport 79 f.
Weiße Dörfer 52, 95, **157 ff.**
Wellness 80
Western Leone 416
Westgoten **30**, 36, 48
Wirtschaft 25 ff.
Wochenmärkte 81

Yegen 381
Yeguada de la Cartuja-Hierro del Bocado 211
Yunquera 120

Zahara de la Sierra **159 f.**, 161
Zahara de los Atunes 178 f.
Zambrano, Benito 53
Zeitungen 87
Zuheros 251, **313 f.,** 316
Zurbarán, Francisco de 51 f., 195

Das Klima im Blick

Reisen verbindet Menschen und Kulturen. Wer reist, erzeugt auch CO_2. Der Flugverkehr trägt mit bis zu 10 % zur globalen Erwärmung bei. Wer das Klima schützen will, sollte sich – wenn möglich – für eine schonendere Reiseform entscheiden. Oder die Projekte von *atmosfair* unterstützen: Flugpassagiere spenden einen kilometerabhängigen Beitrag für die von ihnen verursachten Emissionen und finanzieren damit Projekte zur Verringerung des CO_2-Ausstoßes in Entwicklungsländern *(www.atmosfair.de)*. Auch der DuMont Reiseverlag fliegt mit *atmosfair*!

nachdenken • klimabewusst reisen

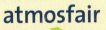

Abbildungsnachweis/Impressum

Abbildungsnachweis
Archiv für Kunst und Geschichte, Berlin:
S. 33, 225
Avenue Images, Hamburg: Titelbild (Drexel)
DuMont Bildarchiv, Ostfildern: S. 2 o., 2 u.,
5 o., 5 M., 5 u., 6 u., 7 o., 7 u., 8 u., 9 o.,
9 M., 9 u., 13, 47, 57, 64, 94 li., 115,
120/121, 140, 170 li., 198, 201, 230,
276/277, 284, 321, 330, 334/335, 354,
359, 372/373, 379 (Gonzalez)
laif, Köln: S. 1 li., 1 M., 3 o., 3 M., 4 u., 8 o.,
60/61, 110/111, 130/131, 133, 155, 156,
160/161, 165, 170 re., 173, 189, 191,
204/205, 234/235, 253, 271, 272/273,
287, 344, 395 (Hemispheres), 414/415,
429 (Celentano), 3 u., 70 (Heuer), 1 re.,
90/91 (Hilger), 4 o., 22/23 (Hoa-Qui), 202
(Gallagher), 317 (Gluecklich), 94 re., 125,
346 li., 362 (Gonzalez), 346 re., 422/423
(Jonkmanns), 148/149 (Kaiser), 217
(Kirchgessner), 168, 183 (Knechtel), 20
(Mueller), 248 (REA), 222/223 (Reporters),
392/393 (Tophoven), 353, 367 (Voge),
250, 299, 399 (Zahn)
LOOK, München: S. 338/339 (Quadriga
Images), 382/383, 409 (Richter), 92
(Wiesmeier)
Mauritius Images, Mittenwald: Umschlagklappe vorn (AGE foodstock)
White Star, Hamburg: S. 7 M., 10/11, 27,
342/343 (Steinert), 6 o., 40/41, 68, 80,
213, 238/239, 244/245, 267, 263, 303,
306, 308 (Gumm), 102/103, 318, 424

Kartografie
DuMont Reisekartografie, Fürstenfeldbruck
© DuMont Reiseverlag, Ostfildern

Umschlagfotos
Titelbild: Blick auf Ronda
Umschlagklappe vorn: In der Mezquita von Códoba

Über die Autoren: Susanne Lipps ist Reisebuchautorin und Studienreiseleiterin. Für den DuMont Reiseverlag schrieb sie unter anderem Reiseführer über Mallorca, die Kanarischen Inseln und Madeira. Oliver Breda ist Reisebuchautor und freiberuflicher Reiseleiter. Für den DuMont Reiseverlag schrieb er mit Susanne Lipps Reiseführer über Mallorca, Gomera und die Kapverdischen Inseln.

Hinweis: Autoren und Verlag haben alle Informationen mit größtmöglicher Sorgfalt geprüft. Gleichwohl sind Fehler nicht vollständig auszuschließen. Alle Angaben erfolgen ohne Gewähr. Bitte schreiben Sie uns! Über Ihre Rückmeldung zum Buch und über Verbesserungsvorschläge freuen sich Autoren und Verlag:
DuMont Reiseverlag, Postfach 3151, 73751 Ostfildern, E-Mail: info@dumontreise.de

Lektorat: Lucia Rojas, Lioba Waleczek

1. Auflage 2010
© DuMont Reiseverlag, Ostfildern
Alle Rechte vorbehalten
Grafisches Konzept: Groschwitz, Hamburg
Printed in Hungary